आत्मकथा

ज़माने में हम

निर्मला जैन

आत्मकथा

ज़माने में हम

राजकमल प्रकाशन

ISBN : 978-81-267-2778-0

मूल्य : ₹ 795

पहला संस्करण : 2015

प्रकाशक : राजकमल प्रकाशन प्रा. लि.
1-बी, नेताजी सुभाष मार्ग, दरियागंज
नई दिल्ली-110 002

शाखाएँ : अशोक राजपथ, साइंस कॉलेज के सामने, पटना-800 006
पहली मंज़िल, दरबारी बिल्डिंग, महात्मा गांधी मार्ग, इलाहाबाद-211 001
36 ए, शेक्सपियर सरणी, कोलकाता-700 017

वेबसाइट : www.rajkamalprakashan.com
ई-मेल : info@rajkamalprakashan.com

मुद्रक : बी.के. ऑफसेट
नवीन शाहदरा, दिल्ली-110 032

ZAMANE MEIN HUM
Autobiography by Nirmala Jain

माँ को—
जो थीं तो हम हैं...

अपनी बात

इस आत्मवृत्त की रचना किसी पूर्व-योजना या संकल्प के तहत नहीं हुई। इसके आरम्भिक पृष्ठों में जिस प्रसंग का जिक्र किया गया है, यदि वह घटित न होता तो आठ दशक पीछे छूट गई जिन्दगी को यादों में फिर से जीवित करने की बात शायद ही मन में आती।

कभी-कभी कोई घटना आकस्मिक रूप से उत्प्रेरक का काम करती है। विस्मृति का आवरण हटाकर अतीत के सामने खड़ा कर देती है—ठीक वहीं, जहाँ से जिन्दगी की शुरुआत हुई थी। उस क्षण अगर कुछ ऐसा बोध हो कि कहीं कुछ नहीं बदला है; समय वहीं ठिठककर खड़ा है, जीवन के एक टुकड़े को अपनी आगोश में लिये, जस-का-तस तो पहली प्रतिक्रिया लगभग अवाक् रह जाने की होती है और दूसरी अपनी जीवन-यात्रा का लेखा-जोखा करने की। यादों के सहारे उस सबसे गुज़रने की जिसने हमें वैसा बनाया, जैसे हम हैं।

जो जैसा याद आता गया, उसी की तहरीर दर्ज होती गई इन पृष्ठों में—पूरी वह भी नहीं। आठ दशकों में पसरी इस यात्रा को तरतीब देकर बाँधना तभी सम्भव हो सकता था, अगर यह यात्रा एकरेखीय होती—सीधी-सतर। वैसा तो होना कहाँ था! जिस जीवन में अनेक रेखाएँ एक दूसरे के समानान्तर चलती रही हों—परस्पर टकराती, एक दूसरे को काटती, उलझती-सुलझती; उसकी संश्लिष्ट बुनावट को समग्रता में तरतीबबार दर्ज करना सहज हो नहीं सकता था।

ऐसे स्मृत्याख्यान के बारे में आधे-अधूरे सत्य से ज्यादा कुछ होने का दावा भी नहीं किया जा सकता। स्थितियों और घटनाओं के पारावार का यह मेरा पाठ है। पर

जो तमाम व्यक्ति उनमें साझीदार रहे हैं, जिन्होंने बराबर से, सामने से, मित्र या शत्रु या तटस्थ भाव से उनमें साझीदारी की है, सत्य का दूसरा सिरा तो उनके हाथ में है। उन्हीं के पाठ से जुड़ा है। ज़रूरी नहीं कि सबकी स्मृतियों में पूरी संगति हो। सम्भावनाएँ और भी हो सकती हैं। उनकी अपनी वैधता होगी।

इसकी रचना करवा ले जाने का श्रेय उन पाठकों को है जिनकी प्रतिक्रियाएँ 'पाखी' में आरम्भिक किस्तें छपते ही मिलनी शुरू हो गई थीं। सबसे दिलचस्प प्रतिक्रियाएँ उन अपरिचित पाठकों की थीं, जिनका साहित्य की दुनिया से बहुत लेना-देना नहीं था। अलग-अलग पेशों से जुड़े, दूर-दराज़ के इलाकों में बसे लोग, उन शहरों के निवासी जिनका इसमें जिक्र आया है। परिचित-मित्र अलग से। कुछ मेरी तथाकथित साफ़गोई से लगभग स्तब्ध। यह जिज्ञासा अपनी जगह कि आगे क्या होगा? यह अधिकांश लोग जानना चाहते थे कि इसकी पुस्तकाकार परिणति होगी या नहीं? और होगी तो कब तक और कहाँ से होगी? उम्मीद है, उनकी उत्कंठा अभी कायम होगी और किताब उन तक पहुँचेगी।

अनुगृहीत हूँ : 'पाखी' के सम्पादक प्रेम भारद्वाज के प्रति, जिन्होंने मेरे प्रस्ताव पर बड़े उत्साह से इसकी आरम्भिक किस्तें छापना स्वीकार ही नहीं किया, इस बात का मुझसे गिला भी नहीं किया कि मैंने इसे उन्हें बिना बताए 'नया ज्ञानोदय' में क्यों स्थानान्तरित कर दिया।

'नया ज्ञानोदय' के तत्कालीन सम्पादक रवीन्द्र कालिया के प्रति, जिन्होंने बिना कोई सवाल-जवाब किए इस क्रम को अपने सम्पादन-काल तक बनाए रखा—पूरी रुचि लेकर। अपनी सम्पादकीय कलम का सुरुचिपूर्ण इस्तेमाल करते हुए।

मेरी अनुशंसा और आशीष के अधिकारी हैं राजकमल प्रकाशन के प्रबन्ध निदेशक अशोक महेश्वरी, जिन्होंने कुछ आरम्भिक अंश छपते ही, विनम्र अनुरोध से इसके प्रकाशन पर लगभग अपना अधिकार जिस रूप से जताया, वह मेरे लिए निर्णायक हो गया। महेश्वरी बन्धुओं—अरुण और अशोक का दर्जा, यों भी मेरे मन में परिवारियों का-सा ही है। मेरे प्रस्ताव को उन्होंने हमेशा सम्मान दिया, और आवश्यकता पड़ने पर, मेरे परामर्श पर अपना अधिकार समझा। लेखक और प्रकाशक के बीच इससे अधिक सुखद स्थिति और क्या हो सकती है!

अन्त में, राजकमल प्रकाशन में सम्पादकीय निदेशक के रूप में कर्मरत आयुष्मान सत्यानन्द निरुपम के सम्पादन-कौशल के बारे में। हमारे इस पुराने शिष्य ने इन वर्षों के बीच इस कला में इतनी सिद्धहस्तता अर्जित कर ली है, इसका अन्दाजा नहीं था। जानकारी तब हुई जब उन्होंने बड़ी बारीकी से पांडुलिपि की पड़ताल की। हर दृष्टि से सार्थक सुझाव देकर, उसे वर्तमान रूप-सज्जा में प्रस्तुत करने का श्रेय उन्हीं को है। मैं उनके उज्ज्वल भविष्य की कामना करती हूँ।

जुलाई, 2015 **—निर्मला जैन**

गुड़गाँव

अनुक्रम

बचपन में वापसी

रात नींद नहीं आई, कोशिश करने पर भी। मन पीछे छूट गया था। बाज़ार दरीबा, कूचा सेठ की सबसे सँकरी गली के आखिरी मकान के उसी घर-आँगन में, जिसे बहत्तर बरस पहले अलविदा कह दिया था।

तीन पत्थर-सीढ़ी चढ़कर जब चबूतरे पर पाँव रखा तो सामने की दफ़्तरनुमा बैठक में दीवार के सहारे पड़ी सेटी पर एक सज्जन अधलेटी-सी मुद्रा में स्थित थे। वे अचकचाकर उठ बैठे।

'आप!' यानी 'आप कौन?' आँखों में सवाल था। कुछ दूर पीछे खड़ा बेटा भी धीरे से कदम बढ़ाकर सवाल में शामिल हो गया।

सामने अचानक प्रकटी वृद्धा के साथ सलवार-कमीज पहने एक प्रौढ़ महिला की जोड़ी के प्रति ऐसी प्रतिक्रिया सहज ही थी।

'आप इजाज़त दें तो हम अन्दर आ जाएँ?'

'जीऽ हाँऽऽ, क्यों नहीं,' कहते हुए उन्होंने सेटी के सामने पड़ी दो कुर्सियों की तरफ इशारा किया। आँखों का सवाल वहीं-का-वहीं था।

'मैं यह मकान देखने आई थी। अस्सी बरस पहले मेरा जन्म यहीं हुआ था।' मैंने अपना अनाम परिचय दिया। बैठते हुए।

'आप लाला मीरीमल जी की बेटी हैं?' उनकी विस्फारित आँखों में प्रसन्न कौंध थी, जैसे कोई अजूबा देख लिया हो! 'पर हमने तो यह मकान नेमचन्द जी से खरीदा था।'

'जी, वो मेरे चाचा थे। लाला जी तो 1942 में ही गुजर गए थे।'

'आप अब... ?' सवाल करनेवाले की उम्र पचास-पचपन के आस-पास रही होगी।

'अब तो मैं डी.एल.एफ. में रहती हूँ। कई साल दिल्ली यूनिवर्सिटी में पढ़ाकर अब रिटायर हुए भी बरसों हो गए। मेरे साथ यह मेरी बेटी है। आपने यह मकान खरीदा कब ?'

'1952 में। उससे पहले हम गली के बाहर ठीक सामने वाले मकान में रहते थे।'

ज़ाहिर है, उस समय वे खुद बच्चे रहे होंगे। खरीदा उनके बुजुर्गों ने होगा। बातचीत का सिरा मजबूती से हाथ में आ गया तो मैंने सिलसिला आगे बढ़ाया।

'आप लोगों का बिजनेस है ?'

'जी! हमारे यहाँ कागज़ का काम होता है।' उन्होंने मालिकाना गर्व से बेटे की तरफ मुखातिब होकर कहा, 'जतिन, बहन जी को अपना कार्ड दो।'

वे इस बीच प्रकृतिस्थ हो चले थे। स्वर में धीरे-धीरे पुरानी हवेली की मालिकाना हैसियत से पैदा आत्मविश्वास आता जा रहा था।

कार्ड मेरे हाथ में आ चुका था। सरसरी नज़र से देखा तो पिता और दो बेटों के अलग-अलग मोबाइल नम्बरों के अलावा एक लैंड लाइन नम्बर और ई-मेल आईडी दर्ज थे, सब अंग्रेज़ी में। फ़र्म का नाम भी। उनके यहाँ 'पेपर एंड वेस्ट पेपर' यानी 'कागज़ और रद्दी' का व्यापार होता था।

'दुकान तो चावड़ी बाज़ार में होगी ?' मैंने संकोच से पूछा।

वे अब सहज हो चुके थे। स्थिति पर पूरी तरह काबिज। वक़्त की लगाम उनके हाथ में थी, जिसे खींचकर उन्होंने बीसवीं सदी के छठे दशक पर टिका दिया था। सफेद धोती पर बाजू वाले सफेद बनियान की पोशाक में बाएँ पैर पर अपना दायाँ पैर चढ़ाए वे उसकी उँगलियों को बाएँ हाथ से धीरे-धीरे सहला रहे थे। अपनी दुकानों पर मसनद के सहारे बैठे यह उस समय के सम्पन्न लालाओं की ठेठ मुद्रा और आदत होती थी।

'आप लोगों को रहना अच्छा लगता है यहाँ ?'

सवाल ज़रूरी था। जिस आँगन में होश सँभालते ही संयुक्त परिवार के बच्चों की लाइन डोरी, लगातार कुदकड़े लगाती थी, उसमें शायद कई दिन से झाड़ू भी नहीं लगी थी। दीवारों के किनारों की जमीन में कीच जमी थी। बीचोबीच बना संगमरमर का फव्वारा अलबत्ता मौजूद था, जस-का-तस। खासा साफ-सुथरा शो पीस की तरह।

'अजी, बहुत अच्छा,' वे बड़े तपाक से बोले तो बोलते चले गए, 'सबसे बड़ी बात तो जी ये कि ये जगा (जगह) पूरी तरह सेफ। कोई किसी किसम का खतरा नहीं और फिर न सर्दियों में सर्दी, न गर्मियों में गर्मी और मच्छर का तो नाम नहीं।'

मैंने हामी भरी। मुझे याद था बचपन का यह मच्छर-मुक्त सदाबहार मौसम; बावजूद इसके कि गली में बीचोबीच खुली नाली बहती थी। गली के चार घरों के पाखानों से मैला इकट्ठा कर सिर पर ढोने के लिए दिन में एक बार मेहतरानी आती थी। अपनी नाक पर दुपट्टे का आच्छादन कसे जब 'बचके चलो, हटके चलो' की

गुहार लगाते हुए उसकी सवारी गली के बीच से निकलती तो वातावरण अस्थायी रूप से कुवासित हो उठता। पर यह स्थति बहुत दिन तक नहीं चली।

हमारे मेहमाननवाज पिता ने बड़ी जल्दी उस गली के मकानों के बीच पहली बार फ़्लश का पाखाना बनवाया। ड्योढ़ी पर चढ़ते ही, आँगन के प्रवेश-द्वार के बगल में। मेहतरानी फिर भी आती रही, एक बार साफ-सफाई के लिए और दूसरी बार उस चाकरी के बदले कुछ रोटी-दाल बटोरने। इस काम के लिए उसे कुछ नगद दिया जाता था या नहीं, यह मुझे याद नहीं। पर आज भी कहीं जाती हूँ तो साफ-सुथरे वॉश रूम के प्रति अतिरिक्त आग्रह का सूत्र मुझे बचपन के इसी अनुभव से जुड़ा लगता है।

मैं कौतूहल-भरी नज़र से आँगन की तरफ से पूरे घर का जायजा लेने की कोशिश कर रही थी। बैठक के तीन दरवाजे पहले भी आँगन में ही खुलते थे। उनमें तब भी किवाड़ लगे थे जो शायद ही कभी बन्द किए जाते हों। बाहर आँगन में पाँव रखते ही तिमंजिले घर का दीदार किया जा सकता था। उस वास्तुकला में आँगन के ऊपर छत डालने की गुंजाइश ही नहीं रहती थी। नीचे बड़ा-सा आँगन, तीन तरफ बैठकनुमा कमरे, चौथी तरफ प्रवेश की ड्योढ़ी जिसकी बगल से सीधा जीना पहली मंजिल के रिहाइशी हिस्से में जाकर खुलता था। ऊपर की मंजिल में भी लोहे के डिजाइनदार कटहरे के चारों तरफ इसी तरह कमरे बने थे।

आँगन के सामने वाला कमरा बड़ी-सी मर्दाना बैठक थी। दीवारों में फर्श से चार फीट तक रंग-बिरंगे फूल-पत्तोंवाली चौकोर टाइलों की जड़त। सामने वाली दीवार में टाइलों के ऊपर छत तक तीन अर्द्धचन्द्राकार मत्थे वाले शीशे जिनके तीनों तरफ बेलबूटों की रंगीन उभारदार नक्काशी। शीशों के सामने एक फुट चौड़े डिजाइनदार आले।

बड़े गर्व से उन्होंने उस कदीमी बैठक का साग्रह अन्त:दर्शन कराते हुए सूचना दी कि कमरे में लगी उन टाइलों के लिए उन्हें एक हजार रुपए प्रति टाइल के हिसाब से कीमत ऑफ़र हो चुकी है। यही नहीं, बाहर की बैठक के प्रवेश-द्वार पर मेहराब की शक्ल में जो बेलबूटों की उभरी नक्काशी है, उसे भी ज्यों-का-त्यों उखाड़ ले जाने के लिए पन्द्रह लाख की पेशकश की गई है।

मेरी अनकही जिज्ञासाओं का वे खुद-ब-खुद धाराप्रवाह समाधान करते जा रहे थे। 'अजी, इन्हें खरीदने के लिए कई 'फ़ारिनर्स' आते हैं, पर हम तो इसे पन्द्रह लाख तो क्या, करोड़ों में भी नहीं बेचनेवाले।'

उनकी बातों में सच्चाई का अंश कितना होगा, नहीं कहा जा सकता, पर इतना तय था कि एक शताब्दी पहले की उस वास्तुकला का अब पुरातात्त्विक महत्त्व हो गया था। वैसे ही, जैसे मन में बसी यादों का।

समय में वापसी अजीबो-गरीब सूत्रों के सहारे हो रही थी। हवेली के वर्तमान निवासी अब भी उसी पारिवारिक बनत में बँधे थे, जिसमें हमने होश सँभाला था यानी तीन-चार भाइयों का संयुक्त परिवार, साझा रसोई। नीचे ड्योढ़ी के सामने वाले बड़े से कमरे में फर्शी दरी पर बैठी एक प्रौढ़ महिला हाथ की मशीन पर खटाखट कुछ

सिलाई कर रही थीं। वैसे ही जैसे पचहत्तर बरस पहले हमारी माँ किया करती थीं। साड़ी पहनने का वही ढंग। सिर से ढलककर कन्धे पर टिका पल्ला। साड़ी न बुर्राक धुली, न मैली-कुचैली, सिर्फ़ अस्त-व्यस्त, जिससे वे रह-रहकर सिर ढकने की नाकाम कोशिश कर रही थीं। कान उनके बैठक में होनेवाली बातचीत में लगे थे। वे बीच-बीच में टोककर तथ्यों को सही करती जा रही थीं। ज़ाहिर है, वे घर की बड़ी थीं।

मकान-मालिक अब मेजबान की भूमिका में आश्वस्त हो चुके थे। उन्हें अपनी बातों का महत्त्व समझ में आने लगा था। उन्होंने बड़े गर्व से सूचना दी, 'हमारे घर में तो जी कमेटी का नल तक नहीं है, और घर के बच्चे तक सूरज डूबने के बाद खाना नहीं खाते।'

यह सूचना आज के समय में हक्का-बक्का कर देने के लिए काफी थी। अपनी याद को सही करते हुए मैंने आँगन की दाहिनी दीवार की तरफ इशारा किया, 'नल तो घर में था? यहीं, आँगन में उस तरफ?'

'वो हमने कटवा दिया।'

'तो आप पानी कहाँ से पीते हैं?'

'कुएँ से। वो उस तरफ आँगन के कोने में कुआँ है न!' उन्होंने मेरी याददाश्त को दुरुस्त किया।

आनन-फ़ानन में मैं दूसरे महायुद्ध की गिरफ्त में थी। युद्ध अपने चरम पर था। आए दिन तरह-तरह की खबरें। अफवाहें—रेडियो, अखबार और मौखिक माध्यमों से प्रसारित होती रहतीं।

एक दौर में अचानक खबर फैली कि दिल्ली पर कभी भी आकाश-मार्ग से हमला हो सकता है। उस स्थिति में पहली गाज बिजली-पानी के स्रोतों पर गिरेगी। खबर फैलते ही घर आतंक के साये में। ऐसी आपात स्थितियों में फ़ैसले और हुकुम दोनों 'लाला जी' यानी हमारे पिताजी के चलते थे। रोशनी के लिए लालटेन, तेल, बाती का प्रबन्ध और पानी के लिए आँगन के एक कोने में युद्ध स्तर पर कुएँ की खुदाई शुरू हो गई। देखते-ही-देखते कुआँ तैयार—पानी, मुँड़ेर, खींचने की चरखी और ज़रूरत पड़ने पर कुएँ में उतरने के लिए संगमरमर की लकदक सीढ़ियाँ।

'उस कुएँ में अब तक पानी है? पानी का स्तर गिरा नहीं?' मैंने हैरत से पूछा।

'बिल्कुल नहीं जी, वैसा ही मीठा साफ-सुथरा। हमारा खाना-पीना, नहाना-धोना—सब उसी कुएँ के पानी से होता है।'

'पूरे परिवार का?'

जिस शहर में यमुना का चौड़ा स्वच्छ पाट मेरे देखते-देखते सूखकर प्रदूषित गंदी नाली के रूप में बच रहा हो, उसमें यह खबर चौंकानेवाली थी। यकीन न करने का सवाल नहीं था। मेरे शंका करते ही वे पीने के लिए कुएँ का पानी पेश कर देते, जिसे न पीने का विकल्प मेरे पास नहीं बचता।

मेरे मन के असमंजस को ताड़कर उन्होंने खुद स्थिति स्पष्ट की, 'असल में ऐसा है बहन जी, हमारे यहाँ आए दिन मुनि महाराज आहार के लिए पधारते हैं, और वे तो नल के पानी से बनी रसोई ग्रहण करते नहीं, इसलिए हमने नल कटवाकर झगड़ा ही खत्म कर दिया।'

उनके इस खुलासे से यह भी साफ हो गया कि दिल्ली शहर के पुराने गली-मोहल्लों में, 'चतुर्मास' में मुनियों को आहार कराने के लिए चौके लगाने की प्रथा जैन समाज में आज भी कायम है—पूरे विधि-विधान और निष्ठा से।

बातचीत के दौरान उन्होंने गर्व से यह सूचना भी दी कि गली के बाहर के बड़े जैन मन्दिर के प्रबन्धक वे ही हैं। मुझे ताज्जुब नहीं हुआ। अधिकांश धर्म-स्थलों का प्रबन्ध व्यापारियों के हाथों में रहता आया है, जिसके माध्यम से पारलौकिक से बढ़कर लौकिक हित-साधना होती है। वास्तव में अधिकांश धर्म स्थलों का प्रबन्धन हथियाने के लिए किए जानेवाले दाँव-पेंच की राजनीति चुनाव की राजनीति से कुछ ही कम जटिल होती है। बहरहाल, वह सामाजिक आचरण का अलग विषय है।

बातचीत के सिलसिले में बाधा दी, एक लगभग तीस-पैंतीस बरस के आगंतुक ने। गली के मोड़ पर वह जैसे अकस्मात् प्रकट हुआ, उतनी ही फुर्ती से लम्बे डग भरता हुआ बैठक में दाखिल हो गया।

मेल-जोल की वही बरसों पुरानी शैली। न कोई भूमिका, न संकोच। 'कहिए जी, क्या हाल है?' प्रश्न उधर और प्रश्नवाचक की नज़र मेरी तरफ।

सुननेवाले ने बिना सवाल के मेरी जन्मपत्री बाँच दी।

'ये इनके पिताजी का मकान है।'

आँखों में आश्चर्य का ज्वार और वाणी में अविश्वास, 'आप लाला मीरीमल की बेटी हैं?'

वे जवाब जानते थे और मैं अभिभूत थी इस एहसास से कि 'अब तक बजता है इन गली-मोहल्लों में मेरे पिता का नाम?' जिस परिवेश से वे तिहत्तर बरस पहले और दुनिया से उसके एक साल के बाद ही रुख्सत हो गए थे, उसमें अभी भी उनका वजूद कायम है? कहा नहीं जा सकता कि इसकी वजह शहरी ज़िन्दगी की सांस्कृतिक बनत है या उनके व्यक्तित्व की बुलन्दी, शायद थोड़ा-थोड़ा दोनों।

वे थे ही कुछ अजीबो-गरीब शख्सियत के मालिक। लोग उन्हें नाम से नहीं, 'लाला' विशेषण से ही जानते थे। पूरे दरीबे और आस-पास के परिवेश में 'लाला जी' तो बस एक ही थे। काम से जौहरी। बाज़ार दरीबा में तीन दर की इकलौती जवाहरात की दुकान के मालिक। दुकान एक और भी थी, दो दर की अपेक्षाकृत छोटी। अपने पिता के ग्यारह बच्चों में से अकेली जीवित सन्तान, जो छोटी उम्र में ही बगावत करके घर से भाग निकले थे। अनुमान है कि पैतृक व्यवसाय

का सम्बन्ध इसी व्यापार से रहा होगा क्योंकि इस भगोड़े बेटे ने आकर बाज़ार के किसी सर्राफ के ही यहाँ चाँदी का सामान पॉलिश करने की नौकरी की थी।

ये किंवदन्तियाँ थीं जिनका खुला ज़िक्र भी जैसे परिवार में वर्जित था। उनके पिता के नाम के अलावा जिसके सही होने की भी कोई गारंटी नहीं थी, उनके बारे में कभी किसी को कहते-सुनते नहीं देखा गया। लगता यही था उनकी पोशाक, रहन-सहन और दूर-दराज की नाते-रिश्तेदारी से कि वे दिल्ली के ही मूल निवासी रहे होंगे।

उनके दिल्लीवासी होने का सबसे बड़ा प्रमाण था उनका निखालिस उच्चारण जिसमें पूरब-पछाँह की बोलियों की छाया दूर-दूर तक नहीं थी। वे बोलते थे हिन्दुस्तानी (खड़ी बोली), पढ़ते थे उर्दू का अखबार, और बातचीत के बीच जब किसी पर रौब गालिब करना होता तो अंग्रेज़ी के प्रचलित शब्दों का यदा-कदा प्रयोग करते। नौकर-चाकरों को उनके आदेश अबे-तबे के उपसर्ग-प्रत्यय लगाकर ही प्रसारित होते थे।

वे आए भले ही अकेले होंगे, लेकिन जिस मुकाम से अपनी यादों का सिलसिला जुड़ा है, उस समय परिवार ज़रूरत से ज्यादा भरा-पूरा था। एक थे चाचा, उनके अपने सबसे बड़े बेटे के हमउम्र। अपने बेटों से ज्यादा माना उन्हें लाला जी ने। धीरे-धीरे पता चला कि वे उनके मामा के बेटे थे जिन्हें बचपन में ही अनाथ छोड़कर मामा-मामी दिवंगत हो गए थे। उनका लालन-पालन लाला जी ने ही किया। यों मामी से खुद उनके सम्बन्धों को लेकर परिवार में कुछ कानाफूसी हुआ करती थी जिसकी सच्चाई कोई नहीं जानता था।

खुद लाला जी ने तीन शादियाँ कीं। दो बाकायदा और तीसरी बेकायदा। पहली पत्नी एक बेटे को जन्म देकर ही चल बसीं तो दूसरी शादी जल्दी ही हो गई होगी। साधारण रूप-रंग की धनी दूसरी पत्नी ने एक के बाद एक सन्तति की लाइन लगा दी। एक-दो साल के अन्तर से चार बेटे और दो बेटियाँ। सब एक-से-एक अपरूप। पिता की लाख कोशिशों के बावजूद किसी ने पढ़ने-लिखने में रुचि नहीं दिखाई। सब एक साथ खड़े हों तो कुरूपता में प्रतियोगी दिखाई पड़ें। बेटियाँ दोनों लगभग साढ़े चार फुटी। रूप में एक दूसरे को मात दें। बड़ी के एक पैर में सात उँगलियाँ। सो उनका सार्थक नामकरण किया गया 'सत्तो' (सत्या का अपभ्रष्ट रूप)। दूसरी गनीमत, पर नाम के वाचक गुणों से एकदम विहीन। एक निहायत तेजस्वी, शौकीन, व्यापार पटु, आत्माभिमानी व्यक्ति की ऐसी ऐंची-बैंची सृष्टि के जैविक कारणों की व्याख्या तो आज सम्भव नहीं है, पर उसकी मानसिक स्थिति का अन्दाज़ा तो लगाया ही जा सकता है। सुना जाता था कि उनकी ये पत्नी अव्वल दर्जे की मूर्ख और बदमिजाज महिला थीं। गृहस्थी चलाने के सलीके से भी अछूती।

उस दौर में यह भी सम्भव था कि उन्होंने चावड़ी बाज़ार के उन कोठों की राह पकड़ ली होती, जिनका ज़िक्र कृष्णा सोबती ने अपने उपन्यास 'दिलो-दानिश' में किया है। पर उन्होंने वैसा नहीं किया। अपने पारिवारिक अजायबघर के सभी प्राणियों

की दुनियावी जिम्मेदारियों को ढोते हुए वे मनसा कितना रीत गए होंगे, इसका अनुमान किया जा सकता है। कुनबेदारी में यह भी कहा जाता था कि पति-पत्नी के मानसिक स्तरों के बीच गहरी खाई थी। शायद दैहिक आवश्यकता के अलावा दोनों के बीच कोई सम्पर्क था ही नहीं।

ऐसे विकट परिदृश्य में उनकी समस्या का हल सुझाते हुए एक जिगरी दोस्त ने तीसरे विवाह की पेशकश की। इस प्रस्ताव के पीछे मित्र के ऊसर जीवन को एक बार फिर लहलहाने की नेकनीयत ज्यादा थी या एक गले पड़ी ज़िम्मेदारी से मुक्ति पाने का स्वार्थ अधिक था, यह कहा नहीं जा सकता। पर हुआ यह कि इन प्रस्तावक सज्जन के कानुपर निवासी एक व्यापारी मित्र की तीन लड़कियों में से दो का विवाह तो तदनुकूल पात्रों से सम्पन्न हो गया। बड़े दामाद रेलवे में सरकारी कर्मचारी थे और छोटे दिल्ली में ही खिलौनों के व्यापारी। भाग फूटे मँझली के जिसका ब्याह धोखे से दिल्ली के ही किसी परिवार के एक पागल लड़के से हो गया। लड़के वालों ने सोचा होगा कि ब्याह से बेटे के पागलपन का उपचार हो जाएगा। पर जो बालिका-वधू ब्याह कर लाई गई, उसे आते ही पड़ोसियों की कानाफूसी से इस बात की भनक लग गई। सो अगले दिन जो कोरी कन्या पग फेरे के लिए मायके लौटी, उसके गौने की नौबत न आई। लड़की ने इस सम्बन्ध को ढोने से साफ इनकार कर दिया। बाप ने भरे मन से बेटी को घर में शरण दी। पत्नी पहले ही दिवंगत हो चुकी थीं। बेटा कोई था नहीं। इससे पहले कि बेटी के लिए कोई स्थायी व्यवस्था कर पाते, वे स्वयं साम्प्रदायिक दंगों में एक हादसे के शिकार हो गए।

मृत्यु-शय्या पर पड़े असहाय वृद्ध ने अपने दिल्लीवासी मित्र को कन्या इस भरोसे और अनुरोध के साथ सौंप दी कि वे उसके बुजुर्ग की हैसियत से यथासमय उसका विवाह किसी गरीब योग्य वर से कर दें। कन्या के ये मुँहबोले चाचा उसे पुत्रीवत् घर तो ले आए, पर उस समय के सामाजिक माहौल में निश्चय ही उनकी गति साँप-छछूँदर वाली हो गई होगी। किसी दूसरे की बेटी के लिए कानूनी तलाक और पुनर्विवाह की लम्बी साँसत में वे नहीं पड़े। इसी विकट स्थिति में उन्हें अपने मित्र को उपकृत करने का खयाल आया हो, यह सम्भव है। एक पन्थ दो काज या एक तीर से दो शिकार। ब्यौरे कोई नहीं जानता। कुल जमा नतीजा यह कि एक कमसिन अनाथ कन्या ने एक सम्पन्न व्यापारी की तीसरी ब्याहता के रूप में गृह-प्रवेश किया। दूसरी पत्नी तब जीवित थीं, इसलिए घर लाने का सवाल नहीं उठता था। सो उन्होंने इस 'तीसरी' को पैदल की पहुँच के भीतर एक छोटा-सा मकान खरीदकर उसमें बसा लिया। पुरानी दिल्ली के उस इलाके में उस समय घरों की गिनती के वाचक छहघरा, सतघरा, नौघरा जैसे छोटे-छोटे रिहाइशी मोहल्ले थे। ऐसे ही किसी 'छह' या 'सतघरे' के छोटे से मकान में लाला जी ने हमारी माँ के साथ अपनी दूसरी गृहस्थी की बेल रोप दी।

कुछ दिन दोनों गृहस्थियाँ लुका-छिपी के कौशल के सहारे चली होंगी। पर तब विरल आबादी वाले गली-मोहल्लों में आँख-मिचौनी का यह खेल बहुत दिन नहीं

चल सकता था। बात परिवार में खुल गई। ज़ाहिर है, पत्नी पक्ष से कुछ फजीहत, उठा-पटक, रोना-धोना हुआ होगा पर चूँकि पुरुष के एकाधिक विवाहों पर कोई कानूनी बन्दिश नहीं थी, इसलिए लाला जी को चुनौती देने का सवाल ही नहीं था। परिवार के पास इस स्थिति की विवश स्वीकृति का विकल्प नहीं था।

दिलचस्प बात यह है कि उस समाज में यह अपने ढंग का अकेला अपवाद नहीं था। ऐसे उदाहरण और भी रहे होंगे। परिस्थिति-भेद से अलग-अलग ढंग के संयोजनों वाले। पर यह सम्भवत: अपने ढंग का अकेला उदाहरण था जिसमें कर्ता के मन में अपनी विरस ज़िन्दगी की अभावपूर्ति के अलावा एक अनाथ कन्या का जीवनोद्धार करने का सन्तोष भी रहा ही होगा। दोनों के बीच उम्र का अन्तर तत्कालीन समाज में कोई बहुत बड़ा मसला न था। माँ ने इस सम्बन्ध को बड़े कृतज्ञ भाव से स्वीकार कर लिया। अपनी सहज बुद्धि से उन्होंने इस शरण्य भूमि में अपना सुरक्षित भविष्य देख लिया होगा। ज़ाहिर है, उस कच्ची उम्र में इस सम्बन्ध की कानूनी पेचीदगियों की उन्हें कोई जानकारी या समझ न रही होगी। भविष्य में जो कुनबा उनकी सारी विपदाओं का कारण बननेवाला था, पति के उसी कुटुम्ब को उन्होंने अपना दायित्व मानकर स्वीकार कर लिया।

वे बड़े सलीके से अपनी गृहस्थी चलाने लगीं। उर्वशी-मेनका वे भले न रही हों, पर औसत रूप-रंग से लैस वे सुदर्शन कर्मठ महिला थीं। उनके व्यक्तित्व में एक खास आभिजात्य था। उनके आचार-विचार पर तत्कालीन आर्यसमाज का तथा जीवन-शैली और घरेलू रखरखाव पर उनके पड़ोस के खत्री परिवारों का गहरा असर था। उत्तर-पूर्वी भारत के खत्री परिवार अपने रूप, रहन-सहन के साफ-सुथरे ढंग और सलीके के लिए बहुत प्रसिद्ध थे।

नतीजा यह हुआ कि अपनी फूहड़, कलह-क्लेश, कोलाहल-भरी गृहस्थी के 'तुमुल कोलाहल कलह' की तुलना में 'हृदय की बात' सरीखा यह सुरम्य-शान्त घरौंदा लाला जी को रास आता चला गया। वे सिर्फ़ कर्तव्यबोध से 'उधर', पर हृदय के अनुरोध से 'इधर' के होकर रह गए। बात धीरे-धीरे परिवारवालों पर भी प्रकट हो गई। एकाध सदस्य का छोटे घर में गाहे-बगाहे आना-जाना भी शुरू हो गया।

सबसे बड़े बेटे, जो पहली पत्नी की सन्तान थे, माँ के हमउम्र थे। लाला जी की सन्तानों में सबसे सुदर्शन। सुनने में आया था कि वे जब किसी मौके पर माँ के इर्द-गिर्द होते तो हवा से संवाद करते सुनाई पड़ते, 'क्या ज़माना है, जब उमर बेटे की शादी लायक हो, बाप जी अपनी कर लाएँ।' यह बात अलग है कि खुद उनकी उस समय तक एक शादी हो चुकी थी, पर वे इस वाक्य के साथ एक ठंडी आह-भरी लम्बी साँस फेंकने से बाज़ नहीं आते। उनके मन में इस काँटे की गड़त कुछ ऐसी गहरी थी जो बाद में पारिवारिक विघटन का कारण बनी।

कुछ समय (शायद दो-तीन बरस) दोनों गृहस्थियाँ समानान्तर चलीं। यहाँ तक कि दूसरी की आखिरी और माँ की पहली सन्तानों ने कुछ महीनों के अन्तर से आगे-

पीछे जन्म लिया। पुरानी कहावत है कि घर में लक्ष्मी स्त्री के भाग्य से आती हैं और सन्तान पुरुष के भाग्य से, पर यह कहावत हमारे परिवार में फलीभूत नहीं हुई। एक ही पिता की दो पत्नियों ने जैसी सन्तानों को जन्म दिया, उसके ठीक विपरीत मँझली ने आदम के जैसे पुतले रचे, उससे इस कहावत की धज्जियाँ उड़ गईं।

बहरहाल, अन्तिम पुत्र को जन्म देने के कुछ ही वर्ष के बाद वे चल बसीं। तब तक मेरा जन्म हो चुका था। इस बीच चाचा भी ब्याहे जा चुके थे और बड़े भाई की पहली पत्नी के गुजर जाने के बाद उनका भी दूसरा विवाह हो गया था। ऐसे भरे-पूरे घर में एक बहू की सास, एक की जेठानी, और छह बच्चों की विमाता के रूप में, माँ ने अपने दो छोटे-छोटे बच्चों के साथ, घर की 'बड़ी' के रूप में प्रवेश किया। चाचा और बड़े भाई उनसे उम्र में कुछ बड़े ही रहे होंगे। उनका 'होना' तब तक जगज़ाहिर हो चुका था, सो घर में उनके प्रवेश को घटनाओं की सहज परिणति के रूप में स्वीकार कर लिया गया।

जब हमने होश सँभाला तब वे चाची की 'भाभी जी', और बाकी पूरे परिवार की 'भाबो जी' के रूप में प्रतिष्ठित थीं। बड़े रौब-दाब से उन्होंने अपनी उम्र के कद से कहीं बड़ी भूमिका ओढ़ ली थी। परिस्थितियों को अपने अनुकूल और अपने को परिस्थितियों के अनुकूल बना लेने का कौशल उन्होंने किसी से विरासत में पाया था, या भाग्य की ठोकरें खा-खाकर अर्जित किया था, यह कहना मुश्किल है।

लाला जी के अलावा घर में हुकुम उनका ही चलता था। यह अधिकार उन्होंने परिवार के लिए अपना जीवन होम करके अर्जित किया था। ऐसा परिवार जिसमें 'सौतेलों' की गिनती 'अपनों' से तीन गुना थी, पर क्या मजाल, किसी को इसका एहसास हो! वे सबके खाने-पीने, कपड़े-लत्ते, हारी-बीमारी का समान भाव से खयाल रखतीं, पर परिवार की उस 'खेप' को पढ़ाने-लिखाने के सारे प्रयत्न विफल होने के लिए अभिशप्त थे। सब एक-से-एक कूढ़मगज, न पढ़ने-लिखने में कोई रुचि, न किसी कला-कौशल के अर्जन में।

इधर लाला जी की शौकीनी और कला-प्रेम का आलम यह था कि उनका वश चलता तो अपनी सब सन्तानों को न जाने कितना आलिम-फाजिल और कलाकार बनाकर छोड़ते। उनका वश चला हम दो भाई-बहनों पर। सो पाँच साल की उम्र होते-होते उन्होंने मुझे अपने दो साल बड़े भाई के साथ शहर के 'प्रेजेंटेशन कॉन्वेंट' में दाखिला दिला दिया। वह स्कूल जो आज भी लाजपत राय मार्केट के आगे बढ़ने पर लड़कियों के स्कूल के रूप में मौजूद है, उस समय सहशिक्षा का अंग्रेज़ीदाँ स्कूल माना जाता था।

वे स्वयं अंग्रेज़ी न बोल पाने की हीनग्रन्थि की भरपाई बच्चों को अंग्रेज़ी पढ़ाकर करना चाहते थे। कुटुम्ब की लाइन डोरी में से औरों से निराश होने के बाद उनकी उम्मीद हम दोनों पर टिक गई थी, पर स्कूल में रंगभेद की नीति अपने चरम पर थी। एक ही कक्षा में गोरे-काले विद्यार्थी बीच में पगडंडी छोड़कर, उसके दोनों तरफ अलग-अलग धड़ों में बैठाए जाते थे। यहाँ तक तो गनीमत थी, पर भारतीय बच्चों के साथ

अध्यापकों का व्यवहार प्राय: उनकी भेद-नीति के कारण बहुत सुखद नहीं होता था।

हमें स्कूल में जाते हुए एक महीना भी न बीता होगा कि एक कक्षा के दौरान, एक अंग्रेज़ विद्यार्थी की शरारत की सजा अध्यापक ने बिना तहकीकात किए मेरे भाई को दे दी। उसे ड़पटकर सीट से बुलाया और हथेली पर तड़ातड़ फुटरूल जड़ दिये। सारी कक्षा जानती थी कि डेस्क का कुंडा वह नहीं, दूसरी दिशा से एक गोरा बजा रहा था, पर बचाव के लिए कोई नहीं बोला। कक्षा में सन्नाटा छाया रहा। भाई आदतन बहुत घुन्ना और सख्तजान था। उसने विरोध ज़ाहिर करने में अपनी हेठी समझी। मार सहता रहा पर न मुँह से आह निकली, न आँख से आँसू। पर वहाँ की गई जब्त घर लौटकर पिता के सामने ज़रूर कुछ बढ़ा-चढ़ाकर ही निकली होगी। मुझे ब्यौरा नहीं, नतीजा याद है।

अगले ही दिन सुबह लाला जी ने हाथ में छड़ी थामी जो उनकी ज़रूरत नहीं, रौब का स्थायी प्रतीक थी। हमें अगल-बगल लगाया और स्कूल के दफ़्तर पहुँचे। प्रिंसिपल के कमरे में घुसे। दिल्ली के हाट-बाज़ारों वाली खाँटी हिन्दुस्तानी में गालियों की बौछार की और यह घोषणा करते हुए बच्चों समेत बाहर निकल आए कि उनके बच्चों के नाम स्कूल से काट दिये जाएँ। हमें 'अंग्रेज़' बनाने का भूत उतारने के लिए यह घटना काफी थी।

उसके बाद मेरा दाखिला शहर में लड़कियों के प्रसिद्ध इन्द्रप्रस्थ स्कूल में कराया गया, जो आज भी जामा मस्जिद की उसी इमारत में चलता है और भाई का नई सड़क पर 'महावीर जैन हाई स्कूल' में। पढ़ाई का सिलसिला चल निकला। हम दोनों जी-जान से पढ़ाई में जुट गए। उस दौर में अंग्रेज़ी का दबदबा था, पर कोर्ट-कचहरी का काम फारसी-लदी उर्दू में होता था। व्यापार के खाते 'मुंडी' लिपि में लिखे जाते थे। हिन्दी की हैसियत बोलचाल की घरेलू भाषा की थी। स्कूलों में मादरे-जबान हिन्दी 'वर्नाकुलर' की हैसियत से और अंग्रेज़ी पढ़े-लिखों की आधुनिक भाषा के रूप में पढ़ी-पढ़ाई जाती थी लेकिन अहले-जबान के रूप में उर्दू का रुतबा कम न था। पिताश्री को लगा कि बच्चों का तलफ़्फ़ुज़ तो उर्दू पढ़े बगैर साफ़ होगा ही नहीं, आगे चलकर कोर्ट-कचहरी से वास्ता पड़ा तो भी काम आएगी। सो उर्दू पढ़ाने के लिए घर में एक मौलवी साहब आने लगे।

अजीबो-गरीब शख्सियत के मालिक थे वे। ढीला-ढाला पाजामा, उसके ऊपर वैसा ही ढीला कुरता और कुरते के ऊपर दो-तीन जेबों वाली वास्कट। वास्कट की एक जेब में जो जेबघड़ी रहती थी, उसकी लम्बी-सी चाँदी की चेन का सिरा उनकी वास्कट के एक बटन में कुंडे के सहारे फँसा रहता था। वे भी हाथ में एक सोटेनुमा बेंत रखते थे।

उनके आने से पहले हम मुलतानी मिट्टी से अपनी तख्तियाँ पोतकर तैयार करते। शीशे की दवातों में काली स्याही में डूबे कपड़े की कतरनों के बीच सरकंडे की कलम टिकी रहती। गाहे-बगाहे वक़्त जाया करने की शरारत सूझती तो चुपके से कलम का

एक कोना तोड़ दिया जाता। जब शरारत पकड़ी जाती तो हथेली पर फुटे की मार पड़ती। मौलवी साहब कुछ बड़बड़ाते हुए जेब से चाकू निकालकर कलम की नोक छील-काटकर ठीक बैठाते। पहले दिन का दिया हुआ सबक सुनते ही तख्ती पर करीने से खींची गई लकीरों के बीच 'अलिफ बे पे जीम चे हे' की खुशखत लिखाई दाएँ से बाएँ चालू हो जाती। पढ़ने के लिए छोटे-छोटे कायदे अलग थे।

पढ़नेवाले हम तीन थे। छह-सात साल की मैं, मुझसे दो साल बड़ा भाई और उससे कुछ महीने बड़ा, पर सौतेलों में सबसे छोटा भाई। दैव दुर्विपाक से वह अपने भाई-बहनों में भी सबसे ज्यादा कूढ़मगज था। लाख कोशिश करने पर न उसकी समझ में कुछ आता, न इस ओर उसका रुझान दिखाई देता। मौलवी साहब जब उसकी कुटाई-पिटाई को अंजाम दे रहे होते तो हम दोनों बाकी जीव सहमे हुए से और अधिक तल्लीनता की मुद्रा अख्तियार कर लेते।

बड़े बाप के बेटे की ज्यादा मार-पीट सम्भव नहीं थी तो तंग आकर मौलवी साहब उसे मुर्गा बनाकर एक कोने में स्थापित कर देते। उस मुद्रा से विचलन रोकने के लिए उसकी पीठ पर तख्ती रख दी जाती। जरा भी हिलने की कोशिश से तख्ती का सन्तुलन बिगड़कर धराशायी होना और उसका थपड़ियाए जाना आए दिन का कार्यक्रम था। कुल-मिलाकर स्थिति बड़ी कारुणिक भी थी और माँ-बाप के लिए चिन्ता का विषय भी। सब अपनी-अपनी जगह विवश थे। क्योंकि स्कूल में भी जब वह बार-बार फेल होता रहा और कभी-कभार उसकी जेबों से बीड़ी-सिगरेट के टुकड़े और छोटे-मोटे सिक्के बरामद होने लगे तो सुधार की उम्मीद में उसे कुछ वर्ष के लिए गुरुकुल कांगड़ी भेजा गया। पर वहाँ की नियम-संयमवाली सारी जीवनचर्या और तपश्चर्या के बावजूद उसका कुछ बन-बिगड़ न सका। वह करुण-कथा अलग है।

लाला जी की बाकी औलादों में भी किसी ने पढ़ने-लिखने में विशेष दिलचस्पी नहीं दिखाई। बेटियों ने तो बिल्कुल ही नहीं। उस समय शादी-ब्याह के लिए लड़की का पढ़ा-लिखा होना बहुत ज़रूरी भी नहीं समझा जाता था। इसका प्रमाण घर में ही मौजूद था। उन्होंने अपनी सर्वथा अनपढ़, सामान्य रूप-रंग और सात उँगलियों वाली 'सत्तो' देवी के लिए किसी गरीब परिवार का खासे रूप-रंग वाला निहायत शरीफ दामाद जुटा लिया। बदले में अपनी बड़ी दुकान से आगे उसी दरीबा बाज़ार में—दो दुकानें छोड़कर—उन्हें चाँदी के सामान की दुकान खुलवा दी गई। घर भर के ये 'जीजा जी' बड़े स्नेही, मितभाषी और कर्मठ इन्सान थे। उन्होंने अपनी कलिहारिणी, बदमिजाज पत्नी के साथ गृहस्थी की गाड़ी तो बड़ी शान्ति से चला ही ली, ससुराल के सदस्यों को भी यथायोग्य सम्मान और स्नेह दिया। वे सम्भवत: अनाथ थे। हमने उनके घर में कभी उनके परिवार के किसी सदस्य की उपस्थिति नहीं देखी। वे हमारे पूरे परिवार के स्नेह-भाजन और सास-ससुर के विशेष विश्वासपात्र थे। औपचारिक शिक्षा उन्होंने भी शायद ऊँचे दर्जे तक नहीं पाई थी, पर व्यापार-पटु होने के साथ वे बहीखातों और आमदनी-खर्च का हिसाब पूरी ईमानदारी और योग्यता से सँभाले रखते थे। वे न होते

तो इस अजीबो-गरीब परिवार की चिन्दियाँ बिखर गई होतीं। वरीयता क्रम में क्योंकि हम सबसे नीचे पड़ते थे, इसलिए हमारी तबाही तो तय थी।

ला ला जी खुद कलाकार या कलावन्त भले न रहे हों, पर अद्भुत कला-प्रेमी और शौकीन तबीयत के इन्सान थे। गुणग्राही और कद्रदान। व्यापार के सिलसिले में उन्होंने शहर के सब आला अफसरों से सम्पर्क बना लिया था। अपने कला-प्रेम की भरपाई के लिए उन्होंने ऑल इंडिया रेडियो के तत्कालीन स्टेशन डायरेक्टर बुखारी साहब से भी दोस्ताना सम्बन्ध कायम कर लिया था।

परिवार के मोर्चे पर उन्हें अपनी इन रुचियों के फलीभूत होने की सम्भावना हम दोनों बहन-भाइयों में ही दिखाई पड़ी। सो संगीत की शिक्षा के लिए उस्ताद चाँद खाँ की नियुक्ति हो गई। सप्ताह में तीन दिन मर्दाना बैठक में हारमोनियम के सुरों पर क्रमश: सरगम और फिर राग यमन के सुरों में, 'अरी एऽरीऽ आली, पिया बिनऽऽ' की गायकी साधी जाने लगी।

उसी दौरान दरियागंज में 'द दिल्ली स्कूल ऑफ़ हिन्दुस्तानी म्यूजिक एंड डांसिंग' नाम से एक संगीत स्कूल खुला। इसका परिवर्तित-रूपान्तरित संस्करण आज भी मंडी हाउस में 'संगीत भारती' नाम से मौजूद है। यह बात अलग है कि आज उसमें अपने नाम और इतिहास के अनुरूप कुछ नहीं बचा है।

बहरहाल, उस समय उसकी संस्थापक थीं निर्मला जोशी। करोल बाग के मशहूर हड्डी सर्जन डॉ. जोशी की बड़ी बेटी। मेरी नामराशिनी निर्मला जी ने कंठ बड़ा मधुर पाया था, अपने स्वभाव के अनुरूप, पर काया इतनी बेडौल कि चलना दूभर। एक गोलाकार विराट शरीर पर छोटा-सा गोल आकर्षक चेहरा जिस पर हर समय मुस्कान छपी रहती थी। पाँव इतने छोटे थे कि कभी-कभी आश्चर्य होता कि इतने भारी शरीर का वजन कैसे उठाती हैं। इस अनुपात-भेद को उन्होंने जैसे चाल की लयात्मकता से साध लिया था। झूले की सी मन्थर दोलायमान लय। उसका अपना आकर्षण था। स्कूल के प्रति अपने समर्पित व्यक्तित्व, संगीत-प्रेम, मधुर कंठ और स्नेहिल व्यवहार के कारण वे शिक्षकों और विद्यार्थियों में समान रूप से प्रिय थीं।

पिताश्री को अपनी छह वर्षीया बेटी को उनके हाथ में सौंपने में कोई संकोच नहीं हुआ। तब नृत्य के नाम पर केवल 'कत्थक' का प्रचलन था। जयपुर घराने के मशहूर कत्थक गुरु हनुमान प्रसाद की देख-रेख में मेरी नृत्य-शिक्षा आरम्भ हुई। गुरु जी नाटे कद के स्थूलकाय प्राणी थे। धोती पर लम्बा-सा कोट और सिर पर भारी-सी पगड़ीधारी इस निपट श्यामवर्णी गुरु की देख-रेख में सोलह मात्रा की तीन ताल पर जो 'ता-थेई थेई ततऽ थेई थेई तत' की तत्कार से आरम्भिक शिक्षा शुरू हुई, उसमें पिता की मृत्यु तक कोई व्यवधान नहीं आया।

विद्यार्थी बहुत गिने-चुने थे। जिनकी याद है, उनमें मेरे अलावा एक बंगाली परिवार

की दो सुन्दर लड़कियाँ थीं जो उम्र में मुझसे तीन–चार साल बड़ी थीं। उनके पिता डॉक्टर एस.के. सेन चाँदनी चौक में दरीबा बाज़ार के ठीक सामने वाली बिल्डिंग की पहली मंजिल में पैथोलॉजी लैब चलाते थे। उतना सुसंस्कृत, मधुरभाषी व्यक्ति मैंने दूसरा नहीं देखा। पिताजी ने अपने पुत्र नम्बर तीन को, जिनके बारे में कहा जाता था कि उन्होंने जैसे–तैसे एंट्रेंस (10+2) पास कर लिया था, इन्हीं डॉक्टर साहब के साथ व्यावहारिक प्रशिक्षण के लिए नत्थी कर दिया था। बेटे पर उस सुसंस्कृत परिवार का प्रभाव कुल मिलाकर अच्छा ही पड़ा। उन्होंने अपने गुरु की वेशभूषा की नकल करके बंगाली शैली का धोती–कुरता धारण कर लिया। बोलचाल में सलीका और एक हद तक विनम्रता आ गई। और तो, और संगीत–प्रेम पैदा हो गया जिसके चलते उन्होंने इसराज बजाना सीखना शुरू कर दिया।

उनके इस संगीत–प्रेम का एक परोक्ष कारण डॉक्टर साहब की सुन्दर बेटियों पर डोरे डालना भी था। यह बात अलग है कि उन्हें इस दिशा में निरन्तर प्रयत्न करते रहने पर भी कोई सफलता नहीं मिली, पर उनके संगीत–प्रेम का लाभ मुझे मिल गया। पिताजी को बड़े भाई के रूप में अपनी बेटी का ऐसा भरोसेमन्द संरक्षक मिल गया, जिसके सहारे वे मुझे बेधड़क होकर संगीत के कार्यक्रमों में भेजने लगे। भाई साहब को यह व्यवस्था इसलिए रास आ गई क्योंकि उनके संगीत–प्रेमी डॉक्टर गुरु स्कूल के प्रशासन से भी सम्बद्ध थे। कार्यक्रमों में उनकी निरन्तर उपस्थिति रहती। भाई साहब को उनके पुछल्ले के रूप में आने और लड़कियों के आस–पास मँडराने का अवसर मिल जाता। वे धीरे–धीरे नृत्य के कार्यक्रमों में संगत करनेवाले वाद्य–वृन्द में भी शिरकत करने लगे। कुल मिलाकर सब कुछ बहुत भरा–पूरा, बेहद सुखद। एक ही समय में कई मोर्चों पर व्यस्त रहने की आदत शायद इसी दिनचर्या से पड़ी होगी। दोपहर तक स्कूल, उतरती दोपहर उर्दू शिक्षा और सप्ताह में तीन सन्ध्याएँ नृत्य शिक्षा।

नृत्य का मेरा पहला सार्वजनिक कार्यक्रम सात साल की उम्र में हुआ। संगीत स्कूल का वह पहला सार्वजनिक प्रोग्राम था। पिताजी के पाँव धरती पर नहीं पड़ रहे थे। आज भी याद है, हरी जार्जेट का चौड़े गोटेवाला लहँगा बना। उस पर लाल रंग की चुनरी। परिवार की ज़िन्दगी में यह अपने ढंग का पहला अवसर था। पिता ने लाडली बेटी को सजाने–सँवारने में कोई कसर नहीं छोड़ी। सिर पर असली मोती–पन्ने की माँग–पट्टी, गले में जड़ाऊ सीतारामी और हाथ में मेल खाते दस्तबन्द। जौहरी की बेटी, सो नकली जेवर पहनने का सवाल नहीं उठा। आयोजन कश्मीरी गेट के उस सिनेमा हॉल में हुआ जो अब 'रिट्ज' कहलाता है। उस समय उसका नाम 'कैपिटल' था। उस अवसर पर खींचा गया चित्र बरसों बाद न जाने कहाँ गायब हो गया!

घर में अफरा–तफरी मची थी। वाहवाही नृत्य से ज्यादा छोटी उम्र के कारण हुई होगी। उस ज़माने में किसी बाल नर्तकी को ठीक–ठिकाने से सुर–ताल में नाचते देखना जनता को विस्मित कर देने के लिए काफी था। यह सिलसिला एक बार शुरू हुआ तो चल निकला। स्कूल के हर कार्यक्रम के बीच मेरा एकल नृत्य अजूबे की तरह ज़रूर

पेश किया जाता। भाई साहब बहन की वाहवाही से गौरवान्वित महसूस करते तो उनकी नाक के दोनों पोर फड़फड़ाने लगते। उन्होंने इस बात की चिन्ता करनी भी छोड़ दी थी कि उनकी दोनों सगी बहनें उनके इस व्यवहार से कितनी जली-भुनी रहती हैं।

ऐसे यादगार कार्यक्रमों में दो कार्यक्रम कभी नहीं भूले। एक अखिल भारतीय संगीत सम्मेलन, जो शहर में जुबली हॉल नाम के सिनेमा हॉल में हुआ, उसमें मैंने उस्ताद फैयाज खाँ को पहली बार बड़ा खयाल गाते सुना। तान पलटे लेते हुए आवेश में उनका पिछाड़ा स्टेज से लगभग आधी-आधी फीट तक उठता-बैठता रहता। जिन लोगों ने उन्हें गाते सुना है, वे उनकी इस लयबद्ध उठक-बैठक से परिचित होंगे। उनकी दूसरी पहचान थी पोशाक पर एक भारी काली वास्कट जिस पर अनेक मेडल लटके रहते। उस समय तक पक्की गायकी की सही समझ तो थी नहीं, उनका गाना संगीत से ज्यादा गलेबाजी की अदाकारी लगता था।

दूसरा कार्यक्रम रियासत जयपुर में सम्पन्न हुआ। वहाँ एक सालाना प्रदर्शनी हुआ करती थी। उसमें भाग लेने के लिए राजघराने से निमंत्रण आया। निर्मला जोशी अपनी मंडली को लेकर रवाना हुईं। स्कूल उस समय मुख्य रूप से कत्थक शैली में 'कृष्ण लीला' प्रस्तुत करता था। लीला का आरम्भ जोशी जी के मधुर कंठ से 'भरन जात जमुना के तीर जल...' की तान पर सखियों के साथ राधा के प्रवेश से होता और अनेक लीलाओं से होता हुआ 'महारास' में पर्यवसित होता। इस लीला के बीच में बाल नर्तकी के रूप में मेरी एकल प्रस्तुति हर कार्यक्रम में होती। उस बार भी हुई। कार्यक्रम के बाद महारानी गायत्री देवी कलाकारों से मिलने अन्दर आईं। मुझे विशेष रूप से बुलवाया। बड़े लाड़ से गोद में बैठाकर मोती की एक माला गले में डाल दी। उस समय उनके अनिन्द्य सौन्दर्य पर आँख नहीं ठहरती थीं। उनके व्यवहार से मैं अवाक्। उन्हें निहारती रही। उस क्षण की स्मृति लम्बे समय तक मन में सिहरन भरती रही।

मेरी उम्र के खयाल से मेरा कार्यक्रम ऐसे आयोजनों में आरम्भ में रख दिया जाता था। सम्मेलन आधी रात तक चलते और मैं इस बीच उठकर दर्शकों के बीच किसी-न-किसी सम्बन्धी की गोद में नींद से लुढ़क जाती।

संगीत में रुचि का बीज बाल्यावस्था में इन्हीं अनुभवों के बीच अंकुरित हुआ और ताज़िन्दगी तरह-तरह से फूलता-फलता रहा। तमाम बड़े उस्तादों को, जिनमें मुश्ताक हुसैन खाँ, अहमद जान थिरकवा, बिस्मिल्लाह खाँ, अलाउद्दीन खाँ, हाफिज अली खाँ, विलायत खाँ जैसे नाम शामिल हैं, मैंने उम्र के आरम्भिक दौर में ही पहले सुना फिर क्रमशः समझने की योग्यता अर्जित कर ली थी।

माँ भी बच्चों की पढ़ाई-लिखाई, संगीत-नृत्य की शिक्षा से प्रसन्न थीं। भीतर-ही-भीतर गर्व का अनुभव भी करती ही होंगी, पर परिवार के दूसरे सदस्यों के प्रति उनके व्यवहार में कोई अन्तर नहीं आया। वे उसी समर्पित निष्ठा-भाव से गृहस्थी की जिम्मेदारियाँ निभाती रहीं।

मुझे लेकर उनकी नज़र में एक खास किस्म का चौकन्नापन और सावधानी ज़रूर

घर कर गई थी। घर में मेरे हमउम्र लड़के ही ज्यादा थे। तीन बड़े भाई के, दो चाचा के, एक मेरा अपना भाई और तब तक मुझसे चार साल छोटे भाई की आमद भी हो चुकी थी। वे बराबर मुझ पर पैनी नज़र बनाए रखतीं कि मैं लड़कों के साथ हुड़दंग तो नहीं मचा रही! जब खेलकूद में शोर-शराबा ज्यादा मचता तब डाँट मुझे ही सुननी पड़ती, 'क्यों घोड़ी-सी कूद रही है सबके बीच में?' या फिर 'आवाज धीरे नहीं निकलती तेरी?' बड़े भाई के दोस्तों के बीच बैठने पर सख्त मुनादी थी, 'क्या कर रही वहाँ बड़ों के बीच घुसी तू? चल, इधर आकर अपना काम कर।'

नृत्य के कार्यक्रमों में जब जाना होता तो भाई के अलावा, घर का एक पुराना बुजुर्ग नौकर मेरी चौकीदारी के लिए ज़रूर भेजा जाता। लौटने पर बड़ी तफसील से वे उससे सारा ब्यौरा तलब करतीं।

घर के बाकी सदस्यों की भौतिक ज़रूरतों का खयाल रखना भी माँ की ज़िम्मेदारी थी। सबके खाने-पीने, कपड़े-लत्ते की व्यवस्था ठीक रहे, इसका सारा दायित्व उन्हीं पर था। अक्सर पहली मंजिल के जँगले से उनकी आवाज गूँजती—'अरे छोटेलाल! लाला जी से कहना, लट्ठे का थान भिजवा दें। बच्चों के पाजामे सिलेंगे।' बच्चों का मतलब 'सन्तानों' के क्योंकि थान आने पर उनकी मशीन चालू होती तो कई दिनों तक उससे छोटे-बड़े पाजामों, जाँघियों, पेटीकोटों की निकासी होती रहती। उस समय औपचारिक कपड़ों के अलावा दर्जियों से कपड़े सिलवाने का चलन नहीं था, अन्त:वस्त्रों का तो बिल्कुल भी नहीं।

माँ का मीन-मेख वाला अन्दाज़ कुछ अलग ही था। रोज सवेरे पिताजी के दुकान जाने से पहले वे नाखूनों से उनकी मलमल की धोती की किनारी में बारीक चुन्नट डालतीं। उनके कुरते की बाँहों को तकिए के ऊपर सहारकर इमली के बड़े से चिंएँ से उनमें लहरिया भरतीं। उनका रुमाल, छड़ी सब इस करीने से यथास्थान रखा जाता कि उन्हें किसी चीज को ढूँढ़ने की मशक्कत न करनी पड़े।

घर भर के कुरते सिलवाने के लिए भी लम्बी प्रक्रिया का पालन होता था। घर में मलमल के थान आते। माँ उसमें से नाप-जोखकर बड़े करीने से कलीदार कुरते काटतीं। दुकान के माध्यम से फरमान जारी होता कि अमुक कारीगर की बीवी को बुलावा भेजा जाए। अगले ही दिन बुरके में लिपटी आकृतियों का एक जोड़ा माँ के पास नमूद होता। हमारी बाल टोली ने उनकी वेशभूषा को लक्ष्य कर उनके लिए 'बन्द गोभी' विशेषण तय कर दिया था। गली में प्रकट होते ही उनके आगमन की सूचना इसी 'संज्ञा' से माँ तक पहुँचती। वे उनके स्वागत में चटाई बिछाकर बड़े करीने से कटे कुरतों के अंग-प्रत्यंग की बारीकियाँ समझाते हुए हाथ की सिलाई करने के लिए सब साज-सामान उनके हवाले कर देतीं। इस ताकीद के साथ कि सिलाई सफाई से एकदम 'नाखूनी' होनी चाहिए। वापसी के समय अपनी पैनी नज़र से वे झोल, तुरपाई, सफाई सबका भली भाँति जायजा लेकर ही कपड़ों का हिसाब चुकता करतीं। हाथ की बारीक सिलाई करने का यह अद्‌भुत हुनर इन्हीं औरतों के हाथों में होता था। अगर मुझे सही

याद हो तो इस मेहनत का भुगतान एक या दो रुपए फी कुरते के हिसाब से होता था।

यह वह ज़माना था जब असली घी का कनस्तर (16-18 सेर का) शायद अट्ठारह रुपए में आता था और तमाम छोटी-मोटी खरीदारी एक-दो पैसे प्रति वस्तु के हिसाब से होती थी। इसलिए जामा मस्जिद के आस-पास मटिया महल, चितली कबर, फराशखाना जैसे गली-मोहल्लों में बसी ये औरतें भारी बुरकों में लिपटी, स्लीपर पहने, पैर घसीटती हुई दो-चार रुपए के लिए यह ज़हमत उठाती थीं तो आज इस पर आश्चर्य नहीं होना चाहिए। इसके अलावा हिन्दू-परिवारों में इनका आना इसलिए बिल्कुल निरापद समझा जाता था क्योंकि इनके खाविन्द दुकान के लिए जेवर गढ़ने और जड़ने का नियमित काम करते थे। पाकिस्तान बनने के बाद इनमें से अधिकांश उधर चले गए और दिल्ली का जौहरी बाज़ार उस कारीगरी से महरूम हो गया।

घर में सब कुछ एक ढर्रे में बँधा चल रहा था या चलता लग रहा था। कभी-कभी कुछ कलह-क्लेश का आभास ज़रूर होता था। पिताजी से माँ का कुछ शिकवा-शिकायत जैसा। वे कभी सुनकर जैसे घुन्न साध जाते। कभी माँ कुछ डाँट-फटकार सी सहती दिखाई पड़तीं। कभी दोनों के बीच कुछ गम्भीर मंत्रणा का सा आभास होता। सब बच्चों की समझ से परे। हम नहीं जानते थे कि भीतर-ही-भीतर ज्वालामुखी का लावा पक रहा है जिसके फटने पर हमारी जिन्दगियों में भूकम्प आनेवाला है। इस बरगद से कुटुम्ब की छोटी-बड़ी शाखाओं के भीतर जिस दीमक ने घर कर लिया है, वह धीरे-धीरे पूरे वृक्ष को धराशायी करने में सफल हो जाएगी। बाल-मंडली घटनाओं की साक्षी भले ही रही हो, उनके दूरगामी परिणामों से पूरी तरह बेखबर, आपसी खेल-कूद, मार-पिटाई में मस्त थी। सब अपने-अपने स्कूलों से लौटते। गर्मियों की दोपहर हो तो घेर-घोटकर माँएँ कुछ देर के लिए कमरों में कैद करतीं। दोपहर ढलते ही यह टोली आँगन में या छत पर लुका-छिपी या 'हरा समुन्दर गोपी चन्दर, बोल मेरी मछली कितना पानी?' वाले भाग-दौड़ के खेल में मगन हो जाती। अकेली लड़की होने के कारण आरम्भ में मछली की भूमिका मेरे ही गले पड़ती। बाद में मेरे एतराज़ करने पर लड़कों में से कोई मच्छ बेमन से कभी-कभी यह भूमिका निभा देता।

आँगन से लगी बैठकों में धीरे-धीरे दुकान के कुछ प्रौढ़ कर्मचारी गाहे-बगाहे अड्डा जमाने लगे थे। उनमें एक थे छोटेलाल। दुबले-पतले, मुँह पर हल्के-से चेचक के दाग, पैने नाक-नक्श, बड़ी मूँछें; कर्म से नहीं, जाति से नाई। उनका मुख्य काम था दुकानों की चाभियाँ ले जाकर उन्हें खुलवाना और झाड़-पोंछ कराके लाला जी की पहुँच से पहले उनकी अगवानी के लिए तैनात हो जाना। दुकान पर नियमित रूप से जाना तो पिताजी और चाचा जी का ही होता था। बाकी मुनीम-गुमाश्ते आस-पास के मोहल्लों से आते थे। इनमें से कुछ एक शरीफजादे काम सीखने के लिए मध्यवर्ग के परिवारों से शरणागत रहते थे (उस ज़माने की इंटर्नशिप ऐसे ही व्यापारी ठिकानों में सम्पन्न होती थी)। ईमानदारी और फरमाबरदारी का बीज इन लोगों के चरित्र में घरेलू संस्कारों से बोया जाता था। बहुत जल्दी इनके साथ पारिवारिक सम्बन्ध जैसे

हो जाते और हर तीज-त्योहार, खुशी-गमी में इनकी शिरकत उसी हैसियत से होने लगती। उनमें से एकाध परिवारों के वंशज आज भी बड़ी सफलता से इसी व्यापार के सहारे फल-फूल रहे हैं। आँख में वही लिहाज़, वही सदाशयता, जो इनके पूर्वजों में थी। शायद इसलिए कि अभी भी पुरानी दिल्ली के बाहर की रिहाइशी दुनिया से इनका सम्बन्ध नाम-भर का है।

बच्चों का ज्यादा साबका छोटेलाल से ही पड़ता था। घर और दुकानों के बीच निर्बाध आवाजाही उनकी ही थी। हम सबके लगभग चौकीदार, संरक्षक, घर-बाहर के सन्देशवाहक, बड़ों के परम विश्वासपात्र। उनके अलावा एक और शख्सियत थे पंडित झम्मनलाल। प्रौढ़ वय के, गाँव मुरैना, जिला भिंड, रियासत ग्वालियर के वासी। वे दुकान की चाकरी में कैसे आए, नहीं मालूम। पर आ गए तो घर में भी घुसते चले गए। उनके पास रहने का कोई स्थायी ठिकाना नहीं था तो धीरे-धीरे उन्होंने बच्चों को घर में प्रवेश का माध्यम बनाया। दुकानें तब देर शाम तक खुली रहती थीं। वहाँ की तालाबन्दी करने के बाद वे चाभियाँ लेकर घर आते तो बच्चों की मंडली को घेरकर बैठ जाते। गजब के बातूनी और किस्सागो थे वे। उनके पास डाकू मानसिंह और हातिमताई के न जाने कितने किस्से थे। उन्हें विलम्बित लय में खींचने की कला भी। किस्सा शुरू होता तो तब तक चलता, जब तक माँ की डाँट नहीं सुनाई पड़ती। वे भरे बदन और लम्बे कद के गँवई इन्सान थे। बदन पर गाढ़े का धोती-कुरता, जो कभी बहुत साफ धुला नहीं होता था। सिर पर खादी की अधमैली गांधी टोपी और चेहरे पर धवल घनी नोक मुड़ी मूँछें—कुल मिलाकर खासा निरापद व्यक्तित्व था उनका। स्वभाव में खुट-सयानापन रहा होगा। उसी के कारण उन्होंने घर में जगह बनाने का नायाब तरीका निकाला था। उनका परिवार तो गाँव में था। उन्हें चाहिए था बस सोने का ठिकाना। सो उन्होंने बच्चों के सहारे घर के नीचे की बैठक में बना लिया।

किस्सागोई के अलावा उन्होंने हमें चौपड़ खेलने की दीक्षा भी दी। किस्से आखिर कितने और कब तक चलते? सो खाने-पीने के बाद चौपड़ बिछने लगी। पहले नागा देकर, फिर नियमित रूप से। माँ फिर सावधान हुईं। उन्होंने ताक रखनी शुरू की और उस क्रम का भंजन किया। इस सबमें व्यवधान तब आता था जब पंडित जी छुट्टी लेकर कुछ दिन के लिए गाँव जाते। उनके गाँव का पता हम लोगों को उनकी ओर से घरवालों को पोस्टकार्ड लिख-लिखकर कंठस्थ हो गया था।

पंडित जी ने स्वयंसेवक की भूमिका अख्तियार करके एक ज़िम्मेदारी और ओढ़ ली थी। गर्मियों की छुट्टियों में वे बाल-मंडली को इकट्ठा करके सुबह-सुबह यमुना स्नान के लिए पैदल ले जाने लगे। तौलियों में सब अपने-अपने कपड़े बगल में दबाए बड़े उत्साह से इस पदयात्रा के लिए निकल पड़ते। यमुना का पाट तब खूब चौड़ा, जल काफी साफ-सुथरा और नगरवासियों के धर्म-ध्यान और तैराकी का प्रिय स्थल था। पौ फटते ही धर्मानुरागी प्रौढ़ महिलाएँ छोटी डालियों में पूजा-अर्चना का सामान सहेजे भजन गुनगुनाती यमुना स्नान के लिए शहर की गलियों से निकलकर उधर का रुख

करतीं। पुण्य-लाभ के अलावा उनकी दबी-घुटी पर्दादारी वाली दिनचर्या से यह प्रात:चर्या उन्हें खुली हवा में साँस लेने और बाहरी ज़िन्दगी का दीदार करने का मौका भी देती ही होगी।

हम सब बच्चे डुबकियाँ लगाने के बाद घाट पर बैठे पंडित जी से चन्दन का टीका लगवाकर परम प्रसन्न होते। इस बीच पंडित झम्मनलाल घाट पर आसीन रहते, गपियाते और आखिर में घाट वाले पंडित जी के सामने एक-दो ताँबे के पैसे की भेंट चढ़ाकर बच्चों समेत चलते बनते। कुल मिलाकर बड़ी चतुराई से उन्होंने बच्चों के माध्यम से घर में जहाँ गुंजाइश देखी, वहीं से अपनी राह बना ली और प्राय: घर में ही पड़े रहने लगे। बाद में माँ जब मुसीबतज़दा हुईं तो वे कई संकटापन्न स्थितियों में बड़े काम आए—आज्ञाकारी संवेदनशील सेवक भाव से।

उस ज़माने के संयुक्त परिवारों में तह-दर-तह ज़िन्दगी की अनेक परतें समानान्तर गतिशील रहती थीं। कभी-कभी एक दूसरे के बीच लुका-छिपी के खेल की तरह। प्रत्यक्ष भी जो घटित होता था, बच्चों को प्राय: उससे अलग ही रखा जाता था।

हमारा परिवार भी इस जीवन-शैली का अपवाद नहीं था।

परिवार में फूट का बीज तो बड़े भाई की दूसरी शादी के साथ ही पड़ गया था। अपनी हैसियत के अनुरूप पिताजी ने उनकी शादी कपड़े के एक रईस व्यापारी की बेटी से की। भाभी देखने में खासी सुन्दर, पाँच बहनों में सबसे छोटी, पिता की लाड़ली सन्तान थीं। उन बहनों से छोटा सेठ जी का इकलौता बेटा कुछ वर्ष बाद अपनी आवारगी की भेंट चढ़ गया।

उस परिवार की खासियत यह थी कि सेठ जी अपनी बेटियों का विवाह भौगोलिक दूरी पर नहीं करना चाहते थे। ऐसे ही परिवारों को लक्ष्य करके यह कहावत बनी होगी कि 'दिल्ली की बेटी, हिसार की गाय, करम फूटे से बाहर जाय।' सो पाँचों बेटियों को उन्होंने आस-पास के मोहल्लों में ब्याह दिया। सब पैदल की पहुँच के भीतर। भाभी रोज मन्दिर के बहाने घर से निकलतीं और परिक्रमा प्राय: मायके जाकर पूरी होती। इतना ही नहीं, शादी में दोनों पक्षों से जो गहना-कपड़ा मिला था, उसमें से सारा कीमती सामान धीरे-धीरे समधी जी की तिजोरियों में पहुँच गया। भेद खुला तब जब कहीं भी जाने का अवसर आए तो वे तैयार होने के लिए पैर दबाकर मायके की तरफ लपकें। पिताजी ने इसे अपनी हेठी समझा। समझाने-बुझाने से काम नहीं चला तो छड़ी फटकारते समधी की ड्योढ़ी पर जा चढ़े और उनकी इज़्ज़त उतार ली।

समधी जी का व्यवहार अनुचित और पक्ष कमजोर था। जवाब देते न बना होगा, पर उन्होंने परिवार को विखंडित करने का संकल्प तभी कर लिया। सो देखते-ही-देखते भाई साहब ने पिताजी के सामने अलगौझे की पेशकश कर दी। सम्पत्ति चूँकि

पिताजी की स्वयं अर्जित थी, विरासत में तो वे तन पर सिर्फ़ एक जोड़ी कपड़ा लेकर निकले थे, इसलिए किसी का कानूनी हक तो बनता नहीं था। प्रस्ताव चूँकि ससुर के सिखाए से पेश हुआ था, इसलिए और भी नहीं। नतीजतन भाई साहब अपनी पत्नी और दो बेटों सहित ससुराल के शरणागत हो गए। ससुर को इसकी उम्मीद ही थी सो उन्होंने पहले से ही दस गज के फासले पर एक दड़बेनुमा मकान खरीदकर तैयार कर रखा था। बेटी को उसमें बसा दिया गया। इधर सख्तजान पिता के अन्तर में दरार पड़ गई।

मनोबल के लिए दूसरे बेटे से भी कोई आस–उम्मीद नहीं थी। पढ़ाई–लिखाई के प्रति परम उदासीन, बाज़ार के आवारा नवयुवकों की सोहबत। व्यापार के प्रति विशेष रुझान नहीं। बड़ी भाभी जब मन्दिर के बहाने निकलतीं, तब पाँव दबाकर कुछ ही मिनट बाद देवर जी प्रस्थान करते पाए जाते। माँ की तेज नज़र से यह हरकत छिपी नहीं। पिताजी के मन पर भार डालने की बजाय उन्होंने बड़े बेटे के कान भर दिये। अगले दिन भाभी–देवर का पीछा करते वे भी रवाना हो गए। हाथ में छतरी थी। मन्दिर में उन्होंने क्या देखा, कोई नहीं जानता। पर जब वापसी हुई तो देवर तो उड़न–छू हो चुके थे। भाई भाभी के पीछे–पीछे घर में छतरी की मार मारते हुए घुसे। भाभी तेज थीं। स्थिति तुरन्त भाँप गईं। पति पर तो बस क्या चलता। अपनी कैंची–सी जुबान से उन्हें जो कहना–सुनना था, सब सास को सुना–सुनाकर कह दिया गया। बन्दर की बला तबेले के सिर। माँ को साँप सूँघ गया, क्योंकि बात सब पर उजागर हो गई थी। उन्होंने भाई को समझा–बुझाकर इस कांड पर पर्दा डालने की कोशिश की। पिताजी ने किसी से कुछ नहीं कहा। बस, तय कर लिया कि दूसरे साहबजादे पर भी गृहस्थी का भार डाल दिया जाए।

इस बीच वे एक हरकत और कर चुके थे। दरीबे के चाँदनी चौक की तरफ के कोने पर जो मशहूर जलेबी की दुकान है, उसके मालिकों में से किसी के साहबजादे से उनकी दोस्ती थी। किसी बात पर उससे झगड़ा हुआ तो वे मारपीट करके फरार हो गए। थाने में रिपोर्ट दर्ज हुई। पुलिस को मौका मिल गया। साहबजादे की गिरफ्तारी के लिए थानेदार कांस्टेबल सहित घर आया। बेटा नदारद तो उसने हथकड़ी बाप के हाथ में डाल दी। घर से काफिला चला। थानेदार ने अपर पक्ष से रिश्वत खाकर बीच बाज़ार से लाला जी की सवारी निकाली। होशियारी इतनी ज़रूर बरती कि ऐसा उसने बाज़ार बन्द होने के बाद किया, पर जो किया, वह उनकी इज्जत मिट्टी में मिलाने के लिए काफी था। खबर आग की तरह फैली। साहबजादे सुनते ही बिल में से निकल आए और कोतवाली में पेश हो गए। लाला जी को हवालात सुपुर्द करने की योजना धरी रह गई। वे पहुँचे ही थे कि वापसी का बानक बन गया। बाकी कार्यवाही के लिए चाचा जी को छोड़कर वे घर आ गए। बात इतनी बड़ी न थी, सो बेटाराम भी जल्दी ही छूट गए। बाप की हाय–हाय और गालियों की बौछार के सामने सिर झुकाए बैठे रहे, पर इस घटना ने लाला जी की कमर तोड़ दी।

आज यह सोचकर हैरत होती है कि पितृसत्तात्मक सामाजिक संरचना में ऐसे

लड़कों की शादी कोई समस्या थी ही नहीं। आनन-फ़ानन में नम्बर दो का भी विवाह हो गया। टक्कर के सम्पन्न परिवार में। समधी इस बार शायद जान-बूझकर दिल्ली के बाहर ढूँढ़े गए। मेरठ के रईस व्यापारी। दो निहायत शरीफ बेटों के बाप। उनकी इकलौती बेटी ब्याह कर आईं तो दहेज में 'मोटर' लाईं। समय और इलाके की पहली 'मोटर गाड़ी'। साथ में थैलियों में भरी नगदी। कितनी ? पता नहीं। पता बस इतना है कि उसी मौके पर पिताजी ने चाँदी का सट्टा लगाया था, ज़िन्दगी में पहली और आखिरी बार। सट्टे में भारी नुकसान हुआ और दहेज में आईं थैलियाँ वैसी की वैसी घाटे में उठ गईं। बिना गिनती किए। घर में हाहाकार मचा, 'बहू का पैर अच्छा नहीं पड़ा।' बेचारी भाभी पैसा भी लाईं और अपयश भी।

वे विशेष सुन्दरी नहीं थीं, पर स्वभाव से इतनी मधुर और विनम्र कि उन्होंने बड़ी जल्दी घर में सबका दिल जीत लिया। पति का भी अस्थायी रूप से। पर ससुराल में पैर उनका भी नहीं टिकता था। किसी-न-किसी बहाने मायके पड़ी रहतीं। जब हमारी छुट्टियाँ होतीं तो हममें से भी एकाध को साथ ले जातीं। बड़ी-सी कोठी, चारों तरफ खुले लॉन। दो गोल-मटोल बड़े हँसमुख जवान भाई, नौकर-चाकर और परिवार के सभी सदस्य बड़े स्नेही। बड़ा मन लगता था हमारा उनके यहाँ। अब समझ में आता है कि उस ऐशो-आराम वाली शान्त ज़िन्दगी की तुलना में हमारे नाना रूप-गुण वाले जीव-संकुल परिवार में उनका मन घुटता ही होगा। कारण जो रहा हो, परिणाम सुखद नहीं हुए। भाई साहब की ससुरालोन्मुखता बढ़ती गई। पत्नी-प्रेम के कारण नहीं बल्कि अपने निकम्मेपन और ऐयाशी के कारण। नौचन्दी के मेले के अवसर पर वे हम बच्चों को मेला घुमाने के बहाने साथ लिये ससुराल पहुँचने लगे। बच्चे तो घूम-फिरकर समय से वापस आ जाते, पर भाई साहब का मेला देर रात गए तब शुरू होता जब शहर के रईसजादों के तम्बुओं में नाच-गाने की महफिलें सजतीं। अन्ततः इन्हीं महफिलों के बीच से वे एक गानेवाली को साथ ले आए और कहीं किराये के घर में बसा लिया। कुछ ही दिनों में पिताजी को भनक लग गई। बेटे को तलब किया गया। दोनों के बीच जो हुआ होगा, उसका परिणाम यह निकला कि साहबजादे को छोटी दुकान पर बैठाकर उसकी ज़िम्मेदारी सौंप दी गई ताकि वे काम के बोझ से रास्ते पर आ जाएँ। वे रास्ते पर तो क्या आते! भाभी किनारा करके मायके जाकर जो बैठीं तो वापस नहीं लौटीं। सन्तान कोई थी नहीं। सो उन्होंने कोई समस्या पैदा करने की ज़रूरत नहीं समझी होगी, पर इस प्रसंग से पिताजी के भीतर एक दरार और पड़ गई।

माँ ऐसी घटनाओं से अछूती कैसे रह सकती थीं! गाहे-बगाहे पिताजी की हताशा झुँझलाहट में रूपान्तरित होकर माँ पर उतरती। माँ के पास चुप रहने और सहने के अलावा कोई रास्ता नहीं था। रात-दिन घर के कामकाज में खटना। सौतेली सन्तानों की करतूतों के साथ रहना। अपने बच्चों को इस माहौल से बचाने की युक्तियाँ तलाशना। उनकी उपलब्धियों को यथासम्भव दूसरों की नज़र से बचाना। अपने बड़े होने की मर्यादा का निर्वाह करना। लाख कोशिश करने पर भी घर की शान्ति बनाए

रखना दूभर हो गया। उन्हें शायद बच्चों समेत उस घर से निकासी में ही मुक्ति दिखाई देने लगी होगी। सो उन्होंने उस विकट परिस्थिति में एक साहसिक कदम उठा लिया।

उन दिनों हमें संगीत सिखाने जो संगीत मास्टर आते थे, वे 'रमन जी' नाम से जाने जाते थे। पूरा नाम याद नहीं। थे बड़े स्नेही और सुगम संगीत के अच्छे अदाकार। समय के साथ वे भी परिवारी-से ही हो गए थे। माँ की स्थिति बाहर वालों से बहुत दिनों तक छुपी नहीं रहती थी। रमन जी बीच-बीच में, फिल्मों में काम तलाशने के लिए बम्बई की खाक छानते रहते थे। एक बार उन्होंने लौटकर सूचना दी कि उन्हें वहाँ काम मिल गया और हमने आश्चर्य से देखा कि वे के.एल. सहगल वाली मशहूर फिल्म 'तानसेन' में, तानसेन के प्रतियोगी की भूमिका में दरबार में मौजूद हैं। दरअसल, फिल्म देखने का कार्यक्रम भी उन्हीं के कहने पर बना। माँ को आशा की किरण दिखाई दी। उनके बम्बई से लौटने पर माँ ने ज़रूर अपना दुखड़ा रोते हुए, उनसे फिल्म लाइन में बाल कलाकार के रूप में बच्चों के काम पाने की सम्भावना पर बात की होगी। रमन जी ने तरस खाकर कोशिश करने का आश्वासन दिया। खुद बम्बई रवाना हुए और कुछ दिनों के बाद हम दोनों को वहाँ ऑडिशन के लिए पेश करने की अनिवार्यता बता गए।

माँ ने साहस बटोरा। गुपचुप तैयारी की। थोड़े-से कपड़ों का साज-सामान इकट्ठा किया और बच्चों समेत ट्रेन चढ़ गईं। उन दिनों तीसरी श्रेणी में सफ़र करना बहुत कठिन काम नहीं था। ब्यौरे याद नहीं कि भरे घर के बीच से बच्चों को लेकर निकलने, स्टेशन पहुँचने, टिकट खरीदने और सही गाड़ी पकड़ने में किसकी सहायता ली गई थी। किसी सेवक की या छोटे मौसा जी की, पर वे अपनी इस कच्ची गृहस्थी के साथ रमन जी का पता हाथ में लिये बम्बई पहुँच गईं। ठहरने की व्यवस्था किसी धर्मशाला में की गई, शायद माहिम के आस-पास। क्योंकि ऑडिशन वहीं किसी स्टूडियो में होनेवाला था, पर वह नौबत आई ही नहीं।

माँ और बच्चों के गायब होते ही घर में हड़कम्प मचा। पिताजी ने शायद इस पूरी कार्यवाही के सहायक को ही अन्दाज़े से धर लिया होगा। हो सकता है, शोर मचने पर उसने खुद ही डर के मारे आत्मसमर्पण कर दिया हो, पर कुल जमा नतीजा यह हुआ कि अगले ही दिन वे बम्बई पहुँच गए। कुछ डाँट-डपट से, कुछ खुशामद और आश्वासन देकर माँ को वापस आने पर राजी कर लिया। इस प्रक्रिया में रमन जी ने भी दोनों पक्षों को समझाने-बुझाने में हितैषी की भूमिका अदा की और फिल्म स्टार बनने का वह सम्भावित अवसर हमारे हाथ से निकल गया।

इस घटना से पिताजी के पाँव तले की जमीन ज़रूर सरक गई। उन्हें माँ की सहनशीलता का अन्तिम छोर दिखाई पड़ गया और उन्होंने उन पर अनुचित दबाव बनाना कम कर दिया। माँ को भी अपने इस साहसिक अभियान की वास्तविक कठिनाई समझ में आ गई। दोनों पक्षों में अनबोल समझौता हो गया, पर पिताजी की भीतरी दरारें और गहरा गईं।

इन तमाम घटनाओं का असर पिताजी के स्वास्थ्य पर पड़ने लगा। पहले उन पर मधुमेह का प्रकोप हुआ और फिर तपेदिक के कीटाणुओं ने उनके फेफड़ों में जगह बना ली। उस समय यह रोग संक्रामक और असाध्य समझा जाता था। गनीमत यह थी कि पहचान आरम्भिक स्थिति में ही हो गई। डॉक्टरों ने इलाज के अलावा स्वच्छ खुले हवा-पानी के लिए बन्द गली से बाहर निकलने यानी निवास बदलने की सलाह दी।

पूरी गृहस्थी का स्थानान्तरण तो सम्भव था नहीं, सो हमारी वाली यूनिट को उनके साथ पहले कुछ दिन के लिए मसूरी भेजा गया फिर लौटने पर सिविल लाइंस में किन्हीं 'मूसा साहब' की कोठी किराये पर लेकर उसमें रखा गया। पीछे छूटी घर-गृहस्थी और कारोबार की ज़िम्मेदारी उनके लक्ष्मण जैसे छोटे भाई यानी चाचा-चाची ने सँभाल ली। वे बराबर हर बात की खोज-खबर लेते-देते रहते। इलाज की व्यवस्था करते और बड़े भाई के परम अनुगत विश्वासपात्र होने की भूमिका को कुछ ऐसी विनीत आज्ञाकारी मुद्रा में अंजाम देते कि किसी तरह के शक-शुबहे की गुंजाइश नहीं बचती।

माँ को भी देवर-देवरानी पर पूरा भरोसा था। वे बड़े घर की ज़िम्मेदारी उन पर छोड़कर पिताजी की सेवा में लग गईं। तलवार की धार पर चलने जैसी उनकी यह भूमिका बेहद कठिन थी। बच्चों में पिताजी के प्राण बसते थे और डॉक्टरों की हिदायत थी कि संक्रामकता की आशंका से उन्हें पिता के सम्पर्क से बचाया जाए।

गली-मोहल्ले के वासियों को वहाँ की वीरानगी रास नहीं आ रही थी। शहर से बाहर रहने की व्यावहारिक कठिनाइयाँ तो थीं ही। तो शहर में ही मोती टॉकीज के पास आर्य समाज की मशहूर बिल्डिंग 'दीवान हॉल' में एक फ़्लैट किराये पर लिया गया। हम लोग सिविल लाइंस से एक ही दो महीने बाद इस फ़्लैट में आ गए। हमारे पड़ोसी थे एक सरकारी हायर सेकेंडरी स्कूल के प्रिंसिपल दीनदयाल खन्ना साहब। उनकी पत्नी और तीन बेटियों के साथ हमारे परिवार की खूब पटी। खन्ना साहब गम्भीर स्वभाव के बेहद शालीन व्यक्ति थे। पत्नी भी गोरी-चिट्टी बड़ी हँसमुख और भद्र महिला। तीनों बेटियाँ हम लोगों की ही हमउम्र। पढ़ी-लिखीं। कुल-मिलाकर बड़ा सभ्य-सुसंस्कृत परिवार। उन्हीं के स्कूल में डॉक्टर सत्यदेव चौधरी उस समय संस्कृत के अध्यापक थे, जो कुछ वर्ष बाद मेरे हिन्दी गुरु हुए। इस परिवार की सोहबत में कटे कुछ महीने हमारे लिए बहुत लाभकारी साबित हुए। शिक्षा के महत्त्व की समझ और रुझान और भी बढ़ा। यह सम्बन्ध घर वापसी के बाद भी वर्षों बना रहा।

दीवान हॉल से जब घर वापसी हुई तब लाला जी शरीर से स्वस्थ पर मन से जर्जर हो गए थे। अपने और माँ के भविष्य के बारे में आशंकित। परिवार में भी एक बड़ी ज़िम्मेदारी बच रही थी, बेटी नम्बर दो की शादी। वे औसत रूप-रंग वाली, नाटे कद और भरे बदन की कन्या थीं। पढ़ाई-लिखाई इतनी कि नागरी लिपि में राजी-खुशी के पत्र लिख-पढ़ लें। उनकी अपनी पसन्द-नापसन्द का तो सवाल था नहीं। शादियाँ तब व्यक्तियों के नहीं, परिवारों के बीच होती थीं। सो उनके लिए भी एक सम्पन्न

परिवार का वर तलाश लिया गया। कद लगभग छह फीट। श्याम वर्ण, मोटे नाक-नक्श, पर शराफत उनके पूरे व्यक्तित्व से छलकी पड़ती थी। परिवार इलाहाबाद के नामचीन ठेकेदारों का था। घर में रुतबा लड़के के पितामह का चलता था। वे धोती पर लम्बे कोट और सिर पर भारी पग्गड़ की पोशाक में बड़े रौबीले लगते थे।

रिश्ता तय हुआ तो पिताजी ने कन्या और वर की जन्मपत्रियाँ मिलवाने की पेशकश की। पिताजी के मित्रों में एक पन्त जी थे। वे सर्जन जोशी के निकट परिवारी तो थे ही, कवि सुमित्रानन्दन पन्त के भी दूर-दराज के सम्बन्धी थे। दिल्ली आते तो कई-कई दिन हमारे घर में मेहमान रहते।

लड़के की शराफत और परिवार की सम्पन्नता से पिताजी बेहद प्रभावित थे। वे जल्दी-से-जल्दी इस दायित्व से मुक्त होना चाहते थे। उन्होंने 'चट मँगनी पट ब्याह' वाली फुर्ती से शादी की तारीख तय कर दी। पन्त जी ने जन्मपत्री देखी तो ग्रह-नक्षत्र अनुकूल नहीं थे। उन्होंने बड़े विश्वास से अपनी गणना का फल सुना दिया, 'यह शादी इस तारीख को हो ही नहीं सकती।'

'पर शादी तो हो रही है पन्त जी,' लाला जी ने उनकी ज्योतिष विद्या को चुनौती दी।

'तो जो पत्री आपने मुझे दिखाई है, वह सही नहीं है।' पन्त जी अपनी बात पर अडिग थे। और लाला जी को उस समय इस प्रसंग पर पुनर्विचार करना अनुकूल नहीं लग रहा था।

तय तिथि पर बारात इलाहाबाद से रवाना हुई। घर से अगवानी के लिए बड़े भाइयों के साथ चाचा जी ने सुबह-सुबह स्टेशन के लिए प्रस्थान किया। घर में चहल-पहल थी। आँगन में गेंदे के फूलों की सजावट हो रही थी। सामने बैठक में पन्त जी पीठ पर दोनों हाथ बाँधे धीरे-धीरे टहल रहे थे। बच्चों की टोली आँगन में उछल-कूद में मगन थी। लाला जी वहीं कालीन पर आलथी-पालथी मारे बैठे थे, बड़े प्रफुल्लित और आतुर, 'कहिए पन्त जी, बारात तो अब आ रही है। अब आपका क्या कहना है?'

'उस जन्मपत्री के हिसाब से तो यह शादी आज हो ही नहीं सकती।' पन्त जी अपनी ज्योतिष गणना पर अडिग थे।

बारात पहुँचने की खबर का विकलता से इन्तजार हो रहा था। कुछ ही देर गुजरी होगी कि स्टेशन से हरकारा दौड़ता और चिल्लाता हुआ पहुँचा। लगभग विलापी स्वर में, 'लाला जी, बारात लौट गई। ट्रेन का एक्सीडेंट हो गया इटावा स्टेशन पर।'

एक्सीडेंट होना तो एक दुर्घटना थी ही, परिवार के लिए उससे बड़ी दुर्घटना यह थी कि इंजन के एक ब्लेड का टुकड़ा टक्कर के आघात से टूटकर उछला और पास के कम्पार्टमेंट में निद्रालीन दामाद की गरदन पर आ लगा। उनकी वहीं तत्काल मृत्यु हो गई। बेटी का ब्याह हुए कुल एक साल हुआ था। बारात के आगे बढ़ने का सवाल ही नहीं था। वे जवान दामाद के शव को लिये रोते-बिलखते वापस लौट गए।

कोहराम हमारे परिवार में भी मचा। लाला जी ने माथा पीट लिया। उन्होंने पन्त जी के पाँव पकड़ लिये, 'पन्त जी, अब आगे क्या होगा ?'

उस समय तो पन्त जी उन्हें ढाढ़स बँधाते रहे, पर दो-एक दिन बाद जब वे वापस जाने लगे तो उन्होंने एक बार फिर गणना करके बताया, 'शादी तो इस लड़की की उसी घर में होगी, पर शादी के बाद उस घर का धीरे-धीरे नाश हो जाएगा।'

एक बार फिर उनकी ज्योतिष विद्या पर लाला जी को सन्देह हुआ। ऐसी दुर्घटना के बाद कितना भी शरीफ परिवार हो, सम्बन्ध जोड़ने की हिम्मत आखिर कैसे जुटाएगा ? यह बात अलग है कि हुआ ऐसा ही, पर लाला जी की मृत्यु के एक वर्ष बाद। वह कहानी अलग है।

इस घटना का तत्काल प्रभाव उनकी सेहत पर पड़ा। वे इस सदमे से उबरने की कोशिश भी कर रहे थे और माँ के साथ अपने छोटे-छोटे होनहार बच्चों के भविष्य की चिन्ता भी उन्हें खाए जा रही थी। इस इकाई का व्यापार में कोई भविष्य नहीं हो सकता था। हमें तभी पता लगा कि जिस हवेली में परिवार का वास था, वह चाचा जी की मिल्कियत थी। कैसे ? कारण नहीं मालूम।

लाला जी ने मन-ही-मन तय करके, माँ का छह घरे वाला छोटा मकान बेचा और उनके ही नाम से लाल किले के सामने एस्प्लेनेट रोड पर एक खँडहर होती हवेली खरीदी। हवेली किसी बेगम की थी। हमें यह पता इस बात से लगा कि जब उसकी ढहती दीवारें गिराकर नए घर की नींव खोदी जाने लगी तो छोटेलाल की स्थायी नियुक्ति वहाँ चौकीदारी के लिए कर दी गई। सबको उम्मीद थी कि उसमें किसी कोने या तहखाने में दबा कोई छोटा-मोटा खजाना ज़रूर बरामद होगा, पर ऐसा हुआ नहीं। उसके मालिकाना हक के कागज़ात अलबत्ता बहुत दिलचस्प थे। नींव खुदी, मकान बना। सामने खुला विशाल परेड का मैदान। उसके बाद जी.टी. रोड, जिसे 'ठंडी सड़क' कहा जाता था। जी.टी. रोड के बाद लाल किले के बाहर लम्बी-चौड़ी खाई और उससे लगे घास के मैदान के बीच 'हरे-भरे' की दरगाह। साँझ ढले वहाँ इतना सन्नाटा हो जाता था कि दरगाह के अलावा उस दिशा में कोई गतिविधि नज़र नहीं आती थी।

लाल किले के भीतर अंग्रेज़ी सल्तनत ने सेना की कुछ टुकड़ियाँ भी बसा रखी थीं बैरक बनवाकर। उनमें से इक्का-दुक्का गोरे सैनिक कभी-कभी लाल किले के बाहर भटक आते तो ये 'टोडी बच्चे' जनता के मन में कुछ आतंक ही पैदा करते थे। जी.टी. रोड पर गुजरनेवाले वाहनों के अलावा उधर कुछ ऐसा था ही नहीं जिसके प्रति किसी के मन में कोई आकर्षण-विकर्षण हो। अजब सन्नाटा-सा रहता था पूरे इलाके में। यह बात अलग है कि उसके एक तरफ जनसंकुल जामा मस्जिद की मौजूदगी और दूसरी तरफ चाँदनी चौक की चहल-पहल, जिसके कोने से ही लाल मन्दिर और गौरीशंकर के मन्दिर के भक्तजनों की भीड़ के अलावा फूलवालों की कई दुकानें पूरे वातावरण को बड़ा गुलज़ार बनाए रखती थीं। एस्प्लेनेड रोड इन दोनों सिरों को सीधी रेखा से जोड़नेवाली अकेली सड़क थी, जिसकी शान्ति को या तो

इक्का-दुक्का सवारियाँ भंग करतीं या सड़क के बीचोबीच बने एक मन्दिर की घंटियाँ और आरती के स्वर।

मकान बनाने में जल्दी लाला जी के स्वास्थ्य के खयाल से भी की जा रही थी ताकि वे दुकानों की पहुँच के भीतर एक खुली हवा-पानी वाली रिहाइशी जगह में सुकून से रह सकें, पर ऐसा होना कहाँ था! समय के साथ बड़े भाई साहब की बेसब्री बढ़ रही थी। पिताजी के सामने वश नहीं चला तो उन्होंने श्वसुर साहब की मंत्रणा से एक विचित्र योजना बनाई। सोचा होगा कि गन्ना दबे पर रस देगा। श्वसुर की गिनती भी बिरादरी के गण्यमान्य व्यक्तियों में होती थी। पिताजी यों भी अपने रौब-दाब वाले व्यक्तित्व, कला-प्रेम और सरकारी हलकों में रसूख के कारण बहुतों के आँख की किरकिरी थे। शहर के सिटी मजिस्ट्रेट उनके मित्र थे और ऑल इंडिया रेडियो के तत्कालीन स्टेशन डायरेक्टर बुखारी साहब आए दिन घर पर दावत के लिए पधारते। उनके आने का पूर्वाभास बच्चा पार्टी को इस बात से हो जाता कि एक खास बन्द अलमारी से चीनी के बर्तन निकलते। उनकी धुलाई-सफाई होती। छोटेलाल बगल में एक थैला दबाए लगभग चोरों की तरह ड्योढ़ी में दाखिल होते और लपककर मर्दाना बैठक का रुख करते—पीने का इन्तजाम करने के लिए।

तरह-तरह के पकवानों की महक उठती। बच्चों को जल्दी से खिला-पिलाकर रिटायर करने का आदेश जारी होता, पर ऐसी स्थिति में जिज्ञासा बेलगाम हो जाती। बच्चों से ज्यादा माताओं की। ऊपर की मंजिल की बत्तियाँ गुल भले ही कर दी जाती हों, पर अँधेरे में नीचे की बैठक में लगी रौनक का जायजा लेने के लिए कई जोड़ी आँखें पहली मंजिल के कटहरे के साथ बैठकर ताक-झाँक में लग जाती थी। संवाद तो क्या सुनाई पड़ते, बस, इतना ज़रूर समझ में आ जाता कि बात-बात में ठहाके तभी लग सकते हैं जब मेहमान और मेजबान में खासी आपसदारी हो। महफ़िल बर्खास्त होने के बाद चीनी मिट्टी के बर्तन तो धो-पोंछकर अपनी जगह पहुँचा दिये जाते, पर अगर घर की रसोई से कोई धातु का बर्तन उस महफिल में पहुँचता तो गरम राख या जलते अंगारों में तपाकर उसकी शुद्धि किए बगैर घर की बर्तन-बिरादरी में उसकी वापसी नहीं हो सकती थी। यह तत्कालीन समाज का ऐसा स्वीकृत व्यवहार था जिसमें किसी को एतराज़ नहीं होता था। न करनेवाले को, न उसे जिसके साथ ऐसा किया जाता। मुसलमानों के साथ दोस्ती हो सकती थी पर खान-पान में यह एहतियात ज़रूरी समझी जाती थी।

पिताजी की इन बैठकों में खाने-पीने, हँसने-बोलने के अलावा कोई ऐसी बात याद नहीं आती जिसे 'बदफैली' के खाते में दर्ज किया जा सके। इस पूरी तरह 'मर्दाना' क्रिया-कलाप में औरतों-बच्चों की हिस्सेदारी का सवाल ही नहीं था। इसका मकसद समाज में अपना कद और रुतबा बनाए रखने के अलावा शायद कुछ और था भी नहीं। हो सकता है, इससे व्यापार में कभी कोई छोटा-मोटा लाभ मिल जाता हो, पर हमारी याद में तो सिर्फ़ फल-मिठाई, मेवे की वे डालियाँ ही दर्ज हैं जिन्हें दिवाली के मौके

पर सजाकर पिताजी हुक्मरानों के दरबार में हाजिरी बजाते थे—बड़े आत्मविश्वास और दोस्ताना लहजे में। कहीं-कहीं एकाध बच्चा साथ ले लेते। शायद यह जताने के लिए कि वे अपनी सन्तानों को पढ़ाई-लिखाई के रास्ते पर डाल रहे हैं। वे अक्सर बच्चे का परिचय देते हुए निहायत मासूम सा कोई ऐसा सवाल कर देते जिसका जवाब अंग्रेज़ी में देना तय रहता, सब पूर्व नियोजित कार्यक्रम के तहत। सुननेवाले की प्रतिक्रिया में वाहवाही-मिश्रित आश्चर्य की जो एक झलक उभरती, लाला जी उसी से निहाल हो जाते। साथ जानेवाले बच्चे में भी ऐसे मौके अनजाने ही अंग्रेज़ी भाषा के वर्चस्व के प्रति सजगता पैदा करते।

पिताजी की ज़िन्दगी में कई मोर्चे एक साथ खुल गए थे। व्यापार और कुटुम्ब की जिम्मेदारियाँ अपनी जगह और एक लगभग लाइलाज रोग के कसते जा रहे शिकंजे का बोध अपनी जगह। पर जो चिन्ता उनके दिलो-दिमाग पर सबसे ज्यादा हावी थी, वह तीन छोटे-छोटे बच्चों की कच्ची गृहस्थी की स्वामिनी माँ के भविष्य की थी। इसीलिए वे उनके सिर पर एक सुरक्षित छत और खाने-पीने लायक आमदनी का एक जरिया मुहैया करना चाहते थे। उन्हें इस बात की आशंका भी ज़रूर हो गई होगी, पर शायद पूरी तरह नहीं कि उनकी बीमारी कभी भी प्राणघातक रूप ले सकती है।

घटनाएँ बड़ी तेज रफ़्तार से घट रही थीं। सबकी सूचना बड़े भाई साहब के कानों तक निश्चित रूप से पहुँचती होगी। घटनाओं की रफ्तार के समानान्तर उनकी बेसब्री भी बढ़ रही थी। आखिर उन्होंने कुछ कर गुजरने का फ़ैसला कर डाला। ऐसी स्थितियों में अक्सर मनुष्य का विवेक नष्ट हो जाता है। पिताजी को नीचा दिखाने के लिए जो योजना बनी, उसने किसके पैशाची दिमाग में आकार लिया होगा, यह कहना मुश्किल है, लेकिन उसे कार्यान्वित कराने का पराक्रम समधी जी ने दिखाया। भाई साहब के बस की बात नहीं थी कि वे बिरादरी के पंचों को इस तरह की हरकत के लिए राजी कर सकें। वह भी अपने पिता और समाज के एक हैसियतदार सदस्य के खिलाफ़।

बहरहाल, योजना के अनुसार लाला जी पर पंचायत बैठाने का फ़ैसला लिया गया। फरियाद किसकी थी ? पता नहीं। फ़ैसला लेनेवाले कौन थे ? पता नहीं। अनुमान ही किया जा सकता था कि फ़ैसला पंचों का सम्मिलित निर्णय होगा जिनमें कुछ मौन और कुछ मुखर रहे होंगे। उनमें से एक समधी जी के निकट सम्बन्धी थे। फ़ैसलाकुन आवाज उन्हीं की होगी। इस मंत्रणा की खबर किसी भेदिए से लाला जी के पास पहुँच गई। ब्यौरा जानने की उन्होंने कोशिश भी नहीं की। अपने सपूत की हरकतों से वे नावाकिफ नहीं थे, इसलिए उन्होंने आनेवाली स्थिति के लिए बस खुद को तैयार कर लिया।

घर के पूरे वातावरण में तनाव व्याप गया। यह ऐसा विषय था जिस पर कोई किसी से कुछ कहने-पूछने की हिम्मत नहीं जुटा पा रहा था। सब कुछ बच्चों की समझ से परे। उन्हें बस इतना समझ में आ रहा था कि कुछ अनहोनी होनेवाली है जिसकी आशंका से लाला जी के चेहरे पर चिन्ता की रेखाएँ उभर आई हैं।

और एक दिन पंचायत के नाई ने दरवाजे पर दस्तक दी। हिम्मत और घबराहट के मिले-जुले सुर में। वह पंचों का सन्देश लाया था, निश्चित दिन, समय और स्थान पर पंचायत में लाला जी की उपस्थिति (या पेशी) के बुलावे जैसा कुछ। उसने क्या कहा और लाला जी ने क्या सुना, यह ठीक-ठीक औरों ने नहीं सुना। सुना बस लाला जी का जवाब। अपने ज्ञान-भंडार से माँ-बहन की चुनिन्दा गालियों के बन्द लगाकर वे गरजे, 'कह दो जाकर उन मादर...बहन...पंचों से—नहीं आएँगे लाला...किसी हरामज़ादे के सामने पेश होने। उखाड़ लें साले...जो उखाड़ना है मेरा... । नहीं मानता किसी पंचायत-वंचायत को... ।'

नाई सिर पर पाँव रखकर भागा। उसने जवाब किस रूप में पहुँचाया, यह तो नहीं मालूम, लेकिन वह फ़ैसले का सन्देश लेकर नहीं लौटा।

फ़ैसला तो पहले से तय था। बुलाना तो महज़ औपचारिकता थी। वे गए नहीं तो जो तय था, वह सुना दिया गया। शायद ऐसी कार्यवाही को कलमबन्द करने की प्रथा नहीं होती होगी या वैसा करने की हिम्मत नहीं हुई होगी, लेकिन वायु मार्ग से खबर आनन-फ़ानन में आ गई।

पंचायत ने एक साल के लिए लाला जी का 'हुक्का-पानी' बन्द कर दिया था। बच्चे जो देख-सुन रहे थे, वह पूरा मामला उनकी समझ के परे था। उन गालियों के निहितार्थ भी उनकी समझ में नहीं आते थे जिनकी बौछार लगातार लाला जी के मुँह से हो रही थी।

चाचा शायद पाँव दबाकर स्थिति का जायजा ले आए थे। लौटकर भाई के कान में फुसफुसाने के बाद परम विनीत लक्ष्मण मुद्रा में बैठे थे। माँ और चाची सहमी-सी घरेलू कामों में व्यस्त होने का नाटक कर रही थीं। लाला जी की शेष सन्तानें ऐसी स्थितियों में सहमी-सी दाएँ-बाएँ हो जाती थीं।

हमें बस पूरी घटना की भयावहता का बोध था, उसके निहितार्थों का नहीं। न हमें यह पता था कि पंचायत क्या बला होती है, न इस बात का अन्दाज़ा था कि खाते-पीते सम्पन्न जैन समाज की ऐसी कोई संस्था है जो पिताजी जैसे हैसियतदार लोगों को अपने फ़ैसलों से इस कदर विचलित कर सकती है। पंचायत के उन फ़ैसलों ने पिताजी को भीतर-ही-भीतर कितना तोड़ दिया था, इसका अन्दाज़ा उनके दिवंगत हो जाने के वर्षों बाद हुआ।

फ़ैसला दरअसल पिताजी के नहीं, माँ के खिलाफ़ था। पन्द्रह वर्षों के लम्बे अन्तराल के बाद बिरादरी को उनकी शादी की वैधता की चिन्ता व्यापी थी। तब, जब वे तीन बच्चों को जन्म दे चुकी थीं। वर्षों से पूरी ज़िम्मेदारी से पिताजी की ऐंची-बेंची गृहस्थी का बोझ उठा रही थीं। बिरादरी के तमाम परिवारों और रिश्तेदारों के बीच खुशी-गम के मौकों पर उनकी पत्नी की हैसियत से शिरकत कर रही थीं। अपने सलीके और व्यवहारकुशलता से उन्होंने बड़ा मान अर्जित कर लिया था समाज में। बिरादरी की चिन्ता यह नहीं थी कि पिताजी ने एक पत्नी की मौजूदगी में दूसरी शादी

की थी। यह भी नहीं कि उनकी 'तीसरी' और खुद उनकी उम्र में लगभग बीस वर्ष का अन्तर था। समाज और कानून उन्हें इसकी इजाज़त देता था, पर स्त्रियों को उनके किसी तथाकथित पति के जीवित रहते उससे मुक्ति या दूसरे विवाह का विकल्प चुनने का अधिकार न आसानी से कानून देता था, न समाज। परम्परा और शास्त्र भी नहीं। शायद इसीलिए महादेवी ने एकाकी आत्मनिर्भर जीवन जीने का निर्णय किया होगा, पर हर स्त्री वैसा जीवन नहीं जी सकती। उसके लिए अपेक्षित योग्यता और साहस चाहिए। पारिवारिक सहारे के अभाव में तो ऐसा और भी नहीं हो सकता। ऐसे में अनाथिनी माँ ने परम कृतज्ञ भाव से पिता की शरण को तन-मन से स्वीकार किया तो इसमें आश्चर्य नहीं। ज़ाहिर है, वे इस स्थिति की कानूनी पेचीदगी से पूरी तरह अनजान रही होंगी।

पर सपूत की इस हरकत के पीछे छुपे मन्तव्य को पिताजी भली भाँति समझते थे। पंचायतियों ने एक ही वार से उन्हें अपमानित किया था और उनके परिवार की इस तीसरी इकाई को अवैध ठहरा दिया था। माँ उस समय फिर गर्भवती थीं। इस घटना ने लाला जी को आहत करने के साथ ही चौकन्ना भी कर दिया। उन्होंने छोटी बहन के जन्म के तुरन्त बाद ही सपरिवार नए मकान में प्रवेश किया—मय गृहस्थी के, जिसमें चाचा जी के परिवार समेत सब शामिल थे। नीचे की मर्दाना बैठक के अलावा तीन कमरों में उनके दो बड़े बेटे और बेटी। पहली मंजिल में हम चार भाई-बहनों सहित माँ और पिताजी और ऊपर की बरसाती में चाचा जी का परिवार। उस समय तक वे भी तीन बच्चों के पिता हो चुके थे।

पिताजी यथासम्भव परिस्थितियों से अप्रभावित दिखने की कोशिश कर रहे थे। उनकी बाहरी दिनचर्या में कोई अन्तर नहीं आया था। वे पहले की ही तरह नियमित रूप से दुकान जाते, मित्रताएँ निभाते। बच्चों की कुशल-क्षेम, पढ़ाई-लिखाई पर तवज्जो देते। जैसे कहीं कुछ हुआ ही न हो! इसका सबसे बड़ा प्रमाण था कि उन्होंने मेरी नृत्य की शिक्षा तक में कोई बाधा नहीं आने दी।

इस बीच निर्मला जोशी भी अपने स्कूल को दरियागंज से कनॉट प्लेस के एक बड़े से फ़्लैट में ले गई थीं, 'रीगल' सिनेमा के दाईं तरफ़, जहाँ मशहूर 'स्पैंसर्स' की दुकान थी, उसके ऊपर पहली मंजिल में। बड़े से आँगन से लगे बड़े-बड़े कमरों में वहाँ नृत्य और संगीत की कक्षाएँ होती थीं। एक कनस्तरनुमा बस लड़कियों को शहरी इलाकों से लेकर आती, सप्ताह में तीन दिन। तब तक सीखनेवालों की संख्या में खासी वृद्धि हो गई थी। शहर के कई व्यापारी परिवारों ने शादी-बाज़ार में अपनी बेटियों को, भाव बढ़ाने के उद्देश्य से भी इस संस्था में भेजना शुरू कर दिया था। इस संस्था का सबसे बड़ा आकर्षण था, इसकी निदेशक का समर्पित व्यक्तित्व और हैसियत। उन्होंने संस्था के प्रशासन से शहर के कई गण्यमान्य कला-

प्रेमी व्यक्तियों को सम्बद्ध कर लिया था। उनकी खुद की हैसियत का प्रमाण यह था कि स्वतंत्र भारत में आगे चलकर जब तीनों अकादमियों की स्थापना हुई तो वे काफ़ी समय तक 'संगीत नाटक अकादमी' से सम्बद्ध रहीं।

वे बराबर प्रयास करतीं अपने क्षेत्र के नामी-गिरामी कलाकारों को संस्था से जोड़ने का। उन दिनों लखनऊ के प्रसिद्ध कालिका-बिन्दादीन घराने के वंशज अच्छन महाराज नवाब रामपुर के दरबारी कत्थक नर्तक थे। नवाब रामपुर खुद बड़े कला-प्रेमी थे। अखिल भारतीय संगीत सम्मेलनों में प्राय: दिखाई पड़ते। महाराज की तुनकमिजाजी के कारण कभी-कभी दोनों के बीच कलह होती और महाराज दरबार छोड़कर भाग निकलते। ऐसे ही एक अवसर पर निर्मला जोशी ने उन्हें संगीत भारती से सम्बद्ध होने का निमंत्रण दिया और वे मान गए। दिल्ली के संगीत-प्रेमी नागरिकों ने इसे अपना सौभाग्य माना। संगीत भारती की बाल नर्तकियों की कत्थक की शिक्षा उनकी देख-रेख में नए सिरे से आरम्भ हुई। शिष्याओं में मुख्य दो—डॉक्टर सेन की छोटी बेटी मालश्री और मैं। महाराज ने बड़े मनोयोग से सिखाना शुरू किया। उनकी स्मृति आज भी रोमांचित करती है।

पिताश्री ऐसा अवसर कहाँ चूकनेवाले थे! उन्होंने महाराज को घर आमंत्रित किया और मुझे विधिवत् शिष्या बनाने की पेशकश कर दी। वह ज़माना कुछ और था। कलाओं के क्षेत्र में जैसी भयावह अर्थापेक्षिता समय के साथ बढ़ती गई, उस समय अकल्पनीय थी। महाराज ने मंत्रोच्चार करते हुए हाथ में गंडा बाँधा, तिलक किया और आशीर्वाद के साथ शिक्षा देने का आश्वासन दिया। पिताजी ने उन्हें भेंटस्वरूप क्या दिया, नहीं जानती, पर उस दिन से हमारा घर उनका हो गया।

उन्हें दिल्ली में मकान मिलने में दिक्कत हो रही थी सो पिताजी के प्रभाव से दरीबे में हमारी छोटी दुकान के ऊपर एक छोटे-से फ़्लैट में उनके रहने की व्यवस्था करा दी गई। वह जायदाद शायद किसी मन्दिर की थी। उनका निवास चूँकि पैदल के फासले पर था, इसलिए गुरु जी नियत दिनों के अलावा भी जब मन करता, प्रकट हो जाते।

स्कूल से मेरी वापसी के बाद का समय उनके नाम लिख गया। वे आँगन में पैर रखते ही भर्राए गले से आवाज लगाते—'बिटिया'! और मैं अविलम्ब दौड़ती हुई नीचे पहुँच जाती। कभी-कभी अधखाई थाली छोड़कर। माँ चिल्लाती, 'अरे कम्बख्त, खाना तो खा ले,' पर मेरे लिए गुरु वचन सर्वोपरि था।

महाराज को किसी शत्रु ने पान में सिन्दूर खिला दिया था। आवाज उसके दुष्प्रभाव से जो 'बैठी' सो जीवन भर 'उठ' नहीं पाई। पर उस भर्राए गले से भी नाच के बोल, ठुमरी की गायकी, तालों के बन्द सब इतने ठीक-ठिकाने कि क्या मजाल रत्ती-भर इधर से उधर हो जाएँ!

घर में सिखाते हुए वे तबला खुद ही सँभाल लेते थे। कुछ दिनों के बाद संगत के लिए दिल्ली घराने के मशहूर तबलावादक उस्ताद काले खाँ आने लगे। दोनों की

जोड़ी में अद्‌भुत तालमेल था। जब उनका परिवार दिल्ली आ गया तो वे कभी-कभी बिरजू महाराज को साथ ले आते। उस समय बिरजू जी पाँच-छह साल के निपट बालक थे। महाराज का प्रिय शगल था, कभी-कभी नाचने के लिए बालक बिरजू को खड़ा कर देना। वे एक आँख मिचकाकर कहते, 'देख बिटिया, एक तमाशा दिखाता हूँ,' और बालक बिरजू को ललकारकर कोई टुकड़ा या परन नाचने की फरमाइश करते। तबला महाराज के हाथ में, टुकड़े के बोल मुँह में और बालक बिरजू नाचने के लिए तैयार। तबला और बोल एक तरफ और नर्तक की अदाकारी एक तरफ एकदम ताल-बेताल, लेकिन क्या मजाल कि बालक बिरजू 'सम' चूक जाएँ! जैसे ही टुकड़ा 'सम' पर पहुँचने को हो, हाथ-पैर फेंकते हुए बाल नर्तक बिरजू भी उसके साथ धम से आ मिलें। महाराज दुलार-भरी कोई निहायत मासूम-सी गाली देते हुए बेटे पर निहाल हो जाएँ और हम सब लोट-पोट।

तब के बाल बिरजू आज जिस मुकाम पर हैं और कत्थक की अदाकारी को उन्होंने जिस ऊँचाई पर पहुँचाया है, उसमें ताल-लय की तैयारी के साथ भाव-नाट्‌य का भी अद्‌भुत संगम है। इनमें से पहली पर पिता की शिक्षा का प्रभाव है और दूसरी पर चाचा शम्भु महाराज का। दरअसल पिता की छत्रच्छाया तो लम्बे समय रही नहीं पर उनके बाद उन्होंने शम्भु महाराज से भी बहुत कुछ ग्रहण किया।

बड़े महाराज तो बहुत स्थूलकाय थे, इसलिए शिक्षा भी ज्यादातर बैठे-बैठे ही देते थे। खड़े तभी होते थे जब ज़रूरी होता था। यों जनता के बीच प्रदर्शन का उनका अपना ढंग और आकर्षण था।

उनके विपरीत शम्भु महाराज छरहरे, लम्बी कद-काठी और पैने नाक-नक्श के साँवले-सलोने इन्सान थे। रसीली आँखों का अपना आकर्षण था।

महाराज के बाद जब उन्होंने संगीत भारती में नृत्य सिखाने का दायित्व सँभाला तो निर्मला जोशी उनकी कक्षाओं में कुर्सी डलवाकर अक्सर अपनी उपस्थिति दर्ज कराने लगीं। अभिभावक की भूमिका में। विशेषकर तब जब वे युवा लड़कियों की क्लास लेते थे।

वे बहुत लम्बे समय तक दिल्ली में नहीं रहे, पर जितने दिन रहे, बहुतों ने उनसे सीखा। यह अलग बात है कि जितना सीखा, उससे कहीं अधिक सीखने का दावा किया। पर दोनों भाइयों के असली वारिस और सही मायने में शिष्य तो बिरजू महाराज ही हुए जिन्होंने इस कला को परवान ही नहीं चढ़ाया, उसका आधुनिकीकरण भी किया—वह भी शास्त्रीयता को बरकरार रखते हुए।

दो-तीन वर्ष पहले अचानक उनकी शिष्या और संगिनी शाश्वती सेन का फोन आया—महाराज याद कर रहे हैं। चाहते हैं, मैं उनके जोरबाग वाले केन्द्र में एक शाम उनके शिष्यों से मिलूँ। मेरे लिए यह सर्वथा अप्रत्याशित था, इतने लम्बे समय के बाद जब उनसे सम्पर्क का कोई सूत्र न बना, न कायम किया जा सका। जिस रास्ते पर वे आगे बढ़े, मैं तो उस पर बहुत पहले ही पीछे छूट गई थी, परिस्थितियों के अनुरोध

से घुँघरुओं का साथ छोड़कर पुस्तक थाम ली थी। तो आखिर क्या हुआ ऐसा कि इस गुरु भाई को स्मृति हो आई मेरी?

पहुँची तो पता लगा कि वे किसी ऐसे जानकार की तलाश में थे जिसे 'अम्मा' (उनकी माँ) की कुछ ठुमरियाँ याद हों। सुना मैंने भी था कि उनकी माँ ने बड़ा अच्छा गला पाया था और वे बड़ी अच्छी ठुमरी गाती थीं शौकिया। पर उन्हें न सुनने का सौभाग्य मिला था, न मिलने का। बात इतनी भर नहीं थी। वहाँ उपस्थित उनके शिष्यों के मन में बड़े महाराज (अच्छन) की शिक्षा-शैली के बारे में बड़ी जिज्ञासाएँ थीं। सो कुछ देर सवाल-जवाब का सिलसिला चला और मैं उनके साथ चाय पीकर बड़े भरे-पूरे मन से लौटी। उन्हें अपना बचपन सचमुच याद था या नहीं, इसका अन्दाज़ा ठीक-ठीक नहीं लगा पाई मैं।

पारिवारिक मंच पर सब कुछ वैसा नहीं था, जैसा ऊपरी तौर पर दिखाई पड़ता था। भविष्य की काली छाया धीरे-धीरे अपने पंख पसार रही थी, सांकेतिक रूप में। नए मकान में आते ही माँ एक दिन छत की खुली हवा का जायजा लेने के लिए ऊपर चढ़ीं तो सीढ़ियों से पैर फिसल गया। एक हाथ की दोनों हड्डियाँ टूट गईं। कुहनी के नीचे की। हर समय हाथ-पैरों पर गृहस्थी का बोझ उठाए रखनेवाली उनकी काया बेबस-सी हो गई। सबने यह कहकर समझा दिया कि नया मकान बलि लेता है, गनीमत है कि हाथ की हड्डियों पर बीती। और उन्होंने सब्र कर लिया। नहीं जानती थीं कि असली बलि होनी तो अभी बाकी थी।

तत्काल समस्या गोद की छोटी बच्ची की थी। सो जैसे-तैसे सुलझ गई। पिताजी के हनुमान-से सेवक छोटेलाल ने अपनी पत्नी भगवन्ती देवी को इस सेवा के लिए प्रस्तुत कर दिया। माँ की देख-रेख में छोटी बहन का पालन-पोषण होने लगा। यह बात अलग है कि उसने जीवन-भर अपने इस दुर्भाग्य को कोसा कि उसे बचपन में माँ का अपेक्षित दुलार नहीं मिला।

बात इतने पर खत्म नहीं हुई। ऊपर से वीर सेनानी की मुद्रा धारण किए हुए पिताजी को दूसरी बार तपेदिक ने अपनी गिरफ्त में ले लिया। सब मन-ही-मन जानते थे कि एक के बाद एक दुर्घटनाएँ उनके अन्तस को क्रमशः जर्जर कर रही थीं। अच्छे से अच्छे डॉक्टरों की विशेषज्ञता उनका कुछ बना नहीं पा रही थी। सहारा उन्हें चाचा और जीजा जी के सिवाय कहीं दिखाई नहीं पड़ता था। ऊपर से माँ की कच्ची गृहस्थी के भविष्य की चिन्ता।

माँ तो जैसे शिला-सी हो गईं। हाथ तो जल्दी ही ठीक हो गया, पर जिम्मेदारियों के बोझ में हिस्सा बँटानेवाला कोई नहीं। पिताजी की सेवा। छोटे-छोटे बच्चों को संक्रामक रोग की छाया से बचाने की चिन्ता। अनिश्चित भविष्य। पिताजी का रोग बढ़ता जा रहा था। पहले उनका दुकान जाना बन्द हुआ फिर धीरे-धीरे चलना-फिरना

और आखिर उन्होंने खाट पकड़ ली। माँ के तो जैसे प्राण कंठ में आ गए। डॉक्टर जैसी उम्मीद बँधा रहे थे, उस अनुपात में इलाज से लाभ होता नज़र नहीं आ रहा था। घर में मेहमानदारी बन्द हो गई। गाना-बजाना ठिठककर रुक गया। नियमित आनेवालों में बस सिविल सर्जन सुशान्त सेन, जो सप्ताह में एक बार रोगी के ए.पी. लगाने आते थे।

कुछ मित्र और रिश्तेदार गाहे-बगाहे मरीज का हाल-चाल पूछने आ जाते थे। नियमित रूप से हाजिरी तो बस जीजा जी लगाते थे और चाचा जी व्यापार-सम्बन्धी निर्देशों के लिए।

उम्मीद के लिए एक बार फिर ज्योतिष विद्या की शरण ली गई। जीजा जी माँ से अनुमति लेकर जैन परिवारों के प्रिय ज्योतिषाचार्य धर्मदास जी के पास लाला जी का वर्षफल बनवाने गए। पंडित जी ने गणना की और परिणाम सुना दिया, 'लाला जी पर मारक दशा है इसी वर्ष पहले नवरात्र के दिन सूर्योदय काल में...' ढाढ़स बँधाने के लिए इतना और जोड़ दिया, 'अगर बच गए तो लम्बा जिएँगे।'

जीजा जी के पैरों तले की जमीन खिसक गई। दबे पाँव आकर उन्होंने माँ को ज्योतिष-गणना का फल सुना दिया। चाचा जी से शायद इतना ही कहा गया कि आनेवाले नवरात्र भाई पर भारी हैं, कष्ट ज्यादा रहेगा, पर उबर जाएँगे। पर उन देवतुल्य जीजा ने मन-ही-मन संकल्प किया, माँ और उनकी सन्तानों के प्रति मानवीय सरोकार से। वे स्वयं अनाथ जीवन के कष्टों के भुक्तभोगी थे।

पिताजी को उन्होंने विनम्रतापूर्वक सलाह दी कि अपने परिवार की जटिल संरचना को ध्यान में रखते हुए उन्हें अपनी वसीयत कर देनी चाहिए। पिताजी को वर्षफल वाली बात की जानकारी नहीं थी। उनकी प्रतिक्रिया हुई, 'इस बार स्वस्थ हो जाऊँ तो यह भी कर दूँगा।'

जीजा जी इस उत्तर के लिए तैयार थे। उन्होंने तर्क दिया, 'ठीक होने पर आपके पास वक़्त कहाँ होगा? आप फिर कारोबार के झंझटों में फँस जाएँगे। अभी तो आपके पास वक़्त-ही-वक़्त है। इत्मीनान से सोच-समझकर जैसा चाहें, लिखवा दें।'

दबाव बनाने के लिए उन्होंने बड़े भाई साहब की करतूतों की याद दिलाई होगी। दोनों के बीच जो संवाद हुआ, उसका अनुमान परिणाम से ही लगाया जा सकता था।

दो-तीन दिन के भीतर पिताजी के कमरे में दीवार के सहारे गद्दे की पट्टी बिछाकर मसनद लगा दी गई। सामने लिखने के लिए डेस्क, कलम, दवात और कोने में दुकान के बहीखातों का ढेर लग गया।

उसके बाद वहाँ जीजा जी का जो आसन लगा, वह उनके संकल्प की कार्यान्विति के बाद ही समेटा गया। उन्होंने पूरे व्यापार के स्टॉक और लेन-देन का हिसाब निकाला। अपनी दुकान से उठते तो बाकी सारा समय इसी दायित्व का निर्वाह करने में बीतता।

माँ उनके खाने-पीने की व्यवस्था बड़े ममत्व से करतीं। जिस कमरे में घुसने तक से वे अपनी सन्तान को कड़ी निगाह से बरजा करती थीं, उसी में परिवार का जवान

दामाद नि:स्वार्थ परोपकारिता में साधक की-सी निष्ठा से अपने स्वास्थ्य को दाँव पर लगाए बैठा था। माँ न कानून की गुत्थियाँ समझती थीं, न उन्हें इस पूरे प्रसंग के बारे में कोई पूछताछ करने या सलाह-मशवरा देने का हक हासिल था। यह बात अलग है कि उन्होंने हर स्थिति में जिस तरह पत्नी का कर्तव्य निभाया था, उन्हें विश्वास था कि पिताजी उनके और अपने बच्चों के हिताहित को ध्यान में रखकर ही फ़ैसले लेंगे।

समय की गति और जीजा जी की कर्मठता के बीच जैसे होड़ लगी थी। विजय अन्त में जीजा जी की ही हुई। उन्होंने जिस काम का बीड़ा उठाया था, वह समय रहते पूरा कर दिया। व्यापार के बहीखाते-हिसाब सब बाँध दिया गया।

इस प्रक्रिया के दौरान पिताजी ने अपने मन में वसीयत की रूपरेखा बना ली थी। परिवार के पुराने मीर मुंशी महाराजकिशन जी तलब किए गए। स्टाम्प पेपर आया। खुशखत फारसी लिपि में वसीयत के तैयार मसौदे को कागज़ पर उतार दिया गया, बाकी रह गया रजिस्ट्रेशन का सवाल।

इस दौरान पिताजी की तबीयत में आश्चर्यजनक रूप से कुछ सुधार हो गया था। नतीजतन पूरा मामला एक बार फिर बहस की गिरफ्त में। वे चाहते थे कि पूरी तरह स्वस्थ होकर वे खुद रजिस्ट्रार के यहाँ जाकर बाकी कार्यवाही को अंजाम दें और जीजा जी की जिद थी कि इस काम को भी लगे हाथों पूरा कर दिया जाए।

नवरात्र शुरू होने में समय बहुत कम रह गया था। पिताजी की सेहत में सुधार होने के बावजूद ज्योतिष वचन का काँटा जीजा जी के मन में खटक रहा था। उनकी शराफत और विनम्रता फिर रंग लाई। उन्होंने पिताजी को मना लिया। रजिस्ट्रार घर आया। पूरे ताम-झाम से गवाहों और डॉक्टर की मौजूदगी में पिताजी ने पूरे होशो-हवास में बकलमखुद वसीयत पर दस्तखत किए। बड़े भाई के बाद वाले दोनों बालिग बेटों के हस्ताक्षर बतौर रज़ामन्दी कराए और दस्तावेज पर रजिस्ट्रार की मुहर लग गई। उन्होंने जो लिखा-पढ़ा, उसके अलावा पूरे परिवार की मौजूदगी में उन्होंने स्थिर निर्लिप्त कंठ से आदेश दिया कि उनकी अरथी और अन्तिम संस्कार में उनके बड़े बेटे का कन्धा या हाथ न लगने दिया जाए, क्योंकि उस समय उन्हें भरोसा हो चला था कि वे शायद स्वस्थ हो जाएँगे।

पर ऐसा होना कहाँ था! इसी बीच चाचा जी की बेटी को पेचिश हुई। रोग काबू नहीं आ रहा था। लगभग असाध्य हो चला था। लोगों ने सलाह दी कि उसे होम्योपैथ को दिखाया जाए। उन दिनों डॉक्टर गुहा नाम के चिकित्सक की बड़ी प्रसिद्धि थी। वे बच्ची को देखने घर आए। पिताजी को भनक लगी। उन्होंने प्रस्ताव रखा कि उनकी अपनी तबीयत भी सुधर तो रही है, लगे हाथों डॉक्टर गुहा को भी दिखा लिया जाए तो शायद सुधार की गति में तेजी आ जाए। ज़ाहिर है, सबने उनकी इस इच्छा का समर्थन ही किया। डॉक्टर गुहा आए, देखा, कोई चिन्ता या आशंका व्यक्त नहीं की। चार दिन की दवाई दी और हाल बताते रहने का निर्देश देकर चले गए।

इलाज शुरू हो गया। सामान्य धारणा है कि होम्योपैथी फायदा भले ही न करे,

नुकसान नहीं पहुँचाती। इसलिए बड़े निर्द्वन्द्व उत्साह से पिताजी ने दवा की दो ही खुराक ली थीं कि उनकी आवाज बन्द हो गई। पूरा घर सकते में। डॉक्टर गुहा से दोबारा सम्पर्क करने का प्रश्न ही नहीं था। जो डॉक्टर उनका इलाज कर रहे थे, उन्होंने ही परीक्षण किया। सिविल सर्जन आए। किसी की समझ में कुछ नहीं आ रहा था। तीन दिन घर में बड़ी अफरा-तफरी मची रही, पर उनकी स्थिति में सुधार नहीं हुआ और उन्होंने चार दिन बाद ज्योतिष गणना को सही ठहराते हुए ठीक पहले नवरात्र के दिन प्रातःकाल ग्यारह बजे प्राण त्याग दिये।

घर में हाहाकार मचा था। उनकी हालत खराब होने की खबर लगातार मौखिक सूत्रों से बाज़ार में प्रसारित हो रही थी। मौत की खबर फैलते ही सर्राफा बाज़ार बन्द हो गया। उनके पार्थिव शरीर को नीचे आँगन में ले जाया जा रहा था। हम बच्चे कटहरे के दूसरे छोर पर पंक्तिबद्ध खड़े थे—अवाक्, सहमे, भयभीत-से। ग्यारह महीने की छोटी को गोद में लेकर भगवन्ती देवी कहीं दुबक गई थीं, किसी अन्तरंग-से कोने में। ऐसे मौकों पर छोटे बच्चों को घटनास्थल से हटाकर प्राय: इष्ट-मित्रों के यहाँ भेज दिया जाता है। पर माँ तो जैसे पगलाकर सुन्न हो गई थीं। जैसे ही यह प्रस्ताव किया गया, वे पहली बार चीखीं बड़े कातर स्वर में, 'कहीं नहीं जाएँगे मेरे बच्चे अपने बाप की छाया से दूर उनके आखिरी वक़्त में!' वे भूल गई थीं कि छाया देनेवाला बरगद तो हरहराकर ढह गया था। बचा था सिर पर खाली आसमान और पैरों तले जमीन, वह भी खिसकती हुई। उन्हें जैसे कुछ सूझ नहीं रहा था। लपककर उन्होंने अलमारी से सफेद चादर घसीटी और उसे सिर से लपेटकर वे शव को उतारती हुई टोली के पीछे-पीछे आँगन में उतर गईं, बदहवास-सी।

अच्छी तरह याद है कि हम बच्चों में से कोई तत्काल नहीं रोया। हम स्तब्ध थे, स्थिति की गम्भीरता को समझने की नाकाम-सी कोशिश करते हुए। दरअसल हम उन अभागों में से थे जिन्होंने ज़िन्दगी में पहली बार मौत का साक्षात्कार किया था, वह भी अपने पिता की। उनके न रहने का प्रभाव हमारे जीवन पर क्या पड़ेगा, यह हमारी समझ के बाहर था। समझ में बस इतना ही आ रहा था कि वे पिता नाम के जीव, जो काफ़ी दिनों से कोनेवाले कमरे में पलंग पर बीमार लेटे रहते थे, अब कमरा खाली कर गए हैं। अब हमें उस कमरे में घुसने से माँ नहीं बरजेंगी।

वह तो खुद ही कमरे के वासी के पीछे-पीछे नीचे उतर गई हैं। वहाँ, जहाँ पिता की निर्जीव काया बिस्तर पर पड़ी है; जहाँ उनके बगल में पछाड़ खा-खाकर माँ आर्तनाद कर रही हैं, 'अरे बुलाओ उन पंचों को, आकर देखें अपने शिकार को! उन हत्यारों ने कर लिया मेरे शेर का शिकार! आकर देख तो लें एक बार, कैसा बेबस पड़ा है! अरे कम्बख्तो, क्या बिगाड़ा था उन्होंने तुम्हारा, किस जनम का बदला लिया?' जी भरकर कोस रही थीं वे पंचायत और उसके ठेकेदारों को।

किसी में साहस नहीं था उन्हें ढाढ़स बँधाने या चुप कराने का। वे रिश्ते में घर की भी बड़ी थीं। अपनी छोटी उम्र के बावजूद उन्होंने रिश्ते के इस बड़प्पन को हमेशा

बड़ी संजीदगी से निभाया था, पर इस घटना से जैसे उनके आत्मनियंत्रण ने उनका साथ छोड़ दिया था। जिस अपमान को वे जब्त किए बैठी थीं पिताजी की छत्रच्छाया तले, उसका बाँध टूट गया था। वह तथाकथित मर्यादा के सारे कूल-किनारे तोड़कर जैसे उफन रहा था। माँ के इस वाचाल, रौद्र और सर्वथा अप्रत्याशित रूप के सामने सब जैसे स्तब्ध थे। चाची, भाभी, जीजी सब माँ के अगल-बगल सिसक रही थीं। खबर फैलते ही पास-पड़ोस के अलावा मित्रों, नातेदारों और बाज़ार वालों की भीड़ आँगन में बढ़ने लगी थी। बच्चे सब ऊपर सहमे, सिसकते ताक-झाँक कर रहे थे।

परिवार का पुरुष वर्ग उनकी अन्तिम यात्रा की तैयारी में संलग्न था। उनका पुरुषोचित संयम भी रह-रहकर सिसकियों की आवाज से टूटता और फिर यथावत् स्थिर हो जाता। अपवाद थे तो बस उनके परम अनुगत छोटेलाल जिनकी रुलाई का छोर नहीं था। आखिर लाला जी ने भी तो उन्हें पुत्रवत् ही चाहा था।

विधि का विधान विचित्र होता है। जैसे ही लाला जी की हालत बिगड़ने की खबर बड़े भाई साहब के कानों तक पहुँची तो उनके सब्र का बाँध टूट गया। मजमून भले ही न मालूम हो पर यह जानकारी शायद उन्हें मिल गई होगी कि पिताजी ने वसीयत कर दी है। अपने अन्धकारमय भविष्य की आशंका से वे हमारे रिश्ते के बुजुर्ग ताऊ जी की शरण लेने दौड़े। ताऊ जी संयोग से शहर से बाहर थे। भाई साहब को विश्वास था कि उनकी कारगुजारियों के चलते पिताजी ने उन्हें विरासत से बेदखल कर दिया होगा। घर की ओर रुख करने की हिम्मत थी नहीं। वे ताऊ जी की मध्यस्थता के सहारे अपने किए की माफी के बहाने, सम्पत्ति में हिस्से की गुजारिश करना चाहते थे। अपनी बेकली में वे भी उनका पीछा करते नगर के बाहर हो गए।

इधर चाचा जी और बाकी बेटों के कन्धों पर पिताजी की शवयात्रा निकली। उसी दरीबा बाज़ार के बीच से जिसने उन्हें हमेशा मान दिया। अरथी को कुछ देर दुकान के पाट पर रखा गया, अन्तिम दर्शन के लिए। पीछे अपार भीड़ थी। फूल-मालाओं से आच्छादित महरून मखमल के ऊपर पशमीने की कीमती शॉल में लिपटी उनकी देह अपनी निर्जीवता में भी वैसी ही लग रही थी, जैसी शानो-शौकत से उन्होंने जीवन जिया था। उन दिनों प्रियजनों के शव एम्बुलेंस में नहीं, अन्तिम यात्रा के लिए कन्धों पर ले जाए जाते थे। पीछे बच रहीं बिलखती माँ—परिवार और नाते-रिश्ते की औरतों से घिरी हुईं और इधर-उधर कोनों में दुबके उपेक्षित से बच्चे।

अन्त्येष्टि के बाद यथासमय पुरुष-वर्ग लौटा तो एक बार फिर कोलाहल मचा। दिन ढलने लगा था। सिसकती आवाजें धीमी पड़ गई थीं। नहा-धोकर सब यहाँ-वहाँ किंकर्तव्यविमूढ़-से बैठे पड़े थे कि अचानक आँगन में शोर मचा। इस बार आवाज अकेली थी, बड़े भाई साहब की। ताऊ जी तक उनके पहुँचने के पहले पिताजी के न रहने का समाचार पहुँच गया था और ताऊ जी खुद वापस हो लिये थे। सो भाई साहब जैसे गए थे, वैसे ही खाली हाथ लौट आए। ईश्वर ने पिता की अन्तिम इच्छा का मान रख दिया था। न अरथी को उनके कन्धे का सहारा लगा, न अन्तिम संस्कार

उनके हाथ से हुआ। जानेवाले की इच्छा के अनुसार वह दायित्व उनके तीसरे, एंट्रेंस पास बेटे ने पूरा किया।

भाई साहब कुछ देर आँगन में बैठे ऊँचे स्वर में विलाप-सा करते रहे, अपने भाग्य को कोसते हुए, पर प्रतिक्रिया में कोई जीवित प्राणी उनके पास नहीं फटका। उनकी सारी 'विलाप-लीला' पत्थर की दीवारों से टकराती रही, बिना किसी प्रतिध्वनि के। आखिर वे उठे और धीरे-धीरे सीढ़ियाँ उतरकर बाहर हो गए।

घर अन्धकार की छाया में डूब गया। जो जहाँ था, वहीं जमीन पर लुढ़क गया। उस सन्नाटे को सिर्फ़ एक आवाज बीच-बीच में रह-रहकर भंग करती थी—उस नन्ही बच्ची की आवाज—जिसने अपने पिता को ठीक-ठीक पहचानने से पहले ही खो दिया था...

वक़्त की रफ़्तार

पिताजी चले गए। जितना जिए, बड़ी शान और ठसक से जिए। न झुके, न टूटे, बस ढह गए। बीमारी की मार से। माँ पहले-पहले रोईं फिर सुन्न हो गईं। चाचा जी के साथ प्रथम संवाद ने ही उनके मन में अपने भविष्य के बारे में शंका का बीज बो दिया।

शाम ढली, माँ निढाल पड़ी थीं। चाचा जी आए, भाभी को आश्वस्त करने। कुछ देर की चुप्पी के बाद बोले, 'भाभी, आप किसी बात की चिन्ता न करना, मैं सब सँभाल लूँगा।'

माँ क्या कहतीं, भरे गले से कहा, 'नहीं भैया, तुम्हारे रहते मुझे किस बात की फिकर है'!

कुछ देर सन्नाटा रहा। वे फिर मुखर हुए, 'भाभी, वो कुछ दिन पहले भाई जी ने दुकान से थैली में गिन्नियाँ भिजवाई थीं आपके पास। सँभाल के रखी हैं न आपने, नौकर-चाकरों का घर है इसलिए पूछ रहा था।'

विपदा की उस घड़ी में माँ के भीतर जैसे कुछ खटक गया। उन्हें सब कुछ याद था—थैली भी और गिन्नियों की गिनती भी। पिताजी ने हाथ उठाकर जब उनके हाथ पर कुछ रखा, वह उनके भविष्य की सुरक्षा के खयाल से। न हिसाब माँगा, न वापसी का तकाजा किया। चाचा जी के इस सवाल ने उनमें असुरक्षा-बोध जगा दिया था। वे पढ़ी-लिखी नहीं थीं, लेकिन परिस्थितियों और घटनाओं ने उन्हें बहुत समझदार बना दिया था। ऐसी स्थितियों में भी उनके औसान खता नहीं होते थे। उन्होंने जवाब दिया, 'सँभालकर ही रखी होंगी कहीं पर, इस बखत किसे होश है भैया! किस्मत में नहीं होंगी तो ले जाएगा जिसके भाग में होंगी।'

संवाद यहीं ठप्प। वे कुछ देर बैठे, फिर उठकर चल दिये।

इस घटना का ज़िक्र माँ ने वर्षों बाद हमसे भी तब किया, जब वे विपत्तियों में घिरीं और हम इसके निहितार्थ समझने लायक हो गए।

सुबह मृत्यु से जुड़े पारम्परिक अनुष्ठान शुरू हुए। माँ को तो जैसे काठ मार गया था, मुँह से बोल फूटा बस एक बार, 'मेरे सामने 'आगा' नहीं पड़ेगा।'

समाज की इस प्रथा का पालन उनके आत्मसम्मान को गवारा नहीं हुआ। दिवंगत व्यक्ति की प्रतिष्ठा का भी सवाल था। सो उनके निर्णय का उल्लंघन करने का प्रश्न नहीं उठता था।

उठावना, तेरहवीं और अन्ततः स्यापा उठने का दिन। नाई ने पानी भरा कटोरा घरवालों के सामने घुमाया। आँसू धुलवाने की औपचारिकता पूरी की, आँगन में बिछी फर्शी दरी का कोना उलटा और हाथ जोड़कर एकत्र बन्धु-बान्धवों से पधारने की विनती की।

अगले ही दिन चाचा जी ने दुकान की गद्दी सँभाल ली। वसीयत के अनुसार वे व्यापार के सोलह में से दस आना हिस्सेदारी के मालिक हुए। बाकी छह आने में से दो-दो आने के हिस्सेदार तीन भाई, दो पिताजी की दूसरी पत्नी की सन्तानें और एक माँ का बड़ा बेटा। उन दो भाइयों में से छोटा उस समय तक नाबालिग था। हम चारों की उम्र भी क्रमशः बारह, दस, छह और एक वर्ष थी। उस नाबालिग बेटे का अभिभावक वे चाचा जी को बना गए, तमाम पेचीदगियों को ध्यान में रखते हुए। उसकी आदतों के कारण एक मजबूत व्यक्ति का संरक्षण उन्हें ठीक लगा होगा। उन्होंने अनब्याही बेटी के ब्याह के लिए भी अर्थव्यवस्था की और सारी खुराफ़ातों की जड़, अपने सबसे बड़े साहबजादे के लिए भी उनका हिस्सा इस शर्त के साथ अलग निकाल दिया कि वे चाहें तो बिना झगड़ा-फसाद किए उसे ले जाएँ। अपने परम सेवक छोटेलाल के लिए भी एक छोटी राशि और भगवन्ती देवी के लिए कुछ आभूषणों की व्यवस्था करना भी वे नहीं भूले।

उनके मन में शायद आशंका थी कि कहीं चाचा जी बहुलांश के मालिक की हैसियत से बाकी हिस्सेदारों को निकाल न फेंकें सो उन्होंने व्यापार की हिस्सेदारी को तीन वर्ष के करारनामे में बाँधा। उससे पहले उस व्यवस्था को भंग नहीं किया जा सकता था। उसके बाद भी वह तभी भंग की जा सकती थी जब बाकी हिस्सेदारों में से कोई अलग होना चाहे। उन्होंने सोचा होगा कि कौन मूर्ख अपने पैर पर कुल्हाड़ी मारेगा, इसलिए यह व्यवस्था तब तक चलती रहेगी जब तक उसके कमतर हिस्सेदार स्वतंत्र रूप से कुछ करने लायक नहीं हो जाते।

सबकी ज़िन्दगी अपने-अपने ढर्रे पर चलने लगी। माँ ने इस दौरान मन-ही-मन दो फ़ैसले किये। हाथों में सोने की एक चूड़ी के अलावा उन्होंने सब आभूषण और रंगीन वस्त्र त्याग दिए। उस समय उनकी उम्र पैंतीस-छत्तीस के आस-पास रही होगी। जीवन के शेष तैंतालीस वर्ष उन्होंने सूती सफेद साड़ियों में काटे। वे हमेशा मिल की बनी पतली रंगीन किनारी की धोती पहनती थीं जिसमें लाल और उसके

आस-पास के रंग वर्जित थे। नाक-कान से हीरों की जड़त के आभूषण जो उतारे तो फिर उनकी वापसी नहीं हुई। लाख कहने पर भी उनके इस संकल्प में कभी कोई विचलन नहीं हुआ।

दूसरा संकल्प उन्होंने सीमित साधनों में जैसे-तैसे परिवार की गाड़ी खींचने के बारे में किया। व्यापार में हिस्सेदार एक, पालने को बच्चे चार, एकदम कच्ची गृहस्थी। दुकान से नियमित आमदनी नहीं थी। खर्चे-गुजारे के लायक हर महीने कुछ रकम मिलती हाथ खींचकर। बाकी वार्षिक चिट्ठा बाँधने के बाद भाई के नाम खाते में जमा हो जाती। गनीमत यह थी कि उस समय शिक्षा सस्ते में हो जाती थी। जहाँ तक याद है, हम लोगों के स्कूल की फ़ीस दो-चार रुपए से ज्यादा नहीं थी।

इस तंगहाली में बच्चों की संगीत-शिक्षा जारी रखने का सवाल नहीं उठता था। सो माँ ने गम्भीर स्वर में घोषणा की कि मेरा संगीत भारती जाना बन्द। संकट के उस क्षण में संगीत-प्रेमी बड़े भाई ने आगे बढ़कर यह ज़िम्मेदारी उठाने की पेशकश कर दी। कहा नहीं जा सकता कि उनकी इस उदारता के पीछे मेरे बहाने उस संस्था से जुड़े रहने का लोभ कितना था और छोटी बहन का दुलार कितना, पर कुल जमा नतीजा यह हुआ कि मेरा नृत्य-प्रशिक्षण कुछ समय जारी रहा। उन्हें आर्थिक तंगी तो थी नहीं। जितनी आमदनी उन अकेले के हिस्से में आती थी, उतनी में माँ को अपने चार बच्चों को पालना था।

मकान ज़रूर पिताजी माँ के नाम कर गए थे, पर रिहाइश की सुविधा के अलावा उससे आमदनी का कोई सिलसिला नहीं बनता था। नीचे की मंजिल में एक गैरेज था जिसमें चाचा जी ने रईसी तर्ज का ताँगा-घोड़ा बाँध लिया था। उसके दाईं तरफ बाहर गली में खुलती एक दुकान थी जिससे माँ को कुल जमा बीस रुपए माहवार किराया मिल जाता था। पीछे के हिस्से में कुछ वर्ष गाय रखी गई पिताजी के ज़माने से ही। बाद में जब एक के बाद एक-दो गायों की अकस्मात् मृत्यु हो गई तो गाय-पालन भी बन्द हो गया। शक यह था कि जो ग्वाला दिन में उसे घुमाने जंगल ले जाता था, वही उसे कुछ खिला देता था क्योंकि गाय के न रहने पर दूध उसी से खरीदा जाता था।

घर के बाकी हिस्से में परिवार फैला था। न किसी से खाली करवाने का सवाल था, न किराया मिलने का। कुछ समय बाद बहन की भावी ससुराल से प्रस्ताव आया कि वे लोग शादी के लिए तैयार हैं, पर बारात दोबारा दिल्ली नहीं आएगी। सबने राहत की साँस ली। परिवार ने इलाहाबाद जाकर यह ज़िम्मेदारी सम्पन्न की। मुझे यह प्रसंग इसलिए भी याद है कि वहाँ संगम में नौका विहार करते हुए मुझे तेज मलेरिया बुखार चढ़ा जिसका सिलसिला रह-रहकर बाद में कई वर्षों तक चलता रहा। माँ दो छोटे बच्चों के साथ दिल्ली में ही रुकी रहीं।

कुछ समय बाद संगीत-प्रेमी भाई साहब का भी विवाह हो गया। भाभी साँवली-सलोनी, देहरादून के एक कुलीन परिवार की कन्या थीं। आकर सबके बीच हिल-मिल गईं। चूल्हे क्रमशः एक से दो और फिर दो से तीन हो गए। चाचा जी ने तो पिताजी

की मृत्यु के कुछ ही समय बाद रसोई अलग कर ली थी। भाई भी शादी के बाद अलग हो गए। ज़ाहिर है, माँ न इतना खर्च उठा सकती थीं और न काम का बोझ।

चाचा जी का लक्ष्मणत्व धीरे-धीरे क्षीण हो रहा था। शायद मिथकीय अर्थ में वह कभी था ही नहीं। माँ के आरम्भिक व्यवहार से ही उनकी समझ में आ गया था कि अभिभावक की मुद्रा अख्तियार करके भी वे माँ की सम्पत्ति पर कब्ज़ा नहीं कर सकेंगे सो उन्होंने अपना रास्ता बदला। चुपचाप अपने लिए दरियागंज में एक प्लॉट खरीदा। उस पर गुपचुप ढंग से निर्माण-कार्य शुरू कराया। यह खबर अफवाह के रूप में बाहर से आई। घर में उनके व्यवहार में कोई खास अन्तर नहीं दिखाई पड़ा। घर के वातावरण में जो बदलाव आ रहा था, हमें उसका आभास तो होने लगा था, पर यह बोध बिल्कुल नहीं था कि यह आनेवाले तूफान से पहले का सन्नाटा है।

माँ को एक ही बात की धुन कि बिना बाप की उनकी सन्तति की शिक्षा में कोई बाधा न आए। वे जैसे-तैसे गुजारा करके बच्चों को अपने पैरों पर खड़ा होने लायक बना दें। सारा ध्यान बड़े बेटे पर।

उन पर पहला वज्रपात होने में बहुत देर नहीं लगी। भाई ने जैसे ही बोर्ड की परीक्षा पास की, चाचा जी ने माँ के सामने उसकी पढ़ाई छुड़वाकर दुकान पर बैठाने का प्रस्ताव रख दिया। इशारा यह था कि अगर हिस्सा चाहिए तो काम में हाथ तो बटाना होगा। माँ को ऐसे खतरों का जाने कैसे पूर्वाभास हो जाता था। उन्हें इस बात की आशंका पहले से ही थी। चाचा जी के व्यवहार से उन्हें सन्देह हो चला था कि करारनामे की अवधि पूरी होते ही उनके लक्ष्मणधर्मी देवर विभीषण की भूमिका अख्तियार करेंगे और एक-एक करके सबको व्यापार से निकाल फेंकेंगे। शुरुआत उनसे होगी, इसके लिए भी वे कहीं-न-कहीं मन से तैयारी कर ही रही थीं।

माँ ने बड़ी विनम्रता से माकूल जवाब पेश कर दिया, 'भैया, यह बच्चा बिचारा क्या हाथ बटाएगा तुम्हारा? तुम इसकी जगह एक होशियार मुनीम रख लो। उसकी तनख्वाह हमारे हिस्से में डाल दिया करना। इसकी पढ़ाई भी पूरी हो जाएगी और तुम्हें काम में भी मदद मिल जाएगी।'

इस सुझाव पर कहाँ तक अमल हुआ, याद नहीं, पर तत्काल विपदा टल गई। भाई ने पढ़ाई जारी रखी।

दूसरी समस्या दो वर्ष बाद मेरी शिक्षा को लेकर खड़ी हुई। इन्द्रप्रस्थ स्कूल में पढ़ाई बड़ी गम्भीरता से, अंग्रेजी माध्यम से होती थी। विद्यार्थियों की संख्या इतनी थी कि सब अध्यापिकाएँ हम लोगों को नाम से पहचानती थीं। उनके बीच एक केमिस्ट्री टीचर थीं मिस रतन। परम अंग्रेजीदाँ और बेहद कड़क। कद ठिंगना, रंग उलटे तवे-सा। उस पर बत्तीसी के सामने वाले दाँत स्थायी रूप से होंठों के बाहर। पर अनुशासनप्रिय और कमाल की अध्यापिका। हमें मातृभाषा में बात करते सुन लें तो पीठ पर धौल जमाकर कहें, 'यू ईडियट्स, स्पीकिंग इन हिन्दी!' उनकी इस बनावट से नाच-गाने की कोई संगति नहीं बैठती थी। सो उन्होंने विज्ञान में तो मेरी 'नो एंट्री' कर ही दी,

इकोनॉमिक्स और सिविक्स पढ़ने में भी आए दिन वे व्यंग्य-बाणों से क्लास टीचर होने के नाते मेरा स्वागत-सत्कार करने से नहीं चूकती थीं।

एक बार किसी कार्यक्रम के लिए बाहर जाना पड़ा। दो दिन की छुट्टी के बाद जब मेरी वापसी हुई तो उन्होंने भरी क्लास में मेरी अभ्यर्थना में जो कहा, उसका सार यह था कि दोनों साथ नहीं चलेंगे—या तो नाचना-गाना छोड़ो या पढ़ाई। नृत्य-शिक्षा जारी रखना कोई मसला नहीं था वक़्त के उस दौर में, पर इस फ़ैसले का कोई नैतिक औचित्य भी नहीं था।

मैं अड़ गई, नाचना नहीं छोड़ूँगी, स्कूल भले ही छोड़ना पड़े। माँ की जान साँसत में। ऐसी स्थितियों में प्रिंसिपल खन्ना साहब संकटमोचक की भूमिका निबाहते थे। सो उनकी सलाह से, इन्द्रप्रस्थ स्कूल से मुक्ति दिलाकर मेरा दाखिला कनॉट प्लेस के एक प्राइवेट कोचिंग स्कूल में करा दिया गया, पंजाब में मैट्रिक की परीक्षा देने के लिए। परीक्षा मैंने जी-तोड़ तैयारी करके दी। विषय वही इकोनॉमिक्स, हिस्ट्री और सिविक्स—माध्यम अंग्रेज़ी।

देश में उस समय स्वाधीनता-आन्दोलन पराकाष्ठा पर था। अंग्रेज़ी का महत्त्व कम तो नहीं हुआ था, लेकिन भाषा के रूप में हिन्दी का रिश्ता देशभक्ति के जज़्बे से जुड़ता जा रहा था। सो प्रिंसिपल साहब ने सलाह दी कि चूँकि कॉलेज में दाखिले में कई महीनों का समय है इसलिए मुझे घर में तैयारी कराके 'प्रभाकर' की परीक्षा दिला दी जाए। मेरी हिम्मत नहीं पड़ रही थी तो समझौता 'भूषण' पर हुआ और तैयारी कराने के लिए डॉ. सत्यदेव चौधरी की नियुक्ति हो गई। डॉ. साहब हिन्दी भाषा और साहित्य के मेरे आदिगुरु हुए। वे परम सज्जन, सीधे-सादे, घरेलू मानसिक बनावट के व्यक्ति, साइकिल पर सवार होकर पढ़ाने आते। सुविधा के लिए प्राय: खाकी निकर और सफेद कमीज में। विचारों में भी वे आर्यसमाजी थे, सो माँ को खूब भा गए और परिवार का हिस्सा हो गए। जब मैट्रिक का परीक्षा-परिणाम निकला तो वे किसी काम से पंजाब गए हुए थे। हमसे पहले उन्होंने नतीजा पता कर लिया। बधाई का पोस्टकार्ड लिखा, प्रथम श्रेणी और दिल्ली के परीक्षार्थियों में प्रथम आने की सूचना देते हुए।

कुछ दिनों बाद भूषण की परीक्षा भी हो गई और उसमें भी मैंने जैसे-तैसे प्रथम श्रेणी पा ही ली। यह बात अलग है कि इस पूरी प्रक्रिया में आयु के प्रमाणपत्र में उम्र एक साल बढ़ गई। मैट्रिक की परीक्षा का फॉर्म भरते समय पाया गया कि परीक्षा के लिए जिसमें कुछ महीने बाकी थे, चौदह साल की उम्र पूरी होना ज़रूरी है। प्रिंसिपल की सलाह से पुराने बहीखाते का पन्ना फाड़कर एक जन्मपत्री बनाई गई। एक साल उम्र बढ़ाकर। हलफनामे के साथ उसे दाखिल किया गया और बेड़ा पार हो गया।

उस समय शहर में लड़कियों का एकमात्र कॉलेज था इन्द्रप्रस्थ। मैट्रिक पास विद्यार्थियों को बी.ए. से पहले एक साल का प्रेपरेट्री कोर्स करना पड़ता था। उसी में दाखिला लिया और देखते-देखते वह वर्ष भी बीत गया।

कॉलेज में उस समय विद्यार्थियों की कुल संख्या लगभग ढाई सौ थी और उसी

अनुपात में प्राध्यापिकाएँ लगभग ग्यारह–बारह रही होंगी। मुख्य भाषाओं में अंग्रेज़ी, हिन्दी और संस्कृत। समाज विज्ञान में अर्थशास्त्र, इतिहास और राजनीतिशास्त्र के अलावा दर्शन और गणित। माध्यम के रूप में वर्चस्व अंग्रेज़ी का ही था, पर दिलचस्प बात यह थी कि उस समय लड़कियों को इस एकमात्र कॉलेज में उर्दू भी पढ़ाई जाती थी।

उर्दू का अध्यापन जुत्शी साहब नाम के एक कश्मीरी सज्जन करते थे। लम्बे, छरहरे और गौर वर्ण के जुत्शी साहब बेहद शाइस्ता, संजीदा और बुजुर्ग इन्सान थे। कुछ वर्ष बाद पता लगा कि गवर्निंग बॉडी के फ़ैसले के कारण कि लड़कियों के कॉलेज में केवल महिला प्राध्यापिकाओं की नियुक्ति होगी, जुत्शी साहब ने कॉलेज छोड़ दिया।

बहरहाल, जब सवाल बी.ए. में दाखिले का आया तो घरवालों के लिए तो बस इतना काफी था कि परिवार की पहली लड़की बी.ए. में दाखिल हो रही है। विषय में किसी की कोई दिलचस्पी नहीं थी। सो मैंने अर्थशास्त्र के ऑनर्स पाठ्यक्रम में दाखिला ले लिया।

कॉलेज में उसी वर्ष हिन्दी में ऑनर्स खुला था। स्वाधीनता–आन्दोलन की चरम परिणति का वर्ष। स्वदेशी वस्त्रों के साथ स्वदेशी भाषा की दुहाई का वर्ष—1947। हिन्दी की पढ़ाई की तरफ आकर्षित करने के लिए देशभक्ति के जज़्बे को उकसाया जाने लगा। सहपाठियों में से बहनों की एक जोड़ी ने विषय बदला और मुझे भी ललकारना शुरू किया। मेरी समस्या थी पाठ्यक्रम में संस्कृत के दो अनिवार्य पर्चे। देवभाषा से वियोग कक्षा छह में हो चुका था। याद सिर्फ़ इतना था कि मामला रटंत विद्या का है। मैं हिचकिचा रही थी और बहनों की वह जोड़ी मुझे हिन्दी की तरफ खींचने के लिए कटिबद्ध थी।

कॉलेज के हिन्दी विभाग में उसी वर्ष ऑनर्स खुलने के कारण डॉक्टर सावित्री सिन्हा की नियुक्ति हुई थी। वे शायद लखनऊ से दिल्ली आई थीं। वे भी अच्छे विद्यार्थियों को हिन्दी ऑनर्स में खींचने के अभियान में लगी थीं। हिन्दी पढ़ने का मतलब 'निज भाषा' का यानी देशभक्ति का कारज। यह तर्क उस माहौल में बहुत कारगर साबित हो रहा था। यों भी लड़कियों के लिए उस ज़माने में कैरियर के लिए पढ़ाई करने का विशेष चलन नहीं था। इस सिलसिले ने स्वाधीनता के बाद विशेष जोर पकड़ा।

घर में न सलाह करने का सवाल था और न मार्गदर्शन का। जिस परिवार के लड़कों में से सिर्फ़ एक ने एंट्रेंस पास किया हो और दूसरा पहली बार बी.एस–सी. में पढ़ रहा हो, उसके लिए यह काफी था कि परिवार की पहली लड़की कॉलेज में पढ़ने के लायक तो हुई। किसी से पूछने, बताने या सलाह करने का सवाल ही नहीं उठा। सो कुछ देशभक्ति का जज़्बा, कुछ मित्रों का आग्रह और कुछ डॉ. सावित्री सिन्हा के हँसमुख और मिलनसार स्वभाव से प्रेरित होकर मैंने अपनी राह बदल ली। इस संकल्प के साथ कि संस्कृत का बेड़ा रटंत विद्या के सहारे पार कर लिया जाएगा। कक्षा में विद्यार्थियों की संख्या अच्छी–खासी यानी ग्यारह हो गई।

कॉलेज में पढ़ाई के अलावा स्वाधीनता-आन्दोलन के सिलसिले में आए दिन जुलूस, जलसे, हड़ताल, नारेबाजी में हिस्सेदारी भी बढ़-चढ़कर होती रहती। घर में न किसी ने रोक-टोक की और न ही कोई दिलचस्पी ली।

राजनीतिक घटनाओं के प्रति पूरे परिवार की उदासीनता के बीच माँ अकेली अपवाद थीं। उनके संस्कारों में आर्यसमाज की आचरण-संहिता धीरे-धीरे कांग्रेस की नीतियों की दिशा में उन्मुख हो गई थी। उन्हें स्वाधीनता-आन्दोलन की वैचारिक पेचीदगियाँ तो समझ में नहीं आती थीं, पर वे पार्टी की आन्दोलनात्मक गतिविधि की बड़ी कायल थीं।

अपनी सीमाओं के भीतर उन्होंने दो काम बड़े नियमित रूप से किए। वे चाँदनी चौक के गांधी आश्रम से रुई की पूनियाँ लातीं और घर में चरखे पर सूत कातकर वहाँ पहुँचा देतीं, बड़ी निष्ठा और सेवा भाव से। इसके अलावा गांधी जी की प्रार्थना-सभाओं में वे भक्ति-भाव से, हम बच्चों को साथ लेकर पहुँचती रहीं। जब भी वे दिल्ली आते, माँ को जाने कहाँ से समाचार मिल जाता और उनकी सभाओं में माँ की हाजिरी लगने लगती। उनके दूसरे नायक पंडित जवाहरलाल नेहरू थे। टेलीविजन का ज़माना तो था नहीं। इन गतिविधियों की सूचना रेडियो, हिन्दी के अखबार या बतकही के माध्यम से घर में पहुँचती थी। पूरे माहौल में राजनीतिक सरगर्मी अपनी पराकाष्ठा पर थी। मामला समझ-बूझ से ज्यादा श्रद्धा और समर्पण का था। माँ का सबसे बड़ा योगदान यह था कि उन्होंने हमारे भीतर सही और गलत का विवेक पैदा किया। आचरण में करणीय और अकरणीय की चेतना जगाई और संघर्ष एवं कर्म का महत्त्व समझाया—उपदेश से नहीं, आचरण से। चरखा कातना मैंने उनकी संगत में उनका अनुसरण करते हुए ही सीखा गोकि उन्होंने कभी मुझे ऐसा करने का आदेश नहीं दिया।

वक़्त धीरे-धीरे गुजर रहा था। बच्चों की उम्र के साथ उनके खर्च बढ़ रहे थे। पढ़नेवालों की संख्या दो से चार हो गई थी। हाथ क्रमशः तंग होता जा रहा था। चाचा जी के व्यवहार से दुश्चिन्ता को बढ़ावा देने के कारण पैदा हो रहे थे। शायद उन्हें भी पढ़ने-लिखने की दिशा में हमारी प्रगति गवारा नहीं हो रही थी। कम-से-कम कुछ प्रतिस्पर्धी भाव ज़रूर पनप रहा था। इसका प्रमाण तब मिला, जब उन्होंने मुझसे दो साल छोटे अपने बेटे को स्कूल की पढ़ाई खत्म होते ही आगे की पढ़ाई के लिए इंग्लैंड भेजने का फ़ैसला किया। घर में शोर मचा कि साहबजादे पढ़ाई के लिए विलायत जा रहे हैं। किसकी सलाह से और किस पढ़ाई के लिए, इसका ब्यौरा उन्होंने किसी को बताना ज़रूरी नहीं समझा। इस प्रसंग की चर्चा आते ही बस उनकी बड़ी-बड़ी आँखें कुछ और विस्फारित हो जाती थीं, नथुने फड़कने लगते थे और सीने की चौड़ाई में भी कुछ इजाफा हो जाता था।

हम लोगों को इस समाचार से कोई ईर्ष्या नहीं हुई, क्योंकि हम अपनी आर्थिक

सीमाओं और तंगहाली के इतने अभ्यस्त हो चुके थे कि वैसी महत्त्वाकांक्षा सपनों में भी नहीं पाल सकते थे, बल्कि इस खबर का हमने भी कुछ शेखी से अपने मित्रों में बखान ही किया कि हमारा एक 'भाई' पढ़ाई के लिए विलायत जा रहा है। पर दुर्भाग्य से साहबजादे एक साल से ऊपर समय गँवाकर वहाँ से बैरंग वापस लौट आए। कारणों की चर्चा करना किसी ने मुनासिब नहीं समझा। बात आई-गई हो गई, पर चाचा जी के मन में इस घटना से फाँस ज़रूर गड़ गई क्योंकि बेटे की पढ़ाई जारी रखने के मंसूबे उन्होंने स्थगित कर दिये। उनकी समझ में आ गया कि ऐसी औलादों की खपाई अन्ततः व्यापार में ही होगी। इस घटना ने दूसरे हिस्सेदारों को निकाल फेंकने की उनकी योजना को दृढ़ ही किया होगा।

माँ को आर्थिक तंगी से मुक्ति का कोई रास्ता नज़र नहीं आ रहा था। दुकान में जो पैसा जमा हो रहा था, सम्भवतः वे उसमें हाथ डालना नहीं चाहती थीं। वे कुछ कहती नहीं थीं, पर कहीं-न-कहीं उनके मन में मेरी शादी करने की चिन्ता भी होगी ही। लड़कियों को कैरियर के खयाल से उस समय पढ़ाने का बहुत चलन नहीं था। लड़की के लिए आमतौर पर बी.ए. तक की शिक्षा सामाजिक और पारिवारिक जीवन के लिए काफी समझी जाती थी। बिना बाप की लड़की के लिए तो और भी। यों ज़रूरत पड़ने पर उनके लिए दो ही पेशे सम्मानजनक और निरापद माने जाते थे— शिक्षा और डॉक्टरी। दूसरे के विषय तो परिस्थितिवश मुझसे स्कूल में ही छूट गए थे, पर पहले के लिए भी उस समय मुझे तैयारी कराने की कोई योजना माँ के मन में नहीं थी। दरअसल, परिवार में ही न ऐसी परम्परा थी और न अनुकूल वातावरण। सोचा उन्होंने भी यही होगा कि मैं बी.ए. कर लूँ और मेरा ब्याह रचा के वे एक ज़िम्मेदारी से मुक्ति पाएँ। उन्होंने सारी उम्मीदें जिस बड़े बेटे पर टिका रखी थीं, उसकी ओर से भी निराशा ही हो चली थी। उस समय फाइनल परीक्षाएँ तीन वर्ष के अन्त में होती थीं। सपूत जी हिन्दू कॉलेज में पढ़ते थे। अन्तिम वर्ष तक पहुँचे तो उन्होंने बी.एस-सी. में फ़ेल होने का जो सिलसिला शुरू किया तो दो वर्ष बाद मेरे साथ हो गए। पर वह बाद की बात है। उनकी पढ़ाई जारी रहे, उसमें कोई बाधा न आए, इसके लिए माँ बराबर जी-तोड़ उपाय करती रहीं। यहाँ तक कि अनजाने ही उन्होंने अपने बच्चों की परवरिश में भेद-भाव बरतना शुरू कर दिया। मेरी भरपाई तो कुछ हद तक बड़े भाई साहब के संगीत रुझान के कारण हो जाती थी, पर दो छोटे बहन-भाई उनके इस व्यवहार से सहमे-से रहने लगे। यह बात अलग है कि बड़े भाई की अपनी गृहस्थी में भी विस्तार हो चला था जिसका प्रभाव उनके संगीत-प्रेम पर पड़ना स्वाभाविक था। बदली परिस्थितियों में उनसे बहुत अपेक्षा रखना उनके प्रति अन्याय होता। सो धीरे-धीरे मेरी नृत्य-साधना में पहले अन्तराल और फिर क्रमशः विराम आ गया। इसका एक निमित्त गुरुदेव अच्छन महाराज की दिल्ली से वापसी भी बना।

इस कठिन परिस्थिति में माँ को और रास्ता नज़र नहीं आया तो उन्होंने घर बैठे मजूरी का सहारा लिया। वे खुदरा दुकानदारों के लिए पुराने अखबारों की थैलियाँ

बनाने लगीं। खुलकर यह काम कर नहीं सकती थीं। सो उन्होंने घर में काम के लिए आनेवाली औरतों को माध्यम बनाया। मौसा जी की दुकान में तीज के त्योहार पर झूलों के लिए शीशे की पटरियाँ बनती थीं। उन पर फूल-पत्तों की मोटी चित्रकारी वे बाहर से शायद एक आना फी पटरी के हिसाब से कराते थे। माँ ने उसका जिम्मा उठा लिया और घरेलू स्रोतों से उन्होंने सिलाई के कपड़े मँगाने का जुगाड़ किया। हर समय घर के काम और बच्चों की देखभाल में खटने से जो समय बचता तो वे ऐसे काम लेकर बैठ जातीं। हम बच्चों की समझ से परे थी यह स्थिति। गृहस्थी के रोजमर्रा के खर्चों में भी उनका हाथ खिंचा रहने लगा था। यह तो हम महसूस करने लगे थे, पर इसके कारण और इसके निदान के सम्भावित रास्तों की समझ हमें नहीं थी। माँ शायद चाहती ही नहीं थीं कि हमारे बचपन पर इन हालात का कोई असर पड़े या हमारा ध्यान पढ़ाई से विचलित हो। फिर भी जब वे थैलियाँ बनाने बैठतीं तो हम उनके साथ में बैठकर लेई लगाने लगते या पटरियों पर ब्रश चलाने में उनकी मदद करने की कोशिश करते।

लड़कियों में घरेलू काम करने की प्रवृत्ति उस उम्र में सहज रूप में आकार लेने लगती है। देखते-ही-देखते मेरा नाच-गाना हवा होने लगा और उसकी जगह हाथों में सुई-डोरा और ऊन-सलाई अपनी जगह बनाने लगे। माँ ने इसे शुभ लक्षण माना। उन्होंने मुझे सिलाई के कपड़ों में तुरपाई करने की दीक्षा उसी उम्र में देनी शुरू कर दी। कभी-कभी रोटियाँ बनाने के काम में भी शामिल करने की कोशिश करने लगीं। वे अचार डालतीं या दाल-मसालों की बिनाई करतीं तो भी उनकी इच्छा यही रहती कि मैं उनका हाथ बँटाना शुरू करूँ और घर-गृहस्थी के कामों की तरफ तवज्जो दूँ। कभी-कभी संगीत-प्रेमी भाई साहब के मन में लाड़ उमड़ता तो वे बाधा देते, 'इसे अभी से कहाँ इन कामों में लगा लिया आपने? इसके हाथ खराब हो जाएँगे।'

ऐसी बातों का माँ के पास बँधा जवाब था, 'भैया, पराये घर जाना है। काम करने का शऊर नहीं आएगा तो हर बखत चार बात सुनेगी।'

भाई की प्रतिक्रिया भी बँधी-बँधाई रहती, 'अरे, हम इसकी शादी ऐसे घर में करेंगे ही नहीं जहाँ इसे काम करना पड़े।'

पर माँ भली भाँति जानती थीं कि न इन खयाली पुलावों का कोई वास्तविक वजूद था और न आश्वासनों का। उनके संस्कारों में लड़कियों की एक ही भूमिका तय थी और मायके से निकलनेवाला एक ही रास्ता, जो ससुराल तक जाकर खत्म हो जाता था। मेरे लिए भी उनके मन में कोई अलग योजना नहीं थी।

परिस्थितियाँ उन्हें भीतर-ही-भीतर असुरक्षित बना रही थीं। उनकी समझ में यह भी आने लगा था कि आमदनी का कोई दूसरा नियमित जरिया खोजना होगा। उन्होंने निश्चय किया कि स्त्री-धन के नाम पर जो थोड़ा-बहुत गहना उनके पास है, उसका मोह उन्हें छोड़ना होगा। इस संकटकाल में गिन्नियों की वह थैली भी काम आई जिसे वे बराबर चाचा जी की नीयत से बचाए हुए थीं। उन्होंने सब बेच-बाच कर इतना धन

इकट्ठा कर लिया कि करोलबाग के वेस्ट एक्सटेंशन एरिया में एक छोटा-सा मकान खरीदना सम्भव हो गया। उस दुमंजिले मकान में चार छोटे फ़्लैट थे जिनसे पचपन रुपए प्रति फ़्लैट की दर से दो सौ बीस रुपए की नियमित आमदनी होने लगी। सम्पत्ति-कर आदि का भुगतान करके भी उस समय इस आमदनी से चार बच्चों के परिवार का गुजारा कर लेना सम्भव था। तब तक आपात स्थिति में व्यापार से भी कुछ सहायता हो ही जाती थी। इसलिए रोटी-पानी का खर्च चल निकला।

लेकिन उनकी मुसीबतों का अन्त नहीं था। जिस बड़े बेटे की परवरिश पर उन्होंने सब कुछ दाँव पर लगा रखा था, जिसे उन्होंने अपनी सन्तानों के बीच लगभग राजकुँवर का दर्जा दे रखा था, जिससे उन्हें उम्मीद थी कि उनकी और छोटे भाई-बहनों की नैया वही पार लगाएगा, उनके उस कुँवर कन्हाई ने एक ऐसे व्यक्ति की सोहबत पाल ली जो घर में जब भी आता तो सबसे नज़रें चुराता रहता। प्रत्यक्ष रूप से ऐब समझी जानेवाली कोई आदत नहीं दिखाई पड़ती थी उसमें—न पान और न सिगरेट-शराब, लेकिन उसकी नज़र में ऐसी चौर्य-वृत्ति थी कि औरों से दुआ-सलाम करने में भी उसे संकोच होता था, बातचीत करने का तो सवाल ही नहीं था। जब भी उससे सामना होता तो मेरे मन में प्रतिक्रिया होती कि कहीं कुछ-न-कुछ गड़बड़ ज़रूर है। सामने पड़ जाती तो चिचियाई-सी आवाज में जबरन खिसियानी-सी किंचित् हँसी चेहरे पर लाकर हाल-चाल पूछने जैसा कुछ कहता और घबराहट से उसके पाँव टेढ़े-मेढ़े पड़ने लगते। मेरे अन्तर्मन में वाक्य उछलता, 'देअर इज़ समथिंग रौंग विथ दिस फेलो।'

माँ से कुछ कहने का सवाल नहीं था। उन्हें पुत्र-मोह में कुछ दिखाई नहीं देता था या वह देखना ही नहीं चाहती थीं। सो भाई साहब निरंकुश-से हो चले। पढ़ाई में फेल होने का सिलसिला शुरू होते ही उन्होंने घोषणा की कि वे एक फिल्मी पत्रिका निकालेंगे। परीक्षा दोबारा देने का सवाल तो एक साल बाद पैदा होता, सो उन्होंने इस बीच के समय में यह प्रस्ताव पेश कर दिया। इस आश्वासन के साथ कि पत्रिका में पैसा उनके वे व्यापारी मित्र लगाएँगे। स्थिति यह थी कि न फिल्मी दुनिया की उन्हें कोई समझ, जानकारी या तजुर्बा था और न हिन्दी भाषा में कोई गति। इसके बावजूद 'नीलकमल' नाम से पत्रिका का आगाज हो गया। निहायत घटिया कागज़, अखबार का न्यूजप्रिंट (शायद यही नाम है उस कागज़ का), एकरंगा कवर जिस पर कमल के फूल के साथ एक बेतुका-सा स्त्री-मुख। इसी स्तर की छपाई। फिल्मों के बारे में सामान्य सूचनाधर्मी लेख और सूचनाएँ। याद नहीं, सम्पादक के रूप में किसका नाम जाता था उस पर। दरअसल, उसमें याद रखने लायक कुछ था ही नहीं। जो ऊपर दर्ज है, उसमें भी सब सही हो, यह ज़रूरी नहीं। ठीक याद है बस यह कि वह पत्रिका निकली, कुछ महीने, और वर्षों बाद बड़ी संख्या में अनबिके अंक रद्दी वाले की भेंट चढ़ गए। इस पूरी घटना से भाई साहब जरा भी शर्मसार नहीं हुए। ज्यादा ताज्जुब की बात यह थी कि माँ के व्यवहार में भी मोहभंग होने के कोई लक्षण नहीं दिखाई पड़े।

बस हम दो (मैं और चार साल का छोटा भाई) कुछ विचलित-से ज़रूर हो गए। छोटी बहन तो तब भी किसी गिनती में नहीं थी। पर हम सबके भीतर असन्तोष का कीड़ा कुलबुलाने लगा था।

एतराज़ हमें इस बात पर होता था कि बड़े भाई साहब के तमाम नाकारेपन को नज़रअन्दाज़ करके माँ उनके नाज-नखरे उठातीं, उनकी बदमिजाज़ी सहन करतीं। वे अच्छे-से-अच्छा खाते-पहनते, छोटे भाई-बहनों पर हुकुम चलाते। घर में मालिकाना अन्दाज़ से उठते-बैठते। कुल मिलाकर वे अपने को गृहस्वामी की भूमिका में प्रतिष्ठित करने की दिशा में बढ़ रहे थे। बड़े बेटे की हैसियत से करोलबाग वाले मकान से किराया वसूली की ज़िम्मेदारी उन्होंने खुशी-खुशी उठा ली। माँ को, ज़ाहिर है, इससे सुविधा हो गई। नहीं जानती थीं कि आगे इसकी भारी कीमत चुकानी पड़ेगी। दो-एक महीने तो उन्होंने किराया लाकर चुपचाप माँ के हाथ पर रख दिया। उसके बाद पैसे अपने पास रोककर खर्च के बारे में जवाबतलबी शुरू की। तब शायद पहली बार माँ को एहसास हुआ कि जो हो रहा है, वह शायद बहुत सही नहीं है, पर उन्हें कहीं-न-कहीं अकारण ही आस बँधी थी कि समय के साथ सब ठीक हो जाएगा। गनीमत यह थी कि भाई साहब ने तब तक उस पैसे की माँग नहीं की थी जो उनके नाम से दुकान में जमा हो रहा था। शायद इसलिए कि सब जानते थे कि उनका नाम बड़ा बेटा होने के नाते सहूलियत के लिए डाला गया है, वरना वह साझेदारी माँ के लिए है ताकि अपने परिवार को पालने में उन्हें कुछ आर्थिक सहायता मिल जाए। यों भी उसके दाता तो चाचा जी थे जो इस बात से वाकिफ थे और तब तक घर के बुजुर्ग की हैसियत रखते थे। उनसे कुछ कहने-सुनने के लिए कम-से-कम उस समय तक भाई साहब को हिम्मत जुटानी पड़ती।

मेरा अनुमान है कि इन्हीं बदलती परिस्थितियों में माँ के मन में मेरी शादी करके अपनी एक ज़िम्मेदारी से मुक्त होने का विचार आया होगा। तब तक मैं बी.ए. प्रथम वर्ष की परीक्षा दे चुकी थी। सब्सिडियरी विषय अंग्रेज़ी पास कर लिया था। उन्हें यों भी लगा होगा कि लड़का कौन दरवाजे पर खड़ा है, झोली फैलाए मुझे ब्याह कर ले जाने के लिए। जब तक कोई उपयुक्त वर मिलेगा, बिना बाप की बेटी से शादी करने को तैयार होगा, वह भी बिना लम्बे-चौड़े दहेज के, तब तक मेरी उम्र भी ठीक-ठाक हो ही जाएगी। शायद बी.ए. की पढ़ाई भी पूरी हो जाएगी। वैसे मुद्दा पढ़ाई पूरी कराना था ही नहीं, क्योंकि पढ़ाई तो वे इसलिए करा रही थीं कि खाली घर बैठकर मैं करती भी क्या! कुछ इसलिए भी कि पढ़-लिख जाएगी तो हो सकता है, पढ़ाई कभी आड़े वक़्त काम आए। जिस परिवार के लड़के शिक्षा और आजीविका के बीच तब तक कोई सम्बन्ध नहीं जोड़ पाए थे, उसकी लड़की के बारे में ऐसा कुछ सोचना या कोई योजना बनाना उनके लिए अकल्पनीय था।

परिवार के बाकी धड़े अपनी-अपनी जिन्दगियों, अपने बाल-बच्चों का जीवन बनाने-बिगाड़ने में व्यस्त थे। चाचा जी व्यापार से बाकी हिस्सेदारों को निकालने की

तरकीबें सोच रहे थे। भाई के परिवार में वृद्धि हो गई थी। उनके यहाँ पहला बेटा हुआ तो सबने उसे हाथोंहाथ लिया।

भाभी के अच्छे स्वभाव के कारण हमारे और उनके बीच खासे मधुर सम्बन्ध थे। उनके मायके वाले भी हमारे पुराने परिचित थे। खास बात यह थी कि वे लोग माँ को बहुत सम्मान देते थे।

उनका व्यापार सहारनपुर से देहरादून तक फैला था। दो भाइयों का संयुक्त परिवार बड़ी समरसता से देहरादून में रहता था। भाभी के ताऊ जी के इकलौते सुपुत्र का उनके घर आना-जाना होता था, तब जब वे दिल्ली से गुजरते। लम्बे कद, छरहरे बदन और खासे साँवले रंग के वे नौजवान इलाहाबाद विश्वविद्यालय के स्नातक थे। इस पृष्ठभूमि के साथ उनका कुछ अतिरिक्त रूप से 'स्मार्ट' होना स्वाभाविक था। पैने नाक-नक्श, मधुर मुस्कान और बड़ी-बड़ी आँखों के बीच स्थायी रूप से बाहर निकली दन्त-पंक्ति के बावजूद कुछ ऐसा था जो उन्हें एक साथ आकर्षक और विकर्षक बनाता था। भविष्य के बारे में बड़ी-बड़ी योजनाओं का बखान करने में बड़ी महारत हासिल कर ली थी उन्होंने। रूप-रंग से ज्यादा उन्होंने एक शख्सियत साध रखी थी।

उनके माँ-बाप ने बेटे के लिए मुझे लक्ष्य कर माँ से इशारों में बात की तो माँ को एक बार तो लगा कि 'बिल्ली के भागों छीका टूटा', पर अपने आर्यसमाजी संस्कारों के कारण लड़के का हर समय उँगलियों के बीच सिगरेट दबाए रखना उन्हें सख्त नापसन्द था। भनक कुछ ऐसी भी पड़ी कि साहबजादे रईस दोस्तों की सोहबत में गाहे-बगाहे पीने का शौक भी फ़रमाते हैं। उनकी आँखों के लाल डोरे इस बात की चुगली करने के लिए काफी थे।

नापसन्दगी के इन कारणों के बावजूद माँ अपनी बिगड़ती स्थितियों और जिम्मेदारियों के बोझ तले कुछ ऐसी विवश थीं कि तुरन्त ना करने की हिम्मत नहीं जुटा पाईं। इस प्रसंग का परिणाम इतना ही हुआ कि उनके मन में यह बात घर कर गई कि मेरी उम्र छोटी भले ही हो, पर ऐसी भी नहीं कि शादी के बारे में सोचना एकदम बेठिकाने या अनुचित हो। यह घटना नहीं हुई होती तो विवाह-प्रसंग कुछ समय तक आराम से टल जाता और मेरी पढ़ाई निर्विघ्न चलती रहती, पर भाग्य में ऐसा होना नहीं था।

इस परिदृश्य में दिल्ली के रंगमंच पर विधि से प्रेरित मेरे भावी पतिदेव श्री विद्यासागर जी का अवतरण हुआ। वे भी देहरादून निवासी पिता के इकलौते बेटे थे। केवल अपने ही नहीं, कई परिवारों के बीच अकेले पुत्र-रत्न। दादा उत्तर प्रदेश के ग्रामीण क्षेत्र के जमींदार। पढ़े-लिखे इंजीनियर। उनका रिश्ता रुड़की की नहर के निर्माण से रहा। रिटायर होने के बाद उन्होंने लम्बी उम्र पाई। पूरे छब्बीस साल पेंशन पाने के कारण लोग उन्हें परिहास में सरकार का दामाद कहते थे।

सरकार ने उन्हें 'रायसाहब' का खिताब भी बख्शा था। उन्हीं के मँझले बेटे की सन्तान थे जैन साहब। ताऊ तो निस्सन्तान ही गए। चाचा के भी एक बेटी भर थी। मौसी के भी कोई बेटा नहीं था। उतने परिवारों के बीच अकेले पुत्र-रत्न। पूरी सम्भावना थी कि लाड़-प्यार से इस बेटे ने गलत रास्ते पकड़ लिये होते, पर ऐसा हुआ नहीं। कारण था, उनके पिता का आदर्शवादी कड़ियल व्यक्तित्व। वे रायसाहब की सन्तानों में सबसे ज्यादा पढ़े-लिखे थे। इलाहाबाद विश्वविद्यालय से उन्होंने वकालत की पढ़ाई की थी, पर पेशे के रूप में वकालत चली नहीं, क्योंकि किसी को धोखा देना या झूठ बोलना उन्हें रास नहीं आया। वकालत छोड़कर देहरादून के पलटन बाज़ार में उन्होंने एक दुकान खोली 'जनरल स्टोर' किस्म की। उसमें भी सफलता नहीं मिली क्योंकि दुकानदारी में मुनाफे के लिए जो व्यवहार-बुद्धि और नीतियाँ अपनानी पड़ती हैं, वे उनके वश की बात नहीं थीं।

सुनने में यह भी आया कि नैतिक आचरण और आदर्श जीवन की झक्क उन्हें घर से भगाकर एक बार गांधी जी की शरण में वर्धा भी ले गई। टिकना वहाँ भी न हुआ क्योंकि घरवालों ने उन्हें वहाँ से पकड़ मँगाया। खुद उनमें ही संकल्प की कमी रही होगी, वरना कौन किसे पकड़कर मँगा सकता है! अन्त में उन्हें सबसे आदर्श और निरापद पेशा अध्यापन लगा और उन्होंने देहरादून के मशहूर कर्नल ब्राउन स्कूल में नौकरी कर ली और अन्त में वहीं से रिटायर हुए। एक खबर उनके बारे में यह भी सुनी थी कि अपने पेशे में तरक्की के लिए उन्होंने इंग्लैंड जाकर 'ट्राइपास' की डिग्री हासिल करने का हौसला दिखाया, पर सफलता वहाँ भी नहीं मिली और वे फेल होकर बैरंग लौट आए। कुल मिलाकर पूरा जीवन असफलताओं की लम्बी दास्तान था जिस पर उन्होंने नैतिकता, सादगी और आदर्शवादी जीवन-मूल्यों का ऐसा लबादा ओढ़ रखा था कि वे बड़े सन्त-से इन्सान लगते थे। परिवार में उनकी बात काटने का साहस किसी में नहीं होता था।

डॉ. नगेन्द्र कुछ महान दिखाई पड़नेवाले व्यक्तियों के बारे में कहा करते थे : 'द रूट्स ऑफ हिज सो कॉल्ड वर्चूज़ आर इन हिज वीकनेसेज़।' जब मैंने यह वाक्य एक परम आदरास्पद विद्वान के बारे में सुना तो स्मृति में वर्षों पीछे लौटकर यह बाबू जी (हम उन्हें इसी नाम से सम्बोधित करते थे) पर चस्पाँ हो गया।

बहरहाल, ऐसे 'बाबू जी' के सुपुत्र कर्नल ब्राउन स्कूल की शिक्षा पूरी करने के बाद इंजीनियरिंग की पढ़ाई के लिए दिल्ली भेजे गए। दाखिला पॉलीटेक्निक में हुआ और बी.ई. की पढ़ाई शुरू हो गई। कॉलेज कश्मीरी गेट में था और रिहाइश वहीं छात्रावास में। जैन साहब के व्यक्तित्व का मुख्य आकर्षण उनकी शराफत था। वे भी लम्बे कद, गेहुएँ रंग, अच्छे नाक-नक्श के बड़े मितभाषी व्यक्ति थे। मैंने उन्हें कभी ठठाकर हँसते हुए नहीं देखा। स्कूल के वातावरण और पिता के कड़े अनुशासन के कारण उनके पूरे व्यक्तित्व में एक खास किस्म का संयम और शिष्टता आ गई थी। वह शायद उनके व्यक्तित्व का आकर्षण भी थी। ऐसे व्यक्तित्व से लैस जैन साहब

से सम्बन्ध जुड़ने की एक अन्त:कथा है जो तत्कालीन समाज में स्त्रियों की स्थिति पर विडम्बनापूर्ण टिप्पणी भी है। इस कथा का सम्बन्ध उनकी मौसेरी बहन से है।

उनकी मौसी का विवाह जिन मध्यवर्गीय सज्जन से हुआ, उन्होंने पुत्र की आस में सात सन्तानों के जन्म के बाद विराम लिया। सातों लड़कियों में से दो बचपन में ही दिवंगत हो गईं। परम सती-साध्वी-सी पत्नी निर्विरोध उनके इस अभियान में सहयोग करती रहीं। हो सकता है, पुत्र-लालसा उनके मन में भी रही हो! उम्र के साथ मौसा जी का स्वास्थ्य ढलता जा रहा था और लड़कियाँ निरवलम्ब बढ़ती जा रही थीं। गनीमत थी, उनका रूप-रंग। उनमें सबसे बड़ी सबसे सुन्दर थी। लड़की ज्यों-ज्यों कद बढ़ाए, उसी अनुपात में माँ-बाप के मन में उसके विवाह की चिन्ता बढ़ती जाए। पढ़ाई-लिखाई शायद सात-आठ कक्षा के आगे चली नहीं। माँ-बाप लड़का ढूँढ़ पाते, इससे पहले उनके एक करीबी प्रौढ़ विवाहित सज्जन की नज़र इस कन्या पर टिक गई। उसके पिता से उम्र में कुछ बड़े इन महाशय ने विवाह की पेशकश की तो दम्पती के पाँव तले की जमीन खिसक गई।

उन्होंने वर-सन्धान का अभियान जितना तेज किया, उतनी ही तेजी से उधर प्रेम का भूत चढ़ता गया। वे हर बार कन्या पक्ष से पहले ही सम्भावित वर के घर पहुँचकर पलीता लगा आते। बड़े चुपचाप ढंग से प्रयास जारी थे। आदर्श जीवन-साथी मिलना तो असम्भव था क्योंकि दान-दहेज की व्यवस्था करने लायक हैसियत भी नहीं थी उनकी। बस, जैसे-तैसे कोई शरीफ इन्सान मिल जाए और उनकी लड़की को सही-सलामत उनके घर से ब्याह ले जाए, इतना उनके लिए काफी था। आखिर वर तो मिला जिसका लड़की से सूरत और सीरत दोनों में कोई मुकाबला नहीं था। अलबत्ता शराफत में कोई कसर नहीं थी। वे प्रौढ़ वय के ऐसे विधुर थे जिनकी चार पत्नियाँ एक के बाद एक सात वर्ष के दौरान दिवंगत हो चुकी थीं, प्राकृतिक कारणों से। सरकारी दफ़्तर की स्थायी नौकरी थी सो ज़िन्दगी में ठहराव था। श्याम वर्ण और चीनियों जैसे नाक-नक्श वाले अपने चेहरे पर वे खुशमिजाज़ी का पर्दा डाले रखते। शाम को नियत समय से दफ़्तर से वापसी के बाद वे नहा-धोकर जो पद-यात्रा के लिए निकलते तो पूरा पास-पड़ोस नापे बगैर वापसी नहीं होती। उनकी लन्तरानियाँ, कहकहे, चुटकुलेबाजी सबने उन्हें बड़ा लोकप्रिय बना रखा था। ऐसे अजीबोगरीब वर के साथ लड़की के परिवार ने बड़े गुपचुप तरीके से दिल्ली आकर विवाह की रस्म पूरी की। पर पाँचवीं ने जब गृह-प्रवेश के लिए देहरी की तरफ पाँव बढ़ाया तो ठोकर लगने से उनका बिछुआ छिटककर दूर जा पड़ा। स्वागत में एकत्र महिलाओं में तुरन्त कानाफूसी शुरू हुई कि अब ये पति को विदा करके ही जाएगी। कहना न होगा कि अन्धविश्वासों का जन्म ऐसे आकस्मिक जीवनानुभवों से ही होता है। क्योंकि हुआ यही। वे अपने पति के बाद कई वर्ष तक जीवित रहीं।

जिन परिस्थितियों में वे ब्याह कर आई थीं, उनसे उन्होंने पूरी तरह समझौता कर लिया था। दिन भर घर का काम करना और खाली समय छज्जे पर खड़े होकर गली-मोहल्ले की आवाजाही और बतकही पर आँख-कान लगाए रखना, यही उनकी दिनचर्या रहती। बाहर निकलने के नाम पर मन्दिर या पास-पड़ोस का एकाध घर। यों पतिदेव को उनका छज्जे पर खड़ा रहना भी पसन्द नहीं आता था, पर पत्नी का स्त्री-विमर्श इतने तक ही सीमित था कि उन्होंने इस बारे में न पति की कहा-सुनी की परवाह की और न अपनी निहायत बददिमाग सास की। बात ज्यादा बढ़ती तो वे अपनी कैंची-सी जबान चलाकर मिनटों में सबका वारा-न्यारा कर देतीं। बात बढ़ने की नौबत इसलिए भी नहीं आई कि उन्होंने पत्नी-धर्म का निष्ठापूर्ण निर्वाह करते हुए क्रमशः दो बेटों और एक बेटी को जन्म दिया। पूरी ज़िम्मेदारी से उनकी परवरिश की। सन्तानें सब सुशील और कर्मठ। अब सब अमेरिकावासी हैं। पिता की मृत्यु के बाद वे माँ को भी वहीं ले गए। वहीं उनकी मृत्यु कुछ वर्ष पहले हुई, निहायत सुखी-सम्पन्न, भरी-पूरी, सुरक्षित वृद्धावस्था काटने के बाद।

ये दम्पती हमारे परिवार के अच्छे परिचित थे। लगभग पड़ोसी भी। खिड़कियों से बतकही वाले नहीं, पैदल की सीमा में आनेवाले पड़ोसी यानी माँ का जब मन उचटता, वे चप्पल पहनकर उनके यहाँ अपना सुख-दुख बाँटने चली जातीं और चाचा जी (हम उन्हें इसी सम्बोधन से जानते-मानते थे) तो अक्सर हमारे यहाँ चहलकदमी करते आ जाते थे। हम बच्चों की पढ़ाई-लिखाई के परम प्रशंसक। दोनों पति-पत्नी माँ के प्रति बेहद संवेदनशील।

इन मौसेरी बहन का बचपन जैन साहब के घर में गुजरा था। दोनों हमउम्र थे और भाई उन्हें अपनी सगी बहनों से ज्यादा मान देता था। वे भी अपने इस इकलौते भाई पर जान छिड़कती थीं। दिल्ली आने पर परिवार के नाम पर बहन का यही घर जैन साहब के लिए हॉस्टल के बाद एकमात्र ठिकाना था। जब मन करता, साइकिल पर सवार होकर वे बहन के घर का रुख करते, प्रायः सन्ध्या समय।

माँ ने आते-जाते उन्हें देखा तो बहन से सहज जिज्ञासावश उनके घर-परिवार के बारे में पूछताछ की। उनकी इस जिज्ञासा से बहन के दिमाग में भी कीड़ा उछला। तब तक वे पढ़ाई का आधा समय पूरा कर चुके थे। बात दोनों ओर मन-ही-मन कुलबुला रही थी और संकोचवश कोई किसी से कुछ कह नहीं रहा था क्योंकि मेरी और उनकी उम्र में लगभग नौ साल का अन्तर था।

बहन को यह कोई बड़ी बाधा नहीं लगती थी। उन पर भ्रात-स्नेह का ऐसा भूत चढ़ा कि उन्हें मेरे साथ विवाह कराने में ही भाई का लोक-परलोक सुधरता नज़र आने लगा। उन्होंने बड़ी नेकनीयत से दोनों पक्षों में एक-दूसरे के परिवारों के बारे में बढ़ा-चढ़ाकर जो प्रशस्ति-गायन किया, उससे इधर माँ और मैं और उधर जैन साहब चारों खाने चित। पति-पत्नी दोनों बड़ी सदाशयता से इस प्रसंग को चरम परिणति तक पहुँचाने के अभियान में आठों याम प्रयत्नशील रहने लगे। अवसर ढूँढ़-ढूँढ़कर वे हम लोगों

को मिलाने की जुगत भिड़ाते। दोनों परिवारों में भी उन्होंने ही बात आगे चलाने में पहल की।

हमारा परिवार तो ज़ाहिर है, ललककर तैयार हो गया पर मेरे सख्तजान अनुशासनप्रिय भावी श्वसुर साहब को इस बात पर सख्त एतराज़ हुआ कि फरमाबरदार इकलौते बेटे ने उनकी अनुमति के बगैर लड़की पसन्द करने की जुर्रत कैसे की! सास जी के सामने तब तक कुछ सम्पन्न परिवारों के प्रस्ताव आ चुके थे। हमारे यहाँ से उन्हें दान-दहेज की भी विशेष उम्मीद नहीं रही होगी। यों यह बात उठाने का सवाल था नहीं क्योंकि उनके पति शुद्ध आचार-विचार के गांधीवादी जीव समझे जाते थे। एतराज़ का मूल मुद्दा था कि बेटे को दिल्ली पढ़ने भेजा गया था, इश्क लड़ाने के लिए नहीं। मेरा पढ़ा-लिखा होना (मैं उस समय बी.ए. के दूसरे वर्ष में थी) उस परिवार के लिए विशेष आकर्षण की बात नहीं थी। जैन साहब से छोटी उनकी अपनी दो बेटियाँ हाईस्कूल के आगे नहीं बढ़ीं और मध्यवर्गीय परिवारों में सुखी वैवाहिक जीवन बिता रही थीं। बाकी बचीं एक, जो जैन साहब से उम्र में बड़ी, पर किन्हीं कारणों से अविवाहित थीं। वे मजबूरी में बी.ए. बी-एड करके स्थानीय महादेवी कन्या विद्यालय में पढ़ा रही थीं। एक तो परिवार में किसी में साहस नहीं था पिताजी से इस बारे में बात करने का; दूसरे, वास्तव में मंशा सभी की यही थी कि इकलौते बेटे-भाई का विवाह परम्परा के अनुसार सबकी शामिलात पसन्द से हो। वही औपचारिक देखना-दिखाना, दोनों पक्षों में ब्यौरेवार बातचीत और अन्त में ज़रूरत हो तो चलते-चलाते लड़के से पसन्द भी पूछ ली जाए, वरना उसे फ़ैसला सुना दिया जाए।

ऐसे दकियानूसी परिवार का कुल-दीपक ऐसी बेहूदा हरकत करेगा, इसकी किसी को सपने में भी उम्मीद न थी। पिताश्री अंगद की तरह पाँव जमाए थे, 'हाउ डेयर ही ?' वाली मुद्रा में। सारा कोप बरस रहा था मौसेरी बहन पर। पर वे भी वीरांगना की तरह भाई के साथ कन्धा मिलाए खड़ी थीं।

जहाँ तक हम लोगों का सवाल था, उस ज़माने का प्रेम अक्सर प्रेम से ज्यादा 'इंफ़ैचुएशन' की कोटि में आनेवाली मन:स्थिति होती थी। हमारे परिवार पर तो लड़के की शराफत और विनयशीलता के अलावा उसकी पारिवारिक पृष्ठभूमि का भी बड़ा रौब था। इंजीनियर रायसाहब का इकलौता पौत्र, जो खुद उत्तर प्रदेश के जमींदार थे। उनके दामाद यानी जैन साहब के फूफा रायबहादुर और बैरिस्टर, उस समय का आधा देहरादून जिनकी मिल्कियत था। वे जैन साहब के पिता यानी अपने साले के नाम-राशि थे। शादी के बाद भी लोग अक्सर उन्हें ही मेरा श्वसुर समझने की भूल कर बैठते थे। स्वाधीनता-आन्दोलन के दौरान नेहरू जी सहित अनेक कांग्रेसी नेता पलटन बाज़ार में उनकी विशाल हवेली के गेस्ट हाउस में उनके मेहमान रहते थे। बड़ा दबदबा था उनका पूरे इलाके में। उन्हीं की पौत्री का विवाह बाद में टाइम्स ग्रुप के अशोक जैन के बड़े बेटे से हुआ।

बहरहाल, ऐसे तमाम वृत्तान्त सुन-सुनकर हमारे परिवार को कुछ जानने-समझने

की ज़रूरत ही महसूस नहीं हुई। इस काम के लिए चाचा जी लगभग झोली फैलाए खड़े थे। तब तक वे परिवार के बुजुर्ग की भूमिका ठीक-ठाक निभा रहे थे। पर उधर पिता-पुत्र के बीच मोर्चा खिंच गया। दोनों अपनी-अपनी जगह अडिग। बात जब सम्बन्ध टूटने पर आ गई तो पिता ने हथियार डाले—'अंडर प्रोटेस्ट', पर इस सबका नतीजा यह हुआ कि जैन साहब की फाइनल की पढ़ाई का बैंड बज गया। परीक्षा हुई, पर्चे खराब हुए पर उन्होंने किसी को कानोंकान हवा नहीं लगने दी। उनका फेल होना तय था और इसका मतलब था—गर्मी में निश्चित विवाह का स्थगित होना। यह खतरा वे मोल नहीं लेना चाहते थे। अपने स्वभाव के अनुरूप उन्होंने घुन साध ली।

बात तय हो गई तो परम्परा का निर्वाह शुरू हुआ। सास जी होनेवाली बहू को देखने दिल्ली पधारीं। अच्छी कद-काठी, गौर वर्ण की ठेठ पछाँही महिला। खुली तलवार-सा बोल और व्यक्तित्व। जिला सहारनपुर के उस 'अम्बैटे' गाँव की निवासिनी जो मूर्खों के लिए मशहूर था, गोकि वे खुद खासी तेज-तर्रार थीं। उनकी उपस्थिति में मेरी साँस गले में अटकी रही। न साड़ी पहनने की आदत थी और न सिर ढकने का शऊर, पर उस खानापूरी में जैसे-तैसे फेल होने से बच गई। आखिर विवाह सम्पन्न हो गया। यह सन् उनचास का वाकया है। शादियों में तब आज का सा ताम-झाम नहीं होता था। बारात उसी एस्प्लेनेड रोड वाले घर में आई। उसी के आँगन में भाँवरें पड़ीं। उसी की छत पर घरातियों और कमरों में बारातियों का खाना-पीना सम्पन्न हो गया। न ब्यूटी पार्लर, न कोरियोग्राफर, न डीजे। यहाँ तक कि न घोड़ी, न डोली। बारात एक बस और एक या दो कारों से आई और विदाई फूफा जी की लम्बी ब्यूक गाड़ी में हुई। आगे, ड्राइवर के बगल में वे खुद विराजमान थे और पीछे मैं और जैन साहब। मँझली ननद जी का ढाई साल का बेटा हमारे बीच। तब गाड़ियाँ वातानुकूलित नहीं होती थीं। मई की भयंकर गर्मी, गाड़ी में बुजुर्गवार की मौजूदगी, देहरादून तक का रास्ता काटना मुहाल हो गया। न घूँघट उलटने की हिम्मत और न किसी बात की फ़रमाइश करने की। देहरादून तक का रास्ता बिना कहीं रुके कटा। वे न खुद कुछ बोले, न हममें से किसी को चूँ-चपड़ करने का साहस हुआ। कुछ उनकी उम्र का, कुछ उनके गम्भीर स्वभाव का और बचा-खुचा उनकी रायबहादुरी का रौब। साँस घुटकर रह गई। पहली बार मन में टीस उठी—काहे को ब्याही बिदेस... ?

अहा, ग्राम-जीवन भी क्या है!

यात्रा पूरी होते-होते दोपहर हो गई थी। गर्मी से हाल बेहाल था। ऊपर से मन में धुकधुकी लगी थी—जिस परिवार ने विवाह की स्वीकृति प्रतिरोधी मनःस्थिति में दी थी, उसकी ड्योढ़ी पर स्वागत कैसा होगा?

गाड़ी जब दरवाज़े पर रुकी, संकोच और आशंका से मैं गठरी की तरह दुहरी

हो गई थी। डर के मारे घूँघट कुछ और खींच लिया था। गाड़ी की आवाज़ से, पहुँच का आभास होते ही, घर में शोर मचा और कई जोड़ी पैर गाड़ी की दिशा में तेज़ी से बढ़ आए। पैरों की गति में प्रसन्न उत्साह की ललक थी। टोली का नेतृत्व सास जी कर रही थीं। उन्होंने स्नेह से घूँघट उठाया। अपने गले से सोने की चेन उतारकर मेरे गले में डाली। मुँह–दिखाई की रस्म पूरी की, और सहारा देकर गाड़ी से उतार लिया। कहना न होगा कि मुझे प्रकृतिस्थ होने में उनके इस व्यवहार से बहुत आश्वस्ति मिली।

नगर के बाहर के सुरम्य शान्त इलाके में वह कॉटेजनुमा घर पहली नज़र में मुझे खासा सम्मोहक लगा था। द्वाराचार की रस्म पूरी हुई। गृह–प्रवेश करते ही नीची नज़रों से भी मुझे उस जन–संकुल परिवार की संरचना का आभास हो गया। घर में रिश्तेदारों की अच्छी–खासी भीड़ थी। पतिदेव की तीन बहनें और दो दामाद। नाते–रिश्ते की कई चाचियाँ, उनकी युवा सन्तानें। सब उत्तर प्रदेश के छोटे शहर–कस्बों की मध्यवर्गीय बनत के लोग और इन सबसे अलग बुआ जी, यानी रायबहादुर साहब की पत्नी। फूफा जी तो हमें उतारकर अपनी हवेली की दिशा में बढ़ गए। वहाँ बाकी बचीं बुआ जी, उनके दो बेटे और कुल मिलाकर एक बहू। एक ऐसा परिवेश, जो मेरे लिए बिल्कुल अजनबी था।

रस्मो–रिवाज़ की आरम्भिक औपचारिकताएँ पूरी करने के बाद मुझे सजा–धजाकर घर के सबसे बड़े कमरे में एक चौकी पर बैठा दिया गया। घूँघट कुछ ऊँचा ज़रूर हो गया था, पर मुक्ति उससे तब भी नहीं हुई थी। आज सोचने पर यह बात दिलचस्प ज़रूर लगती है कि अगर ऐसा न होता तो देखनेवालों की नज़रों का वह कौतूहल, ताक–झाँक, अचरज–भरी टिप्पणियाँ, आपस की कानाफूसी, प्रतिक्रियाओं की तह तक पहुँचने की मेरी व्याकुलता—इन सबसे मिल–जुलकर जो अनुभव–वृत्त बना, उससे मैं वंचित रह जाती। मेरे चारों तरफ की चहल–पहल में जो घटित हो रहा था, उसमें मेरी हिस्सेदारी महज़ मूक श्रोता की थी, पर जितना दिखाई–सुनाई पड़ा, उसे मैंने अपने अन्तर्मन में खासी सतर्कता से दाखिल–खारिज कर लिया। पूरे परिवार और पास–पड़ोस को इस बात की जानकारी थी कि यह शादी मास्टर साहब के इकलौते बेटे की अपनी पसन्द से हुई है। सो पहली उत्कंठा तो यही थी कि आखिर कैसी है वह पसन्दीदा 'चीज़' जिस पर उस खानदान के चश्मोचिराग़ का ईमान डोल गया! मेरा बी.ए. (पास) होने का तमगा मुझे दर्शनीय बनाने की दूसरी वजह थी। शायद किसी को यह बताने की ज़रूरत भी महसूस नहीं हुई कि अभी मेरी एक बरस की पढ़ाई बाकी है। मेरी नृत्य–शिक्षा की बात भी दबी जबान से ससुराल में पहुँच चुकी थी। भले ही उसका खुले–खजाने ज़िक्र पिताजी के दकियानूसी खयालात के कारण घर में किया नहीं जा रहा था। यानी उत्तर प्रदेश के उस मध्यवर्गीय औसत जैन परिवार के बीच मेरी स्थिति कुछ–कुछ राजधानी दिल्ली से लाए गए उस अजूबे की–सी थी जिसे पूरी तरह अपनाने से पहले उसकी निरख–परख हो रही थी। मेरे लिए वह एक नए ढंग के परिवार के साथ–

साथ अलग किस्म की सामाजिक रवायतों से परिचित होने का अवसर था, जो कुल मिलाकर आश्वस्तकर ही था।

बाबूजी के बड़े भाई तो पहले ही स्वर्गवासी हो गए थे। निस्सन्तान होने के कारण उनकी उपेक्षिता पत्नी का जीवन अपने मायके और उधर के रिश्तेदारों के बीच कटा। छोटे भाई को रायसाहब ने अपनी छोटी बेटी को गोद दे दिया था क्योंकि वे एक बेटी के जन्म के बाद ही विधवा हो गई थीं। विवाह पुरकाज़ी के बेहद सम्पन्न ज़मींदार खानदान में हुआ था। लड़कियाँ उस समय सम्पत्ति की वारिस नहीं हो सकती थीं। आशंका थी कि उस स्थिति में दिवंगत दामाद के नाते-रिश्तेदार ज़मींदारी हड़प लेंगे और माँ-बेटी की दुर्गति होगी। यह बात अलग है कि बाद में भाई ने भी उनके साथ वही किया जिसकी आशंका ससुरालवालों से थी। वह अलग कथा है।

कुल जमा नक्शा यह कि परिवार में अपने नहीं, नाते-रिश्ते के चाचा-चाचियों की लहर-बहर थी। चाचियाँ तीन। तीनों जिला सहारनपुर की तहसील में पड़नेवाले ग्रामीण परिवारों से ताल्लुक रखती थीं। वही स्थिति आदरणीया सास जी की थी। किसी ने स्कूल का मुँह नहीं देखा था। चारों जब वार्तालाप में संलग्न हों तो उच्चारण में जैसे ठीकरे फूटें। कर्कश बुलन्द आवाज़ें, वर्णों का सहज रूप में द्वित्व हो जाए यानी रोटी और बेटी की पुकार 'रोट्टी और 'बेट्टी' कहकर हो। सास जी यानी 'अम्मा' किसी को लाड़ से या नाराज़गी से दुत्कारें तो वाक्य का आरम्भ 'दुर वारे' से हो, जिसका अर्थ मेरी समझ में आज तक नहीं आया। शायद 'चल हट' या 'हट परे' जैसा कुछ रहा होगा, पर वह उनका तकिया कलाम था। उन सबसे अलग व्यक्तित्व था 'बुआ जी' का। बेहद संजीदा, बातचीत में खास किस्म का ठहराव और शाइस्तगी, जो उन्होंने कुछ तो अपनी माँ से विरासत में पाई थी और बाकी रायबहादुर पति की सामाजिक हैसियत और रौब-दाब के बीच परिस्थिति के अनुरोध से अर्जित कर ली थी। वे धीमे स्वर में बोलतीं। ठठाकर नहीं, खिलखिलाकर हँसतीं। अपनी राय का बड़ी सावधानी और संयत ढंग से इज़हार करतीं। सलीके से उठती-बैठतीं। उनके व्यवहार में वह सब कुछ था जिसकी अपेक्षा, उस समय का समाज 'बड़े घर की स्त्रियों' से करता था। पर खास बात यह थी कि भाई की मध्यवर्गीय हैसियत के बीच वह अपनी 'बड़ी हवेली' के बड़प्पन का चोला उतारकर बड़ी सहजता से प्रवेश करती थीं। जब वे आतीं तो घर जैसे महक उठता था। मेरे प्रति भी उनके व्यवहार में बड़ी मृदुता थी। जब तक वे जीवित रहीं, मैंने उनसे लगभग अभिभावक की-सी निकटता महसूस की। अजब बात है कि वैसा ही संयत बड़प्पन मैंने अपनी दादी-सास में भी लक्ष्य किया। ठीक-ठीक नहीं जानती पर उच्चारण और वाक्य-रचना से उनके देशज मूल का भी अनुमान किया जा सकता था। उनके नाम का सम्बन्ध गेंदे के फूल से था। यह जानकारी इस बात से हुई कि घर की बहुएँ भूल से भी गेंदे के फूल का नाम नहीं लेती थीं। उसके लिए उन्होंने एक दिलचस्प विकल्प ईजाद कर रखा था।

बहरहाल, मैंने उन्हें पहली बार झुकी कमर, हाथ में लाठी, तन पर सफ़ेद घेरदार

खादी के लहँगानुमा पेटीकोट, पूरी बाँहों के सफेद लम्बे ब्लाउज़ और उस सबको ढाँप-तोपकर रखनेवाली सिर से ओढ़ी खादी की सफ़ेद चादर में मन्थर गति से चलती नारी-मूर्ति के रूप में देखा। उन्हें कोई रोग नहीं था। उम्र अस्सी के ऊपर ही रही होगी। कमर शायद उम्र के तकाज़े से झुक गई थी। बोलती वे भी बड़े नपे-तुले अन्दाज़ में थीं। रंग कुछ सँवला गया था, शायद झुर्रियों के कारण। सिर पर हाथ रखकर आशीर्वाद देने के अलावा, उन्होंने शायद ही कुछ कहा-सुना। कुछ दिन रहीं, फिर यह आदेश देकर गाँव लौट गईं कि मायके वापसी से पहले, 'बहू आए' की बड़ी दावत दादा की चौखट पर होगी, बिरादरी के बीच।

गाँव भी कैसा—शाहदरा-सहारनपुर के बीच उन दिनों छोटी लाइन पर एक गाड़ी चलती थी—'एसएसआर' नाम से, जिसकी गति ऐसी रहती थी कि कोई तेज़ साइकिल सवार उसे पीछे छोड़ जाए। परिवार में इस बारे में एक किस्सा मशहूर था। एक बार अम्मा (यानी सास जी) सहारनपुर से उस गाड़ी पर सवार हुईं। गाड़ी छूटनेवाली थी कि होश आया कि उनका पनडिब्बा उन देवर जी के घर में छूट गया, जहाँ वे ठहरी थीं। इस बोध के साथ उनके प्राण कंठ में आ गए। देसी पान पर कत्था-चूना लगाकर चुटकी भर तम्बाकू की सादी पत्ती का नियमित सेवन उनकी दिनचर्या की ऐसी लत थी कि उसके बिना उनका जीवन दूभर हो जाता था। रास्ते में या गाँव के बाज़ार में से इस सामग्री का जुगाड़ बैठाना आसान नहीं था। सो गाड़ी पर चढ़ाने आए बेटे को साइकिल-सवार होकर घर से वह डिब्बा उठाकर चलती गाड़ी तक पहुँचाने का आदेश हुआ। आदेश का सचमुच पालन हुआ कि नहीं, इस प्रश्न के उत्तर को सब हँसकर टाल देते थे। बहरहाल, बात गाड़ी की गति की थी।

दिल्ली के परिवारवालों को बाद में जब यह कैफ़ियत सुनने को मिली तो उन्होंने 'एसएसआर' का विस्तार 'सुसरी सड़ियल रेलवे' करके इसे स्थायी परिहास का विषय बना लिया। फिलहाल प्रसंग उस यात्रा का है जो हमें जैन साहब के पैतृक गाँव यानी उनके 'दादा की ड्योढ़ी' चढ़ने के लिए करनी थी। सहारनपुर-शाहदरा के ठीक बीचोबीच एक स्टेशन है—थाना भवन उर्फ़ जल्लाबाद। उस स्टेशन पर उतरकर गाँव पहुँचने के लिए आठ मील कच्ची सड़क बैलगाड़ी से पार करनी होती थी। कुछ वर्ष बाद वहाँ बस चलने लगी थी, पर उस समय घर में लगातार चर्चा इस विषय पर हो रही थी कि इतनी दूर कच्ची सड़क पर बैलगाड़ी में यात्रा करने से कहीं बहू की कमर में हिचकोलों से कोई परेशानी न पैदा हो जाए। तभी किसी जानकार ने सूचना दी कि नई बहू के लिए अलग से 'रथ' की व्यवस्था की गई है। मैंने तब तक 'रथ' या तो ऐतिहासिक फिल्मों में देखे थे या 'रामलीला' की सवारी में। स्वभावतः मेरी कल्पना में राजसी ठाठ वाला वही रथ 'साकार' हो गया।

गाड़ी की रफ़्तार से मेल खाते हुए, बियाबान-से स्टेशन पर जब गाड़ी पहुँची तो वहाँ की बदहाली देखकर मेरे होश फ़ाख़्ता हो गए। डेढ़ कमरे की खस्ताहाल इमारत, जिसमें न जाने कब से पुताई नहीं हुई थी। छोटे स्टेशनों पर भी स्टेशन-मास्टर के अलावा

एकाध कर्मचारी का जो स्टाफ़ संलग्न रहता है, उसका कहीं अता-पता नहीं था। थोड़ी-बहुत सवारियाँ उतरीं तो उन्होंने अपना सामान उठाया और तथाकथित गेट की ओर बढ़ लीं। स्टेशन पर झंडी दिखानेवाले एकमात्र कुलीनुमा कर्मचारी ने झंडी दिखाई और गाड़ी आगे सरक ली।

उतरनेवाली सवारियों में सबसे बड़ी खेप हमीं लोगों की थी। पूरे परिवार के सदस्यों के साथ, सहारनपुर के कई जोड़े और बुआ जी—सब शामिल थे। स्टेशन से बाहर निकलने पर मैंने रथ-दर्शन के लिए नज़र घुमाई तो कटु यथार्थ से टकराकर कल्पना के परखचे उड़ गए। 'रथ' नाम की जिस सवारी का लगातार ज़िक्र होता आया था, वह कुछ वैसी ही थी, जैसा ताँगे के बरक्स इक्का यानी दो पहियों पर टिकी इक्के की-सी बनावट वाली वह उठँगी-सी ऐसी सवारी थी जिसमें ज़्यादा-से-ज़्यादा दो, वरना सुविधा से एक ही व्यक्ति आराम से बैठ सकता था। मुझे उस पर जतन से चढ़ा दिया गया। साथ में मँझली अपने बालक पुत्र समेत बिराज गईं। शेष परिवार दो बैलगाड़ियों पर सवार हुआ और काफिले ने गाँव की दिशा में कूच किया। तथाकथित 'रथ' वज़न में हलका होने के कारण, ज़ाहिर है, हिचकोले ज़्यादा खा रहा था। उसके ऊपर कुछ कलात्मक-सी बनत का एक चँदोवा ज़रूर था जिसके कोनों से परदे लटके थे। पर जहाँ तक सड़क का सवाल है, कहना मुश्किल था कि गड्ढे सड़क में थे या सड़क गड्ढों में। परिवार की आशंका के विपरीत कमर तो सही-सलामत बची रह गई, पर कुल मिलाकर अनभ्यास के कारण शरीर के बाकी अंजर-पंजर ढीले ज़रूर हो गए।

रायसाहब को गुज़रे कुछ वर्ष हो गए थे, पर माँजी यानी दादी सास ने अपना ठिकाना छोड़ा नहीं था, इसलिए गाँव में उनका रौब-रुतबा कायम था। पूरे गाँव में शोर बरपा था कि 'रायसाहबनी' के पोते का ब्याह हुआ है दिल्ली में। बी.ए. पास बहू आई है, सो बहू-दर्शन के लिए अगले दिन सुबह से ही ग्रामीण स्त्रियों का ताँता लग गया। उस गाँव में किसी समय जैन-समाज की अच्छी उपस्थिति रही होगी। इसका प्रमाण था वहाँ का खासा भव्य जैन मन्दिर। ज़ाहिर है, दिन की शुरुआत बहू को मन्दिर ले जाने के प्रस्ताव से हुई। गाँव के भीतर के रास्ते पैदल ही तय किए जाते थे। घर से मन्दिर तक का रास्ता तय करने के लिए बाज़ार के बीच से निकलना पड़ता था। इसलिए ज़रूरी था कि वेशभूषा के बारे में एहतियात बरती जाए। सो उस विकट गर्मी के बावजूद बनारसी साड़ी के ऊपर एक और रेशमी चादर से अपने को ढाँप-तोपकर जब मैंने 'अम्मा' की अगुआई में सम्हलकर ज़ीना उतरना शुरू किया तो माँजी सीढ़ी के शुरुआती सिरे पर बतौर निगरानी खड़ी थीं। दो-तीन सीढ़ियाँ उतरी होंगी कि पीछे से माँजी की कड़क आवाज़ सुनाई दी, 'बहू, कोहनी ढक!' मुझे दिन में तारे नज़र आ गए। एक तो माँजी की आवाज़, जो बहुत कम सुनाई देती थी, फिर आदेश की ठनक। चादर

सम्हालना तो दूर, तब तक मुझे साड़ी भी ठीक-ठीक पहनने का शऊर नहीं था। मैंने घबराकर चादर की लपेट को और कसा और जैसे-तैसे सीढ़ियाँ उतर गई। ज़ाहिर है, बाकी रास्ता भी इसी साँसत में कटा कि कहीं किसी को मेरी कोई झलक न मिलने पाए, और घूँघट के कारण पैर किसी नाली में न पड़ जाए!

छायावादी भावबोध के सहारे ग्रामीण जीवन की जो मोहक अवधारणा भीतर पनप रही थी, उसके विखंडन का सिलसिला शुरू हो गया था। मेरी मुख्य चिन्ता यही थी कि जैसे-तैसे परिवार की अपेक्षाओं पर खरी उतर सकूँ ताकि वह प्रवास निर्विघ्न सम्पन्न हो जाए। पर वैसा होना कहाँ था!

दिन में मुँह-दिखाई के लिए स्त्रियों का जो ताँता लगा, उनमें परिवार के तीन-चार ग्रामवासी नातेदारों के अलावा, जाट-गूजर परिवारों की वे तमाम महिलाएँ थीं, जो खबर सुनकर तमाशबीनी मनोवृत्ति से चली आ रही थीं। रंग-बिरंगे लहँगे, उन पर मर्दाना काट की ढीली कमीज़ें और रंगीन दुपट्टे, जो सिर ढाँपने के बाद, सामने नहीं, कान में अटकाकर पीछे पीठ पर फैले रहते थे। दोनों कोने अलबत्ता कभी-कभी आगे लाकर कमीज़ की जेब में या लहँगे के नेफ़े में खोंस दिये जाते थे।

मेरे लिए यह सर्वथा अप्रत्याशित और एक हद तक सुखद अनुभव था कि वर्ग, जाति या हैसियत की दृष्टि से किसी के साथ कोई भेदभाव नहीं बरता जा रहा था वहाँ। वे सब बड़े उन्मुक्त भाव से आतीं। माँजी के अलावा अन्य महिलाओं से यथायोग्य प्रणाम अभिवादन होता और फिर मेरी निरख-परख शुरू हो जाती। घूँघट उठाने-गिराने का क्रम तो निर्बाध चलता ही रहता, बीच-बीच में मेरे हाथ-पाँव टटोलकर बहाने से उनकी सलामती का निश्चय भी कर लिया जाता। कुछ ही देर में यह बात महिला-मंडली में फैल गई कि 'बहू के नाख़ून तो देखो, कैसे बढ़ा रखे हैं!' बात सच थी, उस समय भी नाखूनों को बढ़ाकर करीने से उनकी काट-छाँट करने का चलन था। घरवालों का ध्यान इस बात पर नहीं गया था। एक बार बात फूटी तो आग की तरह फैल गई। उनके लिए यह ऐसा अजूबा था, जिसका सम्बन्ध उन्होंने मेरे बी.ए. पास होने से जोड़ लिया। पहले इशारे या कानाफूसी से यह बात हर नवागन्तुक को बता दी जाती...और तब हाथ टटोलने की बारी आती। टिप्पणी की शुरुआत कुछ ऐसे मासूम-से वाक्यों से होती : 'नाखून घणे ही बढ़ा रक्खे हैं बऊ ने।' या फिर : 'बी.ए. पास है बऊ!'—जिसमें यह व्यंजना रहती कि बढ़े नाखूनों का सम्बन्ध 'बी.ए.' की पढ़ाई से है। उत्तर में मेरी चुप्पी ने जब उनकी विकलता और जिज्ञासा दोनों को बेकाबू कर दिया तो एक भारी-भरकम-सी महिला ने सीधे कैफ़ियत तलब की, 'बऊ, थारे गाम में कोई नाखून काट्टन वाला भी न था?' इसका मेरे पास चुप रहने या भीतर उफन रही रुलाई को छूट देने के अलावा क्या जवाब हो सकता था! पर मैं न रोई, न उत्तर दिया। दाँत भींचकर चुप्पी को और लम्बा कर दिया। उस ज़माने में कैसा भी उत्तर 'ज़बान लड़ाने' की कोटि में गिना जाता।

बात वहीं खत्म नहीं हुई। ज़नानखाने से बाहर निकलकर मर्दानी बैठक तक पहुँच

गई। वहाँ पारिवारिक मसलों की चौधराहट का जिम्मा जैन साहब के एक रिश्ते के चाचा जी ने ले रखा था। वे बाबू जी के ग्रामवासी दो चचेरे भाइयों में से बड़े, पर बाबू जी से छोटे थे। ऐसे मामलों में बाबू जी परम निरपेक्ष-सी गम्भीर मुद्रा अख्तियार कर लेते थे। एक चुप सौ को हरावे—यह जानते हुए भी चाचा हुजूर ने जैन साहब को बैठक में तलब किया। वहाँ संवाद नहीं हुआ। चाचा जी की एकतरफ़ा टीका-टिप्पणी चलती रही—इतनी बुलन्द आवाज़ में कि बात बीच की सँकरी गली पार कर पहली मंजिल के उस खुले बरामदे तक पहुँच गई, जहाँ घर की महिलाएँ बैठी थीं। जानना चाहते थे कि नाखून बढ़ाने की तुक यानी औचित्य क्या है? घर की महिलाओं ने अद्‌भुत संयम और शालीनता का परिचय देते हुए किसी से कुछ नहीं कहा। जैन साहब ने शायद इतना ही कहा कि वे इसका क्या जवाब दे सकते हैं, और धीरे से उठकर चले आए।

इस नाखून-पुराण का अन्त इस बात से हुआ कि शाम ढले मैंने जैन साहब के माध्यम से कैंची उपलब्ध कराके लगभग विलापी मुद्रा में नाखूनों की बलि चढ़ा दी। पूरे प्रसंग में निकट सम्बन्धियों ने—जिनमें दादी, सास, फूफी-सास और ननदें सब शामिल थीं, अद्‌भुत संयम का परिचय दिया। शहरी रहन-सहन की रवायतों से परिचित होने के कारण उनके लिए यह प्रसंग काबिले-एतराज़ नहीं था पर ग्रामवासियों की प्रतिक्रिया के सामने उन्होंने बात बढ़ाने की आशंका से चुप रहना बेहतर समझा।

यह 'कुहनी ढक' के बाद ग्रामीण जीवन-शैली से मेरी दूसरी मुठभेड़ थी। बहरहाल, दिन गया तो बात गई।

अगले दिन भी लोगों की आवाजाही लगी रही। दावत हुई, शोर-शराबा मचता रहा। उस जीवन-शैली में सक्रियता और जीवन्तता ऐसे ही अवसरों पर दिखाई पड़ती थी वरना एक ढर्रे पर बँधा जीवन। सुबह-सवेरे, अक्सर पौ फटते ही स्त्रियाँ चूल्हा-चौका सम्हालतीं। लगभग पचासी साल की माँजी की खड़ाऊँ और लाठी की आवाज़ से घर का सन्नाटा टूटता। वे धीरे-धीरे अपने कमरे की चौखट पार करके बरामदे के दूसरे कोने पर रसोई-घर में पहुँचतीं। वहीं एक तरफ़ लगे हैंड-पम्प से पानी खींचकर नहा लेतीं और फिर पटरे पर बैठकर सामने बने चूल्हे में लकड़ियाँ सुलगाने में लग जातीं। उनके 'होने' का बोध इन आवाज़ों से ही होता था, उनके गले की आवाज़ से नहीं।

उनके ठीक विपरीत अम्मा जी को उठने के बाद, यदि इस बात का एहसास हो जाए कि मेरा सवेरा नहीं हुआ है तो वे खासी बेसुरी आवाज़ में 'उठ जाग मुसाफिर भोर भई, अब रैन कहाँ जो सोवत है...' का पारायण, कुछ ऐसी अदा से करने लगतीं ताकि सुननेवाले को भजन गायन का भ्रम हो जाए। ज़ाहिर है, 'मुसाफ़िर' को जगाने का यह सबसे कारगर तरीका था, जिसका बुरा मानने का न सवाल था, न हिम्मत। रात में देर से सोकर, सुबह कुछ देर से उठने की मेरी आदत इस तीसरी मुठभेड़ की भेंट चढ़ गई। तब तक 'तीतरों' नाम के उस गाँव में बिजली नहीं आई थी। इसलिए गोधूलि बेला से ही अँधेरा पसरने लगता था। जैन परिवार, सो लगभग निरपवाद रूप से सब अँधेरा होने से पहले ही खाना खा लेते थे। उसके बाद लालटेन की रोशनी

में कुछ देर घर-परिवार की बातों के बाद सोने के अलावा, करने को कुछ बचता नहीं था। ज़ाहिर है, जल्दी सोना और सुबह-सवेरे उठ बैठना उनकी सहज जीवन-चर्या थी।

समय की दूरी से अब उस जीवन-शैली के बारे में सोचने पर तरह-तरह के सवाल उठते हैं। क्या सार्थकता थी आखिर ऐसी दिनचर्या की ? विशुद्ध दैहिक आवश्यकताओं की पूर्ति। उतनी, जितनी जीवित रहने के लिए ज़रूरी हो। सामाजिक सम्बन्धों का निर्वाह—कुछ ऐसे कि जीवन सहज गति से चलता रहे। यथासम्भव ऐसा आचरण, जिससे प्रशंसा सुनने को मिलती रहे, मनोबल बनाए रखने के लिए अपेक्षित खुराक की तरह।

अब याद आता है कि घर की महिलाओं को चुगने-बीनने और चूल्हा-चक्की सम्हालने जैसे घरेलू कामों के अलावा, ठाली बैठे दुनिया भर की निन्दा-प्रशंसा करने के अलावा, शायद ही किसी बात में कोई दिलचस्पी रही हो। यहाँ तक कि मैंने उस परिवार में किसी को सिलाई-बुनाई या कशीदाकारी जैसे कामों में भी संलग्न नहीं देखा। अलबत्ता खान-पान की भरपाई के लिए दही मथना, पापड़-बड़ी बनाना, त्योहारों पर बड़े उत्साह से कड़ाही चढ़ाकर मठरी-कचौरी, बेसन या मूँग की 'पंजीरी' (बर्फ़ी) जैसे तमाम व्यंजन बनाने में बड़ी महारत हासिल थी उन्हें, विशेषकर मेरी सास जी को।

मैंने मिट्टी के घड़ों में भर-भरकर आम का अचार डालने का चलन पहली बार वहीं देखा। कारण—आम का बगीचा। घर की मिल्कियत थी। टोकरे भर-भर कच्चे आम पकने से पहले ही आँधी से ज़मीन की नज़र हो जाते थे। मसालों में से भी कुछ खेतों से, बाकी बाज़ार से। तेल भी घर की सरसों की बदौलत सहज सुलभ था। सो खुले हाथ से आम के खट्टे-मीठे अचार सेरों के भाव डाले जाते और उतने ही खुले हाथ उनका वितरण होता। मैंने वैसी लहर-बहर न पहले कभी देखी, न बाद में। दरअसल पाक-विद्या में महारत मैंने उसी परिवार में हासिल की जिसके सहारे आर्थिक तंगी के दौर में बड़े कौशल से जीवन भी चलाया और आजीवन अपने मित्रों-सहयोगियों को प्रभावित भी किया।

गाँव में हमारा आम का बगीचा रिहाइशी इलाके की सरहद के बाहर था। सैर-सपाटे के लिए घरेलू महिलाओं के बाहर निकलने का चलन था नहीं, सिवाय मन्दिर और नाते-रिश्तेदारी में खुशी-ग़मी के मौकों पर, फिर भी गाँव से वापसी के पहले प्रस्ताव रखा गया कि नई बहू को बाग-दर्शन भी करा दिया जाए। सो महिलाओं का छोटा-सा काफिला रुख़्सत हुआ जिसमें बहुओं की गिनती में आनेवाली सभी स्त्रियाँ हैसियत के हिसाब से छोटे-बड़े घूँघट खींचे और लड़कियाँ सिर ढाँपे। घूँघट खींचकर गाँव की गलियाँ पार करने में बड़ी साँसत होती थी। धूल-मिट्टी से पटी कच्ची-पक्की-सी सड़क। जगह-जगह नालियाँ। दुकानों के पट्टे पर

या चारपाई पर हुक्का गुड़गुड़ाता पुरुष-समुदाय। यह बात अलग है कि सबकी नज़रों से जैसे बचते-बचाते, बगीचे तक पहुँचने पर यात्रा की नागवारी गायब हो जाती थी।

आम के सैकड़ों गझिन पेड़ों से भरा विशाल बगीचा। पहुँचते ही बगीचे के सर्वेसर्वा मियाँ काले खाँ बैठने के लिए बान की चारपाइयाँ डाल देते। बाग में बीचोबीच ईंटों से बना एक शान्त-सा घर। बताया गया कि रायसाहब यानी ददिया ससुर ने अपने रिटायर होने के बाद का पूरा जीवन उसी घर में बिताया। बिजली थी नहीं। सो गर्मी से निपटने के लिए, मिट्टी के तेल से चलनेवाले, एक टेबल-फैन की व्यवस्था की उन्होंने। वह उनके कमरे में तब भी मौजूद था। उस शान्त सुरम्य, तब के 'कंट्री-साइड होम' में वे चैन से रहते। बगीचे और खेतों की देखभाल करते। इंग्लैंड से 'श्रेडेड व्हीट' के पैकेट और कुल्लू की पेटियों से सेब मँगाकर उनका नाश्ता करते। एक-एक ग्रास को चौबीस बार चबाकर हल्का-फुल्का भोजन करते और जब मन उचटता तो कुछ दिन बेटे के परिवार के साथ देहरादून रह आते। यह जीवन-शैली उन्होंने छब्बीस साल निभाई।

रुड़की की नहर का निर्माण कराने के दौरान उन्होंने निरीक्षण के लिए घुड़सवारी का सहारा लिया था और रास्ते में आनेवाले शीशम के पेड़ों की लकड़ी से छोटे-बड़े सन्दूक बनवाकर घर भर दिया, जिनमें न सीलन व्याप्ती थी, न दीमक उनका कुछ बिगाड़ पाती थी। बाद में इन सन्दूकों की धरोहर लम्बे समय तक परिवार में चलीं। इस इलाके में अधिकांश फर्नीचर इसी लकड़ी से बनता था। वजनी इतनी कि ढोना-उठाना मुश्किल। मैंने अपने हिस्से में आई इस सम्पदा से बाद में कटवाकर कुछ छोटी-बड़ी मेज़ें बनवाईं, जिनमें से एकाध नमूना आज भी मेरे पास है।

बड़ी तबीयत से बनाया था उन्होंने वह बगीचा। उस समय के भारत में मिलनेवाली हर किस्म के आम के पेड़—मालदह, लँगड़ा, चौसा, दशहरी। हर साल गर्मियों में आम के टोकरों की बारी-बारी से दो-तीन खेप लेकर मियाँ काले खाँ दिल्ली आते। बड़े खाँस-खखारकर घर की ड्योढ़ी चढ़ते। मुझसे अपेक्षा करते कि मैं उनकी उम्र का लिहाज़ करके उनसे परदा करूँ। संवाद वे मुझसे नहीं, दीवारों से करते, और उम्मीद करते कि उसी रास्ते या किसी मध्यवर्ती जीव के माध्यम से उत्तर दूँ। जब तक रहे, मुझे 'छोटी रायसाहबनी' कहकर सम्बोधित करते रहे। उन्हें इस सम्बोधन की निरर्थकता समझाना बेकार था।

आमों के अलावा, जब तक खेती बनी रही, तब तक गेहूँ की बोरी, चावल, मक्की का आटा जैसी रसद आती रही। ज़मीनें खुद-काश्त थीं। सो जमींदारी खत्म होने पर भी तब तक बनी रहीं, जब तक उनकी व्यवस्था हो सकी। बाद में वहाँ के सभी नातेदारों के परिवारों की निकासी हो गई तो जमीनें भी बेच दी गईं। बगीचे को बेचने में एक संकोच था—उसके एक कोने में घर के बुजुर्गों की दो समाधियाँ। बाबू जी ने अन्तत: उसका क्या रास्ता निकाला, नहीं जानती, पर एक तो काले खाँ बूढ़े हो चले थे और दूसरे, आम के पेड़ इतने पुराने हो गए थे कि फलों में रेशे पड़ गए। ज़रूरी था कि एक सिरे से उनकी कटाई कराके नई पौध लगाई जाए, जो आसान काम नहीं था।

मेरी शादी के कई वर्षों बाद रिटायर होने पर बाबूजी को झक चढ़ी कि वे वहाँ रहकर खेती-बाड़ी करेंगे। उन्होंने अपने नाम का पैड छपवाया—'उग्रसेन जैन : फ़ॉर्मर एंड गार्डनर'—पुराने गांधीवाद-प्रेम ने जोर मारा। गाँव की ओर वापसी हुई। वे उस वृद्धावस्था में साइकिल-सवार होकर खेतों पर जाते। खड़े होकर बुआई, सिंचाई, कटाई कराते—सब अपनी देख-रेख में। पर स्थितियाँ बदल चुकी थीं। पड़ोस में गूजरों के खेत थे। आए दिन खेत में काम करनेवाले मज़दूरों को लेकर कहा-सुनी होने लगी और एक दिन नौबत मारपीट पर आ गई। ज़ाहिर है, वे लोग जमीन हथियाना चाहते थे। फौजदारी की खबर परिवार में आई तो सर्वसम्मति से तय पाया गया कि उनका वहाँ रहना खतरे से खाली नहीं है। अन्ततः खेत बेचकर वे लौट आए। सो ग्राम-जीवन से हमेशा के लिए नाता टूट गया।

बच रही थी, बस गाँव की वह रिहाइशी तथाकथित हवेली। वह भी जीर्ण- शीर्ण हो चली थी। मित्रों के जो दो-एक परिवार वहाँ बचे थे, उन्होंने राय दी कि उसे भी बेच दिया जाए, वरना उसकी ईंटें भी लोग उखाड़ ले जाएँगे। यह बात बहुत बाद की है। बीसवीं सदी के आठवें दशक की। जैन साहब ने उन्हीं लोगों की मार्फ़त खरीदार तय किया। गए और एक ही दिन में उसका भी वारा-न्यारा कर आए और ग्राम-जीवन से सम्बन्ध का जो भ्रम बचा था, वह निःशेष हो गया।

यों, कहने को वह हवेली भी क्या थी, ! राजस्थान के कस्बों की हवेलियों से उसकी कोई समानता या कोई मुकाबला न था। न भव्यता, न नक्काशी, न महराबें—ईंटों से बना ढाई मंजिल का घर, जिसमें कमरों की गिनती भी बहुत नहीं थी। दरअसल उसकी बनत पुराने वक़्त के संयुक्त परिवार के रिहाइशी मोहल्ले जैसी थी। गली से दस-बारह सीढ़ियों की ढलवाँ ऊँचाई पर चौकी जैसा समतल मैदान रहा होगा पुरखों के ज़माने में। उसी को बीचोबीच एक नाली से बाँटकर दो भाइयों ने आर-पार अपने-अपने रहने के मकान बनाए थे। परिवार की दूसरी शाखा के वंशजों में से धीरे-धीरे बहिर्गमन का सिलसिला तो शुरू हो गया था पर एक भाई का भरा-पूरा परिवार तब तक वहीं रह रहा था। उन्हीं के आँगन में नाखून प्रसंग हुआ था। उनके बाकी दो भाइयों में से एक बाबू जी के सहपाठी थे जिन्होंने वकालत की पढ़ाई पूरी करके सहारनपुर में वकालत भी की और अपने बेटों की रुचि और योग्यता के मद्देनज़र साइकिलों का व्यापार शुरू कर दिया। बाद में जिस गति से उसमें बढ़ोतरी हुई, उसके क्रमशः मोटर-साइकिलों की अच्छी बड़ी दुकानों के रूप में विस्तार पाने तक की तो मुझे जानकारी है। उसके बाद उनसे सम्पर्क क्रमशः छूट गया।

उनके दूसरे भाई विचारों से गांधीवादी और प्रवृत्ति से समाजसेवी—'सादा जीवन और उच्च विचार' के सूत्र को जीवन में प्रतिफलित करने के उद्देश्य से काशीपुर जाकर बस गए। उन्हीं की बेटी विनीता से बाद में जैनेन्द्र जी के सुपुत्र प्रदीप का विवाह हुआ और ससुराल-सम्बन्ध से जैनेन्द्र जी हमारे समधी और प्रदीप मेरे ननदोई हुए। वैसे दिलचस्प बात यह थी कि इस सम्बन्ध के जुड़ने की जानकारी मुझे उसी दिन हुई जब

प्रदीप जी दूल्हे के रूप में प्रकट हुए। बिना किसी ताम-झाम, ढोल-ढमाके के एक सुदर्शन युवक को खादी के सादे सफ़ारी-सूट में सामने देखकर मुझे पहले आश्चर्य हुआ और फिर सम्बन्ध-सूत्र का खुलासा। कहना न होगा कि अचम्भा और प्रसन्नता मुझे और जैनेन्द्र जी को समान रूप से हुई। तब तक मैंने भी दिल्ली की साहित्यिक बिरादरी में थोड़ी-बहुत पहचान बना ली थी।

तीतरो में बचे थे बस बाबूजी के दो चचेरे भाई। उनमें से भी एक की सन्तानों ने पढ़-लिखकर शहर की दिशा में पाँव बढ़ा दिये थे। दूसरे का परिवार तब तक पूरी मज़बूती से वहीं जमा था। शायद इसलिए उनके घर का दालान जितना बड़ा था, वैसा ही घर का रखरखाव भी। हमारे वाले हिस्से का तो क्रमशः क्षरण हो ही रहा था। माँजी जब तक जीवित रहीं, बड़ी गम्भीरता और शाइस्तगी से गृहस्थी चलाती रहीं। रिश्ते में पड़नेवाले भतीजों के परिवारों और नौकर-चाकरों के सहारे।

कुछ ऐसा अपनापन था उस निपट ग्रामीण परिवेश में कि सारी असुविधाओं के बावजूद आनेवाले समय में, जब सर्दियों की छुट्टियाँ होती थीं, तब हम नियमित रूप से उनके पास जाते थे। बाद में रहन-सहन में कुछ ढील मिलने लगी तो बाग में आवाजाही भी बढ़ गई और खेत में से चने का हरा साग तोड़ने की छूट भी मिलने लगी। कष्ट वहाँ दो ही थे। एक तो ड्योढ़ी से चढ़ते ही सीढ़ियों के बगल में बना हुआ पाखाना, जिसकी सफाई के बाद इस्तेमाल के लिए होड़ मची रहती थी। ऐसे शौचालयों से मेरा पाला शादी के बाद ससुराल में ही पड़ा था। उससे पहले एकाध बार बचपन में यह समस्या प्रसिद्ध तीर्थ महावीर जाने पर आई थी। पर यह ऐसी समस्या थी, जिससे आज भी देश को पूरी तरह छुटकारा नहीं मिला है। 'सुलभ शौचालय' आज भी सुदूर ग्रामीण क्षेत्रों में पूरी तरह अपनी उपस्थिति दर्ज नहीं कर पाए हैं। गिने-चुने सम्पन्न परिवारों को छोड़कर ग्रामीण क्षेत्रों की तमाम लड़कियों को आज भी टोलियाँ बनाकर शाम के झुटपुटे में निर्जन इलाकों की ओर प्रयाण करते देखा जा सकता है।

गाँव में आखिरी बार जाना हुआ माँजी की मृत्यु के अवसर पर। अपने स्वभाव के अनुरूप उन्होंने यह अन्तिम यात्रा भी आनन-फ़ानन में नामालूम तरीके से सम्पन्न की, वरना गाँव में बीमारी भयंकर अभिशाप के रूप में प्रकट होती थी। एक बार मैं अपने सालाना दौरे पर बच्चों के साथ वहाँ थी। बेटा तब लगभग तीन साल का और बेटी तीन-चार महीने की थी। बाग में मधुमक्खियों ने छत्ता बना लिया था तो शहद के लोभ में उसके साथ छेड़छाड़ नहीं की गई। जब छत्ता तुड़वाने लायक हो गया तो बाबूजी ने उसे विधिवत् तुड़वाकर शहद शीशियों में भर लिया। बच्चों को तब दूध में शहद मिलाकर दिया जाता था—खाँसी-जुकाम के प्रकोप से बचाने और सेहत बनाने के लिए। उन्होंने बड़े प्यार से उस 'असली' शहद को बेटी को देने की पेशकश की और बड़े उत्साह से मैंने उनके इस सुझाव पर अमल कर डाला। शहद सुबह दिया गया था। शाम होते-होते बच्ची को हैज़ा हो गया। गाँव में नाम के लिए एक सरकारी डिस्पेंसरी का डॉक्टर। उसने आकर देखा और पानी तक पर बन्दिश लगा दी।

यथासम्भव दवाई भी दे दी। पर पेट कुछ इस तरह चला कि डी-हाइड्रेशन का खतरा पैदा हो गया। डॉक्टर के सुझाव पर, चटाने के लिए बर्फ़ की ढूँढ़ शुरू हुई। रात घिरने लगी थी। चाचा जी के दो बेटे साइकिल पर सवार होकर निकले और काफ़ी मशक्कत के बाद कहीं से बर्फ़ की सिल्ली का टुकड़ा जुटा लाए। सारे घर के प्राण कंठ में आ गए। माँजी ऐसे विपद काल में एक कोने में बैठकर जाप करने लगती थीं। और सास जी खुद तो घबराती ही थीं, बाकी सबके भी हाथ-पाँव फुला देतीं। उस दिन ऐसी अफरा-तफरी मची कि पूरे घर ने उपवास किया। सबके मन में लगभग यह विश्वास था कि मामला कुछ ही घंटों का है, बचने का तो सवाल ही नहीं। पर भाग्य से वह बच गई। संकट टल गया। गाँव में जिसने सुना, उसने मन-ही-मन ज़रूर कहा होगा कि लड़की थी, इसलिए बच गई। लड़का होता तो...। पर लड़कियों के प्रति इस तत्कालीन सोच के बावजूद हमारे परिवार में कभी यह भेद-भाव नहीं किया गया। इकलौता बेटा होने के बावजूद जैन साहब के साथ कोई रिआयत नहीं बरती जाती थी। हमने हमेशा अपनी गृहस्थी में छोटी-बड़ी सभी बहनों का हस्तक्षेप और दबाव झेला।

ग्रामीण परिवेश से जुड़े ऐसे अनेक अनुभव मेरी यादों में पैवस्त हैं। इतना ही नहीं, मेरे आचरण पर भी कहीं-न-कहीं उतने अंश की छाप है जिसे मैंने अनजाने में ही आत्मसात् कर लिया था, इसलिए मेरे मित्रों में ग्रामीण पृष्ठभूमि से आनेवालों की बहुतायत है।

एक बार मेरे वरिष्ठ सहयोगी डॉ. रामदरश मिश्र ने हँसकर कहा था, 'आपसे हम लोगों की इसलिए पटती है, क्योंकि आपमें ग्रामीण तत्त्व कहीं-न-कहीं है ज़रूर।'

हुआ यह था कि जब वे मुझसे मिलने आए तो मैं घर में बैठी गेहूँ बीन रही थी। मेरे जिस स्वरूप से उनका परिचय था, उसमें ऐसे कामों के लिए उन्हें कोई गुंजाइश नज़र नहीं आती थी।

शादी के तत्काल बाद के दादा की 'ड्योढ़ी' से जुड़े ऐसे कई कटु-मधुर प्रसंग मुझे याद हैं। अपनी आशंकाओं के बावजूद ग्राम-जीवन के साक्षात्कार के उस पहले अनुभव ने भी मुझे बहुत निराश नहीं किया। उस परिवेश और जीवन-शैली की सहजता ने कुछ चौंकाया, कुछ संकोच और घबराहट पैदा की, पर बहुत जल्दी घुल-मिलकर सब समरस हो गया। शायद इसलिए भी कि उम्र छोटी थी और मेरे भीतर का 'मैं' या 'अस्मिता-बोध' इतना ठोस हुआ ही नहीं था कि रास्ते में आनेवाली हर चीज से टकराए और किसी एक के विखंडन का खतरा पैदा हो।

लगभग एक सप्ताह गाँव में बिताकर परिवार वापस लौटा—देहरादून। प्रसन्न मन। उसके बाद मुझे मायके लौटना था—दिल्ली। वापसी की तैयारी के ही दौरान अंखबार में जैन साहब का परीक्षा-परिणाम छपा। वे तो इसके लिए पहले ही तैयार थे, पर परिवार के बाकी सदस्यों पर घड़ों पानी पड़ गया। सब मुझसे नज़रें चुरा रहे थे। घर में सन्नाटा पसरा था। कोई किसी से कुछ कहने-सुनने की स्थिति में नहीं था।

बाबूजी ने एक दिन तक चुप्पी साधे रखी। मन-ही-मन निर्णय लिया। बेटे को

तलब किया और अपना फ़ैसला सुना दिया, 'हमने तुम्हें पढ़ा-लिखा दिया। शादी भी तुम्हारी मर्ज़ी से कर दी। मैं बहू के चाचा जी को भी खत लिख रहा हूँ। अब तुम दिल्ली जाकर नौकरी ढूँढ़ो। इस काम में वे भी तुम्हारी मदद करेंगे।' वे बहुत नपी-तुली भाषा में बोलते थे—संवाद की गुंजाइश कम ही रहती थी। न उनके सुर में उदासी थी, न विचलन। कुछ था तो बस निर्ममता।

पूरे वातावरण में अजब मनहूसियत छाई थी। सब जानते थे कि अपने इस नतीजे का आभास जैन साहब को पहले से था और मानते थे कि ऐसी स्थिति में शादी सोच-समझकर की जानी चाहिए थी। अजब बात यह थी कि यह तूफान के बाद पसरा सन्नाटा नहीं था। तूफान तो आया ही नहीं। भीतर-ही-भीतर जैसे कुछ ऐसे दरका, जिससे पूरा वजूद छिन्न-भिन्न होकर रह गया।

मैंने भरे नहीं, भारी मन से दिल्ली के लिए प्रस्थान किया—लिवाने आए भाई के साथ। इस जानकारी के साथ कि दो-तीन दिनों के बाद जैन साहब भी दिल्ली आएँगे—नए सिरे से जीवन-संघर्ष आरम्भ करने के लिए। सिर पर खुले आसमान और पैरों तले ज़मीन के सिवाय हमारे पास कहीं से कोई आश्वासन नहीं था सहारे का। ज़िन्दगी फिर शुरू करनी थी—एकदम नये सिरे से।

ज़िन्दगी अपनी जब इस शक्ल से गुज़री...

दिल्ली वापसी जिन हालात् में हो रही थी, वह बहुत सुखद नहीं थे। माँ सन्तुष्ट थीं कि बेटी ससुराल से राजी-खुशी लौट रही थी, पर जिस बज्र देहात से मेरा पाला पड़ा था, उसकी बाकी घरवालों को ठीक-ठीक जानकारी नहीं थी। तरह-तरह की अटकलों से भरे मन से प्रतीक्षा कुछ इस भाव से हो रही थी कि 'न जाने बिचारी पर क्या गुजर रही होगी!' उनकी आशंका को झुठलाते हुए जब मैं स्वस्थ शरीर और मन से मायके लौटी तो सबने राहत की साँस ली।

बाबूजी का पत्र मेरे पहुँचने के एकाध दिन बाद पहुँचा। जिस परिवार के अपने लड़कों को पढ़ाई-लिखाई में विशेष कामयाबी हासिल नहीं हुई थी, उसमें जैन साहब के परीक्षा-परिणाम को लेकर न किसी को विशेष आश्चर्य हुआ, न उद्वेलन। विचित्र बात यह थी कि उनके परीक्षा-परिणाम का नौकरी-अभियान पर भी विशेष प्रभाव नहीं पड़ा। मौसेरी बहन एक बार फिर काम आईं। उनके इकलौते देवर स्वतंत्र भारत की सेना में लेफ्टिनेंट कर्नल थे। जैन साहब की शराफत के बेहद मुरीद। कर्नल साहब ने सेना के एक नये विभाग में उनकी नियुक्ति करा दी—एस.डी.ओ. के पद पर। तनख्वाह चार सौ रुपए महीना, जो उस समय मध्यवर्ग के परिवार के लिए खासी ठीक-ठाक राशि समझी जाती थी। सबने चैन की साँस ली। पैर तले की खिसकती जमीन जैसे स्थिर हो गई।

अगली समस्या थी रहने के लिए घर की। मेरी बी.ए. की पढ़ाई पूरी होने में एक साल बाकी था। अगर जैन साहब का परीक्षा-परिणाम अनुकूल होता तो इस बात की पूरी सम्भावना थी कि ससुराल से मेरी पढ़ाई छुड़ाने का प्रस्ताव आता। पर जो स्थिति पैदा हो गई थी, उसमें वैसा हुआ नहीं। मेरी उम्र और पढ़ाई दोनों को लेकर माँ ज़रूर इस बात से बड़ी चिन्तित थीं कि गृहस्थी का बोझ मैं कैसे सँभालूँगी। जैन साहब का दफ़्तर नई दिल्ली में, मेरा कॉलेज अलीपुर रोड पर। दोनों दिशाओं के बीच तो बस चाँदनी चौक ही पड़ता था। पर ससुराल में रहने का सवाल ही नहीं उठता था। ऐसा करना हमारे आत्मसम्मान को भी गवारा नहीं था, और इस बात की भी पूरी आशंका थी कि मेरी ससुराल में भी ऐसे किसी प्रस्ताव से हड़कम्प मचेगा। गोकि उधर से किसी तरह की मदद की कोई उम्मीद नहीं थी। यहाँ तक कि जो थोड़ा-बहुत सामान माँ ने शादी में दिया था, वह तो वहीं छूट गया। बाद में सास जी ने कृपापूर्वक बर्तनों के नाम पर एकाध पतीली-भगौना, परात-थाली और कुछ कटोरे-कटोरियाँ थमा दीं। प्रायः ऐसा कुछ, जो जमी हुई गृहस्थियों में फालतू के खाते में पड़ा रहता है। अपने सीमित साधनों में से माँ ने भी दैनिक उपयोग की कुछ ऐसी सामग्री मुहैया करा दी जिससे शुरुआती व्यवस्था-भर हो जाए। अन्त में उन्होंने डरते-डरते प्रस्ताव रखा कि हम उन्हीं की हवेली में नीचे की मंजिल में जो डेढ़ कमरे का हिस्सा खाली था, उसमें पाँव टिकाकर अपने गृहस्थ-जीवन की शुरुआत करें, जब तक कोई दूसरी व्यवस्था न हो जाए।

जीवन जिस मँझधार की गिरफ्त में था, उसमें तिनके के इस सहारे को लपकने के अलावा कोई विकल्प नहीं था हमारे पास। जैन साहब ने फिर साहस बटोरा और पिताश्री की इजाज़त लिये बिना यह विकल्प स्वीकार कर लिया। इस खबर से वहाँ जो प्रतिक्रिया हुई, उसका अन्दाज़ा दो-तीन महीने के बाद हुआ, जब छोटी ननद के यहाँ बेटी के जन्म की खबर पाकर दम्पती दिल्ली पधारे। जैन साहब से छोटी दोनों बहनों के परिवार उस समय दिल्ली में थे। छोटी के पति खुद सपरिवार अपने बड़े भाई की ससुराल में रहते थे, पहाड़ी धीरज के इलाके में। वे अविभाजित पंजाब के शहर मुलतान के एक रईस जैन व्यापारी परिवार के चश्मो-चिराग थे। विभाजन के बाद परिवार यानी दो भाई और विधवा माँ, बड़े भाई की ससुराल में आकर टिक गए थे और व्यापार की दुनिया में हाथ-पैर मार रहे थे। हमारे परिवार को, ज़ाहिर है कि इसमें कोई बात काबिले-एतराज़ नहीं मालूम होती थी क्योंकि छोटी बहन की शादी हमसे एक वर्ष पहले ही हुई थी, इसी वस्तुस्थिति के चलते। पर दिल्ली में बसने के बाद जब पहली बार वे दिल्ली आए तो अम्माजी अकेली घर पर उतरीं, बाबूजी गायब।

माँ के पहुँचने के कुछ ही देर बाद मँझली भी अपने बाल-बच्चों समेत उनसे मिलने पधारीं। कुछ देर माँ-बेटी के बीच कुछ कानाफूसी हुई और वातावरण उसके बाद गम्भीर हो गया। मैंने दो-एक बार बाबूजी के बारे में जानना चाहा तो कुछ टालू जवाब पकड़ा दिये गए। इस आश्वासन के साथ कि वे शाम तक आएँगे। रहस्य शाम को तब खुला जब बाप-बेटे एक दूसरे के आगे-पीछे घर पहुँचे। जैन साहब ने दफ़्तर से लौटकर

पूछा तो उन्हें गुपचुप ढंग से कुछ बता दिया गया। सुनते ही वे जिस कदर संजीदा हुए, मैंने भाँप लिया कि मामला गम्भीर है, पर खुलासा करने को कोई तैयार नहीं था। पूरा माहौल मनहूसियत से लबरेज हो चला था।

आखिर जब मैंने साहस बटोरकर पूछ ही लिया तो ननद जी ने फ़रमाया, 'बाबूजी होटल में ठहरे हैं।' वजह पूछने की ज़रूरत नहीं थी। न इतनी उम्र ही थी, न हिम्मत कि कह सकूँ कि 'फिर अम्मा जी को भी वहीं ठहरा लेते।' मैं सहमकर चुप हो गई।

कुछ देर में बाबूजी पधारे बड़ी सहज-सामान्य भंगिमा में, जैसे कहीं कुछ हुआ ही न हो। मेरे नमस्कार का समुचित उत्तर दिया। आते ही अपने नातियों पर लाड़ बरसाने में संलग्न हो गए। पूरे व्यवहार से सन्देश यह निकलता था कि 'मुझसे कोई इस विषय में बात न करे।' यह उनका ढंग था, अहिंसक ढंग से हिंसा करने का। किसी ने किसी से कुछ नहीं कहा-सुना। बस, पूरा वातावरण बोझिल हो गया।

वक़्त जैसे-तैसे गुजर गया। अम्मा जी कुछ दिन रहीं। जब भी आती थीं, मिलने-जुलने के नाम पर घर में मेहमानों का मजमा इकट्ठा होता था। बेटियाँ और दामाद और उनकी सन्तानें तो इस सम्मिलन के स्थायी सदस्य रहते ही थे। उनके अलावा नाते-रिश्तेदारों के परिवारों से भी सामाजिकता का निर्वाह करने के नाम पर आनेवालों की कमी नहीं रहती थी। उन्हें खुद काम में हाथ बटाने की आदत नहीं थी। न इस बात की कोई चिन्ता या जिज्ञासा कि हम बँधी आमदनी में गुजारा कैसे करते हैं। आनेवालों की खातिरदारी में कोई खामी रह जाए तो तानों-उलाहनों की कमी न उनके पास रहती थी, न मँझली जी के पास।

विकट स्थिति थी मेरी माँ की। वे पूरी स्थिति से बाखबर, पर लाचार थीं। किसी तरह की मदद का सवाल ही नहीं था। सासजी के आतंक के साये में किसी की मेरे प्रति सहानुभूति दिखाने की हिम्मत नहीं होती थी। जब वे आतीं तो माँ मूक-बधिर होकर लगभग अदृश्य रहने लगीं। बहुत जल्द ही उन्होंने समझ लिया कि मेरी किसी प्रकार की सहायता करने का प्रयास मेरी गृहस्थी में उनका हस्तक्षेप समझा जाएगा और इससे मेरी मुश्किलें बढ़ेंगी।

मेरी दिनचर्या सुबह-सवेरे उठते ही पत्थर के कोयले की अँगीठी सुलगाने से शुरू होती तो दिन-भर पकाने-खिलाने, मेहमानों की खातिरदारी करने की कठिन डगर से गुजरती हुई साँझ ढले ही खत्म होती। उस समय न गैस थी, न कुकर। न माइक्रो, न ओवन। सब कुछ प्रलम्बित प्रक्रिया के तहत सम्पन्न होता। पहनने के लिए भी पोलिस्टर, टेरेलीन—जैसे रखरखाव सुकर वस्त्रों का दूर-दूर तक अता-पता नहीं था। धोबी की आमद सप्ताह में ज्यादा-से-ज्यादा एक बार। उस पर निर्भर रहने का मतलब था हर कपड़े का दुगुना स्टाक, जो आर्थिक तंगहाली में सम्भव नहीं था। लिहाज़ा आए दिन आँगन के बीचोबीच मेरा धोबीघाट खुलता और लकड़ी की मोगरी से कूट-कूटकर सफेद मक्खन जीन की पतलूनों और पॉपलिन की कमीजों की धुलाई होती। सुखाने और प्रेस करने की तवालत अलग। इस प्रक्रिया को खुले आँगन में अंजाम देना मेरी

मजबूरी थी, क्योंकि गुसलखाने के नाम पर जो जगह सुलभ थी, उसमें सिमट-सिकुड़कर बस नहाया ही जा सकता था।

घरेलू काम-काज में सहायता के नाम पर था बस रामा नाम का एक साँवला-सलोना बालक, सोलह रुपए महीने की पगार पर। उससे ज्यादा देने की हैसियत थी नहीं हमारी। घर छोटा, बर्तन गिनती के। उसके साथ ऊपर के छोटे-मोटे काम। उसका सबसे बड़ा योगदान यह था कि वह रोज बस.से जैन साहब का दोपहर का खाना उनके दफ़्तर पहुँचा आता था। इससे ज्यादा की उम्मीद नहीं की जा सकती थी उससे। घरवाले मेरे पराक्रम पर आश्चर्यचकित थे और एक हद तक मुग्ध भी।

जब तक छुट्टियाँ चलीं, यह दिनचर्या निर्बाध चली, पर कॉलेज खुलते ही समस्या पैदा होने लगी। घर की जिम्मेदारियों के बीच से नियमित समय निकालकर कॉलेज में उपस्थिति। दोनों तरफ बस की यात्रा। गनीमत इतनी ही थी कि तब बस में सफ़र करना कोई बड़ी समस्या नहीं थी। घर से कॉलेज तक यात्रा की पूरी प्रक्रिया तीस-पैंतीस मिनट में सम्पन्न हो जाती थी। न बस-स्टैंड पर और न बस के भीतर कोई धक्का-मुक्की। यात्री क्यू में खड़े होते, प्रायः सब्र से, अनुशासित ढंग से चढ़ते, और महिलाओं के बैठने के लिए आवश्यकता पड़ने पर सीट छोड़ने की शालीनता भी दिखा ही देते थे।

उस दौर में लगभग डेढ़ घंटे का समय यात्रा के खाते में और तीन-चार घंटे का समय कक्षाओं के नाम लिखकर जो बाकी समय बचता था, उसमें मैं गृहस्थी की गाड़ी ढो रही थी। जब जैसी सुविधा होती, एकाध घंटा पुस्तकालय में बैठकर नोट्स बनाने के लिए भी जुटा ही लेती थी। ससुरालवालों की नज़र में मेरे पढ़ने-लिखने की कभी कोई कदर ही नहीं रही। दरअसल उनकी नज़र में वह ज़रूरी था ही नहीं। जैन साहब के लिए यह इसलिए कोई समस्या नहीं थी, क्योंकि उन्होंने हमेशा मेरी इच्छा का सम्मान किया। उस व्यस्तता में भी पढ़ाई पूरी करने में मेरी खुशी थी, बस इतना भर उनके सहयोग के लिए काफी था।

पर मुसीबत आवाज देकर नहीं आती। 'कंगाली में आटा गीला' कहावत को चरितार्थ करते हुए हम सहारनपुर निवासी चाचा जी के परिवार की 'विशेष' कृपा-दृष्टि के भाजन हो चले। उनके यहाँ साइकिलों का व्यापार शुरू हुआ था। वे अपने तीन-तीन कम पढ़े-लिखे सपूतों को उसमें लगाने-खपाने के विशद अभियान में लगे थे। दिल्ली का नवस्थापित साइकिल मार्केट ठीक हमारी ड्योढ़ी के बाहर। इस बाज़ार की विशेषता यह थी कि इसमें दिल्ली के पुराने व्यापारियों के साथ कलकत्ते के कुछ मारवाड़ियों ने तो अपनी दुकानें खोल ही ली थीं, उनके अलावा विभाजन के समय विस्थापित तथाकथित 'रिफ्यूजी' लोगों ने भी दर्जनों की संख्या में खोखेनुमा ठिकाने बनाकर काम चालू कर दिया था। समय के बाद उस सड़क का नाम ही एस्प्लेनेड रोड की जगह 'साइकिल मार्केट' हो गया।

हमारे घर बसाते ही व्यापार के काम से चाचा जी के परिवार की दिल्ली में डेरा

डालने की समस्या हल हो गई। उनके तीन सपूतों में से कोई-न-कोई अटैची उठाए आए दिन नमूदार होने लगा। कुनबे की युवा पीढ़ी के लड़कों में जैन साहब उम्र में सबसे बड़े थे। मेरी उम्र भले ही कम रही हो पर अनायास रुतबा खानदान की सबसे बड़ी बहू का हासिल हो गया था मुझे। जैन साहब अपने घर के इकलौते बेटे ज़रूर थे, पर कुनबेदारी में देवरों की कमी नहीं थी। कुल मिलाकर गिनती के आठ देवरों की भाभी होने का सौभाग्य मिला था मुझे। रिश्तेदारी निभाना उस ज़माने की रवायत थी। दिल्ली आनेवाले हर व्यक्ति का हक बनता था कि जब जिस वक़्त चाहे हमारे घर को अपना घर समझते हुए हमें मेहमाननवाजी का सौभाग्य प्रदान करे। कभी-कभी बेवक़्त और बिना सूचना दिये भी। हमारा यह फ़र्ज़ बनता था कि हम माथे पर बिना शिकन डाले उनकी खातिरदारी में कोई कोर-कसर न रहने दें।

तो यह अटूट सिलसिला घर बसते ही शुरू हो गया। इतना ज़रूर था कि इन देवरों के मन में पहली भाभी को लेकर बड़ा उत्साह था। घर की महिलाओं में पढ़ी-लिखी कोई थी नहीं और न ही किसी का सम्बन्ध दिल्ली जैसे शहर से था। सबकी दुनिया पश्चिमी उत्तर प्रदेश के गाँव-कस्बों में सिकुड़ी-सिमटी थी। पहली बार उनका रिश्ता दिल्ली शहर की एक पढ़ी-लिखी लड़की से हुआ था। वे जब भी आते बड़ी ललक और स्नेह भाव से 'भाब्भी-भाब्भी' कहकर मेरे चारों ओर मँडराते रहते। कोशिश यही होती थी कि मुझ पर कोई अतिरिक्त भार न पड़े और वे हिल-मिलकर अपना वक़्त गुजार जाएँ।

पर जब गाहे-बगाहे चाचा जी का आगमन होता तो मंजर एकदम बदल जाता। वे छोटे कद और भरे से बदन के कुछ-कुछ रौबीले इन्सान थे। पेशे से वकील, प्रवृत्ति से व्यापारी; हाव-भाव, बोली-बानी, वेशभूषा पर उत्तर प्रदेश के कस्बाई जीवन की छाप। सफेद कमीज-पाजामे पर काले रंग की नौका-ब्रांड टोपी लगाते। सर्दी में ढीला-ढाला कोट और चढ़ जाता। घर में आते तो किसी निरर्थक से वाक्य से या खाँस-खखारकर अपने आगमन की सूचना दे देते। आना दिन के वक़्त होता, और रामा आस-पास होता तो मुश्किल आसान हो जाती, वरना उनके और मेरे बीच कमरे का किवाड़ मध्यस्थ का काम करता। वे किवाड़ से अपनी ज़रूरतें बता देते और मैं उसी माध्यम से उनके सवालों का उत्तर देती और ज़रूरतें पूरी करती रहती। वे खाने के शौकीन थे, जल्द ही मुझे इस बात का अन्दाज़ा हो गया।

बुजुर्गों में वे पहले व्यक्ति थे जिनके व्यवहार में मुझे अपने प्रति कुछ स्नेहशीलता का आभास हुआ, कारण कुछ भी रहा हो। स्वभावत: मेरी प्रतिक्रिया कृतज्ञता की हुई। श्वसुर की बेरुखी की तुलना में वे मुझे बड़े संवेदनशील लगते थे। मैं जी-जान से उनकी खातिर करती और वे लौटते तो सहारनपुर से देहरादून तक मेरी पाक-कला और कर्मठता के ऐसे कसीदे पढ़ते कि पूरे परिवार में मेरी ख्याति एक पढ़ी-लिखी, कर्तव्यपरायण और सुलक्षणा बहू के रूप में हो गई। जब कभी सहारनपुर से गुजरना होता तो चाची बड़े प्यार से उलाहना देतीं कि मैंने तरह-तरह के व्यंजन खिला-खिलाकर अपने चचिया

ससुर को चटोरा बना दिया है। कहना न होगा, इस प्रकरण से मुझे आत्मविश्वास अर्जित करने में और परिवार में अपनी जगह बनाने में कितनी मदद मिली। इतना ही नहीं, कुछ हद तक इसका असर परिवार के दूसरे सदस्यों के रुख-रवैए पर भी पड़ चला था।

ज़िन्दगी यों ही चल रही थी, लस्टम-पस्टम। सुबह से शाम तक पढ़ाई, घरेलू काम, बीच-बीच में मेले-ठेले, तीज-त्योहार को लेकर अस्थायी उत्साह—सब जैसे रूटीन बन गया था। नियमित मनोरंजन के नाम पर हर इतवार की शाम को हम लोग लाल मन्दिर के सामने से चार आने की सवारी के हिसाब से चलनेवाले 'फोर सीटर' पर सवार होकर कनॉट प्लेस पहुँच जाते थे। उन दिनों वहाँ गिने-चुने रेस्तराँ थे, जिनमें से 'यूनाइटेड कॉफी हाउस' जैन साहब का पसन्दीदा ठिकाना था। व्यंजन भी तय, वेजिटेबल कटलेट। उसके बाद कॉफी और वहीं किसी हॉल में नई रिलीज हुई पिक्चर। वापसी उसी रास्ते फोर सीटर पर, जिसे सुविधा के लिए 'फटफटिया' भी कहा जाता था। कुल जमा लगभग दस-बारह रुपए में अभियान पूरा हो जाता था।

इस सधी-बँधी नियमित-सी दिनचर्या के बीच मैंने पढ़ाई के लिए कैसे समय निकाला, आज ठीक-ठीक याद नहीं। याद बस इतना है कि उन दिनों भी कॉलेज में साहित्यिक गतिविधियों के नाम पर कुछ-कुछ होता रहता था। शहर में गिने-चुने कॉलेजों के हिन्दी विभागों में नए ऑनर्स पाठ्यक्रम को लेकर काफी उत्साह था। प्रसिद्ध नामों में तब तक डॉ. नगेन्द्र का कहीं अता-पता नहीं था। वे शायद उस समय आकाशवाणी में थे। कॉलेजों में विजयेन्द्र स्नातक, दशरथ ओझा, विमल कुमार जैन, सावित्री सिन्हा आदि अपने ढंग से व्यवस्था चला रहे थे। विश्वविद्यालय में हिन्दी विभाग का स्वतंत्र अस्तित्व था ही नहीं। स्टीफेंस कॉलेज में संस्कृत विभाग के अध्यक्ष पंडित लक्ष्मीधर शास्त्री को ही हिन्दी विभाग को चलाने का दायित्व सौंप दिया गया था।

कॉलेजों के हिन्दी विभागों की पहल पर ही एक साहित्यिक सभा बनाई गई। उसके बहाने विद्यार्थियों और अध्यापकों का आपस में मिलना-जुलना शुरू हुआ। किसी कॉलेज में किसी विद्वान को आमंत्रित कर उसका भाषण कराने जैसे कुछ छोटे-मोटे आयोजनों के अलावा ऐसा कुछ घटित नहीं हुआ, जो विशेष रूप से याद रखने लायक हो। यह बात अलग है कि उन नाममात्र के कार्यक्रमों में भी मैं काफी सक्रिय रहती थी।

पर शादी के बाद पारिवारिक दायित्वों के बोझ का असर मेरी शैक्षिक गतिविधियों पर पड़ने लगा था। यों भी, शिक्षा की पगडंडी लड़कियों के लिए अनिवार्यत: आगे चलकर नौकरी के राजमार्ग पर खुले, उस समय के सामाजिक माहौल में यह ज़रूरी नहीं था। अच्छी-खासी संख्या में लड़कियाँ बी.ए. पास करती थीं, पर उसके आगे जानेवालों की संख्या में सहसा कमी आ जाती थी। मैंने भी जब ऑनर्स पास किया तो द्वितीय श्रेणी और दूसरे स्थान पर। प्रथम श्रेणी में बस दो नम्बर कम थे और तब तक मॉडरेशन करके चार अंक तक बढ़ाने का नियम लागू नहीं हुआ था, पर मेरी जिस सहपाठिनी मित्र ने प्रथम श्रेणी और प्रथम स्थान पाया था, पढ़ाई उसने भी छोड़ दी। मैं गृहस्थी में लौटी और वह विवाह की प्रतीक्षा में घर बैठ गई।

मेरी पढ़ाई तो छूटनी ही थी। सबसे पहला कारण तो यही था कि परीक्षा अप्रैल में हुई और उसके तीन महीने बाद 14 जुलाई को मेरे पहले बेटे का जन्म हुआ। छोटे बच्चे के रहते तत्काल आगे पढ़ाई जारी रखने का मेरे मन में भी कोई उत्साह नहीं था। इसके अलावा, परीक्षा होते-न-होते जैन साहब अस्वस्थ हो गए। छानबीन करने पर पाया गया कि उनके एक गुर्दे में काफी बड़ी पथरी है, जिसके किसी तरह टूटकर निकलने की सम्भावना नहीं है। पूरा परिवार इस घटना से सकते में आ गया। ऐसी स्थिति में पत्नी की आगे पढ़ाई का सवाल ही नहीं था।

पर इस सबसे पहले हम एक और बड़ी विपत्ति से गुजरे थे। चार महीने नौकरी करने के बाद ही रक्षा मंत्रालय में अचानक उस यूनिट को बन्द करने का फ़ैसला लिया गया, जिसमें जैन साहब को नौकरी मिली थी। ज़ाहिर है, छँटनी में सबसे पहले नए स्टाफ़ का नम्बर आया और आनन-फ़ानन में कई लोग बर्खास्त कर दिए गए।

अपनी आदत के अनुरूप जैन साहब ने कुछ दिन तक किसी को कुछ नहीं बताया और नौकरी की तलाश में चुपचाप भटकते रहे। लगभग दो हफ्ते बाद एक दिन बेहद मायूस चेहरा लिये घर लौटे। कुछ देर चुप्पी के बाद अचानक बोले, 'मैंने नौकरी बदल ली है।'

उनके हाव-भाव और मुद्रा से मेरी समझ में इतना तो आ ही गया कि जो कहा जा रहा है, उससे ज्यादा गम्भीर वह है जो अनकहा छोड़ दिया गया है। इतना ही कहा कि 'इसमें इतना परेशान होने की क्या बात है!'

पर वे तो भरे बैठे थे, सो फट पड़े, 'बात तो है न परेशान होने की। बड़ी मुश्किल से मिली है यह नौकरी भी, दो सौ रुपल्ली की।'

सुनकर, ज़ाहिर है, मेरे होश फ़ाख़्ता हो गए। सवाल-जवाब की कोई गुंजाइश ही नहीं थी उस स्थिति में। हम तो बड़े बेफिक्र थे, सरकारी महकमे की नौकरी के साये में। न कुछ कहते बनता था, न सहते। ससुराल से कोई उम्मीद नहीं थी और माँ खुद ही साधनहीन जीवन जी रही थीं। स्थिति जो जैसी थी, उसकी विवश स्वीकृति के अलावा कोई रास्ता नहीं था हमारे पास। जीवन चलते-चलते अचानक ठिठका और फिर घिसटने लगा।

इसके बावजूद आगे पढ़कर नौकरी तलाशने की बात अकल्पनीय थी उस दौर में। समस्या का निदान नहीं था और काफिया तंग होता जा रहा था, पर समय के साथ जैन साहब की भलमनसाहत और ईमानदारी से प्रभावित होकर कम्पनी के प्रबन्धन ने उनकी पगार में कुछ इज़ाफ़ा ज़रूर कर दिया था। इससे तत्काल राहत भी मिली और भविष्य के लिए कुछ आशा भी बँधी। जीवन सधी-बँधी लीक पर चल निकला और जैन साहब की स्थिति में क्रमशः सुधार भी होने लगा। आश्वस्त होने का नतीजा यह हुआ कि हमारे यहाँ ढाई साल बाद यानी 1953 की जनवरी में एक बेटी ने और जन्म लिया। तब तक भारतीय समाज में परिवार नियोजन इतना बड़ा मसला नहीं था। लिहाज़ा हम अपनी दो सन्तानों के साथ औसत मध्यवर्गीय परिवार का जीवन जीने

लगे। लगी-बँधी दिनचर्या। मनोरंजन के नाम पर इतवारी सिनेमा। कभी-कभार इंडिया गेट या ओखला, महरौली पर माँ और छोटे भाई-बहनों समेत पिकनिक जैसा कुछ। साल में औसतन एक बार देहरादून या गाँव की यात्रा।

ससुरालवालों की शिकायतें भी धीरे-धीरे कम ज़रूर हो चली थीं, पर वहाँ से किसी प्रकार की सहायता या सहयोग का प्रश्न कभी उठा ही नहीं। अलबत्ता जब भी सास जी का दिल्ली आगमन होता तो ननदों के परिवारों की मेहमानदारी, मेरे व्यवहार के बारे में उनकी चुगलखोरी। नतीजतन पारिवारिक पंचायत में मेरी पेशी और जवाबदेही, और अन्त में मेरा रोना-धोना। यह एक ऐसा व्यवहार-चक्र बन गया था जिसकी क्रमशः मुझे आदत पड़ गई। शिकायत थी तो सिर्फ़ यह कि इस लगभग अमानवीय वस्तुस्थिति में जैन साहब की भूमिका मूक-बधिर निरपेक्ष द्रष्टा की बनी रहती थी। तब इतनी समझदारी नहीं थी मुझमें कि यह निष्कर्ष निकाल सकूँ कि वे सारे परिवार की मर्जी के खिलाफ़ शादी करने की अपराध-ग्रन्थि से स्थायी रूप से ग्रस्त हो गए थे। उनका अपराध तो दुहरा था कि उन्होंने स्वेच्छया शादी ही नहीं की, ससुराल में डेरा भी डाल लिया। कारणों की मजबूरी और हमारी कठिनाइयों से किसी का कोई लेना-देना नहीं था।

इन हालात में मेरे भीतर अनजाने ही कुछ रीतने लगा। पहले नृत्य-संगीत की दुनिया से नाता टूटा और फिर शिक्षा से। बदले में जो मिला, उससे भरपाई नहीं हो सकती थी, उस भरी-पूरी जीवन-शैली की। विद्रोह की कोई गुंजाइश नहीं थी क्योंकि पति नाम के जिस जीव से जीवन की डोर बँध गई थी, वह तो शिकायत का मौका ही नहीं देता था। कभी-कभी जब घर में तनाव होता तो वे लगभग निरीह हो जाते थे। उनकी असहाय मुद्रा उलटे मेरे भीतर पश्चात्ताप और अपराध-बोध और पैदा कर देती। शायद हम सब एक व्यूह की गिरफ्त में थे, अपनी-अपनी जगह बेबस। ज़िन्दगी एक ऐसी सुरंग में फँस गई थी जिससे निकासी की राह नज़र नहीं आ रही थी।

कभी-कभी मुक्ति की राहें विपत्तियों के दलदल से होकर निकलती हैं। हमारी लगभग घटनाशून्य एकरस जीवन-शैली में ज़लज़ला आया माँ पर आई विपत्ति से। आदरणीय चाचा जी ने मन-ही-मन चलनेवाली योजनाओं का कार्यान्वयन शुरू कर दिया। जिस सौतेले भाई के वे अभिभावक थे, उसकी मूर्खता पर सबका अगाध विश्वास था। वह जैसे ही बालिग हुआ, उन्होंने उसे विश्वास दिलाया कि वे व्यापार में हिस्सेदारों की गिनती कम करना चाहते हैं। इसलिए अगर वह करारनामे को भंग करके अपने हिस्से की माँग का नोटिस दे दे तो शर्तों के अनुसार सब हिस्सेदारों की व्यापार में दावेदारी खत्म हो जाएगी। वे उसमें से मेरे भाई को निकालकर बाकी लोगों को फिर शामिल कर लेंगे। इसके अलावा उन्होंने, माँ के एकमात्र सम्बल मकान पर भी उससे दावेदारी का नोटिस दिलवा दिया। पिताजी की

मृत्यु के समय वह नाबालिग था। बाकी भाई तो उनकी वसीयत पर रज़ामन्दी के हस्ताक्षर करके अपने हाथ कटा चुके थे, इसलिए उनकी वसीयत की वैधता को चुनौती सिर्फ़ वही दे सकता था।

इस घटना से पहली प्रतिक्रिया तो हतप्रभ रह जाने की हुई। तब तक हम लोग कानूनी मामलों के लगभग तटस्थ द्रष्टा थे। जब पिताजी की वसीयत की रजिस्ट्री घर में हुई, तब हमारी हैसियत बच्चों की थी। कुछ वर्ष तो यों ही बीत गए। फिर घटनाएँ जिस रूप में घटने लगीं, हमारी समझ-बूझ में कुछ इजाफा तो हो चला, पर कानूनी आक्रमण से बचाव के रास्तों के बारे में तो हमें कोई जानकारी थी ही नहीं। बस, इतना समझ में ज़रूर आ गया कि इस कार्यवाही के पीछे एकाधिक बुद्धियाँ सक्रिय हैं, क्योंकि जिसे माध्यम बनाया गया था, उसका तो सोचने-समझने से दूर-दूर का रिश्ता नहीं था। चाचा हुजूर तो चुपचाप सपरिवार पहले ही अपने नवनिर्मित घर में सरक लिये थे। उस बरसाती को माँ ने किराये पर उठा दिया था। नीचे की मंजिल के आधे भाग में संगीत-प्रेमी भाई साहब की गृहस्थी जमी थी। बाकी आधे हिस्से में मेरी। बीच में आँगन। कमरों से बाहर आना-जाना उसी आँगन के बीच से होता था। सब, सब कुछ जानते थे, कोई किसी से कुछ कहता-सुनता नहीं था। उस स्थिति में हमारा घर को छोड़ने का सवाल एक झटके से स्थगित हो गया। पूरी आशंका पैदा हो गई कि हमारे खाली करते ही भाई साहब जोर-जबर्दस्ती से उस हिस्से पर भी कब्ज़ा कर लेंगे। पूरे वातावरण में भयानक तनाव था। कोई सरपरस्त नहीं, कोई सलाहकार नहीं। मेरा बड़ा भाई तो खुद ही तब तक मुश्किल से बी.एस-सी. पास कर पाया था और बिना काम-धन्धे के फर्जी रौब ज़माने की कोशिश में लगा रहता था। इस एक झटके से वह भी धराशायी हो गया।

माँ ने कुछ हितैषियों से सलाह-मशवरा करके शहर के एक बड़े नामी-गिरामी बुजुर्ग वकील चतुर्बिहारी लाल को मुकदमे की पैरवी के लिए तय किया। वह दृश्य मेरी स्मृति में आज भी साकार है, जब एक शाम के धुँधलके में मुझे और भाई को साथ लेकर उन्होंने डरते-डरते वकील साहब का दरवाजा खटखटाया था।

वकील साहब बड़े तुर्श-मिजाज, बोली-बानी के अक्खड़, काम से काम रखनेवाले प्राणी थे। उन्होंने कागज़ देखे, कुछ सवाल पूछे और दो-टूक उत्तर थमा दिया कि उनकी फ़ीस ग्यारह सौ रुपए होगी, और वे नोटिस का जवाब ऐसा बनाएँगे कि मुकदमा आरम्भिक स्थिति में ही खारिज हो जाएगा। साथ ही उन्होंने सलाह दी कि अब माँ को भी नीचे की मंजिल में बसे साहबजादे पर अवैध कब्जे का मुकदमा दायर करके, उस हिस्से को खाली करा लेना चाहिए।

उस समय ग्यारह सौ रुपए अच्छी-खासी रकम मानी जाती थी, पर गनीमत यह थी कि तब बड़े से बड़ा वकील पूरे मुकदमे की फ़ीस एकमुश्त शुरू में ही ले लेता था। आज की तरह हर पेशी पर फ़ीस वसूलने की अनैतिक पद्धति तब तक वकीलों और डॉक्टरों ने चालू नहीं की थी। यों कहावत तब भी यही थी कि मुकदमेबाजी के

चक्कर में वह पड़े, जिसके 'सिर पर चाँदी की टोपी और पैरों में लोहे की चप्पल' हो। क्योंकि मुकदमेबाजी में जो हारा सो तो हारा ही, पर जो जीता सो भी हारता ही है।

इन सब कही-सुनी बातों के बावजूद जो ढोल गले पड़ गया था, उसे बजाने के अलावा कोई दूसरा रास्ता नहीं था माँ के सामने। दो छोटे भाई-बहन सीमित साधनों के चलते पढ़ाई करने के लिए संघर्ष कर रहे थे। जो थोड़ी जमा-पूँजी थी, वह मेरी शादी में खर्च हो चुकी थी। बड़ा बेटा निकम्मा उठ रहा था। रोजमर्रा का खर्च करोल बाग के मकान से आनेवाले किराये और हवेली के नीचे तल की दुकानों से मिलनेवाले किराये से जैसे-तैसे चल रहा था। अगर हवेली हाथ से निकल जाती तो परिवार की दुर्गति तय थी। दोनों ओर से मोर्चा खुल गया। अन्तर यह था कि दूसरे पक्ष में सामने जो चेहरा था, उसके पास खोने या दाँव पर लगाने के लिए कुछ नहीं था। अगर जीत जाते तो हवेली में वे सब भाई कानूनन हिस्सेदार हो जाते और माँ अपनी सन्तानों सहित दर-दर की ठोकरें खाने पर विवश हो जातीं। इधर हमारे तो पूरे परिवार का भविष्य दाँव पर लगा हुआ था।

इस घटना का प्रभाव हमारे ऊपर यह पड़ा कि हम लोग धीरे-धीरे अलग मकान लेकर रहने की जो योजना बना रहे थे, वह स्थगित हो गई। माँ इतनी पढ़ी-लिखी थीं नहीं कि मुकदमे को अपने बलबूते पर सँभाल लेतीं। कुछ मित्रों और सम्बन्धियों की सहानुभूति ज़रूर उनके साथ थी, पर कानूनी दुनिया और उसके तौर-तरीकों से उनका पहली बार पाला पड़ा था। उन्हें तो वकील साहब की बात भी पूरी तरह समझने में दिक्कत होती थी। इसलिए मुझे और भाई को बराबर उनके साथ रहना पड़ता था। उसमें भी हमारे सीनियर वकील लाल साहब का कहना था कि वे यथासम्भव मुझे ही साथ लाया या भेजा करें, क्योंकि 'बात मुझे जल्दी और ठीक समझ में आती है।'

दरअसल, अपनी उम्र और हैसियत दोनों के मारे हुए वकील साहब बड़ी अधीरता से मुवक्किलों का निपटारा करते थे। उनका स्वास्थ्य भी बहुत ठीक नहीं रहता था। इसके अलावा उनके पुत्र के.बी. लाल सरकार में बड़े पद पर थे। इस बात का गर्व भी कहीं-न-कहीं उनके व्यवहार को प्रभावित करता ही होगा।

जिस दिन उनके पास जाना होता, मेरे मन पर भय और संकोच का भाव अनायास तारी हो जाता था। जानती थी कि पहुँचते ही एक खूसट बूढ़े से सामना होगा। वे अस्फुट वाक्यों में कुछ आदेश देंगे या कुछ कहते हुए एक कागज़ पकड़ाएँगे। अगर बात एक बार में समझ में नहीं आई तो उनके स्वर में भी झुँझलाहट और कड़वाहट आ जाएगी। यह सब होता रहा। धीरे-धीरे समझ में आ गया कि 'दुधारू गाय की दो लात सहनी पड़ती है।' यह भी कि उनका अन्तर्तत्त्व एकदम खरा सोना है, चौबीस कैरेट। वे भी समय के साथ हमारे अनाथत्व से परिचित हो गए और अभिभावक भाव से पेश आने लगे।

दिलचस्प बात यह थी कि जैन साहब ने चूँकि जीवन में कभी ऐसी स्थितियों का सामना नहीं कियां था, इसलिए कोर्ट-कचहरी के नाम से ही उनके औसान खता हो जाते थे। वे मदद करना चाहकर भी कुछ कर नहीं पाते थे। लिहाज़ा उन्हें इन सब झंझटों

से अलग रखने में ही उनकी और परिवार की भलाई थी, पर उन्होंने सहयोग देने का एक और रास्ता तलाश लिया। अपने सहारनपुर वाले वकील चाचा जी को उन्होंने इस मामले में अपना राजदार बनाया और हमें उनकी राय का भी लाभ मिलने लगा।

वक़्त गुजर रहा था। मुकदमा अपनी चाल से घिसट रहा था। तारीखें दिनों और हफ्तों के नहीं, महीनों के अन्तराल पर लगती थीं।

कुछ ही समय गुजरा था कि जैन साहब की कम्पनी की एक शाखा बम्बई में खुली और उसका दायित्व सौंपकर उनका तबादला बम्बई कर दिया गया। लगे हाथों कम्पनी ने मेरिन ड्राइव की एक सड़क पर फ़्लैट लेकर रहने की व्यवस्था भी कर दी। ज़ाहिर है कि कुछ दिन के बाद मेरी रवानगी भी लाजिमी हो गई। अपनेवाले हिस्से की तालाबन्दी करके मैंने बच्चों समेत बम्बई की राह पकड़ी। तब तक तय नहीं था कि यह व्यवस्था स्थायी होगी या नहीं।

मुझे बम्बई पहुँचे पूरा महीना भी नहीं गुजरा था कि भाई का घबराहट-भरा फोन आया कि नीचे वाले भाई साहब ने मेरी रसोई और अपने कमरे के बीच लगे दरवाजे की साँकल गिराकर रसोई पर कब्ज़ा कर लिया है। यह काम रात के अँधेरे में टॉर्च जला-जलाकर किया गया था। शायद दो-तीन दिन में आँगन की तरफ के दरवाजों में ऊपर की तरफ लगे शीशों ने टॉर्च के जलने-बुझने की चुगली कर दी। माँ हमारी अनुपस्थिति में अतिरिक्त सावधान और सहमी-सी रहती थीं। उन्होंने रात के अँधेरे में शीशे के पीछे रोशनी की लपक-झपक देखी तो माजरा समझ में आ गया। विपत्तियों ने उन्हें खतरों को सूँघने और उनमें अपना मानसिक सन्तुलन बनाए रखने की समझ पैदा कर दी थी। उन्होंने न शोर मचाया, न किसी को भनक लगने दी कि उन्हें इस हरकत की जानकारी हो गई है।

वकील साहब को बताया गया तो उनकी दो-टूक राय थी कि 'उन लोगों ने जैसे कब्ज़ा किया है, वैसे ही आप वापस कब्ज़ा कर लें। अगर पुलिस में रिपोर्ट की तो साबित होगा कि उस पर इस वक़्त दूसरे पक्ष का कब्ज़ा है और फिर आपको कब्जे के लिए सिविल सूट दायर करना पड़ेगा, जिसमें मोटी कोर्ट फ़ीस और वर्षों लगेंगे, तब तक कब्ज़ा उन्हीं लोगों का रहेगा।' यह भी ज़रूरी था कि जिस समय यह कार्यवाही की जाए उस समय मैं वहाँ उपस्थित रहूँ, क्योंकि वह हिस्सा तो मेरी तालाबन्दी में था।

किस्सा-कोताह यह कि उतनी जल्दी रिजर्वेशन हो नहीं सकता था। हवाई यात्रा की तब तक न आदत थी, न हैसियत। तो जैन साहब ने मुझे बिना रिजर्वेशन के, दो छोटे बच्चों के साथ फ्रंटियर मेल की इंटर क्लास में, तरह-तरह की ताकीदें देकर चढ़ा दिया। उन्होंने अपने छोटे बहनोई को फोन करके स्थिति से अवगत कराते हुए अनुरोध किया कि वे मुझे गाड़ी से मेन स्टेशन से पहले ही छोटे स्टेशन पर उतार लें ताकि दुश्मनों को मेरे आने की खबर न हो। उसके बाद जब लोग सावधान न हों, तब योजना बनाकर हम लोग कब्ज़ा वापस ले लें।

योजना सफलतापूर्वक कार्यान्वित कर ली गई। वे लोग ऐसी स्थिति के लिए

बिल्कुल तैयार नहीं थे। हमने कब्ज़ा ही नहीं लिया, जिस दरवाजे की साँकल उन्होंने गिराई थी, उस पर मजबूत टीन की चादर ठुकवा दी ताकि भविष्य निरापद हो जाए। ऐसे मौकों पर माँ के प्रति सहानुभूति रखनेवाले पुराने नौकर बहुत काम आते थे। वे गाहे-बगाहे माँ का हाल-चाल लेते रहते थे। सो पुराने सेवक पंडित झम्मनलाल ने दरवाजे की नाप-जोख करके सही नाप की चद्दर कटवाकर लाने और ठुकवाने की ज़िम्मेदारी ले ली।

उन लोगों ने आखिरी हथियार आजमाया। थाने में हमारे खिलाफ़ जबर्दस्ती कब्ज़ा करने की रिपोर्ट की। कांस्टेबल के साथ दारोगा साहब तशरीफ लाए। मौके का मुआयना किया। चमकती हुई टीन की चद्दर पर ताजी ठुकी कीलें देखकर इतना तो उनकी समझ में आ गया कि मौका-ए-वारदात पर कुछ हुआ ज़रूर है। पर क्या हुआ है, यह न उनकी समझ में आया और न उन्हें हमारे विरुद्ध आस-पड़ोस से कोई गवाही मिली। घर में छोटे-छोटे बच्चों के साथ एक कम उम्र की शरीफ महिला और उसके रिश्तेदारों में से किसी पर हाथ डालने की उन्हें कोई वाजिब वजह या सबूत नहीं मिला, और वे बैरंग लौट गए।

घरेलू महाभारत में यह हमारी पहली, पर बहुत महत्त्वपूर्ण जीत थी। इस घटना से उन लोगों को यह आभास हो गया कि हम उतने निरीह और अनाथ भी नहीं हैं, जितना स्थितियों ने हमें बनाने में कसर नहीं छोड़ी थी। इसके अलावा हमारे पास आर्थिक और शारीरिक बल भले ही उतना न रहा हो, पर नैतिक बल भी है, बुद्धि भी और लोगों की सहानुभूति भी। इस वारदात से इतना तय हो गया कि हम लोगों का बम्बई रहना कठिनाइयाँ पैदा करेगा। यों भी पन्द्रह-बीस दिन के बम्बई प्रवास में मैंने उस शहर को जितना और जैसा देखा, वह जीवन-शैली मेरे गले नहीं उतर रही थी। जैन साहब भी बहुत तालमेल नहीं बैठा पा रहे थे वहाँ के माहौल से। मैंने मन-ही-मन तय किया। साहस बटोरकर उनके मैनेजिंग डायरेक्टर से फोन करके मिलने का समय माँगा। उन्होंने बड़ी शराफत से खुद ही आकर मिलने का आश्वासन दिया। वायदे के मुताबिक आए, मेरी रामकहानी सुनी, और जैन साहब की वापसी का आश्वासन देकर चले गए।

कुछ ही दिनों में जैन साहब भी लौट आए। कम्पनी में उनकी स्थिति इसलिए पुख्ता हो चली थी कि उनके वर्तमान मैनेजिंग डायरेक्टर उम्र में उनसे कुछ छोटे ही थे। उनके पिता की कुछ समय पहले मृत्यु हो चुकी थी। कम्पनी प्राइवेट लिमिटेड थी। अतः परिवार के पास मालिकाना अधिकार थे। मरने से पहले उनके पिता ने जैन साहब को बुलाकर बड़ी आज़िजी से अपने बाद बेटे का साथ देने की ज़िम्मेदारी सौंपकर आश्वासन लिया था। अपने कर्मचारियों में सबसे ज्यादा भरोसेमन्द शायद उन्हें जैन साहब ही लगते थे। कम्पनी के पास तब दो गाड़ियों की एजेंसी थी और दरियागंज में 'मोतीमहल' से सटे हुए खासे बड़े अहाते में गाड़ियों की 'वर्कशॉप' भी। उसी जगह बाद में 'मोतीमहल' ने अपना खुला रेस्तराँ बनाया था। बम्बई से वापसी के बाद जैन साहब को इसी इकाई के 'वर्क्स मैनेजर' का पद और दायित्व सौंप दिया गया। यह बात अलग

है कि सुनने में पद जितना सम्मानजनक लगता था, पगार उससे मेल नहीं खाती थी, पर तंगी से उबरने के लिए काफी थी।

समय गुजर रहा था। मैं घर-गृहस्थी सँभालती। बच्चों की जी-जान से परवरिश करती। माँ के साथ मुकदमों के सिलसिले में वकीलों के दरवाजे पर दस्तक देती। ससुरालवालों से सम्बन्ध भी कुछ हद तक सहज हो चले थे।

अस्वाभाविक बात यह थी कि अनजाने ही मेरे भीतर उस अनाथ-से परिवार के प्रति एक अकाल-वयस्क अभिभावक पनपने लगा। छोटे भाई-बहन की स्थिति मेरे परिवार में बच्चों जैसी हो गई। माँ खुद मुसीबतज़दा थीं। बड़ा भाई अपने नाकारापन को फर्जी बड़प्पन से ढँकने के प्रयास में उनसे रुखाई से पेश आता था। स्नेह और संरक्षण के लिए वे हमारे परिवार पर निर्भर रहने लगे। उनका दर्जा मेरे बच्चों के मामा-मौसी की जगह बड़े भाई-बहन का-सा हो गया था। अच्छा बस यह था कि परिस्थितियों ने उन्हें अपनी पढ़ाई के बारे में विशेष सतर्क बना दिया। उनकी समझ में आ गया था कि उनके निजी जीवन की नैया पढ़-लिखकर ही पार लग सकती है। उस समय न आज की-सी गलाकाट प्रतियोगिता थी और न स्कूली शिक्षा में ट्यूशनों का चलन। आगे बढ़ने लायक सफलता वे अपने श्रम के बलबूते साधते रहे। हम सबके लिए यह बड़ी बात थी।

जैसा चल रहा था, उसमें जीवन न जाने कैसा मोड़ लेता, यह कहा नहीं जा सकता था। तभी परिवार में एक ऐसी घटना घटी जिसके कारण मेरे जीवन की दशा-दिशा अप्रत्याशित रूप से बदल गई। जैन साहब की बुआ यानी रायबहादुर साहब के छोटे बेटे की शादी तय हुई। रायबहादुर साहब के छोटे भाई दिल्ली के जाने-माने रईस थे। मशहूर 'ब्रिटिश मोटर कार कम्पनी' के मालिक जिसका विशाल शोरूम कनॉट प्लेस में 'स्टेट्समैन' के ठीक सामने कोनेवाली उस बिल्डिंग में था, जो खुद उनकी अपनी मिल्कियत थी। निवास छह औरंगजेब रोड की आलीशान कोठी में था। उनकी मृत्यु के वर्षों बाद उसे 'अंसल बिल्डर्स' ने खरीदकर उसमें चित्र-विचित्र वास्तुकला के कई फ़्लैट बनाकर बेच दिये।

यह परिवार छोटा, समृद्ध, शिक्षित और सुसंस्कृत था। दिल्ली के सांस्कृतिक जीवन में खासा सक्रिय। शादी में शामिल होने के लिए वे लोग देहरादून आए। शादी बड़ी धूमधाम और शोर-शराबे से सम्पन्न हो रही थी। तब तक संगीत के नाम पर शादियों में डीजे, पॉप या फिल्मी गानों का आज का सा चलन नहीं था। ढोलक की थाप पर पारिवारिक स्त्रियाँ लोक-शैलियों में मटक-मटककर थिरकती थीं।

जब गाना-बजाना शुरू हुआ तो एक तरफ से मेरी और दूसरी तरफ से उस परिवार की युवा बेटी की पुकार मची। मैं तो वर्षों पहले स्टेज और नृत्य की शास्त्रीय शैलियों को अलविदा कह चुकी थी। उनकी बेटी ने भी ओडिसी-शैली में शिक्षा पाई थी। इस

प्रस्ताव पर हम दोनों के हाथ-पाँव फूल गए। एकत्र मंडली को समझाना कठिन था कि हमारे लिए उनके ढंग का गाना-नाचना कितना दूभर है। हमारा संकोच उन्हें 'नखरा' मालूम हो रहा था। इस हड़कम्प के बीच दिल्ली से पधारी बुआ जी की देवरानी को सहसा इस बात का भान हुआ कि मैं वही नृत्यांगना हूँ जिसे वे कुछ वर्ष पहले दिल्ली के संगीत कार्यक्रमों में 'बिजली की तरह' नाचते देखा करती थीं। दरअसल वे उस स्थिति और उस रूप में मेरे होने की कल्पना ही नहीं कर सकती थीं।

उस समय तो हम लोगों ने तालबद्ध हाथ-पाँव चलाकर स्थिति से पार पाया, पर बाद में दिल्लीवासिनी चाची जी ने मेरी सास जी को धर लिया, एक पढ़ी-लिखी कलाकार लड़की की यह हालत बनाने के आरोप में। सास जी सह गईं, चुप्पी साधकर। झाड़नेवाली थीं उनकी ननद की देवरानी। रिश्ता भी नाजुक और हैसियत का भी रौब। कुछ कहते नहीं बना। बाद में चाची जी ने बुजुर्ग और हितैषी की मुद्रा में मुझे पकड़ा। कहा तो बहुत-कुछ, पर उसका सार यह था कि 'तूने क्या हालत बना ली है अपनी! छोड़ यह सब दकियानूसी रंग-ढंग, लौट आ वापस अपनी उसी दुनिया में।' कुछ इस भाव से कि कठिनाई पैदा होने की स्थिति में वे हैं मुझे सहारा देने के लिए।

बात मेरे मन में धँस गई, बहुत गहराई तक। शायद एक कारण कहनेवाले की उम्र का तजुर्बा, हैसियत और मेरे प्रति उनका गहरा सरोकार था। वे सिर्फ़ कह नहीं रही थीं, मेरी हौसला अफ़ज़ाई कर रही थीं, मुझमें साहस भर रही थीं, जिसमें कुछ चुनौती भी थी ही। मैं इस घटना को अपने जीवन का ऐतिहासिक क्षण मानती हूँ। मैंने उनसे तो इतना ही कहा कि मैं कोशिश करूँगी, पर मन-ही-मन साहस बटोरा, कुछ फ़ैसले किए। उन फ़ैसलों को कार्यान्वित करने के संकल्प के साथ जब दिल्ली लौटी तो मैं ठीक वही नहीं थी, जो वहाँ जाने से पहले थी।

मन में बस इतना स्पष्ट था कि जीवन को पुनर्नियोजित करना है। यह भी कुछ ऐसे कि परिवार में यथासम्भव बवंडर न खड़ा हो। संगीत की, विशेषकर नृत्य की दुनिया में लौटना न व्यावहारिक था, न सहज सम्भव। मुक्ति का सबसे व्यावहारिक और सम्मानजनक रास्ता शिक्षा की दुनिया में से ही होकर निकलता दिखाई पड़ रहा था। तब अध्यापकी करने की कोई निश्चित योजना या इरादा दूर-दूर तक नहीं था मन में। था बस इतना ही कि कॉलेज का वातावरण और किताबों की दुनिया, रोजमर्रा की नून-तेल-लकड़ी वाली रूटीन से कुछ राहत देगी। जीवन में धीरे-धीरे व्याप्त होती बसायँध ताजा हवा के झोंकों से कुछ तो दूर होगी। इस फ़ैसले के पीछे एक सोच यह भी थी कि आगे पढ़ाई करने पर किसी को एतराज़ करने का मौका भी नहीं मिलेगा।

इस इरादे को कार्यान्वित करने के लिए माँ का सहयोग ज़रूरी था। दो छोटे बच्चे, चार और डेढ़ साल के। मेरी अनुपस्थिति में उनकी देखभाल का सवाल था। आया-नौकर के भरोसे छोड़ने का न मन हुआ, न हैसियत थी।

मैंने लौटने पर सबसे पहले अपने इरादे की जानकारी माँ को दी। जानती थी कि वे ना नहीं करेंगी। उनके अपने जीवन की तो टेक ही थी, 'अगर हम पढ़े-लिखे होते

तो कोई हमारे साथ ऐसी ज्यादती थोड़े ही कर सकता था।' वे न जाने किस तर्क से अपनी सारी मुसीबतों की जड़ अपने अनपढ़ होने को मानती थीं। उन्होंने आशातीत उत्साह से मेरा समर्थन किया। उनका कहना था, 'कोई चोरी-चकारी करने थोड़े ही जाना है। पढ़ना-लिखना तो अच्छी बात है। जितना पढ़ोगी, उतनी तरक्की करोगी।' जब वे ऐसा कह रही थीं तो कथाकथित 'तरक्की' की कोई निश्चित अवधारणा उनके मन में नहीं थी। वे तो बस वकीलों-अदालतों की बात समझने में मेरी योग्यता को ही बहुत बड़ी काबिलीयत मानती थीं।

माँ के समर्थन से बड़ा बल मिला था मुझे। अगला पड़ाव था जैन साहब की रज़ामन्दी हासिल करना। उन्होंने भी बिना सवाल-जवाब किए तटस्थ मुद्रा में हामी भर दी। कुछ इस भाव से कि अगर मुझे इससे खुशी मिलती है तो उन्हें क्या एतराज़ हो सकता है। इतना ज़रूर कहा कि गृहस्थी के साथ मुझ पर जो बोझ बढ़ेगा, उसके बारे में एक बार गम्भीरता से सोच लूँ। साथ ही यह भी कि वे मेरे इस फ़ैसले की खबर अपने बाबूजी को देना उचित समझते हैं। मैंने उन्हें माँ के आश्वासन की जानकारी देते हुए बाबूजी को सूचित करने के इरादे का समर्थन ही किया।

जैन साहब के पत्र का ब्यौरा मैंने जानने की कोशिश ही नहीं की। उधर से जो उत्तर आया, वह मशवरा देने के बतौर लिखा गया था। बाबूजी ने पहली बार पढ़ाई और नौकरी का सम्बन्ध जोड़ते हुए सलाह दी कि अगर मैं नौकरी करने के इरादे से पढ़ना चाहती हूँ तो मुझे एम.ए. नहीं, बी.टी. करना चाहिए, वरना सामाजिक व्यवहार के लिए मेरा ग्रेजुएट होना वे काफी समझते हैं। खबर उन्हें मिल गई। हमने फ़र्ज़ अदायगी कर दी। सलाह न माँगी गई थी, न मानी गई क्योंकि तब तक मुख्य बात इतनी भर थी कि मुझे एक अधिक खुला आकाश चाहिए था। उस सबको साथ लिये-दिये जिसके बीच मैं थी। तोड़-फोड़ और विध्वंस कर नहीं, अपने पंख फैलाकर, आत्मविस्तार के संकल्प के साथ, ज्ञान-मार्ग के रास्ते।

विश्वविद्यालय में वापसी : वे दोस्तियाँ, वे सम्बन्ध

जितना महत्त्व मेरे इस निर्णय का था, उतना ही इस बात का कि पति नाम के जिस जीव से जीवन की डोर बँधी थी, उसने मेरे इस फ़ैसले का विरोध नहीं किया। गोकि न मंज़िल तय थी, न मार्ग में आनेवाली दुश्वारियों का ठीक-ठीक अन्दाज़ा। तय बस इतना था कि माँ से उनकी सामर्थ्य-भर, कुछ सहारा मिलेगा।

जैन साहब के अन्तर्मन में क्या चल रहा होगा, इसका अनुमान ही किया जा सकता था। उनकी निर्विरोध सहमति के पीछे यह ख़याल भी हो सकता था कि देवी जी उछल-कूदकर अपने-आप बैठ जाएँगी। आपत्ति करके क्यों बवाल खड़ा किया जाए! सीमित

साधनों और भरपूर ज़िम्मेदारियों के साथ नये सिरे से किताबों की दुनिया में वापसी, वह भी लम्बे अन्तराल के बाद। उनकी नज़र में तो 'आ बैल, मुझे मार' की-सी स्थिति थी। आज याद करके अटपटा लगता है कि उस परिवार में स्त्री-शिक्षा के प्रति रुझान या क़द्रदानी किसी सदस्य में थी ही नहीं। जहाँ तक मेरी जानकारी है हिन्दी-पट्टी के अधिकांश मध्यवर्ग के परिवारों में लगभग यही स्थिति थी। महादेवी जैसे कुछ अपवादों को छोड़कर। परिवर्तन की जो रफ़्तार समाज में, विशेषकर दिल्ली में थी, हमारे परिवार का उससे कम ही लेना-देना था। बड़ी ननद जी ने तो बी.ए., बी.एड. की पढ़ाई 'मजबूरी का नाम महात्मा गांधी' वाली कहावत के चलते की थी। शादी होनी नहीं थी और पढ़ाने की नौकरी के लिए डिग्री तब भी ज़रूरी थी। मँझली सच या झूठ एंट्रेंस पास कही जाती थीं और छोटी दसवीं से आगे नहीं बढ़ी थीं। घर में भी अंग्रेज़ी अख़बार के अलावा किन्हीं पत्र-पत्रिकाओं के दर्शन मुझे नहीं हुए। बाबूजी ने अलबत्ता जैसे-तैसे एल.एल.बी. तक पढ़ाई ज़रूर की थी, पर वह भी किसी काम नहीं आई क्योंकि पेशे के रूप में न उनसे वकालत चली, न दुकानदारी। जब मेरा वहाँ गृह-प्रवेश हुआ, तब तक एकाधिक मोर्चों पर असफल होने के बाद वे कर्नल ब्राउन स्कूल में भूगोल विषय की मास्टरी का स्थायी पेशा अपना चुके थे। उनके लिए इस बात से भी कोई फ़र्क नहीं पड़ा कि उनके इकलौते साहबज़ादे की भारतीय भाषाओं में कोई गति नहीं थी। जैन साहब हिन्दी बोलते भर थे, देवनागरी लिपि से उनका कोई लेना-देना नहीं था। न ही उर्दू भाषा और फ़ारसी लिपि से। शिक्षा चूँकि कर्नल ब्राउन स्कूल में हुई थी, इसलिए लिखना-पढ़ना सब अंग्रेज़ी भाषा तक सीमित था। धीरे-धीरे पता लगा कि पारिवारिक सम्बन्धियों और मित्रों के बीच पत्र-व्यवहार भी अंग्रेज़ी में ही होता था। गनीमत थी कि यह अंग्रेज़ियत जीवन-शैली पर हावी नहीं हुई थी, जिसका मुख्य कारण था—सभी बुजुर्ग स्त्रियों की ग्रामीण पृष्ठभूमि, इसलिए रहन-सहन, खान-पान सबमें उत्तर प्रदेश के कस्बाई ढंग की भारतीयता सुरक्षित रह गई थी।

ऐसी घालमेली पारिवारिक बनत में मेरा फिर पढ़ाई शुरू करना शायद किसी के लिए कोई विशेष मायने रखता ही नहीं था, इसलिए चर्चा या आपत्ति करने लायक भी न समझा गया होगा। उस समय एम.ए. की फ़ीस थी अठारह रुपए महीना। बस में आना-जाना बीस रुपए में सम्पन्न हो जाता था। किताबें और तमाम ऊपर का ख़र्च, अधिक से अधिक सौ रुपए। सो वित्तीय भार भी दुश्चिन्ता का कारण बनने लायक नहीं था।

पर चार साल की गैरहाज़िरी क्या हुई, शिक्षा-जगत् का नक़्शा ही बदल गया था। पंख तौलकर जब मैंने उड़ान भरी तो टिकने के लिए डाल तलाशना मुश्किल हो गया। इन्द्रप्रस्थ कॉलेज में विभाग का विस्तार हो चुका था—उन भरती की मूर्तियों से, जो ऑनर्स के दौरान मुझसे पीछे थीं और मेरी अनुपस्थिति में पढ़ाई जारी रखकर जैसे-तैसे सेकेंड डिवीज़न की डिग्री के सहारे अब विभाग में प्रतिष्ठित हो गई थीं। उनके अलावा इलाहाबाद से एक बड़ी भद्र और सरल स्वभाव की अपेक्षाकृत वरिष्ठ महिला आकर विभाग में शामिल हो चुकी थीं। उन्हें सब अभिधा-लक्षणा—दोनों के नाते 'छोटी

बहनजी' कहते थे। आकार-प्रकार में छोटी थी हीं। मिसेज सावित्री सिन्हा से पद में जूनियर पड़ती थीं। वे अपने नाम के अनुरूप सचमुच 'स्नेहलता' थीं।

लगभग यही स्थिति मिरांडा हाउस में पैदा हो चुकी थी। विभागाध्यक्ष श्रीमती कमला सांघी (उस समय कमला गर्ग) बड़ी स्नेही—हँसमुख महिला थीं लेकिन उनके बाद जो लाइन-डोरी थी, उससे अपनी पटरी बैठना कठिन नहीं, लगभग असम्भव था। मैंने आख़िर रामजस कॉलेज में दाख़िले का मन बनाया। इस प्रक्रिया में यह जानकारी भी मिल गई कि विश्वविद्यालय के कला-संकाय में अब विभाग की स्वतंत्र हैसियत है। उसके अध्यक्ष डॉ. नगेन्द्र के बारे में तरह-तरह के किस्से मशहूर थे। विशेषकर उनके अध्यापन-कौशल और रौब-दाब के बारे में। जिन माध्यमों से विभाग की खबर मुझे मिली, उन्हीं से डॉ. सावित्री सिन्हा तक मेरी वापसी का समाचार पहुँच गया। उन्होंने तलब किया और मेरे निर्णय के बारे में साधिकार जवाबतलबी कर डाली। मेरे मन का संकोच उन्हें ग़ैरमुनासिब नहीं लगा। उन्होंने तत्काल हल सुझा दिया कि कॉलेज में ट्यूटोरियल के नाम पर जो कुछ होता है, उसमें उनकी और 'छोटी बहनजी' की क्लास छोड़कर कहीं मेरी उपस्थिति ज़रूरी नहीं होगी। 'उपस्थिति' की खानापूरी वे अपने स्तर पर देख लेंगी। मैंने हथियार डाल दिये और इन्द्रप्रस्थ कॉलेज में एम.ए. की बिस्मिल्लाह हो गई।

कॉलेज में तो सब कुछ सहज, परिचित और आत्मीय ही लगा। गेट से घुसते ही दाएँ-बाएँ दो पैवेलियन, जहाँ कमरों की कमी के कारण गाहे-बगाहे कम संख्या वाले विषयों की पढ़ाई होती थी। नाक की सीध में हरा-भरा तिकोना-सा लॉन। उसके दोनों तरफ़ आँवले के पेड़ों के बीच गुज़रती बजरी की सड़कें, जिनमें से दाहिने हाथ वाली सीधी स्टाफ़ रूम पर और बाईं दफ़्तर पर ख़त्म होती थी। इन आँवले के पेड़ों के फलते ही हम लोग चप्पलों से निशाना साधकर फल गिराने में माहिर हो गए थे। आते-जाते स्टाफ़ से डाँट-झिड़की खाने का हम पर कोई असर नहीं होता था। उन झिड़कियों की कीमत पर खट्टे-कसैले आँवलों को नमक लगाकर खाना, कहीं अधिक उत्तेजनापूर्ण और रुचिकर लगता था। ऐसी मासूम शैतानियों से मिलनेवाला सुख समय के साथ अकल्पनीय होता गया। तकनीकी विकास ने बाद की पीढ़ियों को बहुत जानकार, बुद्धिमान और सक्षम बनाया है। अब वह फल-फूल जैसी मामूली चोरियाँ नहीं करतीं। सीधे एटीएम लूटती हैं। करोड़ों के खाते हाइक करती हैं। छोटी-मोटी हाथ-सफ़ाई या चोरी-चकारी की शुमार आज मूर्ख साहसिकता के खाते में होती है। पर उस समय छोटी-मोटी मासूम-सी शैतानियाँ करने में हमें अपार सुख और स्फूर्ति मिलती थी।

इन्द्रप्रस्थ कॉलेज की इमारत पर लौटें तो स्टाफ़ रूम और ऑफ़िस के अगल-बगल से दोनों तरफ़ गलियारों में कमरों की पंक्तियाँ शुरू हो जाती थीं। ऑनर्स के समय में तो दाहिने हाथ के कोनेवाले कमरों में से कुछ का उपयोग लड़कियों के हॉस्टल और एकाध प्राध्यापिकाओं की रिहाइश के लिए भी किया जाता था। उसी कोने के अन्तिम छोर पर साध्वी-सी शीला अग्रवाल कुछ वर्ष रही थीं। उन्हीं के निमंत्रण पर

जैनेन्द्र जी एक बार कॉलेज आए थे। तब भी वे धवलकेशी थे। सफ़ेद खद्दर की धोती-कुर्ता, गम्भीर मुखमुद्रा, माथे पर तीन सलवटें, मितभाषी। विद्यार्थी तो मूक-मुग्ध भाव से केवल, उन्होंने जो कहा, उसे सुनते भर रहे। बोलीं तो बस शीलाजी, ताकि संवाद की स्थिति बन सके। किसी बड़े रचनाकार से सम्पर्क का वह मेरा पहला और उस समय आखिरी मौका था। उन्होंने अपनी चिर-परिचित ठिठक-भरी शैली में जो कहा, वह न पूरी तरह तब समझ में आया, न अब याद है। स्मृति में केवल एक चित्र, एक मुद्रा टँकी रही जो कालान्तर में उनसे परिचय बढ़ाने में काम ही आई। शीलाजी की कर्तव्यनिष्ठा के लिए हम विद्यार्थियों के मन में अपार श्रद्धा थी। मेरी वापसी से पहले वे स्वेच्छया नौकरी छोड़कर सम्भवत: विनोबा जी के आश्रम में जा चुकी थीं। किसी के पास उनका निश्चित पता-ठिकाना नहीं था।

विश्वविद्यालय का वातावरण मेरे लिए सर्वथा अपरिचित था। एक सुविधा ज़रूर थी। कॉलेज गिने-चुने और विद्यार्थियों की संख्या वाजिब। हमारी कक्षा में दाख़िला लिया कुल छत्तीस ने। पढ़ाई पूरी करने के समय तक उनमें से दो मैदान छोड़ गए। लिहाज़ा सब एक दूसरे को 'व्यक्ति' के रूप में बड़ी जल्दी जान गए। वर्ष था 1954। उस समय फाइनल परीक्षा दो वर्ष के अन्त में होती थी—आठ पर्चों में। चार दिन पढ़ाई विश्वविद्यालय में और सप्ताह में दो दिन 'तथाकथित ट्यूटोरियल' के लिए कॉलेज में। यह 'ट्यूटोरियल' कही जानेवाली व्यवस्था तब भी खासी दुर्दशाग्रस्त थी। एक हद तक खानापूरी लिखने में अभ्यास के नाम पर।

डॉ. नगेन्द्र का रीडर-अध्यक्ष के रूप में प्रवेश दो वर्ष पहले हुआ था। वे उस समय सीधे आकाशवाणी के न्यूज प्रभाग से आए थे। कागज़ी योग्यता के आधार पर, आज का ज़माना होता तो उनकी नियुक्ति नहीं हो सकती थी क्योंकि उन्हें हिन्दी साहित्य पढ़ाने का तब कोई अनुभव नहीं था। आकाशवाणी में जाने से पहले उन्होंने कुछ वर्ष स्थानीय कमर्शियल कॉलेज में अंग्रेज़ी पढ़ाई थी। वह भी 'ट्यूटर' की हैसियत से पचास रुपए माहवार पर (बकौल उनके)। वहाँ भी उनके किसी सम्बन्धी के प्रयत्न से उनकी नियुक्ति सर शंकरलाल ने करवा दी थी। डॉ. साहब बाद के वर्षों में इन घटनाओं की चर्चा बड़े हल्के-फुल्के ढंग से करते थे। तत्त्व की बात यह थी कि तब तक वे अपनी आरम्भिक दो पुस्तकों—'साकेत : एक अध्ययन' और 'सुमित्रानन्दन पन्त' की रचना के बल पर आचार्य रामचन्द्र शुक्ल के इतिहास तक में प्रवेश पा चुके थे। बेचारे विश्वविद्यालय के तत्कालीन हिन्दी विभाग की तो औकात ही क्या थी!

यह बात अलग है कि बाद के समय में डिग्री नामधारी कागज़ी पुर्ज़े का महत्त्व कुछ इस कदर बढ़ गया कि उसके बिना विश्वविद्यालयों में 'प्रोफ़ेसर' के अलावा किसी शैक्षणिक पद की नियुक्ति पर रोक लग गई। इस हद तक कि अज्ञेय जैसे रचनाकार तक के लिए कोई गुंजाइश पैदा नहीं की जा सकी। बाद में वे 'एमिनेन्स' के आधार पर कुछ समय के लिए जोधपुर विश्वविद्यालय में ज़रूर रहे। पर यह स्थिति डॉ. नगेन्द्र के प्रवेश-काल तक पैदा नहीं हुई थी। उनसे पहले बी.ए. पास बाबू श्यामसुन्दरदास,

ड्राइंग मास्टर, एंट्रेंस पास आचार्य रामचन्द्र शुक्ल और ज्योतिषाचार्य हजारीप्रसाद द्विवेदी की नियुक्ति भारतीय विश्वविद्यालयों के हिन्दी विभागों में सर्वोच्च पद पर हो चुकी थी। तत्कालीन हिन्दी विभागों में हिन्दी के प्रोफ़ेसर-अध्यक्षों में डॉक्टरेट की डिग्रीधारी बस दो ही विद्वानों के नाम याद आ रहे हैं--इलाहाबाद के डॉ. धीरेन्द्र वर्मा, जो संस्कृत में एम.ए. और भाषाविज्ञान के पी-एच.डी. थे और लखनऊ के डॉ. दीनदयाल गुप्त, जिनका प्रसिद्ध शोधप्रबन्ध 'अष्टछाप और वल्लभ-सम्प्रदाय' वर्षों कृष्ण-भक्ति काव्य के शोधार्थियों के लिए तथ्यों के महत्त्वपूर्ण स्रोत की भूमिका निबाहता रहा। यों कुछ समय बाद डॉ. इन्द्रनाथ मदान ने जब चंडीगढ़ में पंजाब विश्वविद्यालय के हिन्दी विभाग में प्रोफ़ेसर अध्यक्ष का पद ग्रहण किया, तब भी वे अंग्रेज़ी साहित्य के डिग्रीधारी थे, हिन्दी के नहीं और कलकत्ता में लालताप्रसाद सुकुल के ही नहीं, बाद में कल्याणमल लोढ़ा, विष्णुकान्त शास्त्री जैसे अध्यक्षों के साथ पी-एच.डी. का पुछल्ला कभी जुड़ा ही नहीं। यही स्थिति पटना में पं. नलिनविलोचन शर्मा की थी। यह बाद की बात है कि पटना के ही डॉ. देवेन्द्रनाथ शर्मा और शान्तिनिकेतन के डॉ. रामसिंह तोमर ने भाषा-सम्बन्धी विषयों में विदेश-छाप उपाधियाँ (शायद इटली से) हासिल कर ली थीं। ये तमाम जानकारियाँ मुझे लम्बे समय के दौरान, धीरे-धीरे प्राप्त हुईं।

जब हमने दिल्ली विश्वविद्यालय में एंट्री ली तो वहाँ हिन्दी के सन्दर्भ में जो कुछ थे, बस डॉ. नगेन्द्र थे और था उनका प्रभामंडल—अभिधा और लक्षणा, दोनों अर्थों में। वे गर्मियों में मुर्शीदाबादी सिल्क का सलवटहीन सफ़ेद कुर्ता और धोती पहनकर आते थे और सर्दियों में चूड़ीदार पाजामा और शेरवानी। उनके दमकते गेहुएँ रंग के माथे पर कभी-कभी बालों की एक लट झूल आती थी। वे कला-संकाय के गलियारों में मन्थर गति से खास लय में एक-एक कदम तोल-तोल कर रखते हुए चलते थे। उनके पूरे व्यक्तित्व पर सायास अर्जित शालीनता और मार्दव का ऐसा खोल चढ़ा रहता था जो उनके प्रति आकर्षित तो करता ही था, देखनेवाले को आतंकित भी करता था। वे अकेले कम ही निकलते थे। प्रायः उनके अगल-बगल अधीनस्थों या फिर खुशामदियों की एक जोड़ी कुछ घिघियाती-सी मुद्रा में उनके मुख से झरते वचनामृत का पान करती चलती दिखाई देती थी। जिधर से वे निकलते, लोग रास्ता छोड़कर दाएँ-बाएँ हो जाया करते। उनके दोनों हाथ अक्सर पीठ के पीछे एक दूसरे से आबद्ध रहते या फिर एक हाथ में अगर कोई किताब-कॉपी होती तो दूसरा सहज झूलता चलता।

उनकी इस रौबीली मुद्रा का एक बहुत बड़ा कारण था उनके शिक्षक-रूप की ख्याति। समय की पूरी पाबन्दी से वे कक्षा में आते, गुरु-गम्भीर आवाज़ में हर बात को अपेक्षित बल देकर पढ़ाते। ज़रूरत होती तो दोहराते—इस ढंग से कि कुछ अनकहा या कमकहा न रह जाए। विद्यार्थियों की नज़र और कलम नोट्स लेने के लिए कॉपियों पर दौड़ती तो रुकने का अवसर कम ही हाथ आता था। पढ़ाने की उन्हें ऐसी लगन थी कि प्रायः पीरियड ख़त्म हो जाता और उनकी वाणी का अजस्त्र प्रवाह चलता रहता—इस बात से बेखबर कि अगली कक्षा लेनेवाला अध्यापक बाहर खड़ा अपनी बारी का

इन्तज़ार कर रहा है। पढ़ाना खत्म करके वे बड़ी निरपेक्ष मुद्रा में निकलकर अपने कमरे की दिशा में चल देते—बिना प्रतीक्षारत सहयोगी से अपने किए के लिए खेद व्यक्त किए या अफ़सोस जताए। उनकी कक्षा ठसाठस भरी रहती थी। यों उस समय एम.ए. में उपस्थिति वैकल्पिक थी भी नहीं।

जब वे किसी आवश्यक बैठक से शहर में या बाहर व्यस्त होते तब क्लास छोड़ने के बजाय किसी अन्य अध्यापक से उसकी अदला-बदली कर लेते थे। क्लास का वातावरण इस कदर गम्भीर रहता था कि अगर किसी सन्दर्भ में वे ख़ुद पढ़ाते समय हँस पड़ते तो विभाग में यह खबर बाकायदा प्रचारित होती कि 'डॉक्टर साहब' आज क्लास में हँसे थे। पूरे विभाग में 'डॉ. साहब' केवल वही थे। बाकी लोगों की बात 'स्नातक जी', 'मिसेज़ सिन्हा', 'ओझा जी', 'डॉ. सिंह' (उदयभानु), 'डॉ. भट्ट' जैसी संज्ञाओं से की जाती थीं। 'डॉ. साहब' का अर्थ था, बस—डॉ. नगेन्द्र!

एक अर्थ में वे किंवदन्ती पुरुष थे। उनके बारे में प्रसिद्ध था कि उनकी थीसिस पर, जिसका विषय था—'रीतिकालीन कवि देव और उनकी कविता', आगरा विश्वविद्यालय ने सीधे डी-लिट की उपाधि दी थी—पी-एच.डी. लाँघकर। दूसरी प्रसिद्धि यह थी कि वे तत्कालीन राष्ट्रपति बाबू राजेन्द्रप्रसाद की अनुकम्पा के पात्र थे। यह सम्बन्ध-सूत्र सम्भवत: राज्यसभा के मनोनीत सांसद राष्ट्रकवि मैथिलीशरण गुप्त के माध्यम से स्थापित हुआ था। अनुमान लगाया जा सकता है कि गुप्त जी से डॉ. साहब का सम्पर्क और बाद में अच्छा सम्बन्ध उनकी पुस्तक 'साकेत : एक अध्ययन' के सहारे बना होगा। यह सम्बन्ध बाद में डॉ. साहब की पदोन्नति में बहुत कारगर साबित हुआ।

समय के साथ उनके साहित्यिक, सांस्कृतिक और राजनीतिक सम्पर्कों-सम्बन्धों के बारे में किस्से-कहानियों के भंडार में लगातार बढ़ोतरी ही होती रही। कुल जमा नतीजा यह कि जब तक वे अध्यक्ष-पद पर रहे, उनके प्रताप में कोई कमी नहीं आई। विद्यार्थियों में तो साहस ही नहीं होता था उनके पास फटकने का। जब कोई बात कहनी होती थी तो हम लोग अकेले नहीं, दो-तीन की टुकड़ी बनाकर उनके दरबार में पेश होते थे। कुछ कहने से पहले, प्रश्न उधर से ही दागा जाता, 'हाँ, क्या बात है?' प्रश्न में घुड़की तत्त्व का कुछ ऐसा मेल होता कि हमारी आवाज़ रुँध जाती और माँग-शिकायत-जिज्ञासा—जो भी रही हो, घिघियाहट में रूपान्तरित होकर प्रकट होती। ऐसा नहीं था कि वे बात पर ध्यान न देते हों, पर उत्तर वे वाणी से कम, कर्म से ज़्यादा देते थे।

हैरत की ज़्यादा बात यह थी कि बहुत जल्दी उनका रौब हिन्दी विभाग में ही नहीं, पूरे विश्वविद्यालय में कुछ इस कदर पसर गया कि मानविकी और समाज-विज्ञान के ही नहीं, अन्य विज्ञान-सम्बन्धी विषयों के अध्यक्षों पर भी वे भारी पड़ने लगे। प्रशासन-सम्बन्धी शायद ही कोई ऐसी समिति हो जिसके वे सदस्य न रहे हों या जिसमें उनकी कारगर भूमिका न रही हो। उनका यह स्वरूप घर से बाहर तक सर्वत्र व्याप्त था। वर्षों बाद, जब उनके परिवार में काफी आना-जाना हो गया तो किसी सन्दर्भ में

उनकी बड़ी बेटी ने उनके बारे में एक अविस्मरणीय वाक्य कहा था, 'हम तो शेर की माँद में रहते हैं।'

कुछ कहानियाँ उनके स्वभाव की रसिक-वृत्ति को लेकर भी प्रचलित थीं। ऐसी कथाओं से मुक्त विरले ही होते हैं और इनकी पूरी सच्चाई से वाकिफ़ सिर्फ़ इसके अभिकर्ता पात्र ही होते हैं। यह हर व्यक्ति के जीवन का वह वैयक्तिक और अन्तरंग (प्राइवेट एंड पर्सनल) इलाका होता है जिसमें दखल देने या टीका-टिप्पणी करने का हक किसी को न होता है, न होना चाहिए—नैतिक और सामाजिक चिन्ता का प्रश्न तभी उठना चाहिए जब सम्बन्ध छल या शोषण से प्रेरित हो।

दिलचस्प बात यह थी कि एक-दो अपवादों को छोड़कर ऐसे किस्से न्यूनाधिक मात्रा में सभी के बारे में प्रचलित थे। यह बात अलग है कि ऐसी महफ़िलधर्मी बतकही के आलम्बन अपने महत्त्व और व्यक्तित्व के हिसाब से होते थे। इनका महत्त्व बतरस से अधिक नहीं होता था। इतना ज़रूर था कि इस प्रसंग में व्यक्ति की पात्रता-अपात्रता तय करने के हमारे अपने पैमाने थे। कौन, कहाँ तक, किस रूप में ऐसी किस्सागोई का सही हकदार हो सकता है, इसका फ़ैसला हम उसके रूप-रंग, व्यवहार, उम्र, परिवार, लोकप्रियता जैसे तमाम मानदंडों पर करके अपना मनोरंजन किया करते थे। विद्यार्थियों की अपनी गोष्ठियों के रुचिकर विषयों में से एक अपने प्राध्यापकों के वैयक्तिक और पारिवारिक जीवन में ताक-झाँक और उनके बारे में प्रचलित अफ़वाहों की सच्चाई की सम्भावना पर विमर्श रहता था। उस समय की पारिवारिक संरचना में अधिकांश सुशिक्षित पुरुष-अध्यापकों की पत्नियाँ अनपढ़ या कम पढ़ी-लिखी घरेलू महिलाएँ होती थीं। जिनकी पत्नियाँ गृह-कार्य में पटु और दबंग होती थीं (मसलन—डॉ. दशरथ ओझा की), और सारी शिक्षा-दीक्षा के बावजूद उनके पति अक्सर दब्बू, भयभीत से इन्सान होते थे, उनके यहाँ गृहस्थी की गाड़ी खासी सुव्यवस्थित और अहिंसक ढंग से चलती रहती। शायद सन्तानों की शिक्षा-दीक्षा की दिशा का निर्णय और उनकी शादी-ब्याह के मामलों में यथावश्यक हस्तक्षेप का अधिकार ही पतिदेव के हिस्से आता था, बाकी पत्नी के प्रति 'टोटल सरेंडर'। पर जहाँ स्थिति इसके विपरीत होती थी, वहाँ इन पत्नियों में से कुछ शारीरिक या मानसिक रूप से, कभी-कभी दोनों रूपों में, रोगिणी-सी गृहस्थी की गाड़ी जैसे-तैसे ढोती रहतीं। ऐसी स्थितियों में दोनों के बीच कुछ लोक-लाज के कारण, कुछ सन्तानों के कारण, कुछ अन्य पारिवारिक परिस्थितियों के कारण आपसी रिश्ते को बनाए रखना जैसे उनकी विवशता हो जाती थी। यह बात अलग है कि सन्तानोत्पत्ति की फ़र्ज़-अदायगी के बारे में दोनों पक्षों में कुछ ऐसा तालमेल या समझौता रहता था कि कमी की शिकायत का कोई उदाहरण नज़र नहीं आता था।

अपवाद-रूप में कुछ ऐसे दम्पती भी थे जिनकी पत्नी के दर्शन का सौभाग्य शायद ही किसी भाग्यवान को मिला हो। ऐसा नहीं कि अपने शिक्षकों के बारे में जानकारियाँ हासिल करने में विद्यार्थी ही सक्रिय रहे हों। उधर से भी अपने ढंग से, अपने पद की

गरिमा बनाए रखते हुए विद्यार्थियों के बारे में अपना सामान्य ज्ञान बढ़ाने की कोशिशों में बहुत कमी नहीं रहती थी। मुझे विभाग में कुछ ही समय बीता होगा कि सहपाठियों ने एक दिन सूचना दी कि किसी प्रसंग में सहज बातचीत के दौरान उन्होंने डॉ. उदयभानु सिंह से मेरे बारे में शर्त लगाई है। यह सही है कि उस समय मैं सामान्यत: अपनी उम्र से काफ़ी छोटी लगती थी। दो बच्चों की बात तो दूर, डॉ. साहब मेरे विवाहित होने की सच्चाई को मानने को भी तैयार नहीं थे। उन्हें शक था कि विद्यार्थी उन्हें मूर्ख बनाने की कोशिश कर रहे हैं। मामला इस बात पर तय हुआ कि वे अपनी आँखों से मेरे पैरों के बिछुए देखकर तसल्ली कर लें। हाथ कंगन को आरसी क्या! मैं क्लास में, यथासम्भव पहली पंक्ति में किनारे की तरफ़ बैठा करती थी। अगली बार जब डॉ. साहब पढ़ाने आए तो कुछ ही देर में मैंने लक्ष्य कर लिया कि वे रह-रहकर तिरछी नज़र से मेरे पाँव की तरफ़ देख रहे हैं। वे लगभग छह फुटे, पतले-दुबले, सींकिया पहलवान की-सी देह-सम्पदा के मालिक खड़े-खड़े ज़्यादातर नाक की सीध में देखकर पढ़ाया करते थे। नज़र कभी-कभी चारों तरफ़ घूमती ज़रूर थी, पर लक्ष्य-वेधी मुद्रा में टिकती नहीं थी। उस दिन दृष्टि का रह-रहकर वह एकाग्र निक्षेप मुझे अटपटा लगता रहा, जिसकी वजह बाद में पता लगी।

उस दौर के ज़्यादातर अध्यापक पढ़ाने में कोताही तो बरतते ही नहीं थे, हम लोगों को लेकर बड़े उत्साहित भी रहते थे। आपस में प्राय: इस बात की चर्चा भी होती थी कि विद्यार्थियों के बीच प्रतिभावान और प्रथम श्रेणी में पास होने लायक कौन हो सकते हैं। ऐसी ही किसी चर्चा के बीच डॉ. सावित्री सिन्हा ने मेरा उल्लेख किया तो डॉ. नगेन्द्र की प्रतिक्रिया थी, 'हमें तो कुछ खास जँची नहीं। शी इज़ मोर स्मार्ट दैन साउंड।'

दरअसल उनके कॉमर्स कॉलेज के पुराने सहयोगी मित्र अंग्रेज़ी के कुँवरलाल वर्मा की छोटी बहन हमारी सहपाठिन थी। सचमुच बहुत प्रतिभाशाली, नम्र स्वभाव की सीधी-सादी लड़की। नाम था, स्वभाव के अनुरूप—सन्तोष। उसके माता-पिता का बचपन में ही देहान्त हो गया था, बड़े भाई का भी। कुँवरलाल पर छोटे भाई-बहन, विधवा भाभी और उनकी पितृहीन सन्तानों की ज़िम्मेदारी आ पड़ी। भाभी कुरूप और स्वभाव से कर्कशा थीं। देवर की समझ में आ गया था कि अपना विवाह करने का अर्थ घर में कलह और अशान्ति को दावत देना होगा तो उन्होंने आजीवन अविवाहित रहकर छोटे बहन-भाइयों और दिवंगत बड़े भाई की सन्तानों की परवरिश की और पढ़ने-लिखने में लगे रहे।

डॉ. नगेन्द्र की सहानुभूति स्वभावत: सन्तोष से थी। उन्होंने उसे बचपन से देखा था। डॉ. सिन्हा ने जब उनकी बात का प्रतिवाद करते हुए सूचना दी कि चार साल पहले ऑनर्स में भी मैं बहुत अच्छे विद्यार्थियों में थी और मेरा परीक्षा-परिणाम बहुत अच्छा था तो डॉ. नगेन्द्र ने हिकारत से उत्तर दिया, 'अरे तब!

तब नम्बर ऐसे ही बँटते थे।' ज़ाहिर है, मिसेज सिन्हा को यह प्रतिक्रिया अच्छी तो नहीं ही लगी होगी। सो उन्होंने अपने सदाबहार मिजाज़ के अनुरूप हँसते हुए बात मुझ तक पहुँचा दी, 'तुम्हें पता है, डॉ. साहब तुम्हारे बारे में क्या सोचते हैं... ?' बात मुझे लग गई। मन-ही-मन मैंने उन्हें गलत साबित करने का निर्णय किया और रात-दिन मेहनत करके प्रथम श्रेणी सिद्ध कर ली। मेरे साथ एक भारी दिक्कत लिखने की रफ़्तार की थी। लाख कोशिश करने पर भी निबन्ध के अलावा कोई पर्चा पूरा नहीं होता था। डॉ. सिन्हा मेरी इस कमज़ोरी को जानती थीं। परीक्षा से पहले उन्होंने सावधान किया, 'अरे भई, तुम परीक्षकों को इतना मौका तो देना कि सब प्रश्नों में नम्बर दिये जा सकें।' इशारा साफ़ था—प्रश्न छूटने नहीं चाहिए, चाहे एकाध के उत्तर आधे-अधूरे हो जाएँ।

विद्यार्थी संख्या में कम होते थे। परीक्षा-विभाग के द्वारा जाली रोल नं. लगाने के बावजूद, अच्छे विद्यार्थियों के पर्चे पहचान में आ ही जाते थे। धीरे-धीरे तंत्र के बारे में जानकारी बढ़ी तो यह भी पता लगा कि परीक्षक भी अच्छे पर्चों के परीक्षार्थियों का अन्दाज़ा तो लगा ही लेते थे, उनके प्राप्तांकों का आपसी बातचीत में तुलनात्मक ब्यौरा भी जान लेते थे।

निबन्ध वाले पर्चे के परीक्षक प्राय: डॉ. नगेन्द्र स्वयं होते थे। हम लोग परीक्षा देकर बाहर निकले तो सन्तोष ने कुछ परेशान होकर बताया कि उसका पर्चा ख़राब हो गया है। उसने जो विषय चुना था, उस पर कुछ पृष्ठ लिखने के बाद वह कन्फ़्यूज हो गई और उसने उसे रद्द करके, नये सिरे से किसी दूसरे विषय पर लिखा, जो समय कम बचने के कारण बहुत ठीक नहीं लिखा जा सका। मेरा वह पर्चा बहुत अच्छा हुआ था। मैं आश्वस्त थी, सबसे ज़्यादा अंक मुझे ही मिलेंगे, पर जब अंक-तालिका हाथ में आई तो सन्तोष को मुझसे दो नम्बर ज़्यादा मिले थे। मैं समझ गई कि डॉ. साहब ने मित्र-धर्म का निर्वाह किया। किसी से न तत्काल कुछ कहने-सुनने का सवाल था, न उस समय पुन:परीक्षण की कोई व्यवस्था या नियम। यों भी सन्तोष के और मेरे अंकों में आठ का अन्तर था। इन दो नम्बरों से मेरा कुछ बनने-बिगड़नेवाला नहीं था, पर मैंने मन में ठान लिया कि कभी-न-कभी मैं डॉ. साहब से इस प्रसंग की चर्चा ज़रूर करूँगी।

उस वर्ष कुल चार विद्यार्थियों को प्रथम श्रेणी के अंक मिले थे और इसका अर्थ था—तत्काल नौकरी। यह स्थिति उत्पन्न होते ही मैंने मन-ही-मन निर्णय कर लिया कि अगर अवसर मिला तो मैं नौकरी ज़रूर करूँगी। इससे परिवार को आर्थिक बल तो मिलेगा ही, परिवार और समाज के बीच मेरी हैसियत भी ज़्यादा सम्मानजनक होगी।

पढ़ाई के दूसरे वर्ष में डॉ. साहब के साथ मेरे पारिवारिक सम्बन्धों में भी इजाफा हो चुका था। एम.ए. के पहले वर्ष के बाद गर्मी की छुट्टियों से कुछ दिन पहले अचानक डॉ. साहब का सन्देश मिला कि घर लौटने से पहले मैं उनसे घर पर मिलती जाऊँ। मेरे प्राण कंठ में आ गए। विकल्प तो था नहीं। बाकी समय पढ़ाई में मन लगने के

बजाय इस ऊहापोह में बीता कि आखिर माजरा क्या है? मैं इस बात के लिए लगभग तैयार थी कि किसी बात को लेकर प्रसंग मेरी जवाबदेही का है। कारण समझ में नहीं आ रहा था। मैंने अपनी याददाश्त में ऐसी कोई हरकत नहीं की थी कि पेशी का कोई मामला बनता हो।

बहरहाल, मैंने डरते-डरते घर की घंटी बजाई तो वही रोबीली आवाज़ में आदेश, 'आ जाओ, दरवाज़ा खुला है।' दरवाज़ा मतलब, जाफ़री। वे उस समय विश्वविद्यालय के मुख्य द्वार से घुसते ही बाएँ हाथ पर बने दो कॉटेजनुमा घरों में से पहले में रहते थे। बाहर बरामदे पर हरे रंग की लकड़ी की जाफ़री लगी थी। सँकरे-से बरामदे को पार करके उनके ड्राइंग-रूम का प्रवेश-द्वार और उसका पिछला दरवाज़ा घर के पिछले हिस्से यानी 'शेर की माँद' में खुलता था।

उनके निकट पड़ोसी थे श्री पी.एन. धर—प्रसिद्ध अर्थशास्त्री, जिनसे शहर के मशहूर रईस शिवराजबहादुर की बेटी शीला ने प्रेम-विवाह किया था। प्रो. धर बाद में लम्बे समय तक प्रधानमंत्री इन्दिरा गांधी के आर्थिक मामलों के सलाहकार रहे। शीला धर भी शास्त्रीय संगीत की कुशल गायिका थीं और समाज में उनकी अच्छी प्रतिष्ठा थी। वे हिन्दू कॉलेज में कपिला वात्स्यायन (तब मलिक) की सहपाठी थीं।

मैंने सकुचाते हुए प्रवेश किया तो वही लगभग डाँटते से स्वर में, 'बैठो।' मैं सहमी-सी सोफ़े पर बैठ गई। वे खुद कमरे में टहल रहे थे। धीरे-धीरे बाद में समझ में आया कि यह उनकी स्थायी मुद्रा थी—आनेवाले को बैठने का आदेश देकर, खुद टहलते हुए बात करना। इस व्यवस्था से बैठनेवाला कितना सकुच-सिकुड़ रहा है, इसकी तरफ़ ध्यान देना उन्हें ज़रूरी नहीं लगता था। शायद यह उनके लिए दफ़्तर और क्लास में लगातार बैठकर काम करने—पढ़ाने के बाद कुछ व्यायाम-सा करने का एक तरीका था।

बहरहाल, बैठने के कुछ ही क्षण बाद उन्होंने सवाल दागा, 'तुम्हारे हस्बैंड किसी मोटर वर्कशॉप के मैनेजर हैं?' पलक झपकते ही बात मेरी समझ में आ गई। पूरे विश्वविद्यालय में दिखाई पड़नेवाली इक्की-दुक्की गाड़ियों में से वे एक के मालिक थे—काले रंग की 'ऑस्टिन' थी शायद। उस ज़माने में बड़ी भारी नेमत, जिसे वे खुद चलाकर ठसके से विभाग में आया करते थे।

मैं समझ गई कि मामला गाड़ी की मरम्मत का है। बाद में जो संवाद हुआ, उसमें सवाल थे कि मैं कहाँ रहती हूँ? मेरे पतिदेव से कहाँ मिला जा सकता है? एक बार मन में आया कि कह दूँ कि फ़ोन करके जाइए, वर्कशॉप में मिल लीजिए, पर ज़ाहिर है कि वे काम किफायत से, उनकी निजी देख-रेख में कराना चाहते थे और मैं भी घर में उनकी मेहमाननवाज़ी का मौका नहीं खोना चाहती थी सो तय हुआ कि वे सूचना देकर किसी दिन घर आएँगे। बाकी बातें वे उनसे वहीं तय कर लेंगे। कहना न होगा कि वापसी में मेरे पैर ज़मीन पर नहीं पड़ रहे थे।

वे दो-तीन दिन बाद घर पधारे। हम उन दिनों माँ के साइकिल मार्केट के एस्प्लेनेड

रोड वाले मकान में नीचे की मंजिल के आधे हिस्से यानी डेढ़ कमरे वाले घर में रहते थे। मैंने डॉ. साहब के व्यक्तित्व का जो वाचिक नक्शा घरवालों के सामने खींच रखा था, उसके चलते सब उनके दर्शन के लिए लालायित थे—जैन साहब, माँ, छोटे भाई-बहन, मानो कोई देव-पुरुष पधारनेवाले हों! उनकी खातिरदारी के लिए नाना प्रकार के व्यंजन जुटाए गए। वक़्त शाम की चाय का था, वे आए, अपनी फबती पोशाक—कुर्ता-धोती में। बड़ी शाइस्तगी और गम्भीरता से। जैन साहब से बड़ी जल्दी बेतकल्लुफ़ी से सब तय किया। बेटा शशांक तब पाँच साल का था और बेटी ढाई साल की। उनके व्यवहार से हमें इस बात का एहसास होने में देर नहीं लगी कि बच्चे उनकी कमज़ोरी हैं—वे किसी के भी हों। माँ और छोटे भाई-बहन ने ऊपर से ही ताक-झाँककर 'देव-दर्शन' कर लिया। वे बहुत देर नहीं रुके। बात की, चाय पी, बच्चों से बड़े ममत्व से पेश आए और जाते हुए बातों-बातों में संकेत कर गए कि मैं उनके आने की चर्चा विभाग में न करूँ। यह उस सम्बन्ध की शुरुआत थी, जो उनके मृत्यु-पर्यन्त बना रहा।

ब्यौरा याद नहीं, पर इस आरम्भिक परिचय के बाद गाहे-बगाहे उनका आना होने लगा। उस समय गाड़ियों के कल-पुर्ज़े आए दिन दिक्कत पैदा करते थे। उन्हें रह-रहकर जैन साहब की ज़रूरत पड़ने लगी। पर विचित्र बात यह थी कि उन्होंने बड़े कौशल से अपने व्यक्तित्व को दो भागों में बाँट रखा था। घर की चौखट के बाहर पैर रखते ही वे तुरन्त विभागाध्यक्ष हो जाते थे—सवा सोलह आने। विभाग में, यहाँ तक कि उनके या अपने घर में भी उनसे कुछ पूछने की हिम्मत नहीं पड़ती थी मेरी। यह बात अलग है कि मेरे घर आने-जाने की बात बहुत दिनों तक छिपी नहीं रही।

हमारे घर के पीछे ही गली के भीतर दिल्ली के मशहूर डॉक्टर प्रेमनारायण रोहतगी का हवेलीनुमा घर था। उनकी बेटी द्रौपदी मेरी सहपाठिन भी थी और मित्र भी। उससे यह बात छिप नहीं सकती थी। उसने मुझसे कुछ कहने-पूछने के बजाय, मेरी एक दूसरी मित्र मधुमालती से चुगली खा दी। मधुमालती उस समय रेडियो में अनाउंसर और ड्रामा आर्टिस्ट थी। उसके जीजा श्री शास्त्री दिल्ली केन्द्र के स्टेशन डायरेक्टर थे। उसका परिवार अविभाजित पंजाब से भयंकर स्थिति में विभाजन के दौरान दिल्ली में आकर बसा था। अपनी नौकरी की बाध्यताओं के कारण वह नियमित रूप से कक्षाओं में उपस्थित रह नहीं पाती थी और क्लास-नोट्स के लिए मुझ पर निर्भर रहती। विद्यार्थी-जीवन में हमारी मित्रत्रयी की खूब छनी। बाद में, मैंने शिक्षा की राह अपनाई। द्रौपदी विवाह करके सुखी-सम्पन्न गृहस्थ जीवन में रम गई। मालती चाहती तो थी मेरे ही रास्ते पर आगे बढ़ना, पर वह सम्भव नहीं हुआ और उसने मीडिया को अपनी जीविका का माध्यम बनाया। बड़ी उम्र में एक प्रौढ़ वायु-सेना अफ़सर से शादी की। उनकी असमय मृत्यु हो गई। मालती दूरदर्शन में डिप्टी डायरेक्टर के पद से रिटायर होकर अब पालम-विहार में अपने निकट सम्बन्धियों के पड़ोस में आश्वस्त जीवन जी रही है।

जब फाइनल की परीक्षा करीब आने लगी तो मालती को अपने नोट्स उधार देने

में मुझे खतरा महसूस होने लगा। मैंने प्रस्ताव रखा कि वह कुछ दिन के लिए चाहे तो मेरे घर आकर रह सकती है, मुझे परीक्षा की तैयारी यथासम्भव एक साथ करने में आपत्ति नहीं होगी।

मालती की स्थिति 'अन्धे को क्या चाहिए, दो आँखें' वाली थी। उसने तुरन्त प्रस्ताव स्वीकार कर लिया और बोरिया-बिस्तर उठाकर नामूद हो गई। हम दो नहीं, अक्सर तीनों (मैं, द्रौपदी और मालती) एक साथ तैयारी में जुट गए और जैन साहब ने हम लोगों के लगभग गार्जियन की भूमिका अख़्तियार कर ली। सिलसिला चल निकला।

उन दिनों मेरी बड़ी ननद रोहतक के किसी कॉलेज में पढ़ाती थीं। परिवार के सदस्यों में उनका व्यवहार एक हद तक तटस्थ और मेरे प्रति तब तक अनुकूल ही था। उन्होंने प्रस्ताव रखा कि मेरी परीक्षा तक, वे दोनों बच्चों को अपने साथ रोहतक ले जाएँ ताकि मैं अपनी तैयारी निर्बाध रूप में कर सकूँ। ज़ाहिर है, उस संकटकाल में मैंने उनके इस प्रस्ताव को वरदान माना और बच्चे उनके साथ चले गए। बाकी बचे मैं और मालती, सो दिन-रात के चौबीस घंटों में से रात के कुछ घंटे छोड़कर सारे समय किताब-कॉपियों में सिर घुसाए रहते।

हालत यह थी कि कभी-कभी देर रात गए अचानक नींद खुलती और हमारे ऊपर परीक्षा का भूत सवार हो जाता। हड़बड़ाकर उठते, बिजली जलाकर फिर नोट्स में सिर धँसा देते। दिलचस्प बात यह थी कि समय जो भी हो, चाहे रात के दो बजे हों।

इधर हमारे कमरे की बत्ती जलती, उधर घर के पिछवाड़े, पाँच ही मिनट बाद द्रौपदी के कमरे में रोशनी हो जाती। अगले दिन बड़े शिकवे के साथ कहती, 'यार, तुम लोग न सोते हो, न सोने देते हो, सारी रात क्या पढ़ाई करते रहते हो?'

उसे हमारी बिजली रौशन होते ही, नींद में भी जैसे टेलीपैथी से पता चल जाता कि हम पढ़ाई कर रहे हैं और घबराहट में वह भी उधर चालू हो जाती। बड़े तनाव-भरे, पर बड़े दिलचस्प थे वे दिन, वे दोस्तियाँ, वे सम्बन्ध।

ईश्वर ने जैन साहब को निद्रा का ऐसा वरदान दिया था कि हमारी उठापटक का उन पर कभी कोई असर नहीं होता था। वे बराबर के कमरे में निर्विघ्न, निर्लिप्त भाव से निद्रा-लाभ करते रहते और सुबह-सवेरे तरोताज़ा उठकर, हम लोगों के लिए चाय-नाश्ते की व्यवस्था कराकर, अपने ऑफ़िस-प्रस्थान की तैयारी में लग जाते। तब तक हमारी माली हालत ऐसी हो गई थी कि हमारी छोटी-सी गृहस्थी का काम चलाने लायक एक निहायत कर्मठ भद्र महिला सुबह से आकर अधिकांश काम-काज सहेजकर रात में अपने घर लौट जाती थी। उसका परिवार भी विभाजन के बाद हमारे आस-पास ही कहीं आकर बस गया था। माँ का सहारा तो अपनी जगह था ही।

विश्वविद्यालय में कविवर सुमित्रानन्दन पंत और महादेवी वर्मा

हमारे विद्यार्थी-जीवन तक (1956) हिन्दी कविता में छायावादोत्तर प्रवृत्तियों ने अपनी पहचान कायम कर ली थी, पर पाठ्यक्रमों में उसे जगह नहीं मिली थी। छायावाद के कवियों के प्रति एक रोमानी आकर्षण बना हुआ था। उस सयम तक जयशंकर प्रसाद और निराला तो रहे नहीं थे। बस, इलाहाबाद-बनारस के हमारे समकालीन बड़े गर्व से उन्हें देखने-सुनने की चर्चा किया करते थे। पर महादेवी और पंत तब अक्सर दिल्ली आया करते थे। डॉ. नगेन्द्र सुमित्रानन्दन पंत की कविता के मुरीद थे। उन पर पुस्तक तो लिख ही चुके थे। अफवाह यह भी थी कि अपने उदय-काल में उन्होंने कुछ दिन पंत जी की तर्ज पर बाल बढ़ाने का शौक भी पाला था और कविता करने का भी। शिक्षा-जगत में आने के बाद इन दोनों से उन्होंने मुक्ति पा ली, पर जीवित कवियों से उनका सम्बन्ध बना रहा।

महादेवी जी सार्वजनिक रूप से मंच पर तो क्या, आपसी मिलन-गोष्ठियों में भी काव्य-पाठ नहीं करती थीं, पर वक्ता बड़ी प्रभावित थीं। पंत जी को अलबत्ता मंच से काव्य-पाठ करने में कोई गुरेज नहीं होता था। सो एक बार उनके दिल्ली प्रवास के समय डॉ. नगेन्द्र ने विश्वविद्यालय में उनके काव्य-पाठ का आयोजन किया। विद्यार्थियों की उत्कंठा स्वाभाविक थी। पुस्तकों-पत्रिकाओं में छपे उनके चित्र तो अधिकांश लोगों ने देखे थे, पर साक्षात् दर्शन का सौभाग्य शायद ही किसी को मिला हो। पूरी कक्षा, जिसमें उस समय विद्यार्थियों की संख्या बहुत कम होती थी और हमारे गिने-चुने अध्यापक, सब साँस रोके बड़ी उत्कंठा से उनकी राह देख रहे थे।

पंत जी पधारे, डॉ. साहब के कदम से कदम मिलाकर बड़ी धीर गति से चलते हुए। डॉ. साहब की 'अवयव की दृढ़ मांसपेशियाँ' को चरितार्थ करती गठी हुई काया के बरक्स उनकी दुबली से कुछ बेहतर, पर हाव-भाव में नज़ाकत-भरी देह-दृष्टि ने प्रथम दर्शन में हमें न विशेष प्रभावित किया, न चमत्कृत। इसके अलावा उनकी बॉब कट केश-सज्जा, जिसका एक छल्ला माथे पर सावधानी से बैठाया गया था, न जाने क्यों, उनके चित्रलिखित रूप से परिचित होने के बावजूद कुछ अटपटा लगा था हमें। शायद इसका एक कारण यह रहा हो कि वैसे केश-विन्यास का सम्बन्ध नारी-मुख से जोड़ने का अभ्यास था हमें। पर उनके नाक-नक्श और उनकी वेश-भूषा से वैसा भ्रम होने की कोई गुंजाइश ही नहीं थी। वे हलके ऑफ़ व्हाइट रंग का सूट पहने थे। रूप और सज्जा—दोनों दृष्टियों से हमारी कल्पना के पुरुष बिम्ब से उनकी कोई संगति नहीं बैठ रही थी। हम न अभिभूत थे, न चमत्कृत। वे छायावाद के अग्रणी कवि हैं जिनकी कविताएँ हमारे पाठ्यक्रम का हिस्सा है। बस, यह बोध हमारे मन में उनके प्रति किंचित् संभ्रम संवलित विस्मय का-सा भाव भरने के लिए काफ़ी था।

वे कक्षा के भीतर डॉ. नगेन्द्र के साथ मंच पर आसीन हुए। विद्यार्थियों ने करतल ध्वनि से स्वागत किया। उनकी भाव-भंगिमा से यह सहज अनुमान लगाया जा सकता था कि वे अत्यन्त कोमल-तन्तुओं की आन्तरिक बनावट के जीव हैं। हमने तब तक उनके बारे में वह प्रसिद्ध घटना नहीं सुनी थी जिसे इलाहाबाद वासी तरह-तरह से रस लेकर सुनाया करते थे। हुआ यह था कि एक बार वे और बच्चन जी एक साथ रिक्शा पर सवार हुए। मंज़िल पर पहुँचकर पंत जी रिक्शा से उतरे, और रिक्शावाले को किराये का भुगतान करके अन्दर चले गए। दूसरी तरफ़ से उतरते हुए बच्चन जी ने उन्हें ऐसा करते नहीं देखा। लिहाज़ा पैसे देने के लिए उन्होंने हाथ बढ़ाया तो रिक्शावाला विनम्रता से बोला, 'नहीं साहब, पैसे तो मेमसाहब दे गई हैं।' मुझे कभी-कभी शक होता था कि उनकी केश-सज्जा को लक्ष्य करके, बच्चनजी की रचनात्मक प्रतिभा से उपजा होगा यह प्रसंग, पर इसका प्रसार वर्षों तक लगभग चुटकुले की तरह खूब होता रहा। सच्चाई बच्चनजी के सिवाय कोई नहीं जानता।

हम लोगों के लिए ऐसे भ्रम की कोई गुंजाइश नहीं थी। आरम्भिक औपचारिकताओं के बाद पंतजी ने काव्य-पाठ शुरू किया। महीन-सी आवाज़ में अँगूठे के साथ तर्जनी को चुटकी की भंगिमा में सटाए, पंजे को नर्तक की-सी मुद्रा में लहराते हुए, उन्होंने अपनी प्रसिद्ध प्रगति रचना 'तप रे मधुर, मधुर मन, तप रे' का जैसी पिनपिनाती-सी आवाज़ में पाठ किया, वह गायन और वाचन के बीच की-सी विचित्र स्वर-भंगिमा और लय में की जानेवाली प्रस्तुति थी, जिसका शास्त्र और लोक—किसी शैली से कोई सम्बन्ध नहीं था। सभागार में स्पन्दित मौन से पूरी तरह निरपेक्ष, वे आत्ममुग्ध मुद्रा में बड़ी तन्मयता से काव्य-पाठ करते रहे और हम सुनते रहे। उनके वाचन की अपेक्षित सराहना हम भले ही न कर पाए हों, पर कार्यक्रम के अन्त में यह अहसास बड़ी गहराई से हुआ कि जिस व्यक्ति को देखने-सुनने का सौभाग्य हमें मिला, वह वयस्क चोले में प्रच्छन्न सरल बाल गोपाल है। अपने तीनों सहयात्रियों में सबसे अलग कुछ विशिष्ट और शायद एक हद तक आत्ममुग्ध भी।

बाद के वर्षों में, एकाधिक अवसरों पर उनसे अनौपचारिक भेंट हुई। उनकी केश-सज्जा और वेशभूषा नहीं बदली और न ही उनकी स्वभावगत निश्छलता। विवाह उन्होंने किया नहीं, पर जीवन के अन्तिम दौर में परिवारी होने की चाहत को उन्होंने एक नन्ही-सी बालिका को गोद लेकर पूरा किया। जब तक रहे, उसे मातृत्व लाड़-प्यार से पालते रहे और जहाँ तक मेरी जानकारी है, अन्त में उसका दायित्व एक निकट परिवारी महिला को दे गए।

पंत जी के ठीक विपरीत महादेवी जी का व्यक्तित्व था। उनकी कविताओं की रहस्यधर्मी पर्देदारी अपने विद्यार्थी-जीवन में जितना भरमाती थी, उतनी ही कठिनाई अध्यापन करते समय भी पैदा करती थीं। मुझे गद्यकार के रूप में वे अधिक प्रभावित करती थीं। यह भी मात्र संयोग नहीं है कि उन्होंने गद्य की दुनिया में प्रवेश करने के बाद कविता लिखना छोड़ दिया। उन्होंने क्लासिक संस्कृत साहित्य का गहन अध्ययन

किया था जिसकी छाप उनके लेखन और वाग्मिता, दोनों पर स्पष्ट दिखाई पड़ती थी।

बड़ा भारी-भरकम व्यक्तित्व था उनका—अभिधा और लक्षणा, दोनों में। एक इंच रंगीन किनारी की सफ़ेद खद्दर की साड़ी उनकी स्थायी वेशभूषा थी। दिल्ली आतीं तो आरम्भ में राजकमल प्रकाशन की प्रबन्ध-निदेशक श्रीमती शीला सन्धू की मेहमान रहतीं—18, रिंग रोड नई दिल्ली में। बाद में बिरला उद्योग के एक साहित्य-प्रेमी उच्च अधिकारी श्री रामनिवास जाजू की मेहमान रहने लगीं—उनके 6, श्रीराम रोड, सिविल लाइंस के घर में। दोनों परिवारों से मित्रता थी मेरी। इसलिए हर बार आते ही समाचार मिल जाता और मुलाकात होती।

दूरदर्शन के लिए मैंने उन पर बीस मिनट की एक छोटी-सी फ़िल्म भी बनाई थी, जाजू-निवास पर। उन्होंने जिस बाल-सुलभ चपलता और उत्साह से उसमें सहयोग दिया, वह मेरे लिए बड़ा सुखद और आश्चर्यजनक अनुभव था। उसी दौरान मैंने उनके सामने एक वर्ष के लिए दिल्ली विश्वविद्यालय के हिन्दी विभाग में अतिथि लेखक के रूप में सम्बद्ध होने का प्रस्ताव रखा। वे सहर्ष मान गईं और उन्होंने पत्र लिखकर अपनी असमर्थता व्यक्त करते हुए क्षमा माँग ली।

उन्हें विश्वविद्यालय से सम्बद्ध करने के प्रस्ताव का निश्चित सन्दर्भ था। डॉ. नगेन्द्र ने राष्ट्रकवि मैथिलीशरण गुप्त की स्मृति में हुए दो वर्ष के अन्तराल पर भाषण कराने की योजना बनाई। इस योजना में पहला भाषण देने के लिए महादेवी जी आईं। बड़े धीर गम्भीर स्वर में वे एक घंटे के ऊपर बोलती रहीं। कथ्य और कथन, दोनों दृष्टियों से उनका भाषण ज्ञानगर्भित तो था ही, अभिव्यक्ति की दृष्टि से प्रांजल और बोधगम्य भी था। इतना सहज-ग्राह्य कि अध्यक्ष के रूप में उपस्थित विश्वविद्यालय के तत्कालीन उपकुलपति प्रसिद्ध अर्थशास्त्री प्रो. गांगुली ने अपने अध्यक्षीय वक्तव्य में उसकी तुलना 'गंगाजल से गंगा का तर्पण' करने से की थी—बड़े मुग्ध भाव से। पूरी सभा मौन-मुग्ध भाव से उनके उस धारा-प्रवाह भाषण को सुनती रही।

मैंने जीवन में विभिन्न विषय के बड़े-बड़े विद्वानों को तरह-तरह के विषयों पर बोलते सुना है, पर याद नहीं आता कि भाषण देने का वह ढब कहीं और देखने को मिला हो। वे जब तक रहीं, उनका स्नेह-सम्पर्क बराबर बना रहा—मेरी सुखद स्मृतियों की धरोहर के रूप में।

'फ़ौजदारी' से पहली मुठभेड़

पढ़ाई, इम्तिहान की तैयारी, दोस्तियाँ, जैन साहब की 'गार्जियनशिप', माँ की देख-रेख अपनी जगह और मुसीबतें अपनी जगह, जो आवाज़ देकर नहीं आतीं। यह बात परीक्षा से लगभग डेढ़-दो महीने पहले की है। हमारी ही मंज़िल के बाकी आधे हिस्से में उन बड़े भाई साहब का परिवार रहता था जो किसी

समय मुझ पर बहुत मेहरबान, पर बाद में माँ की जायदाद के दावेदार हो गए थे, और जिन पर काफ़ी समय से मकान खाली कराने का मुकदमा चल रहा था। अचानक, उस मुकदमे का फ़ैसला हो गया—माँ के पक्ष में। कोर्ट ने खाली कराने का आदेश दे दिया और वकीलों ने तुरन्त कार्यवाही कर डालने की सलाह दी।

बड़े भाई ने कोर्ट के फ़ैसले के अनुसार बेलिफ़ों से समय तय किया और आकर चुपचाप मुझे इस बात की सूचना दे दी। मालती तब मेरे साथ रह रही थी। ज़ाहिर है, हम लोग उसकी उपस्थिति में इस कार्यवाही को अंजाम नहीं देना चाहते थे। ऐसे मामलों में थोड़ी-बहुत फ़ौजदारी की नौबत आना आम बात होती है—तब भी और अब भी। मैंने मालती को कुछ मनगढ़न्त कहानी सुनाकर दो-तीन दिन के लिए निश्चित तिथि से पहले उसके घर चलता कर दिया।

निश्चित समय पर बेलिफ़ आए या लाए गए। ज़ाहिर है, पैसा ले-देकर। बड़े रौब से सीढ़ियाँ चढ़े—हुँकारते-फुँकारते हुए। ज़ोर से रहनेवालों के बन्द कमरों के दरवाज़े धड़धड़ाए और कोर्ट के फ़ैसले का पुर्ज़ा थमा दिया।

जैसी उम्मीद थी, उधर से कुछ विरोध हुआ, दिखावे की कुछ कहासुनी, कुछ वक़्त की माँग ताकि वे लोग अपने वकील से मशवरा ले सकें, और कुछ ऐसा जो देखने-सुननेवाले को समझ में उस समय तो नहीं आया, पर जिसका मतलब यह था कि हम तो सामान बाहर आँगन में निकालकर ताले लगाकर चले जाएँगे। आप चाहें तो रात में ताले तोड़कर वापस कब्ज़ा कर लें।

हुआ यही। बेलिफ़ों ने बड़ी तत्परता से सामान कमरों से निकालकर बाहर आँगन में रखकर ताले लगाए, चाभियाँ हमारे—यानी भाई के हवाले की और सीढ़ियाँ उतर गए। भाई ने पीछे जाकर सामान घर के बाहर निकलवाने की गुज़ारिश की तो उन्होंने टके-भर का जवाब पकड़ा दिया, 'जनाब, हमें तो सिर्फ़ रिहाइशी कमरे खाली करवाने का ऑर्डर है वो हमने करवा दिए। इसके आगे हमारी कोई ज़िम्मेदारी नहीं बनती।'

बेलिफ़ तो जवाब थमाकर चलते बने। उधर आँगन में देखते-ही-देखते अपर पक्ष के हमदर्दियों की संख्या बढ़ने लगी। वातावरण में दहशतगर्दी तो पैदा हो ही रही थी। उधर से दबी जबान से कुछ गाली-गुफ़्ता और धमकियों की शुरुआत भी हो गई। हम तो मूर्खों की तरह बेलिफ़ों के आते ही बेफ़िक्र-से हो गए थे। मामला यों करवट लेगा, इसका न कोई अन्दाज़ा था-न अनुभव। घर में दुबले-पतले बड़े भाई और अच्छी कद-काठी के, पर ऐसे मामलों में परम भीरु जैन साहब। छोटा भाई स्कूल की पढ़ाई ख़त्म कर कॉलेज में बी. कॉम प्रथम वर्ष का छात्र, किसी मर्ज़ की दवा नहीं। कुछ नहीं सूझा तो मैं और भाई चाँदनी चौक कोतवाली की तरफ़ लपके। मन में दहशत भरी थी कि हमारी अनुपस्थिति में वे लोग किसी बेजा हरकत पर आमादा न हो जाएँ, पर कोतवाली के इंचार्ज ने भी बैरंग लौटा दिया। उसका कहना था कि जब तक कोई वारदात न हो जाए, वे मौजूदा हालात में हाथ नहीं डाल सकते। मैंने हिम्मत करके सवाल

किया, 'वारदात माने क्या? यानी जब तक घर के सदस्यों से वे लोग मारपीट या किसी की हत्या न कर दें, तब तक आप कुछ नहीं करेंगे? अगर उन्होंने इनमें से किसी को मार ही दिया, तब आप क्या कर लेंगे?'

उनका दो-टूक जवाब था, 'गिरफ़्तारियाँ! पर जब तक कुछ होता नहीं, शक की बिना पर हम कुछ नहीं कर सकते। अरे भाई, वो आँगन में जमा हो रहे हैं, होने दीजिए। कुछ नहीं होगा—आप जाइए और ज़रा भी कुछ हो तो हमें फौरन इत्तला करवा दीजिए। हम पहुँच जाएँगे।'

हम निराश होकर घर लौटे तो देखा कि आँगन में लोगों की संख्या में कुछ और वृद्धि हो गई थी। इत्तफ़ाक से इसी बीच जैन साहब के रिश्ते का एक युवा भाई, हमारे वापस पहुँचने से पहले वहाँ हमसे मिलने आ गया था। उम्र बहुत नहीं थी, पर कद-काठी पर खुदा की मेहर थी। पहलवान तो नहीं, पर बलिष्ठ-सा ज़रूर था। उसे देखकर उधर भी भ्रम हुआ होगा कि हम भी सहायतार्थ जनसंख्या बढ़ा रहे हैं।

बहरहाल, ऐसा तो कुछ था नहीं। अपने स्वस्थ-से देवर को देखकर, उस आपात स्थिति में मेरे मन में एक विचार कौंधा। मैंने उसे साथ लिया, अपनी वापसी तक मोर्चा सम्हाले रखने के लिए घरवालों की हौसला अफजाई की और यह कहते हुए बाहर निकल गई कि 'एक कोशिश है, बात नहीं बनी तो आगे देखेंगे। हो सकता है, कुछ हल निकल ही आए।'

इरादा इतना बेतुका-सा था कि किसी को बताने का साहस भी नहीं हुआ। हम दोनों बाहर निकले, एक टैक्सी पकड़ी और उससे सीधे शहर के कमिश्नर के घर का रुख करने के लिए कहा। वे सिविल लाइंस में रहते थे। हम जब वहाँ पहुँचे, सर्दी की रात का अँधेरा गहराने लगा था। दरवाज़े पर दरबान ने रोका और सूचना दी कि साहब घर पर नहीं हैं। वापसी देर से ही होगी क्योंकि क्लब गए हैं। उसके चेहरे की जिज्ञासा पढ़कर मैंने खुद सफ़ाई पेश कर दी, 'भैया, बड़ी मुसीबत में हैं। मदद चाहिए उनसे वरना घर में कोई बड़ी वारदात हो जाएगी। पुलिस कुछ नहीं कर रही है। कोई रास्ता बताओ।'

इन्सानियत के नाते उसने जो सलाह दी, उसका सार यह था कि लौटने पर साहब शायद ऐसी हालत में (यानी नशे में) न हों कि वे कुछ कर सकें। बेहतर होगा कि आप उनके नं. दो (शायद 'एडिशनल') से मिलकर देख लें।

अता-पता पूछने पर उसने दो अफ़सरों के नाम-पते बता दिये। एक मुसलमान और दूसरे हिन्दू थे। जाने किस अन्त:प्रेरणा से मैंने पहले का चुनाव किया। वे उसी इलाके में अंडरहिल रोड पर रहते थे। जब उनके घर पहुँचे तो समय रात के नौ पार कर चुका था। दरबान ने बड़ी शराफ़त से खबर दी कि साहब तो सोने जा चुके हैं। जगाना पड़ेगा। कोई बड़ी ज़रूरत हो तो जगा दूँ? मैंने हिम्मत बटोरकर सहमति जताई तो उसने खोजी नज़र से मुझे देखा, शायद मेरी मुसीबत की सच्चाई ताड़ने के लिए, और भीतर चला गया।

साहब से उसने क्या कहा, नहीं जानती। लौटकर ड्राइंग रूम का दरवाज़ा खोलकर हमें अन्दर बैठा दिया। इन्तजार करने की नौबत ही नहीं आई। जल्दी ही भीतर के दरवाज़े से एक निहायत लहीम-शहीम खिचड़ी बालों वाले कद्दावर व्यक्तित्व ने रज़ाई लपेटे कमरे में प्रवेश किया। हम अकबकाकर खड़े हो गए—हाथ बाँधे। उन्होंने ऊपर से नीचे तक आश्चर्य-भरी नज़र से हमें ताड़ा, और सवाल कर दिया, 'कहिए! आप (यानी आप कौन) ? इस बेवक़्त कैसे आना हुआ ?' आवाज़ में न अकड़ थी, न हमदर्दी। था सिर्फ़ तटस्थ किस्म का-सा आश्चर्य। मैंने अपनी व्यथा बयान कर दी। इतनी दौड़-धूप और परेशानी से गला कुछ भर ज़रूर आया होगा। मेरी चिन्ता तो यह थी कि लौटने तक इस बीच घर में न जाने क्या हुआ होगा। बात ख़त्म करते-करते मेरे मुँह से यह ज़रूर निकला कि 'मैं तो यह भी नहीं जानती कि मेरे लौटने तक वे लोग मेरे भाई और खाविन्द के साथ क्या कर गुज़रेंगे।'

उन्होंने बस एक सवाल और पूछा, 'आपके साथ ये साहब कौन हैं ?'

'मेरे रिश्ते के देवर हैं। मेरी खुशकिस्मती से अचानक मिलने चले आए थे। सो इस मुसीबत में साथ हो लिये।'

उन्होंने पास खड़े सहायक से चाँदनी चौक कोतवाली का नम्बर मिलवाया। एस.एच.ओ. को तलब करके कहा, 'देखिए जनाब, ये एक मुसीबतज़दा मुसम्मात बड़ी परेशान हालत में मेरे पास आई हैं। इन्होंने इस सर्द रात में मुझे बिस्तर से निकाला है तो मैं बदले में आपको तकलीफ़ दे रहा हूँ। इनके मकान का कुछ मामला है। दंगे का अन्देशा है। मैं इन्हें तसल्ली देकर वापस भेज रहा हूँ। इनके पहुँचने से पहले आप मौके पर पहुँच जाएँ और इनका मकान आज खाली हो जाना चाहिए।'

बात पूरी करके वे मेरी तरफ़ मुखातिब हुए, 'आप तशरीफ़ ले जाएँ। बेफिक्र रहें। आज कार्रवाई हो जाएगी। परेशान होने की ज़रूरत नहीं। अल्लाह के करम से आपके घर के लोग आज चैन की नींद सोएँगे।'

उनकी तहज़ीब, शराफ़त, भले-बुरे की पहचान और बात करने का ढंग—मुझे न कभी भूला, न भूलेगा। वर्तमान माहौल में तो रह-रहकर उस घटना की याद कौंध जाती है। मैंने बड़ी कृतज्ञता के भाव से उनका शुक्रिया अदा करते हुए विदा ली। रास्ते-भर ग्रामीण पृष्ठभूमि वाले मेरे देवर कुछ देर अवाक् रहने के बाद जो मेरे साहस और सूझ का गुणगान करते आए, उसका उन्होंने कब-कब किस-किस से बखान किया होगा, इसका कोई हिसाब नहीं। इत्तफ़ाक से उनका नाम भी नरेश था और हम सब उन्हें प्यार से 'नेशो' कहा करते थे।

घर-वापसी पर मुझसे ज़्यादा उनके पैर ज़मीन पर नहीं पड़ रहे थे। पूरी यात्रा के दौरान तो वे बस एकदम अवाक्, मूक, बॉडीगार्ड की-सी मुद्रा बनाए अपनी 'भाभी' के पीछे-पीछे चलते रहे। पहुँचते ही, मेरे कुछ कहने से पहले ही उन्होंने अपने आदरणीय भ्राता को सम्बोधित करके इतना ही कहा था, 'भैया, आज तो भाभी ने बस कमाल कर दिया...'

'कमाल' की दास्तान शुरू भी नहीं हो पाई थी कि घर की सीढ़ियों पर एस.एच.ओ. की अगुआई में पुलिस की टुकड़ी के भारी बूटों की आवाज़ से आँगन में हलचल मच गई।

एस.एच.ओ. की कड़क आवाज़ गूँजी, 'हाँ, भाई, माजरा क्या है? कौन हैं आप लोग? सामान किसका है यह? भीड़ क्यों जमा कर रखी है?'

प्रश्नों की इस बौछार से उन लोगों की लगभग घिग्घी बँध गई, 'कुछ नहीं जनाब, मकान खाली किया है, सामान ले जाने का इन्तज़ाम कर रहे हैं।'

आगे जो संवाद हुआ, उसका कुल जमा नतीजा यह निकला कि सिपाहियों ने हाथोंहाथ सामान उठाकर वहीं गली में लगभग पचास गज की दूरी पर एक अच्छी बड़ी धर्मशाला में पहुँचा दिया और बाशिन्दों को भी वहाँ तक खदेड़ आए।

घर से मेरे जाने और लौटते ही पुलिस के इस आक्रमण से उन लोगों ने दोनों बातों में कार्य-कारण-सम्बन्ध का अन्दाज़ा तो लगा ही लिया होगा। घटनाओं के ब्यौरे से वे अपरिचित भले ही रहे हों, पर क्रोध तो मुझ पर ही बरपा होना था। जब किसी स्त्री के माध्यम से कोई अनहोनी हो जाती है तो उसका श्रेय उसके साहस और समझदारी को नहीं दिया जाता। सो वे भी मेरे चरित्र की ही बिरुदावली बड़बड़ाते प्रस्थान कर रहे थे। अच्छा संयोग शायद यही था कि मेरे साथ एक निकट सम्बन्धी लगभग अंगरक्षक की तरह बराबर बना रहा वरना तरह-तरह की कहानियाँ प्रचारित होतीं।

बहरहाल, आश्वासन के अनुरूप कुल मिलाकर लगभग एक-डेढ़ घंटे के भीतर आँगन खाली हो गया और मेरा परिवार सचमुच लम्बे समय के बाद चैन की नींद सोया। घरवाले भी लगभग भौंचक्के थे—ब्यौरा जानने के लिए आतुर। मुझे तो ख़ुद ही अपने करतब पर जैसे विश्वास नहीं हो रहा था। भय और असुरक्षा का बोध कैसे व्यक्ति में आकस्मिक रूप से साहस भर सकता है, इसका मुझे जीवन में पहली बार एहसास हुआ। कथावाचक का काम तो देवर जी ने किया, पर हालत सुननेवालों की भी विचित्र थी। सब अवाक्, विस्मित—लगभग सनाका खाए हुए, पर अन्ततः कृतज्ञ और आश्वस्त। परिवार लम्बे अन्तराल के बाद राहत महसूस कर रहा था।

सुबह हुई। दिनचर्या सहज भाव से शुरू हो गई। खाली कराए गए हिस्से की धुलाई-सफ़ाई कराई गई। आँगन कुछ और बड़ा लगने लगा, क्योंकि रहनेवालों की संख्या आधी रह गई थी।

अगले दिन मालती की वापसी भी हो गई और हम पहले की तरह किताबों में गर्क हो गए। उसे बदला हुआ परिदृश्य देखकर कुछ आश्चर्य, कुछ जिज्ञासा ज़रूर हुई। यह भी समझ में आ गया कि उसे घर से हटाने का सम्बन्ध इस बदली स्थिति से ज़रूर रहा होगा, पर उसके लिए इतनी सफ़ाई काफ़ी हो गई कि डिग्री हो गई थी अदालत से, तो वे लोग खाली करके चले गए। पूरा ब्यौरा मैंने उसे वर्षों बाद सम्बन्ध और प्रगाढ़ होने पर सुनाया तो मेरी ऐसी हर कारगुज़ारी पर होनेवाली प्रतिक्रिया उसने फिर दोहरा दी, 'यार! तू भी कमाल करती है। तुझे यह सूझा कैसे?'

शिक्षा की दुनिया में पहला कदम

परीक्षाएँ ख़त्म हुईं और बेसब्री से परिणाम का इन्तज़ार होने लगा। हमें लाख ताक-झाँक, खुफ़ियागीरी करने पर भी किसका क्या हाल हुआ, इसका कोई सुराग नहीं मिला। परिणाम घोषित होने से कुछ दिन पहले लेडी श्रीराम कॉलेज ने स्टाफ़ की भर्ती के लिए विज्ञापन निकाला। कॉलेज उसी वर्ष (1956) खुला था। आनन-फ़ानन में लगभग आकस्मिक रूप से उसके खुलने की भी एक कहानी थी।

कहा यह जा रहा था कि शहर के सबसे पुराने लड़कियों के कॉलेज 'इन्द्रप्रस्थ' में वित्तीय संकट पैदा हुआ तो डी.सी.एम. के मालिक शहर के विख्यात पूँजीपति सर श्रीराम ने कॉलेज की गवर्निंग बॉडी के सदस्य की हैसियत से उसे संकट से उबारने की पेशकश की—बशर्ते कॉलेज का नाम बदलकर 'लेडी श्रीराम कॉलेज' कर दिया जाए। बाकी के सदस्यों में भी शहर के कुछ पुराने रईस और प्रतिष्ठित लोग थे। उन्हें इस प्रस्ताव पर एतराज़ था। सुना यह गया कि सर श्रीराम उस मीटिंग से यह चुनौती देकर बाहर निकले कि वे जितना पैसा देने को तैयार हैं, उतने में वे चाहें तो नया कॉलेज खोल सकते हैं, और वे ऐसा करके दिखाएँगे। इतना ही नहीं, उन्होंने प्रस्तावित कॉलेज के लिए इन्द्रप्रस्थ कॉलेज की ही एक पुरानी प्राध्यापिका डॉ. होमाई दस्तूर से सम्पर्क करके उन्हें प्रिंसिपल का पद सम्हालने के लिए तैयार कर लिया। डॉ. दस्तूर उस समय बम्बई में रहती थीं। मैं अपने ऑनर्स के समय उनकी छात्रा रही ज़रूर थी, जिसकी उन्हें याद रहने का कोई सवाल नहीं था, क्योंकि समय काफ़ी गुजर चुका था और हिन्दी ऑनर्स के विद्यार्थियों के लिए अंग्रेज़ी महज़ सबसीडियरी विषय होता था, जिसका निपटारा पहले साल में ही हो जाता था।

मुझे यह ज़रूर याद था कि वे बड़ी स्मार्ट और कड़क स्वभाव की महिला थीं। उनका नाम सुनकर घबराहट-सी ज़रूर हुई, लेकिन यह विश्वास भी जगा कि वे सूरत-सीरत और काबिलीयत को महत्त्व देंगी। सर श्रीराम भी, जिन्हें लोग 'सर' कम, 'लाला जी' ज़्यादा कहते थे, अपनी निष्पक्ष गुणग्राहकता के लिए बहुत प्रसिद्ध थे। इसलिए पूरी नाउम्मीदी का आलम नहीं था। दरअसल हम नौसिखियों की तरह, खयाली पुलाव पकाने में व्यस्त थे। इस बात की जानकारी ज़रूर हो गई थी कि एम.ए. में प्रथम श्रेणी आने पर, देर-सवेर, कहीं-न-कहीं नौकरी का जुगाड़ बैठ ही जाता है।

विज्ञापन सबसे पहले लेडी श्रीराम कॉलेज का ही आया। उस समय तक परीक्षा-परिणाम नहीं आया था। पेट में खलबली मची थी। इस बात का अन्दाज़ था कि मॉडरेशन हो चुका है, इसलिए अध्यक्ष और कमेटी के सदस्यों को प्रथम श्रेणी वालों की जानकारी ज़रूर होगी। किसी से पूछने की हिम्मत नहीं थी। मुझे चतुराई सूझी। एक दिन डॉ. साहब के यहाँ पेश होकर मैंने उन्हें विज्ञापन की सूचना देते हुए बड़ी विनम्रता से पूछा कि अगर वे अनुमति दें तो मैं अप्लाई कर दूँ।

'देवी जी! पहले रिज़ल्ट तो आ जाने दीजिए।' उत्तर ऐसी निर्विकार मुद्रा और कड़क आवाज़ में मिला कि मेरे होश फ़ाख़्ता हो गए।

मैंने जब इस बात का ज़िक्र जैन साहब से किया तो उतनी ही निर्विकार मुद्रा में उनकी प्रतिक्रिया हुई, 'तुम्हें जाना ही नहीं चाहिए था। उन्हें जानती नहीं हो क्या?'

डॉ. साहब के दो-टूक रूखे-से जवाब से मैंने लगभग मान लिया था कि मेरा परिणाम बहुत अनुकूल नहीं है, गोकि पर्चे तो अच्छे हुए थे।

परिणाम दो-तीन दिन बाद आ गया। प्रथम श्रेणी पानेवाले कुल चार थे। सन्तोष का स्थान पहला था, मेरा तीसरा। दोनों के बीच दूसरी की स्थिति एकदम अप्रत्याशित थी। उसने यों भी पढ़ाई छोड़कर गृहस्थी में प्रवेश कर लिया। मैं दुबारा डॉ. साहब के पास गई, फ़ॉर्म भरने के बाद—टेस्टिमोनियल लेने। बड़ा ठंडा उत्तर मिला, 'कल आकर ले जाना।' मुद्रा उतनी ही निर्विकार।

पुर्ज़ा हाथ में आया तो उसकी भाषा भी उतनी ही तटस्थ, औपचारिक, जैसे कोई भी अध्यक्ष किसी भी विद्यार्थी को लिखकर पकड़ा दे! विद्यार्थी-रूप में, विभाग के साहित्यिक, सांस्कृतिक कार्यक्रमों में मेरी तत्पर सक्रियता और नियमित उपस्थिति का कोई ज़िक्र नहीं। मुझे निराशा नहीं हुई, यह कहना बेईमानी होगी, क्योंकि उससे कहीं बेहतर प्रमाण-पत्र तो मिसेज सिन्हा ने दिया था। मैंने अपनी समझ से निष्कर्ष निकाला कि वे एक बार फिर सिर्फ़ और सिर्फ़ विभागाध्यक्ष हो गए। उनके मन में क्या चल रहा था, इसका अन्दाज़ा तो बाद में हुआ, जब कॉलेज में इंटरव्यू और नियुक्ति का अवसर आया। यह बात अलग है कि इस पूरे प्रसंग ने मुझमें मानव-स्वभाव को समझने-परखने का विवेक पैदा किया, जिसका साथ आनेवाले समय में बराबर बना रहा।

लेडी श्रीराम कॉलेज के खुलने की प्रक्रिया वर्ष 1956 की गर्मियों में शुरू हुई। उस समय शहर में लड़कियों के लिए सिर्फ़ दो कॉलेज थे—इन्द्रप्रस्थ और मिरांडा। इन्द्रप्रस्थ का नामकरण तो नगर के प्राचीन नाम का आधुनिक अवतरण था। 'मिरांडा' का नामकरण विश्वविद्यालय के विख्यात कुलपति सर मॉरिस ग्वायर की बेटी के नाम पर किया गया था। उस समय यह सम्भव था, किसी ने आपत्ति नहीं की, गोकि कॉलेज स्वतंत्र भारत में खुला था। पैसा किसी व्यक्ति या ट्रस्ट का नहीं—विश्वविद्यालय के माध्यम से सरकार का था।

बाद में ऐसे प्रस्तावों के कार्यान्वयन में दिक्कतें आने लगीं। जब विख्यात अर्थशास्त्री डॉ. वी.के.आर.वी. राव दिल्ली विश्वविद्यालय के कुलपति हुए तो उन्होंने दौलतराम ट्रस्ट का प्रस्ताव इस शर्त के साथ स्वीकार किया था कि उनके द्वारा खोले जानेवाले कॉलेज का नाम उनकी दिवंगत पत्नी प्रमीला के नाम पर रखा जाए। और कॉलेज 'प्रेमिला कॉलेज' के नाम से खुला। यह बाद की बात है कि डॉ. राव के कुलपति

न रहने पर ट्रस्ट ने प्रस्ताव पारित करके उसका नाम बदलकर संस्थापक के नाम पर—'दौलतराम कॉलेज' कर दिया।

पर जब बात लेडी श्रीराम कॉलेज खुलने की उठी तो ऐसी कोई बाधा नहीं थी। कॉलेज जिस ट्रस्ट के प्रस्ताव पर खुला, उसके लिए आर्थिक आधार भी उसी ने मुहैया कराया था। दरअसल सर श्रीराम की हस्ती नगर के उन पूँजीपतियों में थी जिन्होंने उद्योग की दुनिया में ही नहीं, शिक्षा के क्षेत्र में भी बड़ी ख्याति पाई थी। श्रीराम कॉलेज ऑफ़ कॉमर्स के संस्थापक तो वे थे ही, उसके अलावा इन्द्रप्रस्थ कॉलेज, हिन्दू कॉलेज और रामजस कॉलेज की गवर्निंग बॉडीज़ के भी समय-समय पर चेयरमैन या सदस्य रहे। इसके अलावा, उन्होंने दिल्ली विश्वविद्यालय में श्रीराम रिसर्च सेंटर के नाम से एक शोध-केन्द्र की स्थापना की, जो आज भी मुख्य विश्वविद्यालय मार्ग पर स्थित और सक्रिय है। उनके बाद भी यह परम्परा उनके वंशजों ने क़ायम रखी—काफ़ी समय तक। विश्वविद्यालयी शिक्षा में ही नहीं, उस परिवार ने स्कूली शिक्षा में भी रुचि लेकर सर श्रीराम के नाम पर दिल्ली में जो स्कूल खोला, उसकी शाखाएँ गुड़गाँव में भी लहलहा रही हैं।

अपनी रुचि और संकल्प को साकार रूप देने में लालाजी ने देर नहीं की। उन्होंने आनन-फ़ानन में डॉ. होमाई दस्तूर से सम्पर्क किया। उन्हें दिल्ली बुलाकर कॉलेज के प्रिंसिपल का दायित्व सौंपा और कॉलेज के लिए प्राध्यापिकाओं की भर्ती की प्रक्रिया शुरू कर दी।

लालाजी उस समय सपरिवार 20 कर्ज़न रोड (जो बाद में कस्तूरबा गांधी मार्ग कहलाने लगा) पर रहते थे। कॉलेज के लिए उस समय दरियागंज की कोतवाली के पीछे कमर्शियल स्कूल की इमारत तय कर दी गई। लालाजी अपनी योजना को किसी कीमत पर स्थगित नहीं करना चाहते थे। उस इमारत में जगह सीमित ही थी। बीच में बड़ा-सा आँगन, जिसके चारों तरफ़ गलियारों में बड़े-बड़े क्लास-रूम। बाहर बड़ा-सा फाटक, जिसमें तीन-चार सीढ़ियाँ चढ़ते ही दाएँ-बाएँ गलियारे शुरू हो जाते थे। दाईं तरफ वाले गलियारे के कोने में एक छोटा कमरा जिसमें प्रिंसिपल का दफ़्तर और उसके कुछ पहले बड़े कमरे में कॉलेज का दफ़्तर। बाईं तरफ कक्षाओं के लिए अपेक्षाकृत बड़े कमरों की कतार शुरू हो जाती थी। पहले साल तो चूँकि दाख़िला बी.ए. के प्रथम वर्ष में ही होना था और संख्या बहुत बड़ी होने की उम्मीद नहीं थी, इसलिए किसी दिक्कत की आशंका नहीं थी। भविष्य के लिए लालाजी ने मन-ही-मन संकल्प कर रखा था कि कॉलेज से बी.ए. की डिग्री लेनेवाला पहला बैच कॉलेज की नई इमारत से निकलेगा।

कॉलेज में एक ऐसा हॉलनुमा बड़ा कमरा भी था जिसमें स्टेज की सुविधा थी जहाँ सब प्राध्यापिकाओं और विद्यार्थियों की प्रातः सभा होती थी, जिसे प्रिंसिपल सम्बोधित करती थीं। बाद में इसी सभा में बारी-बारी से प्राध्यापिकाओं में से कोई एक, विद्यार्थियों के लिए आचरण या ज्ञान-सम्बन्धी किसी चुने हुए उद्धरण का पाठ

करती थीं और आवश्यक सूचनाएँ दी जाती थीं। यह परम्परा वर्षों चलती रही। अब क्या होता है, नहीं जानती।

समय जून का दूसरा या तीसरा सप्ताह रहा होगा जब प्राध्यापिकाओं की नियुक्ति के लिए इंटरव्यू शुरू हो गए। कॉलेज में नहीं—लालाजी के निवास-स्थान पर। इंटरव्यू का सूचना-पत्र मिला तो प्रतिक्रिया में खुशी से ज़्यादा घबराहट हुई। घर-परिवार में कोई ऐसा नहीं था जो इसमें कोई मार्गदर्शन करता। डॉ. साहब से सीधे कुछ पूछने की हिम्मत नहीं थी।

मैंने सूचना देने के बहाने दरवाज़ा खटखटाया तो उत्तर में वही निर्विकार तटस्थ-सी प्रतिक्रिया, 'हाँ, मुझे पता है...ठीक है..तो फिर आओ इंटरव्यू में।'

मैंने हिम्मत करके जानना चाहा कि कोई खास तैयारी करनी होगी?

फिर वही औपचारिक बेरुखी, 'अलग से क्या करना है! जो पढ़ा-लिखा है, वही काम आएगा।'

मेरे फ़रिश्ते भी यह अनुमान नहीं लगा सकते थे कि उनके मन में क्या चल रहा है। मैंने लौटकर एक बार फिर वही नोट्स उलटे-पलटे जो परीक्षा के लिए तैयार किए थे और बाकी भाग्य पर छोड़ दिया।

नियत तिथि और समय पर कर्ज़न रोड पहुँचे तो उस कमरे में पहुँचते ही—जहाँ अभ्यर्थियों को बैठाया गया था—पैर तले की ज़मीन खिसक गई। कुल मिलाकर छब्बीस लोग आए थे। अधिकांश हमसे पहले पहुँच गए थे, क्योंकि बाहर से आनेवालों की संख्या ज़्यादा थी। दिल्ली से तो बस हम दो ही थे—मैं और सन्तोष। आपसी बातचीत में पता लगा कि उन भाँति-भाँति की मूर्तियों में दो-तीन तो कॉलेजों की प्रिंसिपल ही थीं और शेष में से अधिकांश को दो-चार साल पढ़ाने का अनुभव था। ज़ाहिर है, उम्र में सभी हमसे बड़ी और तजुर्बेकार। हमने मान लिया कि हमारा कोई चांस नहीं है। इस बोध ने हमें एक हद तक चिन्तामुक्त भी किया। भविष्य के लिए इंटरव्यू का अनुभव ही एकमात्र उपलब्धि होती दिखाई पड़ रही थी।

आवाज़ लगनी शुरू हुई तो एक साथ दो नाम पुकारे गए। व्यवस्था यह थी कि जब पहले का साक्षात्कार चल रहा हो तो दूसरा कमरे के बाहर बनी गैलरी में कुर्सी पर विराजमान रहकर अपनी बारी की प्रतीक्षा करे। कारण, उस विशाल कोठी में कमरों के बीच तो दूरी थी ही, उस हॉलनुमा कमरे में दरवाज़े से चलकर समिति के सामने की कुर्सी पर पहुँचने में भी खासा समय लगता था। इस व्यवस्था से समिति के समय की कुछ बचत हो जाती थी। मेरा नम्बर चौबीसवाँ था। मुझे लगा कि सूची में क्रम, आनेवालों की योग्यता के हिसाब से तय किया गया होगा। इसलिए मन-ही-मन अपनी औकात और हैसियत का भी लगभग निश्चय हो गया। जो अन्दर जाता, बाकी बचे बेसब्री से उसकी प्रतीक्षा करते। लौटने पर भीतर के माहौल और प्रश्नों की प्रकृति के बारे में जानकारी हासिल करने की कोशिश करते। ज़ाहिर है, पूरा सच कोई बोलना नहीं चाहता था। ठीक-ठीक जानकारी सिर्फ़ बोर्ड के सदस्यों की गिनती और संरचना की हुई।

गनीमत यह थी कि हॉल के बाहर बैठे व्यक्ति को यह तो पता लगता था कि बातचीत कब जारी और कब खत्म हुई, ब्यौरा समझ में नहीं आता था। किस आवेदक के साथ समिति ने कितना समय लगाया, इससे भी उसकी स्थिति का कुछ-कुछ अन्दाज़ा लगाने की नाकाम कोशिश में लगे थे हम सब। बड़ी व्यग्रता और कौतूहल की मिली-जुली मन:स्थिति में प्रतीक्षा की घड़ियाँ कट रही थीं। सबसे बड़ा आश्चर्य तो प्रतीक्षा कर रहा था कमरे के भीतर। आवेदक की कुर्सी के ठीक सामने, अर्धचन्द्राकार खिड़की के नीचे बैठने की जो व्यवस्था थी, उसमें बीचोबीच श्रीमती दस्तूर और सर श्रीराम विराजमान थे। दाएँ-बाएँ, क्रमश: कोषाध्यक्ष, शहर के एक और रईस लाला हनुमान प्रसाद और डॉ. नगेन्द्र एक ओर, और दूसरी ओर कला-संकाय के तात्कालिक डीन हिस्ट्री के प्रो. विशेश्वरप्रसाद के बगल में एक और सज्जन, जिन्हें मैं नहीं पहचानती थी। सब भारी-भरकम, चुस्त-दुरुस्त वेशभूषा में। इनमें सबसे क्षीणकाय, सामान्य-सा सफ़ेद मलमल का कुरता और पाजामा पहने सर श्रीराम। उनकी लगभग पारदर्शी गेहुएँ रंग की त्वचा के पीछे के हाड़-मांस के ढाँचे का बख़ूबी अन्दाज़ा लगाया जा सकता था। मुद्रा बेहद गम्भीर, नज़र लक्ष्यभेदी, एक ही निक्षेप में सामने वाले को ताड़ लेने की क्षमता से लैस।

बैठते ही खोजी नज़र से वे सामने वाले का जायज़ा लेते। आवेदन-पत्र में भरी कुछ बातों के बारे में खुलासा कराते और फिर यदि इच्छा हुई तो विषय-सम्बन्धी एकाध सवाल पूछकर बात आगे बढ़ा देते। मसलन एक महिला से उन्होंने कवि सूरदास की एक पंक्ति उद्धृत करके कहा कि अकबर के नौ रत्नों में से सात ने इस पंक्ति के अलग-अलग अर्थ बताए थे, आप कितने बता सकती हैं? ज़ाहिर है, उत्तर देनेवाले की सिट्टी-पिट्टी गुम। बात दो से आगे नहीं बढ़ सकी, वह भी खींच-खाँचकर। ऐसे प्रश्नों से वे व्यक्ति के ज्ञान की नहीं, उसकी हाज़िरजवाबी और आत्मविश्वास की थाह लेने की कोशिश करते थे।

मुझसे उन्होंने कोई असुविधाजनक सवाल नहीं पूछा, इसलिए अब याद भी नहीं। मुझे इतने वर्षों बाद भी तीन संवाद याद हैं। और बातों के बीच डॉ. नगेन्द्र ने राष्ट्रकवि मैथिलीशरण गुप्त की 'यशोधरा' की प्रसिद्ध द्विपदी, 'अबला जीवन...' के निहितार्थ पर बात करते हुए सहसा कहा कि 'अगर मैं इसका क्रम उलटकर कहूँ, 'आँखों में है दूध और आँचल में पानी' तो इसकी व्याख्या किस रूप में करोगी?' यह सवाल इतना अप्रत्याशित और असुविधाजनक था कि उसका उत्तर सोच-विचार कर तो दिया जा सकता था, सहसा नहीं। ज़ाहिर है, मेरी ज़बान लड़खड़ा गई। मैंने जो उल्टी-सीधी व्याख्या की, उससे मुझे खुद ही सन्तोष नहीं था। बहरहाल, संकटमोचक का काम किया डॉ. विशेश्वरप्रसाद ने। गोकि नियत मुझे उबारने की नहीं और गहरे गड्ढे में धकेलने की थी। उन्होंने सहसा अंग्रेज़ी में मुझसे मेरी हिन्दी-इतर, विशेषकर अंग्रेज़ी साहित्य की जानकारी के बारे में पूछताछ शुरू की। वे नहीं जानते थे कि मेरी स्कूली शिक्षा अंग्रेज़ी माध्यम से हुई थी इसलिए मुझे उनके सवाल का न तो अंग्रेज़ी में जवाब

देने में दिक्कत हुई, न हाल में ही पढ़े किसी उपन्यास का उल्लेख करने में। मैंने शायद थॉमस हार्डी के किसी प्रसिद्ध उपन्यास का नाम लिया, जो सम्भवत: उन्होंने नहीं पढ़ा था, इसलिए वे मैदान छोड़ गए।

आखिरी जिज्ञासा प्रिंसिपल डॉ. दस्तूर की थी। वे जानना चाहती थीं कि अपनी नृत्य-शिक्षा के बलबूते पर मैं कॉलेज की सांस्कृतिक गतिविधियों की ज़िम्मेदारी ले सकूँगी? मैंने बड़े उत्साह से हामी भर दी। ज़ाहिर है, इस उत्तर से मुझमें उनकी अतिरिक्त दिलचस्पी पैदा हो गई।

इस पूरी प्रक्रिया से गुज़रकर जब वापस लौटना हुआ तो इस बात का कोई अन्दाज़ा नहीं था कि जो जैसा हुआ, उसे 'अच्छा' या 'बुरा' किस कोटि में रखा गया होगा। इंटरव्यू देने का वह जीवन में पहला अनुभव था। सफलता की कोई विशेष उम्मीद न होने पर भी नतीजा जानने की उत्कंठा तो बनी ही हुई थी। डॉ. साहब से कुछ पूछने में सदा की तरह संकोच आड़े आता रहा, पर बहुत लम्बा इन्तज़ार नहीं करना पड़ा। तीसरे ही दिन नियुक्ति का संक्षिप्त-सा सूचना-पत्र हाथ में आ गया—निश्चित समय और स्थान पर उपस्थित होकर ज्वाइन करने के आदेश के साथ।

दिल बल्लियों उछलने लगा। कल्पना में यह बात दूर-दूर तक नहीं आई थी कि पहले ही प्रयास में हाथोंहाथ इस तरह नियुक्ति हो जाएगी। तब तक अपनी स्लेट बिल्कुल कोरी थी। नियुक्तियों से जुड़ी उठापटक, सिफ़ारिशों की महत्ता और शिक्षा-तंत्र की अपनी राजनीति से जुड़ी कोई इबारत नहीं लिखी थी उस पर। बस, हम थे, हाथ में नियुक्ति-पत्र था और इस बात का सन्तोष और उल्लास कि सब कुछ इतने अयाचित ढंग से घटित हो गया। मुझे केवल दो व्यक्तियों के प्रति आभार प्रकट करना ज़रूरी लगा—डॉ. नगेन्द्र और डॉ. सावित्री सिन्हा। डॉ. साहब के प्रति फर्ज़ समझकर और डॉ. सिन्हा के प्रति उनके मन में अपने प्रति स्नेहशीलता के कारण। डॉ. साहब ने तो लगभग निरपेक्ष मुद्रा में मेरा आभार स्वीकार करके चलता किया, पर डॉ. सिन्हा की प्रतिक्रिया बेहद उत्साहवर्धक थी। वे बहुत प्रसन्न थीं। उन्हीं से बातचीत के दौरान जानकारी मिली कि कॉलेज में नियुक्ति एक नहीं, दो हुई हैं। दूसरी नियुक्ति सन्तोष की हुई है। बड़े सहज ढंग से उन्होंने यह भी खुलासा कर दिया कि नियुक्तियाँ क्रमवार हुई हैं—पहले स्थान पर मेरी, दूसरे पर सन्तोष की।

ज़ाहिर है, इस क्रम से सन्तोष को निराशा हुई, क्योंकि परीक्षा में तो प्रथम स्थान उसने हासिल किया था। कुछ दिनों तक सन्तोष के मन पर इस बात का बोझ रहा, जो बेरुखी और उदासी की परत के रूप में उसके चेहरे पर लगभग चस्पाँ हो गया था। बात जब डॉ. सिन्हा के कान तक पहुँची तो उन्होंने कुछ अल्हड़-सी मुद्रा में टिप्पणी करते हुए कहा, 'इसमें इतना बुरा मानने की क्या बात है? अगर मैं होती तो मैं भी तुम्हें ही लेती कॉलेज में। थोड़े नम्बर ज़्यादा होने से क्या होता है!'

बाद में यह पता लगा कि डॉ. नगेन्द्र तो उसी को पहले स्थान पर कराना चाहते थे। उन्होंने काफ़ी प्रयत्न भी किया। पर लालाजी और प्रिंसिपल मेरे नाम पर दृढ़ता

से अड़े रहे, तब समझौता इस विकल्प पर हुआ कि कम-से-कम दूसरी जगह पर अजमेर से आई कान्ता मारवाह की बजाय कॉलेज सन्तोष को लेने को तैयार हो जाए। इस प्रसंग का ब्यौरा जानते ही मेरे दिमाग़ में डॉ. नगेन्द्र के भीतरी असमंजस की गुत्थी सुलझ गई। अपने मित्र की इस अनाथ-सी बहन के प्रति उनके करुणा-संवलित सरोकार को समझा जा सकता था जो निबन्ध के पर्चे में अंक देने से लेकर उसकी नियुक्ति तक बराबर बना रहा। उनका मोहभंग लम्बे समय बाद हुआ, जब उसके शोध-कार्य के सन्दर्भ में उन्हें निराशा हाथ लगी।

जब प्रिंसिपल के साथ पहली मुलाकात के लिए उनकी नवनियुक्त टीम इकट्ठी हुई तो उसकी संरचना विशिष्ट थी। स्थानीय और जातीय दोनों दृष्टियों से। दक्षिण, महाराष्ट्र, गुजरात, राजस्थान, उत्तर प्रदेश से लेकर दिल्ली तक—हर जगह के बाशिन्दे यानी भारत के विभिन्न विश्वविद्यालयों में पढ़ी-लिखी महिलाएँ। यही स्थिति जातियों की थी। ब्राह्मण, बनिया, कायस्थ, सिन्धी, पारसी, खत्री—सभी जातियों के प्रतिनिधि। शब्द के सही अर्थ में 'कॉस्मोपोलिटन' बनत का समुदाय। कुछ समय बाद उर्दू पढ़ाने के लिए मिसेज जुत्शी नाम की एक मुस्लिम महिला भी इस टीम में शामिल हो गईं। एक-दूसरे से प्राय: अपरिचित। केवल मैं और सन्तोष सहपाठी थे और अर्थशास्त्र की शशि गुप्ता और संस्कृत की कुसुम गोयल मेरे ऑनर्स काल के सहयात्री। बाद में उन लोगों ने पढ़ाई जारी रखकर, इन्द्रप्रस्थ कॉलेज में दो वर्ष पढ़ा भी लिया था।

उषा प्रियम्वदा (तब उषा सक्सेना) से पहली मुलाकात उसी दिन हुई, जो आनेवाले समय में गाढ़ी मित्रता में पल्लवित होती गई। मैंने लाल किले से डी.टी.सी. की बस पकड़ी, दरियागंज की कोतवाली के पास उतरी और बगल की सड़क से कॉलेज की दिशा में खरामा-खरामा चल दी। कुछ ही दूर पहुँची थी कि सड़क पर एक टैक्सी धीरे-से आकर रुकी। एक स्त्री-कंठ ने सिर निकालकर शाइस्तगी से सवाल किया, 'सुनिए! क्या आप हमें बता सकती हैं कि लेडी श्रीराम कॉलेज कहाँ है? शायद नया खुला है?'

समझ में तुरन्त आ गया कि हम दोनों की मंज़िल और सिलसिला एक ही है। मैंने उन्हें यह जानकारी देते हुए प्रस्ताव किया कि वे चाहें तो टैक्सी वहीं छोड़कर मेरे साथ पदयात्रा कर सकती हैं और हम दोनों साथ-साथ कॉलेज की तरफ बढ़ लिये।

मिसेज दस्तूर ने बड़ी गर्मजोशी से अपने सहयोगियों का स्वागत किया। दाखिले की प्रक्रिया, टाइम टेबल, लाइब्रेरी और उसके बाद पढ़ने-पढ़ाने की व्यवस्था के बारे में विस्तार से चर्चा की, चाय पी-पिलाई और आगे का कार्यक्रम निश्चित करके सबको विदा कर दिया।

दो बातें इस पहली मुलाकात में साफ़ समझ में आ गईं। एक तो यह कि महिला कड़क है और 'शी मींज़ बिजनेस'। और दूसरी यह कि संस्था नई है। हमें बड़े सहयोगी

भाव से ज़मीनी स्तर से उसे उठाकर खड़ा करना है—शहर में पहले से विद्यमान दो प्रतिष्ठित कॉलेजों के बरक्स। प्रिंसिपल तब तक कर्ज़न रोड पर लालाजी की मेहमान थीं। कॉलेज खुलने पर उनकी रिहाइश के लिए कॉलेज से सटा हुआ एक फ़्लैट आबंटित कर दिया गया था यानी कॉलेज की गतिविधियाँ ठीक उनकी नज़र के नीचे चलनेवाली थीं और चौकन्नी आँख तले काम में कोताही बरती नहीं जा सकती थी। यह बात अलग है कि ऐसी किसी की मंशा दिखाई भी नहीं पड़ रही थी। नया कॉलेज, पहले 'बैच' के सहयात्री। अधिकांश की पहली नौकरी। मैथ्स की मिस लूथरा की स्कूल से कॉलेज स्तर पर पदोन्नति यानी लगभग सभी के लिए इस दायित्व को चुनौती के रूप में स्वीकार करने के अपने-अपने कारण थे।

दिल्ली में स्त्री-शिक्षा की सर्वोपरि संस्था के रूप में कॉलेज का विकास करना सर श्रीराम का मिशन हो गया। संस्थाओं की स्थापना करके, उनकी पुख़्ता नींव डालकर विकास करने का उनका लम्बा अनुभव था। लेडी श्रीराम कॉलेज की शुरुआत के समय तो उनकी आयु भी अच्छी-खासी हो गई थी। उन्होंने अपने इस मिशनरी उत्साह को अनजाने ही प्रिंसिपल और स्टाफ़ में भी स्थानान्तरित कर दिया था। वे सप्ताह में दो-तीन बार कॉलेज का चक्कर लगाते। प्रिंसिपल को साथ लेकर गलियारों के राउंड पर निकलते। कॉलेज के रखरखाव के बारे में सुझाव देते, नुक्ताचीनी करते, कभी-कभी स्टाफ़ के साथ मीटिंग करते और उनकी मुश्किलों का हल खोजते। इस प्रक्रिया में ही उन्होंने उन प्राध्यापिकाओं के लिए, जो बाहर से आई थीं या जिनके पास दिल्ली में रहने का ठौर-ठिकाना नहीं था, बाराखम्बा रोड पर अपनी कोठी के ठीक पिछवाड़े एक प्राइवेट कोठी की व्यवस्था की थी। चार महिलाएँ उसमें कई बरस तक रहीं—तब तक, जब तक कॉलेज नई इमारत में लाजपत नगर नहीं चला गया और वहाँ स्टाफ़ क्वार्टर के शुरुआती ब्लॉक तैयार नहीं हो गए।

कॉलेज की व्यवस्था ठीक चले, इसके लिए वे डी.सी.एम. के अनुभवी कर्मचारी श्री पन्नालाल गुप्ता को ऑफ़िस सुपरिंटेंडेंट के पद पर ले आए। पन्नालाल जी बड़े सौम्य, मृदुभाषी और कुशल अधिकारी साबित हुए। वे लालाजी के विश्वासपात्र तो थे ही, उन्होंने धीरे-धीरे हम सबका विश्वास भी जीत लिया। हम अक्सर अपनी निजी कठिनाइयों में भी उनकी मदद लेने लगे। कुल मिलाकर कॉलेज लगभग एक संयुक्त परिवार की तरह चलने लगा। यह उस वस्तुस्थिति का शुक्ल-पक्ष था।

पर इसका कृष्ण-पक्ष पूर्वापर क्रम से नहीं, समानान्तर स्थिति में क़दम-से-क़दम मिलाकर चल रहा था। पहली समस्या तो दाख़िला लेनेवालों की गुणात्मकता की थी। हमें कई साल तक विद्यार्थियों का वह समुदाय मिला जिसे किसी अच्छे कॉलेज में दाखिला नहीं मिलता था। दोनों लड़कियों के ही नहीं, प्रतिष्ठित 'को-एड' कॉलेजों की भी तलछट हमारे हिस्से में आती रही। कारण—एक तो नया कॉलेज; दूसरे, उसकी भौगोलिक लोकेशन—दरियागंज का पिछवाड़ा। वह भी एक लड़कों के स्कूल की खाली कराई सामान्य-सी इमारत में। इतना ज़रूर था कि कॉलेज की इस भौगोलिक स्थिति

का लाभ तुर्कमान गेट के आस-पास के इलाक़े में बसे मुस्लिम परिवारों की लड़कियों को मिला। पहले ही साल कई बुर्कापोश लड़कियों ने कॉलेज में दाख़िला लिया। वे बुर्के में लिपटी, रिक्शे से कॉलेज आतीं, दरवाज़े पर रिक्शे से उतरते-उतरते बुर्के को तहाकर हाथ के थैले के हवाले करतीं और कॉलेज में प्रवेश कर जातीं। उनके रिक्शे भी शायद बँधे-बँधाए थे।

इसके अलावा शहर की युवा पीढ़ी को, विशेषकर लड़कों को, कॉलेज का नाम कुछ गले नहीं उतरा। 'मिरांडा' के बाद वे उम्मीद कर रहे होंगे कुछ उसी तर्ज़ के किसी शेक्सपीरियन या ऐतिहासिक ढंग के नाम की। नतीजा यह हुआ कि जैसे ही लड़कियाँ बस में 'लेडी श्रीराम कॉलेज' के नाम से टिकट माँगतीं या कॉलेज का बस स्टैंड आनेवाला होता, लड़कों की टोली ताली पीट-पीटकर शोर मचाने लगती, 'उतरो भई, उतरो, आ गया सीता माता, सीता मैया का कॉलेज।' यह स्थिति कई वर्ष तक बनी रही। यहाँ तक कि जब कॉलेज की टीम वाद-विवाद प्रतियोगिता में या 'यूथ फेस्टिवल' में भाग लेने के लिए खड़ी होती तो 'सीता माता, सीता मैया' का कोरस शुरू हो जाता। सहज अन्दाज़ लगाया जा सकता है कि इसका विद्यार्थियों पर और उनके साथ जानेवाली प्राध्यापिकाओं पर कैसा हतोत्साहित करनेवाला प्रभाव पड़ता होगा। पर हम लोगों के संकल्प और प्रयासों में कभी कोई कमी नहीं आई। डॉ. दस्तूर ने ऐसे तमाम शैक्षिक-सांस्कृतिक कार्यक्रमों का भार मेरे कन्धों पर डाल दिया था।

न उनके उत्साह में कोई कमी थी, न मेरी सक्रियता और निष्ठा में। पहले ही साल सीमित साधनों के बावजूद उन्होंने फ़ैसला किया कि कॉलेज में 'फ़ेट' यानी मेले का आयोजन किया जाएगा। ज़ाहिर है, यह शहर और विशेषकर विश्वविद्यालयी जनता का ध्यान आकर्षित करने और अपने 'होने' का एलान करने की दिशा में उठाया गया पहला क़दम था। उस समय (1956) तक दिल्ली में ऐसे आयोजनों की कोई परम्परा नहीं थी। बाद में तो इनकी भरमार होने लगी। हम सबने इसकी सफलता के लिए जी-तोड़ मेहनत की। तरह-तरह के स्टाल लगाने की योजना बनाई गई, जिनमें से पेंटिंग और साज-सज्जा की ज़िम्मेदारी मुझे सौंपी गई। भीतरी स्टॉल के लिए कुम्हारों के तमाम ठिकाने ढूँढ़-ढूँढ़कर मैंने मिट्टी की कलाकृतियों को इकट्ठा किया। विद्यार्थियों के बीच कलाकारों का सन्धान किया और उन पर आकर्षक कलाकृतियाँ बनवाकर स्टाल खड़ा कर दिया।

आज जैसे शहर के हर गली-कूचे, चौराहे पर मिट्टी की कलात्मक निर्मितियाँ सुलभ हैं, उस समय इनका अता-पता नहीं था। इनके लिए नई दिल्ली रेलवे स्टेशन के आस-पास के इलाकों की और पहाड़गंज के गली-कूचों की ख़ाक छानकर सामग्री इकट्ठी करना बड़े कसाले का काम था।

यही नहीं, एक भारी समस्या यह थी कि कॉलेज के दफ़्तर से जुड़े कर्मचारियों की संख्या इतनी कम थी कि उनसे अपेक्षित मदद नहीं मिल पाती थी। कॉलेज का दरवाज़ा आकार में खासा बड़ा था पर उसकी बनत पुराने ढंग की अनगढ़ और बेडौल-

सी थी। उसे छिपाने के लिए रंग-बिरंगी कागज़ और फूलों की लड़ियाँ लटकाने की योजना बनी। दरवाज़े के ऊपरी सिरे पर कीलें ठोकने के मौके पर कॉलेज के इकलौते चपरासी को किसी दूसरे काम के लिए बाहर भेज दिया गया। मैं दरवाज़े पर लड़कियों और कील-हथौड़े के साथ इन्तज़ार में परेशान। जब सब्र जवाब देने लगा तो छात्राओं को सीढ़ी पकड़ने का आदेश देकर मैं खुद कील-हथौड़ा लेकर ऊपर चढ़ गई। यह कार्रवाई चल ही रही थी कि सर श्रीराम की लम्बी गाड़ी दरवाज़े पर आकर रुकी। वे उतरे तो सामने का दृश्य देखकर कुछ क्षण के लिए अवाक् रह गए। बड़ी आत्मीय झिड़की देकर मुझे नीचे उतारा, पीठ थपथपाकर बड़े स्नेह से मेरी जवाबदेही की, 'ये क्या हरकत है? अगर सीढ़ी ज़रा भी हिल जाती तो?'

मैंने बड़े सहज भाव से उत्तर पकड़ा दिया, 'आख़िर मैं कब तक इन्तज़ार करती रहती, काम तो होना ही था।'

उस समय तो वे मुझे सहेजकर भीतर ले गए, सीधे प्रिंसिपल के कमरे में। पर इस छोटी-सी घटना से उनके मन में शायद यह विश्वास घर कर गया कि मुझ पर किसी भी काम के लिए भरोसा किया जा सकता है और मेरा व्यक्तित्व कुल मिलाकर ग्रन्थिमुक्त और साहसी है। वे जब तक जीवित रहे, मुझे अपने प्रति उनके इस मनोभाव का लगातार प्रमाण और लाभ मिलता रहा।

लेडी श्रीराम कॉलेज के लगभग सभी लोगों के प्रति उनमें एक अभिभावक-व्यक्तित्व पनप गया था। हम लोग कुछ ही दिनों में उन्हें 'सर' के बजाय 'भाईजी' कहने लगे थे, पर मेरे लिए वे पितृ-भाव के आलम्बन हो गए थे—इसके बावजूद कि किसी ने मेरी नियुक्ति के बाद उन्हें मेरे विरुद्ध एक लम्बा गुमनाम पत्र लिखकर उन्हें गुमराह करने की कोशिश की थी।

वे पत्र जेब में डालकर कॉलेज आए। चुपचाप उसे प्रिंसिपल के सामने रखकर, मिसेज दस्तूर की प्रतिक्रिया जाननी चाही।

उन्हें उत्तर मिला कि वे होतीं तो ऐसे पत्र को फाड़कर रद्दी की टोकरी में फेंक देतीं।

भाईजी ने कहा कि करते वे भी ऐसा ही, पर उस पत्र की दृष्टि से मुझ पर निगाह ज़रूर रखते। यह बात मुझे 'भाईजी' ने नहीं, प्रिंसिपल ने बताई थी, वह भी काफ़ी समय बाद।

कॉलेज में कर्मियों की संख्या सीमित और मनसूबों का ओर-छोर नहीं। 'फ़ेट' के कुछ ही महीने बाद कॉलेज का वार्षिक दिवस मनाने का सवाल उठा। सीमित-सी विद्यार्थी-संख्या के बीच खोज-खोजकर प्रतिभाओं को सांस्कृतिक कार्यक्रम के लिए तैयार किया जाने लगा। एकल प्रस्तुतियों के अलावा डॉ. दस्तूर ने प्रस्ताव रखा कि एक हिन्दी नाटक प्रस्तुत किया जाए। वे स्वयं नाटक विषय की विशेषज्ञ थीं पर इस आरम्भिक दौर में अंग्रेज़ी नाटक प्रस्तुत करने के लायक प्रतिभावान विद्यार्थी नहीं थे। ज़ाहिर है, भार मुझ पर आ गया।

पहली समस्या नाटक के चुनाव की थी। वह ज़माना उपेन्द्रनाथ अश्क के 'अंजो दीदी', 'तौलिए' तथा जगदीशचन्द्र माथुर के 'सूखी टहनी' जैसे नाटकों का था। मैंने बीसियों संकलन छान डाले। कोई अलग ढंग का नाटक हाथ ही नहीं आ रहा था। तभी किसी ने सूचना दी कि करतार सिंह दुग्गल ने उर्दू में 'दीया बुझ गया' शीर्षक से कोई बड़ा प्रभावी नाटक लिखा है—कश्मीर में घुसपैठियों की समस्या पर। मैंने नाटक मँगवाया। तब तक फ़ारसी लिपि पढ़ने की आदत बरकरार थी। नाटक जम गया। और मैंने उसका देवनागरी लिप्यन्तरण कर डाला। डॉ. दस्तूर ने भी सुनकर सहमति दे दी। समय के अनुकूल उसमें देश-रक्षा के लिए माँ के हाथों बेटे की हत्या की रोमांचक घटना को आधार बनाया गया था। नाटक का अन्त बेटे की हत्या के बाद माँ के मर्मान्तक विलाप के बड़े त्रासद-प्रसंग से होना था।

माँ की भूमिका बड़ी कठिन थी। कोई छात्र ऑडिशन में पूरी नहीं उतर रही थी। भारी समस्या भाषा के शीन-काफ़ दुरुस्त उच्चारण की थी। उर्दू के टकसाली रूप के उच्चारण में न पंजाबी लहजा चल सकता था, न पूरबियाई। मैंने तंग आकर एक दुस्साहस किया। तुर्कमान गेट के आस-पास की बस्ती से रिक्शे पर चढ़कर आनेवाली एक बुर्कापोश मुस्लिम छात्रा पर नज़र टिकाई। उसे तलब करके जब प्रस्ताव किया तो पहली प्रतिक्रिया में उसकी घिग्घी बँध गई। उसकी समस्या उच्चारण नहीं, अभिनय थी। ज़िन्दगी में रंगमंच से उसका कोई साबका नहीं पड़ा था। मैंने उसे प्रेरित किया। सबसे पहले घरवालों से इजाज़त लेने के लिए कहा। यह बाधा पूरी होने पर, रिहर्सल शुरू हुई तो ज़िन्दगी में पहली बार इस सच्चाई का अनुभव हुआ कि कोरे कागज़ पर इबारत लिखना, पहले से लिखी इबारत को संशोधित करने की बनिस्बत ज़्यादा आसान और कारगर होता है। थोड़े-से प्रोत्साहन से उसका आत्मविश्वास उभर आया। जैसा किसी दबी चिनगारी के ऊपर पड़ी राख की परत हट जाने पर होता है।

लड़की का नाम था नूरजहाँ। जिस दिन कार्यक्रम प्रस्तुत हुआ, उपस्थित दर्शकों में से अधिकांश की आँखें अन्तिम दृश्य में उसके प्रभावी अभिनय से भर आई थीं। डॉ. दस्तूर तो बीच-बीच में रिहर्सल के दौरान आकर बराबर मूल्यवान सुझाव देती रही थीं। कथा से परिचित थीं, पर मैंने देखा कि आँखें उनकी भी नम हैं।

कार्यक्रम में अन्य दर्शकों के अलावा सर श्रीराम का पूरा परिवार मौजूद था। उन दिनों उनकी बड़ी पुत्रवधू शीला भरतराम 'इंडियन नेशनल थियेटर' से जुड़ी थीं और छोटी सुमित्रा चरतराम 'भारतीय कला केन्द्र' की स्थापना की योजना बनाने में व्यस्त थीं। इतना ही नहीं, शीलाजी हर साल तालकटोरा गार्डन में 'दिवाली मेले' का आयोजन करती थीं जिसकी विशेषता यह थी कि पूरा मेला बिजली की चकाचौंध में नहीं, तेल के दीयों की मद्धिम रोशनी में सम्पन्न होता था—तीन दिन तक।

पूरा परिवार नगर की शैक्षिक-सांस्कृतिक गतिविधियों में अपने योगदान के लिए लम्बे समय तक जाना जाता रहा। आज भी 'भारतीय कला केन्द्र' और शंकरलाल

मुरलीधर (लालाजी के ज्येष्ठ पुत्र, जिनकी मृत्यु विमान-दुर्घटना में हो गई थी) के नाम पर होनेवाला सालाना मुशायरा, इसके प्रमाण के बतौर मौजूद है।

बहरहाल, उस दिन कार्यक्रम ख़त्म हुआ तो शाबाशी के लिए मेरी ढूँढ़ मची, पर मैं चुपचाप पन्नालालजी को सूचना देकर वहाँ से खिसक चुकी थी। घर में मेरी तीन साल की बेटी तेज बुखार और खसरे की मार से बेहाल थी—मेरी माँ के संरक्षण में। इस तथ्य की जानकारी से, ज़ाहिर है, लालाजी और प्रिंसिपल—सबकी नज़र में मेरा कद और भी ऊँचा हो गया। भाईजी के मन में तो ऐसे प्रसंगों से यह बीज-भाव अंकुरित होकर पल्लवित होने लगा कि मेरा उपयोग कुछ और बड़ी महत्त्वपूर्ण भूमिका के लिए किया जाना चाहिए।

मेरे साहसी होने का अनुमान उन्होंने दो प्रसंगों से लगाया। कॉलेज की इमारत के लिए वे बड़ी तेज़ी से कोई उपयुक्त ज़मीन तलाश रहे थे। दिल्ली का विस्तार क्रमश: दक्षिण दिशा में हो रहा था। उन्होंने अपनी दूरन्देशी के चलते यह निर्णय ले लिया था कि उन्हें उसी दिशा में आगे बसनेवाली जनता को ध्यान में रखते हुए यह सुविधा उपलब्ध करानी है। उस समय वहाँ कोई दूसरा कॉलेज नहीं था, उनके सामने दो विकल्प थे—एक लगभग छह एकड़ का बड़ा प्लॉट, जहाँ कॉलेज आज मौजूद है। दूसरा, लोधी रोड के उस कोने पर, जहाँ से लाजपत नगर की तरफ सड़क मुड़ती है। वहाँ इस समय दाहिनी तरफ़ एक चर्च है। यह प्लॉट अपेक्षाकृत छोटा तो था ही, चर्च के लिए आबंटित भी हो चुका था। उससे मुक्ति के लिए उन्हें ज़मीन-आसमान एक करना पड़ता और कॉलेज की इमारत तैयार होने में कम-से-कम छह महीने का विलम्ब होता, जो उन्हें स्वीकार्य नहीं था।

हमें जब यह सूचना मिली तो इतनी दूर जाकर नौकरी करने के खयाल से घबराहट होने लगी। लालाजी का यह आश्वासन भी हमें भयमुक्त नहीं कर सका कि वे लगे हाथों वहाँ स्टाफ़ के लिए रिहाइशी फ़्लैट्स भी बनवाएँगे। वह इलाक़ा उस समय बियाबान होता था। लाजपत नगर वाले कोने से ही निर्जनता का पसार बढ़ते-बढ़ते कॉलेज की ज़मीन तक पहुँचने पर ऐसे सुनसान में तब्दील हो जाता था कि आशंका होती थी कि वहाँ रात में सियारों की हुआँ-हुआँ गूँजती होगी। वहाँ रहने की उस समय कल्पना भी नहीं की जा सकती थी।

हमने सर्वसम्मति से निर्णय लिया कि इस प्रसंग में लालाजी से मिलकर अपनी आशंकाओं की बात की जाए और उन्हें लोधी रोड के कोनेवाले प्लॉट के लिए राज़ी करने की कोशिश की जाए।

हमारे अनुरोध पर वे आए। दरियागंज के स्टाफ़ रूम में बैठक हुई। वे एजेंडा जानते थे। मन में तय करके आए थे। उनकी बात में दम था। एक तो यह कि लोधी रोड वाला प्लॉट छोटा था। आगे चलकर कॉलेज का विस्तार होने पर कठिनाई सामने आएगी। दूसरे, उसको चर्च की पकड़ से मुक्त कराने में कम-से-कम छह महीने का समय लगेगा। उतने समय में तो पूरी इमारत खड़ी हो जाएगी।

बाकी लोग तो उनकी इस दलील के सामने चुप हो गए। उनकी छह महीने में इमारत पूरी खड़ी करने की बात गले नहीं उतर रही थी। मुझे लगा कि भाईजी या तो खयाली पुलाव पका रहे हैं या हम सबको निरुत्तर करने के लिए कुतर्क कर रहे हैं। अनायास मेरे मुँह से निकल गया, 'यह कैसे हो सकता है? आपके पास कोई जादू की छड़ी है क्या, जिससे इतनी बड़ी इमारत छह महीने में खड़ी हो जाएगी?' इससे पहले कि मुझे अपनी धृष्टता का एहसास हो, तीर कमान से छूट चुका था।

सभा में सन्नाटा। उनका चेहरा गम्भीर। मेरी सिट्टी-पिट्टी गुम। कुछ क्षण मौन रहकर वे बोले, 'मैं ऐसी ही एक चुनौती पर दो महीने में पूरी दौराला शुगर मिल खड़ी कर चुका हूँ। मैंने कह दिया तो इमारत खड़ी होगी और पढ़ाई का नया सेशन वहीं शुरू होगा।' कहते-कहते वे उठ खड़े हुए और मीटिंग बर्खास्त।

यकीन हममें से अधिकांश को नहीं था, पर उन्होंने अपना कहा पूरा करके दिखा दिया।

उनकी इस घोषणा के बाद मैंने दो बार जैन साहब से अनुरोध करके प्रगति देखने के लिए उधर चक्कर लगाया। साँझ ढले जाते थे हम कि दिन में वे वहाँ मौजूद हुए तो सामना न हो जाए। देखा कि इमारत करामाती ढंग से बढ़ रही है। पहली बार वे वहाँ नहीं थे। बड़ी संख्या में मज़दूर ठेकेदारों की देखरेख में काम कर रहे थे। कॉलेज की पहचान, लाल रंग के कॉलमों का ढाँचा उठाया जा रहा था।

कुछ दिनों बाद दुबारा गए तो रात घिरने लगी थी। इमारत की छत पड़ चुकी थी। छत पर बल्लियों के सहारे बिजली के बल्ब लटके थे और उनकी रोशनी में काम चालू था। अचम्भे की बात यह थी कि कामगारों के बीच स्वयं क्षीणकाय लालाजी काम का जायज़ा लेते हुए, कुछ निर्देश से देते हुए टहल रहे थे। अपनी सफ़ेद पोशाक और खरपच्ची-सी काया से वे कामगारों की उस भीड़ में दूर से भी अलग पहचाने जा सकते थे।

उन्होंने अपने वायदे के मुताबिक़ नया सत्र आरम्भ होते-होते इमारत तैयार कराके कॉलेज को वहाँ पहुँचा दिया। इलाके में तब भी बहुत बसावट नहीं हुई थी। बसों की भी कोई नियमित सेवा नहीं थी। स्टाफ़ के फ़्लैट्स पूरी तरह तैयार नहीं थे। लिहाज़ा उन्होंने अस्थायी प्रबन्ध के रूप में अपनी एक बड़ी गाड़ी प्राध्यापिकाओं को लाने-ले जाने के लिए मुहैया करा दी।

सुनने में आया कि इस सूचना से इन्द्रप्रस्थ कॉलेज में काफ़ी हो-हल्ला मचा और उन पर आक्षेप लगा कि उनका रवैया दोनों संस्थाओं के बीच सगे-सौतेले के भेद-भाव वाला हो गया है।

बहरहाल, कॉलेज को ऊँचाई तक ले जाने के उनके संकल्प का पहला चरण बिल्डिंग पूरी होने के साथ पूरा हो गया। पर उनका मकसद तो उसे शिक्षा की दृष्टि से भी नगर के सर्वश्रेष्ठ महिला कॉलेज के रूप में प्रतिष्ठित करने का था, इसलिए उन्होंने कॉलेज का पहला परीक्षा-परिणाम आते ही स्टाफ़ की मीटिंग बुलाई।

हमें प्रिंसिपल ने पहले ही यह जानकारी दे दी थी कि वे इस बात से नाखुश थे कि पास होनेवालों में प्रथम श्रेणी के अंक क्यों नहीं दिखाई दे रहे। शहर-भर की तलछट जैसी प्रवेश लेनेवाली लड़कियों को हमने लगभग शत-प्रतिशत संख्या में पास होने लायक बना दिया था और उनमें से अच्छी-खासी संख्या सेकंड डिवीज़न में पास हुए विद्यार्थियों की थी। इस बात का श्रेय देने के बजाय, उन्होंने हमारी जवाबदेही इसलिए करनी शुरू की कि उनमें फ़र्स्ट डिवीज़न या टॉप करनेवाले क्यों नदारद हैं! ज़ाहिर है, हमें उनके इस रवैए से बेतरह निराशा हुई।

कुछ देर तक हम सब सिर झुकाए उनके उपदेशामृत का पान करते रहे लेकिन जब उनके स्वर में कुछ भर्त्सना का आभास होने लगा तो मुझसे नहीं रहा गया। मैंने सफ़ाई पेश करते हुए उन्हें वस्तुस्थिति की याद दिलाई कि हमारे पास शहर की सबसे कम नम्बरों वाली छँटी-छँटाई लड़कियाँ दाखिला लेने आती हैं, इस बात को कैसे नज़रअन्दाज़ किया जा सकता है?

पर उनके तरकश में तीरों की कमी नहीं थी। उन्होंने तुरन्त जवाब पकड़ा दिया, 'बेटा...धुले कपड़े को तो सब धोकर साफ़ कर लेते हैं, बात तो तब है जब मैले कपड़े को धोकर उजला किया जाए!'

पर मैं भी आसानी से हथियार डालने को तैयार नहीं थी क्योंकि मुझे इस बात का गर्व था कि हमारे ऑनर्स के उस पहले 'बैच' में ही किसी विद्यार्थी की थर्ड डिवीज़न नहीं थी, जबकि और कॉलेजों में ऐसा नहीं था। उन्होंने फ़र्स्ट और हाई सेकंड डिवीज़न वाले विद्यार्थी को फ़ाइनल में पहुँचने तक थर्ड डिवीज़न बना दिया था और हमारे यहाँ स्थिति इसके ठीक विपरीत थी। मैंने नम्रता से, पर तुर्की-ब-तुर्की जवाब पेश कर दिया, 'सर, आपकी बात ठीक है, कपड़े को धोया जा सकता है, पर गधे को घोड़ा तो नहीं बनाया जा सकता।'

मुझे यक़ीन है कि गोकि उस समय वे अपनी इच्छा दोहराते ज़रूर रहे, पर भीतर-ही-भीतर वे मेरी बात से कायल ज़रूर हुए होंगे। उन्होंने मेरी इस बात पर कोई कड़वाहट या नाराज़गी दर्ज नहीं की; बल्कि भविष्य में बराबर मुझे अपनी हर गतिविधि में उनसे शाबाशी और प्रोत्साहन ही मिला। धीरे-धीरे वे मेरी कर्मठता और कर्तव्यनिष्ठा के इतने मुरीद हो गए थे कि उन्होंने मुझे लगभग अपने परिवारी का दर्जा दे दिया था।

वे शायद मन-ही-मन प्रिंसिपल होमाई दस्तूर के बाद उनका कार्यभार सौंपने के लिए किसी पात्र को तलाश कर रहे थे। मिसेज दस्तूर के पति प्रो. फिरोज़ दस्तूर भी उनके कुछ ही समय बाद दिल्ली विश्वविद्यालय में आ गए थे। सेवानिवृत्त होने में बहुत समय बाकी नहीं था। अपने जीवन का आखिरी दौर वे दक्षिण में कोडाइ-कनाल में बिताने की योजना बना चुके थे। वहाँ उन्होंने एक कॉटेज ख़रीद लिया था। यों भी वे मुम्बई के स्थायी निवासी थे।

सफ़र की दुश्वारियाँ

लेडी श्रीराम के पूरे स्टाफ़ ने एक ही दिन कॉलेज ज्वाइन किया था। उनमें से डॉक्टरेट केवल फ़िलॉसफ़ी की शारदा जैन के पास थी। दिखने में मृदु स्वभाव की सीधी-सादी घरेलू-सी महिला थीं। व्यक्तित्व कुल मिलाकर खासा अप्रभावी। राजस्थान से आई थीं। डॉक्टरेट की मालिक होने के कारण सीनियरिटी पर पहला हक उन्हीं का बनता था। पढ़ाने का दो-दो साल का अनुभव शशि गुप्ता और कुसुम गोयल के पास था ज़रूर, पर उसका लाभ उन्हें नियुक्ति में नहीं मिला क्योंकि उनकी नौकरियाँ शायद अस्थायी थीं। कुछ ऐसी ही स्थिति बड़ौदा से आई मिसेज राना और बम्बई की मिसेज मामा की थी। कुछ लम्बा अनुभव मैथमैटिक्स की सुन्दरमोहिनी लूथरा के पास था, पर स्कूल की टीचरी का कोई लाभ उन्हें इस दृष्टि से नहीं मिल सकता था। इसके अलावा उन्होंने सबसे अन्त में ज्वाइन किया—स्कूल से औपचारिक मुक्ति के बाद। पर उनकी सबसे बड़ी विशेषता थी कि वे यू.जी.सी. के एक वरिष्ठ अधिकारी श्री छाबड़ा की साली थीं। यही सज्जन बाद में सेक्रेटरी-पद पर उन्नति पाकर यू.जी.सी. में धड़ल्ले से वर्षों मनमानी करते रहे। मेरा अनुमान है कि उन्होंने अपनी साली साहिबा को इस पूर्वयोजना के साथ ही स्कूल से कॉलेज में स्थानान्तरित कराया था कि वे भविष्य में प्रिंसिपल-पद पर आसीन हों, जो वे कई वर्ष बाद हुईं। यह बात अलग है कि जब उन्होंने उस कुर्सी की शोभा बढ़ाई तब तक कॉलेज की नींव इतनी पुख़्ता हो चुकी थी कि अपनी तथाकथित योग्यता के बावजूद वे कॉलेज का कुछ बिगाड़ नहीं सकीं।

इस प्रसंग का उल्लेख इसलिए कि एक सिरे पर डॉक्टरेट की स्वामिनी डॉ. शारदा जैन और दूसरे पर मिस लूथरा के मन की भीतरी तहों में प्रिंसिपल-पद के लिए जो महत्त्वाकांक्षा पल रही थी, उसे दैनन्दिन वातावरण का सौहार्द बाधित होने लगा। सर श्रीराम ने अपनी पैनी नज़र से स्थिति भाँप ली थी, इसलिए उन्होंने अस्थायी रूप से भी प्रिंसिपल-पद का चार्ज डॉ. दस्तूर की अनुपस्थिति में किसी एक व्यक्ति को नहीं दिया। अगर वे डॉ. शारदा जैन से प्रभावित हो गए होते तो यह समस्या नहीं आती। उत्तराधिकारी के रूप में उन्हें बढ़ावा देने का विचार उनके मन में कभी आया ही नहीं। अन्तत: कई वर्ष बाद वे इस ओर से निराश होकर जानकीदेवी कॉलेज में प्रिंसिपल होकर चली गईं। अपनी महत्त्वाकांक्षा पूरी हो जाने पर वहाँ उन्होंने अच्छे-खासे ढंग से प्रिंसिपल-पद का दायित्व अपने स्वभाव की मृदुता के सहारे निभा लिया।

इधर लेडी श्रीराम कॉलेज में एक बार क्रमवार दायित्व डॉ. दस्तूर की अनुपस्थिति में मेरे कन्धों पर आ गया। तब तक कॉलेज की ख्याति बढ़ गई थी और अवसर कॉलेज में सत्रारम्भ में दाख़िले का था। लालाजी ऐसे समय कॉलेज पधारे जब प्रिंसिपल के दफ़्तर के बाहर प्रवेशार्थी विद्यार्थियों का हुजूम जमा था। उनके अभिभावकों की भी

अच्छी-खासी भीड़, लगभग धक्का-मुक्की पर उतारू थी। मैं दफ़्तर के स्टाफ़ के साथ स्थिति पर काबू पाने की प्रक्रिया में व्यस्त थी।

ऐसी विकट स्थिति में उन्होंने मेरे कमरे में प्रवेश किया। ज़ाहिर है, उन्हें देखकर मैं हड़बड़ाई तो उन्होंने हाथ के इशारे से मुझे अपना काम करते रहने का निर्देश दिया और चुपचाप एक तरफ़ कुर्सी पर बैठ गए। बाद में अन्दाज़ हुआ कि वे जान-बूझकर स्थिति का जायजा लेने आए थे कि मैं कन्धों पर आ पड़ी ज़िम्मेदारी का निर्वाह करने में कितनी समर्थ हूँ।

किसी ने बाद में सूचना दी कि उस घटना के दो-तीन दिन बाद कैम्पस के किसी कॉलेज की मीटिंग में उन्होंने फ़रमाया कि 'कॉलेज कैसे चलाया जाता है, यह देखना हो तो लेडी श्रीराम कॉलेज जाकर देखिए आप लोग। वहाँ एक कितनी कम उम्र की लड़की मॉब को कैसे कंट्रोल कर रही है!'

मेरे लिए उनकी यह प्रतिक्रिया आशीर्वचन से कम नहीं थी। उस समय मेरी उम्र वास्तव में अट्ठाईस-उनतीस के बीच थी।

मेरे प्रति अपनी कद्रदानी का एक और प्रमाण वे इससे पहले भी दे चुके थे। कॉलेज शुरू होने के अगले साल ही नई नियुक्तियाँ होनी थीं। हर विभाग में तब तक हम लोगों की स्थिति बहुत स्पष्ट नहीं थी। अन्ततः हमीं लोग अध्यक्ष पद पर बने रहेंगे या विभागों में बाहर से वरिष्ठ अभ्यर्थियों को हमारे ऊपर लाकर बैठा दिया जाएगा, इसका कोई अन्दाज़ा नहीं था हमें। सबसे पहले हिन्दी का इंटरव्यू तय हुआ। इंटरव्यू के लिए सेलेक्शन कमेटी की संरचना के बारे में लालाजी ने तय कर दिया कि आन्तरिक विशेषज्ञ के रूप में मुझे शामिल किया जाए। डॉ. नगेन्द्र को, ज़ाहिर है, यह निर्णय पसन्द नहीं आया। वे हमेशा बड़े 'स्टेटस कॉन्शस' रहते थे। कुल एक साल के अनुभव वाले किसी व्यक्ति को अपने बराबर में चयन समिति के सदस्य के रूप में बैठाना उनके गले नहीं उतर रहा था। यों भी मैं उस समय 'मैटर्निटी लीव' पर थी, अन्तिम स्टेज में। उस तीसरी सन्तान छोटे बेटे के जन्म के सन्दर्भ में, जिसके साथ मैं अब रहती हूँ। भाईजी ने इस समस्या का हल भी सुझा दिया, मेरे लिए आरामकुर्सी डलवाकर।

डॉ. नगेन्द्र लगभग भन्नाते हुए समिति में शरीक हुए। बैठक की कार्रवाई शुरू होते ही उन्होंने अपनी नाराज़गी, मेरे प्रति उपेक्षा का रवैया अख्तियार करके ज़ाहिर करनी शुरू कर दी। वे बातचीत आरम्भ करके, अपने सवाल खत्म करके प्रत्याशी को मेरे अलावा दूसरे सदस्यों की तरफ़ बढ़ाने लगे।

भाईजी को यह बात नागवार गुज़री। कुछ देर में डॉ. साहब 'टॉयलेट' का इस्तेमाल करने के लिए उठे तो भाईजी ने झुँझलाते हुए मुझे आदेश दिया, 'तू क्यों नहीं पूछती सवाल? मुझे नहीं ठीक लगता डॉ. नगेन्द्र का रवैया। ठीक से अन्दाज़ा ही नहीं होने दे रहा कैंडिडेट के मेरिट का।' मैंने अपना संकोच व्यक्त किया तो उन्होंने आश्वस्त किया, 'मैं बैठा हूँ न तेरे पीछे, कैसे रोकेगा तुझे?'

आगे के ब्योरे में, प्रासंगिक बात इतनी ही है कि मुझे अपने सिर पर उनका हाथ पितृ–छाया जैसा लगने लगा। और नगेन्द्र जी उनकी इस वत्सलता पर चिढ़े से रहने लगे। अलबत्ता भाई जी ने सभी विभागों में नियुक्त प्राध्यापिकाओं के साथ समान व्यवहार किया। सबको जाँचते–परखते रहे और मन–ही–मन उनकी जगह तय करते रहे। कॉलेज के प्रसंग में वे सोलह आने 'पितृ–छवि' थे।

पर मेरे प्रति उनके अतिरिक्त स्नेह का प्रमाण तब मिला जब उन्होंने मेरी पी–एच.डी. की थीसिस के परिणाम के बारे में पूछताछ शुरू की। कॉलेज को खुले पाँच साल हो गए थे। वे सेलेक्शन ग्रेड के लिए कॉलेज की प्राध्यापिकाओं की सिफ़ारिश करना चाहते थे। डॉ. शारदा जैन तो पी–एच.डी. थीं ही। मिस लूथरा अपने स्कूल के कार्यकाल को अध्यापन–अनुभव में जुड़वाकर पदोन्नति की शर्त पूरी कराने की जुगत लगा रही थीं। वे चाहते थे कि किसी को मुझसे पहले ग्रेड न मिले। वैसा होने पर सीनियरिटी का सवाल अपने–आप तय हो जाता। शायद वे मन–ही–मन मुझे प्रिंसिपल की जगह देने के लिए माहौल तैयार कर रहे थे।

इधर मेरे शोध–कार्य में, अस्थायी बाधा आ जाने के कारण, लगभग एक साल का विलम्ब हो गया था। हुआ यह था कि जब पी–एच.डी. के विषय और निर्देशक तय हो रहे थे तो डॉ. सिन्हा ने साग्रह मुझे अपने निर्देशन में ले लिया। स्वभाव से वे खुशमिजाज़ और मिलनसार तो ज़रूर थीं, पर अध्यापन और अध्ययन के मामले में उनकी गाड़ी एक ही प्लेटफॉर्म पर अटककर रह गई थी। डॉ. नगेन्द्र 1956 में प्रोफेसर के रूप में अपनी पदोन्नति के बाद उन्हें विश्वविद्यालय में रीडर–पद पर ला चुके थे।

किस्सा यह मशहूर था कि जब डॉ. नगेन्द्र के आने के बाद चार वर्ष तक विभाग में प्रोफ़ेसर का पद विज्ञापित नहीं हुआ तो तत्कालीन राष्ट्रपति डॉ. राजेन्द्र प्रसाद ने विश्वविद्यालय के कुलपति डॉ. महाजनी को राष्ट्रपति भवन में तलब करके जो कहा–सुना होगा, उसकी फलश्रुति प्रोफेसर–पद पर डॉ. नगेन्द्र की पदोन्नति के रूप में सामने आई।

कई वर्ष बाद यह रहस्य भी खुला कि चयन–समिति के दो सदस्य आचार्य हजारीप्रसाद द्विवेदी और डॉ. धीरेन्द्र वर्मा उनकी नियुक्ति के पक्ष में नहीं थे। आचार्य द्विवेदी तो डॉ. श्रीकृष्णलाल की नियुक्ति चाहते थे और डॉ. धीरेन्द्र वर्मा किसी और... शायद लक्ष्मीसागर वार्ष्णेय की। इस बात का ज़िक्र बाद में आचार्य हजारीप्रसाद द्विवेदी और डॉ. नगेन्द्र के सम्बन्धों की प्रगाढ़ता के सन्दर्भ में डॉ. नगेन्द्र की विशाल–हृदयता के प्रमाण के रूप में किया जाता था।

बहरहाल, जब प्रश्न हमारे निर्देशक तय करने का आया तो मैं डॉ. विजयेन्द्र स्नातक के साथ काम करना चाहती थी। मुझे डॉ. सिन्हा की तथाकथित योग्यता और तुनकमिजाज़ी, दोनों की जानकारी थी। विषय तय हुआ : 'आधुनिक हिन्दी काव्य में रूप–विधाएँ'—और मेरी मर्जी के खिलाफ़ डॉ. सिन्हा मेरी निर्देशक हो गईं क्योंकि

ऐसा वे चाहती थीं। वे न तो दुर्लभ ग्रन्थों की प्राप्ति में कोई सहायता कर पाती थीं और न विषय-विवेचन में। ज़्यादा दिक्कत की बात यह थी कि अगर उन्हें ज़रा भी आभास हो जाए कि उनके किसी विद्यार्थी को कहीं और से कोई सहायता मिल रही है तो बवंडर मच जाता था। ऐसे ही एक अवसर पर मुझे संस्कृत के एक दुर्लभ ग्रन्थ की जानकारी और प्राप्ति डॉ. उदयभानु सिंह से हो गई और अंग्रेज़ी की एक पुस्तक के बारे में डॉ. नगेन्द्र ने मेरा भ्रम निवारण कर दिया। घटना कुछ ऐसे घटी कि वह उन्हें कुपित करने के लिए काफ़ी थी।

डॉ. साहब अपने किसी कार्य के सिलसिले में एक पुस्तक को देख रहे थे। किताब उनके ड्राइंग रूम में मेज़ पर पड़ी रहती थी। विषयानुक्रम से गुज़रने पर यह भ्रम हो सकता था कि उसमें मेरे शोध-विषय से सम्बद्ध सामग्री होगी। सम्भवत: डॉ. सिन्हा ने वह पुस्तक वहीं देखी होगी। उन्होंने उसके बाद मुझे उसे पढ़ने का निर्देश दे डाला। खोजने पर वह मुझे पुस्तकालयों में नहीं मिली। संयोग से मैं एक दिन डॉ. साहब के यहाँ जा निकली और मुझे भी पुस्तक के दर्शन हो गए। मैंने बड़ी विनम्रता से डॉ. साहब के दरबार में अर्ज़ी लगा दी कि वे अपना काम खत्म करने के बाद या बीच में पुस्तक मुझे दे दें। मैं दो-तीन दिनों में नोट्स लेकर वापस लौटा दूँगी।

उन्होंने अपनी स्वभावगत तल्खी से पूछा, 'तुम क्या करोगी इसका?'

मैंने सहज रूप में उन्हें सूचना दे दी कि डॉ. सिन्हा ने मुझसे कहा है इसे देखने को और यह मुझे कहीं मिल नहीं रही।

उनकी तुरन्त प्रतिक्रिया हुई, 'इसमें कुछ नहीं है तुम्हारे विषय के बारे में।' ज़ाहिर है, बात वहीं खत्म।

उधर डॉ. सिन्हा हर बार मिलने पर दरयाफ़्त करें कि मैंने पुस्तक देखी या नहीं। दरअसल वे मुझ पर अपने बहुपठित होने का रौब गालिब करना चाहती थीं। आख़िर तंग आकर मैंने एक दिन सच का खुलासा कर दिया—झिझकते हुए। सुनते ही उनका मुखमंडल आरक्त हो गया, 'डॉ. साहब ने ऐसा कहा?'

बस, इतनी संक्षिप्त-सी प्रतिक्रिया के बाद संवाद असहज हो गया।

उसके कुछ दिन बाद डॉ. साहब ने निर्देशकों के साथ उनके शोधार्थियों की बैठक बुलाई। वे शोधार्थियों के काम की प्रगति का जायज़ा लेने के लिए ऐसा किया करते थे। डॉ. सिन्हा जब अपने शोध-छात्रों के साथ उनके कमरे में दाख़िल हुईं तो हम लोग गिनती में कुल चार थे। डॉ. साहब ने पहले बाकी दो की प्रगति की जानकारी ली। जब मेरी बारी आई तो डॉ. सिन्हा के भीतर पनप रहा आक्रोश फट पड़ा। उन्होंने बात शुरू होने से पहले सवाल उठाया, 'पहले आप इस बात का फैसला कर दीजिए कि इन्हें गाइड कौन कर रहा है—आप या मैं?'

सवाल इतना अप्रत्याशित और गुस्ताख था कि डॉ. साहब आपे के बाहर हो गए, इसलिए और भी कि यह सवाल दो अन्य शोध-छात्राओं की मौजूदगी में उठाया गया था। उन्होंने बड़ी तल्ख़ी से फ़ैसला सुना दिया, 'गाइड तो आप ही कर रही हैं, लेकिन

विभागाध्यक्ष होने के नाते मेरा यह अधिकार है कि आवश्यकता पड़ने पर मैं किसी भी शोधार्थी की जिज्ञासा का समाधान करूँ या उसकी प्रगति के बारे में जानकारी हासिल करूँ। इसमें आपकी आपत्ति क्या है?'

इस बात से ज़्यादा डॉ. साहब के स्वर की कठोरता ने सबको हतप्रभ कर दिया।

बात इतने पर खत्म नहीं हुई। वहाँ उपस्थित साक्षी शोधार्थियों ने इस घटना का प्रचार कुछ इस ढंग से किया कि डॉ. सिन्हा को यह अपने सम्मान का प्रश्न लगने लगा। दरअसल उन्हें यह सवाल औरों की उपस्थिति में उठाना ही नहीं चाहिए था। अपनी सत्ता के बारे में घोर आत्मविश्वास या गलतफ़हमी के कारण उनसे यह चूक इसलिए हो गई कि उनकी गिनती डॉ. साहब के विश्वासपात्रों में सबसे ऊपर की जाती थी। यह प्रवाद कि मेरे कारण डॉ. साहब ने उनको औरों की मौजूदगी में अपमानित किया, उन्हें हजम नहीं हो रहा था।

उधर बाक़ी दो देवियाँ, कमरे से निकलते ही उन्हें उकसाने और खबर को नून-मिर्च लगाकर विभाग में फैलाने में मशगूल हो गईं।

यह कहना झूठ होगा कि इस पूरे प्रकरण से मुझे खल-सुख नहीं मिला। मैं जितना डॉ. सिन्हा के प्रश्न उठाते ही बौखला गई थी, उतनी ही डॉ. साहब के उत्तर से आश्वस्त हो गई। कुल जमा नतीजा यह हुआ कि शोध-प्रक्रिया खटाई में पड़ गई। डॉ. साहब और डॉ. सिन्हा के बीच इस प्रसंग पर बाद में भी झड़प हुई। वे दोनों पक्षों को समझा-बुझाकर समझौते की स्थिति पैदा करना चाहते थे—फॉरगिव एंड फॉर्गेट वाले गुरु-मंत्र के सहारे, पर मैं किसी सूरत में माफ़ी माँगने के लिए तैयार नहीं थी। मेरा मानना था कि जो हुआ, उसमें मेरा कसूर कहाँ था कि मैं माफ़ी माँगू। और डॉ. सिन्हा को सामान्य होने के लिए कोई बहाना तो चाहिए ही था। कुछ महीने इसी रस्साकशी में निकल गए। मैंने अन्ततः तंग आकर विभागाध्यक्ष के नाम औपचारिक पत्र लिखकर बिना शर्त अपना नाम काटने की पेशकश कर दी।

ज़ाहिर है, डॉ. साहब मेरे इस व्यवहार से बेहद विगलित हुए। सुना यह गया कि वे उस पत्र को लेकर डॉ. सिन्हा के घर गए। मेरी अहिंसक त्याग-वृत्ति की दुहाई देकर उन्हें शर्मिन्दा किया और यह फ़ैसला कर आए कि वह इस पूरे मामले में मेरी बलि नहीं चढ़ा सकते। गाइड बदलने पर अफ़वाहें फैलेंगी और उन्हीं की बदनामी होगी। काम चूँकि काफ़ी हो चुका था, अतः बाकी के लिए मैं ज़रूरत पड़ने पर औपचारिक ढंग से, उनसे दफ़्तर में मिलूँगी। हम दोनों में से कोई गुजरी हुई घटना का ज़िक्र नहीं करेगा। काम पूरा होने पर वे औपचारिक हस्ताक्षर करके शोध-प्रबन्ध को अग्रसारित करेंगी और इस प्रकरण की शान्तिपूर्ण ढंग से इतिश्री हो जाएगी।

हमने उनके फ़ैसले का मान रखा। वे यों भी मेरे काम में बहुत मीनमेख नहीं निकालती थीं। बाद में तो बस हमारा सम्पर्क फाइल की अदला-बदली तक सीमित हो गया और हमारे बीच अबोला हो गया। इस पूरे प्रसंग में छह महीने से भी अधिक समय ज़ाया हो गया—मेरी सारी तत्परता के बावजूद। थीसिस जमा कराने के बाद

परीक्षा–परिणाम आने में भी कुछ विलम्ब हो रहा था। आचार्य हजारीप्रसाद द्विवेदी के यहाँ से रिपोर्ट आने में अतिरिक्त समय लग रहा था।

उधर लालाजी की बेकली बढ़ रही थी। उसी दौरान वे गम्भीर रूप से बीमार हुए। इलाज के लिए उन्हें आई.टी.ओ. के करीब डॉ. सेन के नर्सिंग होम में भर्ती कराया गया। उस समय वह दिल्ली का एकमात्र प्रसिद्ध अस्पताल था। डॉ. सेन प्रख्यात सर्जन और उनकी पत्नी डॉ. सीता सेन स्त्रियों की प्रसूति–सम्बन्धी चिकित्सा की विशेषज्ञ। शहर के सब कठिन केस उन्हीं दम्पती के शरणागत होते थे।

एक दिन अचानक भाई जी के सचिव खन्ना का फ़ोन आया कि वे याद कर रहे हैं। मेरा माथा ठनका। मुझे तबीयत के बारे में आशंका हुई। वहाँ पहुँची तो कमरे पर 'नो विज़िटर्स' की तख़्ती लटकी थी, पर खन्ना मुझे भीतर ले गए। उस गई–गुज़री सेहत के बावजूद, उन्होंने अपना पुराना सवाल दोहराया, 'तेरी थीसिस के रिज़ल्ट का क्या हुआ ?'

मेरे पास तसल्लीबख़्श जवाब तो था ही नहीं, मैंने उत्तर में बात उनकी सेहत की तरफ़ घुमाई, 'आ जाएगा भाई जी, आप पहले ठीक तो हो जाइए। क्यों इन छोटी–मोटी बातों की फ़िक्र करते हैं ?'

उनकी हठ अपनी जगह, 'क्या कहते हैं डॉ. नगेन्द्र, क्यों लग रही है इतनी देर ? मुझे ठीक होते ही डॉ. देशमुख (वाइस चांसलर) से मिलना है।'

मैंने अपना संकोच व्यक्त किया, 'मुझमें हिम्मत नहीं है उनसे कुछ कहने या पूछने की।'

प्रतिक्रिया में उन्होंने तुरन्त खन्ना को आदेश दिया, 'खन्ना, करो डॉ. नगेन्द्र को फ़ोन। उनसे कहो कि मैं मिलना चाहता हूँ। तकलीफ़ न हो तो मिल लें आकर।'

उनके रुतबे के चलते उनकी चाहत की उपेक्षा आसानी से की नहीं जा सकती थी। मैंने विदा लेते हुए इतना ही अनुरोध किया कि डॉ. साहब से मेरे अस्पताल आने का ज़िक्र न किया जाए।

खन्ना ने डॉ. साहब को फ़ोन किया। डॉ. साहब ने गाड़ी न होने का बहाना बनाया तो उधर से तुरन्त गाड़ी भेजने की पेशकश हुई जिसे टालना डॉ. साहब के वश में नहीं था।

हमेशा की तरह, जब शाम को मेरे घर आए तो टहलते हुए, सूचना और जिज्ञासा की मिली–जुली अभिव्यक्ति हुई, 'लालाजी ने बुलाया है अस्पताल में, मिलना चाहते हैं। पता नहीं, क्या बात है ?'

उत्तर में मेरी निरीह–सी मुद्रा और चुप्पी से उनके हाथ कुछ नहीं लगा।

कहर तो बरपा हुआ लाला जी से मिलकर लौटने के बाद। ऐसे अवसरों पर वे अक्सर तल्ख़ और बदज़बान हो जाते थे। खासकर जब स्थिति पर उनका वश नहीं चलता था। वापसी में वे सीधे मेरे घर पर ही उतरे। कमरे में घुसते ही क्रोध हवा में फूटा, 'बुड्ढे को अपनी जान की फ़िक्र नहीं है। बिस्तर में पड़े हैं और चिन्ता रिज़ल्ट

की लगी है। बहुत सिर चढ़ा रखा है तुम्हें! अरे, उनसे कहो, पहले ठीक तो हो जाएँ। मेरे बाप का राज है कि मैं रिज़ल्ट निकलवा दूँ?'

ज़ाहिर है, मुझे उनकी यह प्रतिक्रिया बेहद अभद्र और अमानवीय लगी। मैंने इतना ही कहा, 'आपको जो कहना था, वहीं उन्हीं से कह आते।' यह उनकी बेबसी पर चोट थी। उन्होंने सुना और पैर पटकते हुए रवाना हो गए।

दो दिन इस प्रसंग पर सन्नाटा रहा। तीसरे दिन मेरे पास उनका सन्देश आया कि मैं अपनी थीसिस की प्रति उनके यहाँ भिजवा दूँ। कारण पूछने की मुझमें हिम्मत नहीं थी। मैंने प्रति चुपचाप भिजवा दी।

बहुत समय बाद पता लगा कि आचार्य द्विवेदी उन दिनों संयोग से दिल्ली आए हुए थे। डॉ. साहब को जैसे ही इस बात की जानकारी हुई, उन्होंने द्विवेदी जी को धर लिया। थीसिस उन्होंने तब तक देखी नहीं थी। इसलिए प्रति उन्हें यहीं उपलब्ध करा दी गई, और उनसे रिपोर्ट यहीं लिखवाकर भिजवाने की व्यवस्था करा दी गई। मुझे तो बस परीक्षा-विभाग से मौखिकी की औपचारिक सूचना भर मिली, जिसकी खबर मैंने भाई जी तक पहुँचा दी। डॉ. साहब से इस विषय में कोई संवाद नहीं हुआ।

भाई जी आश्वस्त हुए। धीरे-धीरे स्वस्थ भी हो रहे थे। ठीक होते ही उन्होंने कुलपति डॉ. सी.डी. देशमुख से समय लिया, और उनसे हमारी पदोन्नति के लिए जिरह करने पहुँच गए। जहाँ तक मेरी जानकारी है, दिल्ली विश्वविद्यालय के इतिहास में वह पहला कॉलेज था, जिसके स्टाफ़ को पाँच वर्ष के अध्यापन की अर्हता पूरी करते ही प्रमोशन मिल गया था। यों भी हममें से अधिकांश कॉलेज में आते ही अपने-अपने विभागों के अध्यक्ष हो गए थे। इस पद के लोभ में एक वर्ष के बाद इन्द्रप्रस्थ और मिरांडा के कुछ महत्त्वाकांक्षियों ने घुसपैठ करने का प्रयास किया भी था, जो लाला जी ने सफल नहीं होने दिया। हमारे प्रमोशन की प्रतिक्रिया, सुना गया, इन्द्रप्रस्थ कॉलेज में काफ़ी तीव्र हुई, क्योंकि तब तक हमारी प्राध्यापिकाएँ रहीं कई विभूतियाँ भी प्रमोशन की 'क्यू' में लगी थीं। ज़ाहिर है, हम लोग उनकी आँखों की किरकिरी हो गए।

कुल मिलाकर लेडी श्रीराम कॉलेज में जीवन बहुत हँसी-खुशी बीत रहा था। विभाग का विस्तार हो गया था। हर साल एक नया चेहरा आकर जुड़ जाता था। औरों के अलावा, कई सदस्यों का सम्बन्ध हिन्दी साहित्य के ख्यातनामा रचनाकारों से था। उनमें क्रमशः उपन्यासकार कृष्णचन्द्र शर्मा 'भिक्खु' की पत्नी शकुन्तला शर्मा, कवि भारतभूषण अग्रवाल की पत्नी डॉ. बिन्दु अग्रवाल, डॉ. नगेन्द्र की छोटी बेटी प्रतिमा, कवि गिरिजाकुमार माथुर की बेटी वीना और मनोहरश्याम जोशी की पत्नी भगवती (जो कॉलेज में आने के समय भगवती पांडे थीं) जैसे तमाम नाम शामिल थे। इनके अलावा कवयित्री इन्दु जैन भी आते-आते रह ही गई थीं। इन सबके विभाग में होने से, अकादमिक दुनिया के बाहर के साहित्यिक परिदृश्य से भी कमोबेश सम्बन्ध बना

रहता था। उस समय अध्यक्ष-पद रोटेट नहीं होता था, इसलिए मैं चौदह वर्ष (1956-70) तक लेडी श्रीराम कॉलेज के हिन्दी विभाग के अध्यक्ष-पद पर बनी रही। कॉलेज में यों भी हिन्दी साहित्य-सभा बेहद सक्रिय रही। यादगार कार्यक्रमों का सिलसिला पहले ही वर्ष दरियागंज से शुरू हो गया था।

उस्तादों के उस्ताद : हाफ़िज़ अली खाँ साहब

घर-गृहस्थी, नौकरी, उसी के बीच तरह-तरह की परेशानियाँ, मुकदमे। फिर भी रह-रहकर संगीत-प्रेम का क्रीड़ा कुलबुलाया करता था। नाचने का शौक तो किसी हद तक कॉलेज के कार्यक्रमों और सालाना यूथ फ़ेस्टिवल में भागीदारी के लिए छात्राओं को तैयार करने में पूरा हो जाता था, पर निजी तौर पर संगीत-साधना की इच्छा कहीं दबी हुई थी।

तभी शहर में शोर बरपा हुआ कि भारतीय कलाकेन्द्र में सुमित्रा चरतराम मशहूर सरोदवादक उस्ताद हाफ़िज़ अली खाँ को प्रयास करके ले आई हैं। बात सातवें दशक के आरम्भ की है। वाद्य-यंत्रों में सरोद मेरा प्रिय वाद्य रहा है। खबर सुनते ही मैंने खाँ साहब से मिलकर बड़ी विनम्रता से उनके शिष्यत्व का प्रस्ताव पेश कर दिया। खाँ साहब ने तत्परता से हामी भरी और विधिवत मेरी शिक्षा शुरू हो गई। मुझे सप्ताह में तीन बार माल रोड से मिन्टो रोड के सरकारी क्वार्टरों में चलने वाली कला केन्द्र की कक्षाओं में जाना होता था। खाँ साहब ने कलकत्ते से सरोद मँगवाने की व्यवस्था भी कर दी। उनके छोटे बेटे अमजद अली खाँ उस समय 12-13 वर्ष के रहे होंगे। बेहद सुदर्शन, मासूम-सी शख्सियत के मालिक। मॉडर्न स्कूल में पढ़ते थे।

मुझे जाते हुए कुछ दिन ही गुज़रे होंगे कि खाँ साहब ने अमजद को भी शिक्षा के लिए साथ में बैठाना शुरू कर दिया। मुझे आपत्ति की कोई वजह नज़र नहीं आई। वैसे भी अमजद की भोली उपस्थिति से कक्षा का माहौल बड़ा खुशनुमा हो जाता था। धीरे-धीरे खाँ साहब के व्यवहार से सम्बन्धों में पारिवारिकता-सी पैदा होने लगी। वे अक्सर पापड़-बड़ियों जैसी छोटी-मोटी चीज़ों की फ़रमाइश करने लगे और उनकी ऐसी फ़रमाइशों को मैं अपना सौभाग्य मानकर पूरा करने लगी। तब तक उन्होंने खुद बजाना लगभग छोड़ दिया था क्योंकि उम्र के तकाज़े से उनका दायाँ हाथ काँपने लगा था। इसलिए शिक्षा प्राय: मौखिक रूप से और इशारों से देते थे।

मैंने धीरे-धीरे लक्ष्य किया कि वे जिस गत को मुझे और अमजद को एक साथ सिखाना शुरू करते, अगली कक्षा में मैं तो उतने ही टुकड़े का भरसक रियाज़ करके पहुँचती और अमजद उस अस्थायी से आगे अन्तरा और तान-पलेट तक की यात्रा तय कर चुके होते। ज़ाहिर है, यह स्थिति मेरे लिए बहुत अनुकूल साबित नहीं हो

रही थी। दो-तीन बार ऐसा हुआ तो मैंने सवाल उठा दिया, 'खाँ साहब, यह तो आपने बताया (यानी सिखाया) नहीं था?'

उनका बँधा जवाब होता, 'अरे बाई साहब, ये तो सुबह चार बजे उठकर बजाने बैठ जाता है। क्या बताऊँ! ख़ुद बात में से बात पैदा करता है।'

मुझे अविश्वास करने का कोई कारण नज़र नहीं आ रहा था, पर इतना ज़रूर समझ में आ गया कि वजह उतनी-भर नहीं है जितनी वे मुझे बता रहे हैं। उन्होंने मेरी लगन देखकर सुझाव दिया कि अगर मैं चाहूँ तो उनके छोटे भाई रहमत अली खाँ, सप्ताह के बाकी तीन दिन, मुझे रियाज़ कराने के लिए मेरे घर आ सकते हैं—ज़ाहिर है, नियत तनख्वाह पर। राशि अब याद नहीं, पर बात तय हो गई।

इस व्यवस्था से भी बात बनी नहीं, क्योंकि एक तो मुझे लगा कि रहमत अली खाँ साहब का हाथ खुद ही बहुत खाँ नहीं है; दूसरे, उनकी मंशा आगे बढ़ाने के बजाय लटकाने की है। कुल जमा नतीजा यह कि समय और व्यय की तुलना में हासिल कुछ खास नहीं हो रहा था। इतना ज़रूर हो गया था कि कॉलेज के वार्षिक उत्सव में स्टाफ़ द्वारा प्रस्तुत एक आर्केस्ट्रा में बजाने लायक महारत मैंने हासिल कर ली थी।

बचपन से संगीत की दुनिया से सम्बद्ध रहने के कारण सुर-ताल का इतना ज्ञान तो था ही कि मैं अपनी प्रगति का सही अन्दाज़ा लगा सकूँ। धीरे-धीरे मुझे शक होने लगा कि पूरे प्रसंग में कुछ ऐसा है जो मेरी पकड़ में आ नहीं रहा है। मैंने अपनी परेशानी की चर्चा एक जानकार व्यक्ति से की। सुनते ही उनकी प्रतिक्रिया हुई, 'अरे आप किस चक्कर में पड़ी हैं! आप कितनी ही कोशिश कर लीजिए, खाँ साहब कुछ सिखानेवाले नहीं हैं। वे तो अपने दोनों बेटों के बीच भी फ़र्क़ करते हैं। न भाई को ढंग से सिखाया, न बड़े बेटे को। अपनी कला का वरदान तो बस उन्होंने अमजद को दिया है। सरोद बजाना सीखना है तो मैहर चली जाइए, अलाउद्दीन खाँ साहब के पास। बड़ी निष्ठा से सिखाते हैं अपने शिष्यों को, पर वहीं अपने ठिकाने पर। सेवा कीजिए और मेवा खाइए।'

मुझे प्रमाण की जरूरत नहीं थी, क्योंकि मेरी सहपाठी और मित्र शरन रानी ने यही रास्ता अपनाया था। घर-गृहस्थी के बीच मेरे लिए वैसा करना सम्भव नहीं था। शरन के साथ साहचर्य स्कूल में भी था, और नृत्य-कक्षाओं में भी। उनका सम्बन्ध भी दिल्ली के एक प्रतिष्ठित घराने से था। एक उम्र के बाद, स्टेज पर नृत्य करना न मेरे लिए सम्भव था, न उनके लिए। पढ़ाई में शरन की विशेष रुचि थी नहीं। मेरी वापसी शिक्षा की दुनिया में हुई और वह सरोद-साधना में लग गईं। आरम्भ उन्होंने दिल्ली में ही अपने एक निकट सम्बन्धी के साथ किया और बाद में, सम्भवतः उन्हीं के परामर्श से मैहर रहकर अलाउद्दीन खाँ साहब से शिक्षा ग्रहण की—पूरे समर्पित भाव से। परिणाम जग ज़ाहिर है। बड़ा यश कमाया उन्होंने उस क्षेत्र में। विवाह भी कुछ देर से ही किया—एक संगीत-प्रेमी व्यापारी व्यक्ति से, जिनसे अपनी संगीत-साधना जारी रखने में उन्हें जीवन-पर्यन्त सहयोग और प्रोत्साहन ही मिला।

मुझे शक तो पहले ही हो रहा था, पर स्थिति की यह व्याख्या होते ही बात समझ में आ गई। तब तक हाफ़िज़ अली खाँ साहब से पारिवारिक सम्बन्ध हो गए थे। इस हद तक कि दद्दा–कवि मैथिलीशरण गुप्त ने मुझसे अमजद की प्रशंसा सुनकर उन्हें सुनने की इच्छा व्यक्त की तो वे मेरे घर पर मित्रों और परिवार–जनों के बीच एक शाम आकर दद्दा की यह मनोकामना पूरी कर गए।

इतना ही नहीं जब मेरी पी–एच.डी. का परिणाम निकला, तब तक सर श्रीराम जीवित थे। तब शोध करनेवालों की संख्या बहुत सीमित होती थी, और इस उपाधि का मान था। भाई जी ने बड़े उत्साह से मेरे सामने दावत देने की पेशकश कर दी।

अब उस प्रसंग की याद भी उपहासास्पद लगती है। पर हुआ यही कि मेरे पी–एच.डी. करने के उपलक्ष्य में एक दावत का आयोजन किया गया परिवार की ओर से—मंडी हाउस में स्थित 'संगीत भारती' के लॉन पर। बड़ी संख्या में कॉलेज के सहयोगियों, मित्रों और परिवार–जनों को आमंत्रित किया गया। सर श्रीराम स्वयं शरीक हुए। और दावत के बाद युवा अमजद अली का सरोदवादन हुआ, उसी संस्था के भीतरी आँगन में। तब तक उस संस्था से मेरा अच्छा–खासा सम्बन्ध था। इस बार कार्यक्रम के बाद मैंने पत्र–पुष्प के रूप में जो भेंट खाँ साहब की नज़र की, मुझे लगा कि उन्हें वह पर्याप्त नहीं लगी। गोकि यह वह दौर था जब तक अमजद अली खाँ ने सार्वजनिक रूप से सरोदवादन करना शुरू नहीं किया था। उस समय तो वे मॉडर्न स्कूल के युवा छात्र थे। सरोद की शिक्षा और रियाज़ पिता के छत्रच्छाया में बड़ी निष्ठा से करते थे। सबसे बड़ा आकर्षण था उनका मासूम चेहरा, जिस पर मोहिनी मुस्कान स्थायी रूप से जैसे छपी रहती थी। यह छवि उनके 'उस्ताद' हो जाने और हाथ की तैयारी के बाद भी बनी रही।

इस घटना के बाद, सरोद सीखने का मेरा नशा तो उतर गया, पर उस परिवार से स्नेह–सम्बन्ध कुछ वर्षों तक बना रहा। इसलिए और भी कि जब अमजद, उस्ताद अमजद अली खाँ हो गए और मेरा बड़ा बेटा ताज ग्रुप ऑफ़ होटल्स में मैनेजर की हैसियत से जगह–जगह उनसे टकराने लगा तो पुराने परिचय के कारण दोनों ने अपने–अपने ढंग से इस मित्रता का निर्वाह किया। जब बेटा शशांक क्रमशः ताज से मौर्या और उसके बाद अमेरिका चला गया तो यह सिलसिला भी टूट गया।

इस बीच इतना और हुआ कि जिस सरोद को बड़े खिन्न मन से कपड़े के खोल के हवाले कर दिया था, उसकी सफ़ाई करते समय एक बार उस खोल के भीतर से एक मरी हुई चुहिया निकल आई। सरोद सही–सलामत थी, पर खतरे की आशंका से मैंने अमजद को पत्र लिखकर यह अनुरोध किया कि वे उसे अपने किसी शिष्य के लिए मँगवा लें।

पत्र के उत्तर में चचा रहमत अली खाँ साहब स्वयं पधारे और सरोद ले गए। सरोद की विदाई के साथ इस लम्बे सम्बन्ध का भी पटाक्षेप हो गया।

साहित्यकारों की सोहबत-I

कॉलेज शुरू होने के दूसरे ही वर्ष डॉ. दस्तूर ने सूचना दी कि वे बच्चन जी को इलाहाबाद -सम्बन्ध से अच्छी तरह जानती हैं। मैं चाहूँ तो उन्हें काव्य-पाठ के लिए आमंत्रित किया जा सकता है। उस समय बच्चन जी का कवि-सम्मेलनी रूप अपने चरम पर था। ज़ाहिर है, उनके इस प्रस्ताव से हमें जैसे मुँहमाँगी मुराद मिल गई। बच्चन जी पधारे।

कॉलेज में एक बड़ा-सा कमरा था, जिसका उपयोग 'हॉल' के रूप में किया जाता था। पूरे कॉलेज के विद्यार्थी फर्शी दरियों पर ठसाठस बैठे थे। बच्चन जी आए। डॉ. दस्तूर ने उनका परिचय दिया। कमरे में एक छोटा-सा मंच था। बच्चन जी ने उसी से काव्य-पाठ शुरू किया। वे अपनी कविताओं का लयात्मक पाठ किया करते थे। कुछ कविताएँ रागों की बन्दिश में सुनाते थे। उन्होंने राग असावरी के सुरों में बँधी एक कविता से शुरू किया और उसके बाद तीन-चार कविताएँ सुनाकर अचानक बोले, 'अब मैं वो कविताएँ सुनाऊँगा जिसकी तुम लोग फ़रमाइश करोगी।'

उनके इस प्रस्ताव पर हॉल में सन्नाटा व्याप गया। मैं जानती थी कि 'प्रेप' और प्रथम वर्ष की, जैसे-तैसे कॉलेज में प्रवेश पानेवाली लड़कियों की जानकारी इस सन्दर्भ में लगभग शून्य होगी। मैं कुछ कहती, इससे पहले सहसा एक छात्रा ने उठकर फ़रमाइश पेश की, 'सर, 'एजी कहूँ कि ओ जी कहूँ' सुना दीजिए।'

उन दिनों हास्य-रस के कवि गोपालप्रसाद व्यास अपनी यह कविता अक्सर कवि-सम्मेलनों में, विशेषकर लाल क़िले के विराट कवि-सम्मेलन में सुनाया करते थे। ज़ाहिर है, उस छात्रा ने ऐसे किसी आयोजन में यह कविता सुन ली होगी। खेद इस बात का था कि उसे दोनों कवियों के बीच फ़र्क का कोई एहसास न था। मुझ पर घड़ों पानी पड़ गया।

बच्चन जी ने बिना उद्विग्न हुए इतना ही कहा, 'वो मैं नहीं कहता,' और चुप हो गए।

मैंने दख़ल दिया, 'बच्चनजी, ये बच्चियाँ सीधे स्कूल से निकलकर दाखिल हो गई हैं। कविता सुनने का कोई विशेष संस्कार नहीं है इनके भीतर। आप खुद अपनी कुछ मनपसन्द कविताएँ सुना दीजिए। और आख़िर में मधुशाला के कुछ छन्द। वे तो सभी सुनना चाहते हैं।' पर वे उखड़ गए थे। उन्होंने उसके बाद अपनी कुछ लोकप्रिय कविताएँ और 'मधुशाला' के कुछ छन्द बेमन से सुनाए ज़रूर और चलते हुए मुझसे यह कह गए कि रचनाकारों की कविता-पुस्तकें मैं लाइब्रेरी में ज़रूर मँगाकर विद्यार्थियों को सुलभ करा दूँ।

इस घटना से मेरा उत्साह इतना भंग हुआ कि मैंने संकल्प कर लिया कि जब तक विद्यार्थियों का स्तर इस लायक नहीं हो जाता, मैं किसी का काव्य-पाठ नहीं कराऊँगी।

समय के साथ रचनाकारों की दुनिया से मेरे सम्बन्धों में विस्तार हो चला था।

इस प्रसार की दिशा दुहरी थी। घर में डॉ. नगेन्द्र की आवाजाही मेरी वरिष्ठता के ग्राफ़ के साथ बढ़ रही थी। उन्होंने पारिवारिक प्रसंगों में लगभग अभिभावक की-सी भूमिका अख्तियार कर ली थी और अपने कामों के लिए भी हम पर निर्भर रहने लगे थे। उसी नाते उन्होंने राष्ट्रकवि मैथिलीशरण गुप्त की एक गाड़ी की मरम्मत के सिलसिले में हमारा परिचय दद्दा से करा दिया। जैन साहब ने वहाँ भी संकटमोचक का दायित्व ओढ़ लिया और हम लोग भी उनके यहाँ आने-जाने लगे।

उन्हीं के घर में कवि नरेन्द्र शर्मा, बालकृष्ण शर्मा 'नवीन' और दिनकर जी जैसी हस्तियों से परिचय हुआ। उनके घर में साहित्यकारों का नियमित आना-जाना था। वह वरिष्ठों के मेल-मुलाकात और गप्पबाज़ी का बड़ा दिलचस्प अड्डा था। दुनिया भर की खबरों, किस्सों का प्रसार और उद्‌भावना उन्हीं के ठिकाने से होती थी। दद्दा स्वयं बड़ा रस ले-लेकर ऐसी बातों को सुनते-सुनाते थे। दिलचस्प बात यह थी कि वे अज्ञेय जी के भी उतने ही निकट थे जितने नरेन्द्र शर्मा या बालकृष्ण राव के। जब दद्दा दिल्ली में नहीं होते थे तो अक्सर उनके फ़्लैट की चाभी अज्ञेय जी के पास रहती थी।

एक बार बालकृष्ण राव अपनी दूसरी पत्नी उमा राव के साथ दद्दा के यहाँ पधारे। उनके रुख्सत होने के कुछ ही देर बाद उनकी पहली पत्नी शारदा राव, जो उमा जी की बड़ी बहन थीं, वहाँ पहुँचीं। दद्दा ने उनके स्वागत में हँसते हुए यह सूचना उन्हें कुछ ऐसे दी कि 'उन्हें आपकी बहन कहूँ या सौत! अभी कुछ देर पहले ही होकर गई हैं।'

वहाँ उपस्थित लोगों का कहना था कि शारदा जी इस बात से इतनी नाराज़ हुईं कि उसके बाद उन्होंने वहाँ जाना ही छोड़ दिया।

दद्दा के खजाने में तमाम लोगों के बारे में तरह-तरह के किस्से और चुटकुलों का भंडार था। वे जितने बतरसिया थे, सियारामशरण जी उतने ही गम्भीर। जब यहाँ होते तो एक तरफ पालथी मारे लगभग मौनी बाबा की तरह बैठे रहते थे। धीरे-धीरे दद्दा से इतना अपनापन हो गया कि होली-दिवाली जैसे त्योहारों पर तो उनसे मिलना होता ही था—जब वे राज्यसभा की सदस्यता खत्म होने पर चिरगाँव लौटने लगे तो सम्मान में विदाई-भोज मेरे ही निवास पर हुआ। उसमें शहर की तमाम गण्यमान्य हस्तियाँ शामिल हुईं—इन्फॉर्मेशन एंड ब्रॉडकास्टिंग मिनिस्टर श्री केरकर, हिन्दी-सेवी संसद सदस्य बाबू गंगाशरण सिंह, आकाशवाणी के मोहन सिंह सेंगर के अलावा विश्वविद्यालय और शहर के तमाम सम्मान्य लोग। उस आयोजन के कई चित्र मैंने हाल ही में वर्धा में स्थित अन्तरराष्ट्रीय हिन्दी विश्वविद्यालय के संग्रहालय को भेंट किए हैं।

दद्दा की रचना 'यशोधरा' की नृत्य-नाटिका के रूप में सार्वजनिक प्रस्तुति भी उनके दिल्ली में रहते मैंने कॉलेज के मंच पर की थी। निर्देशन प्रसिद्ध नर्तक उदयशंकर के छोटे भाई और अपने गुरु देवेन्द्रशंकर के सहयोग से किया था।

जहाँ तक स्मरण है, यह वर्ष 1964 की घटना है। तब तक डॉ. दस्तूर के बाद दक्षिण की डॉ. एम. कोशी ने प्रिंसिपल का पद-भार सँभाल लिया था। बीच में कुछ समय डॉ. धूमे नाम की एक और महिला इस पद को सुशोभित कर चुकी थीं।

लालाजी 1962 में दिवंगत हो गए थे। उनके ज्येष्ठ पुत्र भरतराम चेयरमैन का दायित्व सँभाल रहे थे, पर वैसी भावनात्मक संलग्नता लालाजी के बाद किसी चेयरमैन में नहीं दिखाई पड़ी।

लेडी श्रीराम कॉलेज ही समकालीन साहित्य की दुनिया में मेरे परिचय-वृत्त के प्रसार का निमित्त बना—स्वर्गीय कवि मित्र भारतभूषण अग्रवाल के माध्यम से। उनकी पत्नी बिन्दु जी की नियुक्ति कॉलेज में महज़ उनकी सादगी और शराफत के कारण हुई थी। तब तक मैं उनसे पहले आनेवाली सहयोगियों की हरकतों से बड़ी परेशान थी। जब-तब कक्षाओं में अनुपस्थिति, पढ़ाने में गैर-ज़िम्मेदारी, हर सम्भव नियम के तहत छुट्टियाँ लेने की प्रवृत्ति—विभाग की जड़ों में मट्ठा डालने का काम कर रही थी। ऐसे में जब इंटरव्यू में एक सीधी-सादी सुघड़ गृहिणी बिन्दु जी प्रकट हुईं तो उनके सर्वथा निष्प्रभ सरल से व्यक्तित्व के प्रति मेरे मन में विश्वास जगा और मैंने उन्हें लेने की सिफ़ारिश की।

चेयरमैन मुझसे सहमत थे। डॉ. नगेन्द्र को जानकारी थी कि वे भारतभूषण जी की पत्नी हैं जिसका आभास चयन समिति की बैठक के बाद मुझे उनके इस प्रश्न से हुआ, 'तुम्हें मालूम था कि बिन्दु भारतभूषण अग्रवाल की पत्नी है?'

मेरा प्रतिप्रश्न था, 'कौन भारतभूषण?' मैं सहसा उनका सम्बन्ध 'तारसप्तक' के कवि से नहीं जोड़ पाई, पर डॉ. साहब के इस प्रश्न से मेरे सामने उनकी सहमति का रहस्य प्रकट हो गया।

उधर भारतभूषण जी को इस बात का यकीन नहीं हो रहा था कि उनकी सीधी-सादी गृहस्थिन पत्नी बिना सिफ़ारिश के दिल्ली के ऐसे नामी-गिरामी कॉलेज में नियुक्त हो जाएगी, वह भी पहले ही इंटरव्यू में। नतीजा यह कि उनके मन में मेरे प्रति आभार-संवलित स्नेह का भाव घर कर गया, जो हमारे परिवारों में लम्बी मित्रता के रूप में फलित हुआ।

भारत जी ने ही मेरा परिचय अजित कुमार और उनकी पत्नी स्नेहमयी चौधरी से कराया—इस अनुरोध के साथ कि हो सके तो मैं उनकी पत्नी के लिए भी डॉ. नगेन्द्र से सिफ़ारिश करूँ।

अजित जी स्वयं भी डॉ. साहब से इस सम्बन्ध में गुजारिश कर चुके थे पर एम.ए. सेकंड डिवीज़न होने के कारण बात बन नहीं रही थी। बहरहाल, ब्यौरा विशेष प्रासंगिक नहीं है, पर बात अन्ततः बन गई और वे जानकी देवी कॉलेज में नियुक्त हो गईं।

कुछ ही दिनों में राजेन्द्र-मन्नू की जोड़ी से भी परिचय हो गया और चारों परिवार

एक सूत्र में बँधते चले गए। एक कारण हमारे बच्चों का हमउम्र होना भी था। अजित जी का बेटा पवन, मन्नू की बिटिया रचना और मेरा छोटा बेटा संजय और भारत जी का बेटा अनुपम लगभग हमउम्र थे। भारतजी की बाकी दो बड़ी बेटियाँ मेरी दोनों बड़ी सन्तानों के बराबर उम्र की थीं। लिहाज़ा सारे बच्चों के बीच भी ऐसी पारिवारिक गिरोहबन्दी हो गई कि हम लोग दिल्ली से बाहर भी सहयात्री के रूप में निकलने लगे। आपसी मेलजोल का एक सबब हमारी सामाजिक हैसियत भी थी।

हम सब मध्यवर्गीय परिवार के लोग, लगभग एक जैसा खान-पान। वाहन के नाम पर बस मेरे पास तब तक एक फिएट इलेविन गाड़ी हो गई थी जिसे मैंने बड़ी कठिनाई से पैसे जोड़कर ग्यारह हज़ार में खरीदा था—वह भी कई साल पुरानी दो दरवाज़ों की फिएट फ़ाइव हंड्रेड घसीटने के बाद। वह दो बरस पहले एक सेना-अफ़सर से दो हज़ार रुपए में खरीदी गई थी। वह मेरी मजबूरी थी, दिखावा या शौक नहीं, क्योंकि कॉलेज घर से पहले सोलह किलोमीटर और माल रोड चले जाने के बाद लगभग बीस किलोमीटर से भी अधिक हो गया था। कॉलेज की सहयात्रियों के बीच परिहास में उसे 'डिबिया' कहा जाता था। यह बात अलग है कि उस समय वह 'डिबिया' भी कुछ समय मेरे पास इकलौती ही थी, जिस पर वे लोग प्रायः सवारी गाँठती थीं। पेट्रोल दो रुपए कुछ पैसे लीटर मिलता था, इसलिए खर्च बहुत बड़ी समस्या नहीं थी। समस्या यह थी कि वह अक्सर खराब हो जाती थी और ठीक कराने की मुसीबत जैन साहब के गले पड़ती थी।

जब साहित्यिक मित्रों की टोली वजूद में आई, तब तक हमारी माली हैसियत कुछ बेहतर हो गई थी। मेरी पहली पगार की राशि तीन सौ पन्द्रह रुपए से बढ़कर पाँच सौ के ऊपर पहुँच गई थी—और जैन साहब भी लगातार तरक्की कर ही रहे थे। मित्रों में से सिर्फ़ अजित कुमार दुपहिया स्कूटर की सवारी करते थे जिसके पीछे की सीट पर धड़कते दिल से राम-राम करते हुए दो-तीन बार बैठने का खतरा मैंने भी उठाया। भारत जी को डी.टी.सी. पर अगाध विश्वास था। बचे राजेन्द्र और मन्नू। सो उन्होंने कुछ वर्ष बीतने के बाद स्टैंडर्ड टैन गाड़ी खरीदी थी—नई-निकोर। पर तब तक हम लोग और तरक्की कर गए थे एम्बेसेडर हासिल करके।

उन दिनों नई गाड़ी बड़ी कठिनाई से मिलती थी—कई महीने लाइन में लगे रहने के बाद। जिन्हें जल्दी होती थी, वे पुरानी गाड़ियाँ नई से ज़्यादा दामों पर खरीदने के लिए मजबूर हो जाते थे। हमने यह गुर सीख लिया था। हर बार नई गाड़ी लेते ही लगे हाथों दो हज़ार देकर एक और गाड़ी बुक करा देते। जैसे ही उस गाड़ी का नम्बर आता, हम पुरानी गाड़ी को नई से ज़्यादा कीमत पर बेचकर नई गाड़ी खरीद लेते थे। पेट्रोल के उस सस्ते दौर में एम्बेसेडर की बदौलत दोस्तों की भी मौज हो गई। हम, आराम से दो परिवार उस गाड़ी में भरकर जहाँ-तहाँ सैर-सपाटे के लिए निकल जाते थे। अजित-परिवार के साथ हम लोगों ने मसूरी और आगरे की सैर की। भारत जी के साथ एक यादगार ट्रिप नैनीताल का लगाया। बाद में जब नामवर

सिंह इस मंडली में शरीक हो गए तो वे हमारे साथ श्रीनगर गए—डल-लेक पर हाउस-बोट में छुट्टियाँ गुज़ारने।

दिलचस्प बात यह थी कि साहित्यिक मित्रों की इस जमात के साथ जैन साहब का भी अद्भुत तालमेल हो गया था, गोकि हमारी गप्प-गोष्ठियों से विषय के स्तर पर उनका कोई सम्बन्ध नहीं था। विश्वविद्यालय और साहित्य की दुनिया, उसकी राजनीति, उठापटक के अलावा बौद्धिक और राजनीतिक-सामाजिक परिदृश्य पर घटित होनेवाली हर बात हमारी बातचीत, बहस-मुबाहिसे का विषय होती थी। वे गाहे-बगाहे टिप्पणी करते, वरना तटस्थ श्रोता और दर्शक की तरह अपना मनोरंजन करते और हमारी मेहमाननवाजी की व्यवस्था का संचालन करके आत्मतृप्त रहते थे। अपनी इस सन्तयी मुद्रा से उन्होंने पूरी मित्र-मंडली का दिल जीत लिया था। मेरे सभी मित्र उनकी शराफत के मुरीद हो गए थे।

द्रष्टा-श्रोता के रूप में ही नहीं, मित्रों के दुख-दर्द में साझेदारी करने में भी उन्हें कभी गुरेज़ नहीं हुआ। राजेन्द्र यादव की बहन ने किसी निजी प्रसंग में उद्वेलित होकर आत्महत्या का प्रयास किया तो मन्नू का फोन आते ही वे तुरन्त सबको जयप्रकाश नारायण अस्पताल ले गए। मन्नू के साथ मिलकर उसके दाखिले के लिए भाग-दौड़ की। राजेन्द्र के तो होश-हवास ही गुम हो गए थे। वे एकदम मूक-बधिर-से अस्पताल के भीतर एक विशाल पेड़ के चारों ओर खिंचे सीमेंट के घेरे पर बैठे रहे। हम लोग रात के एक बजे तक वहाँ से नहीं हिले, जब तक पेट की धुलाई करके उसे एडमिट नहीं कर लिया गया! यह अलग बात है कि अन्ततः उसे बचाया नहीं जा सका।

यही स्थिति एम्स में मन्नू के सीने में एक गिल्टी के ऑपरेशन के समय सामने आई। मन्नू ने 'एक कहानी यह भी' में इस घटना का ज़िक्र किया है। ऐसा ही एक प्रसंग अजित जी के परिवार में घटित हुआ। स्नेह जी की एक रिश्ते की युवा भतीजी उनके यहाँ कुछ दिन रहने आई। एक दिन उसे अचानक 'मेनिनजाइटिस' का अटैक हुआ। बीमारी के लक्षणों के बारे में हम सब एकदम अनजान। अजित जी ने फोन पर अपना संकट बताया तो तय पाया गया कि उसे तुरन्त तीरथराम अस्पताल में दाखिल कर दिया जाए। उन्होंने इसकी व्यवस्था की, पर इससे पहले कि हमें बीमारी की गम्भीरता ठीक-ठीक समझ में भी आती, उसका देहान्त हो गया।

सबसे मार्मिक प्रसंग डॉ. नामवर सिंह के एपेंडिसाइटिस के ऑपरेशन का था, जब वे दिल्ली आकर 'जनयुग' के बाद राजकमल प्रकाशन के साहित्य-सलाहकार के रूप में कार्य कर रहे थे। भोजन के समय हमारे यहाँ होते तो हम सब साथ ही खाना खाते थे। एक दोपहर को खाने के बाद अचानक उन्हें एपेंडिसाइटिस का अटैक हो गया। उसी बेहाल अवस्था में जैन साहब उन्हें अपने फैमिली डॉक्टर प्रेमशंकर भार्गव के पास लेकर भागे। क्लीनिक चाँदनी चौक में था। डॉ. साहब ने देखते ही दर्द और उल्टियों का उपचार तो कर दिया, पर जल्दी-से-जल्दी ऑपरेशन की सलाह दी।

नामवर जी इसके लिए बनारस जाने को तैयार नहीं थे। उन्होंने सिर्फ़ इतना ही

कहा कि ऑपरेशन की व्यवस्था यथासम्भव ऐसी जगह कर दी जाए जो बहुत महँगी भी न हो, और स्वयं उनकी देखभाल कर ले। डॉ. भार्गव की सलाह से यह व्यवस्था दरियागंज में डॉ. भाटिया के नर्सिंग होम में कराई गई। मेरे पूछने पर उन्होंने सख्त ताकीद कर दी कि इस प्रसंग की सूचना बनारस में किसी को नहीं दी जाए। मैंने प्रश्न किया, 'काशी को भी नहीं?'

उनका उत्तर था, 'बिल्कुल नहीं। ऑपरेशन का नाम सुनते ही वहाँ भगदड़ मच जाएगी। काशी अकेले थोड़े ही आ पाएँगे। आएगी उनके साथ पूरी मंडली, मेहमानदारी कौन करेगा?'

बात समझ में आनेवाली थी। ऑपरेशन बहुत कायदे और किफ़ायत से हो गया उस बेहद साफ़-सुथरे प्राइवेट नर्सिंग होम में। ऑपरेशन के समय वहाँ सिर्फ़ मैं और जैन साहब थे। रात के लिए हमने एक प्राइवेट नर्स की व्यवस्था कर दी।

तब तक शीला जी से मेरी विशेष मित्रता नहीं थी। नामवर जी ने उन्हें सूचित करवा दिया तो अगले दिन सुबह वे मिजाज़पुर्सी के लिए ऑफ़िस जाते समय पधारीं। वहाँ की व्यवस्था से हैरान थीं। शायद इसलिए कि उनकी सलाह और सहायता के बिना यह काम हुआ कैसे? बहरहाल, उन्हें न बताना था, न बताया गया। ब्यौरे की जानकारी सिर्फ़ हमारे अलावा नामवर जी के मित्र पुलिस अफ़सर मार्कंडेय सिंह को थी। अस्पताल से छुट्टी के बाद उन्होंने कुछ दिन लखनऊ रोड पर उन्हीं के घर गुज़ारे।

लगभग हमउम्र मित्रों की इस मंडली के बीच पारस्परिक आदान-प्रदान का यह सिलसिला हमें बराबर भावनात्मक दृष्टि से समृद्ध करता था, उत्साह और जिजीविषा भी प्रवाहित किए रहता था। साथ ही वरिष्ठ पीढ़ी के प्रति सम्मान और सम्बन्ध बनाए रखने में भी कोई कमी या कोताही नहीं बरती जाती थी। उनके माध्यम से परम्परा की निरन्तरता को समझने और बनाए रखने की ईमानदार कोशिश हमने बराबर जारी रखी। बीतते समय की रचना-प्रवृत्ति के विरुद्ध कोई फतवा जारी करने की जल्दी या दबाव हमें महसूस नहीं होता था।

एक बार मन्नू जी से शहर में अश्क जी की आमद की जानकारी मिली। वे उन दिनों शिक्षा-संस्थाओं और नाट्य-मंडलियों के बीच लोकप्रिय एकांकी नाटककार थे। रामकुमार वर्मा और जगदीशकुमार माथुर को भी उनसे कमतर ही समझा जाता था। मेरा अनुमान था कि वे विद्यार्थियों के लायक ऐसा दिलचस्प भाषण देंगे कि हिन्दी साहित्य के प्रति उनकी रुचि बढ़ेगी। मैंने साग्रह अपनी अहिन्दी-भाषी प्रिंसिपल को भी आयोजन में आमंत्रित कर लिया।

अश्क जी आए। लड़कियों से भरे बड़े हॉल को देखकर सम्भवत: उनका सन्तुलन गड़बड़ा गया। मैंने उनका प्रशस्ति-भरा परिचय कराया। उन्होंने भाषण का आरम्भ कुछ चुटकुलेबाजी से किया और क्रमशः फूहड़ता से अश्लीलता की दिशा में उसका विस्तार करते हुए समापन इस घोषणा से किया कि वे अपने बेटे के लिए उपयुक्त वधू तलाश करने के अभियान पर निकले हैं। उनकी इस हरकत से जो शर्मिन्दगी

उठानी पड़ी, उसका ज़िक्र बेकार है। मेरे लिए उनको धन्यवाद देना भी वैतरणी पार करने जैसा हो गया। बाद में प्रिंसिपल को जो सफ़ाई दी, सो अलग। यों वे भद्र महिला मेरे धर्मसंकट और मजबूरी को बड़ी समझदारी से सराहकर मुझे सान्त्वना ही देती रहीं, यह अलग बात है।

इससे ठीक अलग अनुभव दिनकर जी के साथ हुआ। मेरी उनसे भेंट दद्दा के घर में एकाध बार हो चुकी थी। उनका 'कुरुक्षेत्र' पाठ्यक्रम में निर्धारित था। मैंने उन्हें एकल काव्य-पाठ और विद्यार्थियों से बातचीत के लिए आमंत्रित किया—फोन से। वे बड़ी सहजता से राज़ी हो गए—शर्त इतनी कि उन्हें लाने के लिए किसी को भेज दूँ। डॉ. नगेन्द्र से मैंने चर्चा की। सुनकर वे गम्भीर हो गए। बस, इतना ही कहा, 'किसी लड़की को अकेले मत भेज देना उन्हें लाने के लिए।' मैंने व्याख्या कराना ज़रूरी नहीं समझा। बस, लड़की को दफ़्तर के एक ज़िम्मेदार व्यक्ति के साथ भेज दिया।

दिनकर जी आए, वही भरे हॉल में। उन दिनों वे कविता-पाठ में भी स्टार की हैसियत रखते थे। उन्होंने पहले मंच से कुछ कविताएँ सुनाईं, फिर सहसा बोले, 'भई, श्रोताओं से इतनी दूर से बात नहीं बनती। नीचे व्यवस्था कराओ।' मैंने नीचे कुर्सियाँ लगवानी शुरू कीं तो उन्होंने टोका, 'अरे कुर्सियाँ नहीं, बीचोबीच एक मेज़ लगवा दो।'

उनकी आज्ञा का पालन किया गया। स्टेज के नीचे बीचोबीच मेज़ पर वे पालथी मारकर विराजमान हो गए। बुलन्द आवाज़ में बड़ी देर तक कविता-पाठ करते रहे। वाणी उनकी बड़ी ओजस्वी थी। बिना माइक के भी पूरे हॉल में उनकी आवाज़ गूँजती थी। श्रोता निहाल। उनका वशीकरण ऐसा चला कि वह अनुभव बड़े दिनों तक यादगार होकर रह गया। उस समय तक सस्वर कविता-वाचन की परम्परा नि:शेष नहीं हुई थी। छन्द से मुक्ति हुई तो गम्भीर रचनाएँ सुनने की नहीं, पढ़ने की चीज़ होकर रह गईं। और सुनने-सुनाने का रिश्ता एक खास किस्म की अदाकारी से हो गया जिसके सहारे तमाम हल्की रचनाएँ और उनके अदाकार बाज़ार पर हावी होते चले गए।

कॉलेज के दिनों का एक और यादगार प्रसंग है। कई वर्ष तक 'नए' कवि सुर-ताल में बाँधकर काव्य-पाठ करनेवाले कवियों की सोहबत में मंच से काव्य-पाठ करने से कतराते थे। एक साथ होने पर गलेबाज़ अदाकार तो जनता की वाहवाही लूट लेते थे और 'नए कवि' अपनी सारी अर्थगर्भिता और बौद्धिकता के बावजूद हूट कर दिये जाते थे। इसलिए वे कोई निमंत्रण स्वीकार करने से पहले 'सोहबत' तय करने का आग्रह करने लगे।

भारतभूषण अग्रवाल ने तो कवि-सम्मेलनियों को मात देने के चक्कर में 'तुक्तक' लिख डाले, जो 'कागज़ के फूल' शीर्षक से पुस्तकाकार प्रकाशित हुए। गोकि इस हरकत से उन्होंने अपने समानधर्माओं की नाराज़गी मोल ले ली।

साठ से सत्तर के बीच के उस दशक के यशस्वी सितारे 'अज्ञेय' जी थे। आकर्षक

कद-काठी, चुस्त-दुरुस्त वेशभूषा, मितभाषी, किंचित् दाढ़ी पर छपी आधी इंच मुस्कान वाला उनका चेहरा अजब ढंग से रौबीला था। वे दर्शक को आकर्षित नहीं, आतंकित ज्यादा करते थे—अपनी सुपर बौद्धिक छाप से। यह समझने में लम्बा समय लगा कि वह उनका सहज नहीं, अर्जित-आरोपित व्यक्तित्व था, जिसे उन्होंने बड़े यत्न से साधा था। क्रमशः यह 'साधित' ही उनका 'सहज' प्रतीत होने लगा था। हिन्दी में 'प्रयोगवाद' से 'नई कविता' तक की काव्य-यात्रा के ये शिखर-पुरुष, तब हिन्दी पत्रकारिता में कीर्तिमान स्थापित करने के लिए 'दिनमान' के सम्पादक का दायित्व वहन कर चुके थे। उनके पिछलगुओं के रूप में सर्वेश्वर दयाल सक्सेना और रघुवीर सहाय का प्रवेश भी वहाँ हो चुका था। बाद में श्रीकान्त वर्मा का भी। इन सबके बीच वात्स्यायन जी बड़े भाई कहलाते थे। और उसी तर्ज़ पर सर्वेश्वर जी और रघुवीर सहाय 'छोटे भाई' और 'मोटे भाई' विशेषणों से जाने जाते थे।

'छोटे भाई' सर्वेश्वर जी इत्तफ़ाक से अजित कुमार के बगलगीर पड़ोसी हुआ करते थे। एक दिन अजित जी के घर पर उन्होंने बातचीत के दौरान अचानक प्रश्न किया, 'आप कभी अज्ञेय जी को क्यों नहीं बुलातीं काव्य-पाठ करने के लिए?'

मैंने सहज भाव से उत्तर दिया, 'मैंने सुना है कि वे तो कहीं जाते ही नहीं, ऐसे आयोजनों में।'

जवाब में सर्वेश्वर जी ने मुझे आश्वस्त करके उन्हें लाने की ज़िम्मेदारी खुद ले ली। बाद में पता लगा कि छोटे भाई ने उन दिनों 'बड़े भाई' को मंचों पर सुलभ कराने का अभियान चला रखा था, क्योंकि काफ़ी दिन नखरा दिखाने के बाद अज्ञेय जी की समझ में यह बात आ गई थी कि इस चक्कर में वे धीरे-धीरे अलभ्य नहीं, अलोकप्रिय होते जा रहे हैं। लोगों ने उन्हें आमंत्रित करना ही छोड़ दिया है। इस अप्रत्याशित स्थिति में उन्हें पुनः मंच-प्रतिष्ठित करने की ज़िम्मेदारी सर्वेश्वर जी ने ले ली थी।

आश्वासन के अनुरूप काव्य-गोष्ठी की तारीख और कवि तय हो गए। अज्ञेय जी की अध्यक्षता में शमशेर बहादुर सिंह, भारतभूषण अग्रवाल, सर्वेश्वर दयाल सक्सेना और अजित कुमार के काव्य-पाठ की योजना बनी। नियत तिथि और समय पर हॉल में श्रोता और आमंत्रित सभी कवि उपस्थित, पर अध्यक्ष गायब। पन्द्रह मिनट प्रतीक्षा के बाद फोन किया गया—घर और ऑफ़िस दोनों जगह। उनका कहीं कोई पता नहीं था। घर से किसी ने इतना ही कहा, 'घर से निकले तो काफ़ी समय हो गया है। अगर कहा है तो पहुँच ही रहे होंगे।'

इस जवाब से कोई सहायता नहीं मिलनेवाली थी। मोबाइल का ज़माना नहीं था। प्रतीक्षा करते-करते जब लगभग 45 मिनट के करीब हो गए और श्रोताओं में खलबली मचने लगी तो मैंने धीरे से शमशेर जी से आसन ग्रहण करने का अनुरोध किया। वे भीरु इन्सान, इस प्रस्ताव से ही घबरा गए। बोले, 'थोड़ी देर और देख लेते।'

मैंने अपनी मजबूरी बताई, 'शमशेर जी, मुझे डर है कि ये लड़कियाँ बेचैन हो रही हैं—कहीं हॉल खाली न कर जाएँ।'

भाई के रौब के मारे हुए शमशेर जी बड़ी मुश्किल से तैयार हुए। लगभग एक घंटा हो चुका था। वे सकुचाते हुए अध्यक्ष के आसन की तरफ़ बढ़ ही रहे थे कि सहसा हॉल के प्रवेश-द्वार पर अज्ञेय जी की भव्य आकृति प्रकट हुई। वे मन्थर गति से आए। बिना कोई सफ़ाई दिये या पछतावा जताए, अध्यक्ष के आसन पर विराजमान हो गए, जैसे कुछ हुआ ही नहीं हो!

गोष्ठी तो सम्पन्न हो गई—राजी-खुशी, बिना किसी झंझट के। बाद में धीरे से आमंत्रित कवियों ने बताया कि आयोजनों में निर्धारित समय के बाद देर से आना अज्ञेय जी की अदा है, ताकि श्रोताओं की जिज्ञासा और बेकली अपनी पराकाष्ठा पर पहुँच जाए। और उसके बाद बड़े शाही अन्दाज़ में मौके पर उनकी एंट्री हो। निश्चय ही यह बड़ी मारक योजना थी, क्योंकि उनके इन्तजार में आकुल-व्याकुल होते, भिनभिनाते श्रोतागण, उनके प्रकट होते ही सहसा स्तब्ध हो गए। मंत्रमुग्ध-से, उनके सम्मान में उनकी कदमताल के साथ पंक्ति-दर-पंक्ति खड़े होते चले गए। उनकी उपस्थिति बड़ी गरिमापूर्ण होती थी—यही उनके प्रतिस्पर्धियों और समानधर्मियों की दुखती रग थी, और अनुगतों के लिए सम्मोहिनी।

ऐसे आयोजनों और रचनाकर्मियों से निरन्तर और जीवन्त सम्बन्ध बना रहने का एक बहुत बड़ा लाभ मुझे यह हुआ कि समकालीन साहित्यिक परिदृश्य और प्रवृत्तियों से मेरा सम्पर्क बना रहा, वरना सम्भवत: मेरी गति भी पाठ्यक्रम में निर्धारित साहित्य से आगे नहीं बढ़ती और आलोचना-दृष्टि भी शास्त्रीय ढाँचे में बँधी रह जाती। यह दुर्घटना इसलिए भी तय थी क्योंकि विश्वविद्यालय में आचार्य-पद पर प्रतिष्ठित होने के बाद डॉ. नगेन्द्र ने समीक्षात्मक लेखन से क्रमश: विराग ले लिया। आचार्यत्व की गरिमा उन्हें शास्त्रीय मानदंडों का विवेचन-विश्लेषण करने और शास्त्रीय ग्रन्थों का अनुवाद करने-कराने में सुरक्षित दिखाई पड़ने लगी थी।

विश्वविद्यालय में हिन्दी : डॉ. नगेन्द्र के साये में

संस्कृत और अंग्रेज़ी के माध्यम से पश्चिम की काव्यशास्त्रीय चिन्तन-परम्परा को, हिन्दी पाठकों को सुलभ कराने की दिशा में डॉ. नगेन्द्र का योगदान ऐतिहासिक माना जाएगा। उन्होंने संस्कृत और पश्चिम के साहित्यशास्त्र की तमाम क्लासिक रचनाओं के हिन्दी अनुवाद कराए। स्वयं उनकी भूमिकाएँ लिखीं। आग्रह उनका बराबर इस बात पर रहता था कि दोनों परम्पराओं के बीच सामान्य बिन्दुओं को रेखांकित करके एक वैश्विक चिन्तन-परम्परा का प्रतिपादन करें।

इन ग्रन्थों की प्रकाशन-व्यवस्था के लिए उन्होंने तत्कालीन शिक्षा मंत्रालय से अनुदान की व्यवस्था करवाकर दिल्ली विश्वविद्यालय में एक 'हिन्दी माध्यम कार्यान्वयन निदेशालय' की स्थापना की। उपर्युक्त ग्रन्थों के अलावा, लम्बे समय

तक उस निदेशालय से समाज-विज्ञान के विषयों के महत्त्वपूर्ण ग्रन्थों का अनुवाद और हिन्दी में लेखन-प्रकाशन होता रहा। समय के साथ 'काव्यशास्त्र' की दिशा में काम होना तो बन्द हो गया, पर अन्य रचनाओं का प्रकाशन अब तक जारी है। खेद की बात यह है कि क्रमशः उन काव्यशास्त्रीय ग्रन्थों के आगामी संस्करण निकलने बन्द हो गए और अब केवल निजी पुस्तकालयों में ही उनके होने की उम्मीद की जा सकती है।

नतीजा यह हुआ कि दिल्ली विश्वविद्यालय के हिन्दी विभाग की मानसिकता पर शास्त्रीयता हावी हो गई। वे डॉ. नगेन्द्र, जिन्होंने अपने समकालीन रचनाकारों—जैनेन्द्र, बच्चन, दिनकर और अज्ञेय—तक के साहित्य पर बड़ी संवेदनशीलता और विवेकसम्मत नज़रिए से समीक्षात्मक लेखन किया था, इनके बाद की पीढ़ी के साहित्य के प्रति इतने संवेदनहीन हो जाएँगे, इसकी कोई कल्पना नहीं कर सकता था। समकालीन साहित्य को तुरन्त पाठ्यक्रमों में जगह न देने के पीछे तर्क हो सकता था, पर इसकी सम्भावना को सिरे से नकारने के कारण उनके और समकालीन रचनाकारों के बीच संवाद ही भंग हो गया। यह स्थिति विश्वविद्यालयों के हिन्दी विभागों के लिए बहुत शुभ नहीं हुई। इसलिए और भी, क्योंकि उस दौर में (1955-70) भारतीय विश्वविद्यालयों में डॉ. नगेन्द्र का प्रताप अपने चरम पर था। दिल्ली विश्वविद्यालय के हिन्दी एम.ए. के पाठ्यक्रम को अधिकांश विभाग मॉडल के रूप में देखते थे। यही नहीं, प्रशासनिक मामलों में भी उनकी भूमिका निर्णायक होती थी। आम धारणा थी कि नियुक्तियों में भी उनकी स्थिति भाग्य-विधाता की ही रहती थी। उनके साथ सहयोग करनेवालों में आचार्य हजारीप्रसाद द्विवेदी और अलीगढ़ के डॉ. हरबंश लाल शर्मा का ज़िक्र बराबर किया जाता था। डॉ. नगेन्द्र को इस बात का श्रेय भी दिया जाता था कि उन्होंने अपनी चयन-समिति में पंडित जी के विरोध को भुलाकर उनके विपत्ति-काल में उनका साथ दिया। गोकि इस प्रसंग में काशी हिन्दू विश्वविद्यालय में द्विवेदी जी के विरोधियों से उनके सम्बन्ध असहज हो गए।

नतीजा यह हुआ कि लगभग पन्द्रह वर्ष (1956-71) के बीच मध्याह्न के सूर्य की तरह डॉ. नगेन्द्र का ताप अपने चरम पर पहुँचकर उनके भीतर पनपती तानाशाही प्रवृत्ति के कारण क्षयोन्मुख हो चला था। लोग उनकी कद्रदानी को भूलने लगे थे, जिसके चलते उन्होंने भारत के विभिन्न भागों से युवा और प्रौढ़ रचनाकारों को दिल्ली के कॉलेजों और विभाग में लाकर शहर के शैक्षिक और साहित्यिक माहौल को समृद्ध किया। बड़ी लम्बी सूची है ऐसे लोगों की। जो नाम याद आ रहे हैं, उनमें कवियों में रामदरश मिश्र, कैलाश वाजपेयी, अजित कुमार, स्नेहमयी चौधरी, इन्दु जैन; कथाकारों में मन्नू भंडारी, महीप सिंह; नाटककार लक्ष्मी नारायण लाल; आलोचकों में देवीशंकर अवस्थी, विश्वनाथ त्रिपाठी और नित्यानन्द तिवारी; भाषा विज्ञानी भोलानाथ तिवारी, वरिष्ठ विद्वान शिक्षकों में डॉ. भरतसिंह उपाध्याय, पं. कृष्णशंकर शुक्ल और डॉ. कैलाशचन्द्र मिश्र। ज़रूरी नहीं कि यह सूची पूरी हो। ज़्यादा महत्त्वपूर्ण बात यह है

कि इन लोगों में कई नाम ऐसे हैं जिन्हें उन्होंने स्वयं अभ्यर्थी होने के लिए प्रेरित किया। आमंत्रित करके लाए। मोहन राकेश एक ऐसा ही नाम था जिसे वे साग्रह विश्वविद्यालय के हिन्दी विभाग की सान्ध्यकालीन कक्षाओं के लिए आमंत्रित करके लाए। यह बात अलग है कि राकेश जी को अपने मौला स्वभाव के कारण विश्वविद्यालय की अनुशासनबद्ध कार्य-प्रणाली बहुत दिन रोककर रख नहीं पाई।

सामान्यत: डॉ. नगेन्द्र अपना विरोध सहने के आदी नहीं थे—सार्वजनिक रूप से तो और भी नहीं। इसलिए लोग प्राय: उनकी बात काटने या टिप्पणी करने से कतराते थे, पर अगर कभी ऐसा हो जाए तो डॉ. साहब की प्रतिक्रिया अवसर के अनुकूल ही होती थी। ऐसा एक दिलचस्प प्रसंग पं. कृष्णशंकर शुक्ल के साथ घटित हुआ।

डॉ. साहब अनुसन्धान परिषद की एक बैठक के अन्त में समापन भाषण दे रहे थे। उन्होंने प्रसंगात उल्लेख किया कि वे शुक्ल जी को कानपुर से दिल्ली विश्वविद्यालय में लाए हैं। शुक्ल जी श्रोताओं की अग्रिम पंक्ति में विराजमान थे। बात उन्हें लग गई। वहीं से तुरन्त दस्तबस्ता खड़े होकर बोले, 'बड़ा उपकार किया आपने।'

सब समझ गए कि यह विनम्र कृतज्ञता-ज्ञापन नहीं है। विद्वान पंडित का आहत ब्राह्मणत्व बोल रहा है। डॉ. नगेन्द्र मौके की नज़ाकत को समझकर बात टाल गए।

पंडित जी एक तो कनौजिया ब्राह्मण और दूसरे आचार्य रामचन्द्र शुक्ल के शिष्य। वाक्-चातुरी उन्होंने काशी की परम्परा से विरासत में पाई थी। एक बार विश्वविद्यालय की एक गोष्ठी में उनका भाषण हुआ। उन दिनों ऐसे आयोजनों में स्थानीय इन्द्रप्रस्थ कॉलेज की एक प्राध्यापिका निर्विवाद रूप से वक्ता से कोई-न-कोई प्रश्न पूछने खड़ी हो जाती थीं, जो प्राय: अनर्गल ही होता था। हम लोगों ने उनका नामकरण ही कर दिया था—'प्रश्नप्रिया'। उनकी इस आदत से शुक्ल जी भी अनभिज्ञ नहीं थे।

उस दिन भाषण के बाद जैसे ही उन्होंने प्रश्न किया, पंडित जी करबद्ध खड़े होकर बड़ी विनम्रता से बोले, 'देवी, व्यक्ति कितना भी योग्य हो, उसे कभी न कभी तो हार माननी ही चाहिए। मैं आपके सामने पराजित हूँ, नतमस्तक होकर स्वीकार करता हूँ कि आपके प्रश्न का उत्तर देने में असमर्थ हूँ।'

इस मारक उत्तर से उस समय तो कमरे में सन्नाटा व्याप गया, पर इसका निश्चित लाभ आगे होनेवाले आयोजनों में हुआ।

कुल मिलाकर डॉ. नगेन्द्र के नेतृत्व में विभाग बराबर हर तरह के कार्यक्रमों से जीवन्त रहता था। उसी दौर में हमें कविवर सुमित्रानन्दन पन्त का काव्य-पाठ सुनने का सौभाग्य मिला। महादेवी ने मैथिलीशरण गुप्त की स्मृति में पहला स्मृति-व्याख्यान दिया। आचार्य हजारीप्रसाद द्विवेदी ने हिन्दी भाषा से सम्बद्ध अपनी परियोजना पर केन्द्रित दो भाषण दिये।

और तो और, 'प्रयोगवाद' और 'नई कविता' के प्रति अपनी रुद्ध संवेदनशीलता के बावजूद उन्होंने अज्ञेय जी को नई काव्य-प्रवृत्तियों पर भाषण देने के लिए आमंत्रित किया। अज्ञेय जी पाठ्यक्रम में नई काव्य-प्रवृत्तियों की अनुपस्थिति को लेकर बराबर

खीजे रहते थे। उसी नाराज़गी के कारण उन्होंने आदतन विश्वविद्यालय की पाठ्यचर्चा और शिक्षण पर कुछ कठोर टिप्पणी कर दी। आयोजन के बाद डॉ. नगेन्द्र ने अपना आक्रोश व्यक्त करते हुए जो कहा, उसका सार यह था कि कविवर अपनी आदत से बाज़ नहीं आ सकते। इस घटना के बाद, विभाग में उन्होंने अज्ञेय जी को न बुलाने का निश्चय कर लिया।

विभागीय विकास और शैक्षिक गतिविधियों का यह दौर बहुत जीवन्त और उत्साहवर्धक था, पर प्रशासनिक मामलों में उनकी कुछ ऐसी कमज़ोरियाँ थीं जिसकी अन्ततः उन्हें भारी कीमत चुकानी पड़ी। दरअसल समस्या उनके स्वभाव की थी। वे स्वयं अपनी तुलना नारियल से किया करते थे, जो अंशतः सही कही जा सकती है, पर उनकी मूल प्रकृति तानाशाही थी। सही-गलत का विवेक उनमें हमेशा अक्षुण्ण नहीं रहता था—खासकर व्यक्तियों की पहचान के मामले में। सफलता और सत्ता की जुगलबन्दी से उनके भीतर का आत्मविश्वास क्रमशः अहंकार के रूप में घनीभूत होता गया। इस हद तक कि कोपभाजन बनने के भय से क्रमशः उनके चारों ओर चापलूसों की ऐसी जमात इकट्ठी हो गई, जिनमें से अधिकांश चेहरों पर सहमति के छद्म मुखौटे चढ़े रहते थे, क्योंकि विरोध डॉक्टर साहब सह नहीं सकते थे और उनकी नाराज़गी का खतरा दूसरे लोग उठाना नहीं चाहते थे। अपने निर्णयों के समर्थन में अजीब कुतर्क ईजाद करके उन पर निहायत अड़ियल रुख अख्तियार करना उनका स्वभाव हो गया था।

ऐसा एक दुर्भाग्यपूर्ण प्रसंग विभाग के भीतर घटित हुआ। डॉ. उदयभानु सिंह मध्यकालीन कविता, विशेषकर तुलसीदास के जाने-माने विशेषज्ञ थे। विभाग में उनकी नियुक्ति आरम्भ में ही हो गई थी—'लेक्चरर' यानी एसिस्टेंट प्रोफेसर के पद पर। अध्यापक भी बहुत अच्छे थे। सालोंसाल डॉ. नगेन्द्र ने उनकी पदोन्नति विभाग में नहीं होने दी। स्थानीय कॉलेजों से एक के बाद एक लोग लाए जाते रहे, जो किसी अर्थ में उनसे अधिक योग्य नहीं थे। सिर्फ़ डॉ. नगेन्द्र की निजी पसन्द-नापसन्द के कारण, 'सीनियरिटी' के लचर तर्क के सहारे। अन्ततः डॉ. सिंह का धैर्य जवाब दे गया। उन्होंने विद्रोह का बीड़ा उठा लिया, पर विश्वविद्यालय और हिन्दी-जगत् में डॉ. नगेन्द्र का इस कदर दबदबा था कि न कुलपति और न ही विषय के विशेषज्ञ इस मामले में डॉ. उदयभानु सिंह की सहायता कर पा रहे थे। गोकि सहानुभूति बहुतों की उनके साथ थी।

सबसे दुखद बात पूरे प्रसंग में यह थी कि डॉ. नगेन्द्र ने विश्वविद्यालय के हिन्दी समाज में भी उनकी स्थिति 'बिरादरी-बाहर' की-सी कर दी थी। लोग उनसे मिलने-जुलने तक से कतराने लगे। डॉ. साहब की तानाशाही के कारण अधिकांश सहयोगियों के भीतर कोई-न-कोई दुखती रग चिलकती ही रहती थी।

इस प्रसंग में डॉ. नगेन्द्र का रुख जानते हुए भी मैंने कभी डॉ. उदयभानु सिंह के विरुद्ध चलाए जानेवाले किसी अभियान में सहयोग नहीं दिया। इतना ही नहीं, अगर कभी भूले-भटके वे मेरे घर आ निकले तो मैंने शिष्यत्व की मर्यादा के अनुरूप उनका आदर-सत्कार ही किया। जब भी डॉक्टर साहब के खबरी उन्हें इसकी सूचना पहुँचा देते तो उनके दरबार में बाकायदा मेरी पेशी और जवाबतलबी होती। आज यह याद करके बहुत आत्मतोष होता है कि मैंने उनके आतंक के सामने कभी हथियार नहीं डाले।

बीसवीं शताब्दी का सातवाँ दशक दिल्ली विश्वविद्यालय के हिन्दी विभाग के चरमोत्कर्ष के बाद क्रमशः पराभव का काल था। आरम्भिक वर्षों में शैक्षिक-साहित्यिक गतिविधियों और नई योजनाओं को साकार करने की दृष्टि से बेहद जीवन्त और उत्साहवर्धक। पर लगभग निर्बाध सफलताओं से धीरे-धीरे डॉ. नगेन्द्र का आत्मविश्वास कब अहंकार के रूप में शिलीभूत होता चला गया, उन्हें शायद स्वयं भी इसका बोध नहीं हुआ।

वे इरादतन न गलतियाँ करते थे, न बेईमानी। यों इस बात की दबी जबान से चर्चा होती रही कि उनकी दोनों बेटियों ने क्रमशः एक-एक करके विश्वविद्यालय के हिन्दी एम.ए. के रिकॉर्ड कायम किए यानी पहली ने जो रिकॉर्ड बनाया, उसे चार वर्ष बाद दूसरी ने तोड़ा, कुछ इतनी ऊँचाई तक ले जाकर कि वह सम्भवतः अभी तक कायम है। आनेवाले समय में यदि उन्होंने इस दिशा में अपनी योग्यता का कोई परिचय दिया होता तो सम्भवतः यह घटना स्मृति से ओझल हो जाती, पर वैसा कुछ हुआ नहीं और रह-रहकर इसकी अनुगूँज डॉक्टर साहब की यश-गाथा में सुनाई पड़ती रही। उनके शासन काल में भले ही किसी में इसके औचित्य पर प्रश्न उठाने का साहस न रहा हो, पर उनके निन्दा-प्रसंगों के बीच इस संयोग की चर्चा ने स्थायी जगह बना ली।

उनके तात्कालिक पराभव का मुख्य कारण उनके स्वभाव की बनावट थी। व्यक्तियों की पहचान में अक्सर गलती करते थे—पर गलती को स्वीकार करना, उसमें संशोधन करना या दूसरों को 'स्पेस' देना उन्हें अपनी हेठी मालूम होता था। इसके दो दुष्परिणाम हुए—एक तो उनके चारों ओर छद्म प्रशंसकों यानी चापलूसों ने घेराबन्दी कर ली; दूसरे, उनसे असहमति रखनेवाले कुछ अच्छे-भले विद्वानों से उनकी सिर्फ़ इस कारण ठन गई क्योंकि अपने किसी प्रस्ताव या योजना के बारे में 'ना' सुनना या किसी का असहमति जताना वे सह नहीं सकते थे।

विभाग के नियमन-संचालन में लोकतांत्रिक पद्धति के लिए कहीं कोई सम्भावना नज़र नहीं आती थी। पर हर तानाशाह की भीतरी गहराइयों में 'आत्मरक्षा' की भावना से प्रेरित समझौतापरस्ती के कुछ कीटाणु भी बराबर कुलबुलाते रहते हैं। उनके अस्तित्व का बोध चुनौतियाँ सामने आने पर ही होता है।

विश्वविद्यालय में एम.ए. की कक्षाओं में दाखिले और पढ़ाई की जो व्यवस्था

तब थी, वह वैसी ही चली आ रही है। दाखिला स्थानीय कॉलेजों में, पढ़ाई विश्वविद्यालय के विभागों में और ट्यूटोरियल की व्यवस्था कॉलेजों में। जिन कॉलेजों में एम.ए. के विद्यार्थी विश्वविद्यालय में जाते थे, उनमें से एक या दो अध्यापक, सहयोगी प्राध्यापन के लिए विश्वविद्यालय में आमंत्रित किए जाते थे—प्रायः वरिष्ठता क्रम से, विशेषज्ञता के अनुसार।

लेडी श्रीराम कॉलेज का पहला बैच जब एम.ए. में पहुँचा (1960-61) तो स्वभावतः मुझे अध्यक्ष होने के नाते विश्वविद्यालय में अध्यापन का निमंत्रण पाने की उम्मीद बँधी, पर एक साल गुज़र गया, कहीं कोई सुगबुगाहट नहीं हुई। अगला वर्ष आरम्भ होने से पहले मैंने बड़ी विनम्रता से इस सम्बन्ध में अपनी जिज्ञासा पेश कर दी। डॉ. साहब के असमंजस के कारण विचित्र थे। मैं यों भी एक नए, पर नामी- गिरामी कॉलेज के विभाग की अध्यक्ष हो जाने के कारण बहुतों की आँखों की किरकिरी हो गई थी, पर मेरा दावा अपनी जगह सही था। इस साँसत के बीच अपनी वस्तुनिष्ठता प्रमाणित करने और कुछ मुँह-लगे लोगों को प्रसन्न रखने के चक्कर में उन्होंने मुझे वैकल्पिक विषय 'कवि जयशंकर प्रसाद' की एक कक्षा लेने का फ़रमान जारी कर दिया। ऐसे विकल्पों में विद्यार्थियों की संख्या बहुत कम—प्रायः पाँच-छह होती थी। इसके साथ ही उन्होंने एक पुराने कॉलेज की सीनियरिटी में चौथे या पाँचवें नम्बर की एक महिला को, जो मुझसे भी एक साल जूनियर थी, ऐसी ही एक कक्षा सौंप दी। मुझे यह हरकत बेहद अपमानजनक लगी। मैंने बड़े आदरपूर्वक उनकी इस 'कृपा' के प्रति आभार व्यक्त करते हुए उसे स्वीकार करने में अपनी असमर्थता व्यक्त की और निमंत्रण लौटा दिया।

डॉ. साहब की प्रतिक्रिया सर्वथा अपेक्षित थी। मैंने कल्पना की, उनके मन में एक ही वाक्य कौंधा होगा, 'हाउ डेयर शी ?' इस नाचीज़ की यह हिम्मत ? इस प्रतिक्रिया का प्रमाण थी वह 'टीप', जो उन्होंने मेरे पत्र के नीचे लगाकर पत्र वापस लौटाया। टीप अंग्रेज़ी में थी। आक्रोश और प्रेम दोनों ऐसे मनोभाव हैं जिनकी तीव्रता अंग्रेज़ी में रूपान्तरित होकर कुछ सहज और शिष्ट हो जाती है। उन्होंने जो लिखा, उसका आशय यह था कि उनके जीवन में पहली बार किसी मातहत ने उनके निर्णय पर ऐसा सवाल उठाने का साहस किया है। यह भी कि जो मैंने लिखा, वह मेरा अनुरोध है या आदेश और उनकी सलाह है कि मैं अपने निर्णय पर पुनर्विचार करूँ। वह पत्र आज भी मेरे पास सुरक्षित है।

मेरे लिए उनकी यह प्रतिक्रिया अप्रत्याशित नहीं थी। यह भी कि अगर वे अपने फ़ैसले के औचित्य के बारे में आश्वस्त होते तो सीधे मुझे तलब करके बात करते, लिखा-पढ़ी न करते। मैंने कदम बहुत सोच-समझकर उठाया था। लिखा-पढ़ी में बात आगे बढ़ाने के बजाय मैंने उनसे मिलकर अपना पक्ष स्पष्ट करने का फ़ैसला किया, पर जब मैंने पेश होकर अपने निर्णय के पीछे तर्क दिया तो उन्होंने कायल होने और मामले को रफ़ा-दफ़ा करने के बजाय, मुझे धमकी दी कि अगर मैंने उनका प्रस्ताव

स्वीकार नहीं किया तो वे विभागीय कक्षाओं में हमारे कॉलेज से आनेवाले विद्यार्थियों पर रोक लगा देंगे।

उन्हें भरोसा था कि यह ऐसा अचूक अस्त्र है जिसके सामने हथियार डालने के सिवाय मेरे पास कोई दूसरा विकल्प नहीं बचेगा। यह सच है कि उनकी इस धमकी से एक बार तो मेरे पैरों तले की ज़मीन खिसक गई, पर न जाने कहाँ से मैंने साहस बटोरकर, बड़ी विनम्रता से उन्हें जवाब थमा दिया कि उस स्थिति में यह मेरे और उनके बीच नहीं, कॉलेज और विश्वविद्यालय के बीच सम्बन्ध का नीतिगत मामला होगा और उस स्थिति में विश्वविद्यालय का निर्णय मुझे स्वीकार्य होगा। उनके उत्तर की प्रतीक्षा किए बिना, मैं वहाँ से उठकर चली आई। ज़ाहिर है, उन्होंने बाद में इस पूरी घटना पर, बात बढ़ने से पैदा होनेवाले खतरों पर पुनर्विचार किया और समझौते की राह निकाली।

ऐसे तमाम प्रसंग औरों के साथ भी घटित होते ही रहते थे, पर ज़्यादातर लोगों में उनका विरोध करने या उनसे टकराने का साहस नहीं होता था।

यों पीठ-पीछे दबी-जबान में उनकी आलोचना करनेवालों की संख्या कम नहीं थी। पर सब उनकी अध्ययनशीलता, कर्मठता, शिक्षा-जगत् में उनकी प्रसिद्धि और प्रतिष्ठा के साथ, सत्ता के गलियारों में उनके सम्पर्क के मिले-जुले प्रभाव के सामने अपनी कमतरता के एहसास से सहमे रहते थे। इस हद तक कि असहमति के प्रसंगों में मैं उनके सामने जिस साहस और मुखरता से मुखातिब हो जाती थी, उससे सबको हैरत होती थी। मेरी दृष्टि से शायद इसका कारण था—अपने पारिवारिक जीवन में निरन्तर संकटों के बीच अपनी राहें बनाने की जद्दोजहद से पुष्ट होता मेरा आत्मविश्वास।

डॉ. नगेन्द्र स्वयं मेरी पारिवारिक मुसीबतों के साक्षी थे। यह बात अलग है कि उस मोर्चे पर स्थिति इतनी जटिल थी कि उसमें वे केवल सहानुभूति ही रख सकते थे और मेरी हिम्मत को सराह सकते थे। उस वस्तुस्थिति में उनके लिए किसी प्रकार की सहायता कर पाना सम्भव ही नहीं था। कोर्ट-कचहरी से उनका दूर-दूर तक कोई नाता नहीं था, न ही कानूनी दाँव-पेंच की उन्हें कोई समझ थी। बाकी जहाँ उनसे जो बनता—वे भरसक मदद करने की कोशिश करते। सबसे बड़ी बात थी—उनसे मिलनेवाला नैतिक बल। यह भरोसा कि संकट के हर क्षण में वे हमारे साथ हैं, घर के बुजुर्ग की-सी हैसियत से।

और तो और, उनसे उम्र में खासी बड़ी मेरी माँ तक उनके रौब-दाब से अभिभूत रहती थीं। वे घर में आते—एक विशिष्ट शख्सियत के मालिक की-सी अदा से। पूरा परिवार उनकी खातिरदारी में जुट जाता, पर बात केवल रौब-दाब की नहीं थी, उससे कहीं ज्यादा परिवार का विश्वास अर्जित करने की थी। हर मुसीबत, हर परेशानी की उन्हें जानकारी रहती थी, पर एक क्षण के लिए भी हमारे मन में यह सन्देह नहीं होता था कि वे बाहर कहीं इसकी चर्चा करेंगे। उनकी सबसे बड़ी खूबी या खामी यह थी

कि वे व्यक्तियों को नहीं, पूरे परिवारों को अपनाते थे। उनके दुख-सुख के साझीदार होते थे। यथाप्रसंग—यथासम्भव संकटमोचक की भूमिका अख्तियार करना अपना हक समझने लगते। यहाँ तक कि कभी-कभी उनकी दखलन्दाजी अखरने भी लगती, पर उनकी नीयत पर शक करने का सवाल ही पैदा नहीं होता था।

कॉलेज से मुक्ति की भूमिका

कॉलेज दिनोंदिन विकास करके शहर की एक अत्यन्त प्रतिष्ठित शिक्षा-संस्था का दर्जा हासिल कर चुका था। एक-एक करके प्रिंसिपल के पद को क्रमशः तीन महिलाएँ सुशोभित कर चुकी थीं। तीनों अपने-अपने ढंग से कर्मठ, शालीन और संस्था के प्रति समर्पित। सर श्रीराम का स्वर्गवास हो गया था और गवर्निंग-बॉडी की कमान उनके बड़े बेटे के हाथ में आ चुकी थी। लाला भरतराम में पिता की सादगी, दूरदृष्टि और सहजता भले ही नहीं रही हो, पर उस परिवार ने संस्थाओं के प्रबन्धन की योग्यता विरासत में पाई थी। पिता ने उनके और अपने आचरण के अन्तर पर एक बार सटीक टिप्पणी करते हुए कहा था, 'बेटा, मैं एक बहुत गरीब आदमी का बेटा था, ये लोग बड़े आदमी की औलादें हैं। फ़र्क तो होगा ही।' उनके इस कथन के बाद ही मुझे यह जानकारी मिली थी कि वे इस परिवार के दत्तक पुत्र थे, और उनके पिता शहर के किसी बजाज की दुकान पर काम करते थे। जब लाला जी से परिचय हुआ और वे गाहे-बगाहे कॉलेज के काम से घर पर तलब करने लगे तो यह देखकर हैरत हुई कि कर्ज़न रोड की उस विशाल कोठी के लम्बे बाहरी बरामदे के एक कोने में उनका रिहाइशी कमरा था—बीच के आकार का। कमरे में दीवार के सहारे एक सादा-सा पलंग, जिस पर गेरुए रंग की चादर बिछी रहती थी। पलंग के एक तरफ़ खिड़की की पाटी पर एक कमंडल, जिसमें सम्भवतः उनके पीने का पानी रहता होगा। पलंग के सामने दो सामान्य आरामकुर्सियाँ और एक गोल मेज़।

अनौपचारिक बातचीत के लिए इक्का-दुक्का लोगों को वे इसी कमरे में बुला लेते थे। औपचारिक मेल-जोल के लिए वे कोठी के सुसज्जित बड़े ड्राइंग रूम में आते। दावत के अवसर पर लम्बी, बीस सीटों वाली खाने की मेज़ पर चाँदी के बर्तनों में भोजन परसा जाता। प्रबन्धन की ज़िम्मेदारी आरम्भ में उनकी बड़ी बहू शीला भरतराम के हाथ में रहती थी। बाद में जब भरतराम सपरिवार मालचा मार्ग पर रहने लगे तो यह दायित्व उनके पौत्र बंसीधर की पत्नी उर्मिला ने सम्हाल लिया। बंसीधर लाला जी के बड़े बेटे मुरलीधर जी की सन्तान थे, जिन दम्पती की मृत्यु कई साल पहले एक हवाई-दुर्घटना में हो गई थी। यह जोड़ी लालाजी को बहुत प्रिय थी। स्वभाव से वे अपने चाचाओं की तुलना में बहुत विनयशील भी थे।

लालाजी की मृत्यु के बाद, परिवार से कॉलेज के स्टाफ़ के सम्बन्ध क्रमशः

औपचारिक होते चले गए। यह बात अलग है कि कॉलेज की जड़ें तब तक इतनी पुख्ता हो चुकी थीं कि कोई आसानी से उसका बहुत कुछ बिगाड़ नहीं सकता था। निजी स्तर पर उसमें लगातार दिलचस्पी लेने का प्रश्न अब नहीं रह गया था।

पुराने लोगों के बीच प्रिंसिपल की कुर्सी के लिए होड़ भी बन्द हो गई थी। शारदा जैन जानकी देवी कॉलेज चली गई थीं। एक-दो बार अस्थायी रूप से यह दायित्व सम्हालने के बाद मेरी समझ में यह बात आ गई थी कि इस तरह की प्रशासनिक ज़िम्मेदारी मेरे मन का काम नहीं है। इसकी एक बड़ी वजह यह भी थी कि डॉ. सुन्दरमोहिनी लूथरा के प्राण उसी कुर्सी में बसते थे। नाम के अनुरूप वे न सुन्दर थीं, न मोहिनी। सामान्य रूप-रंग वाली परम महत्त्वाकांक्षिणी महिला। अपने यू.जी.सी. वाले बहनोई के दम पर हर समय दन्द-फन्द में लगी रहतीं। औरों से बेवजह आशंकित, क्योंकि अनुभव के नाम पर स्कूल की अध्यापकी। जिस विषय का अध्यापन करती थीं—पी-एच.डी. उससे अलग विषय में थी। हिन्दी-अंग्रेज़ी दोनों भाषाओं का पंजाबी-छाप उच्चारण, ठीक-ठिकाने के चार-छह वाक्य बोलने में भी ज़बान फिसलने लगती। उषा प्रियम्वदा कॉलेज छोड़ने के बाद भी जब उनके किस्से सुनतीं तो हँसकर कहा करतीं, 'ईश्वर ऐसा बहनोई सबको दे।' उनकी इस व्यवहार-शैली से एक लाभ यह हुआ कि कॉलेज के तमाम प्रशासनिक और सांस्कृतिक कार्यक्रमों में हम लोगों की ज़िम्मेदारी और दिलचस्पी दोनों कम हो गईं। उधर से राहत मिली तो घर-गृहस्थी और अपनी पढ़ाई-लिखाई के लिए कुछ और समय सुलभ होने लगा।

'कितनी नावों में कितनी बार'

एक बार यह निश्चित कर लेने के बाद कि मैं कॉलेज में किसी पदोन्नति के लिए होनेवाली घुड़दौड़ में शामिल नहीं हूँ, लगा कि अब घर-गृहस्थी और अध्ययन-अध्यापन में समय कुछ निश्चिन्त भाव से देना सम्भव होगा। पर वैसा होना कहाँ था!

घरेलू मोर्चे पर जो दिख रहा था, असल में वैसा था नहीं। नीचे की मंजिल खाली हो गई तो माँ को निश्चिन्तता हुई कि हम जगह की तंगी के कारण घर से नहीं जाएँगे। हमने भी आर्थिक स्थिति बेहतर हो जाने के कारण आग्रह करके उन्हें किराये के बतौर, अपनी हैसियत-भर छोटी-सी राशि देनी शुरू कर दी। वहाँ बने रहने में मेरा सबसे बड़ा स्वार्थ यह था कि मेरे बच्चों की परवरिश माँ की चौकन्नी आँखों के नीचे हो रही थी। दोनों छोटे भाई-बहन भी उनके बीच मामा-मौसी की अपेक्षा कुछ बड़े भाई-बहन की मानसिकता से उम्र का अन्तर पार कर हिले-मिले रहते थे। इस पूरे माहौल की बड़ी वजह थी—बड़े भाई का स्वार्थी, हीन-ग्रन्थिग्रस्त और चिड़चिड़ा होना।

ग्रन्थियाँ उसमें तरह-तरह की थीं। कुछ परिस्थिति और कुछ कदम-कदम पर

असफलताओं का सामना करने के कारण, उसमें खास ढंग की अन्तर्मुखता घर करने लगी। पत्रिका निकालने का हौसला दिखाकर वे समय और पैसे दोनों की बर्बादी कर ही चुके थे। पढ़ाई में बेरुखी के कारण बी.एस-सी. उन्होंने दो बार फेल होकर तीसरे प्रयास में थर्ड डिवीज़न में पास की थी। नतीजतन वे मुझसे भी एक साल पीछे हो गए, पर उन्होंने धीरे-धीरे अपनी असफलताओं का ठीकरा मुकदमेबाज़ी के सिर फोड़ना शुरू कर दिया गोकि उसमें वे हमारी सहायता के बगैर पार नहीं पा सकते थे। पर मुद्रा उन्होंने यह अख्तियार की कि वे ही माँ और छोटे भाई-बहन के संरक्षक और अन्नदाता हैं। एक बार सौतेले परिवार से मुक्त होने के बाद उनका काम बस इतना था कि वे करोलबाग के मकान के किरायेदारों से और अपने मकान के नीचे वाले हिस्से की दुकानों और तबेले के मालिकों से किराया वसूल कर गठिया लेते और माँ को झिका-झिकाकर खर्चे के लिए गिन-गिनकर पैसे देते। अगर उस समय स्कूल-कॉलेज की फ़ीस नाममात्र की-सी न होती तो शायद छोटे भाई-बहन की पढ़ाई के खर्चे को लेकर भी कलह होती। माँ के हाथ में तो बस मेरा किराया आता था या बरसाती में बसे एक निहायत सज्जन व्यापारी परिवार का। भाई साहब की आँखों में यह बात भी खटकती थी।

समय के इस दौर में डॉ. नगेन्द्र का दर्जा परिवार के बुजुर्ग जैसा हो चुका था। किसी समस्या से वे अनजान नहीं रहते थे। पूरी वस्तुस्थिति को देखते हुए सबकी राय यह बनी कि भाई साहब की कुंठाजन्य बदमिजाज़ी का कारण शायद उनका खाली रहना था। वकालत उनके बस की नहीं थी। शैक्षिक योग्यता इतनी नहीं थी कि उसके आधार पर कोई सम्मानजनक नौकरी लग सके। इस परिस्थिति में डॉ. साहब ने संकटमोचक का दायित्व अख्तियार किया। आकाशवाणी के तत्कालीन अधिकारियों से उनकी मित्रता थी। उन्होंने ड्रामा प्रोड्यूसर चिरंजीत से कहकर स्टाफ़-आर्टिस्ट के रूप में उनकी नियुक्ति आकाशवाणी के दिल्ली केन्द्र में करा दी। पगार बहुत ऊँची नहीं थी, पर उस समय मुख्य बात थी उनका काम से लगना, ताकि घर की शान्ति भंग न हो। बंचपन में तबला बजाने की जो शिक्षा उन्होंने पाई थी, वह बरकरार थी, लिहाज़ा नौकरी पाने में मददगार हुई और वे नियमित काम से लग गए। यों उनके रुख-रवैए में इस घटना से भी विशेष अन्तर नहीं आया। इतना ज़रूर हुआ कि नौकरी स्थायी होने के बाद जीवन एक ढर्रे में बँध गया।

उनकी बेरुखी और स्वभाव की तिक्तता का मनोवैज्ञानिक प्रभाव सबसे ज़्यादा छोटे भाई-बहन पर पड़ा। माँ भरसक कोशिश करतीं कि उन्हें किसी बात की कमी महसूस न हो, पर उनकी अकालपक्व बुद्धि को यह समझ में आ गया था कि अपने भविष्य के लिए आत्मनिर्भर होना उनकी प्राथमिक आवश्यकता है। सीमित साधनों के सहारे दोनों पढ़ाई में जी-तोड़ मेहनत करते। भाई मुझसे चार साल छोटा था। जब मैंने चार साल के अवकाश के बाद एम.ए. की कक्षा में प्रवेश लिया तब इस अन्तराल को पाटकर वह भी दिल्ली पॉलिटेक्निक से बी. कॉम पास करके चार्टर्ड एकाउंटेंट

की ट्रेनिंग के लिए किसी अच्छी फ़र्म की तलाश में था। उस समय किसी फ़र्म में प्रवेश पाने के लिए आरम्भ में उसके मालिक को एकमुश्त राशि देनी पड़ती थी जिसे वह ट्रेनिंग के दौरान प्रशिक्षु को मासिक भत्ते के रूप में लौटा देता था।

भाई साहब ने प्रस्ताव सामने आते ही ऐलान कर दिया कि उनके पास देने के लिए पैसा नहीं है, इसलिए चार्टर्ड एकाउंटेंट बनने की महत्त्वाकांक्षा छोड़कर छोटे भाई को नौकरी करने की बात सोचनी चाहिए। पूरा परिवार सकते में आ गया, पर छोटे भाई ने हिम्मत नहीं हारी। उसने इस प्रस्ताव के साथ कि चूँकि वह आरम्भिक राशि देने की स्थिति में नहीं है, इसलिए वह बिना मासिक भत्ते के, प्रशिक्षण के दौरान काम करने के लिए तैयार है, कुछ फर्मों का दरवाज़ा खटखटाया। एक-दो जगह असफल होने के बाद, एक भलेमानस को उस पर करुणा उपज आई। छोटे कद-बदन और भोले-से चेहरे-मोहरे के मालिक इस पितृहीन नवयुवक को उन्होंने बड़ी सहानुभूति के साथ अपने आश्रय में ले लिया।

ब्यौरे अप्रासंगिक हैं, पर इस प्रसंग से उसके भाग्योदय का श्रीगणेश हुआ। उसने जी-तोड़ मेहनत की। मालिक धीरे-धीरे उसके लिए लगभग पितृ-छाया जैसे हो गए। खर्च बचाने के लिए वह अपना भोजन छोटे-से कटोरदान में बाँधकर ले जाता। बस से सफ़र करता। फ़र्म से उसे जहाँ भी काम के लिए भेजा जाता, वहाँ हर जगह से ट्रेनिंग के बाद उसे नौकरी देने की पेशकश होती। वह भी सन्तुष्ट और मालिक भी निहाल।

इतना ही नहीं, बड़े भाई साहब को मुकदमेबाज़ी की जो लत लग गई थी, उसके चलते उन्होंने सान्ध्यकालीन कक्षाओं में एल.एल.बी. में दाखिला ले लिया था। छोटे को भी लगा कि चार्टर्ड एकाउंटेंट के साथ कानून की डिग्री से उसका बाज़ार-भाव बढ़ जाएगा, सो उसने भी बड़े भाई साहब के नक्शेकदम पर चलते हुए सान्ध्यकालीन कक्षाओं में दाखिला ले लिया। अन्तिम परिणति में बड़े भाई साहब तृतीय श्रेणी में और वह प्रथम श्रेणी में लॉ की डिग्री लेकर निकले। यह बात अलग है कि मुकदमेबाज़ी के दौरान वे उसे छोटे-मोटे कामों के लिए बराबर लगभग एलची की तरह दौड़ाते रहते थे, पर उसने लाख असुविधा होने पर भी कभी हुकुम-उदूली नहीं की। चार्टर्ड एकाउंटेंसी की परीक्षाएँ भी एक ही प्रयास में पास कर लीं। फाइनल परीक्षा में उसे टैक्सेशन के सर्वोत्तम पर्चे पर दिया जानेवाला 'टाटा' पुरस्कार मिला और परीक्षा-परिणाम आते ही उसकी नियुक्ति डी.सी.एम. के लेखा-विभाग में हो गई—नौ सौ की मासिक तनख्वाह पर। समय के उस दौर में यह राशि खासी सम्मानजनक मानी जाती थी।

डी.सी.एम. के दफ़्तर की लालाशाही अलबत्ता उसे रास नहीं आई। पहले ही दिन से उसे यह बात बेहद नागवार गुज़रती थी कि जैसे ही लाला चरतराम किशनगंज वाले दफ़्तर के दरवाज़े पर पहुँचते थे—तीन मंज़िल की उस इमारत में शोर बरपा होता कि लालाजी आ गए। तीनों मंज़िलों का पूरा स्टाफ़ अपनी-अपनी सीट पर उनकी अगवानी के लिए खड़ा हो जाता। लालाजी अलबत्ता बिना दाएँ-बाएँ देखे, नाक की सीध में

अपने कमरे की ओर बढ़ते चले जाते। संयोग से जिससे नज़र मिल जाती, वह अगवानी में हाथ जोड़े हुए दुहरा हो जाता और अपने को धन्य समझने लगता।

यह तौर-तरीका पहले ही दिन से भाई के गले नहीं उतरा और उसने चुपचाप दूसरी जगह तलाश करना शुरू कर दिया। बड़ी जल्दी उसे सफलता मिल गई और उसकी नियुक्ति मशहूर ब्रिटिश कम्पनी आई.सी.आई. के कलकत्ता ऑफ़िस में हो गई। दिल्ली से उसकी विदाई परिवार के लिए खुशी-गम की मिली-जुली अनुभूति का बायस बनी। भाई साहब शायद इसका अपवाद थे।

उनके भीतर क्या चल रहा है, परिवार में किसी को इसका दूर-दूर तक अन्दाज़ा नहीं था। यह घटना बीसवीं सदी के सातवें दशक के शुरू की है। तब तक छोटी बहन ने भी क्रमशः इतिहास में बी.ए. ऑनर्स करके एम.ए. कर लिया था। परिवार ने विषय के चयन के मामले में किसी की इच्छा का विरोध नहीं किया, पर उसके साथ दुर्घटना यह हो गई कि सात पर्चों में प्रथम श्रेणी के बावजूद एक पर्चे में छब्बीस अंक आने के कारण, उसे कुल मिलाकर दूसरी श्रेणी मिली। उस समय (1961 ई. में) पुनर्मूल्यांकन का विकल्प नहीं था। अर्ज़ी देने पर केवल जोड़ दुबारा चेक कर दिया जाता था।

उसके साथ जो घटित हुआ, वह तत्कालीन अध्यक्षों की तानाशाही और सामन्ती रवैए की जानकारी के लिए महत्त्वपूर्ण है। इतिहास विभाग के अध्यक्ष डॉ. बिशेश्वर प्रसाद डॉ. नगेन्द्र के पड़ोसी तो थे ही, मित्र भी समझे जाते थे। कम-से-कम डॉ. साहब ऐसा ही समझते थे। लिहाज़ा, डॉ. नगेन्द्र ने सलाह दी कि वह परीक्षा विभाग में अर्ज़ी दे, पर डॉ. प्रसाद से मिलकर इस असंगति की ओर उनका ध्यान दिलाना भी उचित होगा। इस प्रसंग में डॉ. नगेन्द्र की सिफ़ारिश की कोई ज़रूरत नहीं समझी गई।

एक सामान्य विद्यार्थी की हैसियत से समय तय कर जब वह इस समस्या को लेकर डॉ. प्रसाद के दरबार में हाज़िर हुई तो उन्होंने बड़ी तटस्थ मुद्रा में उसकी जानकारी में इज़ाफ़ा करते हुए कहा कि उस पर्चे में उसी के साथ नहीं, अधिकांश विद्यार्थियों के साथ ऐसा हुआ है। यह भी कि यह अनर्थ मॉडरेशन के समय उनके न रहने के कारण हुआ। यह भी कि अब वे इस प्रसंग में कुछ करने की स्थिति में नहीं हैं। उनसे चूक इतनी हो गई कि उन्होंने उसकी मार्कशीट यह कहकर अपने पास रख ली कि वे फिर भी परीक्षा-विभाग से इस बारे में पूछताछ करेंगे और वह दो-तीन दिन बाद उनसे मिल ले।

ज़ाहिर है, उसे उनके व्यवहार के रूखेपन से निराशा हुई। इसलिए और भी कि वे जानते थे कि वह मेरी छोटी बहन है और उसे उम्मीद थी कि शायद वे इस कारण शायद कम-से-कम उससे कुछ सहानुभूति से पेश आएँगे। उसके मन में उनसे दुबारा मिलने का उत्साह नहीं था, पर दो-तीन दिन में परीक्षा-विभाग से सूचना मिली कि उसके अंकों के जोड़ में छह नम्बरों का अन्तर पाया गया। अतः सम्बद्ध विभाग ने उसके परिणाम में यह अंक जोड़कर संशोधन कर दिया है। उसने नैतिक ज़िम्मेदारी

समझते हुए यह सूचना देने के लिए अध्यक्ष जी का दरवाज़ा दुबारा खटखटाया। डॉ. प्रसाद को भ्रम हुआ कि वह उनके आश्वासन के सन्दर्भ में उनसे मिलने आई है। उन्होंने उसके घुसते ही ताबड़तोड़ फ़रमाया, 'भई, मैंने पता लगाया, तुम्हारे नम्बरों में कोई गलती नहीं है। आई एम सॉरी।'

सुननेवाली में कूटबुद्धि होती तो वहाँ से चुपचाप धन्यवाद देकर लौट आती, पर उनके झूठ से सम्भवतः वह इतनी विचलित हो गई कि उससे रहा नहीं गया और उसने विनम्रता से उन्हें परीक्षा–विभाग से प्राप्त सूचना की जानकारी दे दी। ज़ाहिर है, अपने झूठ का पकड़ा जाना, वह भी एक अदना–से विद्यार्थी के हाथ उन्हें बर्दाश्त नहीं हुआ। उत्तर में उन्होंने इतना ही कहा कि सम्भवतः परीक्षा–विभाग ने उनसे बिना जाँच किए ऐसे ही कह दिया। पर मन में गाँठ बाँध ली।

बात इतने पर खत्म नहीं हुई। उस समय एम.फ़िल. नहीं होता था। जब उसने पी–एच.डी. में प्रवेश लेना चाहा तो उन्होंने वह दरवाज़ा भी उसके लिए बन्द कर दिया। अपने तर्क उन्होंने पहले से तैयार कर रखे थे। दोनों के बीच होनेवाला संवाद इसका प्रमाण है :

'तुमने विकल्प क्या लिया था?'

'एंशेंट हिस्ट्री।'

'संस्कृत पढ़ी है?'

'नहीं सर, संस्कृत तो नहीं पढ़ी पाँचवीं क्लास के बाद।'

'तो एंशेंट हिस्ट्री में रिसर्च कैसे करोगी?'

'तो सर मेडीवियल में कोई विषय दे दीजिए।'

'पर्शियन जानती हो?'

'नहीं सर, पर्शियन तो नहीं पढ़ी।'

'तो मेडीवियल पीरियड में रिसर्च कैसे करोगी?'

'तो सर, मॉडर्न हिस्ट्री में ही करने को तैयार हूँ।'

'तुम्हारे तैयार होने से क्या होता है? मॉडर्न तो तुम्हारे पास ऑप्शन ही नहीं था, वह कैसे मिल सकता है?'

इसके बाद कुछ कहने–सुनने को नहीं बचा था। उसकी समझ में आ गया कि कारण जो भी हो, वे उसे रिसर्च में दाखिला नहीं देंगे। उस समय विभागों की अध्यक्षता रोटेट नहीं होती थी। अतः भविष्य एकदम अनिश्चित हो गया। अन्दाज़ लगाया कि क्या मार्कशीट के प्रसंग से वे इतने विक्षुब्ध हो गए थे कि उन्होंने उसे पाठ पढ़ाने का निर्णय कर लिया था, पर बात इतनी ओछी थी कि खुद ही विश्वास करने का मन नहीं हो रहा था।

वह बड़े हताश मन से वापस लौटी और उनसे हुआ संवाद मेरे सामने दुहरा दिया। उसके चेहरे का नैराश्य और यह संवाद, मेरी स्मृति में आज भी टँका है। डॉ. नगेन्द्र से परामर्श लिया गया। वे आश्चर्यचकित थे। बीच में दखल देना या सिफ़ारिश करना

इसलिए बेकार था क्योंकि डॉ. प्रसाद उनसे सीनियर तो थे ही, हमारे पारिवारिक सम्बन्धों से अनजान भी नहीं थे। हमें शक था कि वे जो कुछ कर रहे थे, सब सोची-समझी योजना के तहत कर रहे थे।

इस बात की पूरी तरह पुष्टि कुछ दिन बाद हुई। उसने शिक्षा इन्द्रप्रस्थ कॉलेज में पूरी की थी, पर लेडी श्रीराम कॉलेज का इतिहास विभाग उससे मेरी बहन होने के नाते परिचित तो था ही, प्रभावित भी था। इतिहास विभाग की मेरी सहयोगी श्रीमती उर्मिला राणा ने एक दिन अचानक सूचना दी कि उनके विभाग में एक जगह खाली है, और यदि निशा चाहे तो वे उसे फिलहाल तदर्थ नियुक्त कर सकती हैं। स्थायी पद के विज्ञापन और इंटरव्यू की प्रक्रिया में समय लगेगा। इस दौरान यदि वह आ जाए तो विभाग को सुविधा हो जाएगी। यह प्रस्ताव इतना अप्रत्याशित और सम्मानजनक था कि इससे निशा को जैसे मुँहमाँगी मुराद मिल गई। ऐसी अस्थायी नियुक्ति के लिए तब अध्यक्ष की औपचारिक अनुमति अनिवार्य नहीं होती थी। यों भी योग्यता की दृष्टि से कोई बाधा नहीं थी, पर इससे पहले कि वह कॉलेज ज्वाइन करती, अचानक कॉलेज को अध्यक्ष डॉ. बिशेश्वर प्रसाद का एक 'तात्कालिक' पत्र मिला जिसमें इस बात की जवाबतलबी की गई थी कि कॉलेज प्रशासन ने उनकी अनुमति के बिना यह कदम उठाया कैसे ? उस ज़माने में अध्यक्षों की निरंकुश तानाशाही से सब घबराते थे। पत्र मिलते ही मिसेज राणा मेरे पास यह विनती करने आईं कि मैं कॉलेज से मिले पत्र पर कोई कार्रवाई करने से निशा को रोक दूँ, ताकि वे जैसे-तैसे डॉ. प्रसाद का कोपभाजन होने से अपना बचाव कर सकें। ज़ाहिर है, उस स्थिति में कोई विकल्प नहीं था किसी के पास।

पर इस घटना से इतना तय हो गया कि वे निशा का कैरियर चौपट करने के लिए कटिबद्ध हैं। बहुत सोचा, दिमाग दौड़ाया, पर इसके अलावा कोई कारण समझ में नहीं आया कि बहस दरअसल उससे नहीं, मुझसे थी। जब मैंने एम.ए. में दाखिला लिया था, उस समय उनकी एक अत्यन्त सौम्य और शालीन, पर सामान्य योग्यता वाली बेटी डॉ. नगेन्द्र के सौजन्य से इन्द्रप्रस्थ कॉलेज के हिन्दी विभाग में प्राध्यापिका नियुक्त हो चुकी थी। औपचारिक दृष्टि से मैं उनकी विद्यार्थी हुई। बहुतों के दुर्भाग्य से विद्यार्थी की हैसियत वाली इस नाचीज़ ने कुछ ऐसी तेज़ दौड़ लगाई कि वे ही नहीं, कई एक तथाकथित प्राध्यापिकाएँ पिछड़कर पीछे छूट गईं।

अध्यापन के दौरान मुझे ऐसे अनेक लोगों की नाराज़गी और विरोध झेलना पड़ा था। यों भी हमारी प्रगति कॉलेज की प्रगति और विकास से एकमेक हो गई थी। इसके अलावा इस बीच मैंने अपनी पी-एच.डी. भी पूरी कर ली। काम के दौरान मेरे और निर्देशक के बीच जो घटित हुआ था, वह भी किसी से छिपा नहीं था। संयोग यह भी था कि मेरी निर्देशिका और डॉ. प्रसाद के बीच जाति-सम्बन्ध भी था और दोनों इलाहाबादी भी थे। यह सब बहुत दूर की कौड़ी लगता था, पर हमें निशा के प्रति डॉ. प्रसाद के दुर्भाव का कोई सटीक कारण मिल नहीं रहा था।

निशा से व्यवहार की कोई शिकायत किसी को हो नहीं सकती थी। अपने उपेक्षित बचपन और घरेलू संघर्षों के बीच पलने के कारण वह बेहद भीरु हो गई थी—सबसे अलग-थलग, सहमी-सी, अपने में सिकुड़ी-सकुचाई।

इस पूरे घटनाक्रम ने उसे भीतर से तोड़ दिया। मेरे आत्मसम्मान को यह गवारा नहीं हो रहा था कि मैं खुद इस प्रसंग में डॉ. बिशेश्वर प्रसाद के दरबार में कोई अर्जी लगाऊँ या किसी से सिफ़ारिश कराके दोहरा एहसान लूँ। इतना असहाय मैंने जीवन में कम ही अवसरों पर महसूस किया होगा। एक आशंका यह भी धीरे-धीरे मन में घर कर रही थी कि अनजाने ही कहीं निशा के मन में मुझसे स्पर्धा या हीन-ग्रन्थि का एहसास अंकुरित न हो जाए! पर वैसा कुछ होता, उससे पहले दुर्भाग्य से एक सर्वथा अप्रत्याशित घटना और घट गई।

निशा की एक सिन्धी सहपाठिन और घनिष्ठ मित्र, अपने कुछ सम्बन्धियों के प्रयास से परीक्षा खत्म होने के बाद अमेरिका निकल गई थी। वह लगातार उसके सम्पर्क में थी। उसे जब यहाँ की स्थितियों की, विशेषकर अध्यक्ष महोदय के रुख-रवैए की जानकारी मिली तो उसने वहाँ निशा को प्रवेश दिलाने के लिए प्रयत्न करना आरम्भ कर दिया। हम लोगों को न इसकी विशेष जानकारी ही थी और न ही उस ओर कोई विशेष रुझान था।

पारिवारिक संरचना में भी इस बीच कई बदलाव आ चुके थे। भाई साहब जब स्थायी नौकरी से लग गए, तभी हम सबको महसूस होने लगा कि उनके विवाह के बारे में सोचना चाहिए। इस सोच की एक बड़ी वजह यह भी थी कि हम सबको यह विश्वास था कि उपयुक्त जीवन-साथी मिल जाए तो उनके स्वभाव पर इसका असर पड़ेगा। उपयुक्त कन्या की तलाश जल्दी फलवती हुई। रिश्तेदारी के सूत्रों से एक निहायत शरीफ़ मध्यवर्गीय परिवार की छरहरी सलोनी, ग्रेजुएट लड़की की जीवन-डोर उनके साथ बँध गई। शादी उनकी खुशी और सहमति से हुई, पर उसका परिणाम प्रत्याशित नहीं हुआ।

दाम्पत्य-सम्बन्धों से जो उल्लास और भरा-पूरापन जीवन में आता है, वह उनके बीच सिरे से गायब था। भाभी में किसी तरह की कोई कमी नहीं थी—न रूप में, न स्वभाव में, सिवाय इसके कि उन्होंने अपनी पीड़ा के रहस्य का साझीदार घर के किसी सदस्य को कभी नहीं बनाया। उदासी की छाप उनके चेहरे पर स्थायी रूप से अंकित रहती थी। समाज की तत्कालीन रवायतों के चलते पति का विरोध न करने का महामंत्र उन्हें घुट्टी में पिलाकर ही परिवार ने विदा किया था। वे सुखी नहीं हैं, यह सब बहुत जल्दी जान गए। यह भी कि उनकी उदासी या दुख का कारण परिवार का कोई दूसरा सदस्य नहीं, स्वयं पति महाशय हैं। दैहिक-सम्बन्धों में कोई खाई नहीं है। इसका प्रमाण सामने था। यथासमय उन्होंने नियमित अन्तराल पर तीन सुन्दर बेटियों को जन्म दिया,

जिनमें पहली की अकाल मृत्यु हो गई। बाकी दोनों अपने नाकारा, बदमिजाज़ पिता के बावजूद सामान्य मध्यवर्गीय कन्याओं की तरह पढ़ती-लिखती बड़ी होती रहीं। इतना ज़रूर हुआ कि उनकी दूसरी बेटी को, घर के कलहपूर्ण वातावरण के कारण, कुछ वर्ष तक उनके माता-पिता ने अपने पास शिमला में रखकर उसका पालन-पोषण किया। ये सब बाद की बातें हैं।

उस समय भाई साहब की बदमिजाज़ी का मूल कारण दरअसल यह था कि वे मन-ही-मन, माँ की पूरी सम्पत्ति पर एकाधिकार ज़माने की योजना बनाने में तल्लीन रहने लगे थे। छोटे भाई के कलकत्ता जाते ही उन्होंने सोचा होगा कि चलो, एक काँटा तो दूर हुआ!

मुझसे जो स्वार्थ सधना था, वह भी सध चुका था। अत: उनकी योजना की अगली कड़ी थी कि किसी तरह मुझे उस घर से बाहर का रास्ता दिखाया जाए। उन्होंने बड़ी आजिज़ी से माँ के कान भरे। नौकरी सामान्य थी। शादी से गृहस्थी की ज़िम्मेदारी कन्धों पर आ चुकी थी। हाथ में एल.एल.बी. की डिग्री थी और पारिवारिक मुकदमेबाज़ी का अच्छा-खासा अनुभव था। उन्होंने माँ के सामने प्रस्ताव रखा कि वे मुझसे नीचे की मंजिल के कोनेवाले दो कमरे खाली करने की पेशकश करें, ताकि वे उसमें अपनी वकालत की प्रैक्टिस शुरू कर सकें। एक पुरानी कहावत है—'होते का बाप, न होते की माँ' यानी पिता योग्य सफल बेटे का साथ देता है और माँ अयोग्य-असफल बेटे का। ज़ाहिर है, उनके इस प्रस्ताव के भुलावे में माँ को बेटे का सुनहरा भविष्य नज़र आने लगा। वे जानती थीं कि बाकी बचे हिस्से में तीन बच्चों की भरी-पूरी गृहस्थी का गुज़ारा करना मेरे लिए कठिन होगा। उनकी गति साँप-छछूँदर वाली हो गई। वे अन्तर्मन से यह नहीं चाहती थीं कि वहाँ से मेरा निष्कासन हो, पर यह भी उनकी हार्दिक इच्छा थी ही कि उनका यह नाकारा बेटा किसी ढंग के काम-धन्धे में लगे।

अपने असमंजस पर काबू पाकर एक दिन दबी जबान से उन्होंने भाई साहब का प्रस्ताव मेरे सामने रखा—इस आग्रह के साथ कि मैं घर छोड़ने की नहीं, छोटी जगह में गुज़ारा करने की दिशा में सोचूँ। माँ की पुत्र-वत्सल मानसिकता में भले ही यह बात नहीं आई हो, पर मुझे इस प्रस्ताव के पीछे भाई साहब की बदनीयती ताड़ने में देर नहीं लगी। अगर उनकी नीयत में खोट नहीं होती तो उन्होंने मुझसे सीधे बात की होती। माँ को बिचौलिया बनाने का मकसद इसके अलावा क्या हो सकता था कि शक की सुई उनकी तरफ़ न घूमे।

माँ को भी कहीं-न-कहीं यह विश्वास था कि मैं वहाँ परिवार की सुरक्षा और किराये की किफ़ायत के लोभ में चुपचाप अपनी गृहस्थी को ढाई कमरे में समेट-सिकोड़कर गुज़ारा करने पर राज़ी हो जाऊँगी, पर मेरे अन्तर्मन ने गवाही नहीं दी। कहीं-न-कहीं यह शक बराबर सिर उठा रहा था कि वकालत तो बहाना भर है, भाई साहब अब मुझे घर से बेदखल करने पर आमादा हैं। मैंने निर्विरोध उनका प्रस्ताव

स्वीकार कर लिया, पर गृहस्थी समेटने के बजाय बाहर किराये के मकान की तलाश शुरू कर दी।

माँ इस फ़ैसले के लिए मन से तैयार नहीं थीं। उन्हें जानकारी तब मिली जब मेरा सामान उठाकर ले जाया जाने लगा—ए-5/45, माल रोड, हमारे नए निवास की दिशा में। उन दिनों किराये का मकान मिलना बड़ी समस्या नहीं थी। हमने बड़ी जल्दी उस शान्त निहायत सुरम्य-सी जगह पर यह फ़्लैट ढूँढ़ लिया—पाँच सौ रु. महीने पर। पहली खबर उन्हें मेरी उन मुँहबोली 'माँजी' से मिली, जो मेरे यहाँ दिन-भर घरेलू काम के लिए रहती थीं। भद्र ठकुरानी, जिन्हें हमने हमेशा मातृवत् आदर दिया।

ज़ाहिर है, उन्हें भी मेरा ठिकाना छूटने का दुख था और माँ—उनके तो जैसे पैरों तले की ज़मीन खिसक गई। वे खबर मिलते ही नीचे दौड़ी आईं, बड़ी देर तक मुझे फ़ैसला बदलने के लिए कायल करती रहीं—तर्क से, अनुनय से और अन्त में आँखें भर के, पर तब बहुत देर हो चुकी थी। वहाँ सिमट-सिकुड़कर बने रहना मेरे आत्मसम्मान को गवारा नहीं था, गोकि तब पाँच सौ किराया देना हमें भारी पड़ता था। तीनों बच्चे अच्छे स्कूलों में पढ़ रहे थे। उसके अलावा घर-गृहस्थी, नौकर-गाड़ी—सबका बोझ उठाना, असम्भव तो नहीं, कष्टसाध्य ज़रूर था।

हमारे इस फ़ैसले से, मैं समझ सकती थी, सबसे ज़्यादा सुविधा और अनजाने ही खुशी शायद डॉ. नगेन्द्र को हुई होगी। तार्किक दृष्टि से शायद सही यह होता कि हम नई दिल्ली की दिशा में घर ढूँढ़ते क्योंकि जैन साहब का दफ़्तर कनॉट प्लेस में था और कॉलेज लाजपत नगर में। लेकिन मेरा लगाव विश्वविद्यालय समाज से अधिक था। माल रोड हमें इस अर्थ में बहुत रास आया कि देखते-ही-देखते वहाँ हमारे बाद ही विश्वविद्यालय से जुड़े तमाम पढ़े-लिखे परिवार आ बसे। बगल वाले फ़्लैट में सेंट्रल इंस्टीट्यूट के दम्पती डॉ. रामनारायण मेहरोत्रा और उनकी पत्नी प्रीतवन्ती। ऊपर वाले फ़्लैट में वर्तमान कुलपति दिनेश सिंह के पिता प्रो. उदितनारायण सिंह का परिवार जो बड़ौदा से विश्वविद्यालय के मैथमैटिक्स विभाग में आए थे। इन दोनों परिवारों से हमारी खूब पटरी बैठी जिसका एक कारण यह भी था कि हमारे बच्चे एकदम हमउम्र थे। डॉ. मेहरोत्रा की दो बेटियाँ और डॉ. सिंह के दो बेटे और एक बेटी—यही क्रम मेरे बच्चों का था। अपनी गैर-हाज़िरी में भी हमें बच्चों की चिन्ता नहीं होती थी। यह संग-साथ लगभग सात वर्ष पड़ोस-सम्बन्ध से निभा और बाद में स्थायी मित्रता में परिणत हो गया। सन्तानों ने बाद में अलबत्ता अपने-अपने विषयों के अनुरूप अलग राहें पकड़ लीं और अपनी-अपनी दुनिया में रम गए।

मेरे बगल वाले फ़्लैट के ऊपर की मंज़िल में मिरांडा हाउस के इतिहास विभाग की वरिष्ठ प्राध्यापिका डॉ. शिवा दुआ, कालिन्दी कॉलेज की प्रिंसिपल होने के बाद, आकर रहने लगी थीं। वे अविवाहित थीं और स्वभाव से बेहद कड़क समझी जाती थीं, पर हमारे परिवार से उनकी भी बहुत बनी। यहाँ तक कि जब मेरी बेटी ने कई वर्षों बाद लेडी श्रीराम कॉलेज से पॉलिटिकल साइंस में एम.ए. किया तो उन्होंने उसे

साग्रह अपने कॉलेज में तदर्थ नियुक्ति दे दी। यह बात अलग है कि जल्दी ही सेना-अधिकारी से विवाह हो जाने के कारण, उसे वह काम छोड़ना पड़ा। डॉ. दुआ बाद में भी काफ़ी समय उसके वापस आने की प्रतीक्षा करती रहीं, क्योंकि वह हिन्दी और अंग्रेज़ी दोनों माध्यमों में बड़ी मेहनत करके कक्षाएँ पढ़ा लेती थी। ऐसा संयोग उस समय कठिनाई से मिलता था। बहरहाल, एक बार गृहस्थी में फँसने के बाद उसकी वापसी न हो सकी।

दो-तीन फ़्लैट्स के अन्तराल पर दर्शन विभाग के शिखाधारी विद्वान डॉ. रामचन्द्र पांडेय भी उसी अहाते के भीतर आ बसे थे। उनके साथ औपचारिक दुआ-सलाम से अधिक सम्बन्ध नहीं बना, सम्भवतः रहन-सहन की शैली में अन्तर के कारण। वे डॉ. उदयभानु सिंह के हमदर्द और मित्र थे। डॉ. साहब अपने संघर्ष-काल में अक्सर उनके यहाँ आते—प्रायः सन्ध्या समय। मैं उस समय बाहर अपने लॉन के पेड़-पौधों में पानी दे रही होती थी। शिष्टाचारवश उन्हें चाय के लिए आमंत्रित कर लेती। वे जब भी कभी कुछ देर के लिए आ जाते तो न जाने किस आकाशवाणी से डॉ. नगेन्द्र के पास समाचार पहुँच जाता और मेरी जवाबतलबी होती, 'सुना है, कल ठाकुर साहब आपके यहाँ चाय पर तशरीफ़ लाए थे?' सफ़ाई देना मुझे बेहद अपमानजनक लगता था। मैं कुछ-न-कुछ ऐसा उत्तर पकड़ा देती जिसका नतीजा होता कुछ तुर्की-ब-तुर्की सवाल-जवाब और फिर पैर पटकते हुए उनकी रवानगी।

डॉ. उदयभानु सिंह ने मेरी इस सत्यनिष्ठा और साहसिकता को हमेशा सराहा और मेरे प्रति इस बात के लिए एक हद तक कृतज्ञता अनुभव करते रहे कि जब पूरा विभाग डॉ. नगेन्द्र के आतंक के कारण उनसे कन्नी काटे रहता था, मैंने उन्हें गुरुवत् आदर देने में कभी कोताही नहीं की। इतिहास साक्षी है, आगे चलकर जब डॉ. नगेन्द्र और उनके सम्बन्ध सहज हुए तो उसमें मेरी भूमिका बहुत महत्त्वपूर्ण थी। समय ने अन्ततः मुझे ही सही सिद्ध किया।

साहित्यकारों की सोहबत-II

माल रोड में रहने से साहित्यकारों के साथ हमारे सम्बन्धों में भी इज़ाफ़ा हो गया। अजित-स्नेह, राजेन्द्र-मन्नू और भारतभूषण-बिन्दु की तिकड़ी की चर्चा मैं कर चुकी हूँ। उनके अलावा विश्वविद्यालय परिसर में अन्य विषयों के विद्वानों से भी मेल-जोल बढ़ चला। उस समय मॉडल टाउन हिन्दी साहित्य और पत्रकारिता से जुड़े तमाम लोगों का रिहाइशी क्षेत्र था। सर्वेश्वर दयाल सक्सेना तो अजित कुमार के बगलगीर पड़ोसी थे ही, उनके अलावा रामदरश मिश्र, उदयभानु मिश्र, रमेश गौड़, शमशेर बहादुर सिंह, देवीशंकर अवस्थी, विश्वनाथ त्रिपाठी, आग्नेय जैसे हर कद-काठी और मानसिकता के तमाम लोग उसी इलाके में बसे थे। शाम होते ही वहाँ

अलग-अलग लोगों के घरों में छोटी-बड़ी गप-गोष्ठियाँ जम जाती थीं और शहर भर की अच्छी-बुरी खबरों, बहस-मुबाहिसों का बाज़ार गरम हो जाता था। विश्वविद्यालय से जुड़े भी तमाम लोग वहाँ रहते थे। डॉ. सावित्री सिन्हा को एकाधिक लोगों ने उनकी गैर-जानकारी में अपना खबरी बना रखा था। डॉ. नगेन्द्र प्रायः शाम को उनके यहाँ चक्कर लगाते थे। अपना भविष्य साधने की दृष्टि से जो बात लोगों को डॉ. साहब तक पहुँचानी होती थी, वह बड़ी होशियारी से श्रीमती सिन्हा के कान में डाल देते थे। वे कान की कच्ची तो थी हीं, ऐसी धूर्तताओं को समझ पाने की चालाकी भी उनमें नहीं थी। इसलिए काफ़ी समय तक उनके अनजाने ही लोग अपनी पदोन्नति का रास्ता उनके माध्यम से बनाते रहे। किसको किस रूप में कितनी सफलता मिली या नहीं मिली, इस बात की चर्चा अब अप्रासंगिक है। प्रासंगिक सिर्फ़ इतना है कि डॉ. नगेन्द्र से सीधे जो बातें कहने की हिम्मत लोगों में नहीं होती थी, उन्हें उन तक पहुँचाने का रास्ता डॉ. सिन्हा के घर से होकर जाने लगा।

हम लोग अजित कुमार के अलावा प्रायः किसी और के घर नहीं जाते थे। यह बात अलग है कि मेरे वहाँ पहुँचते ही, सर्वेश्वर जी दस मिनट के भीतर वहाँ नामूद हो जाते थे। एक बार मेरे पूछने पर उन्होंने खुलासा किया कि मेरी पहुँच की जानकारी उन्हें अजित कुमार की खिड़की से उन तक पहुँचती मेरी हँसी की आवाज़ से हो जाती है। सर्वेश्वर जी ने काफ़ी समय बाद बताया कि उन्होंने मेरी 'हँसी' पर एक कविता लिखी थी, जो उनके वायदा करने पर भी सुनने का अवसर मुझे नहीं मिला।

साहित्यकर्मियों की यह पीढ़ी नए रचनाकारों की थी। इनकी सोहबत का सबसे बड़ा लाभ यह हुआ कि साहित्य की नई प्रवृत्तियों, रचनाओं और गतिविधियों से मेरा जीवन्त सम्पर्क बना रहा। यह बात अलग है कि विश्वविद्यालय के शैक्षिक तंत्र में भी मेरी संलग्नता कम नहीं हुई। अकादमिक कार्यक्रमों के सिलसिले से शहर के सभी प्रतिष्ठित रचनाकारों से मेरे अच्छे-भले सम्बन्ध कायम हो गए। इनमें राष्ट्रकवि मैथिलीशरण गुप्त के अलावा, कवि नरेन्द्र शर्मा, दिनकर जी, भवानीप्रसाद मिश्र, जैनेन्द्र जी जैसे तमाम नाम शामिल थे। डॉ. लक्ष्मीनारायण लाल, डॉ. महीप सिंह आदि से परिचय विश्वविद्यालय के द्वारा आयोजित कार्यक्रमों के बीच हुआ। कुल मिलाकर साहित्यिक-शैक्षिक जीवन की एक लय बन गई।

जब हम माल रोड गए तब तक बच्चों की पर-निर्भरता की समस्या नहीं रह गई थी। बड़ा बेटा ग्यारह साल का हो गया था, बेटी लगभग आठ साल की और छोटा चार साल का। सबसे बड़ी बात यह थी कि पढ़े-लिखे हमख़याल लोगों के परिसर में सबका खासा तालमेल बैठ गया था। व्यावहारिक समस्या इतनी भर थी कि जैन साहब को काम के लिए कनॉट प्लेस और मुझे कॉलेज के लिए लाजपत नगर जाना पड़ता था। पर तब न आज की-सी ट्रैफ़िक की मारामारी थी, न बस में यात्रा करने में विशेष कठिनाई होती थी। घर में गाड़ी थी ही। बच्चे जब तक हम शहर में थे, तब तक दरियागंज के हैपी स्कूल में पढ़ते रहे—प्राइमरी कक्षाओं में। माल रोड आ जाने

के बाद बड़े बेटे को दिल्ली पब्लिक स्कूल में और बेटी को डॉ. दशरथ ओझा की सहायता से लेडी इर्विन स्कूल में दाखिला दिला दिया था। छोटे बेटे ने आरम्भ से ही मॉडर्न स्कूल में स्कूली शिक्षा पूरी की। सबके स्कूलों की बस माल रोड तक आती थी इसलिए कोई कठिनाई नहीं हुई। मैं और जैन साहब गाड़ी और बस में आवश्यकता के अनुसार एडजस्ट कर लेते थे।

परिवार फिर-फिर

हमारा जीवन तो एक ढर्रे में बँधकर नियमित रूप से चलने लगा, पर उधर माँ के परिवार में हमारे निकलते ही समस्याएँ सिर उठाने लगीं। छोटी बहन के सामने जो बाधा उसके विभागाध्यक्ष ने खड़ी कर दी थी, उससे निष्कृति का रास्ता नज़र नहीं आ रहा था। वे चाहते क्या थे, सबकी समझ से परे था। एकाध बार मैंने बहन से कहा कि वह उनसे मिलकर बात करे और हल निकालने की कोशिश करे। उसने मुझे दो टके का जवाब पकड़ा दिया, 'मैं नहीं जाऊँगी उनसे मिलने। जब जाओ, बैठे-बैठे बासी पूरियाँ खाते और चूरन चाटते रहते हैं, कोई रीज़नेबल बात नहीं करते। उन्होंने ठान रखा है कि मुझे न नौकरी करने देंगे, न रिसर्च। मुझे नहीं कराना अपना और अपमान। अपने को खुदा समझ रखा है क्या? कोई-न-कोई रास्ता निकलेगा ही। ईश्वर के यहाँ देर है, अन्धेर नहीं।' और रास्ता निकल आया।

उसकी मित्र ने मैसाचुसेट्स यूनिवर्सिटी में उसके दाखिले की व्यवस्था करा दी—वित्तीय सहायता के साथ। इस प्रस्ताव के आते ही, उसके तो मानो पंख लग गए। घर में दो ही व्यक्ति इस प्रस्ताव के विरोध में थे—मैं और माँ। उसकी उम्र उस समय कुल इक्कीस वर्ष थी। हमेशा बड़े सुरक्षित वातावरण में पालन-पोषण हुआ था। हमें इस बात की आशंका थी कि इतनी छोटी-सी उम्र में वह अकेली, अपनी उस मित्र के भरोसे दूर-देश में जाएगी तो कहीं भटक न जाए। माँ तो बेहद क्षुब्ध थीं। ऐसे मौकों पर भीतर जमा कहावतों के भंडार से बड़े मारक वचन फूटते थे उनकी वाणी से। सुनते ही बोलीं, 'कोढ़ी मरे संगाती चाहे'—लक्ष्य बेटी नहीं, उसकी सहेली थी। सोचना मेरा भी कुछ ऐसा ही था पर हमारे पास कोई विकल्प नहीं था, उसके सामने रखने के लिए। वह हठ ठाने बैठी थी। मैंने खुद को कभी इतना बेबस महसूस नहीं किया। यह घटना आधी शताब्दी से भी अधिक पुरानी है—1962 की। आज न कोई विभागाध्यक्ष स्थायी होता है, और न किसी विद्यार्थी के साथ डंके की चोट ऐसी ज़्यादती कर सकता है।

बहरहाल, हम सब अपने-अपने ढंग से मजबूर थे। इस पूरे घटनाक्रम में, मैं और माँ क्षुब्ध और असहाय महसूस कर रहे थे। जैन साहब हमसे सहमत होने पर भी रिश्ते की नज़ाकत के कारण चुप थे। छोटे भाई को जब कलकत्ते में यह समाचार दिया गया तो दूर बैठा वह भी कुछ कहने की स्थिति में नहीं था। विचित्र बात यह थी कि पूरे

परिवार में एक ही व्यक्ति से उसे समर्थन मिल रहा था और वह थे बड़े भाई साहब। घर से तीसरे हिस्सेदार की विदाई से अनायास उनके रास्ते के आखिरी काँटे के निकलने की सम्भावना पैदा हो गई। उन्हें अपनी योजना के सफल होने के पूरे आसार नज़र आ रहे थे। फिर भी उसके टिकट के खर्च के लिए उन्होंने अपनी पत्नी से फोन कराकर छोटे भाई से कलकत्ते से यह कहकर पैसा मँगवा लिया कि इस समय उनका हाथ तंग है। पर वे जल्दी, सुविधा होते ही, पैसा लौटा देंगे। जो ज़ाहिर है, नहीं लौटाया गया।

अमेरिका तब की युवा–पीढ़ी के लिए भी सम्भावनाओं का स्वप्नलोक था। मैसाचुसेट्स विश्वविद्यालय की प्रतिष्ठा उस समय अपने शिखर पर थी। जाते–जाते वह अपने विभागाध्यक्ष महोदय की सेवा में उपस्थित होकर उन्हें अपनी इस उपलब्धि का समाचार देना नहीं भूली। ज़ाहिर है, यह खबर उन्हें हतप्रभ करने के लिए काफ़ी थी। जैसे–तैसे सम्हलकर उन्होंने उसे शुभकामना देने की औपचारिकता दिखाई ज़रूर, पर इस घटना के बाद वे हमारे लिए पूरी तरह अप्रासंगिक हो गए।

जाने से पहले वह हमसे मिलने माल रोड आई, कर्तव्य–बोध से। वह जानती थी कि हम उसकी योजना के पक्ष में नहीं हैं, भारी मन से हमने उसे आशीर्वाद दिया। भविष्य में हर तरह के सहयोग का आश्वासन दिया। पूरा परिवार जब हवाई–अड्डे पर उसे रवानगी के लिए छोड़ने गया तो सबका मन भारी था। भाई साहब के मन में क्या था, यह उनके सिवा कोई नहीं जानता। हमने तो बस अंग्रेज़ी में कहा गया वह वाक्य सुना, जो उन्होंने बड़ा मुँह बिगाड़ के कड़वाहट के साथ कहा, 'वी हैव एंट्रस्टेड हर टू गॉड, लेट अस गो!'

नहीं जानती थी कि उनकी जबान इतनी काली थी। हम सचमुच उसे ईश्वर के हवाले करके लौट रहे थे—एक निर्मम समाज में आजीवन संघर्ष करने के लिए।

बहन के चले जाने के बाद माँ उस घर में अकेली–सी पड़ गईं। भाई साहब का स्वभाव दिन–पर–दिन बद से बदतर होता जा रहा था। वे किसी की खुशहाली से खुश नहीं थे। अच्छी पत्नी और प्यारी–सी बच्ची के जन्म के बाद भी आश्वस्त होने के बजाय वे हर समय छोटी–छोटी बातों पर कलह करते रहते थे।

और तो और, आकाशवाणी से भी यह समाचार मिलने लगा कि वहाँ भी कर्मचारी यूनियन में सक्रिय होकर वे खासी खुराफ़ात करते रहते हैं। यहाँ तक कि इस आफ़त को सिर मढ़ने के लिए दबी ज़बान से चिरंजीत जी ने डॉ. नगेन्द्र को जब–तब उलाहना देना शुरू कर दिया। जब मैं सामने पड़ जाती तो मुझसे वे कुछ कहें या नहीं, मुझे ही उनसे नज़र मिलाने में संकोच होने लगा।

घर में पत्नी के चेहरे से मुस्कराहट सिरे से गायब हो गई थी। माँ को वे पैसे से तंग रखने लगे। वे जब बहुत दुखी होतीं तो बस पकड़कर मन बदलने के लिए कुछ

घंटे के लिए हमारे यहाँ आ जातीं, पर प्राण उनके वहीं पड़े रहते थे—तरह-तरह की आशंकाओं से भरे। सहानुभूति हम सबकी भाभी के साथ थी पर उन्होंने ससुराल में किसी से अपना दुख बाँटना सीखा ही नहीं था। कभी-कभी सन्देह होता है कि भाई साहब कहीं इसलिए तो उनकी लानत-मलामत नहीं करते थे कि उन्होंने एक के बाद एक तीन लड़कियों को जन्म दिया? गोकि इस बात से हमारे परिवार में किसी के मन में दूर-दूर तक कोई गिला कभी हुआ ही नहीं; बल्कि जब उनकी तीन महीने की पहली बिटिया की अकस्मात् मृत्यु हो गई तब माँ समेत हम सब बेहद दुखी हुए थे। बाकी दोनों सन्तानों ने भी उन्हें लालन-पालन में कभी कोई कष्ट नहीं दिया। दरअसल वे शायद पूरे परिवार में किसी के प्रति अपनी कोई ज़िम्मेदारी समझते ही नहीं थे। छोटे भाई की भी शादी होनी चाहिए—यह सवाल भी उनके लिए कोई मायने नहीं रखता था। कलकत्ता में अकेले रहते हुए उसे दो साल से कुछ अधिक समय हो गया था। संयोग से हमारे परिचय-वृत्त के एक पुराने कलकत्तावासी परिवार ने अपनी छोटी बेटी के लिए विवाह-प्रस्ताव भेजा। तब तक भारतीय समाज में विवाह-सम्बन्धों में पारम्परिक ढर्रे पर लड़के-लड़की की देखा-दाखी और सामान्य जानकारियों के आधार पर शादियाँ तय करने का चलन था। हमारे परिवार में दहेज लेने-देने का कभी कोई सवाल किसी शादी में उठा ही नहीं।

भाई साहब के रहते घर का कोई काम राजी-खुशी हो नहीं सकता था। परिवार मेरी ससुराल-पक्ष से परिचित था और जैन साहब व्यापार के सिलसिले में अक्सर कलकत्ता जाते रहते थे। कन्या-पक्ष ने घर के बुज़ुर्ग की हैसियत से उन्हीं से चर्चा चलाई। लौटने पर जैन साहब ने यह जानकारी माँ और बड़े भाई साहब को दी तो बातचीत के बाद तय पाया गया कि माँ एक बार लड़की को साक्षात् देख लें तो रिश्ता तय कर दिया जाए। जैन साहब के साथ फोटो आ ही गई थी और उन्होंने यह भी आश्वस्त कर दिया था कि लड़की एकदम फोटो जैसी ही दिखती है। भाई साहब के अलावा सभी लोगों को प्रस्ताव ठीक ही लग रहा था, पर भाई साहब ने बड़ी तटस्थ-सी मुद्रा अख़्तियार करके बस इतना ही कहा कि 'अगर सबको ठीक लग रहा है तो ठीक ही होगा।' दरअसल वे परिवार में किसी बात के निर्णय की ज़िम्मेदारी लेना ही नहीं चाहते थे। नतीजा ठीक हो तो श्रेय लेने का रास्ता खुला ही रहता था, और गलत होने पर यह कहकर कि 'मैं तो पहले ही जानता था,' वे तुरन्त लानत-मलामत करने का अभियान चालू कर देते थे। उनके आचरण पर 'चित भी मेरी, पट भी मेरी' वाली कहावत चरितार्थ होती थी।

इस विवाह में न उन्होंने दो-टूक सलाह देने या व्यवस्था की ज़िम्मेदारी उठाने में कोई पहल की, न शादी पर होनेवाले खर्चे में कोई योगदान दिया। माँ को तो वे स्थायी रूप से कंगाली की दमघोटू स्थिति में रखते ही थे—खुद भी ऐसे अवसरों पर तंगहाली और बेबसी की नाटकीय मुद्रा धारण कर लेते थे। लिहाज़ा अपनी शादी का पूरा खर्च खुद छोटे भाई ने ही उठाया।

बड़े भाई साहब का योगदान इस रूप में हुआ कि कन्या-पक्ष की ओर से बारात की अगवानी के कुछ ही देर बाद अचानक वे गायब हो गए। बारात खाने के लिए बैठी तो उनकी ढूँढ़ मची। काफ़ी भाग-दौड़ के बाद जब वे हाथ आए तो उन्होंने दो घोषणाएँ कीं। एक तो यह कि उन्हें भूख नहीं है, इसलिए वे खाना नहीं खाएँगे और दूसरी यह कि उन्हें तुरन्त दिल्ली लौटना है। कम-से-कम हम लोग जानते थे कि किस्सा कुछ और ही है।

समधी जी बिचारे अलग बेहाल। बहरहाल, बड़ी मान-मनौअल के बाद पता लगा कि एतराज़ भाई साहब को इस बात पर हुआ कि बारात दरवाज़े पर पहुँचने के बाद क्रम में पहली मिलनी और स्वागत उनके बजाय जैन साहब का क्यों किया गया जबकि बड़े भाई तो वे थे। दोनों पक्षों में किसी का ध्यान इस बात पर गया ही नहीं था। यह इत्तफ़ाक इसलिए हुआ चूँकि पूरे रिश्ते की औपचारिक बातचीत जैन साहब ने की थी और दूसरे कद-काठी में भी जैन साहब के रौबीले व्यक्तित्व के सामने भाई साहब खासे गए-गुज़रे-से लगते थे। समधी से तो उनका परिचय भी दरवाज़े पर जैन साहब ने ही कराया था।

बहरहाल, उनका उद्देश्य तो विघ्न डालने और फजीहत करने के अलावा कुछ था नहीं, सो मौके की नज़ाकत के ख़याल से जैन साहब और भाई के कुछ मित्रों ने उन्हें समझा-बुझाकर स्थिति पर काबू पाया और जैसे-तैसे विवाह सम्पन्न हुआ। बड़े भाई और घर के बुज़ुर्ग होने के दावेदार भाई साहब ने शांदी के उपहार के रूप में छोटे भाई को एक ट्रांजिस्टर अता फ़रमाया और उसे पत्नी के साथ एक दिन पिकनिक कराने ओखला ले गए—'हम दो और तुम दो' के फ़ॉर्मूले के तहत।

कुछ ही दिन बाद छोटा भाई पत्नी को लेकर कलकत्ता लौट गया। एक ज़िम्मेदारी के सही-सलामत निपट जाने से माँ आश्वस्त हुईं। हम अपनी ज़िन्दगी में वापस लौट गए। हमें, माँ और छोटे भाई को इस बात की कसक ज़रूर रही कि छोटी बहन शादी में शरीक न हो सकी—न छुट्टी मिली, न वह खर्चा उठाने की स्थिति में थी। उस समय घर की माली हालत में कोई दूसरा भी यह भार उठाने में समर्थ नहीं था। भाई साहब का तो सवाल ही नहीं उठता था।

विश्वविद्यालय के बीच

माल रोड पर जाकर बसने के बाद, हमारी दिनचर्या का छन्द ही बदल गया था, पर पड़ोस और मित्र-मंडली के विस्तार और गुणात्मक परिवर्तन से जीवन की सक्रियता और रुचिरता में इज़ाफ़ा हो गया।

विश्वविद्यालय-कैम्पस की करीबी से बौद्धिकों का साहचर्य रोज़मर्रा की बात थी। बदले हुए परिवेश ने मुझे अनायास बौद्धिक ऊर्जा की जो सौगात दी, उससे

आनेवाले समय में मेरे जीवन की दिशा निर्धारित होती चली गई। एक तरफ़ शास्त्रज्ञ गुरु डॉ. नगेन्द्र का बौद्धिक आतंक और दूसरी ओर हँसती-खिलखिलाती युवतर मित्र-मंडली का जीवन्त साहचर्य। अजब विरोधाभास था। साथ उठना-बैठना और समसामयिक लेखन से सम्बद्ध विषयों पर बहस-मुबाहिसा, उठा-पटक—सब मित्रों की टोली में ऐसे रुचिकर प्रसंग थे, जो साहित्यिक परिदृश्य से बाखबर रखते थे और रचनात्मक ऊर्जा से भरे रहते थे।

दूसरी ओर डॉ. नगेन्द्र और उनके सहयोगी शिक्षकों में से एकाध की ज्ञान-गरिमा का आतंक मुझे अध्यापकीय प्रतिभा बनाए रखने के लिए, उस दिशा में कुछ करते रहने के लिए प्रेरित करता था। मेरा पी-एच.डी. का शोध-प्रबन्ध 'आधुनिक हिन्दी काव्य में रूप-विधाएँ' नेशनल पब्लिशिंग हाउस से प्रकाशित हो चुका था। उन दिनों न तो तरह-तरह के पुरस्कारों की भरमार थी और जो थे, उन्हें पाने के लिए जुगाड़ बैठाने का विशेष चलन भी नहीं था। इसलिए जब प्रकाशन के अगले ही वर्ष मुझे अपनी इस इकलौती पुस्तक पर अकस्मात् 'हरजीमल डालमिया पुरस्कार' मिला तो मुझे प्रसन्नता से ज़्यादा हैरत हुई। ज़ाहिर है, तब तक व्यक्ति-रूप में न मेरी कोई ख्याति थी और न ही ऐसी पुरस्कार-सम्मानदाता संस्थाओं के बारे में मुझे कोई जानकारी थी।

बाद में सूचना मिली कि यह पुरस्कार श्री रामकृष्ण डालमिया की (सम्भवत:) पाँचवीं पत्नी सरस्वती जी, पुरस्कृत विद्वान को अपने निवास पर बुलाकर ससम्मान अर्पित करती हैं, किसी सार्वजनिक आयोजन में नहीं। उसी रवायत के अनुसार उन्होंने मुझे अपने निवास पर आमंत्रित किया। बेहद शिष्टता से अपनी मजबूरी बयान की। आस-पास उनकी युवा बेटियों में से दो की मौजूदगी और स्टाफ़ के एकाध लोगों की उपस्थिति में चाय-पानी की व्यवस्था की गई थी। पूरे माहौल में शालीन शिष्टाचार और रहस्यमय पर्देदारी का अजीबोगरीब संगम था। वहीं पहली बार मैंने इला डालमिया को देखा था—एक कमसिन उत्साही लड़की के रूप में, जो बड़ी ललक से साल-दर-साल पुरस्कृत लेखक का नाम लिखकर उनके हस्ताक्षर और प्रतिक्रिया के लिए एक रजिस्टर विनयपूर्वक आगे बढ़ा देती थी और फिर उसे थाती की तरह अगले वर्ष के लिए सहेजकर रख लेती थी। कल्पना कर सकती हूँ कि साहित्य और रचनाकारों के प्रति उनके इसी रोमांटिक उन्मुखी-भाव ने उन्हें अज्ञेय की मित्र-संगिनी बनने की दिशा में प्रेरित किया होगा।

इस घटना से मेरे भीतर का आत्मविश्वास बहुत पुख़्ता हुआ। मुझे अपनी समझ और लेखनी पर भरोसा होने लगा। जहाँ से और जिस ढंग से यह पुरस्कार मिला था, वह पूरी तरह अप्रत्याशित और अ-प्रायोजित था। इस घटना से मेरे भीतर पढ़ाने के साथ-साथ स्वतंत्र रूप से लिखने-पढ़ने का उत्साह घर कर गया।

विश्वविद्यालय में डॉ. नगेन्द्र लगातार संस्कृत के काव्यशास्त्रीय ग्रन्थों का हिन्दी अनुवाद करा रहे थे। स्वयं अरस्तू के काव्यशास्त्र पर पुस्तक लिख चुके थे और भारतीय

काव्यशास्त्र पर बड़ी गम्भीरता से काम कर रहे थे। मुझे लगा कि गम्भीर अध्ययन-लेखन की सही दिशा शायद यही है। उनकी योजनाओं में प्लेटो छूटे हुए थे। अब ठीक याद नहीं है, शायद मुझे लगा होगा कि काम करने की गुंजाइश वहीं हो सकती है। यों भी मेरी स्कूली शिक्षा अंग्रेज़ी माध्यम से हुई थी, संस्कृत का संग-साथ पाँचवीं कक्षा के बाद छूट गया था। इसलिए मुझे प्लेटो पर काम करना ज़्यादा निरापद लगा।

तब न इंटरनेट और गूगल था, न विकीपीडिया—जहाँ से आनन-फ़ानन में किसी भी विषय पर जानकारी डाउनलोड की जा सकती थी। रास्ता एक ही था—पुस्तकालय से मौलिक रचनाओं को इश्यू कराके अपने नोट्स तैयार करना। मैं जानती थी कि प्लेटो ने साहित्य और कलाओं के बारे में मुख्य रूप से अपनी प्रसिद्ध रचना 'द रिपब्लिक' में ही लिखा है, पर कुछ नया खोजने की धुन में मैंने जोवेट द्वारा खंडों में सम्पादित उनके सम्पूर्ण संवादों को छान मारा। मेहनत व्यर्थ नहीं गई। उनकी अन्य रचनाओं में भी साहित्य और कलाओं के बारे में कुछ महत्त्वपूर्ण विचार-सूत्र मिले। समय ज़रूर लगा, पर 'प्लेटो के काव्य-सिद्धान्त' नाम से मेरी दूसरी पुस्तक प्रकाशित हो गई।

स्वाभाविक यह होता कि उसके बाद मैंने रचनात्मक साहित्य की समीक्षा की ओर मुँह मोड़ लिया होता, क्योंकि संग-साथ तो अपने समय के रचनाकारों का ही हो चला था, पर उस दिशा में ध्यान शायद इसलिए नहीं गया कि विश्वविद्यालय के वातावरण में और पाठ्यक्रमों में समसामयिक रचनाकारों के लिए जगह नहीं बनी थी। वे पढ़ने के विषय हो सकते थे, पढ़ाने के नहीं।

शहर में भी हमारी मुठभेड़ पहले-पहल मान्यता-प्राप्त वरिष्ठ पीढ़ी के कवियों-लेखकों मैथिलीशरण गुप्त, दिनकर, नवीन, नरेन्द्र शर्मा, बच्चन, जैनेन्द्र जैसों से और बाहर से यदा-कदा आनेवालों में सुमित्रानन्दन पन्त, महादेवी आदि से हुई थी। अपेक्षाकृत युवा पीढ़ी में अज्ञेय और गिरिजाकुमार माथुर, भवानीप्रसाद मिश्र से भी कुछ परिचय हो गया था, पर इनमें से किसी पर कलम उठाने की हिम्मत नहीं होती थी। गोकि अपने पी-एच.डी. के शोध-प्रबन्ध में मैं इनकी रचनाओं पर काम कर चुकी थी, पर वह विवेचन-विश्लेषण था, समीक्षा नहीं।

यह संकोच भी रहा ही होगा कि जिस पीढ़ी के रचनाकारों पर गुरुवर डॉ. नगेन्द्र 'साकेत : एक अध्ययन' और 'सुमित्रानन्द पन्त' जैसी पुस्तकें लिखकर आचार्य शुक्ल से 'ठीक-ठिकाने' की 'आलोचना' की दाद पा चुके हों, उन पर हमारा कुछ लिखना हिमाकत ही होगी। सो ध्यान उधर गया ही नहीं। यह भी कि जब गुरुदेव ने समीक्षात्मक लेखन को हल्का काम समझकर रास्ता बदल लिया (यह अलग बात है कि उनका यह निर्णय उनके और हिन्दी आलोचना दोनों के लिए उपकारक नहीं हुआ) तो हमें यह दुस्साहस करने की क्या ज़रूरत है!

कुल मिलाकर नतीजा यह हुआ कि अध्ययन की दिशा तय करने में शास्त्र की

अनिवार्यता मन पर हावी रहने लगी। डॉ. नगेन्द्र भारतीय काव्यशास्त्र में 'रस-सिद्धान्त' के प्रबल समर्थक थे। हमें पढ़ाते तो चिन्तन में उसकी सर्वोपरि सैद्धान्तिक सत्ता का तर्क-युक्ति से प्रतिपादन करके विद्यार्थियों को कायल कर लेते, पर जब छायावाद के कवियों की रचनाओं का विवेचन-विश्लेषण करते तो रस-सिद्धान्त का उपयोग मानदंड के रूप में करने में व्यावहारिक कठिनाई सामने आती। प्रगीतात्मक रचनाओं की तो बात ही अलग थी, जब वे 'कामायनी' पर भी 'रस-सिद्धान्त' को लागू करते तो उसकी परम्परासम्मत हदबन्दी आड़े आने लगती। बहुत बाद में समझ में आया कि वे 'कामायनी' में जिस तरह 'रस' की व्याप्ति का सन्धान करते हैं, उसका प्राचीन अवधारणा से बहुत लेना-देना नहीं रह जाता। शास्त्र की पारम्परिकता का अतिक्रमण किए बिना उसे लागू करना कठिन काम है।

छायावाद के सन्दर्भ में 'रस-सिद्धान्त' को व्यावहारिक रूप देना मुझे हमेशा बहुत चुनौतीपूर्ण लगता था। मन-ही-मन मैंने इस चुनौती का सामना करने का निर्णय लिया। फ़ैसला तो कर लिया और यह भी समझ में आ ही गया कि यह काम बहुत आसान नहीं होगा, और अगर पूरा हो सका तो आलोचना की दिशा में महत्त्वपूर्ण साबित होगा। सवाल आधुनिक काव्य-प्रवृत्ति के सन्दर्भ में शास्त्रीय चिन्तन की वैधता को प्रमाणित करने का था।

संकल्प दुस्साहसपूर्ण था और राह कठिन। इस भारी-भरकम प्रायोजन को लगे हाथों किसी उच्चतर उपाधि से जोड़ने का विचार आना स्वाभाविक ही था। पता लगाया तो जानकारी मिली कि दिल्ली विश्वविद्यालय से किसी ने तब तक डी.लिट् की उपाधि नहीं पाई थी। नियम कड़े थे, पूरी तरह परिभाषित भी नहीं थे। साफ़ बात सिर्फ़ इतनी थी कि उपाधि के लिए न रजिस्ट्रेशन होता है, न निर्देशक। उपाधि प्रकाशित रचना पर, परीक्षा की निर्धारित प्रक्रिया के तहत दी जाती है—बशर्ते जमा किया गया ग्रन्थ इस योग्य पाया जाए।

विभाग में एकाध वरिष्ठ लोग शायद इसीलिए आगरा, लखनऊ जैसे विश्वविद्यालयों की ओर उन्मुख हुए थे। मुझे यह स्थिति बहुत अनुकूल लगी। न रजिस्ट्रेशन का झंझट, न निर्देशक का। न विभागाध्यक्ष समेत किसी को सूचित करने की बाध्यता। जानती थी कि डॉ. साहब से चर्चा की तो तरह-तरह से 'किन्तु-परन्तु' का सामना करना पड़ेगा। पुस्तक प्रकाशित होने में कोई झंझट था नहीं। योजना पूरी होने पर यदि इस लायक समझी गई तो विश्वविद्यालय में डी.लिट् के लिए पुस्तक जमा कर दी जाएगी; वरना इस बहाने एक चुनौतीपूर्ण काम को अंजाम देने का सन्तोष तो होगा ही। मन-ही-मन तय किया कि 'रस-सिद्धान्त और छायावाद' विषय पर यह संकल्प पूरा किया जाए और मैंने इस दृष्टि से अध्ययन करना शुरू कर दिया। यह कल्पना कि अगर यह योजना सफल हो गई तो यह दिल्ली विश्वविद्यालय के इतिहास में पहली डी.लिट होगी, उस समय बड़ी रोमांचित करनेवाली थी।

दिल्ली में नामवर सिंह

नामवर सिंह उस समय बेकारी के लम्बे दौर से गुज़र रहे थे। सागर विश्वविद्यालय छोड़े चार साल से अधिक समय हो चुका था, पर बात कहीं बन नहीं रही थी। शायद एक के बाद एक—क्रमशः काशी और सागर से—उनका निष्कासन आड़े आ रहा था। काशी उन्हें 1958 में चुनाव लड़ने के कारण छोड़ना पड़ा और सागर से निकाले जाने के अजब से कारणों का ज़िक्र किया करते थे लोग—दबी जबान से, पर उनकी लोकप्रियता में इन बातों से कोई अन्तर नहीं आया था। वे गाहे-बगाहे दिल्ली आने लगे थे। मेरी जानकारी में ज़्यादातर विश्वनाथ त्रिपाठी के और कभी-कभार देवीशंकर अवस्थी के घर ठहरते। ठहरना भी क्या—अपना झोला-भर सामान मेज़बान के यहाँ रखकर निकलते तो बकौल देवीशंकर अवस्थी, 'वे तभी लौटते, जब कपड़े मैले हो जाते और उनकी धुलाई ज़रूरी।' वे कब कहाँ हैं, इसका ठीक-ठीक पता उनके मेज़बानों को भी नहीं रहता था।

विश्वनाथ त्रिपाठी उस समय मॉडल टाउन में दूसरी मंज़िल पर दो कमरों के एक छोटे-से फ़्लैट में रहते थे। घर उनकी छोटी-सी गृहस्थी का काम चलाने लायक काफी था, पर उसमें कोई ऐसा मेहमान आ जाए जो गुरु-स्थानीय हो तो उसे यथासम्भव सुख-सुविधा से रखने में भार तो पड़ता ही होगा। पर उन्हें कोई कष्ट न हो, त्रिपाठी दम्पती भरसक इसकी व्यवस्था करते, और नामवर जी—उनके बारे में श्रीमती त्रिपाठी का कहना था कि उनसे ज़्यादा सुविधाजनक मेहमान की कल्पना नहीं की जा सकती थी। वे बड़े नामालूम तरीके से अपने मेज़बान की छोटी-सी गृहस्थी में ऐसे खप जाते थे कि उनका होना किसी को अखरता नहीं था। यह बात अलग थी कि उनके रहने से त्रिपाठी जी के घर में उनसे मिलने के लिए आने-जानेवालों की संख्या में खासी वृद्धि हो जाती थी। हो सकता है, वह साहित्यिक चहल-पहल उस उम्र में, उन्हें रास ही आती हो! असलियत पर रोशनी वही डाल सकते हैं।

शहर में उनके मित्रों, कद्रदानों की कमी नहीं थी। मॉडल टाउन के अलावा नई दिल्ली में सुरेश अवस्थी, नेमिचन्द्र जैन, श्रीकान्त वर्मा, रघुवीर सहाय जैसे तमाम परिचित थे उनके, पर पटती शायद सुरेश अवस्थी से ज़्यादा थी। आलम यह था कि घूमते-फिरते जहाँ जा निकलें, वहीं महफिल जम जाए। उनकी सोहबत लोगों को बड़ी रास आती थी। बेकारी से पैदा होनेवाली आर्थिक तंगहाली की छाया दूर-दूर तक उनके व्यक्तित्व पर नहीं दिखाई पड़ती थी।

उस समय की दिल्ली के साहित्यिक माहौल का अपना अलग ही रंग था। साहित्यकर्मियों की कम-से-कम तीन पीढ़ियाँ अपने-अपने ढंग से सक्रिय थीं। मिलने-जुलने के कई ठौर-ठिकाने थे। घरों, दफ़्तरों के अलावा जनपथ का कॉफ़ी हाउस, जहाँ नियमित रूप से तमाम लोग शाम को बतरस के लिए इकट्ठा होते। इन मिलन-गोष्ठियों में साहित्यिक मसलों के अलावा तमाम अच्छी-बुरी खबरें, अफवाहें जन्म लेतीं और

प्रसार पातीं। वरिष्ठों में अकेले विष्णु प्रभाकर अपने अजमेरी गेट के पास कूड़ेवालान के निवास से रोज़ पैदल इन सान्ध्यकालीन बैठकियों में शामिल होने के लिए पहले जनपथ, फिर मोहनसिंह प्लेस तब तक जाते रहे, जब तक अशक्त नहीं हो गए।

नामवर जी का कोई निश्चित ठिकाना नहीं था। कब आए और कब निकल गए, इसका अता-पता भी उसी परिवार को होता, जहाँ वे ठहरते। उसी दौरान कविवर सुमित्रानन्दन पन्त का वृहद् काव्य 'लोकायतन' प्रकाशित हुआ। आज यह प्रमाणित करना ज़रूरी नहीं कि इस वृहद् काव्य-ग्रन्थ से पन्त जी की प्रतिष्ठा में कमी ही आई, पर उस समय उनके कद के चलते, उनकी किसी रचना को अनदेखा नहीं किया जा सकता था। 'लोकायतन' पर होनेवाली अनेक गोष्ठियों और परिचर्चाओं में से एक का आयोजन दिल्ली के चेम्सफ़ोर्ड क्लब में किया गया। नामवर सिंह उस समय दिल्ली में थे। आयोजन में वे भी टहलते हुए बड़ी तटस्थ-सी मुद्रा में आ पहुँचे। निश्चित कार्यक्रम के अनुसार, डॉ. नगेन्द्र सहित शहर की कई प्रतिष्ठित हस्तियों ने 'ग्रन्थ' पर विचार किया। सबके प्राण धर्मसंकट में। सराहते बने नहीं और आलोचनात्मक टिप्पणी कोई करना न चाहे। ऐसे किसी भी अवसर पर नामवर सिंह अलक्षित रह जाएँ—ऐसा होता नहीं था। अन्त में संचालक ने उनसे बोलने का आग्रह किया। नामवर जी ने जो कहा, उसके बारे में बस इतना याद है कि मारक पर बेहद तर्कसम्मत और ऐसा कि जिससे दुराग्रह की शिकायत न की जा सके। बड़ी निरुद्वेग और तटस्थ मुद्रा में की गई उनकी संक्षिप्त टिप्पणी के बाद जैसे कुछ कहने को नहीं बचा। उनके इस रूप से दिल्ली में यह मेरा पहला साबका था।

आयोजन खत्म हुआ। मैं भारत जी के साथ बाहर निकल रही थी। मैंने उनसे आग्रह किया कि वे नामवर जी से मेरी औपचारिक मुलाकात करा दें। मैं उनसे अपने विषय के बारे में चर्चा करना चाहूँगी। भारत जी ने सूचना दी कि नामवर जी अगले दिन वापस लौटनेवाले हैं, इसलिए यह तभी सम्भव होगा, जब वे अगली बार दिल्ली आएँगे। बात आई-गई हो गई।

एकाध बार वे शायद आए तो खबर उनके लौटने के बाद मिली। आखिर भारत जी ने सुझाया कि यह ज़िम्मेदारी अजित कुमार को सौंपी जाए। वे मॉडल टाउन में रहते हैं। लिहाज़ा नामवर जी के आने की खबर उन तक ज़रूर पहुँचेगी। यों भी विश्वनाथ त्रिपाठी अजित जी के सहयोगी थे और देवीशंकर अवस्थी से उनकी अच्छी मित्रता थी। वे शायद कुछ दिन कानपुर में एक साथ पढ़ा चुके थे। अजित जी ने बड़ी खुशी से यह ज़िम्मेदारी ले ली और अगली बार जब नामवर जी आए तो मेरी ओर से उन्हें मेरे घर शाम की चाय का निमंत्रण दे दिया। नामवर जी उन दिनों सर्वजनसुलभ यायावरी मानसिकता में रहते थे। सहर्ष तैयार हो गए, पर तय यह हुआ कि वे नई दिल्ली में अपने मित्रों से मिलने के बाद सीधे मेरे घर के पते पर पहुँच जाएँगे। अजित जी मॉडल टाउन से वहीं आ जाएँ। उनकी उपस्थिति से माहौल में सहजता रहेगी। तब तक मेरे और नामवर जी के बीच केवल वक्ता-श्रोता का सम्बन्ध था।

इस सम्बन्ध को पुख्ता करनेवाला एक और प्रसंग घटित हो चुका था। श्रीकान्त वर्मा ने 1964 में 'हिन्दी कहानी' पर एक-दो दिवसीय गोष्ठी का आयोजन गांधी सन्निधि में किया था। उसके अन्तिम वक्ता नामवर जी थे। उन दिनों मैं किसी बीमारी से उबर रही थी और खुद गाड़ी चलाकर जाने की स्थिति में नहीं थी। गोष्ठी में जाने की उत्कंठा को देखकर जैन साहब ने प्रस्ताव रखा कि अगर मैं चाहूँ तो वे अन्तिम सत्र के लिए मुझे वहाँ उतारकर अपने किसी काम के लिए आगे बढ़ जाएँगे और वापसी में साथ ले लेंगे। वे लौटे तब तक नामवर जी का भाषण जारी था। जैन साहब चुपचाप हॉल की पिछली पंक्तियों में कहीं बैठ गए और आयोजन समाप्त होने पर मुझे लेकर लौटने लगे।

मितभाषी जैन साहब, जिन्हें हिन्दी साहित्य का 'क ख ग' भी नहीं आता था, जो ठीक-ठीक हिन्दी पढ़-लिख नहीं सकते थे, कुछ देर चुप रहने के बाद सहसा बोले, 'मेरी समझ में आ गया कि तुम इस मीटिंग में आने के लिए क्यों इतनी 'कीन' थीं। मैं जब हॉल में घुसा तो सामने देखकर लगा कि ये मुसी-तुसी मैली-सी पोशाक वाले गँवार-से श्रीमान जी क्या बोल रहे होंगे, पर मैं तो दंग रह गया। कमाल का बोलते हैं भई ये...क्या नाम है इनका?' वे अटके तो मैंने वाक्य पूरा किया—'नामवर सिंह'। इतना ही नहीं, खास बात यह थी कि नामवर जी के भाषण का अधिकांश जैन साहब की समझ में आ गया था। इस प्रसंग से उनके मन में भी नामवर जी के प्रति सम्भ्रम और सम्मान का भाव पैदा हो गया।

ये घटनाएँ उस दौर की हैं जब क्रमशः काशी और सागर, दोनों विश्वविद्यालयों से निष्कासित नामवर जी के तेवर में कोई खम नहीं आया था। दिल्ली में नियमित आना-जाना तब शुरू नहीं हुआ था। वे 1960 के चार साल बाद दिल्ली आए थे—कविता में प्रगीत की वापसी का नारा देते हुए, यह बात ज़ाहिर है, नए कवियों को चौंकाने और नापसन्द आनेवाली थी। अजित जी जैसे मृदु स्वभाव वाले कवि ने खिन्न होकर इस प्रसंग पर एक 'कता' लिख मारा :

फिर चार साल बाद यहाँ आए नामवर
'कविता बदल गई है'—यों फ़रमाए नामवर
'कब से?' 'यही सन् साठ से'—सन्नाए नामवर
'सठिया गए हैं' सुन के ये भन्नाए नामवर।

ज़ाहिर है, बात नामवर जी को नागवार हुई, पर ऐसी बातों से आपसी सम्बन्धों में फ़र्क पड़ने का सवाल नहीं उठता था।

बात जब मेरे घर पर मिलने की आई तो मेज़बान और मेहमान सब बहुत उत्साह से तैयार हो गए। मौसम गर्मी का था। समय तय हुआ शाम का। अजित और स्नेह जी तो समय से पहुँच गए, पर नामवर जी नदारद। घड़ी की सुइयों के खिसकने के साथ हम लोगों की बेकली बढ़ रही थी। मैंने बड़े मन से उनकी आवभगत की तैयारी की थी। उस समय न मोबाइल की सुविधा थी, न यह जानकारी कि वे आएँगे

कहाँ से? इन्तज़ार करते-करते जब डेढ़ घंटे से ऊपर समय हो गया तो एक बार सबको शक होने लगा कि ठाकुर साहब गच्चा दे गए।

उस समय मेरा निवास माल रोड के प्रसिद्ध रिवीयरा अपार्टमेंट्स के भीतरी छोर के सामने था—दो मंज़िले दस-बारह फ़्लैट्स की कतार के बीच। कम लोगों को जानकारी थी उस प्राइवेट-सी कॉलोनी की। उस इलाके का मशहूर रिहाइशी इलाका था लखनऊ रोड। जब माल रोड के बस स्टैंड पर उतरकर कोई हमारा पता पूछता तो लोग अनजाने में उधर चलता कर देते।

मैंने अपने मन की शंका व्यक्त की तो अजित जी बोले कि अगर ऐसा हुआ होगा तो वे ढूँढ़-ढाँढ़कर वापस लौट गए होंगे। और इस बात का पता तो मॉडल टाउन लौटने पर ही लगेगा। इसी कशमकश के बीच जैन साहब ने सुझाव दिया कि वे अजित जी को साथ लेकर, गाड़ी में एक चक्कर लखनऊ रोड में समानान्तर नम्बर वाले मकानों की दिशा में लगा लें। हो सकता है, वे वहाँ भटक रहे हों! सुझाव के अनुरूप दोनों निकले, क्योंकि अजित जी को विश्वास था कि नामवर जी से बात एकदम निश्चित ढंग से हुई थी, इसलिए बिना बताए उनके न आने की सम्भावना नहीं थी।

गाड़ी कॉलोनी के मुख्य गेट के करीब पहुँची ही थी कि देखा, पसीने से लथपथ, थके-थकाए झुँझलाए-से नामवर जी चले आ रहे हैं। दुर्घटना वही हुई थी, जिसकी मुझे आशंका थी। पूरे लखनऊ रोड पर भटकने के बाद किसी ने उन्हें सही दिशा में चलता कर दिया था, और वे उस विशाल फाटक के भीतर इस संकल्प के साथ घुस रहे थे कि यदि यह भी ठीक नहीं हुआ तो वे वापस लौट जाएँगे। बहरहाल वे आए—अपनी झुँझलाहट और थकान को छिपाने का प्रयास करते हुए। हम लोग क्षमा माँगकर उन्हें प्रकृतिस्थ करने में जुट गए।

उन्हें सहज होने में बहुत समय नहीं लगा। समय चाय से खिसककर खाने का हो गया था। स्थिति की नज़ाकत के खयाल से मैंने बीच में भाग-दौड़ कर इसका प्रबन्ध भी कर लिया था। वे कुछ सहज हुए तो बात पारिवारिक परिचय और सामान्य जानकारियों के सन्दर्भ में चल निकली। वे बड़े सहज भाव से बतियाते रहे। मुझसे उन्होंने यही पूछा कि मैं इस समय क्या कर रही हूँ। मैंने उन्हें अपने डी.लिट् के प्रस्तावित विषय के बारे में बताया तो उन्होंने मुझे 'छायावाद' पर मुकुटधर पांडेय के लेखों की जानकारी दी, और यह वायदा किया कि लेख उनके पास है और बनारस लौटकर वे उनकी प्रति मुझे भेज देंगे।

शाम बड़े सहज प्रसन्न पारिवारिक-से माहौल में गुज़री। खाने की मेज़ पर उन्होंने मुझसे एक सवाल और किया कि क्या मूलतः मैं महाराष्ट्र की रहनेवाली हूँ? मेरे प्रतिप्रश्न पर कि उन्हें ऐसा क्यों लगा? उनका कहना था कि मेरे मूर्धन्य 'श' के उच्चारण से क्योंकि इधर के लोगों का इस वर्ण का उच्चारण बहुत साफ़ नहीं होता। मैंने अपने दिल्ली मूल और शहरी माहौल में पलने-बढ़ने का खुलासा किया और बात वहीं खत्म हो गई।

अन्त में जब सहज प्रसन्न माहौल में वे वापसी के लिए बाहर निकले तो मैंने पीछे चलते हुए अजित जी से धीरे से पूछा कि क्या नामवर जी लेख सचमुच भेज देंगे? अजित जी ने अपनी सहज प्रफुल्ल-शरारती मुद्रा में उत्तर दिया, 'अगर वे इतनी गर्मी में डेढ़ घंटा पैदल घूमकर आपका घर ढूँढ़ सकते हैं तो लेख भी आ ही जाएँगे।' और लेख सचमुच एक सप्ताह के बाद आ गए—मेरे काम के सफलतापूर्वक खत्म होने की शुभकामना के संक्षिप्त प्यारे-से पत्र के साथ।

कुछ समय गुज़र गया। मैं बड़ी तल्लीनता से अपने तयशुदा विषय पर सामग्री जुटाने में लगी थी। अचानक शहर में शोर मचा कि नामवर सिंह दिल्ली आ रहे हैं 'जनयुग' अखबार के सम्पादक होकर—पूरे पाँच वर्ष की फाकामस्ती के बाद। ज़ाहिर है, इस खबर से उनके मित्रों में बहुत उछाह था, सबको शहर की साहित्यिक गतिविधियों में और सरगर्मी की उम्मीद बँधी। उन दिनों दिल्ली में तरह-तरह के माध्यमों से रचनाकारों की कई पीढ़ियाँ आकर बस गई थीं—संसद, आकाशवाणी, दूरदर्शन, पत्र-पत्रिकाएँ, प्रकाशक और शिक्षा-संस्थाएँ। दिल्ली के अपने पुराने बाशिन्दे अपनी जगह अलग थे ही।

नामवर जी और खबर, दोनों के पहुँचने के बीच ज़्यादा फ़ासला नहीं था। मेरे मन में हल्का-सा शिकवा ज़रूर हुआ कि जब मेरे घर आए तो इस बात की ज़रा भी हवा नहीं लगने दी। आखिर उन्हें कुछ पूर्वाभास तो होगा ही, पर फिर सोचा कि उनका एहतियात बरतना स्वाभाविक ही था। जब तक बात तय न हो जाए, उसका ज़िक्र क्या करना—वह भी ग़ैरों से पहली ही मुलाकात में। कहना न होगा कि इस खबर से प्रसन्नता मुझे भी बहुत हुई।

उन्होंने पहुँचकर 'जनयुग' में अविलम्ब सम्पादक का दायित्व सम्हाल लिया। पगार आज की दृष्टि से बहुत नहीं थी—सही याद है तो शायद सात सौ माहवार। पर लम्बी बेकारी और उस समय की दृष्टि से ठीक-ठाक ही कही जा सकती थी। उन्होंने आकर अस्थायी डेरा डाला—शायद इस बार अवस्थी जी के यहाँ और किराये के मकान की तलाश शुरू हो गई। कुछ ही दिन बीते होंगे कि पार्टी सदस्यों की सलाह से राजकमल प्रकाशन की मालिक श्रीमती शीला सन्धू ने उनके सामने प्रकाशन के साहित्यिक सलाहकार की ज़िम्मेदारी सम्हालने की पेशकश की—दो हज़ार रुपए माहवार पर। ज़ाहिर है, प्रस्ताव आकर्षक था—मनलायक। तब तक उनसे परिचय इतना हो गया था कि उन्होंने खुद इस बात की चर्चा मुझसे की। उस समय यह किसी की समझ में नहीं आया कि शीला जी यह शुरुआत दो साल के ही अनुबन्ध पर क्यों करना चाहती हैं। बहरहाल, राजकमल प्रकाशन उस समय भी हिन्दी के प्रतिष्ठित प्रकाशनों में था। साहित्य के दूसरे बड़े प्रकाशन 'नेशनल पब्लिशिंग हाउस' की प्रतिष्ठा कुछ कम हो चली थी। यही हाल 'राजपाल एंड संस' का था।

शीला जी ने स्वर्गीय श्री ओंप्रकाश से अधिक शेयर खरीदकर राजकमल प्रकाशन के प्रबन्धन की बागडोर अपने हाथ में ले ली थी। वे पढ़ी-लिखी तो थीं—शायद दिल्ली

विश्वविद्यालय के 'सेंट्रल इंस्टीट्यूट ऑफ़ एजुकेशन' में कुछ समय पढ़ा भी चुकी थीं, पर साहित्य में, और वह भी हिन्दी में, उनकी गति लगभग प्राथमिक कक्षा के विद्यार्थी की-सी थी। प्रबन्ध-संचालन जब तक ओंप्रकाश जी के हाथों में रहा, वे किसी की नज़र में नहीं आईं। बाद में कभी उन्होंने बताया कि वे तब भी दफ़्तर में बैठा करती थीं, पर पिछवाड़े—लगभग अलक्ष्य-सी स्थिति में।

बहरहाल, नामवर जी ने बड़े उत्साह से प्रस्ताव स्वीकार कर लिया। मेरे मन में यह सन्देह पैदा हुआ ज़रूर था कि वे एक साथ दो ज़िम्मेदारियाँ कैसे सम्हालेंगे, पर उस समय तक उनके निर्णयों में दखल देने या टीका-टिप्पणी करने लायक सम्बन्ध नहीं था। मुझे तो यही बहुत लगता था कि वे मुझे ऐसी खबरें देने लायक समझने लगे थे।

आश्चर्य ज़रूर हुआ कि अखबार और प्रकाशक, दोनों उनकी इस दोहरी भूमिका को निभाने के फ़ैसले पर रज़ामन्द कैसे हो गए! नामवर जी का पूर्वाह्न राजकमल में और अपराह्न 'जनयुग' में बीतने लगा। कुछ दिन यह सिलसिला चला। उसके बाद शीला जी ने सवाल उठा दिया कि उन्हें दोनों में से एक को चुनना होगा। तब तक नामवर जी ने मॉडल टाउन में ही एक मकान किराये पर ले लिया था। किराया था चार सौ रुपए। ज़ाहिर है, 'जनयुग' से मिलनेवाली पगार के बूते पर यह व्यवस्था नहीं चल सकती थी। तब तक उन्होंने घर चलाने के लिए एक सेवक की व्यवस्था भी कर ली थी। उन्होंने मुझसे अपना धर्मसंकट बयान किया। मैं तब तक शीला जी को बहुत अच्छी तरह नहीं जानती थी। एक बार अजित ने उनके दरियागंज वाले शो रूम में संक्षिप्त-सा औपचारिक परिचय कराया था। और बकौल शीला जी, इस पहली आमने-सामने की देखा-देखी के बाद, एक दूसरे के बारे में हम दोनों की ही प्रतिक्रिया अनुकूल नहीं हुई थी। यह बात अलग है कि समय के साथ हम लोगों के बीच सम्बन्ध बहुत प्रगाढ़ हो गए और मेरी जगह उनके परम विश्वासपात्र मित्रों में होती चली गई।

उस समय मैंने अपनी समझ से नामवर जी को 'जनयुग' के पक्ष में निर्णय लेने की सलाह दी। मेरा मानना था कि किसी भी निजी व्यापारिक संस्थान की तुलना में पार्टी समर्थित समाचार-पत्र का ठिकाना ज्यादा भरोसेमन्द होता है, पर नामवर जी ने फ़ैसला राजकमल के पक्ष में कर लिया। एक कारण तो आर्थिक रहा ही होगा, दूसरा हो सकता है कि प्रकाशन के प्रतिनिधि के रूप में देश के तमाम बड़े रचनाकारों और बौद्धिकों से उनका साबका जिस रूप में पड़ने लगा था, उससे उन्हें कुछ महत्त्वबोध हुआ हो, क्योंकि आरम्भिक दौर में शीला जी लेखकों से सीधे बातचीत बहुत सीमित और औपचारिक ढंग से करती थीं। नामवर जी का यह फ़ैसला दूरन्देशी से नहीं, तात्कालिक लाभ की दृष्टि से लिया गया था, जिसका परिणाम उन्हें दो साल का समय पूरा होते ही भुगतना पड़ा।

इन दो सालों के बीच उन्होंने पूरे शहर में अपनी उपस्थिति बड़े प्रभावी ढंग से दर्ज कर ली थी। मॉडल टाउन से नई दिल्ली तक के सरकारी और रिहाइशी तमाम इलाकों में बसे तमाम लोगों से उनका सम्बन्ध कहीं नए सिरे से और कहीं पुरानी पहचान

के कारण जुड़ गया। खास बात यह थी कि मित्र, शत्रु या तटस्थ किसी मनोभाव से हो, हर मौके पर लोग उनकी शिरकत का स्वागत करते थे। उन दिनों न दूरियाँ इतनी कष्टकर थीं, न ट्रैफ़िक की मारामारी। शहर के किसी कोने में, किसी के घर, शाम होते ही बैठकी जम जाती और नामवर जी का वहाँ होना प्राय: तय रहता। उनके रहने से बातचीत हो या बहस, माहौल में ऊर्जा और चमक पैदा हो जाती थी। वे वाचालता से नहीं, सही मौके पर हस्तक्षेप से अपनी उपस्थिति दर्ज करते—कभी मारक और कभी सटीक, लगभग निर्णायक टिप्पणियों के द्वारा।

और तो और, डॉ. नगेन्द्र ने भी पहल करके उन्हें विश्वविद्यालय के आयोजनों में आमंत्रित करना आरम्भ कर दिया था। नामवर जी भी बड़े सद्भाव से उनसे मिलने-जुलने लगे। एक बार वे सम्भवत: डॉ. बच्चन सिंह के साथ डॉ. नगेन्द्र के घर में बैठे थे। मैं डॉ. साहब को किसी प्रसंग में कोई सूचना देने के लिए सहसा उनके यहाँ पहुँची। ड्राइंग रूम के खुले दरवाज़े के पास कुर्सी पर बैठे डॉ. साहब इन दोनों विद्वानों से मुखातिब थे। मैं कुछ हड़बड़ी में थी। तेज़ी से खड़े-खड़े अपनी बात कहकर वापस होने लगी तो डॉ. साहब अचानक बोले, 'अरे, तुम इन्हें नहीं जानतीं ? डॉ. नामवर सिंह हैं।' मैंने दोनों हाथ जोड़कर बस इतना ही कहा, 'जानती हूँ।' और उलटे पाँव वापस हो ली।

उसके बाद दो-एक अवसरों पर नामवर जी को औपचारिक ढंग से विभाग के साहित्यिक कार्यक्रमों में भागीदारी के लिए आमंत्रित किया गया और उम्मीद के अनुरूप उन्होंने बड़े प्रभावी ढंग से शिरकत की। डॉ. साहब का उत्साह कुछ और बढ़ा और उन्होंने एक दिन नामवर जी को घर पर आमंत्रित करके उनके सामने उस योजना में सहयोग करने का प्रस्ताव रख दिया, जो बाद में डॉ. सुरेश चन्द्र गुप्त के सहयोग से हिन्दी साहित्य के विद्यार्थियोपयोगी इतिहास के रूप में प्रतिफलित हुई। ज़ाहिर है, ऐसी किसी योजना में भागीदारी करना नामवर जी की रुचि के दूर-दूर तक अनुरूप नहीं था। उन्होंने फिर भी शिष्टतावश जानना चाहा कि उनके सह-लेखक कौन होंगे ? उत्तर में जो सूची सामने आई, उसे देखकर नामवर जी का रहा-सहा सब्र जवाब दे गया। फिर भी विनम्रता से उन्होंने इतना ही कहा कि वे उन सबके बीच कहाँ खपेंगे ! नाम काफ़ी है और अच्छा होगा कि वे उन्हीं विद्वानों से योजना पूरा करा लें। डॉ. साहब के प्रस्ताव, प्रस्ताव कम, आदेश ज़्यादा होते थे, जिनकी अस्वीकृति को वे अपना अपमान समझते थे। मैं कल्पना कर सकती हूँ कि मन-ही-मन उन्होंने कहा होगा, 'समझता क्या है अपने को ये ?' और भुनभुनाकर गाँठ बाँध ली होगी।

उधर नामवर जी उठे और लपककर मेरे घर पहुँचे। आते ही उन्होंने अपना कष्ट बयान किया, 'आज आपके गुरु जी नाराज़ हो गए,' और सारी घटना सुना दी। मैं समझ गई कि सम्बन्धों में फाँक पैदा करनेवाली पहली गाँठ लग गई, पर बात सही थी। उस संगत में नामवर जी किसी भी तरह फिट नहीं होते थे। उनसे सहयोग की उम्मीद करना सरासर ज़्यादती थी। धीरे-धीरे छोटे-मोटे और प्रसंगों से भी यह समझ

में आने लगा कि दोनों की स्वाभाविक बनत में इतना फ़र्क है कि आपस में पटरी नहीं बैठनेवाली।

इसी दौरान भारतभूषण अग्रवाल ने डॉ. नगेन्द्र से दिल्ली विश्वविद्यालय से हिन्दी में पी-एच.डी. करने की सम्भावना के बारे में बात की। दरअसल साहित्य अकादमी में उनके और प्रभाकर माचवे के बीच लगातार खटपट होती रहती थी। प्रशासनिक मामलों में वे माचवे जी के निशाने पर बने रहने के कारण मानसिक तनाव से मुक्त नहीं हो पाते थे। उन्हें लगा कि दिल्ली विश्वविद्यालय में यदि पी-एच.डी. करने के लिए उनका पंजीकरण हो जाए तो इस बहाने एक अच्छा काम हो जाएगा और वे मानसिक तनाव से राहत भी महसूस करेंगे। ज़ाहिर है, डॉ. नगेन्द्र को यह प्रस्ताव स्वागत योग्य लगा, पर बाधा तकनीकी थी। भारत जी अंग्रेज़ी साहित्य के एम.ए. थे और वह भी तृतीय श्रेणी में, वरना उनकी पात्रता में आपत्ति किसे हो सकती थी! फिर भी डॉ. नगेन्द्र ने उनसे अर्ज़ी देने के लिए कह दिया। प्रस्तावित विषय था—'हिन्दी उपन्यास पर पाश्चात्य प्रभाव'। बात तुरन्त फैल गई। उधर साहित्य अकादमी से प्रभाकर माचवे, और इधर विश्वविद्यालय से डॉ. उदयभानु सिंह विरोध के लिए एकजुट हुए और मोर्चे कस गए। सम्बद्ध समिति में डटकर बहस हुई। डॉ. नगेन्द्र को इसका आभास था। उन्होंने कसकर मोर्चा लिया और प्रस्ताव पास करा लाए। समिति की बैठक से सीधे मेरे घर आए और भारत जी को सूचना दिलवा दी। ज़ाहिर है, इस घटना से भारत जी को मानसिक राहत और प्रतिष्ठा दोनों मिलीं। डॉ. साहब के प्रति अनुगृहीत अनुभव करना स्वाभाविक ही था।

साहित्य अकादमी पुरस्कार : प्रसंगवश

उन दिनों डॉ. नगेन्द्र 'भारतीय काव्यशास्त्र की भूमिका' के पहले खंड के प्रकाशन के बाद, दूसरे खंड की रचना में व्यस्त थे। भारत जी का पंजीकरण उन्हीं के निर्देशन में हुआ था। अत: मिलने का एक औपचारिक निमित्त पैदा हो गया। ऐसी ही किसी मुलाकात के समय डॉ. साहब ने उनसे जब अपने ग्रन्थ के लगभग पूरा होने का ज़िक्र किया तो राय के बतौर अनायास भारत जी के मुँह से निकल गया कि वे इसे योजना के दूसरे भाग के नहीं, स्वतंत्र ग्रन्थ के रूप में प्रकाशित कराएँ। इस सुझाव का कारण पूछने पर उन्होंने जो कारण बताया, वह आगे चलकर उनके गले की फाँस हो गया। भारत जी ने बड़े सहज रूप में कह दिया कि साहित्य अकादमी का पुरस्कार किसी खंड रचना पर नहीं, स्वतंत्र पुस्तक पर दिया जाता है। बात डॉ. साहब के दिल में बैठ गई और 'भारतीय काव्यशास्त्र की भूमिका-भाग 2' 'रस-सिद्धान्त' शीर्षक से स्वतंत्र ग्रन्थ के रूप में प्रकाशित हो गया।

यह बात उस दौर की है जब मुक्तिबोध को गम्भीर बीमारी की हालत में इलाज

के लिए दिल्ली के मेडिकल इंस्टीट्यूट में लाकर भर्ती किया गया था, पर बचाया नहीं जा सका। जिन परिस्थितियों में उनकी मृत्यु हुई और उन्होंने जैसा जीवन जिया, उसका तात्कालिक प्रभाव समसामयिक रचनाकारों के मन पर बहुत गहरा था। अधिकांश की हार्दिक इच्छा थी कि साहित्य अकादमी का पुरस्कार उस वर्ष मुक्तिबोध को (मरणोपरान्त) मिले। ज़ाहिर है, नामवर सिंह भी यही चाहते थे और हार्दिक इच्छा भारतभूषण अग्रवाल की भी यही थी, भले ही वे डॉ. नगेन्द्र के आतंक के कारण ऐसा कह नहीं पा रहे थे।

पुरस्कार से सम्बन्धित पूरी प्रक्रिया के कर्णधार भारत जी रहते थे। डॉ. साहब ने उनकी गरदन पर अपनी पकड़ इस कदर मज़बूत कर रखी थी कि भारत जी से छुड़ाते नहीं बन रहा था। उधर समानधर्मा रचनाकारों का दबाव। भारत जी की जान साँसत में आ गई। उनके साथ मेरी मुसीबत भी इस अर्थ में बढ़ गई कि डॉ. साहब अपने अहं के कारण उनसे सीधे बात करने के बजाय मुझे माध्यम बनाते थे। उनकी सबसे बड़ी कमज़ोरी यह थी कि वे जिस बात को ठान लेते, उसे पूरा करने को अपनी प्रतिष्ठा का सवाल बनाकर पूरा करके दम लेते थे। नामवर जी को भी इस बात की भनक लग गई थी कि भारत जी डॉ. नगेन्द्र के दबाव में हैं और जो हो रहा है, उसकी हवा नहीं लगने दे रहे हैं किसी को। उधर डॉ. नगेन्द्र को इस बात की जानकारी भी हो गई कि नामवर सिंह मुक्तिबोध के पक्ष में, उनके विरुद्ध सक्रिय हैं। कुल मिलाकर नतीजा यह हुआ कि मोर्चे कुछ इस कदर तन गए कि अन्ततः भारत जी से कुछ करते नहीं बना। बेहद विवश, लगभग रुआँसे होते हुए उन्होंने अपनी ईमानदारी को स्थगित कर पुरस्कार का फ़ैसला डॉ. नगेन्द्र के पक्ष में करा दिया। पर इस पूरे घटना-चक्र में बड़े महारथी कहे-समझे जानेवाले विद्वानों के चेहरों से ईमानदारी का मुखौटा उतरते देखा मैंने। बहुत सहानुभूति हुई मुझे भारत जी से। अपनी एक छोटी-सी भूल की बड़ी कीमत चुकानी पड़ी उन्हें। नतीजा यह हुआ कि उनके मन में शोध-कार्य को लेकर जो उत्साह था, वह भंग हो गया और इस पूरे प्रसंग से डॉ. नगेन्द्र और नामवर जी के सम्बन्धों में भी गहरी दरार पड़ गई—इस हद तक कि वे हम लोगों के साथ उनके मेल-जोल पर भी एतराज़ करने लगे। इस स्थिति से लाभ उठाने की नीयत से उनके खुशामदियों ने मुखबिरी और चुगलखोरी का दायित्व ओढ़ लिया और पूरा वातावरण अजब ढंग की लुका-छिपी के दाँव-पेंचों से बजबजाने लगा।

नामवर जी को शक तो था ही कि कहीं कुछ गड़बड़ ज़रूर हुई है, पर लाख कोशिश करने पर असलियत का कोई सुराग हाथ नहीं लग रहा था। वे रह-रहकर भारत जी से यह प्रसंग छेड़ते और भारत जी बड़ी सफ़ाई से बात को हँसकर उड़ा देते। ऐसे ही एक अवसर पर जब हम लोग एक साथ गाड़ी में कहीं जा रहे थे, नामवर जी ने बात फिर उठाई। भारत जी को लक्ष्य करके बोले, 'तो आखिर आपने दिलवा ही दिया गुरु जी को पुरस्कार!'

भारत जी ऐसी व्यंग्योक्तियों से आजिज़ आ चुके थे। उन्होंने ठहाका लगाकर जवाब

दिया, 'आप भी लिख दीजिए किताब तो आपको भी दिलवा दूँ।' उनके सुर में नामवर ज़ी के लिए चुनौती, खीज और मसखरी का मिलाजुला-सा अन्दाज़ था।

हम सब लिखने के मामले में नामवर जी की काहिली से परिचित थे। नामवर जी ने तो इस बात को अनसुना-सा करने की मुद्रा अपनाने की कोशिश की, पर मेरे मुँह से औचक वाक्य निकल गया, 'तो भारत जी, बात पक्की रही?'

और भारत जी ने उसी हँसोड़ मुद्रा में फ़रमाया, 'एकदम पक्की, किताब लिखें तो नेता जी।'

और तब वे जैन साहब, जो ऐसी बातचीत के मौन साक्षी रहकर सिर्फ़ लुत्फ़ उठाया करते थे, गाड़ी चलाते-चलाते एकदम मुखर हुए, 'नामवर जी, अब तो आप लिख ही दीजिए।'

प्रतिक्रिया में नामवर जी एकदम गम्भीर हो गए और बात उस समय टल गई।

पर इस घटना के बाद नामवर जी और डॉ. नगेन्द्र के बीच मनमुटाव गहरा होना शुरू हुआ। नगेन्द्र जी इस बात से तो नाराज़ थे ही कि नामवर जी ने उनकी तरह-तरह की योजनाओं में सहयोग देना स्वीकार नहीं किया था। यह शक कि साहित्य अकादमी वाले प्रसंग में उन्होंने मुक्तिबोध के पक्ष में उनका विरोध किया था, उनके बीच लगभग शत्रुता पैदा करने के लिए काफ़ी हो गया।

नाराज़गी के अंकुर कुछ पहले से भी पल रहे थे। वे अपने मित्रों और मातहतों से जिस हद तक समर्पण और निर्विरोध समर्थन की अपेक्षा करते थे, उनकी समझ में आ गया था कि नामवर जी से वह नहीं मिलनेवाला। वे जब मेरे घर आते तो चहलकदमी करते हुए अक्सर ऐसी शंकाओं का ज़िक्र किया करते थे।

ऐसे ही किसी दिन आचार्य हजारीप्रसाद द्विवेदी से मिलकर लौटे तो उन्होंने कहा, 'आज पंडित जी नामवर की सिफ़ारिश कर रहे थे। उनके शिष्यों में से दो की नौकरी नहीं लग पा रही थी। उनमें से शिवप्रसाद सिंह भी लग गए। उन्हें बस अब नामवर की चिन्ता है। वैसे इसमें क्या शक है कि जैसे-जैसे लोगों को मैं आजकल लगा रहा हूँ (उनका इशारा कुछ ऐसी विभूतियों की तरफ़ था, जो बाद में उनके अपयश का ही कारण बनीं), नामवर उनसे कहीं योग्य है, पर शरारती है। पाजीपन से बाज़ नहीं आएगा। मैंने पंडित जी से कह दिया कि पंडित जी, दिल्ली इज़ ए लॉयल सिटी।'

बात उधर पंडित जी के माध्यम से नामवर जी तक भी तत्काल ही पहुँच गई। पंडित जी ने तो बात ठहाका लगाते हुए बताई थी, पर नामवर जी की प्रतिक्रिया बड़ी तल्ख हुई। जैसा उन्होंने मुझे बताया, उन्होंने जवाब में यह तो कह ही दिया कि वे 'बिकाऊ नहीं हैं' यानी वे किसी की गुलामी नहीं कर सकते, पर इसके बाद उन्होंने काशी को पत्र लिखकर उन्हें किसी कॉलेज में निकट भविष्य में होनेवाले इंटरव्यू में आने से रोक दिया, जिसके लिए वे खुद कुछ दिन पहले डॉ. नगेन्द्र से काशी की सिफ़ारिश कर आए थे।

ये घटनाएँ उस समय के नामवर सिंह की मानसिक और चारित्रिक बनावट को समझने के लिए महत्त्वपूर्ण हैं—वे नामवर सिंह, जिन्होंने पाँच साल की बेकारी के बाद जैसे-तैसे दिल्ली में पैर टिकाया था और वह ठिकाना भी अस्थायी साबित हुआ था।

शीला जी ने अनुबन्ध के दो साल पूरे होते ही उनसे मुक्ति पाने का मन बना लिया था। अवधि पूरी होने से कुछ दिन पहले उन्होंने नामवर जी से कहा कि वे अपने पति हरदेव सन्धू के साथ उनसे कुछ गम्भीर बात करना चाहती हैं, अत: यदि वे उनके घर आ सकें तो अच्छा होगा। कहने के ढंग से नामवर जी का माथा ठनका और जाने से पहले वे हमारे घर आए। जैन साहब की मौजूदगी में उन्होंने अपनी शंका व्यक्त की, और साथ ही घोषणा की कि ऐसा कुछ हुआ तो वे खुद त्याग-पत्र देकर चले आएँगे। हमने उन्हें समझाया कि वे उन लोगों का प्रस्ताव सुनकर चले आएँ, और पूरे प्रसंग पर शान्त मन से विचार करके जवाब बाद में दें। उन्हें यह बात मनवाने में हमें कुछ दिक्कत ज़रूर हुई, पर वे जैसे-तैसे राज़ी हो गए।

हुआ वही, जिसकी आशंका थी। दम्पती ने सलाहकार-पद से मुक्त करके उनके सामने 'आलोचना' के सम्पादक के रूप में बने रहने की पेशकश कर दी—एक हज़ार प्रति अंक की दर से, जिसका अर्थ था—लगभग तीन सौ तीस रुपए प्रति माह की आमदनी पर दिल्ली में रहना, जो व्यावहारिक नहीं था। अत: यह आश्वासन दिया गया कि वे चाहें तो इस काम को बनारस में रहकर अंजाम दे सकते हैं। सामग्री वहाँ भेजने-मँगवाने की व्यवस्था राजकमल प्रकाशन करेगा।

नामवर जी लौटे तो लगभग इस निश्चय के साथ कि यह प्रस्ताव मानने का सवाल ही नहीं उठता। उनकी प्रतिक्रिया स्वाभाविक ही थी। पर इन दो वर्षों के बीच दिल्ली के साहित्यिक परिदृश्य में और हमारे परिवार के बीच उनकी उपस्थिति इतनी पुख्ता और काम्य हो चुकी थी कि अपने बीच उनके न होने का विचार ही हम लोगों को हजम नहीं हो रहा था। मुश्किलें अपनी जगह थीं, पर कहीं-न-कहीं यह उम्मीद भी कि एक रास्ता बन्द होने पर ईश्वर कोई दूसरा रास्ता खोलेगा। दिल्ली में बने रहने के पक्ष में सबसे बड़ा तर्क यह था कि यहाँ वे और उनकी गतिविधियाँ, परेशानियाँ सबके ध्यान के केन्द्र में हैं। एक बार बनारस लौटने पर पहले की तरह वे फिर किनारे लग जाएँगे।

उनकी मुख्य समस्या आर्थिक थी। आलोचना-सम्पादन से गुज़ारा होना कठिन था। फिर भी पूरा मित्र-वर्ग चाहता यही था कि वे दिल्ली में बने रहें। कोई-न-कोई रास्ता निकल ही आएगा। लौटने का विकल्प तो कभी भी चुना जा सकता है। अन्तत: वे मान गए। खर्च कटौती की दिशा में पहला कदम उठाया गया। उन्होंने मॉडल टाउन वाले मकान और अपने सेवक से मुक्ति ली। मित्रों ने रहने के लिए सस्ती जगह खोजनी शुरू की तो डोरी लाल शर्मा नाम के एक स्कूल-अध्यापक के यहाँ पेइंग गेस्ट के नाम पर एक कमरे की व्यवस्था हो गई। संयोग से ये सज्जन तिमारपुर के सरकारी फ़्लैट में पहली मंजिल पर रहते थे। वे तो इस प्रस्ताव से ही निहाल हो गए कि नामवर सिंह

जैसी हस्ती उनकी मेहमान होनेवाली है। रहने के लिए जो कमरा दिया गया, उसकी खिड़की सड़क की तरफ़ खुलती थी। किराया था शायद नब्बे रुपए और खाने-पीने की अदायगी, यथावश्यक रूप में। ब्यौरा अब याद नहीं। हमारे घर से पैदल की दूरी मात्र दस मिनट। नतीजा यह कि हम बराबर इस बात का ध्यान रखने लगे कि जब भी सम्भव हो वे खाना हम लोगों के साथ ही खा लिया करें। इस बहाने उनकी बचत भी होगी और उन्हें ठीक-ठाक, भोजन भी सुलभ हो जाएगा। जैन साहब तो उनकी पान-व्यवस्था में भी बड़ी तत्परता बरतते थे। एक बार नई व्यवस्था तय हो जाने के बाद नामवर जी ने सहज गम्भीरता और सलीके से अपने आपको उसके अनुरूप ढाल लिया। मित्रों के बीच मेल-जोल बैठकियाँ पूर्ववत् जारी रहीं।

मैंने डी.लिट् कर ही ली

इन सब स्थितियों के बीच एक अतिरिक्त आयाम और जुड़ गया था। मैंने डी.लिट् के इरादे से जो विषय तय किया था, उसमें नामवर जी के दिल्ली आकर बसने के कुछ समय बाद परिवर्तन हो गया। जब वे हमारे यहाँ अक्सर आने-जाने लगे तो एक दिन बातचीत के दौरान उन्होंने मेरा ध्यान इस बात की तरफ़ दिलाया कि रस-सिद्धान्त की सैद्धान्तिकी और छायावाद के बीच संगति बैठाने और आगे चलकर कविता पर उसे लागू करने में मेरे सामने व्यावहारिक कठिनाई आएगी। इसलिए बेहतर होगा कि मैं इस पर पुनर्विचार करूँ और न हो तो इस सम्भावना पर भी गौर करूँ कि क्या केवल सैद्धान्तिकी पर काम करना बेहतर नहीं होगा।

काफ़ी गम्भीरता से इस पर उनके साथ विचार करने के बाद अन्ततः उन्हीं की सलाह से मैंने रस-सिद्धान्त और सौन्दर्यशास्त्र का तुलनात्मक अध्ययन करने का मन बनाया और विषय बदल लिया। विषय गम्भीर भी था और श्रमसाध्य भी। गनीमत इतनी ही थी कि सौन्दर्यशास्त्र की पश्चिमी अवधारणा को समझने के लिए अपेक्षित अंग्रेज़ी भाषा पर मेरा अच्छा-खासा अधिकार था। स्कूल की सारी पढ़ाई अंग्रेज़ी माध्यम से हुई थी। यही स्थिति दूसरे भाई-बहनों की थी और जैन साहब का बोलने के अलावा सारा कारोबार अंग्रेज़ी से चलता था। कुल मिलाकर घर का माहौल खासा अंग्रेज़ीमय था। मित्रों में भी भारत जी, राजेन्द्र यादव, अजित कुमार—सबकी उस भाषा में अच्छी-खासी गति थी।

नामवर जी सम्पर्क में आए तो मालूम हुआ कि बोलने में भले ही हिचकते रहे हों, पर अंग्रेज़ी की पुस्तकें पढ़ने में वे हम सबसे आगे रहते थे। समय भी उनके पास सबसे ज़्यादा था और पढ़ने का लगभग उन्हें व्यसन था। शहर-भर के पुस्तकालयों में उनकी नियमित आवाजाही रहती थी। मैंने काम शुरू किया तो उनकी दिलचस्पी अनायास इस विषय में भी हो गई। पुस्तक की रूपरेखा बनाने से योजना सम्पन्न होने

तक, जब भी कोई गुत्थी उलझती, उनसे बहस करने से बहुत सहायता मिलती। कभी-कभी कोई मुद्दा पूरी मित्र-मंडली के बीच भी बहस के लिए उठ जाता और उस पर बड़ी बौद्धिक उत्तेजना पैदा होती।

विषय से सम्बद्ध दुर्लभ ग्रन्थों का अता-पता बताने और उन्हें सुलभ कराने में भी नामवर जी से बहुत मदद मिली। इस पूरी प्रक्रिया में मेरे नज़रिए को ही नहीं, शैली को भी रूढ़ि-मुक्त करने में मेरी मित्र-मंडली, विशेषकर नामवर जी का बड़ा योगदान रहा। मेरी रुचि और रुझान में मोड़ आने का एक और प्रमाण कुछ समय बाद सामने आया जब मैंने पश्चिम की 'नई आलोचना' के शीर्ष लेखों का अनुवाद कर-कराके 'नई समीक्षा के प्रतिमान' नाम से प्रकाशित कराया। वह इस योजना का बाइ-प्रॉडक्ट था।

सबसे दिलचस्प बात यह थी कि इस पूरे अभियान और इसके लक्ष्य यानी डी.लिट् की उपाधि के बारे में डॉ. नगेन्द्र एकदम अँधेरे में थे। सैद्धान्तिक प्रश्नों पर उनका नज़रिया इतना पारम्परिक और ढाँचाबद्ध था कि उनसे बहस करने पर निष्कर्ष पूर्वानुमानित रूप में सामने आते थे। ऐसी अनुशासित सोच से नई राहों के खुलने की सम्भावना नज़र नहीं आती थी। नए साहित्य के बारे में भी उनके नज़रिए से मेरी रुचि मेल नहीं खाती थी। जब भी किसी विषय पर उनसे बात होती तो परिणति कड़वाहट में होती। वे अक्सर मेरे सोच को विपथन समझते और इसका श्रेय मेरी मित्र-मंडली यानी 'कुसंग' को दिया करते थे। सैद्धान्तिक विषयों पर मैंने उनसे बात करना लगभग बन्द ही कर दिया था। इसलिए वे मुझे लगातार व्यस्त देखकर भी इस बात का अनुमान नहीं लगा सके कि इस पूरी साधना का लक्ष्य क्या है।

और तो और, पुस्तक पूरी होने पर जब मैंने नेशनल पब्लिशिंग हाउस के श्री कन्हैयालाल मलिक से उसे जल्दी-से-जल्दी प्रकाशित करने की पेशकश की तो वे भी बड़ी खुशी से तैयार हो गए। मेरे इस अनुरोध का उन्होंने पूरी तरह मान रखा कि वे डॉ. नगेन्द्र को इसकी खबर नहीं होने देंगे, गोकि उनका प्रकाशन गृह उस समय डॉ. नगेन्द्र के सहारे प्रगति कर रहा था। उनकी पुस्तकें आगरा के दुर्गा प्रेस में छपती थीं। मलिक साहब का कहना था कि प्रकाशन का समय प्रेस के सहयोग पर निर्भर करेगा। ऐसी समस्याएँ हमेशा हमारी पूरी मित्र-मंडली के साझा सरोकार का विषय हो जाती थीं—चाहे वे किसी की हों।

बात जब मित्रों के बीच उठी तो पता लगा कि दुर्गा प्रेस के मालिक राजेन्द्र यादव के अच्छे परिचित हैं। आनन-फ़ानन में योजना बनी और हम—यानी मैं, मन्नू और राजेन्द्र यादव उनसे बात करने के लिए आगरा जाने के लिए तैयार हो गए। ऐसी तमाम योजनाओं को सफलता से अंजाम तक पहुँचाने में हमारे सारथी रहते थे जैन साहब। वे बड़ी तत्परता से सहयोग ही नहीं करते थे, उन्हें ऐसा करने में बहुत मज़ा आता था। तो हम चारों गाड़ी से आगरा पहुँचे। दुर्गा प्रेस से बातचीत हुई। बाज़ार में आगरे की कचौड़ियाँ खाईं और वापस हो लिये—सब एक दिन में।

दुर्गा प्रेस के मालिक ने पूरे सहयोग का आश्वासन दिया, बशर्ते प्रूफ़ पढ़कर रोज

दिल्ली से लाने-ले जाने की व्यवस्था हो जाए। उन्हीं के सुझाव पर तय पाया गया कि प्रूफ़ लाने-ले जाने का काम उस टैक्सी के ज़िम्मे किया जाए जो रोज़ रात में बारह बजे के बाद दैनिक अखबार लेकर दिल्ली से आगरा के लिए निकलती है और अगले दिन शाम को आठ बजे के आस-पास वापस आती है। टैक्सी की वापसी और रवानगी का ठिकाना था मलकागंज का वह पेट्रोल पम्प, जो हंसराज कॉलेज के प्रवेश-द्वार के सामने पड़ता है। यह ठिकाना मेरे घर माल रोड से पास होने के कारण खासा अनुकूल था यानी प्रूफ़ पढ़कर लौटाने के लिए रात में आठ से बारह बजे तक केवल चार घंटे का समय। आने-जाने का समय काटकर लगभग साढ़े तीन घंटे। इतने समय में दो फ़ॉर्म यानी बत्तीस पृष्ठ से ज़्यादा का मैटर पढ़ना कठिन था। पुस्तक का आकार तीन सौ पृष्ठ से ऊपर था। एक तो हमारा फाइनल करने से पहले दो बार प्रूफ़ देखने का आग्रह और दूसरे बीच में कोई-न-कोई विघ्न-बाधा आने की आशंका—फिर भी कुल मिलाकर यह व्यवस्था बहुत अनुकूल लगी और हम प्रसन्न मन से लौट आए।

योजना के अनुसार काम शुरू हो गया। प्रूफ़ की पहली किस्त हाथ में आई तो समझ में आ गया कि काम उतना आसान नहीं है जितना समझा गया था। रोज़ ठीक समय पर प्रूफ़ लेने-देने का काम ही बहुत सहज नहीं था। टैक्सी एकदम ठीक समय पर आए-जाए, यही तय नहीं था, पर हमें तो कुछ समय पहले ही वहाँ हाज़िर हो जाना पड़ता था। रोज़ नियमित रूप से एक साथ लगभग साढ़े तीन-चार घंटे, सोने के समय आँख गड़ाए पूरी सतर्कता से इस लगभग उबाऊ काम को अंजाम देना खासा कष्टसाध्य। मित्र एक बार फिर काम आए। इस बार बारी अजित कुमार की थी। उन्हें इस काम में महारत हासिल थी। बड़ी दरियादिली से उन्होंने अपनी सेवाएँ अर्पित करने का आश्वासन दिया।

जैन साहब ने इस बात की ज़िम्मेदारी ली कि वे हम लोगों को घर के बजाय मेडेंस होटल की कॉफ़ी-शॉप में इस काम को अंजाम देने की सुविधा मुहैया कराएँगे ताकि नींद और ऊब दोनों के हमले से बचाव हो सके। ज़ाहिर है, इस प्रस्ताव का अपना आकर्षण था। कभी-कभी भारत जी भी इस योजना में शरीक होने लगे। जिस दिन ऐसा होता, कॉफ़ी हाउस का अड्डा बदलकर ओबराय होटल हो जाता क्योंकि भारत जी तब जंगपुरा में रहते थे। उस समय गाड़ी मैं भी धड़ल्ले से चलाती थी। पर एक तो रात का मामला; दूसरे, खुद जैन साहब को कॉफी हाउस में साथ देने का आकर्षण। प्रूफ़ पढ़ते समय अनेक कारणों से जो हँसी-मज़ाक, चुहल होती, उसमें भी बराबर की हिस्सेदारी का लुत्फ़ उठाने का मौका वे भी खोना नहीं चाहते थे।

कुल जमा नतीजा यह कि हँसते-बतियाते, तरह-तरह की टीका-टिप्पणी करते, निश्चित समय के भीतर काम पूरा हो गया। किताब छपकर तैयार हो गई और डॉ. नगेन्द्र को कानोंकान खबर नहीं हुई। मलिक साहब ने गोपनीयता बनाए रखने में पूरा सहयोग दिया।

सवाल जब परीक्षा-विभाग में दाख़िल करने का आया तो पता लगा कि

विश्वविद्यालय में किसी ने इससे पहले डी.लिट् की ही नहीं थी इसलिए नियम पूरी तरह परिभाषित नहीं थे। डॉ. नगेन्द्र से बात करने का सवाल नहीं उठता था। मैं जानती थी कि अपनी आदत के अनुसार, वे तुरन्त कहेंगे—पहले नियम साफ़ हो जाएँ, थीसिस उसके बाद जमा की जानी चाहिए और इसका अर्थ होगा कि पूरा मामला फाइलों के मकड़जाल में फँसेगा और फ़ैसला होने में महीनों लग जाएँगे।

डॉ. साहब अक्सर बैठकों के लिए दिल्ली से बाहर जाते थे। ऐसे ही अगले अवसर पर मैंने परीक्षा-विभाग में जाकर चुपचाप पुस्तक की प्रतियों के साथ फ़ॉर्म भरकर दाखिल कर दिया। डॉक्टर साहब लौटे तो मैंने बड़ी विनम्रता से उनके सामने उपस्थित होकर खबर सुना दी, और पुस्तक की प्रति उन्हें भेंट कर दी। एक क्षण के लिए वे सनाका खा गए। पुस्तक के पन्ने उलट-पुलटकर उन्होंने उसका जायज़ा लिया। कुछ क्षण सुस्थिर होने में लगाए और फिर गम्भीर स्वर में अपनी आशंका व्यक्त कर दी। वे जानते थे कि नियमों की अस्पष्टता के कारण एक बार फ़ैकल्टी में बमचख मचेगी। बहुतों को यह बात हजम नहीं होगी कि विश्वविद्यालय के इतिहास में डी.लिट् की उपाधि के लिए पहला प्रबन्ध हिन्दी विभाग से जमा हो।

वे ज्यादा कुछ नहीं बोले। यों भी किसी की तारीफ़ वे अक्सर सामने नहीं, पीठ-पीछे करने में विश्वास करते थे। उनकी आशंका सही थी। जब यह विषय सम्बद्ध बैठक में पेश हुआ तो जैसे भूचाल आ गया। एक सदस्य ने तो पुस्तक का अंग्रेज़ी अनुवाद कराके प्रस्तुत करने का प्रस्ताव तक कर डाला। ज़ाहिर है, प्रस्ताव इतना बेतुका था कि उसे मानने का प्रश्न नहीं उठता था। अन्ततः सहमति इस बात पर बनी कि पहले विषय से सम्बद्ध एक विशेषज्ञ समिति गठित की जाए, जो पुस्तक की परख करके यह तय करे कि यह विश्वविद्यालय की सर्वोच्च उपाधि के लायक है भी या नहीं। उसमें हिन्दी के ही नहीं, सौन्दर्यशास्त्र के विशेषज्ञ भी होने चाहिए। यह भूमिका निभाने का दायित्व मराठी के प्रसिद्ध सौन्दर्यशास्त्री डॉ. सुरेन्द्र बारलिंगे को सौंपा गया।

अंग्रेज़ी के डॉ. सरूप सिंह की जिज्ञासा यह थी कि मैंने विषय से सम्बद्ध अंग्रेज़ी के अद्यतन ग्रन्थ कहाँ से उपलब्ध किए, और उनकी जानकारी मुझे कहाँ से मिली। नहीं जानते थे कि ऐसी कुछ पुस्तकें मेरी मित्र उषा प्रियम्वदा ने, जो तब तक विस्कासिन विश्वविद्यालय में नियुक्त हो चुकी थीं, मुझे डाक से भिजवाई थीं। जानकारी मिलने पर मैंने पेशकश की कि यदि डॉ. सरूप सिंह चाहें तो मैं उन्हें उन पुस्तकों का दीदार करा सकती हूँ। पर वह नौबत नहीं आई। जैसे-तैसे सारी औपचारिक कठिनाइयों के बाद मुझे अपने शोध-ग्रन्थ पर दिल्ली विश्वविद्यालय की पहली डी.लिट् की उपाधि मिल गई—1967 में।

इस घटना से कुछ महीने पहले डॉ. सावित्री सिन्हा ने मध्यकालीन काव्य के अभिव्यंजना पक्ष पर काम करके लखनऊ विश्वविद्यालय से डी.लिट् की उपाधि पा ली थी। इस मौके पर उनके सहयोगियों—डॉ. दशरथ ओझा, डॉ. ओमप्रकाश आदि के नाम से कला-संकाय में एक शाम, उनके सम्मान में जलपान का आयोजन किया

गया था जिसमें हिन्दी विभाग के चुने हुए लोगों के अलावा शहर के कुछ बड़े साहित्यकार—मैथिलीशरण गुप्त, दिनकर, नरेन्द्र शर्मा आदि आमंत्रित किए गए थे।

मेरा परिणाम घोषित हुआ तो मुझे आशा बँधी कि कुछ ऐसा आयोजन मेरे लिए भी होगा। एक तो मैंने दिल्ली विश्वविद्यालय से डी.लिट् की पहली उपाधि प्राप्त की थी—वह भी प्रकाशित ग्रन्थ पर। दूसरे, मेरा विषय उनकी तुलना में कहीं अधिक श्रमसाध्य और चुनौतीपूर्ण था। पर ऐसा कुछ नहीं हुआ। इसके बजाय उस समय प्रचलित प्रथा के अनुसार दो-एक पी-एच.डी. की उपाधि पानेवाले विद्यार्थियों के साथ मेरा नाम भी नत्थी करके अनुसन्धान परिषद की एक बैठक का निमंत्रण जारी कर दिया गया। मुझे यह व्यवहार बेहद अपमानजनक लगा। मैंने परिषद के मंत्री श्री रामस्वरूप शास्त्री जी को पत्र लिखकर 'व्यक्तिगत कारणों' से आने में असमर्थता व्यक्त कर दी।

बात डॉ. नगेन्द्र तक पहुँची तो उन्होंने इसे मेरी धृष्टता और अपना अपमान समझा। उन्हें अपने फ़ैसलों की अवमानना कतई बर्दाश्त नहीं होती थी। उन्होंने मेरी जवाबतलबी की तो मैंने भी बड़े ठंडे स्वर में कारण बता दिया। उन्होंने लचर दलील दी कि डॉ. सिन्हा वाला आयोजन उनके मित्रों के द्वारा किया गया था। मैंने तुर्की-ब-तुर्की जवाब पकड़ा दिया कि अगर मुझे संकेत मिला होता तो मेरे मित्र भी इस मेज़बानी के लिए तैयार हो जाते। दरअसल वे और मैं, दोनों जानते थे कि यह बात सही नहीं थी। तथाकथित मित्रों और डॉ. सिन्हा के बीच वैसा सम्बन्ध था ही नहीं। उत्तर सुनकर वे पैर पटकते हुए चले गए।

आयोजन से कुछ घंटे पहले उन्होंने अपने दफ़्तरी से फोन कराया। उसने साहब का सन्देश दिया, 'बीबी जी, डॉक्टर साहब कह रहे हैं कि आपको शाम के फ़ंक्शन में आना चाहिए।' मैंने न कोई उत्तर दिया, न अपना निर्णय बदला। मित्रों को जब इस घटना की जानकारी हुई तो अगले ही सप्ताह मन्नू ने अपने घर पर एक मिलन-गोष्ठी का आयोजन किया जिसमें मित्र-मंडली के अलावा भी कुछ लोगों को आमंत्रित कर लिया। ज़ाहिर है, उस सूची में डॉ. नगेन्द्र और विभाग के सदस्यों को शामिल नहीं किया गया था। खबर अलबत्ता डॉ. साहब को लग गई और काफ़ी दिनों बाद उन्होंने इस बात का बड़े व्यंग से गिला भी किया। इसके बाद मित्र-मंडली उनकी आँखों में और खटकने लगी।

डॉ. नगेन्द्र बनाम मित्र-मंडली

मेरे मित्रों में, अजित दम्पती, मन्नू और बिन्दु तो कॉलेजों में अध्यापन करने के कारण, और भारत जी उनके खुद के शोध-छात्र होने के कारण उन्हें एक हद तक निजी परिवार के सदस्य लगते थे। बचे राजेन्द्र यादव और

नामवर सिंह। राजेन्द्र का भी सीधे उनसे कोई टकराव नहीं था। फिर भी चर्चा के दौरान वे अकारण उन्हें अपशब्दों से नवाज़ा करते। उन्हें वहम रहता था कि राजेन्द्र उनके खिलाफ़ षड्यंत्रों में शामिल रहते हैं क्योंकि राजेन्द्र भी गाहे-बगाहे उनके विरुद्ध कोई कटखनी टिप्पणी करने से बाज़ नहीं आते थे।

जहाँ तक नामवर जी का सवाल था, उन्हें वे हर रूप में अपने घोर प्रतिद्वन्द्वी से लगने लगे थे। पुरस्कार-प्रसंग क्या घटित हुआ कि उन्हें अपने खिलाफ़ किसी ऐसे षड्यंत्र का शक रहने लगा जिसके प्रत्यक्ष या परोक्ष रूप में सूत्रधार नामवर जी दिखाई पड़ने लगे। ऐसे वातावरण में अकारण दाएँ-बाएँ करते रहनेवालों की बन आती है।

दोनों के बीच तनाव की भनक बनारस तक पहुँची तो डॉ. बच्चन सिंह ने डॉ. साहब को एक पत्र लिखा जिसका मज़मून यह था कि नामवर सिंह, जो प्रकृति से बड़े दुष्ट व्यक्ति हैं, दिल्ली में आचार्य द्विवेदी के शिष्यों को इकट्ठा करके पंडित जी के बहाने डॉ. नगेन्द्र के समानान्तर एक शक्ति-केन्द्र बना रहे हैं। डॉ. साहब को इसके बारे में यथोचित कुछ करना चाहिए। पत्र डॉ. साहब को सावधान करने की 'नेक' नीयत से लिखा गया था।

पत्र मिलते ही डॉ. साहब का सन्तुलन गड़बड़ा गया। उन्होंने पंडित जी के शिष्य समझे जानेवाले लोगों को अपने घर बुला भेजा। उनमें रामदरश मिश्र, विश्वनाथ त्रिपाठी, गंगाप्रसाद विमल के अलावा उनके दामाद कैलाशपति ओझा तक को शामिल कर लिया गया। उन्हें अंग्रेज़ी में सम्बोधित करके जो कहा गया, उसका सार यह था कि उन्हें इस बात की खबर तो बहुत दिन से थी, पर अब उनके पास इसका निश्चित प्रमाण है कि नामवर सिंह उनके और पंडित जी के बीच मनमुटाव पैदा करने का षड्यंत्र कर रहे हैं, और अब उन्होंने इसके खिलाफ़ कार्यवाही करने का फ़ैसला किया है।

डॉ. साहब का आरोप था कि चूँकि योजना को नामवर सिंह पंडित जी के शिष्यों के माध्यम से अंजाम देना चाहते हैं इसलिए उन्होंने ताकीदिया लहजे में उन्हें (शिष्यों को) नामवर सिंह से मिलने-जुलने से बचने की हिदायत दी।

ज़ाहिर है कि यह बात उन लोगों के लिए एकदम अप्रत्याशित रही होगी। कल्पना की जा सकती है कि यह सुनकर मृदु गात और स्वभाव वाले कैलाशपति जी की तो लगभग घिग्घी बँध गई होगी। मधुरभाषी सहज प्रसन्न रहनेवाले विमल जी भी चुप साध गए होंगे। उनका कहना है कि वे यों भी वहाँ देर से पहुँचे थे। रामदरश मिश्र की नामवर जी से खास बनती नहीं थी। प्रतिस्पर्धी भाव से उनके भीतर मनमोदक फूटने लगे होंगे। बचे विश्वनाथ त्रिपाठी, वे परम-श्रद्धेय गुरुवर पंडित जी और गुरुवत् नामवर सिंह के सन्दर्भ में ऐसा वक्तव्य सुनकर ताव खा गए। यों भी, किसी से सम्बन्ध रखने की आज़ादी के मूल नागरिक अधिकार पर उन्हें यह कुठाराघात अनुचित लगा होगा। उन्होंने आव देखा न ताव, तुरन्त वाचाल हो गए, 'मेरे तो वे गुरुवत् हैं, मैं

उनका चरण-स्पर्श करता हूँ। पहले आप उन्हें तो रोकिए जो लोग आपके बहुत निकट हैं।' (ऐसा मुझे बताया गया)। इशारा, ज़ाहिर है, मेरी तरफ था।

उनकी इस प्रतिक्रिया से जुड़ा प्रासंगिक वृत्त यह भी है कि उस समय तक मेरे और विश्वनाथ जी के बीच महज़ मुँहदेखे का औपचारिक सम्बन्ध था। दिल्ली में अपने आरम्भिक निवास-काल में नामवर जी मॉडल टाउन वालों के, विशेषकर विश्वनाथ जी के, मेहमान रहते थे। एक बार हम लोगों से परिचय हो जाने के बाद सान्ध्य-गोष्ठियों का अड्डा बदल गया। वे नियमित रूप से नहीं, मॉडल टाउन में यदा-कदा अजित कुमार के यहाँ ही उपलब्ध होने लगे, क्योंकि मॉडल टाउन में हमारे मित्र तो अजित जी ही थे। उसके अलावा उनका अधिकांश समय हमारी तरफ़ गुज़रने लगा। यह परिवर्तन मॉडल टाउन वासियों को, जिनमें विश्वनाथ जी भी शामिल थे, बहुत रास नहीं आ रहा था।

उस मौके पर उनकी ऐसी प्रतिक्रिया डॉ. साहब के लिए भी, ज़ाहिर है, पूरी तरह अप्रत्याशित रही होगी। वे बौखला गए और यह कहते हुए कि उन्हें मेरे इस अविवेकपूर्ण व्यवहार की जानकारी है और वे इस प्रसंग में मुझे भी ठीक करेंगे, उन्होंने बैठक बर्खास्त कर दी।

उन लोगों के विदा होते ही वे मेरे यहाँ पधारे—बेहद क्रोध में—विश्वनाथ जी के लिए एकाधिक विशेषणों का प्रयोग करते हुए। उन्होंने जो कहा, उसका सार यह था कि मेरे कारण एक ऐसे अदना आदमी से उन्हें अपमानित होना पड़ा।

मुझे पूरा वृत्तान्त सुनकर अच्छा तो नहीं ही लगा, पर क्रोध विश्वनाथ जी से ज्यादा डॉ. साहब पर आया। जब तक वे बोलते रहे, मैं चुपचाप सुनती रही। मैंने उत्तर में उलटकर यही कहा कि आपको यह करना ही नहीं चाहिए था। अध्यक्ष होने से आपको यह अधिकार तो नहीं मिल जाता कि आप लोगों के निजी सामाजिक सम्बन्धों पर सेंसर लगाएँ, वह भी बच्चन सिंह के बहकावे में आकर! आपके कहने से लोग अपने सम्बन्धों में फेर-बदल करेंगे—यह भ्रम आपको कैसे हो गया? जहाँ तक मेरा सवाल है, मुझे जब तक इस बात का कोई ठोस प्रमाण नहीं मिल जाता कि वे किसी तरह के षड्यंत्र से जुड़े हैं, मैं तो उन्हें मिलने-जुलने से नहीं रोक सकती।

प्रतिक्रिया में वे बेहद गुस्से में तमतमाए हुए तुरन्त विदा हो गए।

इस बातचीत के साक्षी जैन साहब भी थे। अमूमन कम दखल देते थे। डॉ. साहब के जाने के बाद उन्हें भी इस बात पर एतराज़ हुआ कि डॉ. साहब लोगों के आपसी सम्बन्धों में दखल देने की, डिक्टेट करने की कोशिश क्यों कर रहे हैं। यह ज्यादती है। दरअसल डॉ. साहब की सामन्ती अदा की तुलना में नामवर जी का सहज दोस्ताना व्यवहार सभी को ज़्यादा रास आता था। जैन साहब भी जानते थे कि इस मामले में ज़्यादती डॉ. नगेन्द्र की ही है।

'नई कविता के प्रतिमान'

यह घटना उसी दौर की है जब हम सब यानी भारत जी, मैं और हमारे साथ जैन साहब भी नामवर जी पर पुस्तक लिख डालने का दबाव बनाते रहते थे—यह जानते हुए भी कि लिखने के मामले में वे खासे काहिल हैं। उतने ही, जितने पढ़ने में मुस्तैद। बहुत घेर-घारकर बैठाया जाता तो घंटों बाद जब कमरे के बाहर निकलते तो कहीं कुछ पंक्तियाँ, कहीं एकाध पैराग्राफ़ लिखे तमाम कागज़ों के बीच ठीक-ठिकाने की बिस्मिल्लाह के प्रमाणस्वरूप एकाध पैराग्राफ या पृष्ठ मिलता—जिसे वे कहते थे कि बस, अब 'उठान' हो गई, जिसका अर्थ होता था कि अध्याय अब लिखा जाएगा।

मित्रों के ऐसे ही आग्रह-हठाग्रह, मान-मनुहार, यहाँ तक कि एकाध बार ब्लैकमेल तक की कूटनीति के सहारे आखिर 'नई कविता के प्रतिमान' की रचना करा ली गई—लगभग एक वर्ष में।

इधर उन्होंने ज्ञानपीठ द्वारा आयोजित एक बातचीत में (2 जुलाई, 2014) इसे 'फरमायशी' लेखन कहा है। उम्र के इस पड़ाव पर आत्मविश्लेषण करते हुए, उन्होंने यह दोष अपने माथे मढ़ लिया, जबकि उस रचना की अच्छाई-बुराई की पूरी ज़िम्मेदारी उस परिस्थिति की है जिसमें हम सबने मित्रता के उत्साह में उन्हें घेर लिया था। और तो और, शीला सन्धू तक को इसकी जानकारी थी कि ऐसा कुछ हो रहा है, इसीलिए उन्होंने भी तैयार होते ही बड़ी तत्परता से उसे प्रकाशित कर दिया।

पीछे मुड़कर देखने पर यह पूरी घटना इतनी बचकानी और एक हद तक बेतुकी लगती है कि खुद यकीन नहीं होता कि हम लोग कैसे ऐसा कर पाए, और नामवरजी ने कैसे यह होने दिया!

ठंडे दिमाग से सोचें तो आज क्या साहित्य अकादमी और क्या उसका पुरस्कार, पर उस समय उसका मतलब और वजन था। पानेवालों में बड़े नाम थे। उनकी पंक्ति में शामिल होना, बहुत सम्मान की बात थी। और ऐसा भी नहीं हुआ था कि हर रचनाकार को उसकी सर्वोत्तम रचना पर ही यह पुरस्कार मिला हो!

अलबत्ता पुस्तक जब पूरी हो गई तो हममें से अधिकांश की राय तब भी यही थी कि उसका पूर्वार्ध अनावश्यक रूप से ध्वंसात्मक था, जिसकी कोई विशेष आवश्यकता नहीं थी, पर उस परिस्थिति और मन:स्थिति में ये बातें सोचना-कहना व्यर्थ लगता था।

वैसे समय ने यह सिद्ध ही किया है कि नामवर जी कलम का इस्तेमाल दो ही स्थितियों में करते रहे हैं—किसी दबाव में या कोई हिसाब चुकता करने के लिए। उनकी दूसरी पुस्तक 'दूसरी परम्परा की खोज' भी, जिसे वह अपनी सर्वोत्तम कृति मानते थे, गुरु के प्रति श्रद्धांजलि अर्पित करने के सात्त्विक मनोभाव के दबाव में ही लिखी गई थी। इस वजन पर कहा जा सकता है कि 'नई कविता के प्रतिमान' राजसी मनोभाव

के चलते कुछ मौलापन की–सी झोंक में, और कुछ मित्रों के दबाव में की गई रचना है। नामवर जी कुछ इस भाव से उस समय, उन मित्रताओं, उस फक्कड़ाना मौज–मस्ती को स्मृति में पुनर्जीवित करें तो उन्हें अफ़सोस तो नहीं ही होगा।

समय के साथ शीला जी के साथ भी नामवर जी के सम्बन्ध हमवार हो गए। गिला–शिकवा, उससे जुड़ी कटुता धीरे–धीरे समाप्त होती गई। उनके ही नहीं, इस बीच शीला जी से मेरे सम्बन्ध भी बहुत मधुर हो गए थे। इस हद तक कि हम लोग पारिवारिक मामलों में भी एक–दूसरे पर भरोसा करने लगे। वह भरोसा आज तक कायम है। उनके मित्रों में शायद मैं उन एकाध अपवादों में से हूँ जो उस विराट अट्टालिका को खँडहर होते देख रहे हैं।

उस समय भी हम लोग बहुत जल्दी एक–दूसरे के साथ 'फ्रेंड, फिलॉसफर गाइड' वाली भूमिकाओं में आ गए थे। यहाँ तक कि जब बच्चन जी ने उनकी बड़ी बेटी जोया के लिए बेटे अमिताभ का प्रस्ताव रखा और वे सपरिवार दोपहर का भोजन करने के लिए उनके घर आनेवाले थे तो शीला जी ने फोन करके परामर्श के लिए मुझे भी बुला लिया। अमिताभ उस समय कलकत्ता में नौकरी करते थे। एकदम दुबले–पतले छरहरी कद–काठी के खासे गौर–वर्ण वाले गम्भीर नौजवान। जितने समय मैं वहाँ रुकी, उनके मुँह से बोल नहीं फूटा। इधर जोया बेहद चंचल, चुलबुली, बेचैन आत्मा। कारण कुछ खास नहीं था, पर बात इतनी बेमेल थी कि बनने का सवाल ही नहीं उठा। अगर बन जाती तो शायद दोनों के लिए ही अच्छा न होता।

यह केवल एक उदाहरण है। ऐसे कई प्रसंग मेरे खाते में दर्ज हैं। वे ऐसी बहुत सी गोपनीय बातों की साक्षी और सहयोगी रहीं जिनके बारे में सावधान करने पर वे हँसकर कहतीं, 'किसी को नहीं बताना है?' और फिर जोड़तीं, 'फ़ॉर टैक रीज़न?'

यह 'टैक रीज़न? मेरे और उनके बीच गोपनीयता का वाचक संकेत हो गया था। कुल मिलाकर, तमाम लुका–छिपी, उठा–पटक, ऊँच–नीच के बावजूद वातावरण बेहद जीवन्त और उत्साहवर्धक था। यों चुगलखोरों की कमी की शिकायत हमें कभी नहीं रही, विश्वविद्यालय के भीतर की अकादमिक दुनिया से लेकर मॉडल टाउन–केन्द्रित रचनाकारों की दुनिया तक ऐसे तमाम तत्त्व मौजूद थे जो कभी भी किसी छोटे–मोटे लाभ के लिए या केवल द्वेषवश या मजा लेने के लिए किससे क्या कह देंगे और किसको किसके खिलाफ़ भड़का देंगे—इसका न कोई हिसाब रहता था, न ठिकाना।

इसका एक दिलचस्प वाकया अजित जी के निवास पर घटित हुआ। वहाँ हमारी आए दिन होनेवाली बैठकियों की खबर जब फैलने लगी तो उनमें कुछ ऐसे तत्त्वों का प्रवेश शुरू हुआ जिससे वातावरण असहज हो चला। मुझे आशंका हुई कि बहसें बहुत दिन तक निरामिष नहीं रहनेवालीं। मैंने अपनी आशंका मेज़बान से व्यक्त की और नियमित रूप से जाना बन्द कर दिया। एक दिन अचानक खबर मिली कि मेरी भविष्यवाणी चरितार्थ हो गई। भाई लोगों के बीच चप्पल चल गई।

मुख्य किरदार थे रमेश गौड़ और उदयभानु मिश्र, पर बीच-बचाव करने के चक्कर में अकारण एकाध वार भलेमानस देवीशंकर अवस्थी पर भी पड़ गया। मेरा अनुमान था कि नामवर जी भी सम्भवत: वहाँ रहे होंगे। जिज्ञासा हुई कि उस समय उनकी क्या भूमिका रही!

पता लगा कि घटना के दौरान वे न बोले, न उन्होंने बीच-बचाव करने का खतरा मोल लिया। अध्यक्षीय आसन पर ध्यानावस्थित-सी मुद्रा में बैठे रहे, और जब सब हो चुका तो उनका अध्यक्षीय भाषण हुआ। दोनों पक्षों को धिक्कारते हुए उन्होंने बड़ा मार्मिक व्याख्यान दिया कि जूते उन लोगों ने एक दूसरे को नहीं, मेज़बान अजित कुमार को, उनकी पत्नी स्नेहमयी चौधरी को और खुद उनको (यानी नामवर सिंह को) मारे हैं अर्थात् इस करतब से मेज़बान और अध्यक्ष दोनों अपमानित हुए हैं। इसके लिए उन्हें अजित जी से माफ़ी माँगनी चाहिए।

अन्त में मृदु गात और स्वभाव के मालिक अजित कुमार ने भी अपने समापन भाषण में इस आचरण के लिए दोनों पक्षों की भर्त्सना करते हुए यह ऐलान कर दिया कि भविष्य में आपसी झगड़े तय करने के लिए अपने घर का इस्तेमाल किए जाने की इजाज़त वे नहीं देंगे। इस घटना का दूरव्यापी परिणाम यह हुआ कि नियमित साहित्यिक अड्डेबाज़ी का वह सिलसिला भंग हो गया।

डॉ. नगेन्द्र-युग का अवसान

डॉ. नगेन्द्र और नामवर जी के सम्बन्धों के बीच दरार पैदा होने से पूरा वातावरण प्रभावित होने लगा था। ऐसा होना स्वाभाविक ही था। डॉ. नगेन्द्र ने एक मोर्चा तो विभाग के भीतर डॉ. उदयभानु सिंह के प्रसंग में पहले ही खोल रखा था। इस नई स्थिति का असर उस पर भी पड़ा, पर कुल मिलाकर डॉ. नगेन्द्र के दबदबे के सामने उनका खुलकर विरोध करने का साहस कम-से-कम विश्वविद्यालय से जुड़े लोग आसानी से नहीं कर पाते थे।

इसी बीच विभाग में विद्यार्थियों की एक हाथरसी टोली दाखिल हुई। इनका तात्कालिक साध्य था नौकरी, साधन चाहे जो हो। बाहर से आने के कारण इन्हें उस लक्ष्य तक पहुँचने का रास्ता विद्रोही तेवर अख्तियार करने में दिखाई पड़ा। उस समय डॉ. उदयभानु सिंह अपनी लड़ाई लड़ते-लड़ते लगभग हताश हो चुके थे। इन विद्रोहियों को मार्गदर्शन के लिए उनका शरणागत होना सहज-सुगम रास्ता लगा। यह बात अलग है कि डॉ. नगेन्द्र का खुलकर विरोध करना उनके वश की बात भी नहीं थी। उन्होंने एकाधिक बार वाइस चांसलर से मिलकर अपनी व्यथा कहनी चाही तो बात कुछ बनी नहीं। नौकरशाही नियम-कानून के मारे सी.डी. देशमुख जैसे कुलपति तक ने उन्हें 'थ्रू प्रॉपर चैनल' यानी अध्यक्ष-मार्ग से आने की हिदायत दी तो उनकी हिम्मत जवाब दे

गई, पर वे न्याय पाने के लिए अपने ढंग से कुछ-न-कुछ करते ही रहते थे। अन्ततः जब डॉ. वी.के. राव ने कुलपति-पद ग्रहण किया तो उन्होंने एक बार यह आदेश दिया कि हिन्दी विभाग के पदों का इंटरव्यू जहाँ तक सम्भव हो, अंग्रेज़ी में ही लिया जाए ताकि वे भी आवेदकों की योग्यता का अन्दाज़ा लगा सकें। पर वह नौबत आने से पहले ही वातावरण विस्फोटक हो गया।

डॉ. साहब को इस बीच स्थिति की नज़ाकत का अन्दाज़ा हो गया था। अपने रवैए में ढील देने में ही उन्हें खैर दिखाई पड़ने लगी और उन्होंने उसी बीच डॉ. सिंह की नियुक्ति रीडर के पद पर कर दी। इंटरव्यू समाप्त होने के बाद सीधे मेरे ही घर आए। मुझे खबर सुनाई, इस आदेश के साथ कि मैं डॉ. उदयभानु सिंह तक यह खबर पहुँचा दूँ। उनकी उत्कंठा यह थी कि खबर इस रूप में पहुँचे कि वे उसे आभार मानकर ग्रहण करें। बहरहाल, आभार तो वे क्या मानते, वे ठीक जानते थे कि यह उदारता परिस्थिति के दबाव से सम्भव हुई है, पर उन्होंने इस घटना के बाद अपने मन को दुर्भाव-मुक्त कर लिया। नहीं जानती कि यह उनकी कमजोरी थी या बड़प्पन।

पर इस घटना से भी डॉ. साहब के विरुद्ध विद्रोह की जो चिनगारी सुलग चुकी थी, वह शान्त होने का नाम नहीं ले रही थी। दरअसल इसे जिलाए रखने में मुख्य भूमिका तो उन्हीं प्रतिभाओं की थी, जो रोज़ी-रोटी का रास्ता तलाशते बड़ी निरीह-सी मुद्रा बनाए शहर में दाखिल हुए थे। पर समय के साथ, उन्होंने जिस तरह स्थानीय दावेदारों को धकियाते हुए नौकरी के बाज़ार में नैतिकता को बलाए-ताक पर रखकर कामयाबी हासिल की, उससे उनकी तत्कालीन क्षमताओं और काँइयाँपन का अन्दाज़ा लगाया जा सकता है, पर उस समय उनकी सफलता का एक बड़ा कारण डॉ. साहब के विरुद्ध विश्वविद्यालय में सामान्यतः व्याप्त असन्तोष था।

दफ़्तर के लोग उनके स्वभाव की हेकड़ी से खिन्न रहते थे। दूसरे विषयों के लोग एक 'हिन्दी वाले' प्रोफ़ेसर-अध्यक्ष-डीन के दबदबे को अपनी हेठी समझकर ईर्ष्यादग्ध रहते थे—इस प्रवाद के कारण कि उन्हें राजनेताओं का संरक्षण प्राप्त है। जब भी कुलपति पद खाली होता तो यह अफवाह उड़ने लगती कि वे उसके दावेदार होंगे। इसका कोई ठोस आधार न होने पर भी उस पंक्ति में खड़े लोगों की वे आँखों की किरकिरी थे ही। कुल मिलाकर प्रशासन से लेकर अकादमिक वर्ग तक सही अर्थ में शायद ही उनका कोई हितैषी रहा हो।

ऐसे माहौल में जब विद्यार्थियों की इस टोली ने, जिसकी अगुआई सुधीश पचौरी और कर्णसिंह चौहान कर रहे थे, यह आरोप लगाया कि वे परीक्षा-परिणाम में गड़बड़ करते हैं तो विश्वविद्यालय के तत्कालीन कुलपति, प्रसिद्ध अर्थशास्त्री के.एन. राज ने परीक्षा-नियंत्रक से, इस आरोप को ध्यान में रखते हुए डॉ. साहब पर नज़र रखने के लिए कहा। मदनमोहन नाम के वे सज्जन, जो बाद में विश्वविद्यालय के रजिस्ट्रार भी रहे, डॉ. साहब की हेकड़ी से भीतर-ही-भीतर चिढ़े रहते थे। उन्हें कुलपति के इस आदेश में अपने भीतर पल रही नाराज़गी का हिसाब-किताब चुकता करने का मौका

दिखाई पड़ने लगा। लिहाज़ा उस वर्ष (1969-70) की एम.फिल. परीक्षा के परिणाम के मॉडरेशन की बैठक हुई तो वे लगभग पुलिसिया नज़र के साथ खुद तैनात हो गए—इस फ़िराक में कि कहीं कोई चूक हो तो धर दबाएँ। और ऐसा ही हुआ। मॉडरेशन की प्रक्रिया में अंकों में जो परिवर्तन किए गए, उससे सम्बन्धित पुराने रिकॉर्ड को डॉ. नगेन्द्र ने पूरी समिति की मौजूदगी में सहज भाव से फाड़कर रद्दी की टोकरी के हवाले कर दिया। ऐसा करते ही परीक्षा-नियंत्रक ने इसे उनकी गैर-कानूनी हरकत करार देते हुए कागज़ के फटे टुकड़ों को टोकरी से निकालकर एक लिफ़ाफ़े में यह कहते हुए मुहरबन्द कर दिया कि उन्हें परीक्षा-परिणाम को मॉडरेट करने का अधिकार है, रिकॉर्ड नष्ट करने का नहीं। उन्हें जो करने का आदेश दिया गया था, वह लक्ष्य सिद्ध हो गया।

बैठक समाप्त हो गई और परीक्षा-नियंत्रक ने इस मामले की शिकायती रिपोर्ट बनाकर कुलपति प्रो. के.एन. राज के विचारार्थ प्रस्तुत कर दी।

यह समाचार आग की तरह पूरे विश्वविद्यालय में फैल गया। जितने मुँह, उतने संस्करण। तमाम लोगों ने डॉ. साहब के साथ अपने सम्बन्धों और मनोभाव के अनुरूप इसकी व्याख्या की।

डॉ. साहब का कहना था कि उन्होंने जो परिवर्तन किए, उनसे इन विद्यार्थियों का हित ही हुआ था, क्योंकि वे इस आशंका के कारण विशेष रूप से सतर्क थे कि ज़रा-सा मौका मिलते ही ये लोग विरोध को नया रंग देंगे और वे किसी विवाद को और बढ़ाना नहीं चाहते थे।

पर वहाँ वस्तुस्थिति की सच्चाई तक पहुँचने में किसी की कोई दिलचस्पी थी ही नहीं। अधिकारियों का एकमात्र लक्ष्य था, जैसे भी हो, डॉ. नगेन्द्र की नाक नीची करना।

इस पूरे मामले में डॉ. साहब के पड़ोसी और मित्र समझे जानेवाले अंग्रेज़ी विभाग के प्रो. सरूप सिंह की भूमिका बहुत रहस्यमय थी। वे उस समय विश्वविद्यालय के समकुलपति थे। जानकार लोगों का कहना था कि वे अगले कुलपति होने के दावेदार और आकांक्षी थे। वे इस बात की गुंजाइश ही नहीं छोड़ना चाहते थे कि निकट भविष्य में जब वह पद खाली हो, जैसी कि सम्भावना थी, तो उनके मार्ग में कोई दूसरा प्रतिस्पर्धी खड़ा हो जाए। उन्हें डॉ. नगेन्द्र के बारे में यह आशंका थी। उन्हें रास्ते से हटाने का इससे बेहतर अवसर क्या हो सकता था! गोकि जब भी ऐसी अफवाहें फैलती थीं तो डॉ. नगेन्द्र बराबर कहा करते थे कि कोई 'हिन्दी वाला' दिल्ली विश्वविद्यालय का उपकुलपति हो ही नहीं सकता। फिर भी जब वे इस प्रसंग में फँसे तो लोगों का कहना यही था कि इसके पीछे डॉ. सरूप सिंह की निर्णायक भूमिका थी।

बहरहाल, इस पूरे मामले में उन्होंने अत्यन्त हितैषी मित्र की मुद्रा अख्तियार करके डॉ. साहब को यह विश्वास दिला दिया कि कुलपति प्रो. के.एन. राज उनके विरुद्ध जाँच-समिति बैठाने का मन बना चुके हैं। डॉ. नगेन्द्र इस पूरे प्रसंग में कानूनी

राय ले चुके थे। शहर के एक प्रतिष्ठित वकील ने उन्हें आश्वस्त कर दिया था कि यूनिवर्सिटी का प्रशासन उनका कुछ नहीं बिगाड़ सकता, पर पूरी घटना से डॉ. साहब का मनोबल इस कदर ध्वस्त हो चुका था कि जब कुलपति ने उन्हें इस मामले में बात करने के लिए बुलाया तो बात ने कुछ ऐसा रुख लिया कि डॉ. साहब इस प्रसंग को आगे बढ़ाने के बजाय इस्तीफ़ा देकर ही उनके दफ़्तर से बाहर निकले। बात वहीं खत्म हो गई। इस्तीफ़ा मंजूर हो गया, और उनकी जगह डॉ. सावित्री सिन्हा विभाग की अध्यक्ष हो गईं।

यह बात अलग है कि डॉ. के.एन. राज भी इस प्रसंग के बाद बहुत दिनों तक अपनी कुर्सी पर टिके नहीं रहे। दरअसल उनका मिजाज़ ऐसी प्रशासनिक ज़िम्मेदारी के लिए बना ही नहीं था। उनका त्यागपत्र भी जल्दी ही आ गया, और डॉ. सरूप सिंह पहले कार्यवाहक कुलपति और उसके बाद नियमित कुलपति नियुक्त हो गए।

विश्वविद्यालय में मेरी आमद

इसी बीच शहर के भौगोलिक विस्तार को ध्यान में रखकर विश्वविद्यालय, दक्षिणी दिल्ली में एक दूसरा परिसर खोलने के प्रस्ताव पर यू.जी.सी. की मंजूरी ले चुका था। तय पाया गया था कि उसकी शुरुआत अंग्रेज़ी, हिन्दी और कॉमर्स—इन तीन विषयों से की जाए। तीनों विषयों में एक प्रोफ़ेसर और दो रीडर की नियुक्ति के लिए अपेक्षित विज्ञापन भी दिया जा चुका था। कॉलेज से मुक्ति पाने की इच्छा से मैंने रीडर पद के लिए आवेदन कर दिया, पर इससे पहले कि इन पदों पर नियुक्ति हो पाती, विभाग में सत्ता-परिवर्तन हो गया।

तब तक अध्यक्ष, प्रो. सिन्हा और मेरे बीच बातचीत तक बन्द थी। इंटरव्यू उन्हीं की अध्यक्षता के दौरान होना था। मेरे मन में स्वभावतः असमंजस पैदा हुआ। मेरे प्रति उनकी नाराज़गी जगज़ाहिर थी। इसलिए अन्य प्रत्याशियों के हौसले बुलन्द होने लगे। मैंने इस बारे में किसी तरह उनका मन्तव्य जानने की इच्छा से झिझकते हुए डॉ. नगेन्द्र से आग्रह किया कि वे उनसे बात करके मुझे बता दें कि अगर डॉ. सिन्हा ने मेरा विरोध करना पहले से तय कर लिया हो, जिसका उन्हें पूरा हक है, तो मैं इंटरव्यू में नहीं जाऊँगी। पर यदि वे तटस्थ रहने की मनःस्थिति में हों तो मैं निश्चित रूप से भाग्य आज़माना चाहूँगी।

उनसे जो जवाब मिला, उससे मेरे मन में डॉ. सिन्हा के प्रति बहुत आदर पैदा हुआ। उन्होंने कहा कि वे न मेरा समर्थन करेंगी, न विरोध। यदि मेरिट के आधार पर मेरा चयन होगा तो वे आड़े नहीं आएँगी।

बात इतने पर खत्म नहीं हुई। इस पूरे मामले में विश्वविद्यालय पूरी गोपनीयता बरत रहा था। एक विशेषज्ञ थे डॉ. देवेन्द्रनाथ शर्मा। वे अपने बेटे डॉ. विनयशील

गौतम के पास सेंट स्टीफ़ेंस कॉलेज में ठहरा करते थे। इंटरव्यू की पहली सन्ध्या वे दिल्ली पहुँचे तो डॉ. दशरथ ओझा को खबर लग गई। डॉ. सिन्हा को उपकृत करने का यह अवसर हाथ से न निकल जाए, इसलिए वे दबे पाँव डॉ. शर्मा से मिलकर कह आए कि मेरी नियुक्ति किसी हालत में नहीं होनी चाहिए क्योंकि डॉ. सिन्हा ऐसा कभी नहीं चाहेंगी।

इतना ही नहीं, अगले दिन इंटरव्यू से पहले उन्होंने डॉ. सिन्हा को भी यह कहते हुए कि 'मैंने आपका काम कर दिया है', डॉ. शर्मा के आने की सूचना दे दी। डॉ. सिन्हा के पैरों तले की ज़मीन खिसक गई। उन्होंने ओझा जी को तो फटकारा ही, तुरन्त डॉ. नगेन्द्र को फोन मिलाया। उनका अनुमान था कि डॉ. शर्मा इंटरव्यू में जाने से पहले उनसे मिलने अवश्य जाएँगे। अन्दाज़ा सही था। जब फोन पहुँचा, डॉ. शर्मा वहाँ मौजूद थे। उन्होंने साग्रह उनसे बात करके कहा कि वे ओझा जी की बात पर कतई ध्यान न दें, बल्कि डॉ. नगेन्द्र से उनकी मर्ज़ी जानकर जैसा वे चाहें, वैसा करें। यह बात मुझे बाद में डॉ. शर्मा और डॉ. नगेन्द्र दोनों ने बताई।

डॉ. शर्मा ने फिर भी इतनी चतुराई बरत ली कि इंटरव्यू के बाद वाइस चांसलर ने डॉ. सिन्हा और शेष दो विशेषज्ञों से (दूसरे श्री केसरीनारायण शुक्ल थे) उनकी अनुशंसा जाननी चाही तो डॉ. शर्मा की सूची में मेरा स्थान तीसरे नम्बर पर था और डॉ. सिन्हा की सूची में पहले नम्बर पर। पर चूँकि अभ्यर्थियों में अकेला मेरा नाम तीनों की सूची में था इसलिए मेरा चयन तो निर्विवाद रूप से हो गया, दूसरे पर काफ़ी बहस के बाद डॉ. महेन्द्र कुमार की नियुक्ति हुई। प्रोफेसर के पद पर डॉ. विजयेन्द्र स्नातक का चयन हुआ।

इस घटना से मेरे और डॉ. सिन्हा के बीच जो अस्वाभाविक दरार पैदा हो गई थी, वह मिट ही नहीं गई, उन्होंने विभाग की गतिविधियों में मेरा भरपूर सहयोग चाहा। इस हद तक कि कुछ समय बाद डॉ. स्नातक को ऐसा भ्रम होने लगा कि वे उनकी उपेक्षा करके मुझे सिर चढ़ा रही हैं। तब तक डॉ. सरूप सिंह वाइस चांसलर हो गए थे। डॉ. स्नातक ने उनसे अपनी व्यथा कही तो डॉ. सरूप सिंह ने डॉ. सिन्हा को परामर्श देने के लिए बुला लिया।

उत्तर में डॉ. सिन्हा ने उनसे जो निवेदन किया, वह दिलचस्प था। उन्होंने कहा, 'ज़िम्मेदारी उसी को दी जाएगी, जहाँ से काम पूरा होने का भरोसा हो। मुझे तो आखिर विभाग चलाना है।'

पर ऐसी बातों से हम लोगों के आपसी सम्बन्धों में कोई अन्तर नहीं पड़ा। डॉ. स्नातक को मैंने हमेशा अपने गुरु और वरिष्ठ सहयोगी के रूप में मान दिया और उनका स्नेह ही पाया।

आगे चलकर जब वे विभागाध्यक्ष हुए तो उनकी समझ में भी डॉ. सिन्हा की मजबूरी आ गई और वे भी सहयोग के लिए मुझ पर विश्वास करके निर्भर रहने लगे। यह बात मेरे लिए बेहद आश्वस्तकारी साबित हुई कि डॉ. सिन्हा के साथ मेरे

सम्बन्ध उनके जीवन के अन्तिम वर्षों के दौरान पूर्ववत् बहुत सहज और प्रीतिकर हो गए थे।

इसे संयोग कहा जाए या भाग्य का विधान, जब दिल्ली विश्वविद्यालय के हिन्दी विभाग में यह सत्ता-परिवर्तन घटित हुआ और मेरी नियुक्ति दक्षिण परिसर में रीडर-पद पर हो गई, उसी दौरान जोधपुर विश्वविद्यालय के कुलपति डॉ. वी.वी. जॉन ने हिन्दी के प्रतिष्ठित कवि शिवमंगल सिंह 'सुमन' से अपने यहाँ के हिन्दी विभाग में प्रोफ़ेसर-पद के लिए किसी योग्य व्यक्ति की सिफ़ारिश करने के लिए कहा। सुमन जी नामवर जी की स्थिति से परिचित तो थे ही, दिल्ली में लगातार आने-जाने के कारण वे उनकी नज़र में बने रहते थे। उन्होंने डॉ. जॉन से पुरज़ोर सिफ़ारिश की और नामवर जी की नियुक्ति तत्काल वहाँ प्रोफेसर और अध्यक्ष-पद पर हो गई।

इधर मैं दिल्ली विश्वविद्यालय के दक्षिण परिसर में रीडर-पद पर नियुक्त हो गई और उधर नामवर जी ने जोधपुर विश्वविद्यालय के हिन्दी विभाग के प्रोफेसर-अध्यक्ष का दायित्व सम्हाला। जब वे दिल्ली से जोधपुर के लिए रवाना हुए तो हवाई-अड्डे पर उन्हें विदा करने के लिए मैं, जैन साहब और भारतभूषण अग्रवाल—तीन ही व्यक्ति थे। दरअसल निकटता तो उनकी मेरे सभी मित्रों से थी, पर भारत जी से अतिरिक्त सम्पर्क इस कारण रहने लगा था कि भारत जी अपने शोध-प्रबन्ध के विषय पर उनसे अक्सर विचार-विमर्श किया करते थे।

शोधार्थी कविवर भारतभूषण अग्रवाल

भारत जी के शोध-प्रबन्ध के विधिवत् निर्देशक तो डॉ. नगेन्द्र ही थे, पर ज़ाहिर है, उन्हें अपने इस वरिष्ठ और योग्य अनुसन्धाता का औपचारिक निर्देशन करने की कोई आवश्यकता महसूस नहीं होती थी। पर उनके पंजीकरण के प्रसंग में सम्बद्ध समिति में जो विरोध हुआ था, उसके कारण वे चाहते यही थे कि भारत जी जल्दी अपना काम पूरा कर लें।

दरअसल उनका आवेदन जब विश्वविद्यालय में जमा हुआ तब उसके विरुद्ध भीतर और बाहर दोनों के संयुक्त मोर्चे का डॉ. नगेन्द्र को डटकर सामना करना पड़ा था, इसलिए उनके लिए यह प्रतिष्ठा का सवाल बन गया था। जब काफ़ी समय बीत जाने पर भी भारत जी के काम में विशेष प्रगति नहीं हुई तो डॉ. साहब का धैर्य जवाब देने लगा। भारत जी से अपनी नाराज़गी सीधे ज़ाहिर करने के बजाय, वे मुझे माध्यम बनाते थे।

अन्ततः मैंने भी खीजकर भारत जी पर अतिरिक्त दबाव डालना शुरू किया तो एक दिन उन्होंने संकल्प कर लिया कि वे दफ़्तर से छुट्टी लेकर धूनी रमाकर बैठ जाएँगे और तीन–चार महीने में काम पूरा कर डालेंगे। शर्त यह होगी कि लिखने की प्रक्रिया में वे पहला ड्राफ़्ट टुकड़ों में मेरे हवाले करते जाएँगे और मैं उसे यथावश्यक शीन–क़ाफ़ दुरुस्त कर आगे बढ़ा दूँगी।

डॉ. नगेन्द्र को जल्दी ही इस व्यवस्था की जानकारी हो गई। उन्होंने कुछ कहा नहीं, शायद उन्हें भरोसा हो गया कि इस व्यवस्था से काम पूरा हो जाएगा।

ऐसा ही हुआ। अपने संकल्प के अनुरूप भारत जी ने समय से काम पूरा कर लिया। मैंने उसका प्रथम पाठक होने की ज़िम्मेदारी पूरी ईमानदारी से निभा दी।

जब निर्देशक के सामने शोध–प्रबन्ध प्रस्तुत किया गया तो डॉ. साहब ने प्रसन्न मन से उस पर लिखा—'दस्तखत करता हूँ, ताकि सनद रहे'—बस, और उसे परीक्षण के लिए अग्रसारित कर दिया। वे नहीं जानते थे कि उसको लिखने के दौरान भारत जी बराबर तमाम मुद्दों पर नामवर जी से चर्चा करते और उनकी राय लेते रहे थे। उनका वह शोध–प्रबन्ध आज भी हिन्दी के सर्वश्रेष्ठ शोध–प्रबन्धों में से है। जब उसके प्रकाशन का अवसर आया तो भारत जी ने उसे 'अपने नकारनामी मित्रों के नाम' समर्पित किया। दुर्भाग्य से वह ऐसे प्रकाशक के हाथ पड़ा जो न अब खुद जीवित है, न उसका प्रकाशन। भारत जी ने दया–भाव से कथाकार ऋषभचरण जैन के पुत्र दिग्दर्शनचरण के प्रकाशन को प्रोत्साहित करने के लिए वह ग्रन्थ दिया था। वे एक विक्षिप्त रचनाकार के संघर्षरत परिवार की सहायता करना चाहते थे। उन्हीं के कहने पर मैंने भी अपनी पुस्तक 'उदात्त के विषय में' उन्हीं को दे दी थी जिसका स्टॉक बाद में उस समय वाणी प्रकाशन के अशोक महेश्वरी ने उठाया। इससे अधिक उस पूरे दुखद प्रसंग के बारे में अब कुछ कहना अनावश्यक है।

पारिवारिक जीवन के सुख–दुख

जहाँ तक हमारी आर्थिक स्थिति का सवाल था, अतिरिक्त सम्पन्नता भले ही न रही हो, पर तंगी भी गृहस्थ–जीवन के आरम्भिक दशक को छोड़कर प्रायः नहीं ही रही। जैन साहब ने कुछ वर्ष संघर्ष करने के बाद इतनी स्थिरता तो अर्जित कर ही ली थी कि हमने बच्चों को अच्छे स्कूलों में पढ़ाया। उन्हें किसी बात की कमी नहीं महसूस होने दी। बाद में जब मैंने भी नौकरी कर ली तो कुछ और सहूलियत हो गई। यह बात अलग है कि मैंने आर्थिक लोभ से न कभी दुनिया भर की परीक्षा–कॉपियाँ जाँचने का काम किया, न पाठ्य–पुस्तकों के झमेले में पैर फँसाया। न ही किसी पुरस्कार के लिए कभी किसी दरवाज़े पर दस्तक दी। जो जहाँ से अयाचित और अनायास मिल गया—सम्मान से, उसे कृतज्ञभाव से स्वीकार कर लिया। कन्धे

पर झोला लटकाए, द्वार-द्वार खुद अपनी पैरवी करके पुरस्कार हासिल करनेवाले महारथियों की, उनकी पीठ पीछे जैसी यश-गाथा कही-सुनी जाती है, उसकी जानकारी के कारण, मेरे मन में इस करतब के प्रति हमेशा वितृष्णा ही बनी रही।

मेरी तीनों सन्तानों ने शिक्षा के क्षेत्र में कभी झंडे नहीं गाड़े। पूरा जीवन शिक्षा-क्षेत्र में सक्रिय रहने के बावजूद मैंने कभी उनके परीक्षा-परिणामों में हेरा-फेरी करवाने का यश नहीं कमाया क्योंकि जिन्होंने ऐसा किया, उनके करतबों की कहानियाँ किसी से छिपी नहीं रहती थीं। यह बात अलग है कि इससे उनको अपने जीवन-संघर्ष में कुछ सहूलियत भले हो जाती रही हो। यह ज़रूर है कि ऐसे रास्ते अख्तियार न करने के कारण पारिवारिक जीवन में दुश्वारियाँ लगातार पैदा होती रहीं।

बड़े साहबज़ादे को हर औसत दम्पती की तरह, हमने विज्ञान के रास्ते पर डाला तो वे स्कूल से ही कठिनाई से पार हुए। उस समय सेकंड डिवीज़न के विद्यार्थियों को कॉलेज में प्रवेश दिलाना बहुत कठिन नहीं होता था। मेरे अनुरोध पर कॉमर्स कॉलेज के प्रिंसिपल ने उन्हें बी.कॉम में दाखिला दे दिया। यह बात सातवें दशक के उत्तरार्द्ध की है।

पढ़ना-पढ़ाना तो क्या था, उन्हें वहाँ की सांस्कृतिक-राजनीतिक गतिविधियों में बेतरह दिलचस्पी पैदा हो गई। एक तरफ़ नाटक और दूसरी तरफ़ उस समय के प्रसिद्ध कांग्रेसी नेता एच.के.एल. भगत की शागिर्दी में यूनियनबाज़ी। कक्षाओं में उपस्थिति के लाले पड़े रहते, और वे अपनी हरकतों से प्रिंसिपल के लिए सरदर्दी अलग पैदा किए रहते। मुझे न उनकी अभिनय-क्षमता में कोई बड़ी सम्भावना दिखाई पड़ रही थी और न ही भगत जी के पिछलग्गू बनकर राजनीति करने में। वे आखिर अपने आदर्शवादी रुझान के कारण कॉलेज की राजनीति में प्रिंसिपल-विरोधी पाली के नेता हो गए।

लोकप्रियता का यह हाल कि कॉलेज के माली, चपरासी से लेकर तमाम लोग वर्षों बाद तक जब भी मैं दिख जाती तो 'बड़े भैया' का हालचाल ज़रूर दरियाफ़्त करते, पर प्रिंसिपल का ऐसा नाकोंदम कि उन्होंने मुझे बुलाकर उन पर लगाम कसने का अनुरोध किया। उनकी तकलीफ़ यह थी कि विद्यार्थियों से कर्मचारियों तक साहबज़ादे के एक इशारे पर पूरी जमात इकट्ठी हो जाती थी। इसके अलावा प्रशासन के वित्तीय-प्रबन्धन में भी भ्रष्टाचार के तत्त्व खोजकर वे उसका भंडाफोड़ करने की तैयारी में थे।

मेरे प्राण भयंकर धर्मसंकट में पड़े। साहबज़ादे से बात की तो उन्होंने कॉलेज के हिसाब-किताब के चिट्ठे का खुलासा करना शुरू किया। ज़माना तब और था। खैरियत इसी में थी कि उन्हें प्यार से कुछ यह याद दिलाकर कि वे कॉलेज में प्रवेश ही प्रिंसिपल की कृपा से पा सके थे, अतः उन्हें एहसान फ़रामोश नहीं होना चाहिए, जैसे-तैसे कॉलेज को उनसे मुक्ति दिलाई। नतीजा यह हुआ कि वे बी.कॉम (ऑनर्स) के बजाय बी.ए. पास की डिग्री लेकर कॉलेज से बाहर आए।

हमारी समझ में दो बातें बिल्कुल साफ़ थीं। पहली यह कि विश्वविद्यालय में उन्हें आगे पढ़ाई कराने का कोई नतीजा नहीं निकलनेवाला, और दूसरी यह कि जो रास्ता ढूँढ़ा जाए, उसमें किताबी माथापच्ची नहीं, कुछ नेतागीरी या शोमैनशिप की गुंजाइश होने पर ही बात बनेगी। एक रास्ता उन्हें पूर्णकालिक राजनीति की दिशा में प्रोत्साहित करने का भी हो सकता था, पर उनके भीतर नैतिकता और ईमानदारी का जज़्बा इतना मज़बूत था कि वे वहाँ चल नहीं सकते थे।

संयोग से उसी वर्ष ओबराय होटल के प्रबन्धन ने 'होटल–मैनेजमेंट' में दो वर्ष के ट्रेनिंग–कोर्स का विज्ञापन दिया। देश में उस समय अपनी तरह का यह पहला कोर्स था। हमें लगा, उनके लिए इससे बेहतर दूसरा विकल्प नहीं हो सकता। कोर्स की फ़ीस और दूसरे खर्च हमारी हैसियत के लिए भारी पड़ते थे, फिर भी हमने हिम्मत करके वह कदम उठा लिया।

एक वर्ष बीतते–बीतते साहबज़ादे के भीतर 'नेतागीरी' के कीटाणु फिर कुलबुलाने लगे और उन्होंने मैनेजमेंट से पंगा ले लिया। कुछ समय खींचातानी चलती रही, पर अन्ततः निदेशक ने उन्हें कोर्स से निष्कासित करने का फ़ैसला कर लिया। इस आशय का पत्र मिलते ही हमारे प्राण कंठ में आ गए। तब तक हम उनके प्रशिक्षण पर अपनी हैसियत से कहीं ज्यादा पैसा खर्च कर चुके थे। इसके अलावा सवाल यह भी था कि डेढ़ साल का समय वहाँ लगाने के बाद खाली हाथ बाहर आने पर उनका होगा क्या?

मैंने इस समस्या को सुलझाने के लिए चारों ओर नज़र डाली तो पता लगा कि उस समय विवेकानन्द कॉलेज की प्रिंसिपल डॉ. राज वधवा का ओबराय के मालिक रायबहादुर मोहन सिंह से निकट का परिचय है। मेरे कहने पर डॉ. वधवा मुझे साथ लेकर ओबराय साहब से मिलीं। बहुत जद्दोजहद के बावजूद मामला सुलट नहीं पा रहा था। दरअसल कोर्स के निदेशक से साहबज़ादे की कुछ ऐसी ठन गई थी कि वे लोग हमारा खर्च किया पैसा तक लौटाने के लिए तो तैयार हो गए, पर अपने इस होनहार प्रशिक्षु को किसी कीमत पर रखने के लिए राज़ी नहीं हो रहे थे।

बड़ी दौड़–धूप करने के बाद इस मसले को राजनीतिक हलकों के माध्यम से सुलझाया गया। सोशलिस्ट पार्टी के शिक्षक नेता राजकुमार जैन और विनय मिश्रा के माध्यम से अन्ततः राजनारायण जी की शरण ली गई। उन्हीं ने इस समस्या को हस्तक्षेप करके सुलझाया और साहबज़ादे जैसे–तैसे कोर्स पूरा करके बाहर निकले।

यह बात अलग है कि कोर्स पूरा करने के दो–एक महीने बाद ही ताजमहल होटल में मैनेजर्स–पद के लिए विज्ञापन निकला, और इस बार, बिना किसी सिफ़ारिश के, अपने साक्षात्कार के बूते पर उनकी नियुक्ति हो गई। इतना ही नहीं, चयन–समिति उनसे कुछ इस कदर प्रभावित हुई कि उन्हें तत्काल नियुक्ति–पत्र मिल गया, उस ताज मानसिंह के लिए, जिसकी बिल्डिंग तब निर्माणाधीन थी। पूरा होने में सात–आठ महीने बाकी थे। फिर भी मैनेजमेंट ने उन्हें टिका लिया और इमारत पूरी होने पर वे ताज मानसिंह

की मशहूर कॉफ़ी शॉप 'मचान' के पहले मैनेजर नियुक्त हो गए। हमने चैन की साँस ली। पहली बार इस बात पर गर्व हुआ कि उन्होंने अपनी राह खुद बनाई।

कुछ वर्ष सुख-चैन से गुज़रे। किताबी पढ़ाई के प्रति वे जितने लापरवाह थे, उतने ही अपनी नौकरी के प्रति कर्मठ और समर्पित। यह बात अलग है कि उन्होंने आगे आनेवाले वर्षों में प्राय: हर निर्णायक क्षण में, हर प्रसंग में समझदारी से निर्णय नहीं लिये। प्रसंग नौकरी का हो या पारिवारिक जीवन का, उनकी स्थिति समुद्र की उत्ताल तरंगों पर उठती-गिरती नौका की-सी रही, जो अन्ततः सात समुद्र पार अमेरिका के तट पर जा लगी, जहाँ अकेले जीवन-यापन करना अब उनका शौक नहीं, मजबूरी और मेरी दुखती रग है।

अपनी दूसरी सन्तान की शिक्षा के बारे में मुझे विशेष चिन्ता या मशक्कत नहीं करनी पड़ी। उस समय लड़कियों को यों भी 'मछली की आँख' की तरह कैरियर का लक्ष्य-भेद करने की चिन्ता नहीं रहती थी। उसने खरामा-खरामा लेडी इर्विंग स्कूल से हायर सेकंडरी और लेडी श्रीराम कॉलेज से राजनीति-विज्ञान में ऑनर्स और एम.ए. किया। यहाँ से वहाँ तक सब हाई सेकंड डिवीज़न में। गला बेहद सुरीला, पेंटिंग में हाथ बड़ा मँजा हुआ। बेहद खिलन्दड़ी और कर्मठ, पर अपनी किसी क्षमता को उसने कभी कैरियर बनाने, या पैसा कमाने का ज़रिया बनाने के बारे में सोचा ही नहीं।

पड़ोस में कालिन्दी कॉलेज की प्रिंसिपल मिस शिवा दुआ रहती थीं। बेहद पसन्द थी उन्हें यह खुशदिल, जीवन्त लड़की। परीक्षा-परिणाम आते ही उन्होंने अपने यहाँ खाली जगह में उसकी अस्थायी नियुक्ति कर ली। कुछ ही दिनों में उसने विद्यार्थियों के बीच ऐसी लोकप्रियता अर्जित की कि डॉ. दुआ उसकी मुरीद हो गईं।

उसकी सबसे बड़ी विशेषता यह थी कि वह समान अधिकार से हिन्दी और अंग्रेज़ी, दोनों माध्यमों में पढ़ा लेती थी। अंग्रेज़ी माध्यम में उसने खुद पढ़ाई की थी और हिन्दी के पाठ वह बड़ी मेहनत से तैयारी करके पढ़ाती थी, पर जब उस पोस्ट के लिए इंटरव्यू हुआ तो विभागाध्यक्ष प्रो. रणधीर सिंह ने बाहर से आई किसी पी-एच.डी. महिला की नियुक्ति कर दी। डॉ. दुआ लाख सिर पटकती रहीं, पर वे नहीं माने।

उन दिनों विश्वविद्यालय के विभागाध्यक्षों का बड़ा रौब हुआ करता था। रणधीर सिंह यों भी बड़े समादृत विद्वान थे। मेरे आत्मसम्मान को यह गवारा नहीं हुआ कि मैं उनसे मिलकर पैरवी करूँ।

इससे पहले कि इस दिशा में दुबारा कुछ करने का अवसर आता, उसका विवाह एक सेना-अफ़सर से हो गया। पति की नौकरी में चूँकि बराबर बदली होने का सवाल था, इसलिए दिल्ली में रहकर स्थायी नौकरी करने की बात किसी के मन में उठी ही नहीं।

हम सन्तुष्ट थे कि एक मध्यवर्गीय परिवार के ठीक-ठाक दिखाई पड़नेवाले अफ़सर से हमने एक परिचित मध्यस्थ के मार्फ़त सम्बन्ध तय करके अपना दायित्व

पूरा कर दिया। तब यह बात समझ में नहीं आती थी कि औपचारिक रूप से देखा-भाली करके हम किसी व्यक्ति या परिवार की सांस्कृतिक और स्वभावगत बनावट का ठीक अन्दाज़ा नहीं लगा सकते। ऐसे प्रसंगों में जो दिखाई देता या दिखाया जाता है, वह वास्तव में होता नहीं है। जब समय के साथ धीरे-धीरे असलियत उद्‌घाटित होती है, तब तक वापसी के रास्ते बन्द हो चुकते हैं। उस समय की रवायत के अनुरूप विसंगत सम्बन्धों से मुक्त होने के बजाय, जैसे-तैसे उन्हें झेलने और निभाने का प्रयास करने में ही ज़िन्दगी का अच्छा-खासा हिस्सा बीत जाता था। उसके पारिवारिक जीवन में भी यही हुआ। बेहतरी की उम्मीद में दो सन्तानें हो गईं। बात बनाने के प्रयास में वर्षों बीत गए, पर अन्ततः अलगाव बचाया नहीं जा सका।

मेरी समस्या यह थी कि ऐसे तमाम प्रसंगों में मानसिक दबाव मुझे अकेले झेलना पड़ता था। जैन साहब की भीरु प्रकृति और स्वभाव की भलमनसाहत उन्हें साझीदार बनाने में बराबर आड़े आती थी। वे केवल सहयोग करते थे, किसी समस्या को हल नहीं कर सकते थे। संकट का सामना होते ही उनके हाथ-पाँव फूल जाते और एकदम अन्तर्मुख होकर वे असहायता के बोध से घुटने लगते थे। इसलिए ऐसे अवसरों पर मैं उनसे साझे और सहायता की उम्मीद करने के बजाय यथासम्भव उन्हें मानसिक सन्ताप से बचाने की कोशिश में लगी रहती। शायद उस सम्बन्ध को घसीटते रहने के पीछे, बेटी के मन में भी यही संकोच था कि उसके परम्परावादी पिता इस दुर्घटना को सहजता से झेल नहीं पाएँगे। हुआ अन्ततः यही। यह निर्णय जैन साहब के स्वर्गवास के लगभग एक वर्ष बाद ही लिया जा सका। वह भी इसलिए कि बेटी के मन में यह बात बैठ गई थी कि उसके पिता पर मानसिक दबाव बनाने में उसके पति की अक्षम्य भूमिका थी। उनकी मृत्यु अकस्मात् 'ब्रेन हैमरेज' से हुई थी और उससे दो दिन पहले जामाता जी हमारे घर में एक निहायत छोटी-सी बात पर बेहद कहा-सुनी करके गए थे। यह काफ़ी वर्षों बाद का हादसा है। पर अशान्ति उसके परिवार में बराबर बनी ही रहती थी जिसका दबाव झेलना मेरी नियति हो गई थी।

सबसे छोटे साहबज़ादे को हमने मॉडर्न स्कूल में इसलिए पढ़ाया क्योंकि बड़े को 'दिल्ली पब्लिक स्कूल' में पढ़ाने का अनुभव अच्छा नहीं रहा था। दरअसल इन पब्लिक स्कूलों में अपनी हैसियत से बाहर जाकर बच्चों को पढ़ाने की प्रवृत्ति मध्यवर्ग के अधिकांश परिवारों में इसलिए प्रचलित हो गई थी कि दूसरे स्कूलों का वातावरण दिन-पर-दिन बिगड़ता जा रहा था। बच्चे के गलत संगत में पड़ जाने की आशंका तो रहती ही थी, साथ ही पढ़ाई के अलावा सांस्कृतिक और अन्य गतिविधियों में विद्यार्थियों के प्रशिक्षण और विकास करने के कोई विशेष कार्यक्रम या योजनाएँ इन स्कूलों में नहीं होती थीं। गाहे-बगाहे कोई विद्यार्थी अपनी प्रतिभा और पारिवारिक पृष्ठभूमि के बल पर अपवाद-रूप में ही चमककर निकलता था।

पढ़ाई में अच्छी प्रगति देखकर हमारे मन में उन्हें मेडिकल की दिशा में आगे बढ़ाने का हौसला पैदा हुआ। स्कूल का परीक्षा-परिणाम इस लायक निकल भी आया,

पर जब वे प्री-मेडिकल की प्रवेश-परीक्षा में बैठे तो गाड़ी ऐसी जगह अटकी कि उन्हें नम्बरों के आधार पर दाखिला श्रद्धानन्द कॉलेज में मिलने की सम्भावना पैदा हो गई। यह आभास होते ही उन्होंने ऐलान कर दिया कि वे उस कॉलेज में नहीं जाएँगे, भले ही उन्हें अपनी दिशा बदलनी पड़े। उन दिनों (1973-74) हंसराज कॉलेज के पूर्व-प्रिंसिपल श्री शान्तिनारायण जी डीन ऑफ़ कॉलेजेज़ थे। यह मामला प्रशासनिक दृष्टि से उनके अधीन पड़ता था। मैंने वाइस चांसलर डॉ. सरूप सिंह से अपनी समस्या बताई तो उन्होंने शान्तिनारायण जी से मदद करने के लिए कहा। उन्होंने प्रयास भी किया पर प्री-मेडिकल में दाखिले के इंचार्ज श्री कोचर अड़ गए और बात अटक गई।

इधर साहबज़ादे अपनी ज़िद पर अड़े थे। आखिर उन्होंने रास्ता बदल लिया और उनका दाखिला श्रीराम कॉलेज ऑफ़ कॉमर्स में इकोनॉमिक्स (ऑनर्स) में हो गया। हमें बिल्कुल अन्दाज़ा नहीं था कि कॉमर्स कॉलेज में कॉमर्स के बरक्स इकोनॉमिक्स की पढ़ाई पर ध्यान कम दिया जाता है। नतीजा यह हुआ कि उन्होंने बी.ए. (ऑनर्स) कठिनाई से सेकंड डिवीज़न में पास किया। वह भी तब, जब मैंने सेंट स्टीफ़ेन्स कॉलेज में एक पूरे वर्ष कक्षाएँ अटैंड करने की उनकी व्यवस्था अपने निजी सम्बन्धों के आधार पर करा दी, पर यह सूरते-हाल देखकर उनके मन में आगे पढ़ने का उत्साह भंग हो गया और उन्होंने बड़ी आजिज़ी से पिता के साथ व्यवसाय में शरीक होने का प्रस्ताव रख दिया। ज़ाहिर है, मेरी हार्दिक इच्छा तो यही थी कि वे लगे हाथों इकोनॉमिक्स में एम.ए. कर लें पर मैंने दबाव डालना मुनासिब नहीं समझा, और वे कम उम्र में घरेलू व्यवसाय से जुड़ गए।

जहाँ तक जैन साहब के व्यवसाय का सवाल था, वे भी नौकरी छोड़ने के बाद संघर्ष ही कर रहे थे। तब तक निजी पूँजी इतनी नहीं थी कि कोई बड़ा उद्योग या कारखाना शुरू किया जा सके। लम्बा अनुभव ज़रूर था—एक बड़ी दमकल गाड़ियाँ बनानेवाली कम्पनी के वर्क्स मैनेजर होने का। ईमानदारी की ख्याति और साख भी अच्छी थी, पर बड़ा रिस्क लेने का हौसला नहीं था। अपना उद्योग शुरू करने के बजाय किसी के साथ साझेदारी करने का खयाल उन्हें बेहतर विकल्प लग रहा था। इससे पहले कि कोई बाहरी व्यक्ति प्रस्ताव रखता, उनकी अपनी छोटी बहन के पति ने, जिनका कारोबार जम्मू में था, सहयोग के लिए हाथ बढ़ा दिया। यह प्रस्ताव मेरे गले नहीं उतर रहा था। इतने करीब की रिश्तेदारी में यह खतरा उठाना मुझे इसलिए वाजिब नहीं लग रहा था कि किसी तरह के मतभेद की स्थिति में सम्बन्धों में दरार पैदा होने की पूरी सम्भावना हो सकती थी, पर बहनोई साहब ने कुछ ऐसा रंग चढ़ाया कि जैन साहब राज़ी हो गए। और वे ही नहीं, साथ में छोटे साहबज़ादे भी जम्मू प्रस्थान कर गए। जैन साहब तो बिक्री और सरकारी महकमों से जुड़ी व्यवस्था देखने लगे और दमकल-इंजनों के निर्माण की ज़िम्मेदारी अपने फुफेरे भाई के साथ, छोटे साहबज़ादे ने उठा ली। वे बुआ के घर में ही रहने लगे। बहनोई साहब फ़ैक्टरी के हिसाब-किताब

का सिलसिला अपने कब्ज़े में रखते थे। क्यों उन्होंने ऐसा किया, इसका रहस्य कुछ बाद में समझ में आया।

इकोनॉमिक्स में ऑनर्स भले ही किया हो, पर छोटे सुपुत्र की हुनरमन्दी का ओर-छोर नहीं था। वे बहुत जल्दी बुआ के घर के पीर, बावर्ची, भिश्ती-दर ऑल-इन-वन हो गए। हर छोटा-बड़ा काम उनका मोहताज रहने लगा। इस हद तक कि जब वे बीच में दिल्ली आते तो वहाँ उनके बिना हाय-तौबा मचने लगती। पर किसी को इस बात का अन्दाज़ा नहीं था कि वे जितने कर्मठ और निर्माण-कार्य में पटु हैं, हिसाब-किताब पर नज़र रखने में उससे कम सतर्क नहीं हैं। खाता भले ही बुजुर्गवार फूफा की निगरानी में लिखा जाता हो, पर उसके ब्यौरे का पूरा खाका भतीजे के दिमाग में दर्ज रहता था।

बहनोई जी शायद यह उम्मीद कर रहे थे कि हिसाब-किताब की हेराफेरी से वे लाभ का बहुलांश हड़प लेंगे और खर्चे-गुज़ारे लायक पैसा साले साहब के हवाले करके खाते में नुकसान दिखाते रहेंगे। बेटे की सतर्कता के कारण उनकी योजना तो पूरी नहीं हो पाई, पर अनुभव के सिवाय जो कमाया था, वह भी हाथ नहीं आया।

चूँकि लगभग दो वर्ष बीतने पर भी इस व्यवस्था से कुछ बन नहीं रहा था, इसलिए जैन साहब ने इस बीच, जयपुर के एक प्रतिष्ठित औद्योगिक परिवार के साथ साझेदारी कर ली। व्यावसायिक जीवन में कुछ वर्ष के लिए स्थिरता आ गई। यह बात अलग है कि लाख कोशिश करने पर भी बहनोई साहब ने दो-टूक हिसाब किया ही नहीं, और पिता-पुत्र की उस दौर की कमाई बट्टे-खाते हो गई।

इस बीच एक सुखद प्रसंग यह ज़रूर हुआ कि साहबज़ादे की शादी हो गई। उनके अपने जीवन में इतनी अस्थिरता और दौड़-भाग रही कि प्रेम करने की फुर्सत ही नहीं पा सके। वे स्वयं तब तक ग्रेजुएशन की मंज़िल पार कर पाए थे। घर में माँ-बाप दोनों को ही दिन-रात भाग-दौड़ करते देखते थे। शायद इसी माहौल के कारण उन्होंने इच्छा व्यक्त की कि उन्हें पत्नी पढ़ी-लिखी तो चाहिए, नौकरीपेशा नहीं। घर के सारे सदस्य भाग-दौड़ में लगे रहते हैं तो कोई तो ऐसा हो जिसके कारण लौटने पर घर, घर-सा लगे।

उनकी इच्छा के अनुरूप उन्हें एक मध्यवर्ग के परिवार की सुमुखी ग्रेजुएट पत्नी मिल गई, जिसने आनेवाले समय में बड़ी संजीदगी से परिवार के बीच अपनी जगह बनाई। दो योग्य सन्तानों को जन्म दिया और चूल्हे-चक्की की दुनिया के अतिरिक्त अपने को व्यस्त रखने के बड़े सर्जनात्मक शौक भी विकसित कर लिये।

परिवार की इस इकाई यानी एक बटा तीन हिस्से के बारे में किसी बड़ी या दीर्घजीवी चिन्ता के अवसर मेरी ज़िन्दगी में न के बराबर ही आए। मेरी पुरानी और अजीज़ दोस्त, राजकमल प्रकाशन की पिछली मालिक, ऐसी स्थिति के लिए हँसकर कहा करती थीं (अपने सन्दर्भ में), 'चलो, कम-से-कम मेरा तैंतीस प्रतिशत इन्वेस्टमेंट तो ठीक-ठाक ही रहा।'

मेरा जीवन-संघर्ष लगभग चार दशक तक तीन मोर्चों पर समानान्तर चलता रहा। कहना न होगा कि प्राथमिकता तो इसमें अपने निजी परिवार की ही थी, पर कामकाजी ज़िन्दगी में भी जब-जब कठिनाइयाँ सामने आईं, मन में हथियार डालने का विकल्प कभी आया ही नहीं। पर मेरे सामने सबसे विकट मोर्चा था मायके का। छोटा भाई कलकत्ते जा बसा और बहन अमेरिका में। माँ अकेली बड़े भाई के चंगुल में। उनकी अपनी पारिवारिक और आर्थिक स्थिति बहुत अच्छी तो थी ही नहीं। बहन को वे यह मानकर खारिज कर चुके थे कि उसकी वापसी की सम्भावना न के बराबर है। छोटे भाई की स्थिति भी खासी मजबूत थी। अच्छी पद-प्रतिष्ठा, सुन्दर, सुशील पत्नी, एक प्यारा-सा बेटा। बीच में एक वर्ष के लिए उसका तबादला लन्दन ऑफ़िस में हो गया तो वे पति-पत्नी वहाँ बिता आए।

मुझे उन्होंने (बड़े भाई ने) बड़ी चतुराई से अपने घर से बेघर किया तो मैंने भी अपनी गृहस्थी माल रोड के इलाके में ठीक-ठाक जमा ही ली थी। हम सबकी तुलना में वे अपनी असफलताओं की ज़िम्मेदारी अपने स्वभाव और स्वार्थपरता के बजाय परिवार में होनेवाली मुकदमेबाज़ी पर डालकर, माँ को बराबर उलाहना दिया करते थे। दुर्भाग्यवश पत्नी से भी उनकी विशेष पटरी नहीं बैठती थी जिसमें उस बेचारी का कोई कुसूर नहीं था। कहते नहीं थे, पर शायद लड़का पैदा न करने का दोषी वे मन-ही-मन उसे ही मानते रहे हों! पर कुल मिलाकर उनका जीवन निहायत कुंठाग्रस्त था।

कुछ ईर्ष्या और कुछ असुरक्षा-बोध से उनके भीतर लोभ का बीज अंकुरित होकर जड़ें जमा चुका था। माँ के बुढ़ापे का एकमात्र ठिकाना वह हवेली थी जिसमें वे रहती थीं और पेट भरने का ज़रिया वह किराया, जो करोल बाग के मकान से आता था। भाई साहब ने पहले उन्हें वह किराया देना बन्द किया और फिर दबाव बनाना शुरू किया कि वे हवेली उनके नाम कर दें। उन्होंने नीचे की पूरी मंजिल पर कब्ज़ा तो कर ही लिया था। माँ इतनी तंगी में रहने लगीं कि चार आने का टिकट लेकर डी.टी.सी. की बस से कभी-कभी हमारे पास उधार लेने के लिए आने की मजबूरी पैदा हो जाती। वे संकोच के कारण असलियत हमें बताना नहीं चाहती थीं, पर अनुमान तो हम कर ही सकते थे।

स्थितियाँ बद-से-बदतर होती जा रही थीं। हद तो तब हो गई जब उन्होंने माँ के सामने यह प्रस्ताव रखा कि वे महावीर जी के किसी विधवाश्रम में चली जाएँ जिसका नियमित खर्चा वे वहाँ भेज दिया करेंगे।

इस घटना से माँ का रहा-सहा धैर्य भी जवाब दे गया। हमसे यह बात कहने में उन्हें संकोच इसलिए होता था क्योंकि इन्हीं सपूत के कहने पर उन्होंने हमसे मकान खाली कराया था। संयोग से उन्हीं दिनों अमेरिका से छोटी बहन का आना हुआ। माँ ने उससे इस घटना का बयान किया—बेहद व्यथित मन से रोते हुए।

हमसे इस कांड का ज़िक्र करने से पहले उसने भाई साहब की लानत-मलामत

करते हुए उन्हें आगाह किया कि भविष्य में वे ऐसी हरकत न करें। वे गुमसुम बैठे सुनते रहे। न सफ़ाई दी, न आश्वासन। माँ के सामने यह प्रस्ताव भी रखा गया कि वे बाकी तीनों भाई-बहनों में से जिसके पास रहना चाहें, रह लें, पर उनके प्राण तो जैसे वहीं बसे थे।

आखिर उनकी रसोई अलग करवा दी गई। वे ऊपर की मंज़िल में रहने लगीं। भाई साहब यूँ तो नीचे के हिस्से में रहते थे पर किसी-न-किसी बहाने पहली मंज़िल के एक कमरे पर कब्ज़ा जमाए रहे।

उनकी ऐसी तमाम हरकतों का मूल लक्ष्य यही था कि किसी तरह माँ की सारी सम्पत्ति हड़प लें। वे अपनी योजना में सफल हो ही जाते बशर्ते उन्होंने माँ के साथ बदसलूकी न की होती, पर उन्होंने माँ को इस कदर सताया कि परिवार के बाकी सदस्यों को मिलकर तय करना पड़ा कि माँ की आर्थिक तंगी तभी दूर होगी, जब उनका करोल बाग वाला मकान बेचकर उस पैसे के ब्याज की आमदनी उन्हें मिलने लगे, क्योंकि किराया तो भाई साहब से उन्हें मिलनेवाला था नहीं।

इस योजना को बड़ी एहतियात से अंजाम दिया गया। बड़ी समस्या यह थी कि पैसा माँ के पास रहता तो भाई साहब उसे हर जायज़-नाजायज़ तरीके से हड़प लेते। लिहाज़ा तय पाया गया कि वह रकम आधी-आधी मेरे और छोटे भाई के पास रहे और हम उससे मिलनेवाला ब्याज माँ को देते रहें।

इस व्यवस्था से उनकी एक बड़ी समस्या तो सुलझ गई पर भाई साहब सनाका खा गए। उन्हें स्वप्न में भी आशंका नहीं थी कि उनकी गैर-जानकारी में इतना बड़ा कदम उठाया जा सकता है। दरअसल सम्पत्ति हड़पने के लिए यदि उन्होंने सम्पत्ति की मालकिन को आदर और सुरक्षा दी होती तो हम सब निश्चिन्त और उनके प्रति अनुगृहीत ही रहते, पर लोभ-वृत्ति से उनका सन्तुलन बिगड़ गया। उन्होंने अजीबोगरीब कुतर्क गढ़कर माँ की हवेली पर ही बँटवारे का दावा ठोक दिया—खुद को हवेली के दो-तिहाई हिस्से का दावेदार घोषित करते हुए। इतना ही नहीं, मुकदमे में उन्होंने छोटे भाई-बहन को भी प्रतिवादी बना लिया।

माँ बेतरह बौखला गईं। बहन के पास अमेरिका में जब नोटिस पहुँचा तो वह परेशान। इधर कलकत्ते में बैठे छोटे भाई को भी, ज़ाहिर है, उनकी इस हरकत से हैरानी-परेशानी हुई। दोनों की प्रतिक्रिया एक ही थी। उन्होंने दूर बैठे मुकदमे की पैरवी करने में अपनी लाचारी ज़ाहिर करते हुए, मेरे दरबार में अर्ज़ी लगा दी कि इस मामले में वे तो बेबस हैं, यदि मैं उनके और माँ के प्रतिनिधि के रूप में मुकदमे की पैरवी सम्हाल लूँ तो वे एहसान मानेंगे, वरना अपना दुर्भाग्य समझकर सब्र कर लेंगे।

छोटे भाई ने यह पेशकश भी की कि माँ सब कुछ छोड़कर उसके पास चली जाएँ। वह उनकी देखभाल भी कर लेगा और छोटी बहन अगर भविष्य में भारत वापसी का मन बनाएगी तो उसके लिए भी उसका घर खुला रहेगा, पर माँ को ऐसा करना मुनासिब नहीं लगा। उनके मन में इस बात की गहरी कसक थी कि

उनकी एक सन्तान के निकम्मेपन और ज़्यादतियों का ख़मियाज़ा पूरा परिवार भुगत रहा था।

मेरी गति साँप-छछूँदर वाली हो गई। चुनाव कठिन था—लम्बे समय तक मुकदमेबाज़ी की ज़िम्मेदारी उठाने और माँ और छोटे भाई-बहन के अधिकारों का हनन होते देने के बीच। यह ऐसा मसला था जिसमें मुझे निष्काम-कर्म के बोध के अतिरिक्त कुछ मिलनेवाला नहीं था। पर माँ की खुद्दारी को यह गवारा नहीं हो रहा था कि उनके साथ होनेवाले इस अन्याय का प्रतिरोध न हो। वे कहीं-न-कहीं इस अपराध-बोध से भी ग्रस्त थीं कि उनका रवैया इन्हीं साहबज़ादे के प्रति पक्षपातपूर्ण रहा था। निर्विरोध आत्मसमर्पण करने के प्रस्ताव से ही वे इतनी विगलित और दीन हो जाती थीं कि मेरे भीतर उनके आड़े वक़्त में साथ न देने का अपराध-बोध पैदा होने लगता। सबसे विडम्बनापूर्ण बात यह थी कि जैन साहब इस पूरे प्रसंग में एकदम तटस्थ-सी मुद्रा धारण किए हुए थे, पर कुछ ऐसे, जिससे ध्वनित होता था कि अगर मैं गले पड़ा ढोल बजाने का फ़ैसला करूँ तो वे यथासामर्थ्य सहयोग ही देंगे।

आखिर तय हुआ कि परिवार की ओर से इस गृहयुद्ध में, प्रतिवादी पक्ष के प्रतिनिधि की ज़िम्मेदारी मुझे उठानी होगी। स्वभावतः भाई साहब का क्रोध मुझ पर ही बरपा होना था। बहन ने अलबत्ता अमेरिका में मित्रों और वकीलों की सलाह से स्वयं को इस झंझट से मुक्त करते हुए, हर तरह की दावेदारी से पिंड छुड़ा लिया। युद्ध-भूमि में बचे माँ और छोटा भाई और उनके प्रतिनिधि के रूप में मैं। पारिवारिक इतिहास अपने को दोहरा रहा था। अन्तर यह था कि इस बार प्रतिपक्ष में सौतले भाई और नातेदार नहीं, अपना सगा बड़ा भाई खड़ा था जिसे कायदे से पिता की असामयिक मृत्यु के बाद विधवा माँ और छोटे भाई-बहनों के संरक्षण की ज़िम्मेदारी उठानी चाहिए थी। सौतेलों के विरुद्ध संघर्ष में कन्धे-से-कन्धा मिलाकर मैंने जिसका साथ दिया था, अब माँ और छोटे भाई-बहन के हित-रक्षक के रूप में मैं और हमलावर के रूप में वह आमने-सामने थे।

उस मुकदमे की लम्बी, जटिल और रोमांचक दास्तान में औपन्यासिक कथानक के अच्छे-खासे तत्त्व मौजूद थे। भाई साहब की लड़ाई दरअसल वक़्त से थी। उस वक़्त से, जो माँ की ज़िन्दगी के खाते में बाकी था। उनका लक्ष्य था मुकदमे को इस हद तक खींचना कि हारकर माँ का दम टूट जाए तो वे हवेली पर पूरी तरह कब्ज़ा कर लें। और माँ थीं कि उन्होंने जैसे-तैसे साँस की डोर खींचे चले जाने की ठान ली थी।

मुसीबतों ने उनके अन्तर्तत्त्व को इतना कड़ियल बना दिया था कि हथियार डालने के विकल्प का जैसे उनके लिए अस्तित्व ही नहीं रह गया था।

यह बात अलग है कि वह स्थिति अगर मेरे सामने आज आई होती तो मैं चाहकर भी उनकी मदद नहीं कर सकती थी। पिछले चार दशकों में न्यायिक-व्यवस्था में आर्थिक और नैतिक दृष्टि से क्रमशः जो बदलाव आया है, उसकी दुश्वारियों से पार पाना किसी औसत मध्यवर्गीय व्यक्ति के लिए सम्भव नहीं है।

उस पूरे प्रसंग में मेरा नैतिक बल बढ़ाने में तो जैन साहब, दूर बैठा छोटा भाई, किसी हद तक डॉ. नगेन्द्र और मित्रगण—सभी कमोबेश शामिल थे, पर किसी को भी न कोई कानूनी समझ थी, न किसी का पाला कभी कोर्ट-कचहरी से पड़ा था। मनोबल बढ़ाने का पूरा कार्यक्रम बस मेरी वाहवाही और मौखिक आश्वासनों के अलावा कुछ हो नहीं सकता था।

व्यावहारिक रूप में वकीलों के दफ़्तरों का चक्कर लगाते समय जैन साहब सारथी की भूमिका खुशी से निभा देते थे, पर पेशी के समय कोर्ट-रूम में घुसते हुए उनके औसान खता होते थे। वहाँ के दृश्य उन्होंने सिर्फ़ फिल्मों में देखे थे। वास्तविकता को लेकर उनके भीतर जिज्ञासा का कीड़ा कुलबुलाता ज़रूर रहता था।

एक बार बड़ी हिम्मत करके वे हमारे साथ हो लिये, पर कमरे के बाहर पहुँचकर हम लोग आगे बढ़े तो देखा, वे पीछे से गायब। हम यानी मैं और माँ चुपचाप जाकर यथास्थान बैठ गए। कुछ देर बाद गरदन घुमाई तो पीछे के प्रवेश-द्वार से झाँकते हुए उनकी झलक-भर दिखाई दी और परछाईं की तरह एक क्षण में ओझल हो गई।

कुल मिलाकर नक्शा यह बना कि हर बार पेशी के दिन मैं माल रोड पर अपने घर से निकलती। परेड ग्राउंड से माँ को साथ लेकर इंडिया गेट पर पटियाला हाउस में हाईकोर्ट की अदालत में हाज़िर हो जाती । सौभाग्य से उस वर्ष (1971) अपनी शुरुआत में साउथ कैम्पस की कक्षाएँ धौला कुआँ पर श्रीवेंकटेश्वर कॉलेज की इमारत में अपराह्न दो बजे से कॉलेज खत्म होने के बाद चलती थीं। वापसी में माँ को किसी सार्वजनिक वाहन से रवाना करके साउथ कैम्पस में कक्षाएँ पढ़ाकर घर वापसी होती। अगर साउथ कैम्पस अपराह्न में नहीं चलता होता तो नहीं जानती, क्या होता?

लगभग बारह साल तक चलते रहे उस मुकदमे की योजना भाई साहब ने बड़ी सूझ-बूझ से कुछ ऐसे बनाई थी कि माँ ताज़िन्दगी कचहरी के चक्कर लगाती रहें और मैं उन्हें ढोते-ढोते आजिज़ आ जाऊँ। लम्बी और दिलचस्प कहानी है वह, जिसमें उन्होंने न जाने कैसे, एक सौ साठ गवाहों की सूची मुकदमे में दाखिल कर दी थी! कैसे कार्यवाही के दौरान नब्बे बरस के वे मीर मुंशी गोदी में उठाकर लाए गए जिन्होंने पिताजी की वसीयत को कलमबन्द किया था!

खुद माँ का बयान और उनसे वकीलों की जिरह लगभग दो घंटे तक चली थी। हैरत हुई थी मुझे, जब उन्होंने जस्टिस प्रकाशनारायण के इस प्रस्ताव को मानने से विनम्रता से इनकार कर दिया था कि वे चाहें तो उन्हें कठघरे में बैठने के लिए कुर्सी दी जा सकती है। बड़ी हिम्मत और सूझ-बूझ से उस अनपढ़ वृद्धा ने, जिसके ऊपर से तीस वर्ष के वैधव्य का संघर्ष गुज़र चुका था, भाई साहब के वकीलों को निरुत्तर कर दिया था। वे इस पूरे प्रसंग को अपने सम्मान की, अपने हक की लड़ाई मानकर लड़ रही थीं—उस बेटे के खिलाफ़, जिसके प्रति उनका रवैया हमेशा पक्षपातपूर्ण रहा था। मुमकिन है कि उनके भीतर कसकते इस अपराध-बोध ने ही उन्हें यह शक्ति दी हो!

बहरहाल, दास्तान लम्बी है। गवाहों की भूमिकाएँ, वकीलों के दाँव-पेंच, पेशकारों की कारगुज़ारियाँ, जैसे-तैसे मुकदमे को माँ के अन्त काल के परे तक खींचकर ले जाने की दुरभिसन्धि, और इस पूरी स्थिति को बखूबी समझ रहे न्यायाधीश प्रकाशनारायण—समय के अन्तराल के बाद यह विचार आज भी दहशत पैदा करता है कि अगर उनकी जगह कोई और होता तो क्या हम उस वैतरणी को पार कर पाते? इस अनुभव से गुज़रकर मेरे मन में भारतीय न्याय-व्यवस्था के प्रति आस्था ही पैदा हुई थी। क्योंकि बात जस्टिस प्रकाशनारायण पर ही खत्म नहीं हुई, वे तो यह समझ गए थे कि मुकदमा बेबुनियाद है और वादी उसे सिर्फ़ इसलिए खींचना चाहता है कि वृद्धा माँ की इस बीच मृत्यु हो जाए, सो दयावश उन्होंने उसे प्रतिदिन सुनवाई के लिए लगा दिया। इससे भाई साहब के गवाहों की फ़र्ज़ी सूची लड़खड़ा गई, पर बहस का मौका आने से पहले ही उनका तबादला हो गया। अन्ततः फ़ैसला उनके परवर्ती जस्टिस टी.पी.एस. चावला ने सुनाया। लगभग पचास पृष्ठों में, मुकदमे की तमाम गुत्थियों पर ब्यौरेवार विचार करते हुए, उन्होंने मुकदमे को बड़े मज़बूत तर्कों के आधार पर खारिज किया। फ़ैसले को हमारे हाथ में सौंपते हुए हमारे वकील ने आश्वस्त करते हुए कहा था कि अब जान लीजिए, यही फ़ैसला भविष्य में आपके लिए पिता की वसीयत से भी बड़ी वसीयत है। अब आपकी माँ को कोई घर से बेघर नहीं कर सकेगा।

फ़ैसला तो पक्ष में आ गया, पर अकेली माँ उस बड़ी हवेली में, शत्रु से बदतर बेटे के रहमो-करम पर। हमें बराबर उनकी जान पर खतरा दिखाई पड़ने लगा। निरन्तर मुसीबतों के बोझ से वे जर्जर हो चली थीं। खैरियत इसी बात में दिखाई दे रही थी कि हवेली को बेचकर उन्हें वहाँ से हटा लिया जाए। बड़ी कठिनाई से उन्हें इस बात के लिए राज़ी किया गया कि वे छोटे भाई के पास चेन्नई चली जाएँ। मन नहीं लगेगा तो उन्हें वापस बुला लिया जाएगा। गोकि हम और शायद मन-ही-मन वे भी जानती थीं कि उस उम्र और स्वास्थ्य के चलते, वापसी शायद ही सम्भव हो।

हवेली को बेचना अलग साँसत थी। भाई साहब के वहाँ रहते, खरीदार वही ले सकता था जो हालात से वाकिफ़ हो। कुछ वक़्त लगा ज़रूर, पर सौदा आखिर हो गया। ज़ाहिर है, औने-पौने दाम में—इस जानकारी के साथ कि हवेली की एक पूरी मंज़िल पर भाई साहब का गैर-कानूनी कब्ज़ा है, जिसके लिए खरीदार के पास रकम छोड़ी जा रही है। वह चाहे तो पैसा देकर उनसे मकान खाली करा ले, वरना उसका इस्तेमाल उन पर मुकदमा करके खाली कराने में कर ले। उसे अपनी रिहाइश के लिए बाकी मकान का कब्ज़ा देना ज़रूरी था। इस कार्रवाई को अंजाम देने के लिए मैंने छोटे भाई को चेन्नई से बुला लिया।

जब हम लोग इस काम के लिए हवेली पहुँचे तो देखा कि माँ के वहाँ से निकलते ही, भाई साहब ने उनके ताले के ऊपर चुपचाप एक और मज़बूत ताला लगा दिया था। शायद उनकी आवाजाही की खबर रखने के लिए या फिर अपने ही घर में उनका प्रवेश रोकने के लिए—कुछ कहा नहीं जा सकता। नतीजा यह कि माँ का ताला खोलने

से पहले, उस पर चढ़ाए ताले को तोड़ना हमारी मजबूरी थी। भाई साहब ने अपनी तालाबन्दी के बावजूद जब वहाँ नए चेहरे आबाद देखे तो उनका खुराफ़ाती दिमाग तुरन्त सक्रिय हुआ। वे समझ गए कि हवेली को हड़पने की उनकी योजना में भारी अड़चन पैदा हो गई। उन्होंने अपने खुराफ़ाती दिमाग के चलते छोटी बेटी को सिखा-पढ़ाकर एक महिला मजिस्ट्रेट की अदालत में पेश किया और उससे बयान दिलवा दिया कि जब वह घर में अकेली थी, तब हम लोगों—यानी मैंने, जैन साहब और अपने बेटे संजय के साथ उसे हथियार दिखाकर उससे तालाबन्द हिस्से की चाबी ले ली, और उस पर किसी का गैर-कानूनी कब्ज़ा करा दिया। ज़ाहिर है, महिला मजिस्ट्रेट को एक कमसिन लड़की के इस बयान पर शक करने की कोई गुंजाइश नहीं महसूस हुई, और उसने हम तीनों के साथ नए खरीदार के खिलाफ़ वारंट जारी कर दिये।

हमें आश्चर्य नहीं हुआ, आश्चर्य तो तब होता जब वे इस तरह की कोई हरकत न करते। पर वे इस हद तक जाएँगे, इसकी उम्मीद हमें नहीं थी। छोटे भाई को उन्होंने इसलिए बख्श दिया था कि अगर उसने उस दिन अपनी मौजूदगी चेन्नई में साबित कर दी तो पूरा केस तो झूठा पड़कर खारिज हो ही जाएगा, वे खुद मुसीबत में पड़ेंगे, फ़ौजदारी का झूठा मुकदमा दायर करने के कारण।

तीन व्यक्तियों की ज़मानत देने के लिए हमें तीन हैसियतदार ज़मानती चाहिए थे क्योंकि कोई एक व्यक्ति कानूनन एक से अधिक लोगों का जामिन नहीं हो सकता और 'हैसियत' की कानूनी परिभाषा में वे ही आते हैं जिनके पास जायदाद के मालिकाना हक हों। एक बार फिर मित्र-मंडली काम आई। उन्हें ब्यौरे भले ही मालूम न हों, पर इस बात की जानकारी तो थी ही कि मेरे जीवन का अच्छा-खासा समय वकील-अदालतों के चक्कर काटने में गुज़रता है और इस परेशानी का सबब मेरा अपना भाई है।

खबर मिलते ही मेरे दो विभागीय सहयोगी नित्यानन्द तिवारी और विश्वनाथ त्रिपाठी और तीसरे कवि मित्र अजित कुमार अकुंठ भाव से इसके लिए तैयार हो गए। संकोच मेरे ही मन में था कि जिन लोगों का कोर्ट-कचहरी से कभी वास्ता न पड़ा हो, उन्हें तीसहजारी की डिस्ट्रिक्ट कोर्ट में बतौर ज़मानती एक मजिस्ट्रेट के सामने पेश होना पड़ेगा, पर जब सब इकट्ठे हुए तो इतने सहज सहयोगी भाव से कि मुझे अपने सम्बन्धों पर गर्व हुआ। यह बोध कि संकट के क्षणों में हमारे परिवार से भरोसेमन्द मित्र परिचित हैं, बहुत शक्ति देता है। दिलचस्प बात यह थी कि न मुझे और न ही इन तीनों में से किसी को कभी इस बात की ठीक-ठीक जानकारी हुई कि किसने किसकी ज़मानत दी।

लक्ष्य भाईजान का यही था कि हमें कचहरी में लगातार पेशियाँ भुगताने की जितनी ज़हमत उठानी पड़े, उतना ही उन्हें आत्मतोष होगा। महिला होने के कारण अदालत में व्यक्तिगत पेशी से मेरी तो मुक्ति हो गई पर जैन साहब और बेटा इससे मुक्ति नहीं पा सके। भाई साहब मुकदमे की असलियत जानते थे, इसलिए उनका सारा ज़ोर तारीखें

बढ़वाते रहने पर था। कानूनी तंत्र की दुरबस्था के कारण वे सहजता से जिसे साध लेते थे।

जहाँ तक उनका सवाल था, वे खुद आकाशवाणी से मुक्ति पा चुके थे। हुआ यह कि उनकी खुराफ़ातों से निजात पाने के लिए, उनका तबादला दिल्ली से बाहर कर दिया गया। सुनने में आया कि उन्होंने कोई कानूनी पेंच निकालकर बाहर जाने से इनकार किया तो उन्हें नौकरी से बर्खास्त कर दिया गया। बदले में उन्होंने आकाशवाणी पर भी दावा ठोंक दिया और घरेलू मुकदमों के साथ उसकी पेशियाँ भी निपटाने लगे। घरेलू मुकदमेबाज़ी में वे भले ही सफल न हो सके हों पर वर्षों बाद पता लगा कि आकाशवाणी के खिलाफ़ मुकदमा वे जीत गए। उन्हें उस पूरे दौर की तनख्वाह के बतौर अच्छी-खासी राशि का भुगतान तो हुआ ही, उनकी पेंशन भी बँध गई। वे तब रिटायरमेंट की उम्र तक पहुँच चुके थे।

उनकी नियमित दिनचर्या थी—रोज़ काला कोट पहनकर कचहरी पहुँचना, कुछ घंटे वहाँ मुकदमों की फ़िराक में भटकना और घर वापसी पर बीवी-बच्चों पर अपनी वकालत का रौब गाँठना। शादी के कुछ ही वर्षों बाद उनकी पत्नी ने उनकी आदतों से आजिज़ आकर रिज़र्व बैंक में नौकरी कर ली थी। घर का खर्च उसी से चलता रहा होगा क्योंकि वकालत तो भाई साहब की कभी चली ही नहीं। उसके लायक न व्यक्तित्व था, न लियाकत। परिवार में सुख-शान्ति अलग सिरे से गायब थी।

हमने एक बार कोशिश यह भी की कि यदि उनकी पत्नी उनकी गैरहाज़िरी में घर का कब्ज़ा देने के लिए राज़ी हो जाए तो उनके हिस्से का पैसा उसे दे दिया जाए ताकि वह बेटियों सहित अलग घर लेकर चैन से रहने की व्यवस्था कर ले। उस स्थिति में भाई साहब खुद उसके शरणागत हो जाएँगे। उस समय उसके परम्परावादी संस्कारों को यह गवारा नहीं हुआ, पर अन्त में हुआ—यही कई वर्षों बाद। उनके कलह-क्लेश और निकम्मेपन से आजिज़ आकर वह बेटियों सहित घर छोड़कर मयूर विहार की किसी कॉलोनी में चली गई। बैंक की नौकरी के दौरान उसने सम्भवत: ऋण लेकर एक अच्छे-खासे फ़्लैट की व्यवस्था कर ली थी। भाई साहब फिर भी अकेले वहीं डटे रहे, अन्त तक बज़िद। खरीदार ने कई बार उनके सामने पैसा लेकर खाली करने का प्रस्ताव रखा, पर वे राज़ी नहीं हुए। कुछ ऐसी मुद्रा बना ली थी उन्होंने कि जीते-जी वहाँ से उनकी निकासी नहीं होगी। वर्षों वे हमें कचहरी में घसीटते रहे—खुद तो न उनका पैसा लगता था, न उनके पास समय की कमी थी। उनके भीतर की हिंसा-वृत्ति को दूसरों को हैरान-परेशान होता देखकर खल-सुख होता था।

वह बेजान-सा मुकदमा इतना लम्बा चला कि उससे जैन साहब की मुक्ति तो उनकी मृत्यु के साथ ही हुई—1987 में और बाकी लोग बाद में उनकी एक चूक से बरी हो गए।

एक बार वे खुद ही इत्तफ़ाक से समय पर अदालत में हाज़िर नहीं हो पाए। मजिस्ट्रेट बखूबी समझ रहा था कि मुकदमा झूठा है। उसने यह मौका मिलते ही मुकदमे को

खारिज कर दिया और भाई साहब की लाख कोशिशों के बावजूद उन्हें दुबारा खोलने की इजाज़त नहीं दी।

जिस दिन यह फ़ैसला हुआ, मैं एक कॉन्फ्रेंस में भाग लेने अमेरिका गई हुई थी। फ़ैसला होते ही संजय ने बड़ी राहत के साथ फोन से खबर दी। इस टिप्पणी के साथ कि यह फ़ैसला सिर्फ़ हमारी खुशकिस्मती से हुआ, वरना भाई साहब का इरादा तो उसे अनन्त काल तक घसीटते जाने का ही था।

उस मुकदमे को चलाए रखने के पीछे एक बड़ी वजह यह भी थी कि वे उसके सहारे मकान की एक मंज़िल पर कब्ज़ा किए बैठे थे। निकलने का कोई इरादा था नहीं और इस बीच नया मालिक उन पर गैरकानूनी कब्ज़े का दावा कर चुका था। जहाँ तक हमारा सवाल था, इस मुकदमे के खत्म होने के साथ हम लोग अदालती झंझटों से मुक्त हो गए।

दिल्ली में जब यह सब घटित हो रहा था, उसी बीच चेन्नई में छोटे भाई के पास चैन से रह रही माँ को ब्रेस्ट कैंसर हो गया। खुद उन्हें गिल्टी की जानकारी तो शायद पहले से ही थी, पर उसमें पीड़ा न होने के कारण उन्होंने किसी से चर्चा ही नहीं की। जब की तो बड़े सहज भाव से, तब तक रोग बहुत बढ़ चुका था। भाई-भाभी ने बहुत दौड़-धूप की। चेन्नई यों भी इस तरह की स्थितियों के लिए दिल्ली से बहुत बेहतर है, पर डॉक्टरों ने जवाब दे दिया। सारी दवा-दारू, सेवा के बावजूद उन्हें बचाया तो नहीं जा सका, पर उन्होंने बहुत कष्ट नहीं पाया और चली गईं—एक लम्बे संघर्षमय-सन्तप्त जीवन का शान्त पर्यवसान।

मैं और जैन साहब चेन्नई गए—उनके अन्तिम संस्कार के लिए। भाई साहब को खबर इसलिए नहीं दी गई कि न तो माँ की ऐसी इच्छा ही थी, और यह आशंका भी अपनी जगह थी ही कि वे कोई वितंडा खड़ा करके उनके अन्तिम संस्कार में ही रोड़ा अटकाने की कोशिश न करें। छोटे भाई की हैसियत और पद-प्रतिष्ठा के अनुरूप पूरे विधि-विधान से किए गए उनके संस्कार में शामिल होकर हम दिल्ली लौट आए।

इस बीच यह खबर रिश्तेदारी के माध्यम से भाई साहब तक भी पहुँच ही गई। जैसी आशंका थी, उन्होंने फौरन पुलिस में रिपोर्ट दर्ज की कि उनकी माँ को कुछ दिनों पहले उनका छोटा भाई अपहरण करके चेन्नई ले गया, और वहाँ उसने उनकी हत्या कर दी। इस बात की जानकारी उन्हें विश्वस्त सूत्रों से मिली है। जिस माँ को वे इज़्ज़त से दो वक़्त की रोटी नहीं खिला सके, उसकी मरणोपरान्त ऐसी चिन्ता उन्हें छोटे भाई की इज़्ज़त उछालने के उद्देश्य से व्यापी थी। ब्यौरे अनावश्यक हैं। पर हुआ यही कि मामला तहकीकात के लिए चेन्नई-पुलिस के सुपुर्द किया गया। यह तय है कि यदि उनकी लम्बी बीमारी का मुकम्मल हॉस्पिटल-रिकॉर्ड न होता और चेन्नई समाज में भाई की प्रतिष्ठा न होती तो बखेड़ा तो खड़ा होता ही, नतीजा कुछ होता या नहीं, यह अलग बात है।

गले पड़े ढोल की तरह ऐसी स्थितियाँ धीरे-धीरे हमारी जीवनचर्या की ऐसी

अनिवार्यता हो गई थीं, जिन्हें लेकर हममें एक खास किस्म की संवेदनशून्यता पैदा होने लगी। इसका यह लाभ ज़रूर हुआ कि क्रमशः हम निडर भी हो चले, और ज़िन्दगी की दूसरी ज़िम्मेदारियों के निर्वाह में इनका प्रभाव भी क्षीण होता चला गया। समानान्तर मोर्चे तो आखिर और भी थे ही।

नामवर सिंह की दिल्ली में वापसी

विश्वविद्यालय के दक्षिण परिसर में जीवन खासा समगति से चल रहा था पर डॉ. सावित्री सिन्हा अपनी अध्यक्षता की नियत अवधि भी पूरी नहीं कर सकीं। ब्रेस्ट कैंसर की उनकी पुरानी बीमारी फिर उभर आई थी। बहुत कष्ट दिया उन्हें, और अन्ततः जानलेवा साबित हुई।

डॉ. विजयेन्द्र स्नातक विभागाध्यक्ष हुए। हमें अनायास उनकी अध्यक्षता से कैम्पस के स्टेटस में बढ़ोतरी महसूस होने लगी, क्योंकि उनकी नियुक्ति तो दक्षिण परिसर में ही हुई थी।

अध्यक्षीय दायित्वों का निर्वाह करने में उनका ज्यादा समय पुराने कैम्पस में गुज़रता था। अतः अनौपचारिक रूप में दक्षिण परिसर के विभाग की बागडोर मेरे हाथों में आ गई। वे भी मुझ पर जिम्मेदारियाँ डालकर बेफ़िक्र थे।

समय के साथ विभाग में विद्यार्थियों की संख्या के समानान्तर शिक्षकों की संख्या भी बढ़ रही थी। डॉ. सावित्री सिन्हा की अध्यक्षता के दौरान पी.जी.डी.ए.वी. कॉलेज से डॉ. रामदरश मिश्र दक्षिण परिसर में और राजधानी कॉलेज से डॉ. नित्यानन्द तिवारी विभाग में आ चुके थे। डॉ. सिन्हा ने तिवारी जी की पत्नी की भी नियुक्ति जब स्थानीय मातासुन्दरी कॉलेज में कर दी तो इलाहाबाद विश्वविद्यालय के साथ उनके सगोत्री सम्बन्ध को लेकर अस्थायी रूप में कुछ कानाफूसी भी हुई।

स्नातक जी की अध्यक्षता के दौरान डॉ. सुरेशचन्द्र गुप्त और डॉ. तारकनाथ बाली क्रमशः राजधानी कॉलेज और किरोड़ीमल कॉलेज से रीडर के पद पर विभाग में आए। अगर सही याद है तो सम्भवतः पी.जी.डी.ए.वी. से डॉ. जगदीश कुमार और रामलाल आनन्द कॉलेज से डॉ. अय्यर की आमद भी इसी दौरान हुई।

पर उसी दौर में एक ऐसी ऐतिहासिक घटना घटित हुई जिससे दिल्ली विश्वविद्यालय के साथ–साथ जे.एन.यू. के हिन्दी विभागों की नियति तय हो गई। प्रो. नूरुल हसन उस समय शिक्षा मंत्री थे। हिन्दी के विद्वानों में नामवर जी के बारे में उनकी राय बहुत अच्छी थी। हिन्दी से सम्बन्धित अधिकांश संस्थाओं और समितियों में वे उनके सहयोग की अपेक्षा रखते थे। इस कारण नामवर जी का जोधपुर से आना–जाना लगा रहता था।

यों भी जोधपुर पहुँचते ही उन पर 'सिर मुँड़ाते ही ओले पड़े' वाली कहावत चरितार्थ

हो गई थी। उनकी नियुक्ति से वहाँ के विभाग के वरिष्ठ अध्यापक डॉ. नित्यानन्द शर्मा का भविष्य खटाई में पड़ गया। उन्होंने बौखलाकर नियुक्ति की वैधता को चुनौती देते हुए विश्वविद्यालय पर मुकदमा कर दिया। यह नामवर जी पर पहला वार था।

नामवर जी ने पहुँचते ही पहला महत्त्वपूर्ण काम पाठ्यक्रम में बदलाव लाने की दिशा में किया। उन्होंने वर्षों से चले आए, रूढ़ हो गए ढाँचे में परिवर्तन तो किया ही, पाठ्य-सामग्री में, राही मासूम रज़ा के प्रसिद्ध उपन्यास 'आधा गाँव' को शामिल कर लिया। लीक पर चलनेवाले पारम्परिक बनावट के लोगों को यों भी उनकी अध्यक्षता बहुत रास नहीं आ रही थी। लिहाज़ा उस विरोधी गुट को, जो डॉ. शर्मा के नेतृत्व में एकजुट हो ही गया था, एक अच्छा बहाना मिल गया। पुस्तक को मुद्दा बनाकर उन लोगों ने बावेला खड़ा कर दिया—विशेष रूप से कुछ भाषिक प्रयोगों को लेकर धरना, प्रदर्शन, पर्चेबाज़ी का जो सिलसिला शुरू हुआ, उसकी अनुगूँज शहर के बाहर निकलकर दिल्ली तक तो पहुँची ही, उनके विरोधियों ने इसे बहस का मुद्दा बनाकर अखिल भारतीय स्तर पर प्रचारित-प्रसारित करने का अभियान चला दिया।

नामवर जी के पाँव तो वैसे ही नहीं टिक रहे थे जोधपुर में। हर तीसरे-चौथे दिन आगामी यात्रा की सूचना का पत्र आता था—या दिल्ली आने का, या दिल्ली होते हुए कहीं और जाने का। टिकटों की अदला-बदली, रिज़र्वेशन की व्यवस्था कराने का अनुरोध करते हुए। तब न मोबाइल थे, न इंटरनेट की सुविधा, न क्रेडिट-डेबिट कार्ड जिनके सहारे आनन-फ़ानन में दूर-दूर तक पहुँचना और ऐसे कामों को अंजाम देना सम्भव होता। वैसे आज भी यह हमारी पीढ़ी में हर किसी के बस की बात नहीं है। मुझे शक है कि अब भी वे किसी ऐसी सुविधा का उपयोग करने में सक्षम हैं या करना ही चाहेंगे। एक तरह से अच्छा भी हुआ, वरना उनके ढेर सारे छोटे-बड़े पत्रों की थाती मेरे पास नहीं होती। 'थोड़े में बहुत समझना' वाली शैली में पत्र लिखने और सूत्रों में बात कहने की कला के वे धनी हैं।

बहरहाल, जोधपुर में तीन साल से अधिक समय हो चुका था। प्रो. नूरुल हसन उन्हें लाने और वे आने के लिए व्याकुल थे। इसी सन्दर्भ में मंत्री महोदय ने उनसे कहा कि इधर किसी जगह की सम्भावना दिखाई पड़े तो वे उन्हें सूचित करें, ताकि वे अपने स्तर पर कोशिश कर सकें। और सम्भावना सचमुच दिल्ली विश्वविद्यालय के सामने आ गई। डॉ. सावित्री सिन्हा की खाली हुई पोस्ट का विज्ञापन छपा। मंत्री महोदय का ध्यान दिलाया गया। उन्होंने पूरी तरह आश्वस्त करके दर्ख़्वास्त दिलवा दी।

खबर फैलते ही विश्वविद्यालय में ही नहीं, पूरे शहर में जैसे भूचाल आ गया। वाइस चांसलर डॉ. सरूप सिंह थे, जो पहले किरोड़ीमल कॉलेज के प्रिंसिपल रहे थे। बाद में सुना गया कि उनके मन में तब ही से नामवर जी की छवि को मलिन करने में हिन्दी के एक मन्द-प्रतिभा, पर बेहद महत्त्वाकांक्षी, ईर्ष्यालु प्राध्यापक का बहुत योगदान था। चूँकि ये सज्जन स्वयं बड़े मितभाषी, कोमल तन्तु-बनावट के प्राणी थे, इसलिए डॉ. सरूप सिंह को उनकी बातों पर अविश्वास करने का कोई कारण नज़र

नहीं आता था। वे खुद भी कुछ कड़ियल-सी शख्सियत के व्यक्ति थे। उन्हें इस प्रसंग में मंत्री महोदय का दबाव डालना शायद पसन्द नहीं आ रहा था। उनका रुख अनुकूल नहीं है, यह इस बात से समझ में आ जाना चाहिए था कि उन्होंने मंत्री के इस प्रस्ताव को मानने से कि उनके आवेदन पर, चयन-समिति नामवर जी की अनुपस्थिति में विचार करे, बड़ी विनम्रता से अपनी मजबूरी बताते हुए इनकार कर दिया था, विश्वविद्यालय के नियमों का हवाला देते हुए। उस समय मंत्री जी को उनकी नीयत पर शक नहीं हुआ, और उन्होंने नामवर जी को चयन समिति के सामने पेश होने की हिदायत कुछ इस विश्वास से दे डाली कि यह महज़ औपचारिकता होगी।

डॉ. सरूप सिंह की टक्कर चूँकि मंत्री महोदय से थी, इसलिए इस पूरे प्रकरण में लगभग शतरंज की बाज़ी की तरह हर चाल वे बड़ी सावधानी से चल रहे थे। पहली चाल वे चल चुके तो अपनी नेकनीयती का दूसरा प्रमाण उन्होंने यह पूछकर दिया कि उन्हें चयन समिति के लिए एक नाम किसी ऐसे प्रतिष्ठित विद्वान का दे दिया जाए जो नामवर जी का पूरी तरह समर्थन करे। मंत्रणा करके हितैषियों ने महादेवी वर्मा के नाम पर सहमति बनाई। महादेवी जी उन दिनों बराबर दिल्ली प्रवास में शीला सन्धू की मेहमान रहा करती थीं, और शीला जी को उन पर अगाध विश्वास था। अत: मंत्रीजी के मार्फ़त नाम वाइस चांसलर को पहुँचा दिया गया—बड़े आश्वस्त भाव से। इस पूरे अभियान में भारतभूषण अग्रवाल की भी महती भूमिका थी।

विश्वविद्यालय की भीतरी राजनीति में, स्वयं अध्यक्ष डॉ. विजयेन्द्र स्नातक नामवर जी के आने की सम्भावना से बेहद घबराए हुए थे। डॉ. ओमप्रकाश से उनके अच्छे सम्बन्ध तो थे ही, भविष्य में किसी स्तर पर उनसे किसी चुनौती का कोई खतरा भी नहीं था। ज़ाहिर है, वे भी नामवर-विरोधी मोर्चे में शामिल थे। जहाँ तक डॉ. नगेन्द्र का सवाल था, उन्होंने खुलकर विरोध भले ही नहीं किया हो, पर स्नातक जी को उनका मूक समर्थन था ही। इस सब उठापटक के बीच डॉ. उदयभानु सिंह एकदम मौनी बाबा वाली मुद्रा अपनाए बैठे थे। वे अच्छी तरह जानते थे कि स्नातक जी भरसक डॉ. ओमप्रकाश की पदोन्नति का प्रयत्न करेंगे। हम लोगों की गति साँप-छछूँदर वाली। अधिकांश स्थानीय लोगों की सहानुभूति डॉ. उदयभानु सिंह के साथ थी। चुनाव डॉ. ओमप्रकाश और नामवर सिंह के बीच होता तो अनेक कारणों से डॉ. ओमप्रकाश के पक्षधर बहुत कम थे। मेरे लिए भयंकर धर्मसंकट था। मन में आदर और सहानुभूति डॉ. उदयभानु सिंह के प्रति भी बहुत थी, पर यह बोध भी था ही कि नामवर जी के लिए यह 'नाउ ऑर नेवर'—अभी नहीं तो कभी नहीं वाला मामला था। इस दाँव-पेंच वाली स्थिति के बीच मैंने एक दिन नामवर जी से यह सवाल उठाया कि क्या उनके आने से डॉ. उदयभानु सिंह का हक नहीं मारा जाएगा?

उनकी प्रतिक्रिया बहुत सन्तुलित थी। वे भी डॉ. स्नातक के मनोभाव से परिचित थे। उनका कहना था कि वे डॉ. उदयभानु सिंह के नहीं, डॉ. ओमप्रकाश के प्रतिस्पर्धी हैं। यह भी कि उनके सफल होने की स्थिति में उनका पहला नैतिक दायित्व

डॉ. उदयभानु सिंह को उनका प्राप्य दिलाना होगा, पर यदि डॉ. ओमप्रकाश आ गए तो डॉ. उदयभानु सिंह का भविष्य एकदम अनिश्चित हो जाएगा। इसलिए हम लोगों को अपना चुनाव सोच-समझकर करना चाहिए।

बात सही थी। यह बात किसी से छिपी नहीं थी कि अपने लिए जगह बनाने के लिए, डॉ. नगेन्द्र और डॉ. उदयभानु सिंह के बीच मनमुटाव पैदा करने में डॉ. ओमप्रकाश की महती भूमिका थी। यों उस पेचीदा स्थिति में ज़बानी जमा-खर्च करने के अलावा हम लोगों की कोई निर्णायक भूमिका हो भी नहीं सकती थी, पर कुल मिलाकर माहौल डॉ. ओमप्रकाश के पक्ष में नहीं था।

संघर्ष काफ़ी उच्चस्तरीय था। महादेवी वर्मा का नाम उजागर होते ही दिल्ली से इलाहाबाद तक विरोध के लिए तरह-तरह के संयोजन-सम्बन्ध कायम होने लगे। सुना यह भी गया कि शहर के रचनाकारों में भी डॉ. लक्ष्मीनारायण लाल ने कुछ वरिष्ठ लोगों को विरोध के लिए गोलबन्द किया। इनमें भवानी भाई और जैनेन्द्र जी तक का नाम सुनने में आया, पर मुख्य भूमिका उस समय राधाकृष्ण प्रकाशन के ओंप्रकाशजी की थी। वे और किसी के पक्ष में उतने नहीं थे, जितने नामवर जी के विरोध में। कारण कुछ भी रहा हो, उन्होंने इस नेक काम के लिए इलाहाबाद की यात्रा की। मिशन था महादेवी जी को विरोध के लिए तैयार करना।

बाद में सुना गया कि इसकी ज़िम्मेदारी वहाँ की कायस्थ टोली ने ली थी जिसमें मुख्य रूप से डॉ. रघुवंश और डॉ. बाबूराम सक्सेना का नाम लिया जा रहा था। महादेवी जी को जाति-सम्बन्ध के आधार पर डॉ. ओमप्रकाश का समर्थन करने के लिए तैयार किया गया। ज़ाहिर है, यह काम डॉ. स्नातक की राय से ही हुआ होगा, पर दुर्भाग्य से डॉ. सरूप सिंह डॉ. ओमप्रकाश का समर्थन करने के लिए किसी कीमत पर राज़ी नहीं हुए। उनकी नाराज़गी का एक हद तक व्यक्तिगत ठोस कारण यह था कि कुछ ही समय पहले डॉ. ओमप्रकाश हिन्दी भाषा को लेकर होनेवाले किसी धरना-प्रदर्शन में डॉ. सरूप सिंह के विरोधियों का मार्गदर्शन कर रहे थे। और यह बात सरूप सिंह को पता लग गई थी।

इंटरव्यू से पहली शाम को डॉ. स्नातक की गाड़ी लगभग दो घंटे तक डॉ. सरूप सिंह के निवास के बाहर देखी गई। वे मेरे पड़ोस में रहते थे, इसलिए मुझे इस बात की निजी जानकारी है। अनुमान लगाया जा सकता था कि अगले दिन की बैठक के लिए स्ट्रैटेजी तैयार की जा रही होगी। डॉ. स्नातक की टेक थी कि अगर नामवर सिंह विभाग में आ गए तो सबसे पहले उनका एक्सटेंशन रोकने की दिशा में कदम उठाएँगे। यह गुहार उन्होंने कई लोगों से समर्थन और सहानुभूति बटोरने के लिए लगाई थी। डॉ. सरूप सिंह के साथ यों भी उनका जाति-सम्बन्ध था। नामवर सिंह की आमद रोकने के अभियान में वे उनके साथ थे। लेकिन जब उन्होंने डॉ. ओमप्रकाश का समर्थन करने का प्रस्ताव सामने रखा तो वाइस चांसलर साहब बिगड़ गए। स्नातक जी ने इसरार किया तो डॉ. सरूप सिंह ने उन्हें खबरदार किया कि अगर उन्होंने

डॉ. ओमप्रकाश का समर्थन करने–कराने की कोशिश की तो वे तुरन्त डॉ. नामवर सिंह की नियुक्ति कर देंगे। हो सकता है, डॉ. स्नातक ने उत्साह में उनसे महादेवी जी को तैयार कर लिये जाने का ज़िक्र कर दिया हो, जो उन्हें भड़काने का तात्कालिक कारण बन गया।

यह अन्तरंग संवाद भी बहुत बाद में डॉ. नगेन्द्र के साथ उनके पुराने परिचय और रोज़मर्रा की बातचीत के दौरान उजागर हुआ।

इस घटना का एक लगभग कारुणिक प्रसंग यह था कि नामवर सिंह भी अपने विरुद्ध इस तैयारी से बेखबर नहीं थे। महादेवी के रुख का अन्दाज़ा भी पहले ही हो गया था, इसलिए इंटरव्यू की पूर्व सन्ध्या को उन्होंने उसमें न जाने का फ़ैसला किया। मित्रों ने सलाह दी कि उन्हें डॉ. नूरुल हसन को अपने इस निर्णय के बारे में सूचित किए बग़ैर यह कदम नहीं उठाना चाहिए, पर मंत्री महोदय से सम्पर्क करने के सारे प्रयत्न निष्फल हो गए। वे किसी बैठक के लिए शिमला गए हुए थे, और मार्कंडेय सिंह तक की लाख कोशिश के बावजूद उनसे टेलीफ़ोन पर बात हो नहीं सकी। आखिर सबसे राय लेने के बाद उन्होंने इंटरव्यू में शामिल होने की औपचारिकता इसलिए निभाई ताकि वाइस चांसलर साहब मंत्री से बाद में यह न कह सकें कि वे तो आए ही नहीं, वरना हम तो आपसे किया गया वायदा पूरा करने के लिए तैयार थे।

इंटरव्यू की औपचारिकता पूरी हुई और जैसा अनुमान लगाया जा रहा था, डॉ. उदयभानु सिंह की नियुक्ति हो गई। इस पूरे प्रकरण का श्रेय वाइस चांसलर के खाते में दर्ज हुआ। एक तो इस बात के लिए कि उन्होंने अपना कहा सिद्ध कर दिखाया कि 'दिल्ली विश्वविद्यालय में उनके रहते कोई गेट क्रैश करके नहीं आ सकता।' दूसरा इसलिए कि उन्होंने स्नातक जी की योजना को विफल कर दिया।

सुनने में आया कि योजना के अनुसार जब महादेवी जी ने डॉ. ओमप्रकाश का नाम प्रस्तावित करने की कोशिश की तो डॉ. सरूप सिंह ने बड़ी विनम्र कठोर शैली में अधूरे वाक्य को बीच से ही लपक लिया और डॉ. उदयभानु सिंह का नाम प्रस्तावित कर दिया। खबर यह भी थी कि जब महादेवी जी ने नामवर जी के बारे में कोई अशोभन बात कहनी शुरू की, तब भी डॉ. सरूप सिंह ने बाधा देकर उन्हें रोक दिया।

चयन समिति के दूसरे सदस्य डॉ. रामसिंह तोमर तो पहले से ही नामवर जी से रुष्ट चल रहे थे। उनका आक्षेप था कि नामवर जी ने अपनी अपभ्रंश विषयक पुस्तक में अधिकांश सामग्री बड़ी चतुराई से उनके इसी विषय पर लिखे गए शोध–प्रबन्ध से उड़ा ली है। लिहाज़ा कहीं से समर्थन मिलने का सवाल ही पैदा नहीं हुआ और सर्वसम्मति से डॉ. उदयभानु सिंह की नियुक्ति हो गई। उन्हें न किसी की सिफ़ारिश जुटाने की ज़रूरत पड़ी, न आभार मानने की।

जब शाम को मैं उन्हें बधाई देने गई तो बड़ी शान्त–प्रसन्न मुद्रा में बैठे थे। हँसकर बोले, 'भई, मेरी नियुक्ति का श्रेय तो नामवर सिंह को जाता है। अगर वे मैदान में न कूदे होते तो स्नातक जी तो डॉ. ओमप्रकाश के लिए तैयारी किए बैठे ही थे।'

नामवर जी इसलिए खिन्न थे कि परिस्थिति का पूर्वाभास होने पर भी उन्हें इंटरव्यू में मंत्री महोदय की बात रखने के लिए जाना पड़ा। वे खुद भी डॉ. उदयभानु सिंह से मिलकर उन्हें बधाई दे आए ताकि बाद में उनमें आपसी रंजिश पैदा न हो। खिन्न होने का एक कारण यह भी था ही कि इस पूरे कांड से जोधपुर में भी उनकी प्रतिष्ठा को ठेस पहुँचने की आशंका पैदा हो गई। वे लौट तो गए, पर जोधपुर से मन और भी उखड़ गया।

अखिल भारतीय स्तर पर इस घटना के तरह-तरह के संस्करण प्रचारित हुए। सबने अपने-अपने निजी सम्बन्धों के आधार पर इसकी तदनुरूप व्याख्या भी की और भविष्य की जोड़-तोड़ में लग गए। इस प्रसंग से यह और उजागर हो गया कि नामवर जी जोधपुर से निकासी के तलबगार हैं। देश में उनके कद्रदानों का भी अभाव तो था नहीं। स्वर्गीय बालकृष्ण राव उन दिनों आगरा में केन्द्रीय हिन्दी संस्थान के उपाध्यक्ष थे। उन्होंने अवसर हाथ आते ही, नामवर जी को आगरे में निदेशक का पद ग्रहण करने का आमंत्रण दे दिया।

नामवर जी ने मित्रों से परामर्श किया, खुद मन बनाया और आमंत्रण स्वीकार कर लिया। नियुक्ति-पत्र मिलते ही उन्होंने जोधपुर को अलविदा कह दिया। राव साहब के सुझाव पर आगरे के निवास की चाभी भी ले आए। सब जानते थे कि राव साहब से उनकी खूब पटरी बैठेगी, अतः संस्थान की कार्य-शैली में शायद सक्रियता और सुधार भी आएगा।

पर नामवर जी के ग्रह तो उन्हें दिल्ली की दिशा में खींच रहे थे। दिल्ली में कुछ ही महीने पहले जवाहरलाल नेहरू विश्वविद्यालय की नींव डाली जा चुकी थी। प्रसिद्ध अर्थशास्त्री प्रो. नाग चौधरी उसके पहले वाइस चांसलर नियुक्त हुए। इस विश्वविद्यालय को कुछ नए विषयों, नई-संरचना और अलग ढंग की कार्य-शैली की अवधारणा के अनुसार शुरू किया गया था। उस योजना में परम्परागत एकल भाषा-विभाग के रूप में हिन्दी के लिए कोई गुंजाइश नहीं थी। यों भी जब वहाँ विभाग नहीं, केन्द्र खोलने का फ़ैसला किया गया, तब महत्त्व-क्रम में हिन्दी या अन्य भाषा-विभाग अगली पक्ति में नहीं थे, पर शुरुआत होने के कुछ ही समय बाद कुलपति पर एक सत्ता-केन्द्र से हिन्दी या भाषा केन्द्र खोलने का दबाव पड़ने लगा। यह दबाव जिस शख़्सियत को विभाग में नियुक्त कराने के लिए डाला जा रहा था, डॉ. नाग चौधरी उसकी योग्यता के बारे में बेहद शंकित थे। हिन्दी जगत् में भारतभूषण अग्रवाल से उनका पुराना परिचय था। उन्होंने घबराकर उन्हें फोन करके अनुरोध किया कि वे जल्दी-से-जल्दी उन्हें किसी ऐसे विद्वान का नाम सुझाएँ जिसे हिन्दी-उर्दू के संयुक्त केन्द्र की ज़िम्मेदारी सौंपी जा सके। उन्होंने आश्वासन भी दिया कि यह पद उस व्यक्ति को बा-इज़्ज़त ऑफ़र किया जाएगा।

भारत जी ने तुरन्त नामवर जी का नाम सुझाया और मिलवाने का आश्वासन दे दिया। नामवर जी उस समय अधर में थे। ठीक-ठीक कोई नहीं जानता था कि वे दिल्ली

में हैं या आगरे में, और हैं तो किस पते पर। चारों तरफ़ फोन खड़काकर नामवर जी को बरामद कर लिया गया। तय हुआ कि नामवर जी अगले दिन शाम को साढ़े पाँच बजे मंडी हाउस पर भारत जी को उनके दफ़्तर के नीचे मिलेंगे और भारत जी उन्हें प्रो. नाग चौधरी से मिलवाने ले जाएँगे।

हम लोग उत्सुकता से मुलाकात के नतीजे की प्रतीक्षा कर रहे थे कि सवा छह बजे के करीब अचानक भारत जी का फोन आया। वे नियत समय से मंडी हाउस पर खड़े सिगरेट फूँक रहे थे, और नामवर जी का कहीं पता नहीं था। भारत जी के स्वर में कुछ नाराज़गी, कुछ चिन्ता और कुछ निराशा का-सा भाव था। मेरे यह कहते ही कि नामवर जी तो चार बजे के कुछ बाद से ही निकल गए हैं, वे चौंके और उनकी तत्काल प्रतिक्रिया हुई, 'दे गए गुरु जी गच्चा।' मुझे उनका आशय एक बार में समझ में नहीं आया तो उन्होंने स्पष्ट किया, 'लगता है, वे सीधे ही पहुँच गए वहाँ। यही करना था तो कम-से-कम बता तो देते। मैं खड़ा हूँ यहाँ एक घंटे से।'

मेरी सहज प्रतिक्रिया हुई, 'ऐसा कैसे हो सकता है! वे न तो व्यक्तिगत रूप से प्रो. नाग चौधरी को जानते हैं, न उनके घर का पता।'

भारत जी ने झुँझलाकर कहा, 'अरे, आप नहीं जानती उन्हें। खैर, अब मैं तो घर जा रहा हूँ, आपसे सम्पर्क करें तो बता दीजिएगा उन्हें।'

कहना भारत जी का ही सही था। नामवर जी वाकई सीधे प्रो. नाग चौधरी के घर पहुँच गए थे। बाद में काफ़ी समय तक दोनों के बीच यह मनमुटाव का मुद्दा बना रहा। नामवर जी का कहना था कि भारत जी वहाँ थे ही नहीं और भारत जी बराबर इस बात पर इसरार करते रहे कि मामले की नज़ाकत के खयाल से वे समय से पहले ही वहाँ मौजूद थे। बहस किसी नतीजे पर नहीं पहुँच रही थी तो भारत जी अनखाकर बोले, 'अरे, जाने दीजिए गुरु जी! आप अकेले जाना चाहते थे, चले गए। काम होना ज़रूरी था सो हो गया। अब बहस किस बात की!' और फिर मेरी तरफ़ मुख़ातिब होकर कहा, 'आप नहीं जानतीं इन्हें। मैं जहाँ खड़ा था, वहाँ मेरे दिखाई न पड़ने का सवाल ही नहीं था। छोड़ दीजिए, बात को यहीं खत्म कर दीजिए।'

उस समय बात वहीं खत्म ज़रूर कर दी गई, क्योंकि सबको इस बात की खुशी ज़्यादा थी कि बात बन गई थी और प्रो. नाग चौधरी ने नामवर जी से जल्दी-से-जल्दी ज्वाइन करने का अनुरोध कर दिया था।

नामवर जी के सामने अगला धर्मसंकट था राव साहब के सामने उपस्थित होकर संस्थान से मुक्ति का अनुरोध करने का। संस्थान का पद ज्वाइन किए कुल चार दिन हुए थे। राव साहब से मुक्ति का अनुरोध करने की हिम्मत नहीं पड़ रही थी उनकी। ऐसे मौकों पर निरीह मुद्रा बनाकर, औरों की हमदर्दी हासिल करने में महारत हासिल थी उन्हें। उन्होंने वही किया। जानते थे कि शीला सन्धू से राव साहब के अच्छे सम्बन्ध हैं। उन्होंने शीला जी को इस बात के लिए राज़ी कर लिया कि जब वे राव साहब से बात करने जाएँ तो शीला जी उनकी हौसला अफ़ज़ाई के लिए साथ चलें।

शीला जी को खुद कुछ अटपटा लग रहा था तो उन्होंने मुझे भी आग्रह करके साथ ले लिया।

हम तीनों एक साथ राव साहब के दफ़्तर गए ज़रूर, पर तय यही हुआ कि बात करने अकेले नामवर जी जाएँगे और हम आपात स्थिति में जो बन पड़ेगा सो करेंगे। हम मतलब शीला जी, क्योंकि मेरा तो राव साहब से परिचय ही नहीं था। मेरी भूमिका तो पुछल्ले भर की थी उस प्रसंग में, पर ऐसी नौबत ही नहीं आई। नामवर जी राव साहब से मिले। अपना धर्मसंकट बयान करते हुए अर्ज़ी पेश की।

राव साहब को जैसा लगा होगा, वह तो वे ही जानें पर नामवर जी का कहना था कि उन्होंने भारी मन से अर्जी पर तत्काल 'संस्कृत' में भविष्य के लिए शुभकामना और मुक्ति वचन लिखकर हस्ताक्षर कर दिये। राव साहब को इस बात की भनक भी नहीं लगी कि उनके सम्भावित निदेशक, नैतिक साहस जुटाने के लिए, दो महिलाओं की टीम साथ लाए थे।

नामवर जी ने अगले ही दिन जे.एन.यू. में कार्यभार सँभाल लिया। ज़ाहिर है, इससे स्वयं उन्हें निश्चिन्तता हुई और मित्रों को प्रसन्नता। और विभागाध्यक्ष के रूप में नामवर जी आदर्श विभाग की अपनी धारणा के अनुरूप विभाग का विकास करने में संलग्न हो गए। वह अलग कहानी है।

आपात-स्थिति और उसके बाद विश्वविद्यालय

इधर दिल्ली विश्वविद्यालय में स्थितियाँ लगभग पूर्ववत् हो गईं। डॉ. उदयभानु सिंह की नियुक्ति का प्रभाव कुल मिलाकर माहौल पर अच्छा ही पड़ा। स्नातक जी के अन्तर्मन में क्या चल रहा था, इसका ठीक-ठीक अनुमान किसी को नहीं हो सका, पर उन्होंने सबके प्रति सद्भाव बराबर बनाए रखा। उनके कार्यकाल में भी नौकरीयार्थी विद्यार्थियों की एक टोली दबाव बनाने के लिए कोई-न-कोई बहाना ढूँढ़ती ही रहती थी। इस टोली के तत्कालीन नेता थे कान्तिमोहन और कवि अशोक 'चक्रधर'। यह बात अलग है कि उस समय वे न कवि थे, न 'चक्रधर'। सिर्फ़ अशोक शर्मा थे। वही हाथरसी अन्दाज़ और सम्बन्ध। पढ़ने-लिखने में ठीक-ठाक थे, पर रह-रहकर कुछ ऐसी गुस्ताखियाँ करते थे जो प्रशासन-विरोधी मानी जाती थीं। पर थीं वे नौकरी पाने के लिए दबाव बनाने की युक्तियाँ ही।

इनके अग्रज साथी सुधीश पचौरी तो स्नातक जी की कृपा से ज़ाकिर हुसैन कॉलेज की सान्ध्य-कक्षाओं में नियुक्त हो गए थे। उन्हीं के निर्देशन में उन्होंने ग्वाल कवि पर शोध-कार्य भी किया था, पर अशोक से नाराज़गी कम होने में ही नहीं आ रही थी। विद्यार्थियों की यह टोली सहायता और संवेदना के लिए अक्सर मेरे पास आ जाती

थी। मुझे हर तरह उन्हें सहानुभूति और यथासम्भव सहायता देने में कभी गुरेज़ नहीं हुआ, पर मैं जानती थी कि विभाग में भ्रष्टाचार की दुहाई देकर क्रान्ति का मुखौटा लगाए यह विपथित युवा-टोली इस भोले-भ्रम में है कि आर्थिक तंगी और जीवन-संघर्ष से मुक्ति का रास्ता इन्हीं हथकंडों से मिलेगा। उस समय समझाने-बुझाने का भी उन पर कोई असर नहीं होता था। दिक्कत यह थी कि इन्होंने अपने विद्रोह को वैधता देने के लिए अनजाने ही वामपन्थ का छद्म लबादा ओढ़ लिया था, पर समय के साथ जैसे-जैसे जिसके हाथ कोई अवसर आया, उसने तत्काल लपक लिया।

ऐसा भी नहीं था कि सभी की स्थिति एक-सी हो। इनके बीच जोगेन्द्र शर्मा जैसे प्रतिबद्ध लोग भी थे जो आगे चलकर सी.पी.एम.एल. के पूर्णकालिक कार्यकर्ता हो गए और प्रताप सिंह नेगी जैसे भोलेनाथ भी, जो कन्धे पर पोस्टर ढोकर उन्हें रात में विश्वविद्यालय की दीवारों पर चिपकाया करते थे।

नेगी सम्भवत: पर्वतीय प्रदेश के किसी निर्धन परिवार की सन्तान थे। पढ़-लिखकर भविष्य बनाने के उद्देश्य से दिल्ली में संघर्ष कर रहे थे। छात्रावास और पढ़ाई का खर्चा पूरा करने के लिए ट्यूशन करते थे। उसी दिशा में सहायता माँगने के उद्देश्य से मेरे पास कभी-कभी आ जाते थे। विद्रोही गुट में वह अपने सहज विश्वासी मन के कारण शामिल हो गए थे। देश का माहौल उस समय सामान्य नहीं था। स्थितियाँ बद-से-बदतर होती जा रही थीं जिनकी परिणति अन्ततः आपात-स्थिति लागू होने में हुई।

एक दिन अचानक नेगी का फोन आया—थाने से। बेहद घबराई आवाज़ में। सूचना दी कि रात उसे पुलिस गिरफ़्तार करके ले गई। सुबह इतनी भर छूट दी गई कि वह सिर्फ़ एक फोन करके जिसे चाहे, इस बात की सूचना दे दे। उस संकट-काल में उसे मेरे सिवा कोई याद नहीं आया। वह लगभग रोते हुए सहायता की गुहार लगा रहा था।

मैंने उसके तथाकथित मित्रों—सुधीश पचौरी और कर्ण सिंह चौहान से सम्पर्क करने की कोशिश की। कोई हाथ नहीं लगा। हो सकता है, किसी सूत्र से उन्हें उसकी गिरफ़्तारी की खबर लग गई हो और जमींदोज़ होने में ही उन्हें अपनी खैर दिखाई पड़ी हो! ऐसे संकटों में मुझे पुलिस-अधिकारी मार्कंडेय सिंह ही याद आते थे। उनसे परिचय तो नामवर जी ने कराया था, पर धीरे-धीरे उनसे मेरे अपने पारिवारिक सम्बन्ध हो गए थे। वे उन दिनों डी.आई.जी. के पद पर थे।

माजरा सुनते ही उन्होंने खबरदार किया कि एक तो मैं किसी सूरत में इस मामले में सामने न आऊँ, वरना मेरे लिए भी दिक्कत पैदा हो सकती है। दूसरे, अगर उसे किसी शक की बिना पर पकड़ा गया है तो ज़मानत किसी हालत में नहीं होगी। उन्होंने अलबत्ता अपने एक परिचित वकील का नाम बता दिया जो उन दिनों ऐसे मामलों की पैरवी कर रहे थे।

वकील साहब से सम्पर्क किया तो उन्होंने भी मार्कंडेय जी की बात की पुष्टि करते हुए इतना ज़रूर आश्वस्त कर दिया कि अगले दिन जब उसको पेश किया जाएगा तो

वे उस समय प्रस्तुत होकर, आगे की कार्यवाही के बारे में कुछ रोशनी डाल सकेंगे। उन्होंने स्वभावत: यह जानना चाहा कि वह लड़का मेरा क्या लगता है। जवाब में घटना का ब्यौरा जानकर उन्होंने यह परामर्श ज़रूर दे दिया कि जब वह अदालत में पेशी के लिए लाया जाए तो हो सके, तब मैं किसी के हाथ उसके लिए कुछ खाना भिजवा दूँ, क्योंकि उसे हवालात में खाने के लिए कुछ नहीं दिया गया होगा। सावधान उन्होंने भी किया कि मुझे खुद किसी हालत में आस-पास फटकना नहीं चाहिए। मित्रों को इस काम के लिए फिर खोजा गया, जानते हुए भी कि कोई हाथ आनेवाला नहीं है।

आखिर द्रवित होकर जैन साहब मानवीयता के नाते यह खतरा उठाने के लिए तैयार हुए। अगले दिन जब वे खाना लेकर पहुँचे तो जो सिपाही उसे हथकड़ी लगाए पेशी के लिए लाया था, उसने एक भले आदमी को सामने देखकर बड़ी शराफ़त से खाना खिलाने की इजाज़त तो दे दी, पर यह जानना चाहा कि हथकड़ीबन्द नौजवान से उनका रिश्ता क्या है। यह सुनकर कि वह सिर्फ़ उनकी पत्नी का विद्यार्थी है, और गरीब लड़का है, वह कुछ विस्मित भी हुआ और विगलित भी।

खाना मैंने कुछ ज़्यादा भेजा था, इस उम्मीद से कि बचा हुआ शाम को काम आ जाएगा, पर उसकी कोई गुंजाइश नहीं थी। नियम, कैदियों को जेल के भीतर कुछ ले जाने की इजाज़त नहीं देते थे। जैन साहब जब लौटे तो इस बात से बेहद दुखी थे कि नेगी के साथ दूसरी हथकड़ी में शहर का कोई पेशेवर क्रिमिनल नत्थी था।

कई महीनों बाद जब वह शक की बिना पर पकड़े गए ऐसे और तमाम लोगों के साथ छूटकर आया तो पता लगा कि रात के अँधेरे में जब पुलिस ने उसके कमरे पर छापा मारा तो उसे जगाने से पहले ही उन्होंने कमरे से पार्टी से सम्बन्धित कुछ कागज़ बरामद कर लिये थे। जब उसकी आँख खुली तो पुलिस उसे घेरे खड़ी थी। बिना कुछ कहे-सुने वे बस उसे खदेड़ ले गए।

ताज्जुब नहीं हुआ। जिस आपात-स्थिति में डॉ. रघुवंश जैसे दोनों हाथों से अपंग व्यक्ति को यह आरोप लगाकर धर लिया गया हो कि वे बिजली के खम्भों पर तोड़-फोड़ कर रहे थे, उसमें कुछ भी हो सकता था। आतंक का ऐसा दबाव था कि हर समय तरह-तरह की अफवाहें उड़ा करती थीं।

एक बार खबर फैली कि खुफ़िया पुलिस के लोग, कला-संकाय के गलियारों में, प्राध्यापकों की गतिविधियों पर नज़र रखने के लिए सादे लिबास में जहाँ-तहाँ तैनात रहते हैं। इतना ही नहीं, यह भी सम्भव है कि कक्षा के भीतर आप पर नज़र रखने के लिए सादे लिबास में कोई मौजूद हो! एम.ए. में उपस्थिति अनिवार्य तो होती नहीं थी, इसलिए कभी-कभी कुछ अपरिचित-से चेहरे कक्षाओं में दिखाई पड़ ही जाते थे। नतीजा यह हुआ कि पाठों की व्याख्या करते हुए अनायास हम लोग सावधानी बरतने लगे कि मुँह से कोई सत्ता-विरोधी बात न निकल जाए। मैं उन दिनों 'अन्धा युग' पढ़ाती थी। बराबर ज़बान फिसलने की आशंका से वाक्यों की बनावट असहज हो गई। व्याख्यानों का कथ्य और शिल्प, दोनों ताल-बेताल-से होने लगे।

आए दिन परिचितों में किसी-न-किसी के पकड़े जाने की खबर मिलती तो अजब तरह की दुश्चिन्ता घेरने लगती। जीवन की लय विकृत हो गई थी—सिवा इसके कि उस दौर में मैंने पहली बार धक्का-मुक्की करके बस में चढ़ने की साँसत से छुटकारा पाया। साउथ कैम्पस उस समय साउथ एक्सटेंशन के अन्तिम छोर पर किराये के दो मकानों में चलता था। मैं माल रोड के बस स्टॉप से नियमित रूप से मुद्रिका पकड़ती—निहायत अनुशासित क्यू में खड़े होकर। प्राय: बैठने के लिए जगह मिल जाती और यात्रा के लगभग 45-50 मिनट बड़े इत्मीनान से कोई पुस्तक पढ़ते गुजरते। बस स्टॉप साउथ कैम्पस के ठीक सामने थे। लौटते समय यही प्रक्रिया उलट जाती। न गाड़ी ड्राइव करने का झंझट, न बस में चढ़ने-उतरने में कोई परेशानी। जीवन के तमाम क्रियाकलापों में यह अनुशासनबद्धता दिखाई पड़ने लगी थी। दिक्कत तो यह थी कि यह अनुशासनप्रियता नहीं, 'बद्धता' थी जिसका कारण था—आतंक, अन्त:प्रेरणा नहीं। इसी बात को अनदेखा कर आचार्य विनोबा भावे ने आपातकाल को 'अनुशासन पर्व' कह दिया था।

इसी दौर में विभाग से एम.लिट्. कक्षा का आखिरी बैच निकला—1974 में। उस समय पी-एच.डी. और एम.ए. के बीच की कड़ी यही कोर्स था जो आगे चलकर प्री. पी-एच.डी. और फिर एम.फिल. की उपाधि में रूपान्तरित हो गया।

अशोक ने एम.लिट्. का लघु शोध-प्रबन्ध तो डॉ. नित्यानन्द तिवारी के निर्देशन में लिखा था— मुक्तिबोध के साहित्य पर। जब पी-एच.डी. के लिए पंजीकरण का सवाल आया तो उनका निर्देशक तय करने के प्रसंग में डॉ. स्नातक ने बड़े तंज़ से कहा—'इन्हें कौन लेगा ?' निहितार्थ था 'इन्हें' यानी 'खुराफ़ाती शख्सियत' को। नित्यानन्द तिवारी उस समय लेक्चरर थे—शायद इसलिए उन्हें दो से अधिक शोधार्थी नहीं दिये जा सकते थे। स्नातक जी के सवाल पर बैठक में सन्नाटा हो गया तो स्नातक जी ही व्यंग से बोले, 'इन्हें डॉ. जैन को दीजिए, और कौन लेगा!'

स्वर का लहज़ा मुझे अखर गया। मैंने तुर्की-ब-तुर्की जवाब पकड़ा दिया, 'हाँ, दे दीजिए मुझे। मैं क्या डरती हूँ!' और श्री अशोक चक्रधर के शोध-कार्य का पंजीकरण मेरे साथ हो गया। यह बात अलग है कि काम न उन्हें करना था, न किया। तत्काल समस्या तो नौकरी की थी। सो कुछ दिन दिल्ली के कॉलेजों में एकाध अस्थायी पदों पर भटकने के बाद उनकी नैया जामिया-मिल्लिया के घाट पर किनारे लगी, जहाँ रहते हुए, कुछ वर्षों के बाद उन्होंने चुपचाप, रुहेलखंड या बुन्देलखंड जैसे किसी विश्वविद्यालय से न जाने किस विषय पर पी-एच.डी. की उपाधि हासिल कर ली! बड़ी विनम्रतापूर्वक चरण-स्पर्श कर मुझे यह सूचना दे गए। ऐसा करना उनकी मजबूरी थी। सन्दर्भ उनकी पदोन्नति का था। उसके बाद उन्होंने जिन क्षेत्रों में जिस रूप में नाम और अर्थ दोनों कमाए, वह किसी से छिपा नहीं है। सार्वजनिक रूप से मेरे प्रति सम्मान बनाए रखने में उन्होंने कोताही नहीं की, यह अलग बात है।

दरअसल मेरे शोध-छात्रों में अपने-अपने ढंग और स्तर की रचनाशीलता से

सम्पन्न विभूतियों की कमी कभी नहीं रही। मेरे निर्देशन में पहला शोध प्रबन्ध ही डॉ. अचला शर्मा ने लिखा था। वे बाद में बी.बी.सी. लन्दन में नियुक्त हो गईं। कुछ दिन वायस ऑफ़ अमेरिका में भी भाग्य आज़माया, पर अमेरिका उन्हें रास नहीं आया और अन्ततः बी.बी.सी. के हिन्दी यूनिट के ही सीनियर पद से उनकी सेवानिवृत्ति हुई।

उन्हीं के समानान्तर दूसरी छात्रा डॉ. सुषमा भटनागर थीसिस पूरी करके लोकसभा में नियुक्त हुई, वहीं से अन्ततः एक ऊँचे पद से हाल में सेवानिवृत्त हुई। इनके बाद शोधार्थियों की लम्बी सूची के बीच सुरेश ऋतुपर्ण, रमेश शर्मा 'दिविक', नामवर जी की बेटी समीक्षा, कवि केदारनाथ सिंह की बेटी रचना, मुकेश गर्ग, रामेश्वर राय, अभय ठाकुर, आकिरा ताकाहाशी (ओसाका)—जैसे तमाम ऐसे नाम शामिल हैं, जो आज भी मेरे सम्पर्क में हैं, और मुझे उन पर गर्व है। अपने-अपने क्षेत्रों में सबने सफलता और प्रतिष्ठा अर्जित की और उनमें से कई तो अब सेवानिवृत्त हो चुके हैं।

कुल मिलाकर डॉ. स्नातक की अध्यक्षता में नामवर सिंह प्रसंग की गहमागहमी के अलावा, सब कुछ सहज-ऋजु गति से चल रहा था। इतना ज़रूर हुआ कि इस एक घटना से लोगों को शिक्षा-तंत्र में राजनीतिक हस्तक्षेप की सम्भावना का अन्दाज़ हो गया। इसका नतीजा यह हुआ कि कुछ महत्त्वाकांक्षी साथियों को पदोन्नति का सहज मार्ग राजनीति के गलियारों से होकर जाता दिखाई पड़ने लगा।

विश्वविद्यालय में राजनीतिक पार्टियों के अपने संगठन थे। एक साहब ने हिसाब लगाकर कांग्रेस पार्टी की विश्वविद्यालयी शाखा 'इन्टक' से सम्बन्ध जोड़ लिया। उन दिनों चीनी राजनीति के विशेषज्ञ प्रो. वी.पी. दत्त का दर्जा उसमें बहुत ऊँचा था। वे इन मामलों में इन्दिरा गांधी के सलाहकार और उनके करीबी थे। एक दूसरे सज्जन ने कांग्रेस की सदस्यता लेकर शहर के नेताओं से सम्बन्ध बैठाने शुरू कर दिये। हम सबमें डॉ. ओमप्रकाश सबसे वरिष्ठ थे, पर उनकी आस्था संयोग से दक्षिणपन्थी सिद्धान्तों में थी। इसलिए वे अपनी राजनीति-निरपेक्ष छवि बनाने का प्रयत्न करने लगे। अन्य वरिष्ठ सहयोगियों में डॉ. भोलानाथ तिवारी और डॉ. सत्यदेव चौधरी भी थे। परम् निरपेक्ष भाव से पढ़ने-पढ़ाने में लगे रहते और डॉ. तिवारी का ध्यान तो अपनी पुस्तकों के नए संस्करण तैयार करने, और कोश-निर्माण की दिशा में कुछ कर गुजरने में लगा रहता था। उन्होंने अपनी विद्या-बुद्धि का उपयोग उसे अर्थकरी बनाकर अधिक किया।

सबको दिखाई पड़ रहा था कि स्नातक जी के रिटायर होते ही प्रोफ़ेसर का एक पद दक्षिण परिसर में और दूसरा डॉ. नगेन्द्र के रिटायर होने पर मुख्य परिसर में खाली होगा। वाइस चांसलर उस समय केमिस्ट्री के विद्वान प्रो. रामचरण मेहरोत्रा थे। उनकी पत्नी डॉ. सुमन मेहरोत्रा भी शायद हिन्दी की प्राध्यापिका थीं—जयपुर में। रचनात्मक लेखन में भी हाथ आज़माया करती थीं। मधुर स्वभाव की बेहद विनम्र और शालीन महिला थीं। वे लोग जयपुर से दिल्ली आए तो नगेन्द्र जी से उनका अच्छा सम्बन्ध

हो गया। उन्हीं के परामर्श पर पत्नी को यू.जी.सी. की सीनियर फेलोशिप दिलाकर विभाग से संलग्न कर दिया गया।

डॉ. मेहरोत्रा के परिवार से, उनकी पत्नी के कारण, मेरी भी बहुत जल्दी निकटता हो गई। दोनों परिवारों के बीच नियमित आवाजाही रहने लगी। डॉ. मेहरोत्रा ने संयोग से मैथेमैटिक्स के प्रो. उदितनारायण सिंह को समकुलपति नियुक्त कर लिया। डॉ. सिंह विश्वविद्यालय में बड़ौदा से आए थे। आते ही मेरे माल रोड (5/45) वाले फ़्लैट के ऊपर वाला फ़्लैट किराये पर लेकर रहने लगे। ज़ाहिर है, बहुत जल्दी जान-पहचान और क्रमश: पारिवारिक सम्बन्ध हो गए।

उनके तीन बच्चे भी ठीक मेरी तीन सन्तानों के ही हमउम्र थे। क्रम भी वही, बेटा-बेटी-बेटा। दोनों बड़ी सन्तानें तो अमेरिका जा बसीं और तीसरे प्रो. दिनेश सिंह आजकल दिल्ली विश्वविद्यालय के कुलपति पद पर आसीन हैं।

सारांश यह कि विश्वविद्यालय के हुक्मरानों से अच्छे सम्बन्ध तो थे ही। इसके अलावा इस दौर में मेरी मौलिक, सम्पादित और अनूदित हर तरह की कृतियाँ प्रकाशित हो चुकी थीं। जब लोंगिनुस के 'पेरिइप्सुस' का अनुवाद करके मैंने उसकी लम्बी भूमिका लिखी तो राजेन्द्र यादव ने मित्र-भाव से वह भूमिका पढ़ डाली। उनकी प्रतिक्रिया थी, 'यार, क्या कमाल करती हो! मैं तो ऐसे ही उलट-पलट रहा था पर भूमिका शुरू की तो उपन्यास की तरह पढ़ता चला गया।' उनकी इस टिप्पणी से बड़ी हौसला अफ़ज़ाई हुई थी मेरी।

किस्सा प्रोफ़ेसर होने का

कुल जमा दृश्य यह बन रहा था कि डॉ. ओमप्रकाश अपनी वरिष्ठता के सहारे और डॉ. तारकनाथ बाली और डॉ. सुरेशचन्द्र गुप्त अपनी राजनीतिक गतिविधियों के बल पर आगे बढ़ने की जुगत लगाने लगे तो मेरे मन में भी महत्त्वाकांक्षा कुलबुलाई। अगर मेरे जूनियर सहयोगी राजनीतिक दाँव-पेंच के सहारे पंक्ति लाँघने का हौसला रखते हैं तो मैं अपने पढ़ने-लिखने, और प्रशासनिक अनुभव के बल पर इस प्रतिस्पर्धा में क्यों शामिल नहीं हो सकती?

किस्सा-कोताह यह कि भीतर-ही-भीतर मोर्चे तन रहे थे और डॉ. मेहरोत्रा इस दिशा में कोई कदम उठाने से कतरा रहे थे। समय ऐसे ही गुज़रता गया और स्नातक जी के सेवानिवृत्त होने पर भी उन्होंने, खाली जगह भरने की दिशा में कदम नहीं उठाया। आखिर टालमटोल करते-करते खुद उनका कार्य-काल समाप्त हो गया और कार्यवाही के रूप में बागडोर प्रो. उदितनारायण सिंह के हाथ में आ गई। इस बीच उनके मन में भी 'कार्यवाही' पद मिलते ही आगे बढ़ने की लालसा घर कर गई थी। हम जानते थे कि वे कितना ही चाहें, पर विद्वत्ता और सज्जनता के बल पर उनकी पदोन्नति नहीं

होनेवाली। इसके लिए वे न राजनीति के गलियारों में दाँव-पेंच लड़ा सकेंगे और न ही उनके व्यक्तित्व में वह प्रभामंडल है जिसके सहारे अनायास ही कोई उपलब्धि हो जाए, पर वे भी अपनी मौजूदा स्थिति में कोई विवादास्पद कदम नहीं उठाना चाहते थे। लिहाज़ा समय गुज़रता गया। विभाग की बागडोर डॉ. उदयभानु सिंह के हाथ में आ गई—1976 में। पर लाख कोशिश करने पर भी इंटरव्यू नहीं हो सका। दरअसल समय बीतने के साथ, लोगों में यह एहसास पुख्ता हो गया था कि इंटरव्यू हुआ तो नतीजे पर किसी का वश नहीं होगा। यह सब जानते थे कि कुल मिलाकर, दिल्ली के बाहर से चयन समिति के लिए आनेवाले विद्वानों में से किसी को मेरी उपेक्षा या विरोध करने के लिए तैयार करना मुश्किल होगा और अध्यक्ष प्रो. उदयभानु सिंह भी मेरा ही समर्थन करेंगे, इसलिए इंटरव्यू के स्थगित होने से ही औरों की स्थिति अनुकूल बनने की सम्भावना दिखाई पड़ रही थी। हुआ यही, इंटरव्यू टलता गया और डॉ. उदयभानु सिंह की अध्यक्षता के तीन साल गुज़र गए। उनके अलावा विभाग में डॉ. नगेन्द्र के अलावा कोई प्रोफेसर नहीं था और डॉ. साहब नौ साल पहले छोड़ी हुई अध्यक्षता को दुबारा स्वीकार करेंगे, इसकी सम्भावना कम ही दिखाई पड़ रही थी। स्वभावत: डॉ. ओमप्रकाश अपनी वरिष्ठता के सहारे प्रयत्नशील हुए।

सब जानते थे कि अध्यक्ष होने पर वे स्थितियों को अपने अनुकूल मोड़ देने की जी-तोड़ कोशिश करेंगे इसलिए डॉ. नगेन्द्र पर कई लोगों ने यह दबाव बनाने में योग दिया कि वे इस ज़िम्मेदारी को सँभालने के लिए तैयार हो जाएँ तो संकट टल सकता है। यह भी कि अपने व्यक्तित्व की गरिमा और सम्बन्धों के कारण वे शायद इंटरव्यू करा ले जाने में सफल हो जाएँ। मुझे इसके पक्ष में एक प्रबल तर्क यह दिखाई पड़ रहा था कि यदि वे मान जाते हैं तो लगभग ग्यारह महीने बाद उनकी सेवानिवृत्ति विभाग के अध्यक्ष के पद से होगी। ऐसा होने पर उन्होंने जिस अपमानजनक स्थिति में अध्यक्ष-पद से त्याग-पत्र दिया था, उसका एक हद तक निरसन होगा और उनकी प्रतिष्ठा पुन: कायम हो जाएगी। डॉ. साहब ने ऐसा कहा नहीं, पर शायद इस प्रस्ताव को स्वीकार करने के पीछे उनके मन में भी यह आकर्षण रहा होगा, इसलिए वे इसके लिए तैयार हो गए—इस शर्त के साथ कि विभाग का कार्यभार डॉ. उदयभानु सिंह ही सँभालेंगे। वे स्वयं केवल हस्ताक्षर करने भर के लिए नाममात्र के अध्यक्ष रहेंगे।

डॉ. साहब के अध्यक्ष-पद पर आसीन होने से इंटरव्यू स्थगित कराने के प्रयास और तेज़ हो गए। कार्यवाहक वाइस चांसलर तब तक डॉ. उदितनारायण सिंह ही थे, पर सारे पारिवारिक सम्बन्धों और सदिच्छा के बावजूद वे स्वयं वाइस चांसलर होने की उम्मीद में कोई विवादास्पद कदम नहीं उठाना चाहते थे। अत: बात टलती गई। वे वाइस चांसलर तो नहीं हो सके पर लगभग ग्यारह महीने की अध्यक्षता के बाद डॉ. नगेन्द्र के रिटायर होने का समय आ गया। विभागीय स्थिति वही की वही। अंग्रेज़ी मुहावरे में—'बैक टू स्क्वायर वन'।

इस पूरे प्रसंग में सबसे सुखद और सन्तोषजनक बात यह ज़रूर हुई कि डॉ. नगेन्द्र

का विदाई-समारोह बड़ी शानो-शौकत से सम्पन्न हुआ। उस आयोजन में महादेवी वर्मा, जैनेन्द्र कुमार, भवानीप्रसाद मिश्र जैसे वरिष्ठ साहित्यकारों के अलावा, स्थानीय कॉलेजों के हिन्दी विभागों के तमाम प्राध्यापक और विश्वविद्यालीय प्रशासन के सभी सदस्य मौजूद थे।

डॉ. साहब ने इस अवसर के लिए एक लम्बी कविता लिखी, जिसका उन्होंने स्वयं सस्वर वाचन किया। विडम्बना यह थी कि जिन डॉ. सरूप सिंह की परोक्ष रूप में ही सही, उनके त्याग-पत्र प्रसंग में प्रभावी भूमिका थी, वे मंच पर उपस्थित ही नहीं थे, बल्कि उन्होंने डॉ. साहब के सम्मान में खुले दिल से प्रशस्ति भाषण दिया। समारोह बड़ी गरिमा से सम्पन्न हुआ और डॉ. साहब ने बड़े सन्तुष्ट मन से विश्वविद्यालय से विदा ली।

वे चाहते तो यही थे कि अध्यक्षता की बागडोर एक बार फिर डॉ. उदयभानु सिंह के हाथों में आ जाए, पर नियम इसकी इजाज़त नहीं देते थे। अतः डॉ. ओमप्रकाश लम्बी प्रतीक्षा के बाद विभाग के अध्यक्ष हुए। स्वभाव से सौम्य, वाणी से मृदुभाषी, मँझोले कद और गठीले बदन के वे साँवले-सलोने से इन्सान थे। मैंने किसी कठिन परिस्थिति में भी उन्हें कभी संयम खोकर उत्तेजित होते नहीं देखा। ऐसे व्यक्तित्व का सम्पर्क में आनेवालों पर अच्छा प्रभाव पड़ना स्वाभाविक था, पर उनकी पूरी बनावट में कुछ रहस्यमयता-सी थी। वे बड़ी गम्भीर मुद्रा में जब कोई प्रस्ताव पेश करते या कोई टिप्पणी करते तो न जाने क्यों शक होता था कि कहीं-न-कहीं कोई पेंच, कोई प्रच्छन्न आशय ज़रूर है। उनकी हर बात को ठोक-बजाकर देख लेने की सहज प्रतिक्रिया होती थी—उन लोगों की, जिन्हें लगातार उनसे काम पड़ता था।

जब वे अध्यक्ष हुए, तब डॉ. नगेन्द्र की जगह भी खाली हो गई थी। अतः उनकी स्थिति खासी मज़बूत थी। यों दो वर्ष पहले एक दुर्घटना में वे इस तरह घायल हुए कि घुटने के नीचे से उनकी एक टाँग की बलि चढ़ गई। वे खुद बच तो गए, पर बाद में आधा पैर बनावटी होने के कारण लाठी का सहारा लेना पड़ा। उन्होंने बड़ी बहादुरी और इतने सहज भाव से अपनी अपंगता पर विजय पाई कि उनके प्रति सबके मन में करुणा से ज्यादा आदर और प्रशंसा का भाव उमड़ा। कुल मिलाकर वे सबकी सहानुभूति के पात्र हो गए।

हिम्मत उनमें इतनी थी कि बड़ी जल्दी उन्होंने अपनी गाड़ी ड्राइव करनी शुरू कर दी। यही नहीं, अध्यक्ष होने पर जब उनके सामने यह प्रस्ताव आया कि विभाग के दफ़्तर को उनकी सुविधा के लिए पहली मंज़िल से नीचे की मंजिल में स्थानान्तरित कर दिया जाए तो उन्होंने इनकार कर दिया। अपनी सेवानिवृत्ति तक वे लगातार पहली मंज़िल से सहज रूप में काम करते रहे। अपने इस व्यवहार से उन्होंने लोगों के मन में अपने लिए बहुत जगह बनाई।

पर मन-ही-मन वे इस बात की तैयारी कर रहे थे कि इंटरव्यू होने तक उनकी स्थिति निर्द्वन्द्व हो जाए। उनके मन में दो बातें स्पष्ट थीं—अकादमिक दृष्टि से भी,

और मुझे जिन लोगों का समर्थन प्राप्त था, उनके कारण भी वे जानते थे कि मेरी सफलता लगभग तय है। इसलिए उन्होंने मुझे एक बार घर पर आमंत्रित कर बड़ी गम्भीरता से इस विषय पर बात की। मेरे लिए भी यह विकल्प अनुकूल ही था। वे पद और आयु दोनों में मेरे सीनियर तो थे ही, व्यक्ति के रूप में भी दूसरों से बेहतर थे। खतरा हम दोनों को ही राजनीतिक हलकों में सक्रिय लोगों से था, जिनकी महत्त्वाकांक्षाओं का ओर-छोर नहीं था। मेरी ओर से निश्चिन्त होकर उन्होंने साहित्यिक गतिविधि की दिशा में कदम बढ़ाया।

1980 प्रेमचन्द का शताब्दी वर्ष था। उन्होंने विश्वविद्यालय के अधिकारियों को लपेटकर इस उपलक्ष्य में एक बड़ा आयोजन किया—मुझे उससे बाहर रखकर। ज़ाहिर है, मुझे उनकी इस हरकत में षड्यंत्र का आभास हुआ। मैंने एक जवाबी आयोजन 'प्रेमचन्द के भारतीय सन्दर्भ' पर दक्षिण परिसर में करा डाला—उन्हें बाहर रखकर। उस समय परिसर का अपना हॉल तक नहीं था। मैंने कमला नेहरू कॉलेज के हॉल में यह व्यवस्था की और उसमें उद्घाटन वक्तव्य के लिए कमलेश्वर को आमंत्रित कर लिया। कमलेश्वर उस समय बम्बई में अपने झंडे गाड़ने के बाद, दिल्ली दूरदर्शन में निदेशक पद पर नियुक्त हो चुके थे। स्थानीय साहित्यिक दुनिया में स्टार की हैसियत रखते थे। उनके नाम से इतनी भीड़ उमड़ी कि उस पर काबू पाना कठिन हो गया। ज़ाहिर है, इसके बाद डॉ. ओमप्रकाश को यह आभास हो गया कि ऐसी हरकतों से लाभ नहीं होनेवाला।

उसी वर्ष मेरे पास अमेरिका की विस्कान्सिन यूनिवर्सिटी से, उनकी वार्षिक कॉन्फ्रेंस में 'प्रेमचन्द : ए सेंचुरी ट्रिब्यूट' सेशन में एक पर्चा प्रस्तुत करने का निमंत्रण आ गया। मैंने तुरन्त स्वीकृति दे दी। वहाँ मेरे आने की खबर फैली तो अर्बाना विश्वविद्यालय से 'अस्तित्ववाद और हिन्दी कविता' विषय पर भाषण देने का निमंत्रण भाषावैज्ञानिक बृज काचरू से मिल गया। उस समय वे और उनकी पत्नी यमुना काचरू वहाँ पढ़ा रहे थे और भाषाविज्ञान के क्षेत्र में उनकी अच्छी साख थी।

विभाग में तो यह रस्साकशी चल ही रही थी, उधर वाइस चांसलर के पद पर डॉ. गुरबख्श सिंह की नियुक्ति हो गई। समकुलपति के पद पर उन्होंने अपने मित्र, कलकत्ता के प्रेसिडेंसी कॉलेज के अनुभवी प्रिंसिपल डॉ. मुखर्जी को नियुक्त कर लिया। विश्वविद्यालय के इतिहास में यह सर्वथा अप्रत्याशित घटना थी—स्थानीय प्रोफ़ेसरों की अनदेखी कर बाहर से एक प्रिंसिपल का लाया जाना। सबकी समझ में आ गया कि वे अपनी मर्ज़ी के मालिक, निडर बनत के प्राणी हैं। उन्होंने टीम बनाई तो दक्षिण परिसर के निदेशक के पद पर तो बिजनेस मैनेजमेंट के प्रो. आबाद अहमद नियुक्त हुए, और डीन ऑफ़ कॉलेजेज़ डॉ. पी.एल. मल्होत्रा हो गए। आबाद साहब तो अपने विषय के जाने-माने, प्रतिष्ठित विद्वान थे, पर डॉ. मल्होत्रा उस समय कॉलेज ऑफ़ वोकेशनल स्टडीज के प्रिंसिपल थे। उनका विषय इतिहास था, पर उनकी नियुक्ति शैक्षिक योग्यता से ज़्यादा इस कारण हुई थी कि वे लेफ़्टिनेंट गवर्नर

जगमोहन मल्होत्रा के छोटे भाई थे और जगमोहन मल्होत्रा की राजनीतिक हलकों में विशेष हैसियत थी। वे प्रधानमंत्री के नजदीकी समझे जाते थे—अपनी प्रशासनिक योग्यता और ईमानदार छवि के कारण उन्होंने सार्वजनिक जीवन में बड़ा सम्मान अर्जित किया था।

अपने बड़े भाई के नाते डॉ. पी.एल. मल्होत्रा ने भी कांग्रेस पार्टी में अच्छी जगह बना ली थी। वे राजनीतिक कार्यक्रमों में भले ही बहुत सक्रिय न रहे हों, पर प्रधानमंत्री तक उनकी पहुँच थी, और उनकी बात का वजन था। कहा यह जाता था कि आपातकाल के बाद जब श्रीमती गांधी गर्दिश में थीं तो जो गिने-चुने लोग लगभग रोज़ उनके यहाँ हाज़िरी देते थे, उनमें से एक पी.एल. मल्होत्रा भी थे। हमारे सहयोगियों में से एक सज्जन की योग्यता और महत्त्वाकांक्षा के बीच कोई अनुपात नहीं था। न विद्वत्ता की साख थी, न शिक्षण की। स्वभावत: तरक्की का रास्ता वे राजनीति के गलियारे से होकर तय करने की जी-तोड़ कोशिश में लगे थे। उन्होंने 'इन्टक' के सदस्यों की मदद से पी.एल. मल्होत्रा को साध लिया। एक दूसरे सज्जन जिन्होंने तोल के भाव कागज़ काले किए थे, सम्भवत: राजेन्द्र कुमारी वाजपेयी के दरबार में हाज़िरी लगाने लगे। इसे व्यवहार-बुद्धि की कमी ही कही जानी चाहिए कि हमारा ध्यान इस दिशा में नहीं गया।

डॉ. गुरबख्श सिंह की ख्याति अपने विषय के अच्छे विद्वान, सीधे-सादे, ईमानदार व्यक्ति की थी। किसी को स्वप्न में भी यह आशा नहीं थी कि वे राजनीतिक दबाव में आ जाएँगे।

उन्होंने सहज रूप में इंटरव्यू तय कर दिया। नियुक्ति चूँकि प्रोफ़ेसर-पद पर होनी थी, अत: आन्तरिक सदस्य के रूप में विभाग के एकमात्र प्रो. उदयभानु सिंह चयन समिति में शामिल होनेवाले थे। उनका मत और पक्षधरता सब जानते थे। कहीं-न-कहीं इस बात का भरोसा भी था कि जो होगा, न्यायसम्मत और उचित होगा।

इंटरव्यू संयोग से इतवार के दिन तय किया गया। चयन समिति के सदस्यों की किसी को जानकारी नहीं हो पाई थी। नाम तब खुले जब पहला प्रत्याशी साक्षात्कार के लिए भीतर गया। बाकी लोग बाहर के कमरे में अपनी बारी की प्रतीक्षा कर रहे थे। तभी दफ़्तर के एक कर्मचारी लपकते हुए इंटरव्यू कक्ष में घुसे, इस सन्देश के साथ कि दफ़्तर में चयन समिति के सदस्य डॉ. शिवमंगल सिंह 'सुमन' के लिए किसी का ज़रूरी फ़ोन है। सुमन जी लपकते हुए उस व्यक्ति के साथ निकले और टेलीफ़ोन वार्ता के बाद पाँच ही मिनट में लौट गए। यह घटना चौंकानेवाली तो थी, पर सुमन जी की मुद्रा से ऐसा नहीं लगा कि उनके लिए कोई चिन्ताजनक प्रसंग रहा हो।

इंटरव्यू पूर्ववत् चलता रहा, पर परिणाम 'शून्य'। किसी की नियुक्ति नहीं हुई। बाद में ब्यौरे की जानकारी हुई तो पूरे प्रसंग की जटिलता पहली बार समझ में आई। डॉ. उदयभानु सिंह ने बताया कि चर्चा के दौरान जब वाइस चांसलर को यह बोध हो गया कि राजनीतिक दबाव के तहत उनकी जेब में जो दो नाम हैं, उनमें से किसी की नियुक्ति सम्भव नहीं है तो उन्होंने यह कहकर कि उन्हें तो कोई कैंडिडेट जँचा नहीं,

दुबारा विज्ञापन और इंटरव्यू करने का फ़ैसला कराके लिफ़ाफ़ा सीलबन्द कर दिया। सभी सदस्यों को बखूबी अन्दाज़ा हो गया कि वे राजनीतिक दबाव में हैं। उन्होंने कुछ संकोच से जब एक सिफ़ारिशी नाम का प्रस्ताव किया तो विशेषज्ञों की प्रतिक्रिया अनुकूल नहीं हुई, और जब मेरे पक्ष में और बातों के अलावा यह तर्क दिया गया कि पूरी सूची में सिर्फ़ मुझे अन्तरराष्ट्रीय सम्मेलनों और विश्वविद्यालयों में कई बार भागीदारी के लिए निमंत्रित किया जाता रहा है तो वाइस चांसलर की प्रतिक्रिया थी कि यह कोई बड़ी बात नहीं है। बहुत से लोग ये 'मैनेज' कर लेते हैं। सबकी समझ में आ गया कि वे दबाव में हैं।

बाहर आने के कुछ समय बाद एक विद्वान सदस्य ने मुझसे कहा, 'आपको यह लड़ाई नई दिल्ली में सत्ता के गलियारों में लड़नी पड़ेगी। आपका वाइस चांसलर भारी दबाव में है।'

इस घटना से यह भी पूरी तरह उजागर हो गया कि कौन लोग किस रूप में इस दिशा में सक्रिय हैं। सुमन जी ने भी मेरे आग्रह करने पर बता दिया कि फोन कविवर गिरिजाकुमार माथुर का था, उन्हीं दो विभूतियों में से एक की सिफ़ारिश के लिए। स्थिति साफ़ थी। सबसे ज्यादा चिन्ता डॉ. ओमप्रकाश को हुई, क्योंकि उनका दक्षिणपन्थी वैचारिक झुकाव किसी से छिपा नहीं था। पर प्रतियोगियों को भी यह समझ में आ गया कि वर्तमान परिस्थिति में, सबको धकियाकर नियुक्ति करा ले जाना इतना आसान नहीं होगा। विशेषज्ञ बराबर आड़े आएँगे।

एक बार स्थिति स्पष्ट हो जाने पर सब अपने-अपने ढंग से सक्रिय हुए। मुझे यह जानकर हैरानी हुई कि श्रीकान्त वर्मा और गिरिजाकुमार माथुर जैसे कवि भी इस अभियान में मदद कर रहे हैं—वह भी योग्यता के पक्ष में नहीं, राजनीति के तहत। माथुर साहब की इकलौती बेटी को तो लेडी श्रीराम कॉलेज में नियुक्ति भी मेरी सहायता से ही मिली थी, और उनके साथ मेरा सम्बन्ध भी अच्छा था। मैंने उनसे इस विषय में बात करना अपमानजनक समझा।

श्रीकान्त वर्मा से जब मैंने मिलकर बात की तो उनका स्पष्ट उत्तर था कि उन्हें पूरी स्थिति की जानकारी नहीं थी, इसलिए जिसने सहायता की गुहार लगाई, उन्होंने कर दी। उन्होंने यह आश्वस्त तो किया ही कि भविष्य में वे इस मामले से दूर रहेंगे, पर साथ ही सावधान करते हुए बोले, 'आप यह नहीं सोचें कि उनकी पहुँच मुझ तक ही है। वे और ऊपर के लोगों के सम्पर्क में भी हैं।'

मैंने न उन तथाकथित 'ऊपर वालों' का नाम-पता पूछा, न उन्होंने बताया।

तीसरे व्यक्ति जिनसे मैंने सीधा सम्पर्क किया, डॉ. पी.एल. मल्होत्रा थे। वे विश्वविद्यालय की प्रशासन-टीम के सदस्य थे। मुझे लगा, उनसे सीधे बात करने का मुझे अधिकार है। उनसे मेरी यह पहली औपचारिक भेंट थी। जो बातचीत हुई, वह इस पूरे प्रसंग में निर्णायक साबित हुई।

मिलने का समय तय करके मैं पहुँची तो वे प्रतीक्षा कर रहे थे। चेहरे पर कुछ

जिज्ञासा, कुछ असमंजस–सा था। संवाद कुछ ऐसे हुआ, 'आप शायद मुझे नहीं जानते। मैं निर्मला जैन हूँ। हिन्दी डिपार्टमेंट में पढ़ाती हूँ। साउथ कैम्पस में।'

'मैं आपको जानता हूँ। आपसे मुलाकात हुई थी एक बार डॉ. पाणिग्रही के यहाँ डिनर पर। आप शायद भूल गईं।'

दरअसल मैं भूली नहीं थी। भूलने का नाटक कर रही थी।

'जी हाँ, पर उस दिन वहाँ बहुत लोग थे। इसलिए बातचीत नहीं हुई थी। मुझे लगा, आपको क्या याद होगा!'

एक क्षण सन्नाटा रहा। उसे तोड़ते हुए उन्होंने सवाल किया, 'कहिए?'

'मैं आपसे सिर्फ़ यह जानना चाहती थी कि क्या आपको मुझसे कोई शिकायत या नाराज़गी है?'

ऐसे सवाल के लिए वे बिल्कुल तैयार नहीं थे। हकबकाकर बोले, 'आपको ऐसा क्यों लगता है? मैंने ऐसा कुछ किया है क्या, जिससे आपको ऐसा खयाल आया?'

'नाराज़ न होते तो आप बेवजह हमारे विभाग के इंटरव्यू में दखल क्यों देते?'

'आपसे किसने कहा? आप ऐसा क्यों सोचती हैं?'

'मैं सोचती नहीं, जानती हूँ। मैं ही नहीं, इस बात को सब जानते हैं। आपने किसी काबिल कैंडिडेट की सिफ़ारिश की होती तो मुझे बुरा नहीं लगता। तकलीफ़ इस बात की है कि आप जिसे सपोर्ट कर रहे हैं, उसकी असलियत भी शायद पूरी तरह नहीं जानते। जानते होते तो शायद ऐसा नहीं करते। मैं आपसे सिर्फ़ यह रिक्वेस्ट करना चाहती हूँ कि आप इस सन्दर्भ में तटस्थ रहें और मेरिट पर जो होना हो, हो जाने दें तो आइ विल बी ग्रेटफुल टू यू।'

वे चुपचाप सुनते रहे। कुछ क्षण सन्नाटा रहा। उसके बाद अचानक बोले, 'ज़िन्दगी में पहली बार किसी ने, वह भी एक महिला ने, मुझसे इस तरह साफ़ बात करने की हिम्मत की है। इन फ़ैक्ट, मुझे ब्लेम किया है। आइ एडमायर योर करेज एंड फ्रैंकनेस। आपको पता लग ही गया है तो मैं आपसे वायदा करता हूँ कि आगे आपको मुझसे शिकायत का मौका नहीं मिलेगा। मैं यह तो नहीं कह सकता कि मैं इस मामले में आपकी भी कोई मदद कर सकूँगा। फ़ॉर रीज़न्स नोन टू यू। लेकिन मैं आपको भरोसा दिलाता हूँ कि मैं किसी और की मदद करने की कोशिश भी नहीं करूँगा।' यह कहकर उन्होंने दोस्ती का जो हाथ बढ़ाया, वह उनकी मृत्युपर्यन्त बना रहा।

वे वायदे के अनुसार तटस्थ ही नहीं हुए, ज़रूरत पड़ने पर मददगार भी हुए।

इस घटना के बाद, समस्या का स्वरूप बदल गया। साथियों ने सारा पराक्रम यह प्रयत्न करने में लगाना शुरू कर दिया कि किसी तरह इंटरव्यू स्थगित होता रहे—तब तक, जब तक वे दूसरे तरीकों से अपनी स्थिति मज़बूत न कर लें। मुझे पहले तो इस बात के लिए सहायता जुटानी पड़ी कि किसी तरह इंटरव्यू हो जाए—बस। ज़ाहिर है, इतने भर के लिए सिफ़ारिश जुटाना कोई मुश्किल काम नहीं था। क्योंकि बड़े-से-बड़े नेता और अधिकारी को यह माँग जायज़ मालूम होती थी। मेरे यह कहने से कि

इंटरव्यू में योग्यता के आधार पर जो भी चयन समिति का निर्णय होगा, वह मुझे मान्य होगा—सबके मन में मेरे प्रति सम्मान और सहानुभूति ही पैदा होती थी।

मैंने न लेडी श्रीराम कॉलेज में लेक्चरर होने के लिए, और न ही विश्वविद्यालय में रीडर होने के लिए कभी कोई सिफ़ारिश जुटाई थी। जीवन में पहली बार यह अनुभव हुआ, जो ज़ाहिर है, बहुत सुखद नहीं था। पर एक सीमा के बाद मुझे यह अपने आत्मसम्मान की लड़ाई लगने लगी थी। मोर्चे खिंच ही गए तो मैंने दो केन्द्रीय मंत्रियों के अलावा, पार्टी के कोषाध्यक्ष और लेफ्टिनेंट गवर्नर के साथ तत्कालीन शिक्षा मंत्रालय के सचिव तक की मदद जुटा ली—बस, इतने भर के लिए कि वाइस चांसलर इंटरव्यू करें और योग्यता के आधार पर बिना किसी दबाव के नियुक्तियाँ कर लें। ऐसा कहने में किसी को कोई हिचक या आपत्ति नहीं थी। कोषाध्यक्ष महोदय ने मिलने पर एक सवाल ज़रूर पूछा, 'आपने कभी श्रीमती गांधी के खिलाफ़ कोई बयान तो नहीं दिया?' मुझे सवाल बेठिकाने और बुरा ज़रूर लगा, क्योंकि मैं अपने लिए तो कुछ माँगने गई ही नहीं थी, फिर भी मैंने जवाब पकड़ा दिया, 'जहाँ तक याद है, मैंने ऐसा कुछ नहीं किया, सार्वजनिक रूप से तो बिल्कुल नहीं।'

वे आश्वस्त हुए और मैं तुरन्त उठकर चली आई।

इस पूरे प्रसंग में नैतिक बल मुझे मित्रों, सम्बन्धियों और कुछ वरिष्ठ साहित्यकारों से मिला। जिससे जो बन पड़ा, बड़ी सहृदयता और सम्मान से किया। इस पूरे सन्दर्भ में जिस एक व्यक्ति को सबसे अधिक आश्वस्ति हुई, वे थे डॉ. ओमप्रकाश क्योंकि राजनीति उनके पक्ष में नहीं थी, पर योग्यता और वरिष्ठता, दोनों दृष्टियों से वे अपने अन्य सहयोगियों से बेहतर स्थिति में थे।

जैसी उम्मीद थी, वाइस चांसलर साहब ने इंटरव्यू तय किया। चारों तरफ़ तूफ़ान के आने से पहले का-सा सन्नाटा और भीतरी खलबली थी। जिस दिन इंटरव्यू होना था, अचानक सुबह-सुबह डॉ. मल्होत्रा का फोन आया, 'लीजिए, कर दिया आपके दोस्तों ने काम। अभी-अभी वाइस चांसलर का फ़ोन आया है। किसी ने उन्हें प्रधानमंत्री के दफ़्तर से फोन करके कहा है कि आज के इंटरव्यू में एक महिला कैंडिडेट हैं, वे सी.पी.एम.एल. की सक्रिय मेम्बर हैं, उनकी नियुक्ति किसी हालत में नहीं होनी चाहिए। वी.सी. ने बुलाया है, लौटकर आपको फोन करता हूँ।'

ज़ाहिर है, किसी ने फ़ोतेदार साहब के नाम से वाइस चांसलर को फ़र्ज़ी फ़ोन करा दिया और वे घबरा गए, पर जो तनाव चल रहा था, और उन पर जिस तरह के दबाव पड़ रहे थे, उन्हें इस फोन की सच्चाई पर शक हो गया। जानते थे कि मल्होत्रा साहब की गति प्रधानमंत्री कार्यालय में है। खुद हिम्मत नहीं पड़ रही थी तो डॉ. मल्होत्रा को बुला लिया। बहरहाल, डॉ. मल्होत्रा ने प्रधानमंत्री कार्यालय से सम्पर्क करके खुलासा किया कि फ़ोन फ़र्ज़ी था। घर लौटे तो तुरन्त मुझे आश्वस्त किया, 'जाइए, अब आप इत्मीनान से इंटरव्यू दीजिए। बड़े बदमाश हैं आपके मित्र लोग। ट्रम्प कार्ड चलाकर देख लिया उन्होंने। कोई फोन-वोन नहीं आया था, कहीं से।'

कहना न होगा, इस हरकत से मेरा आत्मविश्वास डगमगाया। गनीमत यह हुई कि बुलाए जानेवाले अभ्यर्थियों में मेरा नम्बर कुछ बाद में आया, तब तक मैं प्रकृतिस्थ हो गई थी।

इंटरव्यू खत्म होने के बाद हम लोग पूरी तरह बाहर भी नहीं निकले थे कि देखा, वाइस चांसलर के कमरे से लिफ़ाफ़ा सीलबन्द होकर उनके दफ़्तर में पहुँच गया। यह इस बात का संकेत था कि निर्णय तुरन्त और निर्विवाद हो गया। यह मेरे लिए शुभ लक्षण था। इंटरव्यू दोनों परिसरों के लिए अलग-अलग करने की औपचारिकता का निर्वाह भी किया ही गया। ज़ाहिर है, फ़ैसला एक ही होना था।

घर पहुँचते ही फोन की घंटी टनटनाई। डॉ. मल्होत्रा थे, 'हो गया! बाद में मिलते हैं।' बस! और फ़ोन रख दिया।

शाम तक खबर आग की तरह फैल गई। पहले नम्बर पर मेरी और दूसरे पर डॉ. ओमप्रकाश की नियुक्ति हुई थी—दोनों कैम्पस में। ज़ाहिर है, चुनाव का विकल्प मुझे ही मिलने वाला था। यह खबर फैलते ही घर में मित्रों और सहयोगियों का ताँता लग गया।

मुझे आज भी याद है, सबसे पहले आनेवाले व्यक्ति डॉ. शान्तिस्वरूप गुप्त थे। उत्साह में किसी की साइकिल माँगकर उस पर चढ़कर चले आए थे। डॉ. नगेन्द्र तो ज़ाहिर है, कुछ देर में आ ही गए थे।

कुछ समय बाद डॉ. उदयभानु सिंह भी पधारे—बेहद प्रसन्न और राहत की साँस लेते हुए। हँसकर बोले, 'चलिए, महाभारत खत्म हुआ। मुझे सन्तोष है कि विभाग आपके हाथ में सौंप रहा हूँ। मुझे यकीन है, आप सँभाल लेंगी।' वे इस पूरे दौर में जब भी उन पर दबाव पड़ता तो यही वाक्य दोहराया करते थे, 'भई, मैं तो विभाग उसी व्यक्ति के हाथों में सौंपना चाहूँगा, जिस पर मुझे भरोसा है कि विभाग ठीक-ठाक चलाएगा।'

सबसे ज्यादा परेशान डॉ. ओमप्रकाश थे। नियुक्त होने से प्रसन्न, पर इस दुविधा से ग्रस्त कि उनके हिस्से दक्षिण परिसर आएगा तो वे रोज़ अपनी विकलांगता के चलते गाड़ी ड्राइव करके वहाँ जाएँगे कैसे? सब माने बैठे थे कि चुनाव का विकल्प आते ही मैं उस परिसर का चुनाव करूँगी जिसे लम्बे समय तक 'मुख्य' परिसर कहा जाता रहा।

और तो और, प्रो. आबाद अहमद तक ने अगले दिन दक्षिण परिसर के डिप्टी-रजिस्ट्रार कादलबाजू से निराशा-भरे स्वर में कहा, 'अब डॉ. जैन हमारे यहाँ से चली जाएँगी। उनका अपॉइंटमेंट दोनों जगह हो गया है। ज़ाहिर है, वे वहीं जाना चाहेंगी, रहती भी उधर ही हैं, माल रोड पर।'

यह सूचना कादलबाजू साहब ने मुझे तब दी जब मैंने दक्षिण परिसर का चुनाव कर लिया।

इधर डॉ. ओमप्रकाश कुछ लोगों से इस बारे में सलाह-मशवरा कर रहे थे कि

मुझे दक्षिण परिसर का चुनाव करने के लिए कैसे मनाया जाए। और मेरे मन में यह दुविधा थी ही नहीं। आबाद साहब का बेहद शालीन, संजीदा, पर प्रफुल्ल व्यक्तित्व। सभी विषयों के गिनती के सहयोगियों से मैत्री सम्बन्ध। दफ़्तर के कर्मचारी भी जैसे एक संयुक्त परिवार के सदस्य सरीखे और इधर, विभागीय साथियों में खुराफ़ाती तत्त्व, उनके दाँव-पेंच, षड्यंत्री बनावट, और इस पूरे प्रसंग में की जानेवाली उखाड़-पछाड़ के कारण, इस जंजाल में स्थायी रूप से घुसने का उत्साह दूर-दूर तक नहीं था।

रजिस्ट्रार से पत्र मिला और मैंने तुरन्त मनचाहा चुनाव कर लिया। खबर मिलते ही डॉ. गुरुबख्श सिंह ने तलब किया। मैं पहुँची तो उन्होंने सवाल दागा, 'अरे भई, तुमने यह क्या किया? मुझसे पूछा क्यों नहीं?'

मुझे मन-ही-मन उनकी सादगी पर अचम्भा हुआ। मैंने उन्हें बड़ी धीरता से जवाब दिया, 'मैंने जो किया है, वह बहुत सोच-समझकर किया है। आप बेफिक्र रहें, इससे मेरे कर्तव्य-निर्वाह में कोई बाधा नहीं आएगी।' मैंने हँसकर इतना और जोड़ दिया, 'सर, चुनाव करने का हक तो मुझे मिला था, आपको नहीं।'

वे सहज हो गए। बड़ी भलमनसाहत से प्रस्ताव रखा कि अगर मैं चाहूँ तो वे अध्यक्ष का कार्यालय दक्षिण परिसर में शिफ़्ट कर सकते हैं। ज़ाहिर है, इसकी न ज़रूरत थी, न औचित्य। मैंने बड़ी विनम्रता से उन्हें धन्यवाद दिया और लौट आई।

सबसे शालीन प्रतिक्रिया डॉ. ओमप्रकाश की थी। वे उस समय विभाग के अध्यक्ष थे। जब अध्यक्ष-पद के परिवर्तन का सर्कुलर रजिस्ट्रार के दफ़्तर से जारी हुआ, वे विभाग में थे। दोपहर का समय था। सूचना जैसे ही उन्हें मिली, उन्होंने तुरन्त फोन मिलवाया। बड़े स्नेह भरे स्वर में बोले, 'नोटिफ़िकेशन हो गया है। आप आकर चार्ज ले लीजिए।'

मैंने लाख कहा कि कोई जल्दी नहीं है, मैं अगले दिन सुबह आकर यह औपचारिकता पूरी कर लूँगी, पर वे नहीं माने। आखिर मुझे जाना पड़ा। बड़े स्नेहपूर्वक उन्होंने आग्रह करके मुझे अध्यक्ष की कुर्सी पर बैठाया। हम दोनों ने साथ चाय पी और वे बड़े शान्त भाव से विदा हो गए। मेरे चुनाव के बारे में उन्होंने कुछ नहीं कहा, पर भीतर-ही-भीतर शायद कृतज्ञता महसूस की। इसका प्रमाण उन्होंने मेरे कार्यकाल में भरपूर सहयोग करके दिया। वे मुझसे आयु और अनुभव, दोनों में वरिष्ठ थे। मैंने अपने कार्यकाल में बराबर इस बात का एहसास बनाए रखा।

एक बार उनके मित्र डॉ. विजयपाल सिंह ने उनसे मेरे व्यवहार के बारे में सीधे जिज्ञासा की तो उन्होंने बड़े सद्भाव से उनकी शंका निर्मूल करते हुए कहा कि उन्हें मुझसे कोई शिकायत नहीं है, मैं उन्हें अपेक्षित आदर देती हूँ। यह बात डॉ. विजयपाल सिंह ने खुद मुझे बड़ी प्रसन्न मुद्रा में बताई थी। ज़ाहिर है, सुनकर मुझे आश्वस्ति ही हुई।

तमाम बाधाओं-विरोधों के बावजूद, जो सफलता मैंने पाई थी, मेरे सामने सबसे बड़ी चुनौती अपने को उसके योग्य साबित करने की थी। विभाग की संरचना विचित्र

थी। चार सहयोगी मुझसे आयु और अनुभव दोनों में बड़े थे। स्वभावतः उनके मन में भी इस पद के लिए न्यूनाधिक दावेदारी तो रही ही होगी, यह बात अलग है कि उन्होंने इस दौड़ में न हिस्सा लिया, न कोई अनैतिक हरकत की। इनमें डॉ. भोलानाथ तिवारी, डॉ. सत्यदेव चौधरी और डॉ. रामदरश मिश्र के अलावा डॉ. ओमप्रकाश थे। डॉ. सत्यदेव चौधरी तो मेरी हिन्दी-शिक्षा के आदि-गुरु रहे थे।

इनके अलावा वह प्रतियोगी जोड़ा था जिसने इस प्रतिस्पर्धा में नैतिकता को बलाए-ताक रखकर यह प्रवाद फैलाया था कि चाहे किसी की नियुक्ति हो जाए, डॉ. जैन की नियुक्ति किसी हालत में नहीं हो सकती। उनका कहना था कि मेरे खिलाफ़ उन्होंने वाइस चांसलर के इतने कान भर दिये हैं कि वे सन्त प्रकृति के मानुस मेरी नियुक्ति किसी हालत में नहीं करेंगे। शेष बचे कुछ ऐसे सहयोगी जिन्होंने सहज प्रसन्न भाव से स्थिति को स्वीकार कर लिया।

मैंने ज़िम्मेदारी सँभाली तो मेरी स्लेट पर कोई इबारत नहीं थी। मैंने सब धो-पोंछकर बड़े निष्कलुष मन से अपनी ज़िम्मेदारी वहन करने का संकल्प किया—यथासम्भव सबका सहयोग लेकर।

किसके अन्तर्मन में क्या प्रतिक्रिया हुई, इसका मुझे न कोई अन्दाज़ा हुआ, न ही मैंने अनुमान लगाने की कोशिश की। इस बात का सुखद आश्चर्य ज़रूर हुआ कि एकदम अप्रत्याशित रूप से पं. गोपाल प्रसाद व्यास जी का फोन आया। वे मेरे सम्मान में साहित्य-सम्मेलन की ओर से एक स्वागत-समारोह करना चाहते थे। वह भी सप्रू-हाउस में। मेरे लिए यह बेहद संकोच का विषय था, पर आखिर जीत उनकी हठ की ही हुई। उनका तर्क था कि दिल्ली विश्वविद्यालय के हिन्दी विभाग के इतिहास में किसी महिला को पहली बार यह गौरव मिला है। उनकी नज़र में यह गर्व की बात थी। मुझसे पहले डॉ. सावित्री सिन्हा ने तो डॉ. नगेन्द्र के इस्तीफ़े के कारण उत्पन्न परिस्थिति में यह दायित्व वहन किया था, जो एक तरह की आपात-स्थिति ही थी—उनके लिए धर्मसंकट का, और औरों के लिए संकोच का विषय।

व्यास जी अपरिमित उत्साह में थे। समारोह में मेरे गुरुजनों और स्थानीय कॉलेजों से बड़ी संख्या में आमंत्रित सहयोगी प्राध्यापकों के साथ शहर से कई गण्यमान्य साहित्यकारों के अलावा कांग्रेस हाईकमान के करीबी नेता पं. कमलापति त्रिपाठी और कुमुद बहन जोशी भी शामिल थे। इस घटना से मेरी हौसला अफ़ज़ाई ही हुई।

व्यास जी और 'हिन्दी अकादमी'

व्यास जी दिल्ली शहर में अपने ढंग की अजीबोगरीब शख्सियत थे। मूलतः ब्रजवासी। कब, कैसे दिल्ली में आए और साहित्य-सम्मेलन के पदाधिकारी होकर जम गए, इस इतिहास को जानने की मैंने कभी कोशिश

ही नहीं की। मैंने उन्हें जाना मुख्य रूप से दिल्ली शहर के लाल किले के वार्षिक कवि-सम्मेलन के आयोजक के रूप में। एकाध बार जाना हुआ तो मन पर अच्छा प्रभाव नहीं पड़ा। यों दिल्ली की जनता अँधेरा होते ही हज़ारों की संख्या में, लोकप्रिय कवियों को सुनने के लिए सालोंसाल उमड़ती रही। इस जनसमूह के प्रिय कवि थे काका हाथरसी, हुल्लड़ मुरादाबादी, देवराज दिनेश और व्यास जी जैसे तमाम लोग। ऐसे कवियों को जनता देर रात गए तक शौक से सुनती और सराहती। कुछ हल्के-फुल्के हास्य-व्यंग और कुछ अपनी गलेबाज़ी के बल पर जमनेवाले कवियों के बीच उत्तर-छायावादी दौर के कवियों में से भी बच्चन जी की 'मधुशाला' को छोड़कर शायद ही किसी और गम्भीर रचना को यह भीड़ सराह पाती हो।

एक बार मेरी उपस्थिति में इन श्रोताओं ने कवि नरेन्द्र शर्मा को दो बार प्रयत्न करने पर भी 'काका हाथरसी' की पुकार लगाकर अपनी कविता पूरी नहीं करने दी। हार मानकर उन्होंने दोनों हाथ जोड़े और 'आप लोग धन्य हैं,' कहते हुए वापस अपना आसन ग्रहण कर लिया।

दरअसल यह मामला कवि-सम्मेलनी, लोक-रिझाऊ कवियों और गलेबाज़ों के बरक्स गम्भीर संवेदनशील-विचारवान कवियों की रचनाओं की प्रतिष्ठा का भले ही हो, पर इन कवि-सम्मेलनों को इस बात का श्रेय तो देना ही होगा कि इन्होंने सामान्य जनता में हिन्दी भाषा के प्रति रुचि को बनाए रखा—भले ही परिष्कार के नहीं, प्रचार के माध्यम से।

दिल्ली की जनता को व्यास जी की एक और महत्त्वपूर्ण देन है—'हिन्दी अकादमी' की स्थापना। बात सन् 1981 की है। एक दिन अचानक व्यास जी का फोन आया। वे मुझे और डॉ. विजयेन्द्र स्नातक को साथ लेकर लेफ्टिनेंट गवर्नर से मिलना चाहते थे। कुछ ही दिनों पहले दिल्ली में उर्दू अकादमी की स्थापना हो चुकी थी। उनका कहना था कि यह हिन्दी के साथ अन्याय है। हमें यह प्रस्ताव लेकर लेफ्टिनेंट गवर्नर से मिलना चाहिए। मैंने सवाल किया कि वे डॉ. नगेन्द्र को छोड़कर डॉ. स्नातक को क्यों ले जाना चाहते हैं? उनका तर्क था कि डॉ. नगेन्द्र होंगे तो और किसी की चलने नहीं देंगे। अकादमी में फिर वही होगा, जैसा और जो वे चाहेंगे।

हम लोग लेफ्टिनेंट गवर्नर से मिलने गए और अकादमी बन गई। पर सरकारी तंत्र से दैनन्दिन कार्यालयी प्रबन्धन की व्यवस्था के लिए जिन डॉ. नारायण दत्त पालीवाल को उसके साथ नत्थी कर दिया गया, उन्हें उसमें अकादमी से ज़्यादा अपना भविष्य बनता दिखाई पड़ने लगा। ऊपरी व्यवहार में बड़े शील-सौजन्य का परिचय देते हुए उन्होंने धीरे-धीरे स्नातक जी को पटाकर अकादमी को क्रमश: व्यास जी और मुझसे मुक्त करा लिया और उसे सरकारी संस्थाओं की तरह चलाने लगे। आए थे वे अस्थायी रूप से उतने समय के लिए, जब तक कोई सचिव नियुक्त नहीं हो जाता, पर अन्तत: उन्होंने स्थायी रूप से बागडोर हाथ में ले ली।

आयोजन प्राइमरी स्कूलों के स्तर के होते। टनों के तोल से पुष्प-सज्जा, खान-

पान, कुर्सी-तम्बू के रास्ते पैसा बहाया जाने लगा। एकाध बार श्री राजेन्द्र यादव ने इस स्तरहीनता और भ्रष्टाचार के विरुद्ध कलम चलाई तो उन्होंने बड़ी विनम्रता से उनकी सेवा में हाज़िर होकर 'हंस' के लिए नियमित विज्ञापन का उत्कोच प्रस्तुत कर उनकी बोलती और लेखनी की तालाबन्दी कर दी।

उनके इस अभियान में कुलानन्द भारतीय नाम के एक कार्यकारी पार्षद परम सहायक हुए। एकाधिक निजी प्राइवेट स्कूलों के मालिक इन सज्जन की साहित्यकारों की गिनती में शामिल होने की महत्त्वाकांक्षा बलवती हो गई। सरकार द्वारा मनोनीत उपाध्यक्षों के रूप में 'जस दूलह तस सजी बराता' का जो सिलसिला शुरू हुआ तो अकादमी में सरकारी हस्तक्षेप बढ़ता गया और उसी अनुपात में उसकी दुर्दशा होती चली गई। पुरस्कारों और सम्मानों के लिए जोड़-तोड़ और खानापूरी के लिए 'अन्धा बाँटे शीरनी...' वाले अन्दाज़ में किए जानेवाले आयोजन ही उसकी पहचान बनकर रह गए।

एक बार जब पुलिस अधिकारी श्री मार्कंडेय सिंह लेफ्टिनेंट गवर्नर नियुक्त हुए तो उन्होंने इसका पुनरुद्धार करने का प्रयास किया—हिन्दी के जाने-माने लेखक विजयमोहन सिंह को सचिव नियुक्त करके। गोकि जिनके हाथ से सत्ता निकली, उन्होंने दुष्प्रचार किया कि एक ठाकुर (मार्कंडेय सिंह) ने दूसरे ठाकुर (नामवर सिंह) के कहने पर तीसरे ठाकुर (विजयमोहन सिंह) की नियुक्ति कर दी। पर सच्चाई यह है कि विजयमोहन सिंह की देखरेख में गुज़रा वह अल्पकाल अकादमी का 'स्वर्णकाल' साबित हुआ—प्रकाशन, आयोजन और भ्रष्टाचार-मुक्त प्रबन्धन, तीनों दृष्टियों से। यह सिलसिला लम्बा नहीं चला। सत्ता-परिवर्तन होते ही अकादमी का निज़ाम भी बदल गया और वह फिर अपने पुराने ढर्रे पर चलने लगी। अब वह अकादमी नहीं, हिन्दी का सरकारी महकमा है, बस। हिन्दी से जुड़ी तमाम दूसरी संस्थाओं और महकमों की तरह, जिस पर सिर्फ़ अफ़सोस किया जा सकता है।

जहाँ तक व्यास जी का सवाल है, अकादमी से मनसा-मुक्त होने के बाद उन्होंने अपना मिशन हिन्दी के कार्यक्रमों के लिए शहर के बीचोबीच एक भवन खड़ा करने को बिना लिया। आरम्भ में जब उन्होंने इस इरादे की चर्चा की तो ईमानदारी से स्वीकार करती हूँ कि मुझे यह शेखचिल्लियों वाली बात लगी। मैंने उन्हें हतोत्साहित भी करना चाहा, पर वे धुन के पक्के! उन्होंने जैसे-तैसे व्यापारी-समाज से उसके लिए धन भी जुटा लिया और अपने राजनीतिक सम्पर्कों के सहारे जमीन भी सरकार से किफायती दामों पर आबंटित करा ली—दिल्ली के हृदय-देश में बीचोबीच—विष्णु दिगम्बर मार्ग (राउज़ ऐवन्यू) पर, और अपने जीवन काल में एक भवन भी खड़ा करवा दिया। अब भले ही उसकी चमक इंडिया इंटरनेशनल सेंटर जैसी न हो, पर वह एक ऐसी सुलभ जगह है जहाँ आए दिन हिन्दी से जुड़े आयोजन होते रहते हैं।

जब तक वे जीवित रहे और श्रवण-शक्ति क्षीण नहीं हुई, बराबर फोन से हालचाल लेते-देते रहे। आँखों से तो लम्बे समय से लाचार थे, कानों से लाचार हुए तो यह क्रम

भी टूट गया। मेरे मन में एक ब्रजभाषा मर्मज्ञ, हिन्दी-सेवी के रूप में उनकी छवि आज भी बनी है।

अध्यक्षीय दायित्व का दुर्गम पथ

उधर विश्वविद्यालय में मैंने उत्साह और सतर्कता की मिली-जुली मन:स्थिति से अध्यक्ष की ज़िम्मेदारी को निभाने की दिशा में कदम बढ़ाया। असम्भव नहीं था कि साथियों ने लगभग दंगल जैसी जो स्थिति पैदा कर दी थी, उसमें सबको पछाड़कर विजेता होने का दम्भ मुझे गुमराह कर देता, पर पाला उन्हीं लोगों से पड़ना था। अन्तर बस इतना ही था कि अब उन्हीं लोगों की मेरिट प्रमोशन स्कीम के तहत पदोन्नति में मेरी निश्चित भूमिका होनेवाली थी और उनकी तमाम मंत्रणाओं और प्रयासों के विपरीत वाइस चांसलर का रुख बहुत जल्दी मेरे बेहद अनुकूल हो गया था। अत: मन में किसी के कुछ भी रहा हो, मुझे विभाग को चलाने में किसी से कभी कोई दिक्कत पेश नहीं आई।

दैनन्दिन की प्रशासनिक जिम्मेदारियों के अलावा, मेरी रुचि साहित्यिक कार्यक्रमों का आयोजन करने में रहती थी। इस सिलसिले की शुरुआत मैंने अपनी अध्यक्षता के दौरान ही कर दी। यह क्रम बाद के वर्षों में भी चलता रहा। इसके अलावा, जो पाठ्यक्रम वर्षों से चला आ रहा था, मुझे उसमें परिवर्तन करना अपेक्षित लगा। लम्बे समय से यह महसूस किया जा रहा था कि पाठ्य-सामग्री से उन परिवर्तनों का बोध होना चाहिए जो साहित्य की दुनिया में घटित होते रहे हैं। डॉ. नगेन्द्र समसामयिक साहित्य को पाठ्यक्रम में जगह देने के विरुद्ध थे। उनका तर्क था कि किसी प्रवृत्ति या रचना को समय की कसौटी पर अपने को साबित करने के बाद ही पाठ्यक्रम में स्थान दिया जाना चाहिए। इस तर्क में बल था। पश्चिम में अंग्रेजी साहित्य के पाठ्यक्रम के बारे में भी इस विषय पर लम्बी बहस के बाद यह सुझाव निष्कर्ष के रूप में सामने आया था कि रचना के समय और पाठ्यक्रमों में उसे जगह देने के बीच लगभग पचास वर्षों का अन्तराल होना चाहिए, पर व्यवहार में ऐसा न वहाँ रोमांटिक काव्य के बारे में घटित हुआ था और न हिन्दी में छायावादी काव्य के अलावा प्रेमचन्द, जैनेन्द्र जैसे कथाकारों के बारे में। इसलिए समय की कोई हदबन्दी निर्णायक रूप में तय करना न सम्भव था, न तर्कसम्मत।

समय-समय पर कुछ ऐसी रचनाएँ जन्म लेती हैं, जिनके स्थायित्व का निर्णय करने के लिए प्रतीक्षा की दरकार नहीं होती। 'अन्धा युग', 'शेखर : एक जीवनी', 'बाणभट्ट की आत्मकथा', 'मैला आँचल'—ऐसी ही रचनाएँ हैं। इसके अलावा अज्ञेय, मुक्तिबोध, शमशेर, नागार्जुन, त्रिलोचन जैसे अनेक कवियों की महत्त्वपूर्ण रचनाएँ भी तब तक प्रकाशित हो चुकी थीं।

पर विश्वविद्यालय के हिन्दी विभाग में डॉ. नगेन्द्र की मौजूदगी में किसी अध्यक्ष का साहस इन रचनाकारों को पाठ्यक्रम में जगह देने का नहीं हो रहा था। डॉ. सावित्री सिन्हा ने हिम्मत जुटाकर कुछ फेरबदल करने की कोशिश की ज़रूर, पर बात उसके बहुत आगे नहीं बढ़ पाई। जब यह दायित्व मैंने सँभाला तो साहस जुटाकर इस दिशा में कदम बढ़ाया तो यों भी इस बीच आठ-नौ साल गुजर चुके थे। नए कवियों ने इतिहास में अपनी जगह बना ली थी। खुद डॉ. नगेन्द्र अज्ञेय की गद्य-रचनाओं और गिरिजाकुमार माथुर की कविताओं के प्रशंसक हो गए थे। मुक्तिबोध अलबत्ता अपनी विषम बनावट के कारण उनके गले नहीं उतरते थे। इधर साहित्य की दुनिया में भी एक और परिवर्तन की आवाज़ उठ रही थी जिसे कवियों ने प्रवृत्तिपरक संज्ञा के बजाय 'साठोत्तरी' कविता कहकर रेखांकित करना शुरू कर दिया था। 'दिनमान' के माध्यम से सर्वेश्वर दयाल सक्सेना, रघुवीर सहाय, श्रीकान्त वर्मा ने प्रभावी रूप में अपनी उपस्थिति दर्ज कर ली थी। प्रभाकर माचवे और भारतभूषण अग्रवाल साहित्य अकादमी में और गिरिजाकुमार माथुर आकाशवाणी में मौजूद थे।

साहित्यिक माहौल में आनेवाले इस बदलाव की पूरी तरह अनदेखी करना कठिन था। कथा-साहित्य में भी 'नई कहानी' के अलावा अमृतलाल नागर, श्रीलाल शुक्ल, फणीश्वरनाथ रेणु, भीष्म साहनी जैसे कथाकारों ने भी खासी प्रतिष्ठा अर्जित कर ली थी। कुल मिलाकर, इन तमाम रचनाकारों और नई प्रवृत्तियों को पाठ्यक्रम से बाहर रखने का अर्थ था—विद्यार्थियों में कूपमंडूकता को बढ़ावा देना, इसलिए मैंने सबकी सहमति से पाठ्यक्रम के ढाँचे में परिवर्तन करके उसमें नई, पर प्रतिष्ठित प्रवृत्तियों और रचनाकारों के लिए जगह बनाई। वैकल्पिक विषयों में भी कुछ अपेक्षित परिवर्तन किए; मुक्तिबोध, रेणु और धर्मवीर भारती आदि की रचनाओं का प्रवेश उसी प्रक्रिया के दौरान हुआ। डॉ. नगेन्द्र तब भी सप्ताह में एक बार कक्षा लेने दक्षिण परिसर में आते थे। वे इस परिवर्तन के परोक्ष साक्षी थे। ज़ाहिर है, इससे उनकी पूरी सहमति नहीं हो सकती थी, पर वे निहायत संजीदगी से निरपेक्ष बने रहे।

परिवर्तन की इस प्रक्रिया का एक दुखद प्रसंग भी था। डॉ. नगेन्द्र ने अपनी अध्यक्षता के दौरान 'हिन्दी साहित्य' के स्नातकोत्तर पाठ्यक्रम के समानान्तर एक और पाठ्यक्रम बनाया—'संयुक्त पाठ्यक्रम' कम्पोजिट कोर्स के नाम से। इसके पीछे भारत सरकार के त्रिभाषा-सूत्र की प्रेरणा तो काम कर ही रही थी, उनका मानना भी था कि जैसे अन्य भाषा-भाषी भारतीयों के लिए हिन्दी की जानकारी लगभग अनिवार्य-सी होती जा रही है, उसी तरह हिन्दी के विद्यार्थी के लिए भी यह विकल्प होना चाहिए कि वह चाहे तो हिन्दी के साथ किसी एक अन्य भारतीय भाषा का ज्ञान अर्जित कर ले। उनका बल इस बात पर था कि ऐसे विद्यार्थी आगे चलकर शोध भी तुलनात्मक अध्ययन के क्षेत्र में करें तो भारतीय भाषाओं के बीच आपसी आदान-प्रदान बढ़ेगा।

अन्य भारतीय भाषाओं में से उन्होंने तमिल, मराठी, गुजराती का चयन इस दृष्टि से किया कि उनके पठन-पाठन की सुविधा विश्वविद्यालय के भीतर वर्तमान शिक्षकों

के सहयोग से जुटाई जा सकती थी। संस्कृत और अन्य भारतीय भाषाओं के पाठ्यक्रम बहुत सोच-समझकर ऐसे बनाए गए कि उनका स्तर बारहवीं कक्षा से ऊँचा हो।

विद्यार्थियों को यह छूट थी कि वे दोनों में से किसी एक पाठ्यक्रम का चुनाव एम.ए. की उपाधि के लिए कर सकते थे। यह पहल निश्चित रूप से बहुत मौलिक और स्वागत योग्य थी। इससे विभिन्न भारतीय भाषाओं के बीच आपसी आदान-प्रदान, तुलनात्मक अध्ययन और अनुवाद की क्षमता का अर्जन करने की सम्भावना का मार्ग प्रशस्त हो सकता था।

शुरुआत उत्साह और आशंका की मिली-जुली प्रतिक्रिया से हुई। आशंका यह थी कि इन दोनों उपाधियों का शिक्षा-क्षेत्र में प्राध्यापक-पद पर नियुक्ति के लिए महत्त्व बराबर माना जाएगा या किसी एक पाठ्यक्रम को दूसरे की तुलना में बेहतर या कमतर समझा जाएगा, पर इस आशंका का निवारण होते देर नहीं लगी। जैसे ही आरम्भ के एक-दो बैच निकले, दोनों ही पाठ्यक्रमों में प्रथम श्रेणी पानेवालों की नियुक्तियाँ हो गईं, पर धीरे-धीरे इस व्यवस्था की खामियाँ उभरकर आने लगीं। पहली बात तो यही दिखाई पड़ी कि तमिल अन्य भाषाओं की तुलना में कठिन होने के कारण आरम्भ से ही अलोकप्रिय हो गई। मुझे केवल एक ऐसे विद्यार्थी का नाम याद आता है जिसने बड़ी निष्ठा से इस भाषा को सीखा, इसमें तुलनात्मक अध्ययन किया और दक्षिण में भी ख्याति कमाई। ये उत्साही विद्वान थे डॉ. रवीन्द्रकुमार सेठ, जो हंसराज कॉलेज के विद्यार्थी थे, बाद में पी.जी.डी.ए.वी. कॉलेज में प्राध्यापक हुए। उनके अतिरिक्त ऐसा कोई अध्ययनशील विद्यार्थी याद नहीं आता जिसने एक बार नौकरी मिलने के बाद तुलनात्मक अध्ययन या भारतीय भाषाओं से अनुवाद के क्षेत्र में उल्लेखनीय योगदान किया हो!

कुछ दिन यह पाठ्यक्रम सुचारु रूप से चला पर धीरे-धीरे बड़े अलक्षित-से ढंग से इसमें विकृति पैदा होने लगी। मुझे याद नहीं कि यह घटना किसके अध्यक्षता-काल में घटित हुई, पर हुआ यह कि एक तो क्रमशः अन्य भाषाओं के नाम पर विद्यार्थियों ने केवल गुजराती और मराठी भाषाओं का चयन करना शुरू कर दिया। उसमें भी इनके अध्यापकों के प्रस्ताव पर उन्हें प्रश्नपत्रों का उत्तर हिन्दी में लिखने की छूट दे दी गई।

जब विभाग का दायित्व मैंने सँभाला, तब तक स्थिति यह हो गई थी कि परीक्षा-परिणाम के अनुपात में भयंकर असन्तुलन पैदा हो गया था यानी प्रथम श्रेणी के अंक पानेवालों में लगभग पचहत्तर प्रतिशत विद्यार्थी संयुक्त पाठ्यक्रम के और पच्चीस प्रतिशत हिन्दी साहित्य के विद्यार्थी होने लगे थे। उस दौरान कॉलेजों में भारी संख्या में नियुक्तियाँ हो रही थीं। दिल्ली प्रशासन हर साल चार की दर से कॉलेज खोल रहा था। कुल मिलाकर नतीजा यह कि नियुक्तियों में भी परिणाम के अनुसार तीन-चौथाई नियुक्तियाँ संयुक्त पाठ्यक्रम के विद्यार्थियों की होने लगीं। बाकी विद्यार्थियों में इस स्थिति को लेकर बड़ा असन्तोष और रोष था।

मैंने इस मामले की छानबीन की तो यह देखकर बेहद हैरत हुई कि न जाने कब

इन भाषाओं के पाठ्यक्रम का स्तर गिराते-गिराते मिडिल स्कूल के स्तर तक पहुँचा दिया गया था। इतना ही नहीं, पिछले कई वर्षों के प्रश्नपत्र निकलवाकर देखे तो उनका भी वही हाल था। ज़ाहिर है, कुछ तो ऐसी स्थिति में स्वाभाविक ही था, लेकिन इसके अलावा भी परीक्षकों ने बड़ी उदारता से हाथ छोड़कर अंक दिये थे। लिहाज़ा, पूरे परीक्षा-परिणाम में भयानक असन्तुलन पैदा होने लगा।

मैंने दोनों भाषाओं के सहयोगी अध्यापकों को इस स्थिति से अवगत कराने के लिए आमंत्रित किया। समवयस्क विद्वान थे। लिहाज़ा बड़ी विनम्रता से अपनी कठिनाई समझाई। यह भी जतला दिया कि विद्यार्थियों में क्षोभ है। वे बगावत पर उतर आए तो स्थिति सँभालनी मुश्किल होगी। हो सकता है, पाठ्यक्रम बन्द करना पड़े। बातचीत बड़े सद्भाव से हुई। दोनों ने पूरा सहयोग देने का आश्वासन दिया। पर परीक्षा हुई तो नतीजा वही ढाक के तीन पात! मेरी समझ में आ गया कि नीयत समस्या सुलझाने की नहीं, स्थिति को टालकर ज्यों-की-त्यों मेरे अध्यक्षकाल के आगे ले जाने की है। सोचा होगा कि ये देवी जी आखिर क्या कर लेंगी!

कोई विकल्प नहीं छोड़ा था उन लोगों ने। मैंने निर्णय लिया, सहयोगियों से समस्या की चर्चा की। विभागीय बैठक में सर्वसम्मति से पाठ्यक्रम बन्द करने का फ़ैसला लिया, और वाइस चांसलर से बात करके एकेडेमिक काउंसिल में विचारार्थ प्रस्तुत करा दिया। विभागीय बैठक में तो किसी ने विरोध नहीं किया, पर हो सकता है कि उन्हीं में से किसी ने या किन्हीं और स्रोतों से यह मुद्दा विरोध करने के लिए एकेडेमिक काउंसिल में चुनाव जीतकर आए प्राध्यापक सदस्यों को थमा दिया गया।

मुझे इसकी आशंका थी। मैंने परीक्षा-विभाग से पिछले दस साल के परीक्षा-परिणाम का ब्यौरा तो निकलवा ही लिया था। साथ ही पाठ्य-सामग्री का ब्यौरा भी नत्थी कर लिया था। मीटिंग शुरू हुई तो एक प्राध्यापक नेता बड़े सलीके से मेरे पास आए और सूचना दी कि उनसे इस प्रस्ताव का विरोध करने के लिए कहा गया है, वे मेरा पक्ष जानना चाहते हैं। मैंने ब्यौरा उनके सामने रखकर कह दिया कि वे विरोध करने के लिए स्वतंत्र हैं, मैं अपने प्रस्ताव के समर्थन में पूरा ब्यौरा प्रस्तुत करूँगी। उसके बाद काउंसिल का फ़ैसला मुझे मान्य होगा। पर ऐसा कुछ नहीं हुआ। किसी ने विरोध में कुछ नहीं कहा और प्रस्ताव पारित हो गया। एक बेहतरीन योजना का दुखद अन्त। इस घटना से डॉ. नगेन्द्र तो आहत हुए ही, मेरे मन पर भी भारी बोझ बना रहा। कल्पना की जा सकती है कि यदि वह पाठ्यक्रम पूरी ईमानदारी और समर्पित भाव से चलाया गया होता तो भविष्य में भारतीय भाषाओं के आपसी आदान-प्रदान की दिशा में केन्द्र का काम करता। यह भी सम्भव था कि भारत के दूसरे विश्वविद्यालय के भाषा विभाग इसे मॉडल के रूप में अपनाते। अगर ऐसा होता तो भाषा-शिक्षण का परिदृश्य वैसा दयनीय तो नहीं ही होता, जैसा समय के साथ होता चला गया।

प्रोफेसर और अध्यक्ष होने के पहले से ही, मेरा सम्पर्क दूसरे विश्वविद्यालयों के हिन्दी-विद्वानों और तमाम रचनाकारों से था। गाहे-बगाहे गोष्ठियों में भागीदारी

करने के कारण बहुतों से मिलने-जुलने के अवसर सुलभ होते रहते थे। दिल्ली विश्वविद्यालय में साहित्यिक आयोजनों की जो गहमागहमी डॉ. नगेन्द्र के समय रहती थी, उसका सिलसिला भंग हो गया था। इसकी कसक कहीं मेरे मन में रही होगी, इसलिए मैंने उस सिलसिले की नई शुरुआत आचार्य रामचन्द्र शुक्ल की जन्मशती के सन्दर्भ में की।

इस क्रम का पहला आयोजन दक्षिण परिसर के तत्त्वावधान में 12-13 अप्रैल, 1982 को हुआ। सीधा-सादा विषय था—'आचार्य रामचन्द्र और हिन्दी आलोचना'। चार सत्रों में जिन विद्वानों ने शिरकत की, उनकी सूची और सत्रों के विषय बहुत सोच-समझकर तय किए गए थे। बाहर से आनेवालों में डॉ. राममूर्ति त्रिपाठी, प्रो. देवेन्द्रनाथ शर्मा, डॉ. देवराज, डॉ. रघुवंश, डॉ. रामचन्द्र तिवारी और प्रो. विजयदेव नारायण साही शामिल हुए और स्थानीय लोगों में डॉ. नगेन्द्र, डॉ. नामवर सिंह और डॉ. विजयेन्द्र स्नातक। सत्रों का संयोजन विभागीय सहयोगियों ने किया।

उन दिनों यह प्रसिद्ध था कि जिस आयोजन में नामवर सिंह और विजयदेव नारायण साही, दोनों हों, वह दो महारथियों की टकराहट से बहुत विचारोत्तेजक और जीवन्त हो जाता है। बाज़ी कौन मार ले जाएगा, यह इस बात पर निर्भर करता था कि कौन किसके बाद बोलेगा।

साही जी दिल्ली पहुँचे तो विश्वविद्यालय के गेस्ट हाउस के बजाय सीधे मेरे घर ही आ गए। तैयार होकर नाश्ते पर बैठे तो हँसकर बोले, 'आप मेरा भाषण तो नामवर जी की अध्यक्षता में ही कराएँगी।'

मैंने जवाब दिया, 'नहीं, मैं उनके भाषण के बाद भी आपका भाषण कराऊँगी, ताकि आप पहले दिन का हिसाब चुकता करके लौटें।'

प्रत्युत्तर में उन्होंने ज़ोर का ठहाका लगाया।

हम लोगों ने कार्यक्रम बनाते समय यह योजना सोच-समझकर बनाई थी कि पहले दिन 'आचार्य शुक्ल की व्यावहारिक आलोचना' पर साही जी मुख्य वक्ता हों, क्योंकि जायसी के बारे में आचार्य शुक्ल के दृष्टिकोण से उनका मतभेद प्रकट था। उनके बाद अध्यक्ष के रूप में नामवर जी अपनी बात कहें।

दूसरे दिन आचार्य शुक्ल की इतिहास-दृष्टि पर डॉ. नामवर सिंह के वक्तव्य के बाद साही जी को बोलना था। ज़ाहिर है, दोनों सत्रों में बड़ी गहमागहमी रही। दोनों में बराबर की टक्कर होती थी, पर प्राय: पलड़ा साही जी का ही भारी पड़ता था।

महत्त्वपूर्ण बात यह थी कि इन दोनों की उपस्थिति से संगोष्ठियों की सफलता निश्चित हो जाती थी और दर्शकों को आयोजन के बाद उपलब्धि का एहसास होता था। इसके अलावा दोनों में सद्भावपूर्ण मैत्री सम्बन्ध था।

गोष्ठियों का यह सिलसिला अध्यक्षता की अवधि समाप्त होने के बाद भी चलता रहा। ये आयोजन दक्षिण परिसर में ही किए जाते थे। मुझे वहाँ के वातावरण में हमेशा पारिवारिकता का एहसास होता था। कार्यालय का पूरा तंत्र तो बड़े मन से सहयोग देता

ही था। विद्यार्थियों की संख्या कम होने के कारण सबको ऐसे आयोजनों में सक्रिय करना बहुत सहज-सम्भव हो जाता था। सबसे बड़ी बात थी निदेशक प्रो. आबाद अहमद के साथ मेरा सम्बन्ध। स्वभाव से बड़े मृदु, अपने विषय के नामी विद्वान होने का दम्भ उन्हें छू नहीं गया था। बड़े कुशल प्रशासक। परिसर को लगभग परिवार की तरह चलाते थे, इसलिए अध्यक्ष-पद छोड़ने के बाद भी मुझे वहाँ कोई आयोजन करने में कभी कठिनाई नहीं हुई।

अध्यक्ष रहते हुए, कुछ महत्त्वपूर्ण प्रसंग ऐसे घटित हुए, जिनसे कुछ समय के लिए विभाग की आबोहवा बदल गई। विभाग में अध्यापकों की संख्या अच्छी-खासी थी। विश्वविद्यालय द्वारा सान्ध्य-कक्षाएँ बन्द करने का निर्णय लिये जाने के बाद से उस इकाई के प्राध्यापक भी प्रातःकालीन विभाग में आ गए थे। वरिष्ठ विद्वानों के अवकाश ग्रहण करने पर पद रिक्त होते थे और कुछ लोगों की पद-वृद्धि-योजना के तहत पदोन्नति हो जाती थी। इसी बीच यू.जी.सी. की कृपा से एकाध अतिरिक्त पद भी जुड़ जाता था।

पदोन्नति-क्रम से महेन्द्र कुमार, सुरेशचन्द्र गुप्त, तारकनाथ बाली के अलावा भोलानाथ तिवारी भी प्रोफ़ेसर हो गए थे। डॉ. रमानाथ त्रिपाठी, डॉ. विश्वनाथ त्रिपाठी और डॉ. नित्यानन्द तिवारी रीडरशिप की प्रतीक्षा में थे। नित्यानन्द तिवारी को तो विभाग में डॉ. सावित्री सिन्हा ही राजधानी कॉलेज से ले आई थीं। डॉ. विश्वनाथ त्रिपाठी से डॉ. उदयभानु सिंह ने कहकर आवेदन कराया और उन्हें किरोड़ीमल कॉलेज से विभाग में ले आए। तीनों में आयु और अनुभव, दोनों दृष्टियों से वरिष्ठ डॉ. रमानाथ त्रिपाठी थे। वे हिन्दी के अलावा बांग्ला और असमिया भाषाएँ तो जानते ही थे, इनके साथ कुछ और भाषाएँ जानने का दावा करते थे। उन्होंने विभिन्न भाषाओं की रामकथा पर शोध किया था। इस सबके बावजूद उनके व्यक्तित्व में कुछ ऐसा था कि कई बार इंटरव्यू देने के बावजूद उनका कुछ बन नहीं पा रहा था। बार-बार निराश होने के कारण उनके भीतर कुंठाजन्य असन्तुलन पैदा हो गया। स्वभाव से मृदु थे, पर सामान्य समझ-बूझ की कमी के कारण मार खा जाते थे।

ज़ाहिर है, बार-बार असफल होने पर उन्हें अपनी कमी नहीं, दूसरों की नीयत में खोट दिखाई पड़ने लगा। जब भी किसी की नियुक्ति होती, उन्हें अपने विरुद्ध किसी षड्यंत्र का सन्देह होता और वे अध्यक्ष से रुष्ट हो जाते।

एक बार ऐसे ही एक अवसर पर स्नातक जी ने झल्लाकर मुझसे कहा था कि जिस दिन कोई अध्यक्ष उन्हें नियुक्त कराने में सफल हो जाएगा, वे अपना नाम बदल लेंगे।

कुछ समय बाद डॉ. उदयभानु सिंह की अध्यक्षता के समय 'नाटक' की विशेषज्ञता की शर्त के साथ एक जगह विज्ञापित हुई। रमानाथ जी का 'नाटक' से दूर-दूर तक कोई रिश्ता नहीं था, पर लोगों के मना करने पर भी उन्होंने आवेदन कर दिया। साक्षात्कार के समय चयन समिति ने 'नाटक' के क्षेत्र में उनके अनुभव के बारे में जानना चाहा

तो उन्होंने यह कहते हुए कि उन्हें स्टेज पर अभिनय का व्यावहारिक अनुभव है, अपनी जेब में हाथ डालकर एक मूँछ निकाली। सामने बैठे डॉ. उदयभानु सिंह को तुरन्त आशंका हुई कि वे चेहरे पर मूँछ लगाकर किसी नाट्य चरित्र का अभिनय प्रस्तुत करने के उत्साह में आ गए हैं। उन्होंने तुरन्त बाधा देकर उन्हें यह कहकर रोका कि सब उनका आशय समझ गए हैं। उन्हें अभिनय करके दिखाने की कोई ज़रूरत नहीं है। इस हरकत से चयन समिति तो सनाका खा ही गई, डॉ. सिंह ने बाद में मुझे इस घटना का विवरण बड़ी हास्य-करुण मुद्रा में सुनाया।

जब मेरे अध्यक्ष रहते विभाग में दो रीडर-पद खाली हुए तो विभागीय सहयोगियों में से मैंने नित्यानन्द और विश्वनाथ जी के लिए प्रयत्न करने का मन बनाया। इन दोनों के साथ मेरे सम्बन्ध इस कारण बहुत अच्छे थे क्योंकि दोनों अध्ययनशील विद्वान भी थे और अच्छे अध्यापक भी। नित्यानन्द तिवारी विशेष रूप से विद्यार्थियों में बड़े लोकप्रिय थे। इन दोनों के प्रति मेरे मनोभाव को सब जानते थे। जैसे-जैसे चयन समिति का समय निकट आ रहा था, डॉ. रमानाथ त्रिपाठी की बेकली बढ़ रही थी। यह बात सर्वविदित थी कि चयन समिति में डॉ. गुरुबख्श सिंह अपने वाराणसी सम्बन्ध के कारण डॉ. विजयपाल सिंह को ज़रूर बुलाएँगे। डॉ. त्रिपाठी ने आकाश-पाताल एक करके उन्हें अपने पक्ष में साध लिया।

इस प्रसंग में डॉ. नगेन्द्र मुझसे सहमत थे। मैं जानती थी कि डॉ. विजयपाल सिंह बैठक से पहले उनसे मिलने ज़रूर जाएँगे। डॉ. साहब ने उनसे इस बारे में चर्चा की तो वे कुछ बेसुरा बोलने लगे। ये वही विजयपाल सिंह थे जिनकी सारी उपलब्धियों का श्रेय डॉ. नगेन्द्र को दिया जाता था। इस बात के लिए डॉ. साहब ने बहुत निन्दा-आलोचना भी सही थी। डॉ. साहब ने उन्हें राय दी कि चूँकि विभाग मुझे चलाना है, इसलिए बेहतर होगा कि इस बारे में वे मेरा मत भी जान लें। यह कहकर उन्हें अपनी गाड़ी से मेरे घर की तरफ रवाना करके मुझे टेलीफोन से उनके रुख के बारे में सावधान कर दिया।

विजयपाल जी आए, मेरा मत जानने के इरादे से नहीं, मुझे 'पुरबियों' के विरुद्ध सावधान करने के लिए। उन्होंने अपने अनुभव की दुहाई देते हुए मुझसे 'इन लोगों को मुँह लगाने' के विरोध में जो कहा-सुना, उसके अलावा मुझे स्थानीय सहयोगियों को बढ़ावा देने का उपदेश भी दे डाला। डॉ. सिंह की ख्याति विद्वत्ता के लिए नहीं, मित्रों के मित्र होने के लिए थी। मैंने उन्हें यह कहकर विदा कर दिया कि जो निर्णय होगा, उसका अच्छा-बुरा परिणाम तो आखिर मुझे ही भुगतना होगा। इसकी इतनी चिन्ता वे न करें और मेरे साथ सहयोग करें तो बेहतर होगा। ज़ाहिर है, वे मुझसे सहमत नहीं हुए।

इंटरव्यू हुआ तो इस बार डॉ. त्रिपाठी बहुत पैरवी कर-कराके आए थे इसलिए आत्मविश्वास से ठीक-ठाक से उत्तर देकर चले गए। बाद में पता लगा कि पहले दिन शाम को उन्हें किसी परिचित विद्वान के निवास पर डॉ. विजयपाल सिंह के साथ इसकी

तैयारी कराई गई थी। प्रो वाइस चांसलर मुखर्जी से उन्होंने बांग्ला में अपनी व्यथा-कथा सुनाकर उनकी हमदर्दी हासिल कर ली थी। इतना ही नहीं, वाइस चांसलर के ऊपर भी, जैसा डॉ. गुरबख्श सिंह ने बाद में खुद मुझे बताया, किसी कांग्रेसी नेता का दबाव था।

बाकी लोगों में डॉ. विश्वनाथ त्रिपाठी का इंटरव्यू तो डॉ. नित्यानन्द तिवारी से कुछ अच्छा हुआ ही था, उनका एकेडेमिक रिकॉर्ड भी डॉ. तिवारी की तुलना में बेहतर था। निर्णय के लिए बहस शुरू हुई तो ज़ाहिर है, सबकी सहानुभूति डॉ. रमानाथ त्रिपाठी के साथ थी। मानवीयता का तकाज़ा था कि मैं भी उनकी नियुक्ति में बाधा नहीं दूँ, पर जब बात दूसरे पद की उठी तो डॉ. विजयपाल सिंह ने जेब से एक और स्थानीय व्यक्ति का नाम निकाला और उस पर अड़ना शुरू किया। उनकी इस हरकत से मेरा धैर्य जवाब दे गया और मैंने दोनों नामों पर सहमत होने से इनकार कर दिया। बात बिगड़ती देखकर डॉ. मुखर्जी ने हस्तक्षेप करते हुए बड़ी आजिज़ी से मुझे मानवीयता की दुहाई देकर इस आश्वासन के साथ राज़ी किया कि दूसरा चुनाव मेरी मर्ज़ी से होगा।

आबाद साहब तो बराबर मेरा साथ दे ही रहे थे। मुझे इस फ़ैसले से असन्तोष नहीं हुआ, क्योंकि जानती थी कि डॉ. त्रिपाठी उस दिन नियुक्त नहीं हुए तो भविष्य में शायद ही कभी सफल हो पाएँ और ऐसा होना उनके लिए आत्मघाती होता। व्यक्ति रूप में उनकी शराफ़त के हम सभी कायल थे।

कुल मिलाकर इस निर्णय से कोई असन्तुष्ट नहीं था। डॉ. नित्यानन्द तिवारी तक ने कहा कि उनका नहीं हुआ, इस बात का दुख तो उन्हें है, पर डॉ. रमानाथ त्रिपाठी की नियुक्ति हो गई, यह अच्छा ही हुआ, वरना वे बहुत कष्ट पाते।

डॉ. विश्वनाथ त्रिपाठी की स्थिति विचित्र थी। वे जितने अपनी नियुक्ति से प्रसन्न थे, उतने ही नित्यानन्द जी के लिए दुखी। डॉ. रमानाथ त्रिपाठी के बारे में उनके मन में भी मानवीयता के नाते सन्तोष ही था।

नियुक्तियों से सम्बद्ध दो और घटनाएँ ऐसी हुईं जिनकी अनुगूँज लम्बे समय तक बनी रही। एक का सम्बन्ध डॉ. इन्द्रनाथ चौधरी से था और दूसरी का डॉ. पुरुषोत्तम अग्रवाल से। इन्द्रनाथ चौधरी उस समय हंसराज कॉलेज में थे। उनके पिता विश्वविद्यालय में संस्कृत विभाग के अध्यक्ष और डॉ. नगेन्द्र के अच्छे परिचितों में थे। इन्द्रनाथ किसी समय मेरे छोटे भाई के सहपाठी रहे थे और मेरे परिवार से भी उनके अच्छे सम्बन्ध थे। वे विश्वविद्यालय में कक्षाएँ पढ़ाने आते थे और शिक्षक के रूप में उनकी अच्छी ख्याति थी। यों भी उन्होंने अंग्रेज़ी में भी एम.ए. किया था, भले ही तृतीय श्रेणी के अंक पाकर और संस्कृत एक तो वंश-परम्परा से उनके संस्कार का हिस्सा थी और उन्होंने संस्कृत में भी, जहाँ तक मुझे याद है, एम.ए. प्रीवियस करके छोड़ दिया था। हर दृष्टि से उनकी योग्यता में कोई सन्देह नहीं था, आपसदारी अलग।

आश्चर्य नहीं कि उनके मन में प्रोफेसर होने की महत्त्वाकांक्षा अंकुरित हो गई। प्रोफेसर का पद विज्ञापित हुआ तो उन्होंने बड़े करीने से इसके लिए प्रयत्न करना शुरू

कर दिया। मेरे घर में उन्होंने इसी लक्ष्य को सिद्ध करने के लिए पहले से ही आवाजाही बढ़ा ली थी जो क्रमशः अच्छी-खासी निकटता में परिणत हो गई थी।

एक कारण जो इसमें सहायक हुआ, वह उनकी पत्नी की कुशल गृहिणी की भूमिका थी। वे जन्म से पंजाबी थीं पर इन्द्रनाथ चौधरी से प्रेम-विवाह करने के बाद उन्होंने हर तरह अपने को बंगाली जीवन-शैली में ढाल लिया था। वे कुछ दिन, लेडी श्रीराम कॉलेज छोड़ने से पहले, मेरी सहयोगी भी रह चुकी थीं—संस्कृत विभाग में। बड़ी अच्छी धाराप्रवाह बांग्ला तो बोलती ही थीं, निजी वेश-विन्यास, पाक-कला और घर के रखरखाव में भी उन्होंने बंगाली जीवन-शैली को पूरी तरह अपना लिया था।

ईमानदारी की बात यह थी कि पारिवारिक सम्बन्धों के कारण नहीं, मैं वास्तव में भी यह मानती थी कि उनकी महत्त्वाकांक्षा बेठिकाने या गैर-मुनासिब नहीं है, पर मेरा असमंजस अपने सहयोगी डॉ. रामदरश मिश्र को लेकर था। मुझसे उम्र में बड़े और अनुभवी होने के बावजूद, वे तब तक प्रोफेसर नहीं हो पाए थे, इस बात की उन्हें बेहद कुंठा थी। मैं जिस पद पर थी, शायद उनका मानना यह रहा हो कि उस पर वास्तव में उन्हें होना चाहिए था। वे हम सबसे उम्र में बड़े तो थे ही, पढ़ाने का अनुभव भी कम नहीं था। यह बात अलग है कि अध्यापक की दृष्टि से कम-से-कम दिल्ली विश्वविद्यालय में औरों की तुलना में उनकी ख्याति कुछ ऐसी नहीं थी, जिससे उनकी दावेदारी जायज़ ठहरती हो। उनके पास रचनाकार होने की अतिरिक्त योग्यता के अलावा कुछ ख्याति भी थी, पर शायद भीतरी कुंठा के कारण वे हम सबके बीच औरों की तरह सहज प्रसन्न मुद्रा में मिल-जुल नहीं पाते थे। कुछ इसलिए भी खिन्न रहते थे कि उनकी हर रचना की उनके मनोनुकूल प्रशस्तिपरक समीक्षाएँ हम लोग कर नहीं पाते थे। एक ऐसे प्रसंग में नित्यानन्द तिवारी से गलतफ़हमी के कारण उनका अस्थायी मनमुटाव भी हो गया था।

स्थिति विकट थी। मेरे लिए धर्मसंकट तो था ही। उधर इस दौरान डॉ. इन्द्रनाथ चौधरी ने वाइस चांसलर पर बाहरी स्रोतों से दबाव बनाना शुरू किया। इस हद तक कि प्रो. गुरुबख्श सिंह को चिढ़ होने लगी। एक बार मेरी उपस्थिति में उनके पास एक फोन आया। घटना उनके निवास की है। मैंने उन्हें कहते सुना, 'आइ विल सर्व हिम ऑन ए प्लैटर टू यू।' वे फोन का चोगा पटककर बड़बड़ाते हुए लौटे, 'लीजिए, एक और आ गया उनकी सिफ़ारिश में फोन। मुश्किल कर दिया है इस आदमी ने मेरा उठना-बैठना।'

मेरे पूछने पर उन्होंने खुलासा किया कि इन्द्रनाथ के लिए किसी वाइस चांसलर का फोन था। 'कह रहे थे कि अगर मैं उनकी नियुक्ति नहीं करता तो वे उन्हें अपने यहाँ ले जाना चाहते हैं। अरे भई, शौक से ले जाएँ, धमकी क्या दे रहे हैं!' कुछ देर बाद उन्होंने जोड़ा, 'एनीबडी एल्स बट हिम।'

नतीजा यही हुआ। चयन समिति में उनका नाम आते ही वे बोले, 'नहीं, यह नहीं होगा। किसी कॉलेज का लेक्चरर सीधे प्रोफेसर नहीं हो सकता।'

फ़ैसला रामदरश मिश्र के पक्ष में हो गया। इन्द्रनाथ चौधरी को मैंने पहले ही आगाह कर दिया था कि उन्होंने वाइस चांसलर को नाराज कर दिया है, पर बात उनकी समझ में नहीं आई और उन्होंने इस बात के लिए मन में गाँठ बाँध ली और खिन्न रहने लगे। उन्हें यह बात समझ में कभी नहीं आई कि उन्होंने खुद वाइस चांसलर पर गैर-मुनासिब ढंग से दबाव डालकर अपना केस बिगाड़ लिया था। वे यह भी सराह नहीं सके कि आखिर डॉ. रामदरश मिश्र का हक भी तो उस पद पर बनता ही था।

उनकी परेशानी देखकर ही डॉ. नगेन्द्र ने उन्हें दक्षिण भारत हिन्दी प्रचार सभा के हैदराबाद केन्द्र में नियुक्त कराने के लिए प्रयास ही नहीं किया, जाने के लिए प्रेरित भी किया। वे चले तो गए पर चूँकि उनकी मन:स्थिति देखते हुए मैंने भी उन्हें चले जाने की ही राय दी थी इसलिए शायद उनके मन में यह शक घर करने लगा कि हम लोग उन्हें एक किनारे लगा रहे हैं। दिक्कत तो पेश आनेवाली थी ही कि परिवार साथ जा नहीं सकता था। पत्नी की नौकरी, घर का मकान और दो कम उम्र की प्यारी-सी बेटियों की परवरिश की ज़िम्मेदारी। फिर भी वे हिम्मत करके चले गए। यों वे जहाँ भी रहे, बड़ी मेहनत और समर्पित भाव से काम किया। इसका सबसे ज्वलन्त उदाहरण था—'साहित्य अकादमी' में सचिव के रूप में उनकी भूमिका, जिसके दौरान उन्होंने एक मृतप्राय संस्था को पुनर्जीवित ही नहीं किया, उसकी खोई प्रतिष्ठा फिर से कायम कर दी। यह बात अलग है कि उनकी पारिवारिक समस्या को देखते हुए जब मैंने उन्हें साहित्य अकादमी में आवेदन देने के लिए प्रेरित किया था तो उनके मन में एक बार फिर यह शक पैदा हुआ कि हम उनके विश्वविद्यालय में आने की सम्भावना को खारिज किए दे रहे हैं।

मैं साहित्य अकादमी की नियुक्ति में किसी रूप में उनकी मदद नहीं कर सकती थी। उसकी चयन-प्रक्रिया से मेरा दूर तक कोई सम्बन्ध नहीं था। उनका चयन उनकी अपनी योग्यता के कारण हुआ। इसकी वजह साफ़ थी। अंग्रेज़ी, हिन्दी और संस्कृत के अलावा मातृभाषा होने के कारण बांग्ला पर भी उनका अच्छा अधिकार था। उनसे बेहतर चुनाव हो नहीं सकता था। पर इस घटना से विष्णु खरे से, जो भीतरी प्रत्याशियों में इस पद के दावेदार थे, मेरा स्थायी मनमुटाव हो गया। उनके दिमाग में वहम का यह कीड़ा घर कर गया कि डॉ. चौधरी के चयन में मेरी भूमिका थी। उन्होंने इस बात को भी नज़रअन्दाज़ कर दिया कि अकादमी के भीतरी तंत्र में अपने झगड़ालू स्वभाव के कारण वे खासे अलोकप्रिय थे।

मुझे इस बात का हमेशा अफ़सोस रहा कि विष्णु खरे से मेरे अच्छे-भले सम्बन्धों में दरार आ गई। विष्णु खरे से परिचय मार्कंडेय सिंह ने कराया था। उसके बाद उनसे अच्छी मित्रता हो गई। इस हद तक कि जब मुझे 1985 में सोवियत लैंड नेहरू अवार्ड मिला और नामवर जी के सर्वेसर्वा होने के बावजूद उसके निमित्त मेरा रूस-यात्रा पर जाना सम्भव नहीं हुआ तो यह बात विष्णु खरे को भी अखर गई। वे किसी ऐसी समिति के सदस्य थे जिसको सोवियत लेखक संघ के निमंत्रण पर भारतीय लेखकों को कुछ

सप्ताह के लिए रूस भेजने का निर्णय करना था। विष्णु खरे ने मेरा चयन कराके तुरन्त मुझे फोन से सूचना दी—बड़े सहज भाव से बिना एहसान जताए। जहाँ तक मेरी जानकारी है, उन्होंने किसी और से भी इस बात की चर्चा नहीं की। कुछ दिन बाद उन्होंने साहित्य अकादमी से त्याग-पत्र दे दिया। बाद का इतिहास सर्वविदित है।

जहाँ तक डॉ. इन्द्रनाथ चौधरी का सवाल है, उन्होंने साहित्य अकादमी में आने के बाद पीछे मुड़कर नहीं देखा। वे जब जहाँ रहे, दुधारू सम्बन्ध बनाने के कौशल के सहारे लगातार एक के बाद एक बड़ा पद साधते रहे। वह उनका इतिहास है।

यह ज़रूर हुआ कि जब वे साहित्य अकादमी में नियुक्त हुए तो नामवर जी ने मुझसे व्यंग से कहा, 'अब क्या है, अब तो आपकी पाँचों उँगलियाँ घी में और छठा सिर कड़ाही में।'

बात मुझे लग गई। और नतीजा यह हुआ कि उनके सचिव काल में कड़ाही में सिर और उँगलियाँ तो नामवर जी और उनके सम्बन्धियों-मित्रों की ही रहीं, क्योंकि उन्होंने तो तुरन्त आशीर्वादी-मुद्रा में नए सचिव के सिर पर अपना हाथ रख दिया और मैंने उनकी व्यंग्योक्ति सुनकर प्रण कर लिया कि मैं अनौपचारिक रूप में कभी सचिव के कमरे में पाँव नहीं रखूँगी। आखिर एक दिन डॉ. चौधरी नीचे मिल गए तो ज़बर्दस्ती अपने साथ ऊपर ले गए।

उनके कमरे में हर दूसरे-तीसरे दिन जो लोग दिखाई पड़ने लगे, उनके नाम किसी से छिपे नहीं हैं। बहरहाल, इन्द्रनाथ चौधरी के पास समझ भी थी और प्रशासकीय कौशल भी, जिसके सहारे दक्षिण भारत हिन्दी प्रचार सभा में काम करते हुए ही वे चांसलर नरसिंह राव के कृपा-पात्र हो गए थे। सम्बन्ध-साधना के इस क्रम की चरम-उपलब्धि लन्दन में नेहरू सेंटर के निदेशक पद पर नियुक्ति के रूप में हुई। उस समय वे भारतीय राजदूत श्री लक्ष्मीमल्ल सिंघवी के विशेष कृपापात्र थे। बाद में वही उन्हें इन्दिरा गांधी कल्चरल सेंटर में लाने और उसके बाद साहित्य सम्मेलन में पहुँचाने के निमित्त हुए।

नियुक्तियों के प्रसंग में दूसरी अप्रत्याशित घटना डॉ. पुरुषोत्तम अग्रवाल के सन्दर्भ में घटित हुई। वर्ष शायद 1984 था। रामजस कॉलेज में नियुक्ति के लिए इंटरव्यू तय हुआ। बैठक दो दिन चलनेवाली थी क्योंकि साक्षात्कार के लिए लगभग नब्बे प्रत्याशी बुलाए गए थे। दूसरे दिन के अन्त में जब गिनती के दो-चार प्रत्याशी बाकी रह गए, और मुझे लगने लगा कि बचे लोगों में शायद ही कोई ठीक-ठिकाने का व्यक्ति होगा, मैंने अपने साथ गए डॉ. रामदरश मिश्र से संवाद चालू रखने का अनुरोध किया और खुद अलसाकर कुर्सी में पीठ टिका ली।

पुरुषोत्तम कमरे में दाखिल हुए—भरी काठी और साँवले वर्ण के इन्सान। बदन पर ढीला-सा कुर्ता और चौड़े पायँचों का ढीला-ढाला पाजामा। चाल भी कुछ दोलायमान-सी थी। व्यक्तित्व सामान्य विद्यार्थियों से कुछ अलग लगा, पर आकर्षक नहीं। मैंने सोचा, निपट लेंगे रामदरश जी इनसे भी।

जवाहरलाल नेहरू विश्वविद्यालय के छात्रों को यों भी कोई कॉलेज आसानी से लेने को तैयार नहीं होता था। जो अपवाद रूप में आ गए थे, उनमें से अधिकांश आते ही पढ़ाने से ज्यादा राजनीति में सक्रिय होकर प्रशासन के लिए सिरदर्दी पैदा करते थे।

इंटरव्यू शुरू हुआ। पहली कुछ चौंकानेवाली बात तो यही थी कि वे नामवर जी के शिष्य थे और गुरु ने किसी से चेले की कोई सिफ़ारिश नहीं की थी। दूसरी बात, इंटरव्यू शुरू होते ही उन्होंने रामदरश जी के प्रश्नों का उत्तर बड़े आत्मविश्वास से देना शुरू किया। दो-तीन सवाल-जवाब हुए कि मुझे लगा, लड़के में दम है और मैंने सतर्क होकर हस्तक्षेप किया।

ब्यौरा तो नहीं, पर इतना याद है कि मैंने उन्हें घेरने की अच्छी-खासी कोशिश की, पर पुरुषोत्तम औसत विद्यार्थी से कहीं अधिक प्रबुद्ध जानकार और आत्मविश्वासी साबित हुए। प्रक्रिया समाप्त हुई तो चेयरमैन मेरी तरफ मुखातिब हुए। मेरी दो टूक-राय थी, 'एकेडेमिकली तो मुझे यह जे.एन.यू. वाला कैंडिडेट बेस्ट लग रहा है, पर अगर आप जे.एन.यू. का विद्यार्थी न लेना चाहें तो मेरा आग्रह नहीं होगा। मैं आपको दूसरे नाम सुझा दूँगी।'

शायद यही प्रतिक्रिया औरों की भी थी। उन्होंने दो मिनट सोचकर फिर सवाल किया, 'मेरी जगह आप होतीं तो क्या करतीं?'

मैंने तपाक से अपनी राय फिर पकड़ा दी, 'मैं तो यह रिस्क लेती। और अगर वह खुराफ़ात करता तो कन्फ़र्म नहीं करती। एक साल बाद दरवाज़ा दिखा देती।'

शायद मंशा उनकी भी कुछ ऐसी ही थी। मुझसे समर्थन मिला तो निर्णय हो गया।

इस नियुक्ति पर काफ़ी बावेला मचा। लोगों को इस बात पर एतराज़ हुआ कि अपने विद्यार्थियों के बरक्स मैं बाहरवालों को तरजीह दे रही हूँ। मुझे क्रोध आना स्वाभाविक था। इसलिए और भी कि यह दुष्प्रचार करनेवाले सज्जन खुद प्रोफ़ेसर के नाम पर अध्यापक दो कौड़ी के थे। परीक्षा के लिए पर्चा बनाते तो मॉडरेशन के दौरान पहले उनकी वर्तनी की गलतियाँ ठीक करनी पड़तीं। मेरे मुँह से निकल गया, 'बात करते हैं, जिस पर एतराज़ उठा रहे हैं, वह प्रोफेसरों को पढ़ा दें!'

प्रतिक्रिया आकस्मिक थी, पर भाई लोगों ने नमक-मिर्च लगाकर मेरे इस वाक्य का खूब प्रचार किया। बात आई-गई हो गई। पुरुषोत्तम मिलने आए तो मैंने पूछा कि उनके गुरु जी ने तो उनकी कोई सिफ़ारिश नहीं की थी, क्या नाराज़ हैं?

पुरुषोत्तम का जवाब था, 'नहीं मैडम, मैंने उन्हें बताया ही नहीं था। सोचा था, दो इंटरव्यू बिना किसी सिफ़ारिश के दूँगा। अगर उनमें सेलेक्शन नहीं हुआ, तब गुरु जी से सिफ़ारिश कराऊँगा। आपने तो पहले में ही नियुक्ति कर दी।'

इस जवाब में हम दोनों की ही प्रच्छन्न प्रशस्ति थी। ज़ाहिर है, सुनकर अच्छा लगा।

यह घटना अपने ढंग की अकेली नहीं थी। मुझे इस बात का गर्व है कि आजीवन अध्यक्ष के रूप में ही नहीं, विषय–विशेषज्ञ के रूप में भी तमाम बाहरी चयन समितियों में मैंने प्रत्याशी की योग्यता को ही तरजीह दी। मुझसे यह बात खुद कई कुलपतियों ने कही कि बिना जान–पहचान के भी उन्होंने मुझे इसलिए चयन समिति के लिए आमंत्रित किया कि उन्हें बताया गया था कि मैं यह काम पूरी ईमानदारी से करूँगी। इन लोगों में श्यामाचरण दुबे, हनुमान प्रसाद दीक्षित और विभूतिनारायण जैसी शख्सियतें शामिल हैं। दुबे जी और राय साहब के साथ तो चयन समिति के बाद अच्छी मित्रता हो गई जो आगे तक निभी।

एक और यादगार घटना जो इसी दौरान घटित हुई, विश्वविद्यालय के पाठ्यक्रमों में प्रवेश–प्रक्रिया से जुड़ी है। प्रसंग एम.फिल. की कक्षा में प्रवेश का था। स्थानीय खालसा कॉलेज के हिन्दी विभाग के एक वरिष्ठ प्राध्यापक की बेटी का दाखिला मेरिट के आधार पर नहीं हो सका। वेटिंग लिस्ट में उसका नम्बर तीसरा था। वे मिलने आए तो मैंने स्थिति स्पष्ट कर दी। कोर्स में सीटों की संख्या निश्चित थी। प्रवेश की प्रक्रिया कोई व्यक्ति नहीं, एक कमेटी पूरी करती थी। उसके बाद निर्णय की पुष्टि पूरी स्टाफ़ काउंसिल की बैठक से होती थी। ये सारी औपचारिकताएँ पूरी हो चुकी थीं। एक साथ तीन सीटें बढ़ाने का सवाल नहीं उठता था। मैंने उनसे अपनी मजबूरी बयान करके कुछ समय प्रतीक्षा करने के लिए कहा कि यदि ऊपर की सूची में से कुछ लोग नहीं आए तो उनकी बेटी का नम्बर आ जाएगा।

उनका कहना था कि इसकी सम्भावना कम है, इसलिए मैं कोई और रास्ता निकालूँ। आशय था—हेराफेरी का रास्ता। मेरे यह कहने पर कि ऐसा नहीं हो सकता, उन्होंने मुझे कोर्ट में जाने की धमकी दी और पैर पटकते हुए चले गए। उनके तौर–तरीके से क्षुब्ध होकर मैंने भी कह दिया कि ठीक है, अगली बार वहीं मिल लेंगे।

अगले ही हफ्ते मुझे नोटिस मिल गया। उन्होंने हाईकोर्ट में पेटिशन दायर कर दी थी। मैंने वाइस चांसलर को इस मामले की गम्भीरता से अवगत कराया। डॉ. गुरबख्श सिंह को मेरे ऊपर बेहद भरोसा था। उन्होंने मुझे पूरी छूट दे दी कि मैं जैसे चाहूँ, इस मुकदमे की पैरवी कराऊँ। विश्वविद्यालय पूरा खर्चा उठाएगा।

मैंने विश्वविद्यालय की मान्यता–प्राप्त सूची से वीरेशप्रताप चौधरी को यह मामला सौंप दिया। वीरेश जी कांग्रेस के जाने–माने नेता देशराज चौधरी के सुपुत्र थे। बड़े अच्छे डिबेटर थे। अपने विद्यार्थी जीवन में कई बार मेरे हाथ से पुरस्कार पा चुके थे और मेरा बड़ा सम्मान करते थे।

मुझे पूरा भरोसा था कि उन्हें कोई बरगला नहीं सकेगा। उन्होंने मुझे आश्वस्त किया कि वे पूरी ईमानदारी और मेहनत से केस लड़ेंगे, पर देश का दुर्भाग्य यह है कि हर मामले में राजनीति लगभग अभिशाप की तरह दखल देती है। संयोग से वादी सज्जन का सम्बन्ध भाजपा से था। रजिस्ट्रार की भी यही स्थिति थी और परिस्थितिवश वीरेश

जी भी तब कांग्रेस से भाजपा में जा चुके थे। पर मैं जानती थी कि इस वस्तुस्थिति से उनके पेशे पर कोई दबाव नहीं पड़ेगा।

पर मुकदमा शुरू होने से पहले रजिस्ट्रार श्री मदन मोहन जी ने मेरे सामने प्रस्ताव रखा कि हम विश्वविद्यालय के पैनल पर सीनियर एटर्नी श्री पी.पी. राव से मिल लें। हो सकता है, मुकदमेबाज़ी से बचने का कोई रास्ता निकल आए। मैंने सहर्ष स्वीकृति दे दी। नहीं जानती थी कि वे उनके सम्पर्क में रहने के कारण पहले ही साँठ-गाँठ कर आए हैं।

हम राव साहब के यहाँ पहुँचे। मैंने उनसे अपनी मजबूरी बयान की कि हमें इस लड़की को दाखिल करने के लिए तीन लोगों को दाखिल करना पड़ेगा और भविष्य के लिए गलत उदाहरण बनेगा। उनकी प्रतिक्रिया थी, 'अगर हम कोई ऐसा रास्ता निकाल दें कि आपको उन दो ऊपर वाले कैंडिडेट्स को नहीं, सिर्फ़ इसी लड़की को दाखिला देना पड़े?'

पलक झपकते ही बात मेरी समझ में आ गई कि साँठ-गाँठ हो चुकी है, सिर्फ़ बाकी है मुझे कायल करना। मैं यह कहते हुए तुरन्त उठ खड़ी हुई, 'मैं कोई सौदा करने नहीं, कानूनी मशवरा लेने आई थी। अगर इस कैंडिडेट का दाखिला होना ही है तो एक नहीं, तीन प्रत्याशी दाखिल होंगे, और यह केस आगे के लिए नज़ीर का काम करेगा।'

वे अवाक् थे। मैंने दरवाजे की तरफ़ कदम बढ़ा दिये थे। रजिस्ट्रार साहब के पास मेरा अनुसरण करने के अलावा कोई चारा नहीं था।

मुकदमे की पैरवी के साथ-साथ ही राजनीतिक जोड़-तोड़ भी शुरू हो गई। एक-दो पेशियों के बाद वीरेशप्रताप चौधरी ने एक दिन मुझे बड़ी संजीदगी से राय दी कि मुझे इस मुकदमे में उनके अलावा एक सीनियर वकील को भी बहस के लिए तय कर लेना चाहिए। उनका कहना था कि भले ही केस की तैयारी वे बड़ी मेहनत से कर रहे हैं, पर हाईकोर्ट में कभी-कभी यह बात भी मैटर करती है कि बहस कर कौन रहा है, सिर्फ़ यही नहीं कि कहा क्या जा रहा है!

मैंने उनकी राय माँगी तो उन्होंने लक्ष्मीमल्ल सिंघवी का नाम सुझाया। साथ ही यह भी कि वे फ़ी पेशी पाँच हज़ार रुपया लेंगे। उस ज़माने में यह खासी बड़ी रकम मानी जाती थी।

एक बार फिर मैंने कुलपति का दरवाज़ा खटखटाया। उन्होंने बड़ी उदारता से हामी भर दी। मेरी तरह उनका भी मानना था कि एक बार अगर ऐसी ज़ोर-ज़बर्दस्ती का मुकाबला नहीं किया गया तो किसी भी विभाग के दाखिले में परेशानी सामने आएगी।

सिंघवी साहब तय कर लिये गए। वीरेश जी ने उन्हें पूरा ब्यौरा समझाया, साथ ही खुद जो तैयारी की थी, वह सामग्री भी उन्हें मुहैया करा दी। जिस दिन मुकदमे के बारे में निर्णायक बहस होनी थी, उसके दो दिन पहले सहसा सिंघवी साहब ने

वीरेश चौधरी को, निश्चित तिथि पर पेश होने में अपनी असमर्थता व्यक्त करके उनसे तारीख बढ़वाने का अनुरोध कर दिया। उनकी लाचारी यह थी कि संयोग से उसी दिन उन्हें किसी अदालत में ए.आर. अंतुले पर चल रहे किसी केस के सिलसिले में पेश होना था। ज़ाहिर है, उस समय के राजनीतिक परिदृश्य में अंतुले जैसे राजनेता के मुकाबले, दाखिले के लिए लड़े जानेवाले मुकदमे की उनकी नज़र में क्या औकात हो सकती थी!

इस सूचना से वीरेश जी के पैर-तले की ज़मीन सरक गई। मुझसे बात करके उन्होंने शहर के कई बड़े वकीलों को फोन किया, पर सफलता नहीं मिली। इस सिलसिले में दो और उल्लेखनीय घटनाएँ हो चुकी थीं। एक तो वादी महाशय ने वीरेशप्रताप चौधरी पर पार्टी के कुछ नेताओं को साथ लेकर यह दबाव डालने की कोशिश की थी कि वे मुकदमा हार जाएँ। वीरेश ने उनसे तो जो कहा-सुना होगा, वह अलग, मुझे भी इस बात की सूचना देकर यह फ़ैसला मुझ पर छोड़ दिया कि मैं चाहूँ तो इस घटना के चलते अपना वकील बदल लूँ। उनका संकोच था कि अगर दुर्भाग्य से वे मुकदमा हार गए तो मुझे कहीं उनकी ईमानदारी पर शक न हो जाए। ज़ाहिर है, मेरे लिए यह सवाल पैदा ही नहीं होता था।

दूसरे, वादी महाशय ने अपनी ओर से पैरवी करने के लिए, कांग्रेस पार्टी से सम्बद्ध एक जाने-माने वकील को नियुक्त कर लिया। उधर वीरेश जी ने तारीख बढ़वाने के लिए जो आवेदन किया था, उसे जज ने यह कहकर नामंजूर कर दिया कि वे वकीलों की सुविधा से मुकदमों की तारीख तय नहीं करते—भले ही वकील लक्ष्मीमल्ल सिंघवी हों।

नियत तिथि से पहली सन्ध्या बड़ी भाग-दौड़ और तनाव से गुजरे हम। बहुत कोशिश करने पर भी कोई सीनियर वकील तय नहीं किया जा सका। आखिर मैंने वीरेश जी का मनोबल बढ़ाते हुए उन्हें आश्वस्त किया कि जितनी तैयारी उन्होंने की है, उतनी बड़े से बड़ा वकील आखिरी समय में नहीं कर पाता। अत: वे ईश्वर पर भरोसा करके मैदान में उतर जाएँ। मैं कोर्ट में उनके पीछे बैठी रहूँगी।

हुआ यही, उन्होंने डटकर बहस की, पूरे मनोयोग से; और फ़ैसला आखिर विभाग के पक्ष में हो गया। इतना ही नहीं, जज ने उस फ़ॉर्मूले की वस्तुनिष्ठता की प्रशंसा की जिसके अनुसार हमने दाखिला किया था। सुप्रीम कोर्ट में उनकी अपील दाखिल तक नहीं हुई। वाइस चांसलर बेहद प्रसन्न थे। वे जानते थे कि अगर हम मुकदमा हारे तो संकाय के तमाम विभागों पर मुकदमे होंगे, क्योंकि सबसे तर्कसम्मत और वस्तुनिष्ठ फ़ॉर्मूला हमारा ही था। कहना न होगा कि इससे उनकी नज़र में मेरी कद्र और बढ़ गई।

वे लगातार मुझ पर जिम्मेदारियाँ लादते चले जा रहे थे और मैं खुशी-खुशी उन्हें स्वीकार करती चली जा रही थी। एक ही समय में मैं विश्वविद्यालय के गेस्ट हाउस की और सबसे बड़े महिला छात्रावास की चेयरमैन तो थी ही। 'नॉन कॉलेजिएट वीमेंस

बोर्ड' के निदेशक की जगह खाली होने पर उन्होंने उसकी अस्थायी ज़िम्मेदारी भी मुझे ही सौंप दी। इसके अलावा वे हर ऐसे कॉलेज और संस्था की गवर्निंग बॉडी का मुझे सदस्य बना देते थे, जिसमें कोई झगड़ा चल रहा हो।

इसका एक कारण यह भी था कि उनके डीन ऑफ़ कॉलेजेज़ मोहिन्दर सिंह से मेरी अच्छी मित्रता थी—लम्बे समय से। मुझ पर बहुत भरोसा था उन्हें। यों जब वे देशबन्धु कॉलेज के प्रिंसिपल थे, और मैंने उनके यहाँ अजय तिवारी की नियुक्ति कर दी तो अगले ही दिन उन्होंने फोन पर उलाहना दिया, 'आप दिखा गईं न मेरे साथ हाथ-सफ़ाई! अपाइंट कर दिया मेरे यहाँ 'झोले वाले' को!'

वामपन्थी राजनीति में सक्रिय लोगों के लिए इस पद का आम प्रचलन था। वे नहीं चाहते थे कि उनके यहाँ किसी भी तरह की राजनीति में सक्रिय कोई प्राध्यापक नियुक्त हो। मैंने उनसे वायदा किया और बाद में अजय को दूसरी जगह नियुक्त कर दिया।

बड़ी लम्बी सूची है अनुभवों की, जो मुझे अपने तीन वर्षों में अध्यक्षता-काल में हुए। अच्छे अनुभवों की ज़्यादा, बुरे अनुभवों की कम। एक दिलचस्प किस्सा और जिसका रिश्ता विश्वविद्यालय के प्रशासन से नहीं था, मेरी याददाश्त में दर्ज है। मेरा निवास मुख्य माल रोड वाले कोने पर 'देहली स्कूल ऑफ़ सोशल वर्क' के बगल में था। 24/8 माल रोड पर। रोज़ शाम को केवेलरी लाइन में एक सिरे से बसी विश्वविद्यालय के प्रोफ़ेसरों की टोली इकट्ठा होकर टहलने और गप्प गोष्ठी करने के लिए निकलती। अन्तिम छोर पर प्राचीन इतिहास के मशहूर विद्वान प्रो. रामशरण शर्मा से शुरू होकर इस टोली में क्रमशः प्रो. उदितनारायण सिंह, डॉ. नगेन्द्र, फारसी के विद्वान आबिदी साहब और कोना घूमकर पूर्व वाइस चांसलर सरूप सिंह शामिल हो जाते। कभी-कभी सोशल वर्क के प्रो. गंगराडे भी साथ हो लेते थे। इस कभी पूरी, कभी अधूरी टोली का आखिरी पड़ाव अक्सर मेरा घर होता—भूगोल की दृष्टि से भी और चाय की उपलब्धि की सुविधा के लिए भी।

प्रो. रामशरण शर्मा से उनके दिल्ली आते ही शीला सन्धू ने परिचय करा दिया था। उदितनारायण सिंह भी बड़ौदा से आते ही पड़ोसी हो गए थे। आबिदी साहब के बेटे जावेद से उसके हमउम्र सहपाठी मेरे बेटे की बड़ी मित्रता थी, जो अब भी कायम है। प्रो. गंगराडे और डॉ. सरूप सिंह से भी अच्छा परिचय था। कुछ दिन टहलते-टहलते इन लोगों के बीच प्रस्ताव रखा गया कि विश्वविद्यालय की यह मित्र-मंडली एक 'ठलुआ क्लब' बनाए जिसकी बैठक महीने में एक बार किसी सदस्य के घर में हो—जिसमें खान-पान के अलावा हँसी-ठिठोली और हल्के-फुल्के विषयों पर बातचीत हो। विश्वविद्यालय से सम्बन्धित किसी विषय या समस्या का ज़िक्र पूरी तरह वर्जित था। इन लोगों की हमउम्र एकमात्र महिला प्रोफ़ेसर संगीत-संकाय की डीन और अध्यक्ष डॉ. सुमति मुटाटकर थीं। बेहद सुसंस्कृत व्यक्तित्व था उनका और शास्त्रीय संगीत की अच्छी गायिका मानी जाती थीं। इन लोगों की मर्दाना बैठकियों में उनकी एकाकी

उपस्थिति कुछ अटपटी लगने लगी तो सन्तुलन बनाने के लिए मुझे भी उसमें शामिल कर लिया गया गोकि उम्र मेरी उन सबसे कम थी।

इनमें सबसे वाचाल और मुँहफट व्यक्तित्व था—डॉ. सरूप सिंह का। दुनिया-भर के किस्से, व्यंग, फूहड़ मज़ाक उनकी ज़बान की नोक पर रखे रहते थे। जब कोई अश्लील-सा मज़ाक करते या कोई किस्सा बयान करते तो मुझे लक्ष्य करके कहते, 'भई मिसेज़ जैन, माफ़ करना; यह आपके सुनने लायक नहीं है,' और फिर ठहाका लगाकर किस्सा बयान कर देते। उनके पास अपनी जाट बिरादरी के किस्सों का अकूत भंडार था।

मेरा जवाब होता, 'नहीं डॉक्टर साहब, मैं तो यहाँ हूँ ही नहीं,' या फिर 'आप कहिए, मैं सुन नहीं रही हूँ।' और मजलिस चालू रहती।

उन दिनों डॉ. नूरुल हसन विश्वविद्यालय में सप्ताह में एकाध बार पढ़ाने आया करते थे। भाई लोगों ने उन्हें भी न्योता देकर शामिल कर लिया। और तो और, डॉ. गुरुबख्श सिंह जैसी गम्भीर शख्सियत को भी अपवाद रूप में निमंत्रण मिलने लगा। यह सिलसिला तब भंग हुआ, जब डॉ. सरूप सिंह ने रिटायर होकर मोहल्ला छोड़ दिया। डॉ. नगेन्द्र भी मॉडल टाउन चले गए और बाकी लोगों में भी वह स्नेह-सौहार्द नहीं बच रहा।

एक बार बैठक मेरे घर पर होनेवाली थी। कुछ लोग समय से आ गए थे, बाकी लोगों की प्रतीक्षा थी। मैं प्रबन्ध देखने के लिए उठकर रसोई की तरफ़ चली गई कि पाँच ही मिनट में डॉ. गुरुबख्श सिंह सहसा परेशान-से मेरे पीछे-पीछे रसोई में पहुँचकर बोले, 'मिसेज जैन, माफ़ करना, मुझे तो अभी जाना पड़ेगा, एक ज़रूरी फोन आ गया है।'

दरअसल, ड्राइंग रूम से मेरे चले आने के बाद वहाँ डॉ. वी.पी. दत्त आ गए थे। डॉ. सिंह से उनकी बिल्कुल नहीं बनती थी। मेरे लाख कहने पर भी वे रुके नहीं और वातावरण असहज हो गया। कुल मिलाकर पहले की-सी आपसदारी धीरे-धीरे खत्म होने लगी। डॉ. सरूप सिंह ने आखिर बड़ी संजीदगी से कहा—(तब वे नई दिल्ली में रहने लगे थे—यू.पी.एस.सी. के मेम्बर होकर) 'मिसेज जैन, आप कहेंगी तो मैं तो आ जाऊँगा। पर अब दम नहीं रहा है इस क्लब में। लोगों के दिलों में फ़र्क आ गए हैं। डालिए अब पर्दा इस पर।' और पर्दा गिर गया।

इस दौर का एक प्रसंग कांग्रेस के नेता जनार्दन द्विवेदी से ताल्लुक रखता है। वे उस समय खालसा कॉलेज में प्राध्यापक थे। जिन प्रोफेसर साहब के साथ शोध कर रहे थे, उनसे कोई मार्गदर्शन नहीं मिलने के कारण परेशान थे। यों राजनीति में दोनों समानधर्मा थे। फिर भी आजिज़ आकर जनार्दन ने मुझसे निर्देशक बदलने का अनुरोध किया। साथ ही यह भी कि वे मेरे साथ काम करना चाहेंगे। मेरे सामने विकट स्थिति थी। मैंने परामर्श दिया कि वे बस, निर्देशक बदलने का आवेदन दे दें, उसमें मेरा ज़िक्र न करें, वरना व्याख्या यह की जाएगी कि मैं उन्हें बरगला रही हूँ।

पर उन्होंने अपनी अर्ज़ी में यह ज़िक्र कर दिया। नतीजा यह कि जब स्टाफ़ काउंसिल में यह मसला सामने आया तो उनके निर्देशक ने यही व्याख्या की। इस एतराज़ के साथ कि यदि ऐसी माँगों को बढ़ावा दिया गया तो विभागीय अनुशासन भंग होगा। मुझे लाचार होकर यह आश्वासन देना पड़ा कि निर्देशक बदला गया तो भी वे मेरे साथ काम नहीं करेंगे, पर जनार्दन द्विवेदी ने इस स्थिति में आगे काम करने से इनकार कर दिया। यह बात अलग है कि अगर यह घटना नहीं भी हुई होती तो भी वे कॉलेज से कुछ ही समय बाद इस्तीफ़ा देकर सक्रिय राजनीति में पूर्णकालिक कार्यकर्ता होकर जानेवाले ही थे, इसलिए जो हुआ, वह उनके और मेरे दोनों के लिए ठीक ही हुआ। इस घटना से हमारे आपसी सम्बन्धों में कोई फ़र्क नहीं आया।

ऐसी तमाम छोटी-बड़ी घटनाओं से जूझते-निपटते तीन साल गुज़र गए। इस बीच तरह-तरह के दबाव पड़े स्थायी रूप से प्रशासनिक पदों को स्वीकार करने के लिए। एक बार 'नॉन कॉलेजिएट वीमेंस एजुकेशन बोर्ड' के निदेशक-पद के लिए और दूसरी बार 'मिरांडा' हाउस की प्रिंसिपल के पद के लिए, पर लम्बे समय तक ऐसी किसी भूमिका को अपनाने की दिशा में न रुचि थी, न हिम्मत। प्रशासन में पैर रखने का अर्थ था जकड़बन्दी। सुबह से शाम तक बँधी दिनचर्या। प्रसाद के शब्दों में 'अधिकार सुख मादक' भले ही होता हो पर उसका उपभोग अन्तत: एकरस, उबाऊ और जानलेवा ही होता है। परिस्थिति के अनुरोध से जब-जब ऐसी स्थिति चुनौती या मजबूरी में सामने आई, मैंने कभी पीठ नहीं दिखाई, पर छोटी-मोटी सुविधाओं के लिए या अहं की तुष्टि के लिए ऐसी जिम्मेदारियों को ललककर हासिल करने का लोभ और उत्साह कभी हुआ ही नहीं।

तीन साल की अध्यक्षता के दौरान भी मेरा ड्राइंग-रूम पहले की तरह मित्रों, सहयोगियों, बुजुर्गों—सबके लिए खुला रहता था। दफ़्तर से वापसी के समय कभी साथ ही, कभी पीछे-पीछे सहकर्मियों-मित्रों की टोली चली आती और फिर देर शाम तक चाय के साथ बातचीत का दौर चलता। मैं तो अपनी अध्यक्षता का मुखौटा कला-संकाय में छोड़कर निकलती ही थी, पर डॉ. नगेन्द्र भी जब-तब घूमते-फिरते आ निकलते तो सहज भाव से बतकही में शामिल हो जाते। यह उनकी पुरानी आदत थी। यों जैसे ही उनकी एंट्री होती, कुछ क्षण के लिए महफिल सनाका खा जाती। कुछ देर के लिए सबकी बोलती बन्द। फिर सब पूर्ववत् वैसा का वैसा। हँसी-ठिठोली, निन्दा-प्रशंसा, किस्सा-कहानी—सब बड़े सहज मित्र-भाव से, जिसमें डॉ. साहब भी शामिल हो जाते। यह सिलसिला तो चला आ रहा था आठवें दशक से ही—तभी से, जब से मेरी नियुक्ति विभाग में हुई। यह क्रम भंग हुआ, कुछ महीनों के लिए, जब मुझे सन् 1988 में मकान मालिक से मुकदमा हारने के बाद वह मकान खाली करके अपने निजी नवनिर्मित मकान में जाना पड़ा—वैशाली, पीतमपुरा, दिल्ली विश्वविद्यालय के प्राध्यापकों की कॉलोनी में।

इन्दिरा गांधी का महाप्रयाण

वह तीन वर्ष बाद की बात है। उससे पहले, अध्यक्षता की ज़िम्मेदारी डॉ. महेन्द्र कुमार के सुपुर्द करने के बाद दो महीने भी नहीं गुज़रे होंगे कि एक बार फिर विस्कान्सिन विश्वविद्यालय की वार्षिक कॉन्फ्रेंस में भाग लेने का निमंत्रण आ गया। इस बार वे लोग चाहते थे कि मैं किसी मध्यकालीन कवि पर पर्चा पढ़ूँ। पर कबीर या सूरदास पर नहीं, क्योंकि उनका कहना था कि 'कबीर और सूर बहुत हो चुके' थे वहाँ। मुझे विश्वास था कि तुलसीदास भी बहुत नहीं तो काफ़ी हो चुके होंगे। मैंने सोच-विचार कर नन्ददास की कविता में संगीत विषय सुझाया, और 'रास पंचाध्यायी' के कुछ छन्दों को संगीत के सुरों में बँधवाकर उनकी रिकॉर्डिंग करा ली—अपनी मित्र श्रीमती सुमति मुटाटकर के सहयोग से। इस बार जाते समय शिकागो विश्वविद्यालय में रुककर भाषण देना था और विस्कान्सिन के 'स्त्री-अध्ययन' केन्द्र में भी भारत के 'महिला लेखन' पर भाषण देना था।

सब कार्यक्रम बड़े सुख-चैन से सम्पन्न हो गए। मैं विस्कान्सिन में अपनी मित्र कथाकार उषा प्रियम्वदा के साथ ठहरी थी। कॉन्फ्रेंस की तीन दिन की गहमागहमी के बाद सुबह के समय शीशे से छनकर आती गुनगुनी धूप में बड़े सुकून से एक पत्रिका के पन्ने पलट रही थी कि अचानक फोन की घंटी घनघनाई। दूसरे सिरे पर उषा थीं, बेहद घबराई आवाज में, 'निर्मला जी, जरा जल्दी से टी.वी. खोलिए। यहाँ बड़ी ज़ोर से खबर फैली है कि इन्दिरा गांधी का असैसिनेशन हो गया।'

मैंने तुरन्त टेलीविज़न खोला। खबर सच थी। घटना का ब्यौरेवार कवरेज हो रहा था। मैंने उषा को बताया तो ज़ाहिर है, वे भी बेहद विचलित होकर बोलीं, 'मैं, आती हूँ अभी। सामने फैले कागज़ समेटकर। आप देखती रहिए।'

उस दिन सुबह मैंने तीन दिन की भाग-दौड़ में होनेवाली थकान के कारण उषा के साथ यूनिवर्सिटी जाने से इनकार कर दिया था।

खबर आग की तरह फैल गई थी। भारतीय मूल के समाज में बहुत क्षोभ, जिज्ञासा और बेचैनी थी। उषा कुछ ही देर में घर आ गईं और उसके बाद हम लोग टेलीविज़न से चिपके बैठे रहे। समय के साथ स्थिति स्पष्ट होती जा रही थी। विदेशी टेलीविज़न ने इस घटना और इससे होनेवाली प्रतिक्रियाओं को जितने विस्तार से दिखाया था, उतना भारतीय एजेंसियों ने नहीं। बात उनकी अन्त्येष्टि के साथ खत्म नहीं हुई थी। जिन लोगों ने इस घटना पर घी के दीये जलाए थे, उसका ख़ामियाज़ा जगह-जगह उनके निर्दोष जाति-भाई भुगत रहे थे।

हिंसक क्रिया-प्रतिक्रिया का जो सिलसिला शुरू हुआ, वह तर्कातीत उन्माद से प्रेरित था। मुझे विस्कान्सिन में बैठे-बैठे यह चिन्ता सता रही थी कि दिल्ली के माल रोड वाला इलाका, गुरु तेगबहादुर नगर (किंग्स्वे कैम्प) के साये में बसा है। फ़्लैट ऐसा, जिसमें बाहरी हमले से सुरक्षा की कोई गुंजाइश नहीं। अगर किंग्स्वे कैम्प का

सिख समुदाय गोलबन्द होकर हल्ला बोल दे तो बचाव का सवाल नहीं उठता था।

भारत लौटने पर पता लगा कि मेरी चिन्ता निर्मूल नहीं थी। उस चौबीस नम्बर के अहाते में बने आठ फ़्लैटों के निवासियों ने दहशतगर्दी के साये में वे कुछ दिन सामूहिक रूप से संगत में उठ–बैठकर गुज़ारे, ताकि किसी आपात–स्थिति में एक दूसरे की रक्षा कर सकें।

अगले दिन विस्कान्सिन विश्वविद्यालय में भारतीय मूल के निवासियों ने एक शोक–सभा का आयोजन किया। वहाँ बसे भारतीयों में से आनेवालों की संख्या आशा से बहुत कम थी। भावशून्य रस्मिया–सा आयोजन। कुछ औपचारिकताएँ पूरी करके समाप्त हो गया। मुझे निराशा तो हुई ही, यह सवाल भी उठा कि विदेशों में बसे भारतवासी भावना के स्तर पर क्या इतने छिन्नमूल हो जाते हैं?

फिर वही विभाग

वापस लौटी तो विभाग की एक खबर ने कुछ चौंकाया। पता लगा कि मेरी गैरहाजिरी में प्रो. महेन्द्र कुमार ने डॉ. गुरुबख्श की दिन–रात खुशामद करके उन्हें इस बात के लिए राज़ी कर लिया कि उन्हें मुख्य परिसर में डॉ. उदयभानु सिंह के रिटायर होने पर खाली हुई प्रोफ़ेसर की पोस्ट पर नियुक्त कर दें। वाइस चांसलर को इसमें कोई आपत्तिजनक बात नहीं लगी क्योंकि यह एक प्रमोशन पोस्ट से नियमित पोस्ट पर स्थानान्तरण के साथ परिसर के बदलाव की ही बात थी। उन्होंने आपत्ति नहीं की और डॉ. महेन्द्र कुमार का मनोवांछित उन्हें मेरी अनुपस्थिति में प्राप्त हो गया।

मेरा अनुमान है कि इसका प्रभाव उनकी मानसिकता पर अच्छा नहीं पड़ा। एक तो अध्यक्षता का दम्भ और दूसरे, वे शायद मुख्य परिसर की तुलना में दक्षिण परिसर को कुछ हीनतर इकाई समझते थे। इसके अलावा उन्हें इस बात का ज़रा भी एहसास नहीं था कि उनकी जानकारी महज़ रीतिकालीन काव्य या कुछ और उदारता से आँकना हो तो मध्यकालीन काव्य तक सीमित थी। उसमें भी समयानुसार पुनर्विचार और पुनर्व्याख्या की कोई ज़रूरत ही उन्हें महसूस नहीं होती थी। दरअसल वे इसकी ज़रूरत समझते ही नहीं थे। शोध उन्होंने कवि मतिराम के काव्य पर किया था। अध्यापन मौलिकता की दृष्टि से नहीं, नियमितता की दृष्टि से बहुत ठीक–ठिकाने से करते थे। गुरुजनों से जो पढ़ा था, उसमें कोई विस्तार, समयानुसार कुछ जोड़ने–घटाने को वे अनावश्यक समझते थे। पर जितना जानते थे, उसका साधिकार नियमित अध्यापन करने भर से उनकी छाती गर्व से चौड़ी हुई रहती थी। उनकी कोई निश्चित विचारधारा नहीं थी, पर झुकाव वामपन्थ–विरोधी था। खुद शायद उत्तर प्रदेश के पछाँह के किसी इलाके के रहे होंगे, ऐसा उनकी बनावट से लगता था, पर लम्बे समय से परिवार दिल्ली

के रेहगड़पुरा मोहल्ले में रहता आया था। पूर्वी उत्तर प्रदेश के लोगों से बेहद चिढ़ते थे। उन्हें बराबर 'पुरबिये' विशेषण से सम्बोधित करते और अपशब्दों से नवाज़ा करते—नामवर सिंह से लेकर नित्यानन्द तिवारी तक को। मुझे उन्होंने अक्सर 'हम दिल्ली वाले' की दुहाई देकर स्थानीय गुटबन्दी के लिए प्रेरित किया, लेकिन मैंने इस तरह की मानसिकता न परिवार से, न गुरुजनों से विरासत में पाई थी। नतीजा यह कि वे मुझ पर भी रौब गालिब करने की फ़िराक में रहने लगे। आए दिन छोटी-छोटी बातों पर उनकी ओर से कुछ जवाबतलबी-सी होने लगी। मैं इसे उनकी मूर्खता समझकर टालती रही।

आखिर एक ऐसी घटना हो गई, जिससे पूरा वातावरण विषाक्त हो गया। 'नाटक' की विशेषता के साथ रीडर का पद विज्ञापित हुआ। एक स्थानीय कॉलेज में एक तथाकथित प्राध्यापक वाणी और कर्म, दोनों से गुंडई के प्रतीक थे। वे डॉ. महेन्द्र कुमार के मुँहलगे थे। पूरा विभाग आशंकित था कि अगर उनका प्रवेश हो गया तो विभाग में बैठना मुश्किल हो जाएगा।

जिस दिन इंटरव्यू निश्चित हुआ, विभाग में सेमिनार चल रहा था। मैं पहले दिन वाइस चांसलर से मिलकर उन्हें इस व्यक्ति के बारे में सावधान कर आई थी और बात उनकी समझ में आ गई थी। महेन्द्र कुमार सेमिनार के बीच से उठकर इंटरव्यू के लिए जाने लगे तो बड़े मित्र-भाव से खीसें निपोड़कर बोले, 'मुझे तो अब जाना होगा। यहाँ आप सँभालिए, उधर मैं निपटाकर आता हूँ।' मुझे जाने क्यों लगा कि इनसे भी एक बार कह ही देना चाहिए। मैंने इतना ही कहा, 'वैसे तो जो ठीक समझें, आप करें, पर विभाग में भारद्वाज को लाने की गलती न कर दीजिए। पूरा माहौल बिगड़ जाएगा।'

उनकी प्रतिक्रिया थी, 'खूब जानता हूँ मैं उसे। बड़ा लँगोटी का कच्चा है, उसे कौन लेगा?'

मुझे भरोसा हो गया कि अगर इतनी समझ है, तो वे गलती नहीं करेंगे। वह मेरा भ्रम था।

उसी दिन शाम ढले अचानक मोहिन्दर सिंह (डीन ऑफ़ कॉलेजेज़) का फोन आया, 'मिसेज जैन, आपको पता है, आज इंटरव्यू में क्या हुआ? मैंने सुना है कि उसी गुंडे का अपाइंटमेंट हो गया। वह रजिस्ट्रार के दफ़्तर के बाहर खड़ा अला-बला बक रहा है।'

मेरे ज़ोर देने पर उन्होंने खुलासा किया। वे हज़रत फ़रमा रहे थे, 'आज हिन्दी विभाग में रीडर नहीं, 1996 का प्रोफ़ेसर-हेड नियुक्त हुआ है। अब मैं इन सब सालों के कपड़े उतारूँगा एक-एक करके।' सुनकर मेरी सिट्टी-पिट्टी गुम।

अगले दिन सुबह होते ही मैं वाइस चांसलर के दफ़्तर पहुँची। उन्हें भी शायद तब तक अपनी गलती का एहसास हो गया था। सकपकाकर बोले, 'अरे भाई, सब मुखर्जी ने गड़बड़ कर दिया। वे उन लोगों के साथ मिल गए। आपने उनसे बात नहीं की थी पहले?' मैं जवाब देती कि तभी डॉ. मुखर्जी कमरे में घुसे तो वे उनकी तरफ

मुखातिब हुए, 'लो, दादा, क्या कह रही हैं ये? कल गड़बड़ करा दी न आपने!'

मुखर्जी साहब ने जवाब नहीं दिया। जो कहा, उसमें संकेत यह था कि मैं उनसे अलग से बात करूँ। मैं उनके साथ उनके दफ़्तर में गई तो पता लगा कि लम्बे समय से उनके और वाइस चांसलर के बीच बातचीत तक बन्द है, इसलिए उन्हें लगा कि वाइस चांसलर बिना बात विरोध कर रहे हैं। उन्हें शिकायत थी कि मैंने उनसे अलग से क्यों नहीं कहा। इधर मुझे दोनों के बीच मनमुटाव के बारे में पता ही नहीं था। डॉ. मुखर्जी ने प्रमाण दिया कि कुछ दिन पहले जब उन्होंने मुझे कुछ और लोगों के साथ अपने घर खाने पर आमंत्रित किया था, तब वहाँ डॉ. गुरबख्श सिंह नहीं थे।

परेशान डॉ. मुखर्जी भी थे। असमंजस उनके मन में शायद पहले से भी रहा होगा। दोनों ने मुझे आश्वस्त किया कि इस समस्या का सोच-विचारकर हल निकाला जाएगा। विभाग को उनकी चूक के कारण नष्ट नहीं किया जा सकता। दोनों के मन में बड़ी दुविधा और अपराध-बोध था। डॉ. गुरबख्श सिंह का कार्यकाल खत्म होने को था। उन्होंने अपने रहते वह लिफ़ाफ़ा एक्ज़ीक्यूटिव में नहीं खोला।

डॉ. मुखर्जी कार्यवाहक वी.सी. हुए। पर इससे पहले कि वे कोई निर्णय कर पाते, गम्भीर रूप से बीमार हो गए। मैं मिलने गई तो मुझे आश्वस्त करते हुए एक ही वाक्य कहा, 'यह मेरा ही पाप है। मैं ही इसे ठीक करूँगा।'

उनके अस्वस्थ होने के कारण प्रो. आबाद अहमद पर यह पद-भार आया तो उन्हें भी यह हिदायत दे दी गई कि इस प्रसंग को वे उनके स्वस्थ होने तक स्थगित रखें। पर यह अवसर आया ही नहीं। डॉ. मुखर्जी का स्वर्गवास हो गया और कुछ ही समय बाद प्रो. मूनिस रज़ा दिल्ली विश्वविद्यालय के वाइस चांसलर नियुक्त हो गए।

विश्वविद्यालय में प्रो. मूनिस रज़ा

रज़ा साहब बड़े जीवन्त इन्सान थे। उनके बारे में सुना बहुत था, व्यक्तिगत रूप से जान-पहचान नहीं थी। इतना अन्दाज़ ज़रूर था कि वे राही मासूम रज़ा के बड़े भाई होने और जे.एन.यू. में नामवर जी के सहयोगी होने के नाते हिन्दी की दुनिया से शायद परिचित होंगे। मैंने साहस करके उनसे औपचारिक मुलाकात की। अपना परिचय दिया और विनम्रता से इतना भर कह दिया कि एक दिक्कततलब मामले में मदद के लिए दुबारा आऊँगी। बातचीत से लगा कि मैं उनके लिए पूरी तरह अजनबी नहीं हूँ। मुझे बड़े शाइस्ता इन्सान लगे।

उन्होंने टीम बनाई तो अंग्रेज़ी के प्रो. ए.एन. कौल को प्रो वाइस चांसलर-पद के लिए चुन लिया। सरदार मोहिन्दर सिंह डीन ऑफ़ कॉलेजेज़ बने रहे, पर दक्षिण परिसर के डायरेक्टर के पद पर प्रो. आबाद अहमद की पुनर्नियुक्ति करने में उनका मुसलमान होना शायद संकोच का कारण बना हुआ था। मैंने आबाद साहब से बात

की और उनकी रज़ामन्दी लेकर रज़ा साहब के दरबार में उनकी वकालत करने पहुँच गई। मैं दक्षिण परिसर के भविष्य के हवाले से आबाद साहब की पैरवी करती रही और वे चुपचाप सुनते रहे। आखिर में बस मुस्कराकर इतना कहा, 'देखो, देखते हैं। जल्दी फ़ैसला करेंगे। तुम सचमुच सोचती हो कि उन्हें ही आगे कंटिन्यू करना चाहिए?'

मैंने उत्साह से हामी भरी और लौट आई। मन में लगा कि शायद मैंने उनका विश्वास जीत लिया है।

जल्दी ही मैंने फिर समय लिया और बिना किसी भूमिका के बन्द लिफ़ाफे का किस्सा उनसे बयान करके अपनी परेशानी उनके सामने रख दी। उनकी प्रतिक्रिया में झुँझलाहट थी, 'ये तो ज्यादती की बात है। डॉ. गुरबख्श सिंह को खुद इस मामले को रफ़ा-दफ़ा करके जाना चाहिए था। मैं तो हमेशा सेलेक्शन कमेटी के फ़ैसले को अपहोल्ड करने की वकालत करता रहा हूँ। मुझे अजब मुसीबत में डाल रही हो तुम! खैर, देखता हूँ, क्या किया जा सकता है?'

उन्हें यह तो समझ में आ गया कि मामला ठीक नहीं है, पर कुर्सी पर बैठते ही इस तरह की मुश्किल सामने आएगी, इसकी उम्मीद नहीं थी। मैंने उठते-उठते यह और जोड़ दिया कि वे चाहें तो अपने सूत्रों से उस व्यक्ति की रेपुटेशन की जानकारी हासिल कर लें, ताकि मेरी चिन्ता का कारण उनकी समझ में आ जाए। मैंने मोहिन्दर सिंह और आबाद साहब को भी इस बातचीत की जानकारी दे दी।

जैसे-जैसे समय गुज़र रहा था, उधर बेकली बढ़ रही थी। रजिस्ट्रार साहब उन लोगों के हितू थे। उन्होंने ही प्रो. कौल को भी साध लिया था। उसी बीच रज़ा साहब ने सम्बद्ध फाइल पर एक टिप्पणी करके उसे कौल साहब को यह कहकर सौंपा कि वे देखकर उसे खुद रजिस्ट्रार के हवाले कर दें क्योंकि मामला गोपनीय है, पर यह बात आनन-फ़ानन में बाहर निकल गई, और वे हज़रत वहीं दफ़्तर के बाहर खड़े होकर अपने सम्पर्कों और पहुँच की शेखी बघारने लगे। यह सूचना मिलते ही मैंने वाइस चांसलर का दरवाज़ा खटखटाया। वे हैरान थे। कौल साहब के पास कोई तसल्लीबख्श जवाब नहीं था। उनकी विश्वसनीयता पर सवाल उठ खड़ा हुआ तो उन्होंने नैतिक ज़िम्मेदारी तो ली, पर जल्दी ही अपने पद से इस्तीफ़ा दे दिया।

फाइल की ज़िम्मेदारी मोहिन्दर सिंह के कन्धे पर आ गई, इस हिदायत के साथ कि आगे की कार्यवाही की गोपनीयता की ज़िम्मेदारी उन पर होगी। उधर, उन महाशय का धीरज चुक रहा था। यह खबर तो मिल ही गई होगी कि मैं रज़ा साहब के सम्पर्क में हूँ। उन्हें लगा कि मुझे डराने-धमकाने से उनकी बाधा दूर होने की सम्भावना हो सकती है। लिहाज़ा उन्होंने अपनी शख्सियत के अनुरूप मेरे बारे में एक निहायत अश्लील पर्चा छापकर उसे कला-संकाय के गलियारों में वितरित कर दिया। उनकी आशा के विपरीत पूरे माहौल में जैसे ज़लज़ला आ गया। इस योजना में महेन्द्र कुमार शामिल थे। इसके प्रमाण विद्यार्थियों ने जुटा लिये। पर्चा दोपहर बाद इसलिए बाँटा गया था ताकि इस हरकत के चश्मदीद गवाह बहुत न हों।

मुझे अगले दिन सुबह–सुबह घर आकर विद्यार्थियों ने बड़े संकोच, पर आक्रोश से यह घटना सुनाई, इस घोषणा के साथ कि वे डॉ. महेन्द्र कुमार से इस हरकत का हिसाब तय करने जा रहे हैं। पर्चा इतना घिनौना था कि उसे मुझे दिखाते हुए भी उन्हें संकोच हो रहा था। पर्चा पढ़कर मेरे लिए उस युवा टोली से आँख मिलाना दूभर था। एक क्षण के लिए वातावरण निस्पन्द हो गया। पर्चे की इबारत के बारे में कुछ कहने–सुनने की गुंजाइश ही नहीं थी। मैंने इतना भर कहा, 'यह मेरी लड़ाई है, इसे मैं अपने स्तर पर लड़ूँगी। विद्यार्थियों को इसके बीच डालना मैं सही नहीं समझती। ज़रूरत होगी तो मैं खुद तुम लोगों को खबर कर दूँगी। तुम लोगों की भावना की मैं कद्र करती हूँ। ज़ाहिर है, इससे मेरा मनोबल बढ़ा है, पर इस समय तुम लोग शान्ति बनाए रखो और वापस जाओ।' बहस का अवसर नहीं था। वे लोग दुखी मन से लौट गए।

यह घटना इतनी अप्रत्याशित और अकल्पनीय थी कि पूरे विश्वविद्यालय में खलबली मच गई। बाद में पता लगा कि जगह–जगह पर हर आयु–वर्ग के लोग एकजुट होकर इस पर प्रतिक्रियात्मक कार्यवाही की योजना बना रहे हैं। तब तक ऐसी स्त्री–विरोधी हरकतों पर 'स्त्री–विमर्श' के बैनर तले विरोध करनेवाले संगठन सक्रिय नहीं हुए थे। इस घटना को लेकर तो विश्वविद्यालय की पूरी प्राध्यापक–बिरादरी में बड़ा रोष था। एक तरफ वे लोग संगठित हो रहे थे, दूसरी तरफ़ मैंने इस बाबत तुरन्त वाइस चांसलर से मिलने का निर्णय लिया और विद्यार्थियों को विदा करते ही उनके दफ़्तर पर दस्तक दी।

खबर उन्हें मिल चुकी थी। वे बेहद संजीदा बैठे थे। उनकी मुद्रा देखते ही मेरा गला भर आया। भर्राई आवाज़ में इतना ही कह पाई, 'मुनीस भाई, मेरी इज़्ज़त बचाने के लिए आप क्या कर सकते हैं?' कहते–कहते मेरी आँखें भर आईं।

कुछ क्षण के मौन के बाद उनकी प्रतिक्रिया हुई, 'तुम रो तो सकती हो, मैं तो रो भी नहीं सकता जबकि मेरा ज़र्रा–ज़र्रा रो रहा है, इस शर्मनाक हरकत पर। तुम बेफ़िक्र रहो, देखता हूँ, क्या किया जा सकता है! मुझे अन्दाज़ा है कि कौन लोग हैं इसके पीछे।' 'मुझे आप पर पूरा भरोसा है'—कहते हुए मैं उठी और चली आई।

तय नहीं कर पा रही थी कि मेरा अगला कदम क्या हो! पर मुझे इसकी ज़रूरत नहीं पड़ी। मेरे समर्थन में सैकड़ों कदम जुलूस की शक्ल में उठ चुके थे।

मेरे लौटते ही रज़ा साहब ने विश्वविद्यालय की शिक्षक–बिरादरी के नाम एक अपील जारी की—इस घटना की भर्त्सना करते हुए, इस अनुरोध के साथ कि सब लोग एकजुट होकर इसकी निन्दा करें और यह प्रयास करें कि ऐसी घटनाओं की पुनरावृत्ति न हो। उन्होंने मुझे फोन करके कहा कि वे इसे प्रशासनिक ज़रिए से तो भिजवा ही रहे हैं, पर वे चाहते हैं कि कोई ज़िम्मेदार व्यक्ति, व्यक्तिगत रूप से इसके समर्थन में जितनी अधिक संख्या में सम्भव हो, प्रिंसिपलों और प्रोफ़ेसरों के हस्ताक्षर कराके उन्हें लौटा दे, ताकि वे इसे लेकर पुलिस कमिश्नर से मिलें, और अपेक्षित कार्यवाही के लिए उनसे आग्रह करें।

इधर वे यह कर रहे थे, उधर प्रो. रणधीर सिंह के नेतृत्व में तमाम विषयों के हर स्तर के शिक्षकों और प्रिंसिपलों का एक समुदाय इकट्ठा होकर उनसे मिलकर इस घटना पर गम्भीर अनुशासनात्मक कार्यवाही करने की अपील करने की तैयारी कर रहा था। यह भीड़ उनके विशाल कक्ष में समा नहीं पाई तो रज़ा साहब के प्रस्ताव पर सब लोग उसके बाहर जाफ़री–बन्द बरामदे में बातचीत के लिए ज़मीन पर बैठे और रज़ा साहब ने इस उत्तेजित समूह को आश्वस्त किया कि वे इस मामले को पूरी गम्भीरता से इसके अंजाम तक पहुँचाएँगे।

मीटिंग के बाद मेरे स्वर्गीय मित्र डॉ. रवीन्द्रनाथ श्रीवास्तव के साथ कुछ और सहयोगी मिलने के लिए घर आए। महिलाओं में रेखा अवस्थी और वृन्दा कारन्त के साथ तमाम लोगों ने इस विरोध–प्रदर्शन में हिस्सा लिया। कहना न होगा कि इस घटना से मुझे कितना नैतिक बल मिला। वृन्दा इस घटना को आज भी नहीं भूली हैं।

उधर वाइस चांसलर की अपील की प्रतियाँ लेकर मेरे कहने पर डॉ. इन्द्रनाथ चौधरी ने हस्ताक्षर इकट्ठे करने का जो अभियान शुरू किया, उसमें चौबीस घंटे के भीतर जब संख्या एक सौ साठ के ऊपर हो गई तो मैंने ही उन्हें रोक दिया। वाइस चांसलर का लक्ष्य तो इतने भर से पूरा हो गया था और इन्द्रनाथ जिस समर्पित भाव से गाड़ी दौड़ाते हुए हलकान हो रहे थे, मुझे उससे संकोच होने लगा था। यह बात अलग है कि इन घटनाओं से मेरा आत्मविश्वास और नैतिक बल बढ़ा, शत्रु–मित्र की पहचान पुख्ता हुई। मेरे निकट सहयोगियों में से, जिन एकाध लोगों ने इस पर हस्ताक्षर करने से इनकार किया, उनकी औकात भी मेरे मन में हमेशा के लिए तय हो गई।

इस हरकत को करनेवालों का उद्देश्य मुझे डराना–धमकाना था। उन्हें स्वप्न में भी आशा नहीं रही होगी कि प्रतिक्रिया इतनी व्यापक और उनके लिए निर्णायक हो जाएगी। पर तीर निकल चुका था, अंजाम बाकी था, जो उनकी आशा से ठीक उलटा हो गया।

वाइस चांसलर पुलिस कमिश्नर से मिले। रिपोर्ट दर्ज कराई। जानते सब थे पर चश्मदीद गवाही जुटाना कठिन हो रहा था। पर्चे के नीचे प्रिंट लाइन नहीं थी। बाँटनेवाले बड़ी सफ़ाई से यह काम कर गए थे। पुलिस को किसी ऐसे व्यक्ति की तलाश थी जो यह गवाही दे दे कि उसने पर्चे बाँटते हुए उस व्यक्ति विशेष को देखा है, जो सब जानते थे कि इस घटना के लिए ज़िम्मेदार है। यह प्रस्ताव मेरे एक प्रिय शोध–छात्र के सामने रखा गया, जिसका नैतिक–बोध असमय जाग्रत् हो गया और उसने झूठ बोलने से इनकार कर दिया। शिकायत मुझ तक आई। इस सवाल के साथ कि अगर मैं उसकी जगह होती तो क्या करती? बड़े रोष और भर्त्सना के स्वर में मुझे यह बताया गया। मुझे सुनकर निराशा ज़रूर हुई पर मैंने उसकी असमय जाग्रत् सत्यनिष्ठा के लिए उसे माफ़ ही नहीं किया, इस बात को मन से भरसक निकाल देने का फ़ैसला किया। विद्यार्थी प्रतिभावान था और मेरी नाराज़गी से उसका भविष्य काफ़ी हद तक चौपट हो सकता था। समय के साथ बात आई–गई हो गई। पुलिस ने अपना काम कर लिया। कैसे?

मैंने जानने की कोशिश नहीं की। उन्होंने गिरफ़्तारियाँ कीं, यह भी तब पता लगा, जब थाने से फ़ोन आया, उनकी ज़मानत के बाद। यह पूछने के लिए कि क्या मेरी दिलचस्पी बाकायदा केस को आगे चलाने में है? पर मेरे मन में तब तक इस प्रसंग को और घसीटने का उत्साह नहीं बचा था, अतः मेरी उदासीनता देखकर केस बन्द कर दिया गया।

दरअसल मुझे प्रशासन से, सहयोगी शिक्षक-समुदाय से, मीडिया से, इस प्रसंग में इतना सहयोग और सम्मान मिला था कि मेरी भरपाई हो गई थी। मेरे पैरों तले की ज़मीन बहुत पुख्ता हुई थी, इसलिए भी कि इस घटना से वाइस चांसलर की समझ में यह अच्छी तरह आ गया कि उस 'बन्द लिफ़ाफ़े' के बारे में मेरी और तमाम सहयोगियों की चिन्ता का कारण क्या है। जो व्यक्ति बाहर रहते हुए यह कर सकता है, उसके विभाग में प्रवेश से बाकी लोगों को कैसे आतंक के साये में रहना पड़ सकता है।

इस घटना के बाद किसी को किसी से कुछ कहने-सुनने की ज़रूरत नहीं पड़ी। पूरे मामले पर गोपनीयता की तालाबन्दी हो गई। ब्यौरे तब पता लगे, जब फ़ैसला हो गया, वह भी अपने मित्र मोहिन्दर सिंह से।

वाइस चांसलर ने इस मामले की कानूनी जाँच के लिए हाईकोर्ट के सेवानिवृत्त वरिष्ठ जज की नियुक्ति की। वे तीन-चार बैठकों में फाइलों की छान-बीन करके निर्णय दे गए कि हेराफेरी विशेषज्ञों की नियुक्ति में हुई है, अतः चयन समिति की संरचना अवैध है।

जिस दिन एक्ज़ीक्यूटिव की बैठक में यह मामला रिपोर्ट किया गया, सन्नाटा छा गया। रजिस्ट्रार तक को इस पूरी कार्यवाही की भनक नहीं लगी थी। रज़ा साहब इतनी गोपनीयता बरतेंगे, किसी को उम्मीद नहीं थी। मीटिंग खत्म हुई तो आबाद साहब और मोहिन्दर सिंह, दोनों ने बड़ी राहत के स्वर में सूचना भी दी और सफलता के लिए बधाई भी।

बाद में वर्षों तक तमाम लोगों ने मेरे प्रति इस बात के लिए बराबर आभार व्यक्त किया कि अपने लिए खतरा मोल लेकर मैंने विभाग को भविष्य में नष्ट होने से बचा लिया।

विभाग में विघटन के बाद

इस घटना के बाद, ज़ाहिर है, विभाग के प्रति मेरे मन में खास किस्म की उदासीनता घर कर गई। मैंने अपने को दक्षिण परिसर तक लगभग महदूद कर लिया। जिसे भाई लोग गर्व से 'मुख्य' परिसर कहते थे, वहाँ जाना केवल कक्षा लेने भर के लिए या अत्यन्तावश्यक बैठकों में भाग लेने के अलावा होता ही नहीं था। प्रयास करके दक्षिण परिसर की अलग पहचान बनाने के लिए वहाँ

'साहित्य के समाजशास्त्रीय अध्ययन' और 'हिन्दी पत्रकारिता' के दो वैकल्पिक पाठ्यक्रम शुरू किए और क्रमशः एम.फिल. की भी अलग व्यवस्था कर ली।

पर इस घटना का दुष्प्रभाव पूरे विभाग के माहौल पर पड़ा। विभाग का अनौपचारिक विभाजन हो गया, अनकही प्रतिस्पर्धा के-से भाव से। इसका एक कारण यह भी था कि दक्षिण परिसर के अध्यापकों में आपसी सौहार्द अपेक्षाकृत अधिक था। सबकी रुचि साहित्य की नई प्रवृत्तियों में थी। रचनाकारों की दुनिया से सम्पर्क था। खुद रचनाकार थे। ज़ाहिर है, इसका प्रभाव अध्यापन के तौर-तरीकों पर भी पड़ता था और कक्षाओं से इतर गप्प-गोष्ठियों पर भी। ऐसे माहौल में विभाग में बराबर सेमिनार कराने का उत्साह भी बना रहता ही था। एक संगोष्ठी का आयोजन तो मैं उसी वर्ष करा चुकी थी, 1985 के मार्च महीने में, जिस वर्ष यह दुर्घटना घटी। यह कार्यक्रम 15-17 मार्च को 'भारतीय संस्कृति और समसामयिक परिदृश्य' के सन्दर्भ में आचार्य रामचन्द्र शुक्ल पर आयोजित किया गया था। इसमें और विषयों के अलावा, अन्तिम सत्र 'हिन्दी आलोचकों की काव्य-सृष्टि' पर प्रस्तावित था। अध्यक्ष थे शिवमंगल सिंह 'सुमन' और कविता पाठ करनेवालों में डॉ. रामविलास शर्मा, डॉ. नगेन्द्र, डॉ. नामवर सिंह, सुरेशचन्द्र गुप्त, विश्वनाथ त्रिपाठी, नित्यानन्द तिवारी, अजित कुमार के अलावा कवि गिरिजाकुमार माथुर और रामदरश मिश्र के नाम शामिल थे। अन्त में आचार्य रामचन्द्र शुक्ल की कविताओं का पाठ अध्यक्ष डॉ. शिवमंगल सिंह 'सुमन' करनेवाले थे। शिरकत सबने की। काव्य-पाठ करने से कुछ लोग समय पर कतरा गए, पर कुल मिलाकर सत्र बहुत मनोरंजक रहा।

समय के साथ मेरे लिए हिन्दी विभाग का अर्थ हो गया—दक्षिण परिसर का विभागीय यूनिट। विचित्र स्थिति थी, दक्षिण परिसर की विभागीय इकाई की। परिस्थिति-भेद से कुछ विषयों के प्राध्यापक नाभिनाल-बद्ध ढंग से विश्वविद्यालय से चिपके रहना चाहते थे और कुछ लोग स्वतंत्र रूप से, स्वैच्छिक ढंग से विभाग का विकास करना चाहते थे। हम लोग दूसरे वर्ग में थे। हम ही नहीं, कुछ समय तक यह कशमकश भी चली कि पूरा दक्षिण परिसर ही प्रशासनिक और अकादमिक रूप में स्वतंत्र हो जाए, पर कानूनन ऐसा आसानी से हो नहीं सकता था, अतः सबने अपने-अपने ढंग से इस समस्या का हल निकाला।

मुझे कभी-कभी व्यावहारिक दिक्कतें ज़रूर पेश आती थीं पर मेरी भरपाई, मित्रों, परिवारजनों के अलावा शिक्षा और साहित्य जगत् में अपने व्यापक सम्बन्धों और सम्पर्कों से हो जाती थी। मैंने सचेत रूप से कभी सम्पर्क बनाने-बढ़ाने का प्रयास नहीं किया, पर साहित्यिक कार्यक्रमों का लगातार आयोजन करने और ऐसे दूसरे आयोजनों में स्वयं भाग लेने से अखिल भारत के हिन्दी विभागों के सदस्यों से मेरे निकट सम्बन्ध हो गए थे। एक कारण यह भी था कि डॉ. नगेन्द्र ने अपने समय में दिल्ली विश्वविद्यालय के हिन्दी विभाग का जो रुतबा कायम किया था, उसकी अनुगूँज मेरे अध्यक्षता-काल तक बनी रह गई थी, इसलिए विश्वविद्यालयों के वरिष्ठ और समादृत लोगों में

डॉ. रामसिंह तोमर, कल्याणमल लोढ़ा, विष्णुकान्त शास्त्री, डॉ. देवेन्द्रनाथ शर्मा, डॉ. त्रिभुवन सिंह, डॉ. रघुवंश, डॉ. रामस्वरूप चतुर्वेदी, डॉ. जगदीश गुप्त, डॉ. इन्द्रनाथ मदान, डॉ. प्रेमशंकर, विजयदेव नारायण साही जैसे तमाम प्रसिद्ध लोगों में बहुतों से बड़े प्रीतिकर सम्बन्ध थे।

अध्यक्षता समाप्त होने के कुछ ही दिनों के बाद यू.जी.सी. ने पहली बार 'नेट' परीक्षा आरम्भ करने का फ़ैसला किया। सम्बद्ध डिप्टी सेक्रेटरी ने फोन से मुझे सूचना दी कि मुझे उसके लिए हिन्दी का प्रश्न-पत्र तैयार कराने की ज़िम्मेदारी सौंपने का निर्णय लिया गया है। प्रस्ताव था कि मैं इसके संयोजक की हैसियत से एक समिति गठित कर इस काम को अंजाम दूँ। समिति के सदस्यों में प्रमुख विश्वविद्यालयों के हिन्दी विभाग के अध्यक्षों या वरिष्ठ विद्वानों को शामिल करने की योजना थी।

मैं उस समय विस्कान्सिन कॉन्फ्रेंस के लिए अमेरिका जाने के लिए तैयार थी। स्थगित करने का सवाल इसलिए नहीं था कि उधर मुझे शिकागो से आरम्भ करके क्रमश: विस्कान्सिन के अलावा एरिजोना की टूसाँ और फिर बर्कले विश्वविद्यालयों में तो भाषण देने ही थे, वापसी में इंग्लैंड रुककर कैम्ब्रिज विश्वविद्यालय में प्रो. मैक्रेगर के विद्यार्थियों को भी सम्बोधित करना था। न मैं इस महत्त्वाकांक्षी यात्रा का लोभ छोड़ सकती थी और न ही यू.जी.सी. की योजना एक महीने के लिए टाली जा सकती थी।

नतीजा यह हुआ कि मेरे सुझाव पर यह दायित्व नामवर जी को सौंपा गया जिसके लिए मुझे उनसे व्यक्तिगत अनुरोध करना पड़ा जो ज़ाहिर है, उन्होंने सहर्ष स्वीकार कर लिया। पर दैव दुर्विपाक से काम शुरू होने से पहले ही श्रीमती गांधी की हत्या हो गई और उसके बाद कुछ समय के लिए तमाम सरकारी विभागों में गतिरोध हो गया। इतने लम्बे समय के लिए कि काम शुरू होने से पहले मेरी वापसी हो गई।

नामवर जी ने बड़ी सदाशयता और उदारता से मेरी ज़िम्मेदारी मुझे लौटाने की पेशकश की, और ज़ाहिर है, उसी अनुपात में पूरी नम्रता से मैंने ऐसा करने से इनकार तो कर ही दिया, उनके इस अभियान में सहयोगी रूप में सम्मिलित हो गई। नामवर जी तो इस गोरखधन्धे से दो-तीन वर्षों में ही मुक्त हो गए, पर मैं एक बार फँसी तो लगभग अट्ठारह साल उसे ढोती रही। इतना ज़रूर है कि पिंड बहुत सही समय पर छूटा, क्योंकि उसके बाद तो जो जैसा हुआ, उसका कोई एक या दो व्यक्ति कुछ बना-बिगाड़ नहीं सकते थे।

कहना यह कि अन्तरभारतीय शिक्षा-जगत् में व्यस्तता के तमाम अवसर पैदा हो गए थे। सेमिनार-संगोष्ठियों में भागीदारी तो आए दिन होती ही रहती थी। इसके अलावा 1985-86 के दौरान कुछ समय कश्मीर विश्वविद्यालय में और कुछ समय जम्मू विश्वविद्यालय में विज़िटिंग प्रोफेसर के रूप में रहना हुआ और 1986-87 के बीच यू.जी.सी. की नेशनल-लेक्चरर स्कीम के तहत तीन विश्वविद्यालयों ने भाषणों के लिए आमंत्रित किया। इनमें से डॉ. तोमर से तो परिचय पहले से ही था, पर आश्चर्य तब हुआ जब पहला निमंत्रण नागपुर विश्वविद्यालय के प्रो. रामेश्वर शर्मा के फ़ोन

से मिला। डॉ. शर्मा हिन्दी की शैक्षिक बिरादरी के बीच अजब ढंग से कुख्यात थे। उठापटक के लिए अफवाहें जब प्रचार पाती हैं तो गुणात्मक फॉर्मूलों के तहत प्राय: अतिरंजित रूप में। उनके निमंत्रण से संकोच और आशंका हुई कि न जाने किसी प्रपंच में शामिल करने की योजना बना रहे हों, पर आशंका निर्मूल साबित हुई। वे बड़े सम्मान से पेश आए तो लगा कि इस अवसर को उन्होंने भेंट-मुलाकात का निमित्त भर बनाया।

डॉ. तोमर से तो हमेशा बड़ा स्नेह ही मिला। इस हद तक कि जब भी घर का कोई सदस्य सुबह-सवेरे मिलने के लिए आए किसी मेहमान की सूचना देता तो मैं समझ जाती कि डॉ. तोमर ही होंगे। वे किसी काम के लिए दिल्ली आते तो प्राय: मंडी हाउस पर गोमती गेस्ट हाउस में ठहरते। सुबह-सुबह तैयार होकर सबसे पहले मेरे घर का रुख करते। न मेहमाननवाज़ी की अपेक्षा, न व्यर्थ की गप्पबाज़ी की। अल्पभोजी इस कदर कि याद नहीं कि मेरे लाख आग्रह करने पर भी उन्होंने कभी एक प्याला चाय भी पी हो! वे आते, दस-पन्द्रह मिनट हाल-चाल लेते-देते, और उसके बाद जिस काम के लिए आए होते, उस दिशा में प्रस्थान कर जाते।

शान्तिनिकेतन गई तो उन्होंने साग्रह अपने घर ठहराया। समय वसन्तोत्सव के आस-पास का था। मुझे उसका साक्षी होने के लिए रोका। उनकी पत्नी कणिका, जो मृदु स्वभाव की बड़ी कुशल गृहिणी थीं, पाक-विद्या में परम निपुण। उन्होंने आवभगत में कोई कसर नहीं छोड़ी। तब किसी को दूर-दूर तक यह अनुमान नहीं था कि उनकी पदोन्नति का श्रेय वर्षों बाद मुझे ही मिलनेवाला था—वह भी ऐसे अवसर पर, जब डॉ. तोमर गम्भीर रूप से बीमार अस्पताल में पड़े थे। विश्वविद्यालय में नियुक्तियों और पदोन्नतियों में होनेवाली राजनीति और उठापटक पर, उस पूरे प्रसंग के बारे में, इतनी टिप्पणी काफी है कि वह होना था तो हो गया—बस।

उसी सिलसिले में पहली बार पुणे विश्वविद्यालय जाना हुआ और तत्कालीन विभागाध्यक्ष दुर्गा दीक्षित से भी पहली बार भेंट हुई। भीतरी राजनीति से विभाग के दो-फाड़ होने का अन्दाज़ा दो ही दिन में हो गया और मैंने उससे बच निकलने में ही खैर मनाई। बाहरी व्यक्ति किसकी सुने, किसकी न सुने, समझ में नहीं आता था। अपनी तटस्थता के कारण बाद में दुर्गा जी के अलावा भी बाकी सदस्यों से ठीक-ठाक औपचारिक सम्बन्ध निभ गए।

यह ब्यौरा सिर्फ़ इसलिए कि विश्वविद्यालय के भीतर की प्रशासनिक और बाहर की साहित्यिक संलग्नताओं से मुझे अध्यापन के अलावा विभागीय प्रशासन से निरपेक्ष रहने में बहुत मदद मिली, पर मेरी निरपेक्षता सिर्फ़ दैनन्दिन प्रशासन की नीतियों और विभाग के रूटीन संचालन से थी—साहित्यिक कार्यक्रमों से नहीं।

तथाकथित 'मुख्य' परिसर में तो इस दिशा में कुछ होता ही नहीं था। जब मैं दक्षिण परिसर में किसी कार्यक्रम का प्रस्ताव रखती तो अध्यक्ष महोदय उसमें अड़चन पैदा करने में कोई कसर नहीं छोड़ते। 'पर्चा'-प्रसंग के बाद उनसे मनमुटाव का एक और बड़ा कारण पैदा हो गया था। उन्होंने मुख्य परिसर में स्थानान्तरित होकर रीडर की

जो जगह खाली की थी, मैंने उसके लिए आवेदन करने के लिए डॉ. नित्यानन्द तिवारी को प्रेरित किया। वे, ज़ाहिर है, बड़े उत्साह से तैयार हो गए। मैंने रज़ा साहब से और आबाद साहब से इस विषय में बात कर ली। चयन समिति की बैठक में डॉ. महेन्द्र कुमार अनर्गल ढंग से विरोध करने पर तुल गए। उनके व्यवहार की अभद्रता से वाइस चांसलर को आश्चर्य नहीं हुआ। उनके विरोध के बावजूद जब तिवारी जी का चयन हो गया तो उन्होंने चयन समिति की संस्तुति के विरोध में एक लम्बा नोट लिखने की पेशकश की। ज़ाहिर है, उन्हें अपना डिसेंट रिकॉर्ड कराने के अलावा इसकी इजाज़त नहीं मिली तो उन्होंने विरोध में एक लम्बा पत्र लिखकर उसे लिफ़ाफ़ा खुलने के समय एक्ज़ीक्यूटिव में पेश करने की माँग की। सुना गया कि रज़ा साहब ने लिफ़ाफ़ा खोलकर सदस्यों को उनके विरोध-पत्र की सूचना तो दी, पर उसे पढ़कर सुनाने की ज़हमत नहीं उठाई। न ही सदस्यों ने इसकी माँग की।

उधर वे हर समय ऐसी हरकतों से बाज़ नहीं आ रहे थे, इधर मैंने उन्हें साहित्यिक कार्यक्रमों से बाहर रखने का मन बना लिया। नतीजा यह हुआ कि जब मैंने 31 मार्च से 4 अप्रैल 1986 तक—'स्नातकोत्तर स्तर पर हिन्दी साहित्य के अध्यापन की समस्याएँ : सिद्धान्त और व्यवहार' विषय पर दक्षिण परिसर में एक सेमिनार का आयोजन किया तो उसे उनके साये से एकदम मुक्त रखा। सेमिनार का उद्‌घाटन किया प्रो. मूनिस रज़ा ने और समापन डॉ. नगेन्द्र ने। भाग लेनेवालों में हिन्दी विभागों के तमाम नामचीन विद्वानों के अलावा कुँवर नारायण, राजेन्द्र यादव, कृष्णा सोबती, गिरिराज किशोर जैसे रचनाकार व कारन्त, मोहन महर्षि और रामगोपाल जैसे रंगकर्मी और नाट्यालोचक नेमिचन्द्र जैन तो उसमें शामिल हुए ही, समाजशास्त्री प्रो. पी.सी. जोशी ने भी अन्तर्विद्यावर्ती अध्ययन के सवाल पर अपने विचार प्रस्तुत किए। मुख्य परिसर से तारकनाथ बाली, शान्तिस्वरूप गुप्त, भोलानाथ तिवारी ने भी कार्यक्रम में सहयोग दिया।

अध्यक्ष महोदय भुनभुनाते, गुर्राते रहे, पर उन्होंने अपनी हरकतों से ऐसी ख्याति अर्जित कर ली थी कि मुझे इस सम्बन्ध में कोई सफ़ाई देने की ज़रूरत ही कभी महसूस नहीं हुई। यों आए दिन उनकी चिरकुटई से निपटने में समय और शक्ति का अपव्यय ज़रूर होता था। हाल यह था कि जब भी कोई उन्हें किसी विषय पर भाषण देने के लिए बुलाए तो उनका पहिया रीतिकालीन साहित्य पर जाम हो जाता। आजिज़ आकर लोगों ने बुलाना छोड़ दिया। किसी कॉलेज में किसी चयन समिति या औपचारिक बैठक के लिए बुलाए जाएँ तो बस में सफ़र करें या किसी विद्यार्थी या नौकरीयार्थी के स्कूटर की पिछली सीट पर बैठकर जाएँ, और बिल बराबर टैक्सी का पेश कर दें। यह कॉलेजों में आम चर्चा का विषय बन गया। इन सब बातों का लाभ मुझे और कुछ और बन्धु-बान्धवों को यह मिला कि वे पहले निन्दा के पात्र हुए और क्रमश: अधिकांश लोगों के लिए अप्रासंगिक हो गए।

मुसीबतें : फिर-फिर

विभाग में इन हालात के कारण समय की जो बचत होने लगी थी, उसका जैसा उपयोग होना सम्भव था, वह नहीं हो पा रहा था। 24, माल रोड पर जिस फ़्लैट में हम रहते थे, वह हर दृष्टि से बेहद अनुकूल था। मन-ही-मन निर्णय कर रखा था कि जब भी हमारी अमेरिकावासिनी मकान मालकिन उसे बेचने का मन बनाएगी, हम जैसे-तैसे आर्थिक जुगाड़ करके उसे खरीद लेंगे।

इस बीच विश्वविद्यालय के प्राध्यापकों की जिस हाउसिंग एसोसिएशन को जमीन आबंटित हो चुकी थी, उसने प्लॉट काटकर अपने सदस्यों को बाँट दिये। उस पर जो कॉलोनी बनी, वह 'वैशाली' नाम से शहर के पीतमपुरा इलाके में आबाद है। मेरे नाम की पर्ची में कॉलोनी का सबसे मार्के का प्लॉट निकला—दो सड़कों के मिलन-बिन्दु की उस मुख्य सड़क पर, जो रोहिणी की तरफ़ जाती है। प्लॉट आकार में सबसे बड़ा पर बनावट में टेढ़ा। पर्ची निकलने पर उपस्थित सदस्यों में ठहाका लगा, इसलिए कि टेढ़े प्लॉट को ठिकाने लगाने की ज़िम्मेदारी मुझे छोड़ आखिर और किसको मिलती!

उस समय वह इलाका एकदम बियाबान था। अकल्पनीय था कि वह आगे चलकर इतना जन-संकुल हो जाएगा कि ट्रैफ़िक के कारण सड़क पार करना दूभर होगा। बहरहाल, तभी संयोग से विश्वविद्यालय ने मकान बनाने के लिए बारी आने पर लोन ऑफ़र कर दिया। उससे पहले मुझे कैवेलरी लाइन में रहने के लिए एक फ़्लैट भी अलॉट हो चुका था जिसे मैंने सिर्फ़ इसलिए स्वीकार कर लिया था कि उसी वर्ष मेरे दामाद का तबादला दिल्ली हुआ था। सरकारी मकान मिलने में समय लगनेवाला था और प्रतीक्षा के दौरान उन्हें मकान की सख्त ज़रूरत थी। मैंने उन्हें अस्थायी निवास के लिए वह फ़्लैट दे दिया।

मुकदमों के अपने लम्बे अनुभव के बावजूद यह बात मेरे ध्यान में नहीं आई कि उस फ़्लैट को लेने या अपना निजी मकान बनवाने से मेरे मकान-मालिक को हमसे फ़्लैट खाली कराने की वाजिब वजह मिल जाएगी। हमने अपनी सारी पूँजी जोड़ी, बड़े उत्साह और मनोयोग से उस टेढ़े प्लॉट पर बड़े करीने से नक्शा बनवाकर मकान खड़ा कर लिया।

ऐसी खबरें छिपी नहीं रहतीं। हमें यह अन्दाज़ा भी नहीं था कि हमारी प्रवासी मकान-मालकिन की दिलचस्पी उस फ़्लैट को खाली कराने में होगी। हमने तो उसे खरीदने का मंसूबा बना रखा था, पर उधर खबर मिलते ही हमारे ऊपर फ़्लैट खाली कराने के लिए केस दायर हो गया। दो ही रास्ते थे। या तो हम चुपचाप मकान खाली करके 'वैशाली' की ओर प्रस्थान कर जाते या मुकदमा हारने की अवधि तक कुछ वर्ष और वहाँ रहकर सुख-चैन से गुज़ार लेते। हमने दूसरे विकल्प का चुनाव कर लिया और वैशाली वाला घर एक विदेशी परिवार को किराये पर दे दिया। उन दिनों तक वह इलाका बहुत बसा नहीं था, इसलिए यह सम्भव हो सका।

इन्हीं परिस्थितियों के बीच जैन साहब का स्वास्थ्य गिरने लगा। उन्होंने जम्मू से लौटने के बाद, जयपुर के एक पुराने व्यापारी परिवार के साथ फ़ायर फ़ाइटिंग इंजन बनाने का काम फिर शुरू कर दिया था, पर उनकी पुरानी नौकरी के सिलसिले में कुछ बचे-खुचे मुकदमे घिसट रहे थे, जिनसे रह-रहकर परेशानी खड़ी हो जाती थी। दरअसल उसके मालिक की मृत्यु के बाद उनका बेटा, जैन साहब को मुकदमों में इस बहाने लपेट लेता था कि उसके पिता के जीवन-काल में फ़र्म के वर्क्स मैनेजर तो जैन साहब ही थे। उसका तर्क था कि वह उस समय अबोध विद्यार्थी था और कम्पनी के तमाम मामलों से अनजान, अत: उसके पिता के अभाव में जवाबदेही जैन साहब की ही बनती है।

मामले पेचीदा थे। रह-रहकर परेशानी का सबब पैदा होता रहता। एक बार किसी सिलसिले में एक केस डिब्रूगढ़ में दायर हुआ। मामला सरकारी था—ओ.एन.जी.सी. से सम्बद्ध। समन जारी हुए तो मालिक तो दिवंगत हो चुके थे। साहबज़ादे ने पिता की मृत्यु का उल्लेख करते हुए जैन साहब का नाम दे दिया और चुपचाप घर बैठ गए। समन दो-तीन बार तालाबन्द दफ़्तर पर आकर लौट गए तो कोर्ट ने घर के पते पर गैर-ज़मानती वारंट जारी कर दिया। सिविल लाइंस थाने से गिरफ़्तारी के लिए पुलिस ने घर पर दस्तक दी। संयोग से जैन साहब किसी काम से शहर के बाहर थे। मैंने वारंट की वजह जाननी चाही तो इंस्पेक्टर यह कहकर चला गया कि उसके लिए मुझे थाने आना होगा। वहाँ पहुँचने पर पता लगा कि मामला सरकारी महकमे का है और गिरफ़्तारी तो होगी ही, साथ ही यह भी कि ज़मानत दिल्ली में नहीं हो सकती। उसके लिए उन्हें पुलिस की हिरासत में डिब्रूगढ़ ले जाया जाएगा और ज़मानत वहीं होगी। यह भी कि नियम इस बात की इजाज़त नहीं देते कि हमारे खर्चे पर भी उन्हें हवाई जहाज़ से ले जाने की सुविधा दी जाए। जाना ट्रेन से ही होगा, वह भी सेकंड क्लास से बाकायदा हथकड़ी पहनकर। पूरी घटना थर्रा देनेवाली थी।

मेरे घर लौटने से पहले ही घर के बाहर एक कॉन्सटेबल तैनात कर दिया गया था, ताकि हम उन्हें बाहर से वापस आते ही फ़रार न कर दें। मैं डॉ. नगेन्द्र से सम्पर्क करती, इससे पहले संयोग से वे खुद ही आ गए। बाहर गाड़ी से उतरते ही सन्तरी ने टोका, 'आप जैन साहब हैं?'

ज़ाहिर है, वे भन्नाए, 'मैं क्यों होता जैन साहब? पर आपको क्या तकलीफ़ है जैन साहब से, माजरा क्या है?' इस बौछार से उसने घबराकर माफ़ी माँगी, पर उसके माजरा बयान करने से पहले ही वे अन्दर आ गए।

ऐसे अवसरों पर उनसे बड़ा शुभचिन्तक दुर्लभ होता था। स्थिति जानते ही उन्होंने तुरन्त पुलिस कमिश्नर धर्मवीर जी से समय तय किया। मुझे साथ लेकर उनसे मिलने गए, ताकि वे दिल्ली में ही ज़मानत कराने की व्यवस्था करा दें, पर उन्होंने भी नियमों का हवाला देते हुए अपनी मजबूरी बताकर यह सलाह दी कि हम जैन साहब को

स्टेशन से ही ले जाकर कहीं और ठहरा दें। हवाई-यात्रा की व्यवस्था करें और उन्हें ज़मानती के साथ डिब्रूगढ़ की अदालत में पेश करके ज़मानत करा लें।

यह व्यवस्था राजेन्द्र-मन्नू के शक्तिनगर वाले घर में की गई। जैन साहब वहाँ एक दिन रहे और इस बीच मैंने ज़मानत के लिए अपेक्षित दस्तावेज़ इकट्ठे किए। हवाई-यात्रा के टिकट बुक कराए।

उन दिनों पेट्रोलियम मंत्रालय हेमवतीनन्दन बहुगुणा के अधीन था। डॉ. नगेन्द्र अगले ही दिन मुझे साथ लेकर उनसे मिलने गए। पूरी स्थिति बयान की और मामला चूँकि ओ.एन.जी.सी. से सम्बद्ध था, उनसे अनुरोध किया कि वे इसमें यथासम्भव सहायता करें।

मंत्री महोदय बेहद सज्जनता से पेश आए। मुझे आश्वस्त किया कि मेरे डिब्रूगढ़ पहुँचने से पहले वे सम्बद्ध अधिकारियों को निर्देश दे देंगे। हम लोग पहुँचकर उनसे स्थिति स्पष्ट कर दें ताकि जैन साहब की इस झंझट से मुक्ति हो जाए।

ऐसी हर स्थिति में मेरा यह विश्वास पुष्ट ही हुआ कि तमाम सरकारी और राजनीतिक हलकों में डॉ. नगेन्द्र का बहुत सम्मान तो है ही, उन पर हर संकट-क्षण में आँख मूँदकर भरोसा किया जा सकता है। उन्होंने अतिरिक्त सावधानी के बतौर सलाह दी कि मैं अपने कलकत्ता निवासी छोटे भाई को भी रास्ते से साथ ले लूँ। ऐसा करना इसलिए भी ज़रूरी था कि कभी-कभी बाहर के मामलों में अदालतें एक स्थानीय ज़मानत के अभाव में बाहर से दो ज़मानतें माँगती हैं।

हुआ यही, मेरी और भाई दोनों की ज़मानत पर जैन साहब की रिहाई हुई। वे ओ.एन.जी.सी. के अधिकारियों से मिले। वायदे के अनुसार मंत्री जी का फोन हमसे पहले पहुँच चुका था। स्थिति उन्हें समझा दी गई और जैन साहब ने मुक्ति की साँस ली।

राजेन्द्र यादव : जो कथाकार से सम्पादक हुए

राजेन्द्र यादव और मन्नू भंडारी जब दिल्ली आए 1964 में तो निमित्त था मिरांडा हाउस के हिन्दी विभाग में मन्नू की नियुक्ति—बतौर लेकचरर। उससे पहले कलकत्ता में वे जिस आर्थिक तंगी से गुजर रहे थे, उसमें यह नियुक्ति, वह भी बिना किसी की पैरवी के, जाहिर है, मन्नू को बहुत रास आई। राजेन्द्र उनके पति होने की हैसियत से दिल्ली के बाशिंदे हुए। जानते उन्हें भी सब थे—'नई कहानी' आन्दोलन की शुरुआत करनेवाली तिकड़ी के सदस्य के रूप में, पर खुद उनकी हैसियत वहाँ भी अपने दो शातिर-दिमाग मित्रों—मोहन राकेश और कमलेश्वर—के बीच लगभग पिछलगुए वाली थी। वे दिल्ली के विश्वविद्यालयी समाज के बीच भी शुरू में काफी गुपचुप रहते थे। मन्नू की सहज उच्छलता की तुलना में, उस समय उनकी जिन्दादिली प्राय: दबी-ढकी-सी थी। मित्रों के बीच खुलकर बोलने और ठहाके

लगाने में भी उन्हें कुछ झिझक-सी होती थी। धीरे-धीरे वे खुलने लगे। मन्नू के ठलुआ पति की भूमिका से निजात पाने के लिए उन्होंने मन- ही मन अक्षर प्रकाशन खोलने की योजना बनाई। वित्तीय संसाधन जुटाने के लिए उन्होंने कलकत्ते के मित्रों का सहारा लिया। कुछ समय बाद मन्नू के दूर के सम्बन्धी गौतम नवलखा को शामिल कर लिया। लेखक मित्रों और प्रकाशनार्थी नवोदित लेखकों के सामने शेयर खरीदने का प्रस्ताव रखा। माँग बहुत बड़ी नहीं थी। मात्र पाँच हजार प्रति शेयर। पर उस समय राजेन्द्र यादव भरोसे लायक नहीं लगते थे। मेरे सामने प्रस्ताव अजित कुमार के माध्यम से आया—एक टीप के साथ। बड़े मजाकिया लहज़े में उन्होंने कहा, 'राजेन्द्र ने हमसे कहा है तो हम प्रस्ताव आपके सामने रख रहे हैं। पैसा डूब-डाब जाए तो आप हमसे कुछ न कहिएगा।'

मेरी प्रतिक्रिया हुई, 'मरवाने को हम ही मिले हैं ?'

उन दिनों पाँच हज़ार बहुत बड़ी नहीं तो कुछ छोटी रकम भी नहीं मानी जाती थी। राजेन्द्र का रंग-ढंग भी भरोसा करने लायक नहीं लगता था। सो बात आई-गई हो गई।

पर राजेन्द्र जी धुन के पक्के! उन्होंने जवाहर चौधरी का साथ लिया—प्रकाशन का व्यावहारिक पक्ष देखने के लिए। शायद यह ज़रूरी था। दोनों की पार्टनरशिप में 'अक्षर प्रकाशन' की नींव पड़ी। स्वभावत: आरम्भिक वर्षों में बड़ी अच्छी पुस्तकों का प्रकाशन हुआ और राजेन्द्र यादव ने अपने विवेक और साहित्यिक सम्पर्क से अच्छी संख्या में लेखकों को अपने साथ जोड़ लिया।

खबर यह भी प्रचारित हुई कि ये लोग नामवर सिंह के बरक्स देवीशंकर अवस्थी को 'नई कहानी' के 'अपने' आलोचक के रूप में खड़ा करने का प्रयास कर रहे हैं। निर्मल वर्मा की कहानी 'परिन्दे' को तरजीह देकर नामवर जी ने इनकी दुखती रग पर हाथ रख दिया था। यह बात अलग है कि इस विषय पर अवस्थी जी की एक पुस्तक छापने से न कोई विशेष बात बनी और दुर्भाग्य से वे कुछ ही दिनों में एक सड़क-दुर्घटना का शिकार हो गए।

राजेन्द्र में व्यापार करने का सलीका तो था नहीं। वह पक्ष मुख्य रूप से जवाहर चौधरी देख रहे थे। पर शायद बड़ी जल्दी राजेन्द्र जी की समझ में यह आ गया कि बात बहुत दिन चलनेवाली है नहीं। धीरे-धीरे अफवाह फैलने लगी कि नवलखा से तो खटपट होने ही लगी है, जवाहर चौधरी भी उनके मित्रों की कान-भराई के शिकार हो चले हैं।

मोहन राकेश से तो राजेन्द्रजी के सम्बन्धों में इतनी दरार आ चुकी थी कि दोनों के बीच अनबोला हो गया था। उस समय कमलेश्वर भी जगह-जगह हाथ-पैर मारने के बाद मुम्बई चले गए थे। आपसी प्रतिस्पर्धा का अनुमान इस बात से लगाया जा सकता है कि मोहन राकेश ने जब 'सारिका' का सम्पादन छोड़ा तो राजेन्द्र यादव ने उस पद को स्वीकार करने से इसलिए इनकार कर दिया कि वे राकेश की छोड़ी हुई

ज़िम्मेदारी को अपनाने में अपनी हेठी समझते थे। इसी बीच अचानक दिल का दौरा पड़ने से राकेश चल बसे। तमाम मनमुटाव के बावजूद राजेन्द्र उनकी मौत पर बिलख-बिलखकर रोए थे। इन तमाम घटनाओं से जो वस्तुस्थिति पैदा हो रही थी, उसी के बीच राजेन्द्र के मन में पत्रिका निकालने का विचार आया होगा—प्रकाशन की वैकल्पिक या सहवर्ती योजना के रूप में।

समझदारी उन्होंने यह की कि नए नाम से पत्रिका का आगाज़ करने के बजाय उन्होंने प्रेचमन्द जैसे बड़े कथाकार के नाम से जुड़ी ऐसी पत्रिका का पुन:प्रकाशन करने का हौसला दिखाया जिसकी हिन्दी पत्रकारिता में निश्चित साख थी। वे इसकी अनुमति लेने के लिए अमृतराय से मिले ताकि कॉपीराइट के झंझट से मुक्त हो सकें। सम्पादक के रूप में एक बड़े नाम की विरासत का लाभ भी उठा सकें और 'नाम' के रजिस्ट्रेशन की प्रक्रिया भी निर्विघ्न पूरी हो जाए।

आखिर 1984 में 'हंस' की बिस्मिल्लाह हो गई। यह बात अलग है कि पत्रिका के कवर पर प्रेमचन्द के नाम की दुहाई देते रहने के अलावा समय के साथ पत्रिका के नाम और काम का, प्रेमचन्द और उनकी सम्पादन-दृष्टि से 'हंस' का दूर-दूर तक कोई लेना-देना नहीं रहा।

पर यह भी सही है कि तमाम वित्तीय कठिनाइयों के बावजूद वे पच्चीस वर्षों से ऊपर 'हंस' का निर्बाध प्रकाशन और सम्पादन करते रहे। उन्होंने वह कर दिखाया जो स्वयं प्रेमचन्द के बेटों—श्रीपत राय और अमृतराय—से करना सम्भव नहीं हुआ था। इतना ही नहीं, उन्हें बराबर यह चिन्ता बनी रहती थी कि उनके बाद 'हंस' का क्या होगा?

बहरहाल, 'हंस' ने आरम्भिक वर्षों में उदीयमान कथाकारों की आरम्भिक रचनाओं को छापकर उन्हें अपनी पहचान कायम करने का मंच मुहैया कराया। इनमें उदयप्रकाश, शिवमूर्ति, संजीव, सृंजय, गीतांजलि श्री, अखिलेश जैसे और भी तमाम नाम शामिल हैं। इसके अलावा उन्होंने कुछ ऐसे पढ़े-लिखे कथाकारों को पीठ थपथपाकर प्रोत्साहित किया जिनमें सम्भावनाएँ थीं। उन्हीं के बीच से उन्होंने संजय सहाय को अपनी सम्पादन-विरासत सौंपी। इसके अलावा 'हंस' के एक दर्जन से अधिक विशेषांकों का भी ऐतिहासिक महत्त्व है। वे अपने समय-समाज की सामयिक समस्याओं और ज्वलन्त प्रश्नों के प्रति बड़ी चौकन्नी नज़र रखते थे। इस कारण 'हंस' ने लम्बे समय तक बड़ी विवादधर्मी लोकप्रियता अर्जित की। धीरे-धीरे सकारण-अकारण विवाद पैदा करना राजेन्द्र यादव का शगल हो गया। इस हद तक कि उनके लोकप्रिय सम्पादकीय पिछले दौर में दोहराव के शिकार हो गए। पर अपनी इस कमज़ोरी को मानने या पहचानने में उन्हें अपनी हेठी मालूम होती थी। विवाद पैदा करना और अपनी बात पर अड़े रहना उनकी स्वभावगत ज़िद हो गई थी। प्रतिष्ठित और सम्मान्य व्यक्तियों पर अकारण तंज करने या फब्तियाँ कसने में जैसे उनका अहं तुष्ट होता था। उनकी ऐसी हरकतों पर मन्नू से गाहे-बगाहे उनकी कहासुनी तो होती ही रहती

थी। उन्होंने अपनी इन हरकतों से कई लोगों की नाराज़गी मोल ले ली थी। डॉ. नगेन्द्र उनमें से एक थे। नतीज़ा यह हुआ कि डॉ. साहब भी उन्हें नाम से नहीं, अपशब्दों से नवाज़ा करते थे।

ऐसे ही एक प्रसंग में, मैंने 'हंस' में कभी न लिखने की प्रतिज्ञा की थी। हुआ यह कि एक बार मैं और जैनेन्द्र जी एक सेमिनार के लिए जम्मू विश्वविद्यालय में आमंत्रित किए गए। साथ में जैनेन्द्र जी के साहबजादे प्रदीप जी भी थे। उस यात्रा के दौरान दो-तीन दिन उनका लगातार साथ बना रहा। उस बीच मेरे मन में उनके बारे में यह धारणा और पुष्ट हो गई कि उनके व्यक्तित्व की बनावट खासी जटिल है जिसे समग्रता में समझना आसान नहीं होता।

वापस लौटकर मैंने उस अनुभव से प्रेरित होकर एक लेख लिखा जिसका शीर्षक था—'सिरा कहाँ है?' राजेन्द्र यादव बड़े उत्साह से उसे छापने के लिए तैयार हो गए। लेख छप गया। मैंने देखा, पर पढ़ने की जहमत नहीं उठाई।

अंक मिलने के दो-तीन दिन बाद अचानक राजी सेठ का फोन आया। लेख उन्होंने खुद तो पढ़ ही लिया था, मुझसे बात करने से पहले अज्ञेय जी को भी पढ़वा दिया था। अज्ञेय जी की प्रतिक्रिया हुई थी, 'ये तो कोई बहुत अच्छा काम नहीं किया निर्मला ने!' कुछ ऐसा ही महसूस किया था राजी ने भी। अज्ञेय जी से पुष्टि हो गई तो हिम्मत करके मुझे फोन मिलाया। शुरुआत कुछ इधर-उधर की बातों से करके जैसे वे साहस जुटाती रहीं और फिर धीरे से बोलीं, 'आपका लेख पढ़ा 'हंस' में...' एक क्षण की चुप्पी के बाद जोड़ा उन्होंने, 'वैसे आपने हिम्मत बहुत की।'

मेरा चौंकना स्वाभाविक था। 'ऐसी हिम्मत वाली क्या बात है उसमें! मुझे जैसा लगा, मैंने लिख दिया।'

बात आगे बढ़ी, 'फिर भी हर कोई तो इस तरह लिखने का साहस नहीं कर सकता। अज्ञेय जी भी ताज्जुब कर रहे थे।'

इस बार मेरा माथा ठनका। मैंने बात वहीं रोककर कहा कि 'मैंने तो छपने के बाद पढ़ा भी नहीं है। एक बार पढ़के देखती हूँ, फिर तुमसे बात करूँगी।' संवाद वहीं ठप।

मैंने तुरन्त 'हंस' की प्रति उठाई। लेख पढ़ते ही मेरे पाँव तले की ज़मीन खिसक गई। राजेन्द्र जी ने दो-तीन जगह उस पर कलम चलाकर उसे खासा कटखना और आपत्तिजनक बना दिया था। मैंने तुरन्त फोन मिलाकर जवाबतलबी की तो ठहाका लगाकर बोले, 'अरे आपने क्या लिखा था, गुडी-गुडी, मज़ा तो अब आएगा जब लोग पढ़ेंगे। इतना अधिकार तो सम्पादक का होता ही है।'

मैं फट पड़ी, 'छापने या न छापने का अधिकार होता है। लेखक की बिना सहमति के कलम चलाकर तरमीम करने का नहीं। और जहाँ तक मज़ा आने का सवाल है, वह तो आना शुरू हो गया है। मेरी भर्त्सना होनी शुरू हो गई है।' और मैंने उन्हें राजी-अज्ञेय प्रसंग सुना दिया।

उन पर कोई असर नहीं हुआ इसका। वे उसी तरह ठहाका लगाते रहे। उनका खयाल था कि पत्रकारिता में यह सब तो होता ही रहता है। इसमें इतना परेशान होने की कोई बात है ही नहीं।

संयोग से उन्हीं दिनों जैनेन्द्र जी अस्वस्थ होकर अस्पताल पहुँच गए। मेरी अगली चिन्ता यह थी कि बीमारी की हालत में अगर किसी शुभचिन्तक ने यह बात उन तक पहुँचा दी या स्वस्थ होने पर उन्होंने 'हंस' पढ़ लिया तो वे कितने आहत होंगे! मैंने अगला फोन प्रदीप को मिलाकर उन्हें इस कांड से अवगत कराते हुए, यह अनुरोध किया कि वे 'हंस' की प्रति जैनेन्द्र जी के हाथ न आने दें। मैंने राजी को भी इस स्थिति की जानकारी देकर यह अनुरोध कर दिया कि वे अज्ञेय जी को भी इस स्थिति से अवगत करा दें। ज़ाहिर है, अज्ञेय जी ने अपने मितभाषी स्वभाव के अनुरूप इतना ही कहा, 'तो फिर इसमें निर्मला का क्या कुसूर है ? पर राजेन्द्र यादव को ऐसा करना नहीं चाहिए था।'

बात इतने पर खत्म नहीं हुई। मैंने राजेन्द्र जी को इस प्रसंग पर एक लम्बा पत्र लिखा, यह इसरार करते हुए कि वे उसे 'हंस' में छापें, अन्यथा मैं पूरे ब्यौरे के साथ किसी और पत्रिका में वह पत्र छपवा दूँगी। पत्र की एक प्रति मैंने प्रदीप के पास भेज दी।

पत्र मिलते ही राजेन्द्र जी के होश फाख्ता हो गए। वे स्वप्न में भी ऐसी प्रतिक्रिया की उम्मीद नहीं कर रहे थे। अपनी सारी सम्पादकीय दादागीरी भुलाकर उन्होंने मुझसे मिलकर बात करने का आग्रह किया। घर आए। देर तक मुझे इस बात के लिए कायल करने की कोशिश करते रहे कि मैं उस पत्र को छापने का इसरार नहीं करूँ। जब तर्क-युक्ति से काम नहीं चला तो अपनी आदत के अनुरूप उन्होंने ठहाका लगाते हुए फ़रमाया, 'अरे यार, अब बस भी करो! अब हो गई गलती तो क्या जान ही ले लोगी! लो, पकड़ लिये तुम्हारे पैर, अब तो बख्श दो! मैं अपने ढंग से छाप दूँगा, गलती का सुधार करते हुए।'' और यह कहते हुए उन्होंने सचमुच हाथ बढ़ाकर मेरे पाँव पकड़ लिये।

ज़ाहिर है, इसके बाद कहने-सुनने लायक कुछ बचा नहीं। मैंने भरोसा किया, पर उन्होंने वायदे की औपचारिक पूर्ति में जो दो पंक्तियाँ छापीं, उनका कोई अर्थ नहीं था। बस, नतीज़ा यह हुआ कि लम्बे समय के लिए मैंने 'हंस' में लिखना छोड़ दिया।

हमारा दाम्पत्य

इस तरह के पारिवारिक झंझट गाहे-बगाहे मेरे जीवन में खड़े होते ही रहते थे। अगर बहुत दिन तक ऐसी कोई घटना न हो तो मित्रों के बीच यह भी परिहास का विषय बन जाता था। अजीब बात यह थी कि अगर बहुत दिन

तक मेरे साथ ऐसा कुछ न हो तो खुद मुझे राहत और आश्चर्य की मिली-जुली अनुभूति होने लगती थी।

ऐसी स्थितियों से मनसा मुक्त रहने के लिए अनजाने ही मेरे कुछ एस्केप रूट्स (पलायन-मार्ग) बन गए थे। गाहे-बगाहे अपने पसन्दीदा लोगों को घर में आमंत्रित कर लेना। मित्रों के साथ गप्प-गोष्ठियों के नियमित और सहयात्रा के अनियत कार्यक्रम बना लेना। और नहीं तो इकट्ठे होकर भरत-मिलाप के दिन परेड-ग्राउंड के रामलीला मैदान में चाट खाने-खिलाने पहुँच जाना। ऐसे आयोजनों में जैन साहब बड़ी खुशी और सहयोगी भाव से साथ देते—यह मेरी सफलता का सबसे बड़ा कारण था। उन्होंने मेरी साहित्यिक बिरादरी को तो पूरी तरह अपना ही लिया था, अपनी तमाम कठिनाइयों और समस्याओं को सुलझाने के प्रसंग में मुझे अपने शक्ति-स्रोत की तरह देखते थे।

एक उदाहरण मेरे स्वाध्याय के रूटीन को बर्दाश्त करने के बारे में था। हमें पता ही नहीं लगा, कब कैसे यह बना। पर बना तो बन गया और फिर आदत का हिस्सा हो गया। शायद बना तब-जब मैंने अपना पहला शोध-कार्य आरम्भ किया। दिन-भर तो घर, बच्चे, कॉलेज, लाइब्रेरी और सबसे जुड़े काम-धन्धों में निकल जाता। घर में मेरी पढ़ाई शुरू होती डिनर के बाद, वह भी बिस्तर पर चारों ओर बिखरी किताबों के बीच।

जैन साहब को जल्दी सोने की आदत तो थी ही, अच्छी नींद का वरदान भी था। उन्हें न रोशनी से बाधा होती, न मेरी खटपट और पन्ने पलटने से। मेरा स्वाध्याय देर रात तक चलता, जब तक नींद न आए, प्राय: बारह-एक तक। कभी आँख खुल जाती तो वे करवट बदलकर इतना भर कहते, 'अरे भई, अब सो जाओ, बहुत देर हो गई।' और फिर निद्रालीन हो जाते।

सुबह वे जल्दी उठते तो दबे पाँव कमरे से बाहर निकलकर अपनी दिनचर्या शुरू कर देते। नौकर होता तो उसे आदेश दिया जाता, 'बर्तन मत खटकाओ, मेम साहब सो रही हैं,' और ठीक समय पर चाय बनवाकर भिजवा देते—जगाने के लिए। नौकर नहीं होता तो खुद मेरी चाय का प्याला बनाकर पेश करने में उन्हें संकोच नहीं होता। मैं एतराज़ करती तो उनका बँधा जवाब था, 'मुझे मालूम है तुम रात को कितनी देर तक काम करती रही थीं। मैंने चाय बना दी तो कौन सा पहाड़ टूट पड़ा!' मेरे विरुद्ध बहनों के इस दुष्प्रचार से उन्हें कभी कोई परेशानी नहीं हुई, 'हमारी भाभी तो महारानी- सी पड़ी सोती रहती हैं, भैया बेचारा सुबह-सुबह चाय बनाकर उन्हें जगाता है।'

शायद हमारे बीच ताल-मेल की एक बड़ी वजह यह भी थी कि जब अनायास उन पर कोई विपत्ति आ पड़ती तो उन्हें विश्वास रहता कि मैं दौड़-धूप करके उसका हल निकाल ही लूँगी। और तो और, बच्चों की पढ़ाई-लिखाई और खुराफ़ातों से लेकर शादी-ब्याह तक, तमाम ज़िम्मेदारियों को उठाने और निबाहने का भार मुझ पर डालकर

वे परम सन्तयी मुद्रा में बेफ़िक्र रहते थे। इस वस्तुस्थिति पर एक बार मेरे सहयोगी मित्र विश्वनाथ त्रिपाठी ने टिप्पणी की थी कुछ मसखरी मुद्रा में, 'मैडम, देश की कैबिनेट में भी तमाम पोर्टफ़ोलिओ मंत्रियों में बँटे रहते हैं। आपके यहाँ तो सारे पोर्टफ़ोलिओ आप ही के ज़िम्मे हैं।'

इस स्थिति का दिलचस्प उदाहरण था, मेरी बेटी के विवाह का प्रसंग। जैन साहब अपने व्यापार के सिलसिले में निकले तो वापसी शादी से दो दिन पहले हुई। तमाम इन्तज़ाम करते-करते मैं बेहाल। घर में घुसते ही मैंने स्वागत-वचन बोले, 'कुछ जल्दी आ गए आप, दो दिन और बाद आ जाते।'

उनका जवाब था, 'सब हो गया न! मैं जानता था कि तुम सब सँभाल लोगी।' कलह की सम्भावनाओं को वे ऐसी ठकुरसुहाती से टाल लेते थे।

इतना ही नहीं, कुछ मामलों में मैं कभी ठीक-ठीक समझ ही नहीं पाई कि वे उन्हें खुशी से अंजाम देते रहे या मेरा साथ देने भर के लिए। मसलन—वे डॉ. नगेन्द्र का आदर करते थे, पर उनकी हर बात से न सहमत होते थे, न उनका मुखर विरोध करते थे। कभी-कभी मानवीयता के तकाज़े से उनकी अपेक्षाओं को फ़र्ज़ समझकर पूरा कर देते थे।

एक ऐसे प्रसंग में उन्होंने बिना माथे पर शिकन लाए, उनकी ज़रूरत पूरी करने का भार ढोया। डॉ. साहब की बड़ी बेटी गम्भीर हालत में ऑल इंडिया मेडिकल इंस्टीट्यूट में भर्ती की गई। कोमा में। सब चिन्तित और बेबस। इन्तजार में कि कब होश आए। इलाज के दौरान डॉ. साहब रोज़ अस्पताल का दो बार चक्कर लगाना चाहें। सुबह तो वे अपनी गाड़ी से चले जाते पर शाम को उन्होंने नियमत: हमें घेरना शुरू किया। चिन्ता हम सबको थी, सहानुभूति भी, पर रोज़ हाज़िरी देने की न मन:स्थिति, न औचित्य। पर वे नियत समय पर बा-हक आकर उम्मीद करें कि हम लोग उन्हें लेकर जाएँ। जैन साहब ने बड़े सहज भाव से यह दायित्व ओढ़ लिया और हफ्तों निभाया।

कुछ इसी तर्ज़ पर उन्होंने महीनों रात के खाने के बाद, माल रोड से नियमित रूप में उन्हें दरियागंज के मशहूर 'प्रिंस पान' की दुकान से पान खिलाने की आदत की भरपाई की। डॉ. साहब को दूसरे की सुविधा की चिन्ता कम ही होती थी। उन्होंने देर से खाने और सोने का रूटीन बना लिया था। वह समय गुज़ारने के लिए हमसे ज्यादा अनुगत पड़ोसी उन्हें कहाँ मिलते! उसी प्रसंग में समय काटने के लिए एकाध बार हम लोग ड्राइव के लिए निकले और पान खाकर क्या लौटे कि डॉ. साहब ने इसे आदत बना लिया—'हींग लगे न फिटकरी' वाले अन्दाज़ में। उनकी यह सवारी तब तक नियमित रूप से चलती रही, जब तक जैन साहब का स्वास्थ्य शिथिल नहीं होने लगा।

मेरा लेखन-सम्पादन

अध्यक्षता के दौरान तरह-तरह की व्यस्तताओं का प्रभाव मेरे लेखन पर पड़ा। 1980 में 'आधुनिक साहित्य : मूल्य और मूल्यांकन' शीर्षक से मेरे मौलिक लेखों का संग्रह राजकमल प्रकाशन से आया था। उसके बाद व्यस्तताओं ने ऐसा घेरा कि सम्पादन के श्रम-आधारित काम तो चलते रहे, पर मौलिक लेखन स्थगित होता रहा। सम्पादित रचनाओं में, 1981 में 'प्रेमचन्द : भारतीय साहित्य सन्दर्भ', 1983 में काशी नागरी प्रचारिणी सभा की साहित्य के बृहद् इतिहास की योजना में 'कथा-खंड' और 1985 में डॉ. प्रेमशंकर के सहयोग से साहित्य अकादमी के लिए 'आधुनिक हिन्दी समीक्षा' का सम्पादन किया। इस पुस्तक में सम्मिलित किए जानेवाले समीक्षा-लेखों के चुनाव के बारे में मैंने नामवर जी से अनौपचारिक रूप से परामर्श किया। उनके सुझावों का मान रखा। प्रेमशंकर की सहमति से पांडुलिपि तैयार करके अकादमी को भेज दी। उन दिनों हिन्दी समिति के संयोजक डॉ. शिवमंगल सिंह 'सुमन' थे। अकादमी की नीति के अनुसार पांडुलिपि सम्मति के लिए, विशेषज्ञ के नाम पर नामवर जी के पास भिजवा दी गई। मुझे खबर मिली तो मैं निश्चिन्त हो गई। कुछ ही दिन बीते होंगे कि वहाँ से फोन आया कि नामवर जी ने उसके परखचे उड़ा दिये। आपत्ति उन बातों पर भी, जिनका सुझाव खुद उन्होंने दिया था।

मामला मेरी समझ के बाहर था। बात अड़ गई। मैंने सुमन जी से मिलकर साफ़ कह दिया कि मैं अपने को उस ज़िम्मेदारी से मुक्त करना चाहूँगी। वे यह दायित्व किसी और को सौंप दें। प्रेमशंकर मेरा साथ देने का आश्वासन दे चुके थे। सुमन जी ने हस्तक्षेप किया। मध्यम मार्ग निकाला और मुझसे अनुरोध किया मैं मान रखने के लिए नामवर जी का एकाध ऐसा सुझाव स्वीकार कर लूँ जिसमें मुझे विशेष आपत्ति न हो। मैंने सुमन जी की बात का सम्मान करते हुए स्थिति से समझौता कर लिया।

दक्षिण परिसर में 'साहित्य के समाजशास्त्रीय अध्ययन' के रूप में एक नया विकल्प शुरू तो कर लिया था, पर इस विषय पर हिन्दी में प्रकाशित सामग्री का अभाव था। मैंने अपनी नैतिक ज़िम्मेदारी समझकर एक पुस्तक का सम्पादन किया, जिसमें विषय पर पश्चिमी विद्वानों के प्रसिद्ध लेखों का अनुवाद कराके संकलित किया गया था। अच्छा यह हुआ कि पुस्तक की तैयारी के दौरान, दिल्ली विश्वविद्यालय के हिन्दी माध्यम कार्यान्वयन निदेशालय के तत्कालीन निदेशक डॉ. जगदीश चन्द्र मूना को इसकी भनक लग गई और वे साग्रह इसे प्रकाशन के लिए ले गए, जो इस मायने में अच्छा हुआ कि पुस्तक जल्दी छपकर वाजिब मूल्य पर पाठकों को भी मिल गई और बिना हेराफेरी के मुझे भी मेरा प्राप्य मिलता रहा। काफ़ी समय तक यह इस विषय पर अकेली पुस्तक थी। अब क्या स्थिति है, नहीं जानती।

इसी वर्ष मैंने एक और पुस्तक का सम्पादन किया—'हिन्दी उपन्यास : सन् पचास के बाद', डॉ. नित्यानन्द तिवारी इसमें सहयोगी सम्पादक थे। एक और पुस्तक मेरे

पी-एच.डी. के शोध-प्रबन्ध का पूरी तरह संशोधित संस्करण था जो 'आधुनिक काव्य : रूप और संरचना' नाम से छपा। अपने नए रूप में यह ग्रन्थ शोध-पद्धति के रूप-विन्यास से भी मुक्त हुआ और भाषिक जड़ता से भी। दोनों पुस्तकों का प्रकाशन 'नेशनल पब्लिशिंग हाउस' ने किया।

बीच-बीच में, पत्रिकाओं में अलग-अलग विषयों पर लेख भी छपते रहे और सेमिनारों में भागीदारी के सिलसिले में तमाम विषयों पर तैयारी और भाषण भी होते रहे, पर मनोयोग से टिककर किसी विषय पर जमकर पुस्तकाकार लेखन का संकल्प टलता रहा क्योंकि उसके लिए जैसी निश्चिन्तता चाहिए थी, वैसी चाहकर भी हो नहीं पाती थी। सम्पादन और अनुवाद टुकड़ों में किया जा सकता है, गम्भीर लेखन के लिए चित्त की एकतानता ज़रूरी होती है।

ऐसी तमाम व्यस्तताओं के बीच समय का एक हिस्सा अनिवार्य रूप से पारिवारिक जिम्मेदारियों के खाते में लिखा ही रहता था। एक-एक कर तीनों बच्चों की शादियाँ, उनके बच्चों की पैदाइश से परवरिश तक से जुड़ी तमाम घटनाएँ—जिनमें खास बात यह थी कि इन तमाम स्थितियों में कहीं से न कभी कोई कहने लायक मदद मिली, न मैंने अपेक्षा ही की। सम्बन्ध सबसे स्वभावतः अच्छे रहे, पर ज़िम्मेदारियों का जमा-खर्च तो मेरे समय के खाते में ही दाखिल-खारिज होते रहना था। इस सबके बीच भी कुछ करते रहने की झक अलग। नतीजा यह कि जब जैसा बन पड़ता, करते रहने के लिए मौके की तलाश हर समय बनी रहती थी।

इसी बीच यानी 1986 के अन्त में एक रूसी लेखक दिमित्र मर्कोव्स्की की पुस्तक का अंग्रेज़ी संस्करण हाथ आया। मुझे दिलचस्पी पैदा हुई और मैंने उसका अनुवाद कर डाला—'समाजवादी साहित्य : विकास की समस्याएँ'। वाणी प्रकाशन तब अशोक महेश्वरी के हाथ में था। राधाकृष्ण प्रकाशन की जिम्मेदारी शायद तब तक नहीं सँभाली थी। अशोक ने बड़ी तत्परता से पुस्तक छापी। तब तक सोवियत लैंड नेहरू अवॉर्ड देने का सिलसिला बन्द नहीं हुआ था। निर्णायक समिति के सर्वेसर्वा नामवर जी थे। स्वभावतः मुझे और प्रकाशक, दोनों को आशा थी, जो गैरवाजिब नहीं थी कि पुस्तक को कोई-न-कोई अवार्ड मिलना चाहिए, पर हम दोनों ने ही नामवर जी से कोई चर्चा नहीं की।

अवार्ड की कई श्रेणियाँ थीं—शायद तीन या चार। अनूदित रचना होने के कारण यह तो हम जानते थे कि ऊपर की श्रेणियों में तो उस पर विचार करने का प्रश्न नहीं उठेगा, पर कम-से-कम उन पुस्तकों में जगह ज़रूर दी जाएगी, जिनके लेखक बाद में सोवियत रूस की यात्रा के लिए ले जाए जाएँगे। तभी खबर उड़ी कि नामवर जी के एक मुँहलगे रचनाकार यह घोषणा करते घूम रहे हैं कि अगर उनकी पुस्तक को नामवर जी ने उस श्रेणी में अवार्ड नहीं दिलाया तो वे उन्हें देख लेंगे यानी हाथापाई से मामला बाद में तय करेंगे।

मित्रों ने मुझ तक बात इस सुझाव के साथ पहुँचाई कि मुझे नामवर जी से बात

करनी चाहिए। मुझे ऐसा करना कतई गवारा नहीं हुआ और नामवर जी ने फ़ैसला उन हज़रत के पक्ष में करके अपनी जान की खैर मनाई। मुझे बस लगा कि अच्छा ही हुआ कि मैंने बात नहीं की थी।

मन अलबत्ता इतना खट्टा हुआ कि अवार्ड लेने जाने का उत्साह नहीं हो रहा था। पहली खबर मुझे अशोक महेश्वरी ने ही सुनाई थी—जिस टोन में, उससे साफ़ था कि अच्छा उन्हें भी नहीं लगा। उसी वर्ष एक अवार्ड पदमा सचदेव को भी मिला था। उनसे बात होने पर मैंने कार्यक्रम में न जाने के फ़ैसले का ज़िक्र किया तो वे लगभग पीछे पड़कर आयोजन में ले गईं।

परिवार को इन पुरस्कारों के क्रमिक महत्त्व की जानकारी तो थी नहीं। तब तक सोवियत लैंड नेहरू अवार्ड की ख्याति कुछ ऐसी थी कि सब इतने भर से प्रसन्न थे कि इस बैनर तले मुझे अवार्ड मिला। खुशी-खुशी आयोजन में दर्शकों के बीच शामिल हुए। मुझे यह ज़रूर याद है कि जैन साहब के चेहरे पर वैसा उत्साह और उल्लास नहीं था, जो ऐसे अवसरों पर प्रायः रहा करता था। यह बात उनके जाने के बाद समझ में आई कि उनका स्वास्थ्य भीतर-ही-भीतर छीज रहा था, जिसका शायद खुद उन्हें भी ठीक अन्दाज़ा नहीं था।

इतना ज़रूर था कि कुछ महीने पहले जब मैं शहर से बाहर गई हुई थी तो उन्हें शरीर के बाईं तरफ कुछ झनझनाहट महसूस हुई, पैर हल्के से लड़खड़ाया और हाथ की पकड़ ढीली हो गई। घर में छोटा बेटा, बहू और उनका साल-भर का बेटा था। जैन साहब ने जैसे ही बेटे से ज़िक्र किया, वह उन्हें डॉक्टर के पास लेकर भागा।

डॉक्टर रमेश गुप्ता मॉडल टाउन में प्रैक्टिस करते थे। श्रीराम कॉलेज के प्रिंसिपल डॉ. सी.बी. गुप्ता के बेटे थे। इस नाते भी उनसे सम्बन्ध अच्छे थे। उन्होंने परीक्षण करके बताया कि पक्षाघात का बहुत हल्का-सा अटैक था, होकर निकल गया। नॉर्मल होने में समय लगेगा। ब्लड-प्रेशर का ध्यान रखें, बाकी किसी इलाज की ज़रूरत नहीं है।

यह ब्यौरा बेटे ने मुझे अलग से बताया, पिता की पीठ पीछे। इसके बाद उनके जीवन की गति शिथिल-सी हो गई। यह आशंका सबको हो ही गई कि भले ही उनकी हालत में सुधार हो रहा था, पर दूसरे अटैक की सम्भावना से पूरी तरह इनकार नहीं किया जा सकता था। इसलिए उन्हें शहर से बाहर अकेले यात्रा करने पर बिना जतलाए रोक लगा दी हम सबने। वह सारी ज़िम्मेदारी छोटे बेटे ने उठा ली।

जाना मेरी माँ का

जैन साहब ने आखिरी हवाई-यात्रा 1986 में की थी। वह भी मेरे साथ, मेरी माँ की मृत्यु के अवसर पर। वे छोटे भाई के पास थीं—कैंसर से ग्रस्त। ब्रेस्ट कैंसर का पता ही तब लगा जब बीमारी दूसरी स्टेज के अन्तिम सिरे

पर थी। गिल्टी शायद बहुत दिनों से थी, पर उसमें पीड़ा तो थी नहीं, इसलिए उन्होंने किसी से ज़िक्र ही नहीं किया। एक बार मेरा जाना हुआ तो बड़े सहज ढंग से मुझे दिखाकर बोलीं, 'ये पता नहीं गोला-सा क्या हो गया है, दर्द तो इसमें है नहीं, पर हाथ पड़ जाता है तो औलू देने लगता है।'

देखते ही मेरा माथा ठनका। उस समय उन्हें भले ही इस जानलेवा रोग के लक्षणों की जानकारी नहीं रही हो, पर मैं तो उतनी अनजान नहीं थी। वापसी के लिए मेरा सामान बँध चुका था। मैंने भाई-भाभी को सावधान किया, और उन्होंने मेरे प्रस्थान करते ही उनकी जाँच कराने का अभियान शुरू कर दिया।

दो ही दिन में मेरे पास समाचार आ गया कि मेरा शक ठीक था। साथ ही यह भी कि उनकी उम्र के कारण ऑपरेशन नहीं किया जा सकता। चेन्नई में आज भी मेडिकल सुविधाओं और अस्पतालों की स्थिति दिल्ली से कहीं बेहतर है, इसलिए उन्हें वहीं रखकर यथासम्भव कष्ट से मुक्त रखने और अन्त की प्रतीक्षा करने के अलावा कोई विकल्प नहीं था। बेटे-बहू ने उन्हें आराम से रखने का हर सम्भव प्रयास किया। अन्तिम दिनों में लगभग बेसुधी की हालत में मौत दबे पाँव आकर उन्हें ले गई। न कोई शोर, न शराबा। पास बैठी दाक्षिणात्य सेविका ने दौड़कर मेरे भाई को सूचना दी कि उनकी साँस उलटी चल रही है। भाभी संयोग से लम्बे अन्तराल के बाद बाज़ार से सब्ज़ी खरीदने गई थीं। आशंका के कारण घर से निकलती ही नहीं थीं। उसी दिन उन्हें शान्त देखकर निकलीं और मौत जैसे वहीं किसी कोने में छिपी उनके जाने की प्रतीक्षा में थी, तुरन्त प्रकट हो गई। यह बात अलग है कि अन्त कुछ ऐसी शान्ति से हुआ, जिसका बोध उन्हें खुद भी नहीं हुआ।

हमें तत्काल फोन से सूचना दे दी गई, और हम अगले ही दिन सुबह की पहली फ़्लाइट से निकल गए। उनका अन्तिम संस्कार कराके यथासमय हम लोगों की वापसी हो गई। बड़े भाई साहब को खबर नहीं दी गई, पहले बता चुकी हूँ। छोटी बहन को भी अमेरिका में बैठे-बैठे इस बात की शिकायत रही कि उसे उनके जाने से कुछ दिन पहले क्यों नहीं खबर की गई। यह समझाना मुश्किल था कि ऐसी स्थितियों में मौत आवाज देकर नहीं आती। हो सकता है, हमारा अन्दाज़ा गलत हो जाता और उनकी जीवन-यात्रा कुछ लम्बी खिंच जाती तो वह लम्बे समय तक रुक नहीं सकती थी। तब शिकायत का मुद्दा यह बनता कि इतने पहले क्यों बुलाकर बैठा लिया? हमारी स्थिति 'दुहूँ भाँति असमंजस' वाली थी। वे नीम-बेहोशी की हालत में थीं, कुछ कहा नहीं जा सकता था निश्चित रूप से। प्रवासी भारतीयों की विदेश में जो संघर्षमय जीवनचर्या होती है, वह लम्बी अनुपस्थिति की इजाज़त नहीं देती। सो आना नहीं हुआ, इसके कारण को तार्किक ढंग से समझना शायद उसके लिए सम्भव हुआ ही नहीं।

बहरहाल वे चली गईं। हमें लौटते ही हवेली की बिक्री से सम्बन्धित औपचारिकताएँ पूरी करनी थीं। उस प्रसंग का ज़िक्र मैं पहले कर चुकी हूँ। चेन्नई से लौटने पर धीरे-

धीरे ज़िन्दगी फिर पुराने ढर्रे पर चलने लगी। मुकदमा अपनी चाल चल रहा था। परेशानी जैन साहब और बेटे संजय को होती। उन्हें कोशिश करने पर भी वकील के माध्यम से पेशी भुगताने की इजाज़त नहीं दी अदालत ने।

जैन साहब का प्रयाण

ज़िन्दगी इस अर्थ में निर्द्वन्द्व शायद कभी हुई ही नहीं जब हमारे ऊपर किसी-न-किसी मुसीबत का कोई साया मँडराता न रहा हो। जैन साहब के स्वास्थ्य के कारण मेरी भरसक कोशिश यही रहती थी कि मैं पारिवारिक और निजी समस्याओं से उन्हें यथासम्भव मुक्त रखूँ।

बड़ा बेटा तो उस समय सपरिवार नौकरी के सिलसिले में बाहर ही रहता था—प्राय: अच्छे शहरों में—जहाँ-जहाँ ताज ग्रुप के होटल होते। बेटी अपने परिवार में—गोकि उसकी पारिवारिक स्थिति निहायत बदमिजाज़, तानाशाह पति के कारण बहुत निर्द्वन्द्व नहीं थी। फिर भी मेरा प्रयास भरसक जैन साहब को इन चिन्ताओं से मुक्त रखने का ही होता था। उनका स्वास्थ्य, मन पर बोझ रखने की इजाज़त नहीं देता था, इसलिए उन्हें उतना ही बताया जाता था, जितना ज़रूरी होता।

शिथिल स्वास्थ्य के कारण, व्यापार की ज़िम्मेदारी भी धीरे-धीरे छोटे बेटे के उस समय कुछ कम ही अनुभवी कन्धों पर स्थानान्तरित होती जा रही थी, पर उनकी छोड़ी हुई नौकरी से सम्बद्ध एकाध मुकदमों ने तब भी उनका पिंड नहीं छोड़ा था। हम अपने पारिवारिक मुकदमों से तो उन्हें यथासम्भव चिन्तामुक्त ही रखते थे, पर उनकी पिछली नौकरी से जुड़ा एक मुकदमा उनके मन पर दबाव बनाए हुए था। वे उसे लेकर अपनी चिन्ता किसी से बाँट तो नहीं सकते थे क्योंकि वह मामला हम लोगों की समझ के बाहर था, पर लगातार उसके दबाव से त्रस्त-से रहते थे। उनकी कम्पनी का ताल्लुक अखिल भारतीय स्तर पर फायर फ़ाइटिंग से जुड़े पुलिस महकमों से था, इसलिए मुकदमों की पैरवी भी उन्हीं शहरों में होती थी, जहाँ से विवाद जुड़ा होता था। स्थिति गले पड़े ढोल को बजानेवाली थी। कम्पनी के मालिक की आकस्मिक मृत्यु के कारण, उनके उस समय नाबालिग बेटे ने बड़ी चतुराई से या वकीलों की सलाह से, अपनी बला जैन साहब के सिर डालने की कोशिश में काफी दूर तक सफलता हासिल कर ली थी। लिहाज़ा जब बाहर किसी मुकदमे की तारीख पड़ती तो जैन साहब को भी पेशी भुगताने में उसका साथ देना पड़ता था। पहले भी इससे सम्बन्धित ओ.एन.जी.सी. वाली एक घटना का जिक्र कर चुकी हूँ।

घरेलू मुकदमों में तो ज़िम्मेदारी उनसे ज़्यादा मुझ पर या छोटे बेटे संजय पर रहती थी, इसलिए वे चिन्तामुक्त रहते थे। पर पिछली नौकरी से जुड़े झंझटों के सिलसिले में एक मुकदमा आन्ध्र प्रदेश में चल रहा था। मामला गम्भीर था। पैरवी वहीं का कोई

स्थानीय वकील कर रहा था। हमें इसका आभास सिर्फ़ उस प्रसंग में वकील से कभी-कभी उनकी टेलीफ़ोन-वार्ता से होता था। ब्यौरों से पूरा परिवार बेखबर था।

बात नवम्बर, 1987 के अन्त की है। अपने व्यापार से सम्बद्ध किसी कॉन्फ्रेंस में हांगकांग जाने का प्रस्ताव सामने आया तो जैन साहब ने यह ज़िम्मेदारी संजय को सौंपी। चर्चा मेरे सामने हुई तो मुझे लगा कि वह पत्नी को साथ ले जाए तो इस बहाने एक विदेश-यात्रा का सुखद अनुभव उसे भी हो जाएगा। संजय की प्रतिक्रिया थी, 'मेरे बस का नहीं है ढाई साल के बच्चे को साथ में उठाए फिरना।' मैंने बड़ी उदारता से वह ज़िम्मेदारी उठाने का आश्वासन दे दिया और वे दम्पती खुशी-खुशी प्रस्थान कर गए। यह बात अलग है कि औरों के अलावा मेरी समधिन यानी बच्चे की नानी साहिबा तक इस बात से विस्मित थीं कि अपनी व्यस्तताओं के बावजूद मैंने यह हिम्मत कैसे की। बहरहाल, मुझे दूर-दूर तक इस बात का आभास नहीं था कि जैन साहब खुद इसलिए नहीं गए थे कि वे इस काम के लिए अपेक्षित हिम्मत नहीं जुटा पा रहे थे।

संजय को गए एक सप्ताह भी नहीं हुआ था कि वे एक दिन सहसा बोले कि उनकी दृष्टि कुछ धुँधला रही है। शायद चश्मे का नम्बर गड़बड़ा गया है। संजय के लौटते ही डॉक्टर को दिखाना होगा। उन दिनों उनके स्वास्थ्य सम्बन्धी किसी छोटी-से-छोटी परेशानी को भी स्थगित करना मुझे सही नहीं लगता था। उनके लाख मना करने पर भी मैंने मशहूर नेत्र-विशेषज्ञ डॉ. मलिक से समय तय किया और उनके आनाकानी करने पर भी बज़िद उन्हें ले गई।

उनके संकोच के कारण अपनी जगह थे। छोटे बच्चे का साथ। उस समय गाड़ी भी हम सब खुद ही ड्राइव करते थे। उधर कड़ाके की सर्दी और कोहरा। पर मुझे उनके स्वास्थ्य-सम्बन्धी चिन्ता इन छोटी-मोटी बाधाओं की तुलना में कहीं ज्यादा महत्त्वपूर्ण लगती थी। मैंने अपने पुराने नौकर अशर्फ़ी को बच्चे के साथ पिछली सीट पर बैठाया और उन्हें साथ लेकर प्रस्थान किया।

डॉ. मलिक का क्लीनिक जमना पार था। उन्होंने बड़ी गम्भीरता से आँखों का परीक्षण करके इस बात की पुष्टि की कि एक आँख के नम्बर में इतना फ़र्क आ गया है कि वे ठीक-ठीक इसकी वजह तय नहीं कर पा रहे हैं। उन्होंने कुछ दवाइयों का नुस्खा पकड़ाकर, दो दिन बाद जाँच के लिए फिर बुलाया।

वापसी में मैंने गाड़ी दवाइयाँ खरीदने के लिए दरियागंज की तरफ मोड़ी। नुस्खा देकर अशर्फ़ी को दवाइयाँ खरीदने के लिए उतारा तो इन्तजार के दौरान जैन साहब अचानक बोले, 'ये क्या जगह है? पहचान में नहीं आ रही।'

सवाल चौंकानेवाला ज़रूर था पर भविष्य के खतरे का आभास कराने जैसा कुछ नहीं लगा। मेरी सहज प्रतिक्रिया हुई, 'अरे! आपको क्या हो गया है! दरियागंज को नहीं पहचान रहे हैं?'

उन्होंने पहचाना शायद तब भी नहीं होगा, कह भर दिया, 'अरे हाँ! मुझे कुछ गलतफ़हमी हो गई शायद।' बात वहीं खत्म हो गई और घर-वापसी हो गई।

जीवन पुराने ढर्रे पर चलने लगा। जब से उन्हें हल्का-सा पक्षाघात हुआ था, मैं प्राय: उन्हें अकेले बाहर नहीं जाने देती थी। घर पर नियमित मालिश के लिए एक व्यक्ति आता था। उसी की देखरेख में वे नहाते और उसे साथ लेकर थोड़ी दूर घूमकर आते थे।

उस दिन भयानक सर्दी थी। उस वर्ष का सबसे ठंडा दिन। तारीख थी 7 दिसम्बर। उन्होंने अपनी दिनचर्या की शुरुआत की। घूमने के लिए भी निकले ज़रूर, पर कुछ ही दूर जाकर वापस लौट आए। शायद आगे बढ़ने की हिम्मत नहीं हुई। बरामदे में सुनहली धूप का टुकड़ा आकर बैठ गया तो अशर्फ़ी ने वहीं नाश्ता करा दिया। हम लोग वहीं बैठे इन्तजार कर रहे थे कि समय हो तो डॉक्टर मलिक को दिखाने के लिए प्रस्थान करें।

जैन साहब ने अखबार उठा लिया और मेरे पास मेरी एक शोध-छात्रा मार्गदर्शन के लिए आ गई। हमारी बातों से ज़ाहिर है, उन्हें ऊब होने लगी तो पास खेलते ढाई वर्ष के पौत्र को सम्बोधित करके बोले, 'आओ बेटा, हम बाहर घूमते हैं, अम्मा को काम करने दो।'

बच्चे ने सहज भाव से दादा की उँगली पकड़ी और चल दिया। चार-छह कदम भरते ही उसने गोदी में चढ़ने की जिद की। उन्होंने गोद में उठा तो लिया पर उसे उठाए हुए चलना, उनके वश की बात नहीं थी। संयोग से उसी समय सामने से डॉ. दिनेश गुप्ता आते दिखाई पड़े तो जैन साहब को मुक्ति का रास्ता सूझ गया। उन्होंने तुरन्त उसे दिनेश को यह कहते हुए सौंप दिया कि 'बेटा, बाबाजी थक जाते हैं, तुम दिनेश ताऊ जी की गोद में चले जाओ।'

दिनेश उसे लिये बरामदे की तरफ बढ़ा और वहाँ बैठी अलका को देखकर सामने लॉन में बच्चे को उतारकर खिलाने लगा।

बरामदा और उसके सामने वाला लॉन फ़्लैट के पिछवाड़े पड़ता था। उसमें बैठे व्यक्ति को प्रवेश-द्वार और कॉरिडोर की गतिविधि दिखाई नहीं पड़ती थी।

डॉ. दिनेश गुप्ता मेरे बड़े प्रिय और अनुगत विद्यार्थियों में हैं। समय के साथ उनकी हैसियत एक परिवारी सदस्य जैसी होती गई है। वे संजय की अनुपस्थिति में, अपना सहज दायित्व मानकर दूसरे-तीसरे दिन हमारी खैरियत मालूम करने चले आते थे। उस दिन भी वे उसी भाव से या मेरे भाग्य से आ निकले थे। उन्हें बच्चे के साथ खेलते हुए पाँच-सात मिनट ही गुजरे होंगे कि अचानक हमारे दरवाज़े पर कुछ हलचल-सी हुई। दिनेश ने उधर झुककर स्थिति का जायज़ा लेने की कोशिश की और तुरन्त यह कहते हुए दौड़े, 'अरे! बाबूजी गिर गए?'

प्रतिक्रिया इतनी आकस्मिक थी कि मेरे मुँह से निकला, 'कौन बाबू जी?'

वे भागते-भागते बस इतना भर कह पाए, 'अपने बाबूजी!'

आनन-फ़ानन में मैं और अलका भी दौड़े। पहुँचे तो देखा दरवाज़े पर जैन साहब अचेत पड़े हैं, और सामने वाले फ़्लैट में रहनेवाले दम्पती उन्हें हिलाने की कोशिश कर

रहे हैं। शोरगुल सुनकर अशर्फ़ी भी भीतर से निकल आया। सबने मिलकर उन्हें उठाया और भीतर लाकर पलंग पर लिटाया। हड़बड़ी में मुझे इतना ही सूझा कि मैंने बच्चे को अलका की गोद में देकर कहा, 'तुम इसे लेकर ऊपर चली जाओ। मैं जब तक न बुलाऊँ, इसे नीचे मत लाना।'

अशर्फ़ी दौड़कर कटोरी में पानी लाया। मैंने उनके मुँह में चम्मच से जो पानी डाला, वह भीतर चला गया तो सबको लगा कि वे बेहोश भर हैं। पड़ोस में दिल्ली के मशहूर डॉ. व्यास रहते थे। पड़ोसियों ने सुझाया, 'आंटी, आप दौड़कर डॉ. व्यास को तो बुला ही लाइए।'

सुझाव वाजिब था। मैंने डॉ. साहब का दरवाज़ा खटखटाया तो पता लगा कि वे नहा रहे हैं। कम्पाउंडर को स्थिति समझाकर मैंने लौटकर डॉ. रमेश गुप्ता को फ़ोन किया तो उन्होंने राय दी, 'आप उन्हें अस्पताल ले जाने की तैयारी कीजिए। वैसे मैं तो आ ही रहा हूँ।'

मैं दिनेश और पड़ोसी जोड़े से उनका खयाल रखने के लिए कहकर, ऊपर कपड़े बदलने और पैसा लाने के लिए लपकी। लौटी, तब तक डॉ. व्यास आकर उनका परीक्षण कर चुके थे। कमरे में सन्नाटा था—मौत का। पर तब तक उन्होंने घोषणा नहीं की थी। मैं पास जाकर खड़ी हुई तो उन्होंने धीरे से पलंग की पाटी पर लटके हुए उनके हाथ को उठाकर उनके सीने पर टिका दिया। एक क्षण मौन रहकर धीमे स्वर में बोले, 'आई आम सॉरी मिसेज जैन, ही इज़ नो मोर।'

घटना अपनी आकस्मिकता के कारण अविश्वसनीय लग रही थी। मैंने घबराकर पूछा, 'डॉ. साहब, आर यू श्योर?'

वे उत्तर देते, इससे पहले डॉ. रमेश गुप्ता कमरे में दाखिल हुए। डॉ. व्यास ने मेरे बजाय उन्हें सम्बोधित किया, 'मैं तो देख चुका, एक बार तुम भी देख लो रमेश।'

डॉ. रमेश शायद कभी उनके शिष्य रह चुके थे। उन्होंने गुरु के आदेश का पालन करते हुए मरीज़ की पलकें उलटीं और डॉ. व्यास के समर्थन में सिर हिला दिया।

मेरे मुँह से सहसा निकला, 'डॉ. साहब, आप तो इन्हें अस्पताल ले जाने के लिए कह रहे थे?'

मेरी प्रतिक्रिया से वे कुछ विचलित हुए, 'आप तो पढ़ी-लिखी हैं मिसेज जैन, अब आप इन्हें कहीं ले जाइए। इन्हें कोई वापस नहीं ला सकता।'

मेरे विचलन की वजह शायद यह थी कि मैंने ऐसी आकस्मिक मृत्यु का साक्षात्कार इससे पहले कभी नहीं किया था। दोनों डॉक्टर विदा हो गए तो हिम्मत जुटाकर मैंने स्थिति का सामना करना शुरू किया। विचित्र माहौल था। ऊपर की मंजिल में ढाई साल के बच्चे को सँभालती हुई मेरी शोध-छात्रा। घर में सिर्फ़ एक नौकर, जो तब बहुत पुराना भी नहीं था और सन्तान सरीखा युवा दिनेश, जिसने खुद ऐसी स्थिति का शायद पहली बार सामना किया होगा, कौन किसे सान्त्वना देता! मेरी भूमिका तो औरों को आदेश देनेवाली हो गई थी।

मैंने परम्परा के अनुरूप उनके मृत शरीर को दिनेश और अशर्फ़ी की सहायता से नीचे उतारा। दिनेश से तत्काल बेटी को, बेटों की ससुरालों को और डॉ. नगेन्द्र को सूचित करने के लिए कहा। खबर सुनते ही बेटी–दामाद तो तुरन्त ही अपने घर से निकल लिये। उन दिनों वे आनन्द पर्वत के इलाके में रहते थे। कुछ ही देर में डॉ. नगेन्द्र भी आ गए। बच्चे को मैंने सड़क पार, लखनऊ रोड पर स्थित उसकी ननिहाल में भिजवा दिया और दिनेश ने मेरी टेलीफ़ोन नम्बर की डायरी के सहारे शहर में परिचितों–मित्रों को खबर देने की ज़िम्मेदारी सँभाली।

अलका को मैंने साग्रह उसके घर विदा किया।

खबर फैलते ही साउथ कैम्पस से डाइरेक्टर प्रो. आबाद अहमद के साथ, तमाम सहयोगी, इधर विश्वविद्यालय से तमाम परिचितों का ताँता लग गया। नाते–रिश्तेदार अलग। बड़ी कठिनाई यह थी कि अन्त्येष्टि उसी दिन नहीं की जा सकती थी। बड़ा बेटा पटना में और छोटा सपत्नीक हांगकांग में। बड़ा भी साँझ ढलने से पहले पहुँच नहीं सकता था और छोटे के होटल में फ़ोन किया गया तो वे दम्पती बाहर निकले हुए थे। होटलवालों की लापरवाही से खबर उन्हें साँझ ढलने के बाद मिली। नातेदारों और मित्रों की सलाह से अन्त्येष्टि अगले दिन अपराह्न के लिए तय करके अखबारों में खबर दे दी गई थी।

बड़ा बेटा तो पत्नी के साथ शाम तक पहुँच गया, पर छोटे को जब तक खबर मिली, उसके बाद कोई फ़्लाइट ऐसी नहीं थी, जो उसे समय से पहुँचा देती। सब तरफ से निराश होकर रात में रोते हुए, उसका फ़ोन आया कि वह किसी हालत में निश्चित समय तक नहीं पहुँच सकता। जहाँ तक मेरा सवाल था, तात्कालिक व्यवस्थाएँ करने के बाद मेरी चेतना में अवसन्नता व्याप गई। शायद इसका एक कारण यह भी रहा होगा कि उस आपात–स्थिति में नातेदारों, मित्रों–परिचितों के इतने हाथ सहायतार्थ आगे बढ़ आए कि मेरे कुछ करने–कहने के लिए रह ही नहीं गया।

उस समय कांग्रेसी नेता पुरुषोत्तम गोयल दिल्ली के स्पीकर थे। उनकी बड़ी बहन, बी.ए. काल में, इन्द्रप्रस्थ कॉलेज में मेरी हमसफ़र थीं। संयोग से मेरे दोनों बेटे कॉलेज ऑफ़ कॉमर्स में उनके विद्यार्थी रहे थे। इसके अतिरिक्त उनसे न कोई औपचारिक परिचय था, न ही मिलना–जुलना। मेरा बड़ा बेटा, जिसमें अपने विद्यार्थी जीवन में नेतागीरी के कीड़े कुलबुलाया करते थे, राजनीतिक कारणों से ज़रूर उनके कुछ निकट था। लेकिन पारिवारिक स्तर पर निकटता की कोई वजह बनी ही नहीं क्योंकि बेटे की राजनीतिक गतिविधियाँ मेरी नाराजगी का ही कारण थीं। इतना ज़रूर था कि उनकी पत्नी सुनीति बड़ी सुन्दर, शिष्ट और शालीन व्यक्तित्व की धनी थीं। विवेकानन्द कॉलेज में पढ़ाती थीं। कलकत्ते के एक अत्यन्त शालीन, पढ़े–लिखे, नौकरीपेशा परिवार से सम्बद्ध थीं। अपनी योग्यता के बल पर ही उनकी नियुक्ति हुई होगी, क्योंकि वे हमारी विद्यार्थी तो थीं नहीं।

जिस दिन (8 दिसम्बर) अन्त्येष्टि होनी थी, पूर्वाह्न में अचानक पुरुषोत्तम आए।

शव पर सफेद फूलों का 'रीथ' रखा, चुपचाप मुझे प्रणाम किया और लौट गए। मुझ पर उनके इस व्यवहार का अच्छा प्रभाव पड़ा।

अपराह्न में जब शव-यात्रा निगमबोध पहुँची तो पाया गया कि वहाँ अन्त्येष्टि के लिए अपेक्षित सारा प्रबन्ध किया जा चुका था। बेटा जब लकड़ियों के लिए टाल पर पहुँचा तो उसे सूचना मिली कि अपेक्षित सारी सामग्री वी.आई.पी. प्लेटफ़ॉर्म पर पहुँचाई जा चुकी है। ज़ाहिर है, इसका आदेश पुरुषोत्तम ने ही दिया था, जिसका ज़िक्र उन्होंने आगे-पीछे कभी मुझसे नहीं किया। सन्दर्भ ऐसा था कि मैंने भी धन्यवाद देना ज़रूरी नहीं समझा। पर इस घटना से मेरे मन में उनके बारे में बड़ी अच्छी धारणा बनी।

तेरहवीं तक ठंड का प्रकोप कम नहीं हुआ था। आनेवालों की संख्या का अनुमान नहीं था वरना कम-से-कम सिर पर शामियाने की व्यवस्था की जाती। घर का ड्राइंग-रूम, बराबर का कमरा, लॉन से लेकर ड्राइव वे में दूर तक लोग भरे थे। मूनिस रज़ा साहब, पूरे हवन के दौरान बैठे ही नहीं रहे, परिवार के साथ हाथ बाँधे तब तक खड़े रहे जब तक सब लोग विदा नहीं हो गए। यह बात अलग है कि मैंने हवन के अलावा किसी कर्मकांड की इजाज़त नहीं दी। जैसे ही अन्तिम आहुति के बाद पंडित जी ने माइक उठाकर घोषणा करनी शुरू की, मैंने वाक्य पूरा होने से पहले ही बाधा दी, 'पंडित जी, भाषण नहीं होंगे।' उन्होंने हकबकाकर मेरी तरफ देखा, और बस।

बाद में जीसस मेरी की प्रिंसिपल ने अपने सहयोगियों से कहा, 'आइ हैव नेवर सीन सच ए डिग्नीफाइड सेरेमनी बिफ़ोर,' सुनकर मुझे अपने फ़ैसले पर सन्तोष हुआ।

नहीं आनेवालों में नामवर जी के अलावा किसी का नाम याद नहीं आया किसी को। दरअसल नामवर जी शहर से बाहर थे। लौटे उस दिन, जिस दिन अन्त्येष्टि तय थी। जब तक मेरे घर पहुँचे, शव-यात्रा निगम बोध के लिए प्रस्थान कर चुकी थी। बाहर उस दिशा में जानेवाली आखिरी गाड़ी थी। नामवर जी आकर ड्राइंग रूम के बरामदे की तरफ वाले दरवाज़े पर खड़े हुए। कमरे में मेरे आस-पास कुछ नाते की और कुछ मित्र महिलाएँ बैठी थीं। मन्नू ने फैसला किया था कि महिलाएँ श्मशान नहीं जाएँगी। दरवाज़े की तरफ मेरी पीठ थी। मन्नू सामने थी। नामवर जी ने इशारे से उसे बुलाया। धीरे से कहा कि वे बाहर से लौटे हैं और उन्हें फिर बाहर जाना है। लौटकर मिलेंगे मुझसे। अगर उस समय रुके तो बाहर खड़ी आखिरी गाड़ी उन्हें छोड़ जाएगी। सो नामवर जी नहीं, सन्देश मुझ तक आया।

नामवर जी आए, कई हफ्ते बाद। एन.सी.ई.आर.टी. में अंग्रेजी की प्रो. मिस राम टैक्सी लेकर मुझसे मिलने आ रही थीं। नामवर जी को पता लगा तो उन्होंने साथ चलने की पेशकश की और चले आए। मिस राम कुछ देर बैठकर जाने के लिए उठीं तो नामवर जी से बोलीं, 'डॉक्टर साहब आप तो अभी ठहरेंगे, मैं चलती हूँ।'

नामवर जी को, ज़ाहिर है, खुद लौटने की व्यवस्था करने का प्रस्ताव अनुकूल नहीं लगा, और वे उन्हीं के साथ लौट गए। मुझे आश्चर्य हुआ—बस।

उत्तर-जीवन

कामकाजी महिलाओं के जीवन की विडम्बनापूर्ण सच्चाई यह है कि अवसर खुशी का हो या गम का, जिम्मेदारियों का बोझ उन्हें यह गुंजाइश ही नहीं देता कि वे उससे जुड़ी अनुभूतियों को बने रहने की लम्बी छूट दे सकें। ठोस वास्तविकताएँ मौका पाते ही अपना दबाव बनाकर उन्हें ऐसी भाव-स्थितियों से पलायन का मार्ग मुहैया कर देती हैं। ऐसा होना, कितना मददगार होता है, यह तत्काल भले ही समझ में न आता हो, पर कुल मिलाकर मानसिक स्वास्थ्य के लिए अनुकूल ही होता है।

जैन साहब चले गए और उनके जाने से जुड़े अनुष्ठान भी पूरे हो गए तो इस निमित्त इकट्ठा हुए नातेदारों ने भी विदा ली। घर खाली हुआ तो मौत से ज़्यादा उसकी आकस्मिकता का सन्नाटा और गहराया। यों भी जब से उन्होंने काम से बाहर जाना कम कर दिया था, उनकी निरन्तर उपस्थिति जैसे घर के भरा-पूरा होने का एहसास बनाए रखती थी। मुझे खालीपन अखरने लगा तो मैंने तेरहवीं के तीसरे ही दिन विश्वविद्यालय जाना शुरू कर दिया। पहली ही कक्षा में लगा कि विद्यार्थियों के चेहरे पर आश्चर्य और सहानुभूति की मिली-जुली छाप है। शायद वे मेरी इतनी जल्दी वापसी की उम्मीद नहीं करते थे। मैं अपनी ओर से बहुत सहज दिखने का प्रयास कर रही थी, पर लाख प्रयत्न करने पर भी वाक्य कुछ ताल-बेताल हो जा रहे थे।

घर लौटी तो वह खालीपन अखरा, जो दोपहर के समय उनके आराम करनेवाले पलंग पर पसरा था। लगा कि अभी आवाज आएगी, 'तुमने खाना खा लिया?' विश्वविद्यालय से मेरी वापसी तक वे प्रायः खाना खाकर आराम करते होते थे। नींद गहरी भी हो तो भी बाहर गाड़ी रुकने और फिर घर में मेरी पदचाप से उन्हें तुरन्त आभास हो जाता था और यह चिन्ता प्रश्न के रूप में अनायास व्यक्त हो जाती थी। वे कुछ करने की स्थिति में भले ही नहीं रहे थे, पर इस सवाल से मेरे प्रति उनका सरोकार बड़ा मार्मिक लगता था।

मेरी नियमित दिनचर्या ने तो इस मनःस्थिति से उबरने में मदद ही की। इसके अतिरिक्त एक और प्रसंग मुझे सहज बनाने में साधक हुआ। उस वर्ष यू.पी.एस.सी. की एक महत्त्वपूर्ण परीक्षा के परीक्षण का दायित्व मुझ पर था। परीक्षा हो चुकी थी। उत्तर-पुस्तकों का बंडल इसी दौरान आ गया। जाँचने में विलम्ब करने का विकल्प तो था नहीं, इसलिए मुझे स्थिर मन से, उसे अंजाम देना था। ज़ाहिर है, इस व्यस्तता ने सहज होने में मदद की।

इस काम को पूरा कर ही पाई थी कि ऑस्ट्रेलिया की राजधानी कैनबरा की नेशनल यूनिवर्सिटी से एक अन्तरराष्ट्रीय कॉन्फ्रेंस में भागीदारी के लिए निमंत्रण आ गया। विषय साहित्य से नहीं, 'भाषा' से सम्बद्ध था। ज़ाहिर है, पर्चा तैयार करने के लिए अपेक्षाकृत अधिक समय लगता। मेरी हिम्मत नहीं पड़ रही थी। संयोग से मेरे प्रिय मित्र प्रसिद्ध

भाषाविज्ञानी डॉ. रवीन्द्रनाथ श्रीवास्तव मिलने चले आए और मैंने उनसे ज़िक्र कर दिया, इस टीप के साथ कि चूँकि विषय सीधे-सीधे मेरा नहीं है, इसलिए वर्तमान मनःस्थिति में मैंने न जाने का फैसला किया है। उन्होंने तत्काल मुझे आश्वस्त किया कि वे प्रासंगिक सामग्री मुझे उपलब्ध करा देंगे, ताकि मैं अपना पर्चा तैयार कर लूँ और यह भी कि मुझे वर्तमान स्थिति में अपनी मानसिकता से उबरने में इससे मदद मिलेगी, इसलिए मुझे जाना चाहिए।

अपने आश्वासन के अनुरूप उन्होंने बड़ी तत्परता और स्नेहशीलता से पर्चा तैयार करने में मेरी मदद ही नहीं की, मुझे ठेल-ठालकर कॉन्फ्रेंस के लिए भेज दिया। उनका कहना सही था। वातावरण बदलने से मुझे निश्चय ही बहुत मदद मिली। जाते समय मैंने कुआला लाम्पुर में और लौटते समय हांगकांग में स्टॉप ओवर ले लिया और इस बहाने दो और शहरों से परिचय हुआ और लौटते-लौटते मैं लगभग सहज हो गई।

कैनबरा अपराह्न में पहुँची थी। उस दिन इतवार था। हिन्दी विभाग के अध्यक्ष डॉ. रिचर्ड बार्ज़ से थोड़ा परिचय पहले से था। सप्ताह के अन्त में वहाँ दैनन्दिन जीवन लगभग ठप्प हो जाता है। सब लोग अपनी गाड़ियों में कहीं छुट्टी मनाने निकल जाते हैं। मुझे बस अड्डे पर रिसीव करके गेस्ट हाउस तक पहुँचाने की ज़िम्मेदारी एक भारतीय सहयोगी को सौंपकर वे भी छुट्टी मनाने निकले हुए थे। पूरे शहर में सन्नाटा व्याप्त था। निर्जन सड़कों पर थोड़े-थोड़े अन्तराल पर एकाध गाड़ी सर्र से निकलती तो वहाँ जीवन के होने का आभास होता, वरना भयावह सन्नाटा मन में दहशत-सी पैदा करने लगता।

कैनबरा ऑस्ट्रेलिया की राजधानी है। जान-बूझकर उसकी आबादी को बढ़ने नहीं दिया गया। वहाँ का जनसंकुल नगर सिडनी है। तब कैनबरा पहुँचने के लिए सिडनी उतरना पड़ता था। मैंने वहाँ से दो-ढाई घंटे की बस-यात्रा का विकल्प रास्ते में पड़नेवाले ग्रामीण क्षेत्रों को देखने के लिए चुना। सचमुच अद्‌भुत दृश्य था। दूर-दूर तक फैला हरित-क्षेत्र। खेतों में चरती भेड़ों के समूह। बेहद खुशगवार मौसम। कुल मिलाकर यात्रा इसलिए भी सुखद रही कि मौसम का चक्र वहाँ भारत से उलटी दिशा में चलता है। यहाँ की विकट सर्दी से भी वहाँ राहत ही मिली। प्रसंग चूँकि कॉन्फ्रेंस का था, वापसी भी जल्दी ही हो गई—लगभग एक सप्ताह में। लौटने पर पुरानी दिनचर्या अपनाने में विशेष कठिनाई नहीं हुई।

वही घर-गृहस्थी, विश्वविद्यालय के प्रशासन से जुड़ी जिम्मेदारियाँ, सेमिनार, साहित्यिक आयोजन, मित्रमंडली—सबने व्यस्तता तो पहले की-सी कायम कर दी, पर व्यापार के मोर्चे पर पिता के जाने से बेटे के लिए कुछ प्रतिरोध पैदा होने लगा। जयपुर के साझीदारों के अपने घरेलू बँटवारे के कारण हिस्सेदारी के निर्वाह में पहले कुछ दिक्कतें पेश आईं, और आखिर अलगाव हो गया। वैसे इसका आभास पहले ही होने लगा था, जैन साहब के जीवित रहते ही, पर परिणति उनके जाने के बाद हुई। यह

तथ्य खासा विचलित करनेवाला था। कोई युवक, जिस पर एक अदद बीवी-बच्चे की ज़िम्मेदारी हो, सहसा सिर से अभिभावक का साया उठ जाने पर कैसा अनुभव कर रहा होगा, इसकी कल्पना की जा सकती है। वह मुझसे कुछ कहता नहीं था, पर इतनी समझ तो मुझमें थी ही कि मैं उस वस्तुस्थिति में उसकी मन:स्थिति का अन्दाज़ा लगा सकूँ। मेरी जिज्ञासा का उसके पास बँधा-बँधाया उत्तर होता था, 'आप चिन्ता न करें, जल्दी ही कोई-न-कोई रास्ता निकलेगा।'

इस बीच इतना और हो गया कि बड़े बेटे ने, पत्नी और उसके परिवार के दबाव में, चुपचाप नौकरी से इस्तीफा देकर अमेरिका की राह पकड़ ली। उस समय वे मौर्या शेरेटन के लॉबी मैनेजर थे—कई वर्ष ताज होटल में बड़े पदों पर काम करने के बाद। अपनी साली साहिबा की शादी के सिलसिले में कुछ दिनों के लिए अमेरिका क्या गए, वहाँ की सतही जगमगाहट और नियम-कानून से बँधी जीवन-शैली से ऐसे अभिभूत हुए कि उन्होंने वहीं जाकर भाग्य आज़माने का फैसला लिया, और चल दिये। हमें तो बहुत समय तक यही भ्रम रहा कि वे छुट्टी लेकर गए हैं, जबकि सच्चाई यह थी कि वे त्याग-पत्र देकर प्रस्थान कर गए थे।

एक पुरानी कहावत है, 'कोढ़ी मरे सँगाती चाहे।' कुछ ऐसा ही हुआ उनके साथ। उनके नए साढ़ू साहब, जो भारत में आई.टी.डी.सी. के किसी होटल में वेटर जैसी कोई नौकरी कर रहे थे, अमेरिका में आयोजित 'इंडिया फ़ेयर' के सिलसिले में अस्थायी वीसा पर वहाँ गए तो वहीं के होकर रह गए। कई साल से गैर-कानूनी प्रवासी की हैसियत से वे वहाँ रह रहे थे। इसी कारण शादी के लिए लड़कीवालों को वहाँ जाकर रस्म को अंजाम देना ज़रूरी हुआ था। उन्हीं ने मेरे सुपुत्र जी को प्रेरित किया और इनका दुर्भाग्य इन्हें वहाँ खींच ले गया।

कई वर्ष गैर-कानूनी प्रवास के बाद इन्हें ग्रीन कार्ड तो मिल गया, परिवार भी वहाँ अन्तत: इनके सम्बन्ध के नाते पहुँच ही गया, पर घटनाओं का सिलसिला कुछ ऐसा चला कि पत्नी से भी अलगाव हो गया। ज़ाहिर है, बेटी भी माँ के साथ गई। यों, मैंने भी उन्हें बिना माँ की बेटी की ज़िम्मेदारी लेने से, वह भी अमेरिका में, निरुत्साहित ही किया। पत्नी बाद में काफी अरसे तक बहनोई की शरण में उन्हीं के परिवार के साथ रहती रहीं। हमारे लिए वह कहानी क्रमश: अप्रासंगिक होती गई। खेद इसी बात का रहा कि साहबजादे के सभी सहयात्री अब धीरे-धीरे भारत के पाँचसितारा होटलों से जी.एम. के पद से सेवानिवृत्त हो रहे हैं, जबकि अमेरिका में उनका जीवन-संघर्ष करते ही गुज़रा और गुज़र रहा है—इस संकल्प के साथ कि जब काम करना छोड़ेंगे तो बाकी जीवन लौटकर यहीं बिताएँगे। ज़ाहिर है, मेरी उपस्थिति तब शायद नहीं ही होगी। सम्पर्क फ़ोन से या उनकी सालाना छुट्टी लेकर कुछ दिनों के लिए घर-वापसी के समय ही होता है। यह प्रसंग मेरी ज़िन्दगी की स्थायी रूप से चिलकती रग है।

जैन साहब के देहावसान के बाद परिवार में दूसरा कष्टदायी प्रसंग बेटी के

पारिवारिक जीवन में सामने आया। इस बात की जानकारी तो सबको ही थी कि पति-पत्नी के बीच सम्बन्धों में समरसता नहीं है। मुख्य कारण दोनों की पारिवारिक पृष्ठभूमि में अन्तर से पैदा होनेवाला स्वभावगत अन्तर था। विवाह के समय वह कालिन्दी कॉलेज में पढ़ा रही थी—अस्थायी जगह पर। विद्यार्थी और प्रिंसिपल दोनों बेहद प्रसन्न और सन्तुष्ट थे। दामाद जी ने अपनी नौकरी में लगातार बदली होने का तर्क देकर नौकरी छुड़वा दी। मुझे यह निर्णय बहुत पसन्द तो नहीं आया, पर आपत्ति करने का मतलब था—तत्काल मतभेद पैदा करके उनके पारिवारिक जीवन में अशान्ति पैदा करना। वे उस समय सेना में मेजर के पद पर थे।

बहुत जल्दी समझ में आ गया कि बचपन में ही माँ की मृत्यु हो जाने के कारण, अनाथ योग उनकी घुट्टी में मिला था। स्वभाव से बेहद अधीर और बदजबान होने का मनोवैज्ञानिक कारण यह था कि उनकी माँ ने पिता के दुर्व्यवहार से तंग आकर आत्महत्या की कोशिश की थी—रेल की पटरी पर लेटकर। उस दुर्घटना में उनकी मृत्यु तो नहीं हुई, पर शेष जीवन उन्होंने दोनों कटी टाँगों के साथ अपाहिजी में गुजारा। लगभग नौ वर्ष जिस बालक ने घिसट-घिसटकर माँ को जीवन ढोते देखा, उसके भीतर मनोग्रन्थियाँ पैदा हो जाना आश्चर्य की बात नहीं थी। पिता पर वश चला नहीं तो माँ पर हुए अत्याचार का बदला सारी दुनिया से लेने में जैसे उनका अहं तुष्ट होने लगा। यह अन्त:कथा हमें पहले मालूम नहीं थी। यह उम्मीद भी थी ही कि पढ़ी-लिखी कुशल गृहिणी, पत्नी शायद उनके स्वभाव में अन्तर ला सके, पर ऐसा कुछ नहीं हुआ। हीनग्रन्थि से ग्रस्त उनका अहं, दूसरों को नीचा दिखाने में, अपमानित करने में जैसे तुष्ट होता था। जब कभी हमारे घर में उनकी मेहमानदारी का अवसर आता तो जैन साहब की प्रतिक्रिया होती, 'अब आकर हमारे घर की शान्ति भंग करेंगे नवाब साहब।' नतीजा यह कि समय के साथ स्थिति तो नहीं सुधरी, दो सन्तानें हो गईं।

जब कोई संकट पैदा होता तो बेटी भरसक अपने पिता की मन:स्थिति का लिहाज़ कर उसे झेल जाती। जैन साहब के न रहने पर उसने विद्रोह कर दिया। स्थिति काबू के बाहर हो गई तो अन्तत: अलग होने का फैसला कर लिया गया। बच्चों के बँटवारे का सवाल उठा तो बेटी का दो-टूक निर्णय था, 'बेटा तो जैसे-तैसे पल जाएगा, बेटी को मैं उन्हें नहीं दे सकती। वह अर्दली के भरोसे पड़ी रहेगी और पिताजी क्लब या मेस में बैठकर पिए-पिलाएँगे।'

कहना न होगा कि बेटे को पाकर वे धन्य हो गए। अदालत ने बेटी के पालन के लिए चार सौ रुपए की छोटी-सी राशि तय कर दी। ज़ाहिर है, इस रकम से गृहस्थी चल नहीं सकती थी। उसने कुछ समय के लिए मायके की शरण ली।

कुछ ही दिन गुजरे होंगे कि जामाता जी के बहनोई ने ही खबर दी कि उन्होंने चंडीगढ़ वासिनी किसी पंजाबी विधवा से शादी कर ली। वे साथ में एक बेटा भी लाईं। अलबत्ता वे जिस कोर्ट में क्लर्क थीं, वह नौकरी उन्होंने छोड़ दी। जैसी आशा थी, परिवार में उन्होंने किसी की सलाह या रज़ामन्दी लेने की ज़रूरत नहीं समझी और परिवार—यानी

उनके भाई–बहन, इस नए सम्बन्ध से खुश नहीं हुए। सबको इस बात की चिन्ता थी कि विमाता के हाथों उनके अपने बेटे का क्या होगा। वह कथा अलग है।

इधर हमारे घर में रहते हुए, कुछ ही दिनों के बाद प्रयास करके बेटी ने स्प्रिंगडेल स्कूल की प्राइमरी शाखा में नौकरी पकड़ ली। तब तक विश्वविद्यालय में स्थिति इतनी बदल चुकी थी कि उधर रुख करने का सवाल नहीं उठता था। मेरे आत्म-सम्मान को यह गवारा नहीं हुआ कि मैं निजी विपदाओं की दास्तान सुनाकर लोगों की सहानुभूति हासिल करूँ या घुसपैठिया पद्धति से उसके लिए जगह बनाऊँ। उस स्थिति और मन:स्थिति में उसके लिए नए सिरे से शोध करने का रास्ता अख्तियार करना भी कठिन था।

उसके सामने एक अतिरिक्त समस्या पैदा हो रही थी। हमारे घर में, छोटे बेटे की हँसती–खेलती दुनिया के बीच, उसकी बेटी सकुची–सहमी–सी रहने लगी। उसके प्रति अतिरिक्त स्नेह और संवेदना, आश्वस्त करने के बजाय उसे अपनी स्थिति के प्रति अतिरिक्त सजग बनाने लगे। दस वर्ष की वह बच्ची इतनी नासमझ तो थी नहीं कि वास्तविकता से बेखबर हो। लिहाज़ा बेटी ने मन–ही–मन फैसला किया। अपने स्कूल के आस–पास एक कमरा किराए पर लिया, और बेटी को लेकर वहाँ रहने लगी। स्कूल से लौटकर अपने घर में ट्यूशन करके उसने वित्तीय संकट से निबटने का संकल्प किया। वहीं काम करते हुए उसने अन्नामलाई यूनिवर्सिटी से बी.एड. की परीक्षा प्राइवेटली पास की; क्योंकि उसके बिना स्कूल में पदोन्नति की सम्भावना नहीं थी। समय यों ही गुजर रहा था। उसी दौरान संयोग से एक वयस्क, अविवाहित, सेना के पेंशनर सज्जन से उसका परिचय हुआ। उन्होंने सेना से स्वेच्छया रिटायरमेंट ले लिया था और कपड़ों के निर्यात का व्यापार करने की दिशा में हाथ–पैर मार रहे थे। उनके माता–पिता की भी मृत्यु हो चुकी थी और एकमात्र बड़े भाई की रुचि उनका घर बसाने में नहीं थी। प्रच्छन्न उद्‌देश्य यह था कि छोटे भाई की विरासत का अधिकार उनकी अपनी सन्तानों को मिल जाए।

यदा–कदा छोटे–मोटे कामों में मदद करने के प्रसंग में उनसे परिचय हुआ तो कुछ दिन की मित्रता के बाद उन्होंने बेटी के सामने विवाह का औपचारिक प्रस्ताव रख दिया। बात हमारे सामने आई तो हमें यह प्रस्ताव कुछ विचित्र लगा। वे स्वयं अविवाहित थे। अच्छे कश्मीरी परिवार से सम्बद्ध थे। पर उनका लगभग अनाथ होना, उनके विवाह में सबसे बड़ी बाधा थी, पर एक लड़की की ज़िम्मेदारी के साथ तलाकशुदा महिला से विवाह का प्रस्ताव आसानी से हमारे गले नहीं उतर रहा था। ऐसी स्थितियों में डॉ. नगेन्द्र हमारे अभिभावक, परामर्शदाता की भूमिका सहर्ष उठा लेते थे। उनसे चर्चा हुई तो उन्हीं के सुझाव पर औपचारिक बातचीत के लिए इन सज्जन को घर बुलाकर मैंने डॉ. साहब के साथ उनसे लम्बी बातचीत की। हम दोनों को ही लगा कि इस प्रस्ताव के मूल में एक पढ़ी–लिखी कुशल महिला के साथ गृहस्थी बसाने के उद्‌देश्य के अलावा उनका कोई अतिरिक्त स्वार्थ नहीं है जिसके लिए वे एक बेटी

की ज़िम्मेदारी उठाने के लिए भी तैयार हैं। उनका यह कहना कि 'बच्चे तो ईश्वर की देन होते हैं और अपनी सन्तान की अपेक्षा करने की उनकी उम्र नहीं है।' हमें बहुत आश्वस्तकारी लगा। लिहाज़ा निकट के रिश्तेदारों की उपस्थिति में हमने आर्यसमाज मन्दिर में उनका विवाह करा दिया।

अपने आश्वासन के अनुरूप उन्होंने बेटी की ज़िम्मेदारी इतने वत्सल-भाव से निभाई कि उसे उन्हें पिता का दर्जा देने में बहुत समय नहीं लगा। हमें भी लगा कि हम एक बड़े दायित्व से मुक्त हुए। उनका व्यापार तो व्यवहार-बुद्धि के अभाव में बहुत सफलता से नहीं चला, पर उन्होंने यथाशक्ति परिवार की ज़िम्मेदारी उठाई और बेटी के प्रति पितृवत् तमाम दायित्वों का निर्वाह किया। यहाँ तक कि उन्होंने विवाह के एक-दो साल के बाद ही पत्नी की नौकरी यह तर्क देकर छुड़वा दी कि जितनी पगार उसे स्कूल की नौकरी में मिलती है उतना तो लगभग आने-जाने में गाड़ी के पेट्रोल पर खर्च हो जाता है। वर्षों बाद अलबत्ता उसे लगने लगा कि शायद यह निर्णय सही नहीं था, पर तब तक फिर से शुरुआत करने का उत्साह और हिम्मत दोनों ही नहीं रह गए थे।

यह बात अलग है कि दुबारा से गृहस्थी बसाना आसान नहीं था। शादी के बाद एक कमरे में गुजारा करना व्यावहारिक नहीं था। यों भी, जिस मकान में वह रहती थी, उसकी मालकिन ने खाली कराने के लिए पहले ही दबाव बनाना शुरू कर दिया था। इधर माल रोड पर हमारे मुकदमा हारने के आसार स्पष्ट दिखाई पड़ रहे थे। फैसला होते ही हमारे सामने वैशाली के घर में शरण लेने की आपात-स्थिति आ चुकी थी। वहाँ कुछ ही महीने रहने के बाद हमारी समझ में यह बात आ गई थी कि स्थायी रूप से वहाँ रहना हमारे वश की बात नहीं है। अनेक कारणों से वहाँ का माहौल हमें रास नहीं आ रहा था। इधर बेटी की समस्या सामने आई तो मैंने विश्वविद्यालय में घर के अलॉटमेंट के लिए आवेदन कर दिया।

संयोग से उसी वर्ष दक्षिण परिसर में 'गीतांजलि' हॉस्टल बनकर तैयार हुआ। विश्वविद्यालय में मूनिस रज़ा साहब का वह आखिरी साल था और उनकी छोटी बेटी दक्षिण परिसर में प्रसिद्ध वैज्ञानिक प्रो. विमल कुमार बछावत की शोध-छात्रा थी। रज़ा साहब को विश्वविद्यालय का घर छोड़ने में कुछ ही समय बाकी था। इसलिए उनकी हार्दिक इच्छा थी कि हॉस्टल चालू हो जाए तो वे बेटी को वहाँ छोड़कर चैन से अपने नए निवास में जा सकें। मैंने आपात-स्थिति में अर्जी दी थी, यह बात रज़ा साहब और आबाद साहब दोनों ही जानते थे। उन्होंने अवसर का उपयोग करते हुए मेरे सामने हॉस्टल के प्रोवोस्ट पद को स्वीकार करने का प्रस्ताव रख दिया। घर छोटा ज़रूर था पर वातावरण बेहद सुरम्य और शान्त। मेरे पास यों भी विकल्प नहीं था। बेटी बेहद परेशान थी। मकान-मालकिन का दबाव बढ़ता जा रहा था। मुझे प्रस्ताव स्वीकार करने में अपनी समस्या का हल नज़र आया और रज़ा साहब को बेटी को हॉस्टल में मेरे सुपुर्द करके बेफिक्री हो गई।

हॉस्टल की शुरुआत कुल नौ विद्यार्थियों से हुई, इसलिए कोई बड़ी प्रशासनिक समस्या सामने नहीं आनेवाली थी। बेटी और नातिन को भी यह निवास बहुत अनुकूल पड़ा क्योंकि वह निकट स्थित धौला कुआँ के आर्मी स्कूल में पढ़ रही थी। शादी के समय जामाता जी किसी अस्थायी-सी व्यवस्था से काम चला रहे थे तो कुछ समय के लिए मैंने उन्हें भी वहाँ रहने की सुविधा दे दी।

बेटी के पारिवारिक संकटों के कारण मैंने कुछ वर्ष पहले ही उसके लिए एक डी.डी.ए. फ़्लैट आरक्षित करा दिया था—यह मानकर कि किस्तें देने की व्यवस्था उसके पतिदेव करेंगे। घर में झगड़ा रहने लगा और उसी बीच उसकी किस्तें चुकाने का नोटिस आ गया तो दामाद जी कागज़ मेरे सामने यह कहकर फेंक गए कि किस्तें भरना, वह भी एक साल में तीन, उनके वश की बात नहीं है। लिहाज़ा मैं उसका जो चाहूँ, करूँ। पूरा परिवार आर्थिक तंगी के कारण उसे सरेंडर करने के पक्ष में था। मैंने अकेले उस ज़िम्मेदारी को जैसे-तैसे पूरा करने का निर्णय लिया और फ़्लैट अन्तत: आबंटित हो गया—शालीमार बाग में, वह भी दामाद जी की मूर्खता और जल्दबाजी के कारण। मेरे मना करने के बावजूद उन्होंने आखिरी विकल्प के रूप में फ़ॉर्म में उस लोकेशन का चयन कर लिया था।

जब बेटी के सामने अपनी नई गृहस्थी चलाने का सवाल खड़ा हुआ तो वे लोग शालीमार बाग जाकर रहने के प्रस्ताव से परेशान हो गए। मैं उन्हें लम्बे समय तक दक्षिण परिसर में रहने की इजाज़त दे नहीं सकती थी और वहाँ उनके साथ रहना मुझे रास नहीं आ रहा था। लिहाज़ा उस फ़्लैट को बेचकर किसी अनुकूल जगह नया फ़्लैट लेने का अभियान चालू हुआ। बड़ी भागदौड़ करके आखिर सफलता मिल गई। यह बात अलग है कि इस पूरे अभियान में कुछ और रकम मेरी जेब से निकली और बाकी की व्यवस्था नए दामाद जी ने की। वे लोग अपने नए आवास में चले गए और हम पीतमपुरा को हमेशा के लिए अलविदा कहने में सफल हो गए।

अध्यक्षता की ज़िम्मेदारी 1984 में पूरी करने के बाद विभाग से विशेष सम्बन्ध रहा ही नहीं था। अगले तीन (1984-87) वर्ष तो डॉ. महेन्द्र कुमार की कृपा से आत्मरक्षात्मक गतिविधियों में ही गुजरे थे और अगले छह वर्ष क्रमश: डॉ. तारकनाथ बाली और डॉ. सुरेश चन्द्र गुप्त की अध्यक्षता के दौरान मैंने लगभग तटस्थ रहकर ही बिताने में खैरियत मानी। दरअसल प्रोफेसर-पद पर उन्नति के सन्दर्भ में इन दोनों ने तमाम राजनीतिक दाँव-पेंच लगाने के बावजूद जो मुँह की खाई थी, उसके दंश के कारण वे बेहद आत्मसजग रहते थे। यह बात अलग है कि इनकी पदोन्नति मेरी अध्यक्षता के दौरान ही हुई थी और मुझे कभी इनसे कोई उल्लेखनीय शिकायत भी नहीं रही, फिर भी मुझे जो कटु अनुभव डॉ. महेन्द्र कुमार के समय में हुए, उनके बाद मैंने अपने समय को मुख्य रूप से दक्षिण परिसर के आयोजनों और अन्य साहित्यिक गतिविधियों में व्यस्त रखकर सार्थक किया।

डॉ. बाली ने तो जैसा चल रहा था, उसमें कोई उल्लेखनीय परिवर्तन किया नहीं।

विद्यार्थियों ने कुछ समय गुज़रने पर यह शिकायत ज़रूर करनी शुरू की कि कॉलेजों की नियुक्तियों में लड़कों की अपेक्षा लड़कियों के प्रति उनका रवैया पक्षपातपूर्ण रहता है। ऐसी शिकायतें जिनकी नियुक्ति नहीं होती, उन्हें किसी भी अध्यक्ष से होने की सम्भावना बराबर बनी रहती है, इसलिए इस पर किसी ने ध्यान देने की ज़रूरत नहीं समझी। यों भी वे अपनी अध्यक्षता के अन्तिम डेढ़ वर्ष के लिए रोटेशन में कला संकाय के डीन हो गए। ज़ाहिर है, दुहरी भूमिका ने उन्हें विभाग में विशेष कार्यवाही के लिए समय निकालने की गुंजाइश नहीं दी।

वैसे भी उसी दौरान सोवियत लेखक संघ के निमंत्रण पर मुझे छह सप्ताह के लिए रूस जाने का सुयोग मिल गया। यूरोप-अमेरिका के पूँजीवादी देशों में तो एकाधिक बार जाना हुआ था। एक वर्ष पहले ही ऑस्ट्रेलिया भी हो आई थी। वहाँ जाते हुए यह ढाढ़स रहता था कि अंग्रेजी के माध्यम से संवाद सम्भव होगा। यहाँ वह स्थिति नहीं थी। इसलिए थोड़ी घबराहट तो थी ही, जाते-जाते एक मनोरंजक-सी घटना से हाथ-पाँव और फूल गए।

रूसवासियों को कुछ भेंट-उपहार देने के बारे में जानकार मित्रों से सलाह ली तो उन्होंने कहा कि इस समय वहाँ चाय और साबुन की बहुत कमी है। लोग इन उपयोगी वस्तुओं का बहुत स्वागत करते हैं। मैंने काफी मात्रा में सामान में भरपाई कर ली। मौसम सर्दी की शुरुआत का था। भारत की तुलना में वहाँ भी सर्दी के भय से एक नया डबल-ब्रेस्ट कोट सिलवाया। उसका अपना वजन था।

मित्रों ने और डराया तो मैंने कृष्णा सोबती जी को फ़ोन खटकाया। माल रोड पर आए दिन की मुलाकातों में उन्हें ढीले-ढाले चोगानुमा कपड़ों से लैस देखती थी। उन्होंने सूटकेस भरके कपड़े भेज दिये तो उनमें से भी चुनकर कुछ भारी-भरकम कपड़ों को अपने सूटकेस में ठूँस लिया—इस बात की चिन्ता किए बगैर कि एअरपोर्ट पर वज़न की समस्या आ सकती है।

हुआ यही, जिसकी जरा भी आशंका नहीं थी। चेक-इन-काउंटर पर एक निहायत चुस्त-सुदर्शन युवा सरदार जी तशरीफ रखते थे। उन्होंने सामान रोक लिया। ओवर वेट इतना कि मुआवज़ा सुनकर दम खुश्क। वे किसी हाल में न रिआयत करने को, न छोड़ने को तैयार। गनीमत यह हुई कि विदा करने आए परिवार-जन बाहर इस बहस में मुब्तिला हो गए थे कि तुरन्त लौट जाएँ, या कुछ देर मेरे इमिग्रेशन पार कर जाने का इन्तजार कर लें। मैंने बाहर की तरफ दौड़ लगाई और जल्दी-जल्दी सामान से साबुन की भारी-भारी टिकियों और उन किताबों को बाहर किया जिन्हें स्वाध्याय के लोभ से भर लिया था और घबराहट की मन:स्थिति में विदा ली।

यात्रा एअरोफ्लोट के विमान से करनी थी। अनुभवी लोग जानते हैं कि दूसरी एअरलाइंस की तुलना में उसका क्या स्तर होता है। गनीमत यही थी कि मास्को हवाई अड्डे पर पहुँचते ही मेरी दुभाषिया एक सुमुखी जॉर्जियन युवती मिल गई और उसके बाद पूरी यात्रा बेहद यादगार अनुभव हो गई।

उसने सीधे ले जाकर एक विशाल होटल में ठहराया। दैनिक खर्च के हिसाब से रूबल थमाए, अगले दिन का कार्यक्रम बताया और सुबह आने का वायदा करके विदा ली। कुछ ही समय बीता होगा कि मेरे टेलीफ़ोन की घंटी टनटनाई। दूसरी ओर डॉ. जसबीर जैन थीं—राजस्थान विश्वविद्यालय जयपुर के अंग्रेजी विभाग की। वे मुझसे एक दिन पहले पहुँच गई थीं। उन्हीं ने बताया कि बाकी कार्यक्रम हमें साथ-साथ पूरे करने हैं। कार्यक्रम भी क्या? मुख्य रूप से देश-भ्रमण—उतना, जितना और जहाँ—वहाँ के नियम इजाज़त देते थे। देश उस समय भयंकर मन्दी के दौर से गुजर रहा था और विघटन के कगार पर था।

होटल बेहद विशाल, सड़कें इतनी चौड़ी कि नाप का अन्दाज़ा लगाना मुश्किल। होटल में खाने-पीने के सामान के आउटलेट, जिनमें दिन में सिर्फ़ एक बार सप्लाई आती थी। खबर मिलते ही अगर दौड़कर अपने लिए सामान खरीदकर कमरे के फ्रिज में भर नहीं लिया तो भूखे मरने की नौबत आ सकती थी। मेरे जैसे शाकाहारियों के लिए सामान भी क्या? दूध, दही, डबलरोटी और मक्खन और शायद चीज और गिने-चुने फल। कॉमन डाइनिंग हॉल का या तो अस्तित्व ही नहीं था, या वह हमारे लिए नहीं था। एकाध दिन में ही इस व्यवस्था की आदत पड़ गई।

अगले दिन से हमारा भ्रमण शुरू हुआ तो दो दिन शहर के सब दर्शनीय स्थल देखने के बाद शाम को खत्म हुआ। लेनिन की समाधि पर 'चेंज ऑफ़ गार्ड' की रस्म अदायगी को देखने के लिए, उस बर्फीले मौसम में चुपचाप अनुशासित ढंग से बढ़ती लोगों की भीड़ को देखना अविस्मरणीय अनुभव था। पर साथ ही, पीछे की बर्फीली सड़क पर काले रंग की शानदार लम्बी गाड़ियों की पूरी कतार को एक सिरे से दूसरे सिरे तक जाकर क्रेमलिन के दरवाज़े में प्रवेश करते देखकर भी कम आश्चर्य नहीं हुआ। पूछने पर पता लगा कि इनकी सवारियाँ पार्टी के अधिकारी (बॉसेज़) हैं। भीतर होनेवाली किसी बैठक के लिए जानेवाला काफिला—बाहर क्यू में रेंगती भीड़ से पूरी तरह निरपेक्ष, असम्पृक्त।

कुछ और बातों ने चौंकाया। वहाँ के तत्कालीन सामाजिक-आर्थिक संकट की तरफ संकेत किया। बाज़ारों में सिर्फ़ दो तरह की दुकानों पर लम्बे 'क्यू' दिखाई पड़े। पूछने पर पता लगा—एक डबलरोटी के लिए और दूसरा 'सोने' के लिए। पहली ज़रूरत समझ में आती थी। दूसरी के बारे में बताया गया कि अनिश्चित भविष्य की आर्थिक सुरक्षा के लिए जिससे जितना बन पड़ता है, उतना सोना संचित करके रख लेना चाहता है क्योंकि 'करेंसी' का भविष्य अनिश्चित है।

बाज़ार जाने से पहले दुभाषिए ने सावधान किया कि भूलकर भी हम डॉलर का विनिमय करने की कोशिश न करें, पकड़े जा सकते हैं। बात सही थी। स्टोर में घुसते ही अगल-बगल इक्का-दुक्का लोग 'दालर, दालर' भुनभुनाते हुए मँडराने लगे। सबसे कारुणिक दृश्य था—हर स्टोर में जर्जर वृद्धाओं को काम करते देखना। भव्यता थी केवल इमारतों में, बाकी चारों ओर विपन्नता का साम्राज्य था।

मास्को से लेनिनग्राद की यात्रा रेल से की। बेहद साफ़-सुथरी आरामदेह गाड़ी। वहाँ के रेलवे स्टेशनों की भव्यता की अलग कहानी है। सफ़र के दौरान दो दिलचस्प बातों से रूसी स्वभाव की निश्छलता का बोध हुआ। हमारी दुभाषिया युवती बड़ी जल्दी हमसे घुल-मिल गई थी। गाड़ी चलने के कुछ देर बाद पता लगा कि वह सिर दर्द से परेशान है। मैं यात्रा में हमेशा आपात-स्थिति के लिए पेटेंट दवाइयों का जखीरा साथ रखती हूँ। मैंने कुछ संकोच से उसे एक डिस्प्रिन देने की पेशकश की। उसने बड़े मुक्त मन से उसे खा लिया। जसबीर की तुरन्त प्रतिक्रिया हुई कि अगर उसकी जगह कोई अमेरिकन लड़की होती तो कभी नहीं खाती। खाने से पहले दस सवाल करती। बात सही थी।

इसी यात्रा में बातचीत के दौरान, उसने बड़ी परिहास की मुद्रा में हमें सावधान किया कि अगर हमें रूस में निर्मित कोई चीज दिखाई पड़े तो हम मान लें कि या तो उसमें मिलावट होगी या फिर वह जल्दी खराब हो जाएगी। उसकी इस निश्छलता और साफगोई ने बहुत जल्दी हमारे-उसके बीच अनौपचारिक सम्बन्ध बना दिया।

रूस में आनेवाले लेखकों को सोवियत लेखक संघ कुछ दिनों के लिए 'रीगा' में अपने 'राइटर्स होम' में मेहमान रखता है। वहाँ पहुँचने से पहले उसने बड़ी विनम्रता से मेरे हाथ में छोटे-मोटे सामान की एक सूची पकड़ाकर अनुरोध किया कि मैं 'रीगा' से उसके लिए वह सामान खरीद दूँ, क्योंकि वे लोग उसके उच्चारण से उसके जॉर्जियन मूल का अन्दाज़ा लगा लेंगे और उसे सामान नहीं बेचेंगे। उसकी इस बात से वहाँ के राज्यों के बीच बढ़ते तनाव का अन्दाज़ा लगा। इतना ही नहीं, वहाँ सार्वजनिक प्रदर्शन और नारेबाजी के एक दृश्य का दीदार भी हुआ।

स्थिति की विषमता की पराकाष्ठा का अन्दाज़ा मास्को वापसी पर हुआ। यात्रा में कई जगह लेनिन की अपदस्थ मूर्तियों के भू लुंठित आधे-पूरे पुतलों का नज़ारा तो देखा ही, पर स्थिति की गम्भीरता का ठीक-ठीक अन्दाज़ तब हुआ जब मैंने भारत वापसी से पहले ताशकन्द जाने की इच्छा व्यक्त की।

प्रस्ताव सुनते ही मरियम गम्भीर हो गईं। उन्होंने कहा कि वे सरकार से अनुमति लेने की कोशिश करेंगी, पर उम्मीद बहुत कम है। मेरे 'क्यों' का उनके पास जवाब या तो था नहीं, या वे देना नहीं चाहती थीं। दो दिन की रस्साकशी के बाद भेजना तय हुआ, इस शर्त के साथ कि भारत-वापसी लौटकर मास्को से ही होगी, सीधे ताशकन्द से नहीं, यानी दो घंटे के बजाय लगभग दस घंटे का सफ़र करके। मैंने स्वीकार कर लिया।

ताशकन्द रवाना होने से पहले मेरा दुभाषिया बदल गया था। उस सहज-प्रसन्न खिलखिलाती युवती की जगह एक निहायत संजीदा युवक, जिसके चेहरे पर उदासी की स्थायी छाप थी।

ताशकन्द रवानगी से पहले एक रूसी कवयित्री ने मुझे शाम को अपने घर आमंत्रित किया। यात्रा के दौरान वहाँ के बारे में कुछ और हैरत में डालनेवाली जानकारियाँ हुईं।

वह लड़का इंजीनियरिंग की पढ़ाई के बावजूद बेकारी के कारण इस पेशे में आया था। शादी इसलिए नहीं कर सकता था कि उसके पास पत्नी को रखने के लिए जगह नहीं थी। इसी सन्दर्भ में उसने यह ज्ञान भी दिया कि उस समय वहाँ विवाह के बाद पति-पत्नी दोनों में से जिसके घर में जगह हो, उसके घर में रहने के लिए विवश होते हैं। घर सरकार की ओर से बारी आने पर मिलते हैं, या फिर राजनीतिक सम्बन्धों से। तमाम शादियाँ इसलिए टूटती हैं कि छोटे-छोटे दड़बेनुमा घरों में माँ-बाप के साथ रहने में टकराहट की स्थितियाँ पैदा होती हैं और नतीजा होता है—सम्बन्धों का विघटन। रास्ते में नमूने के लिए गाड़ी की खिड़की से उसने एक ऐसी विशाल इमारत की ओर इशारा किया, जिसमें ऐसे तमाम छोटे-छोटे फ़्लैट बने थे—एक-दूसरे से जुड़े हुए। लगे हाथों उसने यह खुलासा भी किया कि यह समस्या सामान्य जनता की है, पार्टी 'बॉसेज़' की नहीं, न ही उनके बाल-बच्चों की।

यह भी कि वहाँ की तथाकथित गर्मी के मौसम में वे लोग पहाड़ों पर चले जाते हैं—अपने 'डाशाज़' में। ये 'डाशा' वहाँ के सत्ता-वर्ग को आबंटित 'समर होम' होते हैं। ज़ाहिर है, बड़ी कड़वाहट थी उसके मन में यह सब बयान करते हुए।

बातें करते-करते मेरी उस सन्ध्या की मेजबान का घर आ गया। जलपान के दौरान उसने बड़े संकोच से थोड़ा-बहुत खाया। वह हम दोनों के बीच दुभाषिए का काम करता ज़रूर रहा, बड़े असंग भाव से। मैंने अपनी मेजबान से जानना चाहा कि एक बार में उनके कविता-संग्रह की कितनी प्रतियाँ छपती हैं? उनका उत्तर 'तीस हजार' मुझे चौंकानेवाला था। वापसी से पहले उन्होंने मुझे यह सूचना भी दी कि वे एक डेलिगेशन में भारत आनेवाली हैं और वहाँ मुझसे सम्पर्क करेंगी।

वापसी के लिए बाहर निकले तो देखा, इस बीच उस वर्ष की पहली हल्की बर्फ़बारी हो गई थी। खुशी से उद्वेलित होकर वे घास पर गिरी बर्फ़ को उठाकर उसके गोले बना-बनाकर उछालने लगीं। दुर्भाग्य से शीत ॠतु के साथ मेरा तालमेल बचपन से ही नहीं बैठा। मैंने जल्दी-जल्दी कदम बढ़ाकर गाड़ी में शरण ली और प्रस्थान किया।

कुछ मिनट के मौन के बाद वह अचानक बोला, 'आप यह मत समझिए कि तीस हजार प्रतियाँ इनकी किताब के 'मेरिट' के कारण छपी हैं। वह इनके सम्बन्धों के कारण छपी हैं और उनमें से ज्यादातर गोदाम में पड़ी सड़ रही होंगी। डेलिगेशन में भी ये अपने सम्बन्धों के कारण जा रही होंगी। इनके पति बड़े प्रभावशाली व्यक्ति हैं।' इसके बाद कहने-सुनने को कुछ नहीं रहा।

ताशकन्द की यात्रा बेढब थी—एक विशाल मालवाही विमान में, जिसका उपयोग महायुद्ध में सेनाओं और हथियारों को ढोने के लिए किया जाता होगा। उसमें प्रवेश पेट के रास्ते एक छोटी इकहरी सीढ़ी से किया गया—बिना किसी चेकिंग के। लोग और सामान बेतरतीब ढंग से भर दिये गए। एक बार लगा कि पहुँचने पर सूटकेस का अता-पता लगाने में घंटों गुजर जाएँगे, पर ऐसा हुआ नहीं।

ताशकन्द का मौसम तो ज्यादा अनुकूल था ही, वहाँ के पूरे माहौल में अनौपचारिकता और आत्मीयता ज्यादा महसूस हुई। शास्त्रीजी के द्वारा स्थापित बच्चों का स्कूल भी देखा और उनकी मूर्ति भी। एक परिवार के साथ खाने का आमंत्रण मिला तो पाया, पिछली सदी के भारतीय परिवारों की तरह तीन पीढ़ियाँ एक साथ उपस्थित थीं—बुजुर्ग नानी से लेकर गोद के गोल-मटोल बच्चे तक। सबने मेज पर साथ खाना खाया। बड़ी उत्सुकता से तरह-तरह की जिज्ञासाएँ प्रकट कीं, भारतीय जीवन के बारे में—विशेषकर, परिवार में स्त्रियों की स्थिति के बारे में। पर वे रूस की तत्कालीन राजनीतिक-आर्थिक स्थिति के बारे में बेहद कड़वाहट से भरे थे। रूस की आर्थिक बदहाली के लिए वे सत्ता की नीतियों को जिम्मेदार ठहरा रहे थे—बड़े निस्संकोच ढंग से। सरकार से उनकी शिकायत थी कि युद्ध-सामग्री और हथियार बनाने में देश के आर्थिक स्रोतों का दुरुपयोग तो किया ही गया है, कृषि-व्यवस्था को भी कपास की खेती करके नष्ट कर दिया गया है। ऐसे में उनकी नैतिक आपत्ति थी कि वे कहाँ तक अपनी पैदावार से उन लोगों की भरपाई कर सकते हैं? मुझे लगा कि रूस के दोनों हिस्से—यूरोपीय और एशियाई—लगभग दो-फाड़ हो गए हैं।

एक और चौंकानेवाला अनुभव वहाँ की पढ़ी-लिखी कामकाजी स्त्रियों के साथ एक बैठक में हुआ। मुझे सन्देश मिला कि उनका एसोसिएशन मुझसे बातचीत करना चाहता है। बड़े उत्साह से वे लोग एक कक्ष में मिलने के लिए इकट्ठा हुईं। ज़माना स्त्री-विमर्श के दबाव का था। जिस भवन में यह भेंट-वार्ता तय की गई थी, उसके प्रवेश-द्वार के बाहर एक अच्छे बड़े आकार की मूर्ति निर्मित थी—काले पत्थर की। मुझे गर्व से बताया गया कि वह कलाकृति वहाँ की स्त्री-जाति की मुक्ति का प्रतीक है। यह भी कि संघर्ष अभी भी जारी है। बातचीत के दौरान पता लगा कि वहाँ की स्त्रियों को पुरुषों के बराबर तलाक का, विरासत का, सम्पत्ति और सन्तान का—सभी अधिकार प्राप्त हैं। तब संघर्ष किस बात के लिए जारी है? अपने इस प्रश्न के उत्तर से मुझे हैरानी हुई। उनकी तकलीफ यह थी कि पुरुष घर के कामकाज और बच्चों को पालने में उनकी मदद नहीं करते। ज़ाहिर है, उत्तर चौंकाने और ईर्ष्या पैदा करनेवाला था।

उस दौरे का सबसे ऐतिहासिक अनुभव था कि मैंने वहीं रहते हुए गोर्बाचोव का वह अन्तिम भाषण सुना, जो सत्ता छोड़ने के समय उन्होंने देशवासियों के नाम दिया था। यह जानकारी मिलते ही कि वह टेलीविजन पर, मेरी वापसी से पहली सन्ध्या को प्रसारित होनेवाला है, मैंने अपने दुभाषिए को अपने कमरे में बुला लिया। ब्यौरा तो नहीं, पर मुझे एक बात बखूबी याद है कि उस भाषण और उनकी मुखमुद्रा से मुझे अकस्मात् इन्दिरा गांधी के उस भाषण का स्मरण हो आया था जो इमरजेंसी के बाद तख्ता पलटने पर देशवासियों के नाम उन्होंने भारतीय दूरदर्शन पर दिया था। यह बात अलग है कि इन्दिरा जी की तरह सत्ता में उनकी वापसी नहीं हुई।

जो भुलाए न बने

मुझे व्यस्त जीवन-शैली का कुछ ऐसा अभ्यास हो गया था कि धीरे-धीरे एक सीमा के आगे कोई प्रसंग मुझे विचलित नहीं करता था। इसकी एक वजह शायद यह भी थी कि साहित्य और शिक्षा की दुनिया की व्यस्तताएँ कौटुम्बिक परेशानियों से ध्यान बँटाने में बड़ी भूमिका निभाती थीं। ज़रूरी नहीं था कि हमेशा कोई उपलब्धि या सुखद प्रसंग ही हो, कोई सर्वथा अप्रत्याशित प्रसंग रोज़मर्रा की दुश्चिन्ताओं की जगह ले लेता और मैं ही नहीं, परिवार-जन भी उसमें किस्से-कहानी का-सा रस लेने लगते—भले ही सीधे उनका उससे कोई भावनात्मक रिश्ता न हो।

ऐसा एक प्रसंग जो कभी भुलाया नहीं जा सका, मेरे साथ एक रेल-यात्रा में घटित हुआ। सन् मुझे अब याद नहीं और तारीख मैं भूल नहीं सकती। किसी सेमिनार के प्रसंग में बनारस जाना हुआ। तब मुझे रेल-यात्रा करने में दिक्कत नहीं होती थी। वापसी में स्टेशन तक पहुँचाने की ज़िम्मेदारी, अनेक कारणों से प्रसिद्ध स्वर्गीय प्रो. विजयपाल सिंह ने उठा ली। मेरा आरक्षण तब 'डी-लक्स' नाम से चलनेवाली उस गाड़ी में था, जो कलकत्ता से दिल्ली आते हुए सप्ताह में एक या दो दिन वाराणसी से गुज़रती थी। यह गाड़ी अपनी समयबद्धता के कारण प्रसिद्ध थी।

दुर्भाग्य से गाड़ी उस दिन लेट हो गई। काफ़ी देर हो गई तो विजयपाल सिंह का धीरज छूटने लगा। मैंने कहा भी कि वे चले जाएँ पर ऐसा करना उन्हें गवारा नहीं था। अचानक उनकी नज़र सामनेवाले प्लेटफ़ॉर्म पर खड़ी 'अपर इंडिया' पर पड़ी, जो अपनी ढीली रफ्तार और लेट होने के लिए कुख्यात थी। उन्हें न जाने क्या सूझा कि वे लपककर उधर गए और गाड़ी के पास खड़े टी.टी. से कुछ बातचीत कर उलटे पैर लौटकर मुझसे मुखातिब हुए, 'डॉक्टर! अपर इंडिया पाँच मिनट में छूटनेवाली है। मैंने बात कर ली है, टी.टी. से। वह आपको फ़र्स्ट क्लास का कूपे दे देगा। आराम से सोती चली जाइए। डी-लक्स का कोई भरोसा नहीं, कब आएगी और कब जाएगी!'

मुझे उस गाड़ी पर चढ़ने में बेहद संकोच था, पर उनका आग्रह अपनी जगह। उन्हें, ज़ाहिर है, घर लौटने की जल्दी थी सो आव देखा न ताव, मेरा सूटकेस उठाकर लपक लिये। मेरे पास कोई विकल्प छोड़ा ही नहीं उन्होंने। वायदे के मुताबिक मुझे कूपे दे दिया गया और गाड़ी चल दी। टी.टी. महोदय मुझे आश्वस्त कर गए और मैंने दरवाज़ा बन्द कर लिया। अँधेरा घिरने लगा था। गाड़ी धीमी रफ़्तार से कोई घंटा-डेढ़ घंटा चलने के बाद पटरी पर घिसटने की-सी आवाज़ करती रुक गई। शीशे से बाहर देखने की कोशिश की, पर घुप्प अँधेरे में कुछ नज़र नहीं आया। इतना अनुमान ज़रूर हो गया कि गाड़ी बस्ती के आस-पास नहीं, घने जंगल में खड़ी है। बोगी में भयंकर सन्नाटा। इस बात का अन्दाज़ा चलते ही हो गया था कि अधिकांश केबिन खाली हैं। सिर्फ़ बगल वाले केबिन से कुछ युवा-आवाज़ें शुरू में सुनाई दीं, फिर

सब मौन। पाँच-दस मिनट गुज़रे होंगे कि कम्पार्टमेंट के प्रवेश-द्वार से कई लोगों के चढ़कर तेज़ी से आगे बढ़ते आने की पदचाप सुनाई पड़ी। इससे पहले कि बात कुछ समझ में आए, बगल के केबिन का दरवाज़ा खुलवाने के लिए पीटा जाने लगा। स्थिति कुछ असामान्य है, यह तो समझ में आ गया, पर कुछ और खुलासा होने से पहले सवारियों ने दरवाज़ा खोल दिया, और कुछ छीना-झपटी, गाली-गलौज की मिली-जुली आवाज़ों से यह समझने में देर नहीं लगी कि मामला डकैती जैसा कुछ है। स्थिति तेज़ी से बदल रही थी। जल्दी ही वे लोग यह घोषणा करते हुए कि 'छोड़ो, साले आवारा हैं, कुछ नहीं है इनके पल्ले,' बाहर निकलकर मेरे कूपे के दरवाज़े पर सक्रिय हुए। मेरे प्राण कंठ में और दिमाग में चकरघिन्नी। बटुए में कुछ पैसों के अलावा हाथ में सोने की चूड़ियाँ और घड़ी और गले में एक चेन थी। उस समय चिन्ता माल-असबाब की नहीं, जान बचाने की थी। यह तय तो था नहीं कि वे सामान लेकर भी जान बख्श देते सो मैं अपना पूरा वजन दरवाज़े पर डालकर कुंडे पर हाथ जमाए लटक गई, ताकि दरवाज़ा न खुल पाए। उधर से वे धकेलें और इधर मैं पूरी ताकत लगाकर दरवाज़े को खुलने से बचाने में लीन। हिलने-डुलने से मेरी कमर में खोंसे गए गुच्छे की तालियाँ बजीं तो बाहर शोर बरपा हुआ, 'अबे, जनानी है, जनानी, पाजेब बज रही हैं। मार ज़ोर से धक्का।' इसी धक्कामारी के चलते मुझे विश्वास हो चला कि दरवाज़ा आखिर टूटेगा ही, और फिर मुझे उन हमलावरों को देख लेने की सज़ा भी मिलेगी ही। कुछ और नहीं सूझा तो मैंने एक हाथ से गले की चेन और हाथ की चूड़ियाँ निकालकर तकिए के गिलाफ़ के अन्दर सरका दीं ताकि जान बच जाए तो माल भी बचा रह जाए। फिर उसी हाथ से बटुए से वह लिफ़ाफ़ा निकाला जिस पर मेरा नाम-पता लिखा था, ताकि ज़रूरत पड़ने पर मृत शरीर की शिनाख्त हो सके, और लिफ़ाफ़ा मैंने तकिए के नीचे सरकाया। दूसरा हाथ बदस्तूर कुंडे पर कसा था और ऊपर की चिटखनी आधी उखड़ चुकी थी।

बाहर से रह-रहकर नारा लगता—'भारत माता की जय! इन्दिरा मैया की जय!' और फिर दरवाज़े पर ज़ोर-आज़माइश शुरू हो जाती। भीतर के सन्नाटे से वे तय भले नहीं कर पा रहे हों कि भीतर मैं अकेली हूँ या दूसरा कोई और भी है मेरे साथ, फिर भी झुँझलाकर बोले, 'पता नहीं, किस चक्की का पिसा खाती है साली!' एक बार कुछ क्षण की चुप्पी के बाद उन्होंने आखिरी बार ज़ोर आज़माया और फिर न जाने क्या सोचकर गालियाँ बकते हुए कम्पार्टमेंट से उतर गए। मैं एहतियातन कुछ देर दरवाज़े से चिपकी रही। जब गाड़ी धीरे-धीरे चलने लगी तो साँस में साँस ज़रूर आई, पर यह हिम्मत नहीं हुई कि दरवाज़ा खोलकर स्थिति का अन्दाज़ा लगा सकूँ।

धीमी गति से घिसटती-सी ट्रेन लगभग एक घंटे बाद इलाहाबाद स्टेशन पहुँची और स्टेशन के शोर-शराबे और खिड़की की दरारों से छनकर आती रोशनी से कुछ आश्वस्ति हुई तो मैंने धीरे से दरवाज़ा खोलकर बाहर झाँका। देखा कि टी.टी. महोदय बगल के कूपे से निकल रहे हैं। उन्हें देखकर एक साथ आश्चर्य, फिर आश्वस्ति

और क्रमश: क्रोध की अनुभूति से प्रेरित जो संवाद हम दोनों के बीच हुआ, वह गौरतलब है—

'आप कहाँ थे? मेरे दरवाज़े पर जब इतना शोर-शराबा हो रहा था?'

'यहीं था, आपके बगल वाले दूसरे कूपे के भीतर।'

'तो आपने खुद को बन्द कर लिया था? वे लोग दरवाज़ा इस बुरी तरह पीट रहे थे। आपने रोका क्यों नहीं?'

'मुझे मरना था क्या? मैडम, मैं बीच में बोलता तो मुझे तो वे मार ही डालते। आपने बड़ी हिम्मत की, दरवाजा नहीं खोलने दिया, वरना न जाने क्या करते!'

'अब आप स्टेशन पर इस हादसे की रिपोर्ट नहीं करेंगे?'

'कोई फ़ायदा नहीं मैडम! इस गाड़ी पर 26 जनवरी के दिन हर साल ऐसा होता रहता है। बिना टिकट सफ़र करनेवाले तमाम लोग चढ़ जाते हैं, फिर यही सब करते हैं।'

वे इतनी निरपेक्षता से यह सब कह रहे थे कि मेरे मन में एक साथ निराशा और ग्लानि उमड़ी, और यह बोध भी कि बात बढ़ाने से कोई फ़ायदा नहीं होनेवाला है।

इसी बीच गाड़ी फिर घिसलकर चल पड़ी। अपनी हथेलियों पर नज़र पड़ी तो देखा, हैंडिल के दबाव से नील पड़ गए थे। कन्धा बुरी तरह दर्द कर रहा था और मन बेहद उद्विग्न था। रात जैसे-तैसे कट गई।

सुबह मैंने परिवार में घटना की भयावहता को यथासम्भव कम करके बताया, पर तब तक हथेली के और गहरा गए नीले निशानों ने चुगली खा दी। रोज़ की तरह सन्ध्या समय डॉ. नगेन्द्र पधारे तो उन्हें भी सबने घटना सविस्तार सुनाई और फिर न जाने कब-कब और कहाँ-कहाँ उन्होंने इसे मेरी वीरता के आख्यान के रूप में प्रसारित किया।

ऐसी घटनाएँ हमेशा भयानक ही हों, यह ज़रूरी नहीं। कभी-कभी बड़ी उत्तेजक और आत्मविश्वास पैदा करनेवाली भी होती हैं। ऐसे प्रसंगों की कमी होने की शिकायत मुझे प्राय: नहीं ही रहती थी। विश्वविद्यालय-नियुक्तियों की प्रक्रिया पर रोशनी डालनेवाले ऐसे दो दिलचस्प प्रसंग डॉ. नित्यानन्द तिवारी की नियुक्ति और पदोन्नति से जुड़े हैं। पहली घटना उस समय की है जब मैंने उन्हें मुख्य विभाग से दक्षिण परिसर में स्थानान्तरण के लिए प्रेरित किया—शायद सन् 1985 में। यह विश्वास तो था ही कि अध्यक्ष प्रो. महेन्द्र कुमार डटकर विरोध करेंगे—बेमतलब। सावधानी के बतौर पर मैंने वाइस चांसलर प्रो. मूनिस रज़ा से बात की, ताकि अनुकूल चयन समिति नियुक्त हो सके। नतीजतन प्रो. प्रेमशंकर और प्रो. कल्याणमल लोढ़ा की नियुक्ति हो गई।

प्रो. प्रेमशंकर तो यूनिवर्सिटी के गेस्ट हाउस में ठहरे थे। आते ही मुझे फोन किया

और घर पर प्रकट हो गए। प्रो. लोढ़ा के बारे में समाचार मिला कि ग्रेटर कैलाश में कहीं ठहरे हैं। उनसे बराबर आशंका रहती थी कि कोई बेढब सवाल न पूछ बैठें। डॉ. तिवारी अध्यापक के रूप में जितने सफल और लोकप्रिय थे, इंटरव्यू के सन्दर्भ में उतने आत्मविश्वासी साबित नहीं होते थे। उन्हें लोढ़ा जी से मिलाना मुझे ज़रूरी लगा। मैंने उन्हें बुलाकर, प्रेमशंकर को साथ लिया और अपनी गाड़ी पर सवार होकर ग्रेटर कैलाश की राह पकड़ी। माल रोड पर मेरे निवास से यह दूरी तीस किलोमीटर से कम नहीं रही होगी। उस समय मेरे पास मारुति 800 थी। नई चली थी। पहली खेप में ही मेरा नम्बर आ गया। गाड़ी मैं खुद ही ड्राइव करती थी।

हम लोगों ने मुश्किल से आधे से कुछ अधिक रास्ता तय किया होगा कि बारिश शुरू हो गई। शाम का समय था। बारिश में अँधेरा कुछ ज़्यादा घिरने लगा। ग्रेटर कैलाश का इलाका हम सबके लिए अनजान। ढूँढ़ते-टटोलते नियत घर पर पहुँचे तो पता लगा कि लोढ़ा जी वहाँ से कुछ समय पहले अपनी बेटी के घर के लिए प्रस्थान कर गए हैं, और वहीं आने के लिए सन्देश छोड़ गए हैं। मोबाइल का ज़माना था नहीं, न ही हमारे पास विकल्प था। गाड़ी उनकी बेटी के घर की दिशा में मोड़ी तो बरसात फिर शुरू हो गई। पहले फुहार, फिर रिमझिम और आखिर मूसलाधार। छोटी गाड़ी—तो इस बात की आशंका भी सताने लगी कि कहीं पानी भरा मिल गया तो पार करना कठिन हो जाएगा। गहराते अन्धकार के बीच रास्ता टटोलते हुए, आखिर हमने मंज़िल पा ली। पन्द्रह मिनट में जैसे-तैसे, दोनों के बीच अगले दिन सम्भावित बातचीत की रिहर्सल कराके तुरन्त वापसी शुरू हुई तो बारिश का प्रकोप ऐसा कि जैसे तय किया हो कि आज बरस के फिर बरसना नहीं।

गनीमत इतनी ही थी कि गाड़ी छोटी भले ही रही हो, नई होने के कारण रास्ते में खड़े हो जाने की आशंका नहीं थी। भीतर एकदम सन्नाटा। प्रेमशंकर को, हो सकता है, मेरी ड्राइविंग की क्षमता को लेकर भी कुछ आशंका रही हो, और नित्यानन्द जी तो उस स्थिति के निमित्त ही थे। संकोच के कारण नहीं बोल पा रहे होंगे। जैसे-तैसे रास्ता कट गया। नित्यानन्द को उतारकर घर पहुँचे तो प्रेमशंकर का बोल फूटा, 'मान गया मैं आपको आज। आपने लगभग सौ किलोमीटर गाड़ी तो चलाई ही होगी। अरे भई, कौन किसके लिए इतना करता है, आज के ज़माने में!'

इस इंटरव्यू की चिन्ता इसलिए अधिक थी क्योंकि मैंने जब उस चयन समिति की सदस्यता के लिए पहले अपने मित्र प्रो. शशिभूषण सिंहल की रज़ामन्दी चाही तो उन्होंने बड़े विनम्र संकोच से फ़रमाया, 'मुझे तो आप इससे मुक्त ही रखें तो अच्छा होगा। मैंने अगर डॉ. तिवारी को सपोर्ट किया तो मैं...को क्या जवाब दूँगा!' उनके संकोच का कारण था—उनके एक जाति भाई भी उस पद के लिए प्रत्याशी थे। वे उस समय एक स्थानीय कॉलेज में लेक्चरर थे। मैंने उतनी ही विनम्रता से उन्हें मुक्त कर दिया। उसी अवसर से नहीं, भविष्य में ऐसे सम्भावित तमाम अवसरों से।

अगले दिन इंटरव्यू में, आशा के अनुरूप, अध्यक्ष महोदय ने डटकर विरोध किया, नियुक्ति को रोकने के तमाम हथकंडे आजमाए जिसकी चर्चा मैं पहले कर चुकी हूँ।

ताशकन्द से लौटने के बाद ही मैंने खुद को फिर वही सेमिनार-संगोष्ठियों में व्यस्त कर लिया था। संयोग पं. जवाहरलाल नेहरू की जन्मशताब्दी का था। मैंने दक्षिण परिसर में, 'हिन्दी साहित्य और सामासिक संस्कृति' पर एक अन्तरराष्ट्रीय सेमिनार का आयोजन किया। हिन्दी के अलावा समाजविज्ञान, इतिहास, भाषाविज्ञान, नाटक और रंगमंच से जुड़े तमाम देशी-विदेशी विद्वानों ने उसमें शिरकत की।

विदेश से आनेवालों में—'विदेशों में हिन्दी : सांस्कृतिक सरोकार' विषय पर मास्को से मरियम सल्गेनिक और अमेरिका के विस्कान्सिन विश्वविद्यालय से उषा प्रियम्वदा ने भाग लिया। हिन्दी के अतिरिक्त अन्य विषयों के विद्वानों में प्रो. श्यामाचरण दुबे, रवीन्द्र कुमार जैन, प्रो. सतीश चन्द्र, प्रो. आले अहमद सरूर, प्रो. पी.सी. जोशी प्रो. रवीन्द्रनाथ श्रीवास्तव के अलावा रंगकर्मी हबीब तनवीर भी शामिल हुए। गोष्ठी का समापन परम्परागत प्रतिवेदन एवं अध्यक्षीय भाषण के बजाय हबीब तनवीर के प्रसिद्ध नाटक 'आगरा बाज़ार' की उन्हीं के द्वारा सम्पादित प्रस्तुति से हुआ।

तब तक दक्षिण परिसर में ऐसी प्रस्तुतियों के लिए अपेक्षित हॉल नहीं था। मेरे अनुरोध पर हबीब साहब पहले आए। उपलब्ध छोटे-से मंच का मुआयना किया। आउट-डोर प्रस्तुति की सम्भावना को परखा और अन्त में तय किया कि वे उपलब्ध मंच के अनुरूप नाटक का सम्पादन करके उसे भीतर ही प्रस्तुत करेंगे। यह खबर आस-पास के इलाके में फैल गई और उस मौके पर अनाहूत दर्शकों से सेमिनार-कक्ष और पास की गैलरी खचाखच भर गई। खास बात यह थी कि उन्होंने मुझसे केवल कलाकारों के आने-जाने की व्यवस्था और उन्हें प्रस्तुति के बाद जलपान कराने के अतिरिक्त कोई आर्थिक अपेक्षा नहीं की।

इस सिलसिले में बात करने के लिए, बेरसराय में उनके आवास पर जाना हुआ तो वहाँ उनकी छोटी-सी गृहस्थी और उस परिसर का दीदार करके, जहाँ उनके कलाकार रहते और रिहर्सल करते थे, बेहद आश्चर्य हुआ। कला की अनौपचारिक सर्वथा निसर्ग साधना का वह मंजर बेहद रोमांचक था—सेमिनार के सिलसिले में मेरी अतिरिक्त उपलब्धि!

सेमिनार की अध्यक्षता प्रो. मूनिस रज़ा को और उद्घाटन शिक्षा मंत्री प्रो. नूरुल हसन को करना था। जैसे ही यह समाचार फैला, उन्हीं महानुभाव से जिनकी आमद विभाग में डॉ. महेन्द्र कुमार की अध्यक्षता के दौरान रोकी गई थी, एक धमकी-भरा सन्देश मिला कि अगर नूरुल हसन उद्घाटन के लिए आए तो वे उनकी टाँगें तोड़

देंगे। मैं जानती थी कि 'खिसियानी बिल्ली खम्भा नोचे' वाला मामला है, फिर भी मैंने सादा लिबास में पुलिस की व्यवस्था कर ली। ज़ाहिर है, उस गीदड़भभकी को कार्यान्वित करने का मन्तव्य था ही नहीं, सो सेमिनार बड़ी धूमधाम से निर्विघ्न सम्पन्न हो गया।

सेमिनारों के इस क्रम में यू.जी.सी. के सौजन्य से 12-13 अक्टूबर, 1991 को एक और सेमिनार 'विधि की शिक्षा : हिन्दी माध्यम' विषय पर दक्षिण परिसर में ही किया गया। विषय की अपेक्षा के अनुरूप उसमें भागीदारी विधि शिक्षा से सम्बद्ध विद्वानों ने ही की। मेरी ज़िम्मेदारी तो उसके सफलतापूर्वक सम्पन्न होने की व्यवस्था करने भर की थी, जिसका निर्वाह मैंने पूरी ज़िम्मेदारी से कर दिया।

ऐसे आयोजन सफल होते तो इतना उत्साह, आत्मविश्वास और रोमांच पैदा करते थे कि जीवन भरा-पूरा लगने लगता था। इस सिलसिले में आपसी मेल-मिलाप के इतने अवसर हाथ आते थे कि परिचय-वृत्त का विस्तार होता ही चला गया। साथ ही तमाम दिलचस्प घटनाएँ मेरी स्मृति का हिस्सा हो गईं। हर आयोजन के बाद, सहयोगी मित्रों, परिचितों की एक 'उपरान्त गोष्ठी' मेरे घर में होती रही। मेरा घर परिसर के भीतर होने के कारण कार्यक्रम के बाद मित्रों, विभागीय सहयोगियों की टोली मेरे साथ लगी चली आती। चाय-पकौड़ी के दौर के साथ कार्यक्रम पर टीका-टिप्पणी, हँसी-मजाक तब तक चलता रहता, जब तक साँझ नहीं गहराने लगती। कभी-कभी कार्यक्रम के बीच कोई ऐसा यादगार प्रसंग घटित होता जिसकी चर्चा लम्बे समय तक होती रहती। सहयोगियों में डॉ. नित्यानन्द तिवारी और डॉ. विश्वनाथ त्रिपाठी इन उपरान्त गोष्ठियों के स्थायी सदस्य थे।

ऐसी एक घटना एक सेमिनार में घटित हुई जिसका बखान रह-रहकर दिल्ली से इलाहाबाद तक मित्रों के बीच होता रहा। उस दिन के कार्यक्रम में डॉ. नगेन्द्र और अज्ञेय जी दोनों शामिल हुए थे। दोपहर के भोजन का अवसर आया तो मैं मेहमानों को नियत स्थान पर पहुँचाकर अगले सत्र की व्यवस्था के लिए वापस हॉल की तरफ चली गई। कुछ ही देर में देखा, डॉ. रामस्वरूप चतुर्वेदी परेशान-से लपके चले आ रहे हैं। आते ही मेरी तरफ मुखातिब हुए, 'अरे निर्मला जी, यहाँ क्या कर रही हैं आप ? उधर महाकवि और महा-आलोचक के बीच 'महामौन' खिंचा है, आपके बगैर नहीं टूटेगा। चलिए, चलकर कुछ उपाय कीजिए।'

मैं गई, मेरे 'उपाय' से संवाद तो स्थापित नहीं हुआ, पर अज्ञेय जी का नखरा उठाकर उन्हें खाना खिलाने में सफलता ज़रूर मिल गई। चतुर्वेदी जी बड़ी अदा से रह-रहकर इस घटना का बयान करते रहे—उन दोनों के बीच तनावपूर्ण सम्बन्धों के हवाले से। बड़ी याद आती है उनकी वह विनोद-वृत्ति।

एक दूसरे सेमिनार में मध्ययुगीन साहित्य से सम्बद्ध एक सत्र को एक विदुषी सम्बोधित कर रही थीं। उनका शोध सन्त-कवियों पर था। जब प्रसंगात् सन्त मलूकदास का ज़िक्र आया तो उन्होंने 'मूलकदास' की ऐसी रट लगाई कि उनकी स्थिति हास्यास्पद

हो गई, पर उन्हें अपनी गलती का एहसास अन्त तक नहीं हुआ। बाद में लम्बे समय तक लोग परिहास में 'मूलकदास' का हालचाल पूछते रहे।

आयोजनों के बीच, ऐसी घटनाएँ बाद में उपरान्त गोष्ठियों में रह-रहकर अहिंसक मनोरंजन की सामग्री प्रदान करती रहती थीं। ऐसे प्रसंगों को जोड़-घटाकर बयान करने में मित्रों की रचनात्मक प्रतिभा के प्रमाण भी कम नहीं रहते थे। ऐसी बैठकियाँ अब दुर्लभ हो गईं—अनेक कारणों से। न लोगों के पास समय है, न सुविधा। न ही वह मन:स्थिति, जिसमें नि:स्वार्थ भाव से ऐसी आपसदारी और अड्डेबाजी निभाई जा सके।

इन रिश्तों की खूबी इस बात में थी कि वैचारिक मतभेद या विचारधारात्मक भिन्नताएँ भी मित्रताओं में बाधक नहीं होती थीं। आपसदारी निभाने की, एक-दूसरे की वैचारिक स्वतंत्रता का आदर करने की क्षमता और उदारता थी लोगों में। नामवर सिंह और विष्णुकान्त शास्त्री की मित्रता तो इसका जीवन्त उदाहरण थी ही। मुझसे भी शास्त्रीजी के बड़े स्नेहिल सम्बन्ध थे। परिचय तो उनसे राजेन्द्र-मन्नू ने कराया था, पर आगे चलकर उनसे ऐसी पारिवारिकता हो गई थी कि जैन साहब तक अपनी कलकत्ता- यात्राओं में उनसे मिले बगैर नहीं लौटते थे और दिल्ली में हमारे यहाँ अड्डा ज़माना उनका भी प्रिय शगल हो गया था। बच्चों ने उनकी पहचान—'वो अंकल जो बड़े जोर से ठहाका लगाते हैं' कहकर बना रखी थी।

एक बार हम लोग 'भारत भवन' के किसी आयोजन में मेज़बान की कृपा से एक संकट में फँसे। कई लोग ठहराए तो जहाँनुमा होटल में गए थे, पर किन्हीं कारणों से संगोष्ठी का समापन समय से पहले करके आतिथ्य के नाम पर शाम के खाने के लिए पचास रुपए के नोट बँटवा दिये गए। ज़ाहिर है, उस समय भी 'जहाँनुमा' में उतने में खाना सम्भव नहीं था। भाई लोगों में अपनी जेब ढीली करने का उत्साह नहीं हो रहा था।

मेरी स्थिति विचित्र थी। जब पचास के नोट बँट रहे थे, मैं इत्तफाक से एअरपोर्ट के लिए निकल चुकी थी। पर उस दिन वहाँ खराब मौसम के कारण हवाई जहाज नहीं उतरा और मेरी बैरंग वापसी हो गई। लौटकर देखा कि लोग अलग-अलग टुकड़ियों में उस आपात-स्थिति का हल ढूँढ़ रहे हैं।

कुछ विशिष्ट जन रस-रंजन और भोजन के लिए मेजबान के निमंत्रण पर उनके घर चले गए थे। बाकी अपना दुखड़ा रो रहे थे। एक टुकड़ी का जिम्मा शास्त्री जी ने उठाया। मुझे भी आग्रह करके उन्होंने साथ लिया और शहर का रुख किया। वहाँ पहुँचे तो निरामिष भोजन के अधिकांश ठिकाने बन्द हो चुके थे। बीच बाज़ार में सोच-विचार चल रहा था कि अचानक शास्त्री जी की नज़र सामने की बिल्डिंग पर पड़ी। उन्होंने उस पर फहराती पताका से अन्दाज़ा लगा लिया कि उसका सम्बन्ध भाजपा से है। हमें नीचे प्रतीक्षा करने के लिए छोड़कर वे ऊपर लपके। दस ही मिनट में वापस लौटे और टोली के साथ ऊपर का रुख किया। उन्हें अन्दाज़ा था कि वहाँ आनेवालों के लिए खाने-रहने का प्रबन्ध रहता होगा। देखना यह था कि उस आपात-स्थिति

में चार लोगों की व्यवस्था हो सकती है या नहीं। बहरहाल भारतीय पद्धति से हमने रसोईघर में चटाई के आसन पर बैठकर पटरों पर शुद्ध सात्त्विक भोजन किया और स्थिति पर टीका-टिप्पणी करते लौट गए। कमरों में जाने से पहले नामवर जी के कमरे के ताले में 'मुसाहिबी' पर एक शेर लिखकर फँसाना हम नहीं भूले। ज़ाहिर है, उन्होंने निर्विकार भाव से उसे हजम कर लिया। मेरे अलावा उस टोली में परमानन्द श्रीवास्तव और विश्वनाथ तिवारी थे।

शास्त्रीजी जब तक जीवित रहे, उनसे बड़े प्रीतिकर सम्बन्ध बने रहे। उनकी स्मरण-शक्ति अद्‌भुत थी। उन्हें सैकड़ों काव्य-पंक्तियाँ कंठस्थ थीं। अपने भाषणों के दौरान उनका धाराप्रवाह उद्धरण बड़े प्रभावी ढंग से करते थे। जब भाजपा के शासनकाल में वे यू.पी. के गवर्नर हुए, उस दौरान उन्होंने मेरे द्वारा सम्पादित 'महादेवी समग्र' का लोकार्पण किया। चलते समय बोले, 'एक दिन आपके घर आना है,' पर वह दिन नहीं आ पाया। यह विचित्र दुर्योग ज़रूर घटित हुआ कि जिस दिन हार्ट-अटैक से ग्रस्त उनके निर्जीव शरीर को पुलिस रेलवे कम्पार्टमेंट के बाथरूम से निकालने की मशक्कत कर रही थी, इस दुर्घटना से पूरी तरह बेखबर मैं पटना के ही दूसरे प्लेटफ़ॉर्म से दिल्ली के लिए गाड़ी पकड़ रही थी। उनके न रहने की खबर मुझे दिल्ली पहुँचने पर मिली।

अपनी मित्रताओं के बारे में, मुझे इस बात का सन्तोष बराबर रहा कि मैंने कभी किसी स्वार्थ से कोई सम्बन्ध न बनाया, न साधा। न वित्तीय, न पद-सम्बन्धी। कभी-कभी बड़ा आश्चर्य और ग्लानि होती है, यह देखकर कि लोग कैसे लाख-पचास हजार के अनुदान के लिए निहायत टुच्चे, अहंकारी, आत्मनिष्ठ लोगों की ठकुरसुहाती में लगे रहते हैं। मैंने हमेशा जो किया, औचित्य के अनुरोध से या मित्र-धर्म निभाने के लिए किया। एक सीमा के आगे किसी से बदले में कुछ पाने की अपेक्षा नहीं की। किसी पर एहसान ज़माने की कोशिश नहीं की। परिस्थितिवश किसी के लिए उसका प्राप्य मुझसे नहीं सधा तो उसकी ग्लानि और अफ़सोस हमेशा बना रहा।

मेरे खाते में न जाने कितने लोगों की नियुक्ति का निमित्त होने का हिसाब दर्ज है। न कभी मैंने इसका हिसाब याद रखने की कोशिश की, न प्रतिदान की अपेक्षा। नाकामी का अफसोस ज़रूर रहा। एक ऐसी कष्टदायक स्मृति अपने सहयोगी और मित्र डॉ. विश्वनाथ त्रिपाठी से सम्बद्ध है। उन्होंने जो पाया, अपनी योग्यता के बल पर। पर बहुतों से अधिक योग्य होने के बावजूद परिस्थितियों के अनुकूल न होने के कारण मुझे प्रो.फ़ेसर-पद पर उनकी उन्नति कराने में सफलता नहीं मिली, जबकि दिल्ली में ही नहीं, अखिल भारतीय स्तर पर वे उन गिने-चुने लोगों में हैं जिनकी अध्ययनशीलता और रचनाधर्मिता में आज भी कोई कमी नहीं आई है। सन्तोष इस बात का है कि उन्हें मेरी विवशता की समझ है। जब यह प्रसंग आता है वे बराबर कहते हैं, 'डॉ. साहब, मैं जानता हूँ कि आपने कोशिश में कोई कमी नहीं की। नहीं हुआ तो इसमें कोई क्या कर सकता है!' मैंने इस प्रसंग को लेकर उन्हें कभी विकल-व्याकुल होते नहीं देखा।

इधर जब उन्हें क्रमशः 'व्यास सम्मान', साहित्य अकादमी का 'भाषा सम्मान' और भारतीय ज्ञानपीठ से 'मूर्ति देवी सम्मान' मिले तो मन में आया, देर से ही सही, कुछ तो ऐसा हुआ जिससे 'कुछ' भरपाई हो सकी, वह भी अकस्मात्।

इसके ठीक विपरीत जब अपने दूसरे मित्र डॉ. मैनेजर पांडेय की प्रोफ़ेसर-पद पर नियुक्ति का सन्दर्भ याद आता है तो बड़ा मनोरंजक लगता है। उनकी चयन समिति के एक सदस्य डॉ. नगेन्द्र थे, दूसरी मैं, तीसरे शायद डॉ. सूरजभान सिंह। पांडेय जी डॉ. नगेन्द्र को लेकर बेहद घबराए हुए थे। वामपन्थी विचारधारा से जुड़े लोगों के बारे में उनकी राय बहुत अनुकूल नहीं होती थी, यह सब जानते थे। पांडेय जी से मेरा अच्छा परिचय था और मेरे मन में उनकी विद्वत्ता और पात्रता के बारे में कोई शंका नहीं थी। जैसे-जैसे इंटरव्यू का समय निकट आता जा रहा था, नगेन्द्र जी को लेकर पांडेय जी की घबराहट बढ़ती जा रही थी—मेरे लाख समझाने के बावजूद कि मैं डॉ. नगेन्द्र से बात करूँगी और मुझे भरोसा है कि वे किसी पूर्वग्रह से ग्रस्त होकर व्यवहार नहीं करेंगे। वायदे के अनुसार मीटिंग में जाने से पहले मैंने डॉ. साहब को इस बात के लिए कायल कर लिया कि पांडेय जी का कोई विकल्प नहीं होगा। जो वास्तविकता भी थी, पर पांडेय जी की घबराहट लगभग दयनीय थी।

इंटरव्यू हुआ और ज़ाहिर है, उनसे बेहतर अभ्यर्थी के अभाव में उनका चयन हो गया। संयोग से आवेदनकर्ताओं में वे महानुभाव भी थे जिन्होंने मेरे विरुद्ध पर्चेबाजी की थी। स्वभाव से खुराफ़ाती उन दुर्जन को मुझे वहाँ देखकर मौका मिल गया और उन्होंने जे.एन.यू. पर उस चयन समिति में मेरी उपस्थिति को मुद्दा बनाकर दावा ठोंक दिया। एतराज यह था कि उनके बारे में एक सदस्य के पूर्वग्रहग्रस्त होने के कारण उनके साथ न्याय नहीं हो सकता था। ज़ाहिर है, मुकदमा अपनी गति से चला। पेशी पर पांडेय जी को भी जाना पड़ता था, जबकि खर्च और पैरवी की ज़िम्मेदारी तो विश्वविद्यालय उठा रहा था। पर जब भी पेशी होती, मुझे पांडेय जी का यह उलाहना सुनना पड़ता, 'अरे! आपकी मौजूदगी की वजह से मुझे यह मुसीबत भुगतनी पड़ रही है।' उन्हें बिल्कुल याद नहीं रहा कि डॉ. नगेन्द्र को उनके पक्ष में राज़ी करने की पूरी ज़िम्मेदारी मैंने राज़ी-खुशी उठाई थी जबकि आशंका से खुद उनकी हालत खराब थी। बहरहाल, वह मुकदमा तो खारिज हो ही गया। उसके बाद जब पुरुषोत्तम अग्रवाल और वीर भारत तलवार की भी पदोन्नति हुई तो मीटिंग के बाद डॉ. तलवार ने हँसकर कहा, 'मैडम, आज तो आपकी हैट्रिक हो गई! आप जे.एन.यू. के वर्तमान विभाग के सभी प्रोफ़ेसरों की चयन समिति की सदस्य रही हैं।' बात सही थी, पर मेरा ध्यान इस पर कभी गया ही नहीं था। मेरी नज़र में ऐसे तथ्यों से इस बात का संकेत मिल रहा था कि सदी का अन्त जैसे-जैसे निकट आ रहा था, विद्वानों की उस पीढ़ी का अवसान तो हो ही गया था, जिनकी विद्वत्ता ही उनकी पहचान थी। विद्यार्थियों में अध्यापन-कर्म के लिए वे समादृत थे। वे डिग्रियों के मोहताज नहीं थे। अपनी ज्ञान-सम्पदा के लिए मान्य थे। रामचन्द्र शुक्ल, हजारीप्रसाद द्विवेदी, धीरेन्द्र वर्मा, नन्ददुलारे वाजपेयी, विश्वनाथ प्रसाद

मिश्र, डॉ. नगेन्द्र जैसों की पीढ़ी तो कब की विदा हो चुकी थी। उनके परवर्तियों में, इलाहाबाद की तिकड़ी के डॉ. रघुवंश, डॉ. जगदीश गुप्त, डॉ. रामस्वरूप चतुर्वेदी, पटना के नलिन विलोचन शर्मा और देवेन्द्रनाथ शर्मा, शान्तिनिकेतन के डॉ. रामसिंह तोमर, दिल्ली के डॉ. विजयेन्द्र स्नातक और डॉ. उदयभानु सिंह, डॉ. भरत सिंह उपाध्याय, पं. कृष्णशंकर शुक्ल जैसे लोग भी नहीं बचे थे। ले-देकर जे.एन.यू. में नामवर सिंह ने लिखा भले ही बहुत न हो, पर उनकी विद्वत्ता और वाग्मिता के साथ अध्यापक-कर्म में उनकी निष्ठा का डंका बजता था। विभाग में भी उन्होंने केदारनाथ सिंह जैसे रचनाकार और मैनेजर पांडे जैसे विद्वानों को लाकर प्रतिष्ठा बनाए रखने का ही प्रयास किया था।

ज़ाहिर है, अपने पूर्ववर्ती दिग्गजों के पिछलगुए जैसे हम लोग उनके अभाव की जैसे-तैसे अपनी सामर्थ्य भर, पूर्ति करने की ईमानदार कोशिश ही कर सकते थे। ऐसी स्थिति में अगर विकल्पों के अभाव में कुछ लोगों की माँग कुछ ज़्यादा होने लगे तो बहुत आश्चर्य नहीं होना चाहिए। इस दिक्कत का बड़ी शिद्दत से एहसास तब विशेष रूप से होता था, जब कोई ज़िम्मेदारी सौंपने का धर्मसंकट सामने आता था।

यह संकट अलग-अलग अवसरों और स्थानों पर रह-रहकर सामने आता था। दिल्ली विश्वविद्यालय में दूसरी बार यह समस्या नित्यानन्द तिवारी के ही सन्दर्भ में 1993 में पैदा हुई।

जब उनकी पदोन्नति का अवसर आया, उस समय वाइस चांसलर थे प्रो. उपेन्द्र बख्शी। जब उनकी नियुक्ति हुई तो हितैषियों ने अफवाह फैलाई कि मूनिस रज़ा साहब के ज़माने में, मैंने उनसे अपनी मनमानी करा ली, पर अब मेरी नहीं चलेगी, क्योंकि प्रो. बख्शी रज़ा साहब को पसन्द नहीं करते थे। बात बड़ी अनर्गल और बेहूदा थी। बड़ी संस्थाओं के प्रशासन ऐसी छोटी-बातों से नहीं चला करते। फिर भी सच्चाई यही थी कि मन में एक खटक ज़रूर पैदा हो गई। सावधानी से मैंने खुद को प्रशासनिक जिम्मेदारियों से दूर रखने का मन बनाया, पर ज़्यादा समय नहीं बीता होगा कि नए वाइस चांसलर ने भी तरह-तरह की जिम्मेदारियाँ मुझे सौंपनी शुरू कर दीं। नतीजा यह हुआ कि इस सिलसिले में आए दिन उनसे वास्ता पड़ने लगा और वे तमाम प्रसंगों में मुझ पर भरोसा करके निर्भर रहने लगे।

हिन्दी के तत्कालीन अध्यक्ष से उनकी पटरी बिल्कुल नहीं बैठती थी। वे उस समय संयोग से रोटेशन में, कुछ समय के लिए कला संकाय के डीन भी हो गए थे, और उस नाते तमाम समितियों के पदेन सदस्य भी। लिहाज़ा हर समय वाइस चांसलर का उनसे पाला पड़ता और परेशानी के कारण पैदा होते रहते। उसी दौरान कई विषयों में पदोन्नति (कैरिअर एँडवांसमेंट स्कीम) के प्रस्ताव प्रशासन के सामने आए। नित्यानन्द तिवारी का नाम भी उन्हीं में शामिल था। अचानक मेरा ध्यान इस ओर गया कि समय रहते अगर डॉ. तिवारी की पदोन्नति नहीं हुई तो विभाग की अध्यक्षता का चक्का घूमकर फिर किसी बेढब व्यक्ति पर रुक जाएगा। मैंने प्रो. बख्शी के सामने समस्या रखी तो

बात उनकी समझ में आ गई। सवाल फिर चयन समिति के सदस्यों का उठा तो ऐसे तीन नाम सोचने मुश्किल हो गए, जिन पर आँख बन्द कर भरोसा किया जा सके। दो नाम तो मैंने जैसे-तैसे जुड़ा लिये, पर तीसरे नाम पर, भरोसे लायक नामों में कुरुक्षेत्र के प्रो. जयभगवान गोयल के अलावा कोई नाम सूझ ही नहीं रहा था। डॉ. गोयल की गणना बहुत नामचीन विद्वानों में भले ही न होती हो, पर थे परम विश्वसनीय। दिक्कत यह थी कि वे कुछ ही समय पहले दिल्ली विश्वविद्यालय की एक संगोष्ठी में भाग लेने आए तो उनके भाषण पर टिप्पणी करते हुए डॉ. तिवारी ने उनकी लगभग इज्जतउतारू आलोचना की थी, पर क्योंकि वे मेरा बहुत सम्मान करते थे, मैंने हिम्मत जुटाकर उनसे बात की। उन्हें संगोष्ठी-प्रसंग भूला नहीं था, फिर भी उन्होंने पूरे सहयोग का आश्वासन दिया तो मैंने उनका नाम प्रो. बख्शी को सुझा दिया। बख्शी साहब ने दो नाम मेरे सुझाए नामों में से नियुक्त कर दिये, पर तीसरे नाम की जगह, जोधपुर से प्रो. इन्दिरा जोशी को आमंत्रित कर लिया।

इंटरव्यू के समय, सबसे हैरानी की बात यह हुई कि डॉ. जयभगवान गोयल बाकायदा ऐसी तैयारी करके आए थे जिससे वे डॉ. तिवारी की पात्रता और योग्यता को प्रमाणित कर सकें। बकौल डॉ. तिवारी, उन्होंने एक बड़ी रेंज से ऐसे सवाल उठाए, जिनसे डॉ. तिवारी के ज्ञान की व्यापकता और गहराई दोनों प्रमाणित हों। दूसरे सदस्य डॉ. केदारनाथ सिंह से तो सहयोग की आशा थी ही, पर किसी की मंत्रणा से प्रेरित डॉ. जोशी को जब विरोध के लिए कुछ न सूझा तो उन्होंने डॉ. तिवारी के पास डी.लिट्. न होने की आपत्ति उठाई, जिसे वाइस चांसलर ने तुरन्त 'सो वॉट!' कहकर खारिज कर दिया। यह तमाम विषयों में से होनेवाला इस श्रेणी का पहला इंटरव्यू था। इतना ही नहीं, डॉ. तिवारी ने इस पदोन्नति के लिए अपेक्षित योग्यता सप्ताह भर पहले ही हासिल की थी। पर विभागीय संकट के बचाव की खातिर प्रो. बख्शी ने बड़ी सदाशयता से समय रहते अपना दायित्व पूरा कर हमें दुश्चिन्ता से मुक्ति दिला दी। एक बार फिर शोर मचा, 'हिन्दी में ऐसी क्या खास बात है कि सबसे पहले उसी का इंटरव्यू कर लिया वाइस चांसलर ने।' बात सही थी, क्योंकि अन्त:कथा से तो कोई परिचित था नहीं।

विभाग का दायित्व डॉ. नित्यानन्द तिवारी के कन्धों पर आया तो हमें पूरा विश्वास था कि कई वर्ष का गतिरोध भंग होगा। हम लोगों के कम-से-कम तीन साल चैन से गुजरेंगे। डॉ. त्रिपाठी और मेरी सेवानिवृत्ति का समय भी उन्हीं की अध्यक्षता के दौरान आनेवाला था, तो उम्मीद बँधी कि विश्वविद्यालय से हमारी विदाई भी सम्मानजनक तरीके से हो जाएगी। शुरुआत ठीक-ठाक हुई। तिवारी जी ने जब जैसी ज़रूरत हुई, हम लोगों से परामर्श भी किया और सहायता लेने में भी संकोच नहीं किया। पर धीरे-धीरे उनके चारों ओर कुछ महत्त्वाकांक्षी, अराजक-सी शिष्य-मंडली ने घेराबन्दी शुरू कर दी। वे बहुत-सी बातों में मुझसे यथावश्यक सहायता लेते रहते थे। उनके शिष्यों को लगने लगा कि हम लोगों के साथ रहते हुए उनकी योजनाओं

में बाधा भले ही न आए पर उनकी बेलगाम महत्त्वाकांक्षाओं के पूरा होने में अड़चन आने का संकट तो पैदा हो ही सकता है। इसलिए उन्हें समझाया गया कि विभाग के अध्यक्ष वे हैं, मैं नहीं, इसलिए मुझ पर निर्भर रहने से उनकी छवि और रौब कायम होने में बाधा आएगी।

इसमें सन्देह नहीं कि तिवारी जी के एकेडेमिक रिकॉर्ड और प्रकाशित साहित्य की दृष्टि से उस समय इस पद पर उनकी दावेदारी हक से उतनी नहीं थी जितनी परिस्थिति के अनुरोध से और अध्यापक के रूप में उनकी लोकप्रियता के कारण बनी थी। वे इस बात को जानते थे। यह भी कि उन्हें प्रशासन का भी विशेष अनुभव नहीं था, पर बहुत जल्दी उनके मुँहलगे शिष्यों ने उन्हें कुर्सी की ताकत का महत्त्व समझा दिया। मैं इस परिवर्तन को परिहास में तिवारी जी का 'नाबालिग' से 'बालिग' हो जाना कहती थी। पर वे सचमुच बालिग हो गए हैं, इसकी पुष्टि तब हुई, जब उन्होंने पाठ्यक्रम में परिवर्तन के प्रस्ताव पर विचार करने के लिए जो समिति बनाई, उसमें से मुझे और त्रिपाठी जी दोनों को ही बाहर रखा। मुख्य भूमिका उनके उन्हीं महत्त्वाकांक्षी शिष्य की थी, जो आगे चलकर अपने करतबों के कारण विश्वविद्यालय को ही अलविदा कहने पर बाध्य हुए।

हमें समिति का गठन देखकर अपने बाहर रखे जाने पर कोई अफसोस नहीं हुआ क्योंकि उसके सदस्यों को देखकर मेरी समझ में आ गया था कि नतीजा 'ढाक के तीन पात' वाला होगा। तमाम उछल-कूद करनेवाले महत्त्वाकांक्षी लोगों को उसे अन्तिम रूप देने में ही काफी समय लगाने की सम्भावना थी। फिर यह भी तय था कि दक्षिणपन्थी खेमे से उसका डटकर विरोध होगा जिसका शमन करते-करते कम-से-कम एक साल और लगेगा और जब तीसरा साल चूँकि तिवारी जी की अध्यक्षता का अन्तिम वर्ष होगा, इसलिए विरोधी लोग उसके पास होने में इतने अड़ंगे लगाएँगे कि अन्ततः सारा श्रम बेकार जाएगा। मैं इस प्रक्रिया की भविष्यवाणी आरम्भ में ही करके इस ओर से परम तटस्थ और निश्चिन्त हो गई थी।

उनके अध्यक्ष होने के अगले ही वर्ष, मुझे एक बार फिर ऑस्ट्रेलिया की नेशनल यूनिवर्सिटी, कैनबरा से आठ सप्ताह के लिए विज़िटिंग प्रोफेसर रहने का निमंत्रण मिल गया था। लौटते समय दक्षिण कोरिया की हाँकुक यूनिवर्सिटी में एक भाषण और एक सप्ताह के आतिथ्य की व्यवस्था मेरे शिष्य डॉ. रमेश दिविक ने करा दी थी। वे कुछ ही समय पहले आई.सी.सी.आर. से वहाँ दो-तीन वर्ष के लिए भेजे गए थे और वहाँ के विभाग से उनका अच्छा सम्बन्ध था, जो देर तक कायम रहा।

मुझे विभाग से यह दूरी और तटस्थता रास आ रही थी कि उसी बीच तिवारी जी की अदूरदर्शिता से एक दुखद प्रसंग घटित हो गया। तिवारी जी पर उनकी शिष्य-मंडली हावी होती जा रही थी और वे उन्हें ठीक करने के बजाय उनके दबाव में आत्मसमर्पण करते जा रहे थे।

उसी दौरान हिन्दू कॉलेज के हिन्दी विभाग में एक स्थायी पद रिक्त हुआ। उस

पर काफी समय से मेरे शोध-छात्र रामेश्वर राय अस्थायी हैसियत में काम कर रहे थे। अध्यापक के रूप में अपनी लोकप्रियता के कारण वे अनायास अपने अध्यापकों और सहयोगियों की आँख का काँटा हो गए। सब गोलबन्दी करके उनकी स्थायी नियुक्ति के आड़े आने लगे। अध्यापन के प्रति अपनी लगन और निष्ठा के कारण रामेश्वर के शोध की प्रगति में विलम्ब हो रहा था। विरोधी इस तथ्य को, जब तक सम्भव हुआ, उन्हें इंटरव्यू से बाहर रखने की युक्ति के रूप में इस्तेमाल करते रहे। तिवारी जी के अध्यक्ष होने से पहले उनके ही एक छात्र की नियुक्ति मैं हिन्दू कॉलेज में स्थायी पद पर करा चुकी थी।

उस छात्र का एकेडेमिक रिकॉर्ड तो रामेश्वर से बहुत अच्छा नहीं था, पर उसकी भरपाई उसने लगकर पी-एच.डी. करके हासिल कर ली थी। उस इंटरव्यू से रामेश्वर को पी-एच.डी. के अभाव में बाहर रखा गया था। अध्यक्ष के विरोध के बावजूद, मेरे आश्वासन पर कॉलेज ने उस छात्र को नियुक्त कर लिया। भीतर आते ही वे हज़रत भी रामेश्वर के जूनियर होने के बावजूद उसके विरोध में शामिल हो गए। उस स्थिति में रामेश्वर ने भी इसे अपने आत्मसम्मान का प्रश्न बना लिया। 'नौकरी करूँगा तो हिन्दू कॉलेज में ही'। मैं उसकी पीड़ा, निष्ठा, योग्यता और लोकप्रियता—सबसे वाकिफ थी। पर जब कुछ लोगों ने उसे कॉलेज के रवैये के विरुद्ध विद्रोह करने के लिए उकसाया तो उसने मेरे समझाने पर वैसा कुछ नहीं किया।

जब तिवारी जी के अध्यक्ष रहते यह अवसर फिर आया तो संयोग से उनके वही शिष्य, जिन्हें मैं अपने बल पर नियुक्त करा आई थी, विरोधी गुट में शामिल हो गए। उस समय विभाग के इंचार्ज भी वही थे। उन्होंने तिवारी जी को भी इस षड्यंत्र में शामिल किया कि रामेश्वर की नियुक्ति किसी हालत में नहीं होनी चाहिए।

उसका षड्यंत्र करना तो वाजिब था ही नहीं, तिवारी जी का शरीक होना उससे भी ज्यादा अनैतिक था। इतना ही नहीं, मंत्रणा करके विरोध में एक ऐसे प्रतिभाशाली लड़के को खड़ा किया गया जो इतिहासकार रामशरण शर्मा का निकट सम्बन्धी था, और सब जानते थे कि शर्मा जी से मेरे बड़े अच्छे सम्बन्ध थे। मैंने इस संकट से उबरने के लिए शर्मा जी से सम्पर्क किया। वे तब सेवानिवृत्त होकर पटना लौट चुके थे। अपनी विनोद वृत्ति के अनुरूप उनका उत्तर मिला, 'अरे, कोई ज़रूरी नहीं कि आप उसे 'हिन्दू' कॉलेज में कराएँ। उसे जब जैसा मुनासिब होगा, किसी 'अ-हिन्दू' कॉलेज में आप करा ही देंगी, मैं जानता हूँ।' तरस इन लोगों की बुद्धि पर आया कि एक प्रतिभाशाली टॉपर विद्यार्थी को इन लोगों ने उसके अपने ही अध्यापक के विरुद्ध, अपना हथियार बनाने की कोशिश की। शर्मा जी से आश्वस्त होकर मैंने गवर्निंग बॉडी के चैयरमैन श्री भीखूराम जैन से सम्पर्क किया। उनसे सिर्फ़ इतना ही कहा कि वे खुद इंटरव्यू में आने की तकलीफ उठाएँ, किसी स्थानापन्न को न भेजें और केवल इस बात में सहयोग दें कि किसी के साथ अन्याय न हो। प्रिंसिपल वर्मा के इरादे का ठीक-ठीक अन्दाज़ा किसी को नहीं था।

इंटरव्यू में अध्यक्ष के नाते डॉ. तिवारी ने तो बहुत सुविधाजनक नहीं, तो विशेष अटपटे सवाल भी नहीं पूछे, पर उनके शिष्य महोदय बाकायदा रामेश्वर की टाँग खींचने की तैयारी करके आए थे। जब वे हद से ज्यादा अप्रासंगिक-से सवाल पूछने लगे तो प्रिंसिपल ने हस्तक्षेप किया। मुझे इससे उनके रुख का अन्दाज़ा हो गया। निर्णय का समय आया तो अपनी योजना के अनुरूप तिवारी जी अपने शिष्य के साथ थे। जब मैंने और प्रिंसिपल ने रामेश्वर के पक्ष में अपना मत व्यक्त किया तो उतावलेपन में तिवारी जी का गणित ही गड़बड़ा गया। बोले, 'हाँ, तो ये टू अगेन्स्ट टू है। अब आप फैसला करें।' चेयरमैन ने बड़ी संजीदगी से समझाया, 'डॉ. साहब, अभी मेरा वोट भी तो बाकी है और ज़रूरत पड़ने पर एक कास्टिंग वोट भी है मेरे पास। मैं चाहता हूँ, फैसला सबकी सहमति से हो।' पर उनके समझाने पर भी जब उनके शिष्य डॉ. दीपक सिन्हा ने डिसेंट लगाने पर इसरार किया तो डॉ. तिवारी ने भी उनका साथ देना तय किया। यह कॉलेज के ही नहीं, विश्वविद्यालय के इतिहास में ऐसा विरल उदाहरण था जिसमें चयन समिति के दो सदस्यों के 'डिसेंट' के बावजूद किसी प्रत्याशी की नियुक्ति हुई थी।

इस घटना का इतना शोर मचा कि बात नामवर जी तक पहुँची। वे हमारी मित्रता और सम्बन्धों से परिचित तो थे ही। उन्होंने मुझसे ब्यौरा जानने के बाद तिवारी जी को फ़ोन करके समझाने की कोशिश की, पर उसका वास्तव में कितना असर हुआ, इसका मुझे ठीक अन्दाज़ा हुआ ही नहीं। इतना ज़रूर हुआ कि इस घटना के बाद उनके विवेक पर से मेरा विश्वास उठ गया और मैंने विभाग की गतिविधियों से और दूरी कायम कर ली।

दुर्भाग्य से कुछ ही समय बाद एक असाध्य रोग की गिरफ़्त में आकर डॉ. दीपक सिन्हा का देहावसान हो गया, पर उनके जीवित रहते रामेश्वर ने उनके प्रति कोई दुर्भाव नहीं पाला और डॉ. तिवारी के प्रति भी बड़े सम्मान से पेश आते रहे। अध्यापक और वक्ता के रूप में उन्होंने बराबर अपने यश में वृद्धि ही की और अखिल भारतीय स्तर पर अपनी पहचान बनाई—बिना किसी की सिफारिश के। वे मेरे उन गिने-चुने शिष्यों में हैं जिन पर मुझे गर्व है, जिन्हें मैं किसी भी साहित्यिक योजना में शरीक कर सकती हूँ और करती रही हूँ।

एक और सन्दर्भ में तिवारी जी का आचरण बड़ा निराशाजनक रहा। उन्होंने विभाग में कुछ अवांछित तत्त्वों से गठबन्धन करके कॉलेजों में 'एक तेरा, एक मेरा' वाले फॉर्मूले का निर्वाह करके कई उद्दंड और अयोग्य व्यक्तियों को नियुक्त कर दिया। हम लोगों ने तो उनकी इस कमजोरी को लक्ष्य करके उन्हें कोई परामर्श देना या दखल देना बन्द कर ही दिया था, खुद डॉ. दीपक सिन्हा समेत उनके कई शिष्य अपनी मनमानी न करा पाने के कारण उनके विरोधी हो गए। उनके शुभचिन्तक और हितैषी इस पर अफसोस करने के अलावा कुछ करने की स्थिति में ही नहीं थे। यों उनके बाद तो विभाग सामान्य प्रतिभा वाले उत्तराधिकारियों के हाथों से होता हुआ ऐसे तत्त्वों के हाथों में पहुँचा जिन्होंने

समय की गति के अनुसार व्यक्तिगत लाभ के लिए शिक्षा का पूरी तरह बाज़ारीकरण कर दिया।

विश्वविद्यालय के प्रशासन में भी डॉ. बख्शी के बाद कोई उल्लेखनीय व्यक्ति वाइस चांसलर नहीं हुआ। सौभाग्य से मेरी सेवा-निवृत्ति तो अगले वाइस चांसलर डॉ. मेहता के कार्यकाल में ही हो गई थी—बड़े स्नेह और सम्मान से। डॉ. नगेन्द्र की पहल पर उस अवसर पर 'संकल्प का सौन्दर्यशास्त्र' नाम से एक ग्रन्थ का प्रकाशन हुआ जिसका सम्पादन मन्नू भंडारी और अजित कुमार ने किया और परामर्श-मंडल में डॉ. नगेन्द्र, शिवमंगल सिंह 'सुमन', नामवर सिंह और कृष्णा सोबती शामिल थे। मेरे लिए इससे अधिक सम्मान की बात और क्या हो सकती थी!

विदाई-समारोह में भी विश्वविद्यालय के प्रशासन से सम्बद्ध चारों अधिकारी वाइस चांसलर, प्रो वाइस चांसलर, डायरेक्टर—दक्षिण परिसर, डीन ऑफ़ कॉलेजेज़ और उनके अलावा रजिस्ट्रार और परीक्षा-विभाग के नियंत्रक तक मौजूद थे। कॉलेजों के प्राध्यापकों और मेरे शिष्यों की भीड़ तो थी ही, जे.एन.यू. से डॉ. नामवर सिंह और डॉ. मैनेजर पांडेय भी शामिल हुए।

राजकमल प्रकाशन का विक्रय

सेवानिवृत्ति से लगभग दो वर्ष पहले मेरी मध्यस्थता से एक और बड़ी घटना घटी—'राजकमल प्रकाशन' की बिक्री। उसके मालिकाना हक सन्धू-परिवार के थे और प्रशासन की बागडोर शीला सन्धू के हाथ में थी। पारिवारिक और कुछ निजी कारणों से शीला जी ने जब बेचने का मन बनाया तो उस समय शहर के दो अन्य प्रतिष्ठित प्रकाशन 'राधाकृष्ण' और 'वाणी'—महेश्वरी बन्धुओं—अशोक और अरुण के पास थे। दोनों को मैंने उनके बचपन से इस व्यापार में बढ़ते देखा था और दोनों का मुझ पर भरोसा तो था ही, मेरा सम्मान भी करते थे। शीला जी के कहने पर मैंने दोनों से चर्चा की। ज़ाहिर है, दोनों ही लेने के लिए उत्साहित थे पर अशोक के सामने एकमुश्त भुगतान करने में कठिनाई थी और 'वाणी' पर राजकमल की काफी दिन से कुछ रकम बकाया थी, जो वे तकाजे के बावजूद दे नहीं पा रहे थे। अलबत्ता खरीदने के लिए अरुण पूरा भुगतान करने के लिए तैयार हो गए। सुनकर शीला जी की प्रतिक्रिया हुई, 'इतने दिन हो गए, तीस-पैंतीस हजार तो दिये नहीं जा रहे, पूरी कीमत कहाँ से चुकाएँगे?' मैंने अरुण से पूछा तो बात सही थी। ज़ाहिर है, मामला लापरवाही का था। पर कहते ही उन्होंने चेक भेज तो दिया, पर पोस्ट-डेटेड। देखते ही शीला जी बिगड़ गईं और उन्होंने तय कर लिया कि वे अरुण महेश्वरी के साथ यह सौदा करेंगी ही नहीं।

आखिर अशोक महेश्वरी के साथ तय किया गया कि वे तय राशि का लगभग

पच्चीस प्रतिशत तत्काल चुका देंगे और शेष राशि के चेक, दो साल की अवधि में बराबर की किस्तों में अदा करेंगे। उस राशि के पोस्ट-डेटेड चेक और उसी अनुपात में राजकमल के शेयर मेरी हिफाजत में रहेंगे जिनको किस्तों के अनुसार मैं उन्हें देती रहूँगी।

शीला जी का आग्रह था कि जब तक यह सौदा पूरा न हो जाए, मैं उनके साथ एक्ज़ीक्यूटिव डाइरेक्टर की हैसियत से राजकमल में बैठूँ, सप्ताह में दो-तीन दिन। मैंने उनका आग्रह स्वीकार कर लिया और इस व्यवस्था के सही-सलामत पूरा होने तक अपने वायदे का निर्वाह किया। बीच में मुझे दो महीने के लिए ऑस्ट्रेलिया जाना था तो यह ज़िम्मेदारी मैंने अपने बेटे को सौंप दी।

शहर की पूरी हिन्दी बिरादरी के पेट में इस परिवर्तन का ब्यौरा जानने की खलबली मची थी, पर हममें से किसी ने किसी की जिज्ञासा का शमन करने की पहल नहीं की। यहाँ तक कि जब किसी मित्र ने बताया कि यह खबर सुनकर कवि केदारनाथ सिंह की प्रतिक्रिया हुई, 'निर्मला जी ने यह अच्छा इन्तजाम कर लिया अपने रिटायरमेंट का,' तो मुझे उनके सोच पर हँसी आई।

एक शेखचिल्लियों वाली अफवाह यह भी उड़ी कि मैंने नामवर जी के साथ मिलकर राजकमल प्रकाशन खरीद लिया है, पर ज़ाहिर है, यह इतनी उपहासास्पद बात थी कि जल्दी ही बैठ गई।

विदेशी जीवन का यथार्थ

बीच-बीच में छोटी-छोटी विदेशी यात्राएँ, ताजा हवा के झोंके की तरह, रोजमर्रा की ज़िन्दगी की एकरसता से निजात ज़रूर दिला देती हैं, पर मैंने इनको न कभी तमगे की तरह धारण किया, न आत्मप्रचार का विषय बनाया, न ही अर्थोपार्जन का जरिया। इसलिए आई.सी.सी.आर. की किसी योजना के तहत मैंने कभी बाहर जाकर हिन्दी पढ़ाने के लिए आवेदन नहीं किया। जो अनायास सामने आ गया, उसे तजुर्बे के लिए खुशी-खुशी स्वीकार कर लिया, पर हम सब, जिन्हें इसका अनुभव है, वे जानते हैं कि बाहर का जीवन औसत भारतीय को कभी वैसा रास नहीं आता, जैसा लोग दिखावे के लिए दावा करते हैं। इसलिए यात्रा का जितना उत्साह रहता था, उतनी ही व्याकुलता अपने घरौंदे में लौटने की।

जैसा पहले संकेत कर चुकी हूँ, कैनबरा पहुँची तो इतवार के दिन का सन्नाटा था। ठहरने का प्रबन्ध चौकीदार के पास चाभी छोड़कर गेस्ट हाउस में कर दिया गया था। कमरे में चाय-कॉफी के अलावा कोई व्यवस्था नहीं। पूरा गेस्ट हाउस साँय-साँय कर रहा। अत: पता पूछकर (चौकीदार से) पाँव-प्यादे बाज़ार का रुख करके डबलरोटी, दूध-मक्खन की व्यवस्था की। अगले दिन मेरे मेजबान छुट्टी से लौटे और बड़ा आग्रह

करके सामान अपने घर उठा ले गए। एक तो मेरा शाकाहारी होना और दूसरे, उनकी अविवाहित युवा बेटी का घर में होना, दोनों ऐसी बाधाएँ थीं, जिनसे उस घर में गुजारा मुश्किल था।

मेरे कमरे के बगल में लगे उसके कमरे से, देर रात तक उठा-पटक, संगीत, दोस्तों की महफिल—सबकी ऐसी अजीबोगरीब आवाजें आतीं कि सोना मुहाल हो जाता। परिवार के सदस्यों के आपसी रिश्तों की हकीकत भी दो ही दिन में सामने आ गई। उनकी लाख कोशिश करने पर भी पीढ़ियों के अन्तराल से जो वाचिक कलह उस परिवार की दिनचर्या का अनिवार्य अंग थी, उसके छिपने का भी सवाल नहीं था।

मेहमान से ज्यादा मेजबान की प्राइवेसी का संकट पैदा हुआ तो मेरे अनुरोध पर यूनिवर्सिटी के एक हॉस्टल में मेरी व्यवस्था कर दी गई। पहुँचने पर पाया कि वहाँ अगल-बगल विद्यार्थियों की युवा पीढ़ी आबाद है। एक बार फिर वही संकट। रात के एक-दो बजे तक गैलरी तक में इतना शोर, गाना-बजाना चलता कि अनभ्यास के कारण सहनशक्ति जवाब देने लगी। बाथरूम भी चार कमरों के बीच कॉमन। सामने से गुजरने पर विचित्र दृश्यों से सामना होता तो अभिकर्ता पात्रों को नहीं, मुझे संकोच होने लगा।

अन्ततः इस समस्या का निदान वहीं के एक शोध-छात्र के माध्यम से हुआ। सिडनी का निवासी वह युवक सप्ताह में एक-दो बार मेरे पास मार्गदर्शन के लिए आता था। कुछ समय पहले तक कैनबरा में ही एक सेवानिवृत्त बुजुर्ग अध्यापिका के पास पेइंग गेस्ट था। उन्हीं के साथ उसने मेरी व्यवस्था करा दी तो बाकी समय बड़े सुख-शान्ति से बीता। विश्वविद्यालय से उनका घर बीस मिनट की बस-यात्रा की दूरी पर था। मैं घड़ी देखकर बस के समय से पाँच मिनट पहले निकलती। स्टैंड ठीक सामने था। कभी दो मिनट से ज्यादा प्रतीक्षा नहीं करती पड़ती। ड्राइवर भी अपनी इस नियमित सवारी को पहचानने लगा था। यूनिवर्सिटी के बस स्टैंड से विभाग तक की पद-यात्रा लगभग दस मिनट में और उसी तरह तीसरे पहर वापसी।

खाना हम दोनों अपनी रुचि और ज़रूरत के हिसाब से अलग-अलग बना लेते थे। विदेशों में वरिष्ठ नागरिकों की जीवनचर्या से निकट परिचय होने का यह अच्छा अवसर था। उनके पति की मृत्यु हो चुकी थी। दो बच्चे थे—एक बेटा और एक बेटी। दोनों अपने परिवारों के साथ थोड़ी दूरी पर रहते थे। माँ से सप्ताह में एक दिन आकर मिलने का नियमित कार्यक्रम रहता था उनका। माँ भी बड़ी आतुरता से उनकी प्रतीक्षा करती और उनके खाने के लिए विशेष व्यंजन बनाती। जब तक मैं साथ रही, उस दिन मैं भी उस पारिवारिक मिलन में शामिल होने का आमंत्रण पाती रही। जब भी मैंने कोई भारतीय व्यंजन बनाकर पेश किया, सबने उसे चाव से खाया और सराहा।

बाकी दिनों में भी उन्होंने अपने को व्यस्त रखने के निश्चित कार्यक्रम बना रखे थे—चर्च, समाज-सेवा, हमउम्र लोगों की टोली में सामाजिक विषयों पर चर्चा, कविता-पाठ, आदि-आदि। शाम को हम लोग जब घर में होते तो साथ ही समय गुजारते।

वे, ज़ाहिर है, एक ड्रिंक लेतीं और मेरा काम कोका-कोला से चलता और उसके बाद अपना-अपना खाना। बीच में काफी दिलचस्प बातचीत—अपने जीवनानुभवों के बारे में।

वे दमा की मरीज़ थीं। कभी भी अकस्मात् अटैक होता तो अस्पताल जाना ज़रूरी हो जाता। ऐसा कभी भी बिना पूर्वाभास के होता रहता था। मैं कुछ दिनों के लिए मेलबर्न गई। लात्रोव यूनिवर्सिटी में भाषण भी देना था। लौटी तो वे अस्पताल में थीं। जाने से पहले उन्होंने घर की चाबी पड़ोस की एक युवती के पास छोड़ दी थी, ताकि लौटने पर मुझे असुविधा न हो। इस आशय की चिट दरवाज़े पर लगी थी। उनके लौटने पर मुझे पता लगा कि उनका एक बैग ऐसी आपात-स्थिति के लिए हमेशा तैयार रखा रहता है। जब दमे का अटैक होता है तो वे एक फ़ोन अस्पताल को करती हैं—एम्बुलेंस के लिए और दूसरा, पड़ोसिन को। एम्बुलेंस आकर उन्हें ले जाती है और पड़ोस से वह युवती उनके घर की चाभी का ज़िम्मा ले लेती है। घर में ज़रूरत की चीजों के अलावा, ऐसा कुछ होता ही नहीं, जिसकी चोरी का डर हो। ज़रूरत पड़ने पर उनके बच्चों को खबर दे दी जाती और वे आ जाते हैं। सब कुछ सधा-बँधा।

वहाँ दो और यादगार अनुभव हुए—एक, लात्रोव यूनिवर्सिटी में और दूसरा, वापस लौटने पर कैनबरा में 'हरे रामा हरे कृष्णा' मिशन के अनुयायियों के साथ। उस समय विश्व के तमाम विश्वविद्यालयों में 'जेंडर स्टडीज' का बोलबाला था। 'स्त्री अस्मिता' का प्रश्न वैचारिकता के केन्द्र में। मुझे वहाँ भारत में स्त्री-लेखन पर भाषण देना था। ज़ाहिर है, भारतीय अंग्रेज़ी लेखन पर केन्द्रित मेरे वक्तव्य में स्त्रियों की पक्षधरता थी। भाषण के बाद, श्रोताओं में से फिलॉसफी विभाग के एक प्रोफ़ेसर ने बड़ी गम्भीर मुद्रा में मुझसे सवाल किया, 'मैडम, हैव यू एवर एप्लाइड योर माइंड टू द प्रॉब्लम्स ऑफ़ मैन हू हैव नैगिंग वाइव्ज़?' प्रश्न वाजिब था। उस घटना के बाद मैं बराबर इस बात पर ध्यान देने की ज़रूरत पर बल देती रही हूँ कि अनुपात-भेद से इस समस्या का एक पक्ष वह भी तो है, जिस पर ध्यान दिया जाना चाहिए।

कैनबरा से वापसी से दो दिन पहले अचानक समाचार मिला कि अगले दिन विश्वविद्यालय की बिरादरी को—जिसमें विद्यार्थी, अध्यापक, कर्मचारी, सभी शामिल थे—'हरे रामा हरे कृष्ण' मिशन की ओर से शाकाहारी भोजन कराया जाएगा। यह भी कि यह उनका मासिक कार्यक्रम होता है जिसमें संस्था के सदस्य अपने हाथों से बड़े सेवा-भाव से इसे अंजाम देते हैं।

नियत समय पर उनके सदस्य और कार्यकर्ता भोजन लेकर आए और बड़े विनम्र भक्तिभाव से उन्होंने भारतीय ढंग का शाकाहारी भोजन अपने हाथों से परोसा—लगभग एक हजार लोगों को।

जब उनका परिचय मुझसे कराया गया तो मेरे भारतीय मूल की जानकारी मिलने पर वे साग्रह मुझे अपने मिशन की कार्यवाहियों से परिचित कराने अपने कार्यालय ले गए। सीमित समय में जितनी बातचीत हुई, उससे पारस्परिक स्नेह-सौहार्द के साथ

शाकाहारी सात्त्विक भोजन का प्रचार और समाज-सेवा करने के सिवाय उनका कोई और उद्देश्य मुझे नज़र नहीं आया। विदा करने से पहले उन्होंने अगले दिन मेरे हवाई-अड्डे तक जाने की व्यवस्था के बारे में पूछा और यह जानकर कि मैं लौटकर टैक्सी बुक कराने वाली हूँ, हाथ जोड़कर इस काम के लिए साग्रह अपनी सेवाएँ अर्पित करने का प्रस्ताव रखा।

ठीक समय पर अगले एक दिन वरिष्ठ सदस्य गाड़ी लेकर उपस्थित हो गए। खुद मेरा सामान उठाकर गाड़ी पर रखा और एयरपोर्ट से विदा होते हुए अभिवादन करके बस एक संक्षिप्त अनुरोध कि भविष्य में आना हो तो उन्हें सेवा करने का अवसर ज़रूर दूँ। उनकी विनम्रता, निर्लिप्तता और सेवा-भाव के प्रति बड़ा आदर उपजा मेरे मन में।

इस प्रसंग से मुझे एक और स्मृति ताजा हो आई। 1984 में मैं लन्दन में प्रियवर ओंकारनाथ श्रीवास्तव के साथ ठहरी थी। वहाँ के दर्शनीय स्थलों के अलावा एक दिन उनके प्रस्ताव पर 'हरे रामा हरे कृष्णा' मिशन के मन्दिर जाना हुआ। मन्दिर और स्थापित मूर्तियों की भव्यता और साज-सज्जा तो प्रभावशाली थी ही, उससे कहीं अधिक अभिभूत किया था उसके भक्तों के कीर्तन ने। मृदंग की थापों पर जिस स्वर और लयबद्ध तन्मयता से वे लोग कीर्तन कर रहे थे, श्रोताओं की भीड़ उसके दुर्निवार सम्मोहन की गिरफ़्त में पूरी तरह आबद्ध थी। कीर्तन तब तक चला जब तक वादक और गायक पसीना-पसीना होकर लगभग बेसुधी की अवस्था में नहीं पहुँच गए।

बड़ी उत्कंठा और जिज्ञासा होती है इन लोगों की जीवनचर्या, भावोन्मेष, सेवा-भाव और इसकी प्रेरक वैचारिकता और संपोषक आर्थिक स्रोतों को समझने की, कुछ और जानकारी हासिल करने की, पर ऐसी सारी योजनाएँ पूरी कहाँ हो पाती हैं!

बहरहाल, कैनबरा से वापसी में दो दिन उसी शोध-छात्र के घर सिडनी में रुककर नगर-भ्रमण करना था। वह अपनी बहन-बहनोई के साथ रहता था। 'रहीम' पर काम कर रहा था। नौकरी के लिए वैसा ही संघर्ष और विश्वविद्यालय में विभागीय राजनीति का वैसा ही शिकार, जैसे भारतीय विश्वविद्यालयों में प्रायः होता है। विषय की मुकम्मल समझ के लिए भारत आया था—फ़ारसी पढ़ने। उसके निर्देशक महोदय तो रहीम के दोहों का अर्थ भी ठीक-ठीक नहीं बूझ पाते थे। जब दिल्ली में रहा तो मेरा काफी समय उसे दोहों के अर्थ समझाने में ही लगता था। उसका श्रम और ईमानदारी अपनी जगह और कठिनाइयाँ अपनी जगह।

सिडनी में उसने अपने कमरे की एक अलमारी में तमाम हिन्दू देवताओं की छोटी मूर्तियाँ-तस्वीरें स्थापित कर रखी थीं—हनुमानजी समेत। उन पर शायद फूल चढ़ाकर अगरबत्तियाँ भी जलाया करता था। स्वभाव से बेहद सरल और निरीह। बड़ी करुणा उपजती थी उसके प्रति।

वापसी के कुछ समय बाद उसकी थीसिस आई मेरे पास परीक्षण के लिए। दूसरे परीक्षक कैम्ब्रिज के प्रो. मैक्रेगर थे। मैं उसकी कठिनाइयों से परिचित थी, शायद इसलिए उतनी सख्ती नहीं बरती जितनी डॉ. मैक्रेगर ने। उन्होंने कुछ संशोधन करने का सुझाव

दे दिया। लिहाज़ा कुछ महीने उसे और लगाने पड़े। डिग्री तो उसे मिल गई पर अन्ततः उसका हुआ क्या, इसकी प्रामाणिक जानकारी नहीं मिली। कभी-कभी उसका पत्र आ जाता था, फिर वह भी बन्द हो गया।

इधर मेरी सेवानिवृत्ति का समय आ रहा था। यह बात अलग है कि मेरी अपेक्षा के अनुसार विश्वविद्यालय के प्रशासन ने मेरी सेवानिवृत्ति के साल (1996) तक मुझे प्रोवोस्ट के पद पर बने रहने की सुविधा दे दी थी। यहाँ तक कि जब आबाद साहब के बाद नए डायरेक्टर अंग्रेजी के प्रो. जी. के. दास की नियुक्ति निदेशक-पद पर हुई तो मुझे उनके साथ काम करने में कठिनाई आने लगी थी। यूनिवर्सिटी एक्ट के अनुसार दक्षिण परिसर का डायरेक्टर तब तक गीतांजलि हॉस्टल का पदेन चेयरमैन होता था। वाइस चांसलर तब प्रो. बख्शी थे। निदेशक का चुनाव उनका था। मैंने प्रोवोस्ट-पद छोड़ने की पेशकश की तो वे राज़ी नहीं हुए। उनका कहना था कि वे चेयरमैन बदल देंगे, पर मुझे इस ज़िम्मेदारी से मुक्त नहीं करेंगे। अपने इस निर्णय के अनुरूप उन्होंने एक्ट बदल दिया और मुझे सेवानिवृत्ति तक उस पद पर बने रहने की सुविधा हो गई।

ऑस्ट्रेलिया से वापसी के बाद बहुत जल्दी विश्वविद्यालय का निजाम बदल गया, वाइस चांसलर के साथ पूरी टीम। नए सदस्यों से अच्छे पर महज़ औपचारिक सम्बन्ध बने। 'माँझी जाल समेटो' वाली मनःस्थिति में इससे अधिक का न उत्साह था, न ज़रूरत। औपचारिक विदाई बड़ी इज्जत से हुई।

'गीतांजलि' प्रवास के दौरान मैंने पीतमपुरा का मकान बेचकर अपने वर्तमान निवास का निर्माण कराने का संकल्प पूरा कर लिया था। उस समय डी.एल.एफ. बेहद शान्त, लगभग निर्जन-सा इलाका था। आलम यह था कि शाम ढलते-ढलते यहाँ रुककर काम कराना भयभीत-सा करने लगता और हम सरक लेते। रिटायर होने के कुछ महीने बाद आकर बसना हुआ। तब भी विभाग की नीति के अनुसार सप्ताह में एक दिन दक्षिण परिसर में जाकर पढ़ाने का सिलसिला शुरू हुआ तो यहाँ से गाड़ी में बैठने के बाद कुल पच्चीस मिनट में वहाँ पहुँचना सम्भव हो जाता था। हरियाणा प्रशासन ने मकानों के निर्माण पर ढाई मंजिल का प्रतिबन्ध लगा रखा था। देखते-ही-देखते वह प्रतिबन्ध कब हटा और बहुमंजिला इमारतों के घटाटोप में यह इलाका कंक्रीट के जंगल में तब्दील हो गया, इसका ऐसा हो जाना हम बस देखते रहे—अवाक् और विवश।

तब भी हर सप्ताह में विभाग में वह एक दिन की हाजिरी बहुत स्फूर्तिदायक होती थी। कुछ ही समय बाद डॉ. तिवारी भी सेवानिवृत्त होकर हमारी बिरादरी में शामिल हो गए थे। कक्षाएँ हम तीनों ने एक ही दिन तय कर लीं। सबको इस बात की जानकारी थी। आपस में मिलना तो हो ही जाता था, इसके अलावा विभाग की नई-पुरानी विद्यार्थी और अध्यापक बिरादरी के सदस्य भी उस दिन चले आते थे। कक्षाओं का निबटारा करने के बाद, कुछ समय की वह साप्ताहिक बैठकी बड़ी जीवन्त और मनोरंजक होती थी, कुछ हद तक जानकारी-वर्धक भी। वह सिलसिला लगभग दस वर्ष चला—मेरे

लिए, क्योंकि त्रिपाठी जी मुझसे एक वर्ष पहले और तिवारी जी कुछ वर्षों बाद सेवा-निवृत्त हुए थे। टूटा तब, जब विभाग जन-संकुल हो गया। अध्यापक बिरादरी में भीड़ हो गई थी। यों उस साप्ताहिक बैठकी की समरसता भी तरह-तरह के विसंवादी सुरों की घुसपैठ से भंग होने लगी थी। क्रम टूटा तो आरम्भ में कुछ खालीपन लगा। अभ्यास जैसा जो हो गया था! पर जैसे-जैसे वक़्त गुजरता गया, हमने शुक्र मनाया—जो हुआ सो अच्छा ही हुआ।

हममें से किसी के पास न काम की कमी थी, न मित्रों की और न हितैषियों और परिवार-जनों की। सबके, और अपने-अपने शिष्यों की जमात अलग। बाज़ार भाव में भी किसी के कोई कमी नहीं आई थी। दरअसल पढ़ने-लिखने की दुनिया में तजुर्बे का मोल कभी कम होता नहीं, बशर्ते दिमाग ठिकाने रहे। व्यस्तता की दिशाएँ ज़रूर कुछ बदल गईं। कुछ ऐसे कि उन्हें ठीक-ठीक 'परिशिष्ट' के खाते में भी नहीं डाला जा सकता, तब तक, जब तक जीवन के प्रति उदासीनता या विरक्ति पैदा नहीं होती। पर क्रमशः अपेक्षाएँ क्षीण ज़रूर होती जानी चाहिए। ऐसा होने को मैं मानसिक शान्ति और शारीरिक स्वास्थ्य, दोनों के लिए अच्छा मानती हूँ। किसी उपलब्धि से प्रसन्नता नहीं होती, यह ढोंग आत्मछल के सिवा कुछ नहीं, पर जीवन छीना-झपटी, लपक-झपक में बीते, आत्मघात का इससे कारगर जरिया भी कुछ और नहीं।

रिटायर होने के बाद ज्यादा खुशी तब होती थी, जब सर्वथा अप्रत्याशित ढंग से कोई निमंत्रण आता था। एक बार मित्रों के बीच बातचीत के दौरान मैंने ऐसे ही कहा, 'और तो काफी दुनिया देख ली, जापान जाना नहीं हुआ।' मित्र अजित कुमार हँसकर बोले, 'अरे तो अगर आप जाना चाहेंगी तो वह भी कब तक बचेगा!' उनकी वाणी कुछ ऐसी फलीभूत हुई कि अपने जापानी शोध-छात्र आकिरा ताकाहाशी से शताब्दी के अन्त में अकस्मात् ओसाका आने का निमंत्रण मिला। मेरे परिवार में वे अपने हिन्दी उच्चारण के लिए आश्चर्य और सराहना के पात्र थे। जब वे सही बलाघात से फ़ोन पर कहते, 'मैं आकिरा ताकाशाही बोल रहा हूँ,' तो सुननेवाले के चेहरे का विस्मय देखने लायक होता था। तमाम कठिनाइयों के बावजूद वे मेरे निर्देशन में हिन्दी उपन्यासों पर काम पूरा करने में सफल हो गए थे—वह भी मेरे रिटायर होने के आस-पास।

ओसाका विश्वविद्यालय में उनके सहयोगियों के साथ विचार-विमर्श और आस-पास के इलाकों का भ्रमण करने के बाद हिरोशिमा-दर्शन और फिर टोकियो में तीन-चार दिन रहकर वापसी हुई। टोकियो में उन दिनों डॉ. कृष्णदत्त पालीवाल सपत्नीक रह रहे थे। दम्पती ने बड़े स्नेह-सम्मान से, आतिथ्य धर्म निभाया। वे टोक्यो विश्वविद्यालय में हिन्दी अध्यापन के सिलसिले में वहाँ गए थे। शहर के भूगोल से भली भाँति परिचित तो थे ही। वहाँ के जाने-माने हिन्दी के विद्वान तोशियो तनाका से भी अच्छे सम्बन्ध थे उनके। तोशियो तनाका से मेरा पुराना परिचय था—उनके भारत-प्रवास के समय का। वे सातवें दशक में दिल्ली विश्वविद्यालय में हिन्दी की एम.ए. की कक्षाओं में पढ़ रहे थे। बाद में भी कभी-कभी आते थे। जब भी मिलने आते तो

लगभग दोहरे होकर सविनय प्रणाम करते। कहते कि वे केवल प्रणाम करने ही आए थे, और लौट जाते। उनकी यह अतिरिक्त विनयशीलता आश्चर्य और संकोच पैदा करती थी। टोक्यो में मिले तो अपनी संकोचशीलता से मुक्त हो चुके थे। एक साथ, नब्बे वर्ष की दो महिलाओं—अपनी माँ और सास की देखभाल की ज़िम्मेदारी सँभाल रहे थे। इसकी चर्चा बड़ी उत्फुल्ल मुद्रा में करते थे, पर नगर-भ्रमण में बराबर हमारे साथ रहे। हिन्दी के नए प्रकाशनों के बारे में पहले की-सी संलग्नता से चर्चा करते रहे। वापसी में अक्सर कुछ समय हमारे साथ घर में बिताकर लौटते। लोगों के बारे में उनकी पैनी नज़र, उनकी टिप्पणियाँ, उनकी विनोद-वृत्ति—सब बहुत रुचिकर लगती थीं।

पालीवाल दम्पती के यहाँ का अपनापन और सहजता उस बेगाने-से वातावरण में बहुत रास आई। यदा-कदा कृष्णदत्तजी यह याद करके हँस लेते थे कि मेरे सामान में जो दो-चार मठरियाँ बच रही थीं, उन्होंने उन्हें हस्तगत करके कैसे तुरन्त ऐलान कर दिया था कि उनके सिवा किसी को उन्हें खाने का अधिकार न होगा। उन्होंने खूब घुमाया। वहाँ के पारम्परिक थियेटर की एक प्रस्तुति दिखाई और वापसी के समय यथास्थान पहुँचाकर लौटे। विश्वविद्यालय में उन दिनों छुट्टी थी, इसलिए वहाँ जाना सम्भव नहीं हुआ। सबसे प्रीतिकर बात यह हुई कि उनके यहाँ शाकाहारी उत्तर भारतीय ढंग का भोजन मिला, जो जापान में खासा दुर्लभ होता है।

जापान में बौद्धधर्म के अनुयायियों की संख्या अनुपात में औरों से बहुत अधिक है। शायद इसीलिए विश्व में बुद्ध की सबसे विशाल मूर्ति वहीं है—'नारा' में। बौद्ध-मन्दिर जगह-जगह अपने ढंग के। टोकियो के बौद्ध-मन्दिर के बाहर का परिदृश्य देखकर, दिल्ली का किनारी बाज़ार याद आ गया—अकारण। वहाँ इस मिथ का भंजन होते भी देर नहीं लगती कि अंग्रेजी भाषा से आप पूरे विश्व में काम चला सकते हैं, पर जापान की सामान्य जनता में भी इतनी सदाशयता है कि दिक्कत पड़ने पर आप इशारों से भी, टूटी-फूटी भाषा से भी सहायता जुटा सकते हैं।

सामान्य धारणा है कि लम्बे समय तक स्त्रियों का सबसे अधिक दमन जापान में होता रहा। जब मेरा जाना हुआ, उस समय वहाँ की युवा पीढ़ी विद्रोह के मार्ग पर पाँव रख चुकी थी। अधिकांश युवतियाँ विवाह के बन्धन से इसलिए कतरा रही थीं कि गृहस्थी, सन्तानोत्पत्ति और उसके पालन-पोषण का पूरा दायित्व वे नहीं उठाना चाहती थीं। सार्वजनिक स्थानों पर ट्रेनों में आधुनिक वेशभूषा में लैस परम आत्मविश्वासी मुद्रा में घूमती कामकाजी युवतियों का दीदार किया जा सकता था। समाज संक्रमण के दौर से गुजरता नज़र आता था। नागरिक समुदाय बेहद अनुशासित, भद्र और दूसरों की सहायता के लिए तत्पर देखा जा सकता था। शहरों में कहीं कुछ ऐसा नज़र नहीं आया जिसे देखकर 'स्वच्छन्दता' का नारा बुलन्द करने की ज़रूरत महसूस हो। इसके बावजूद कि सामान्य जनता के रिहाइशी घर बहुत छोटे-छोटे—बस, गुजर करने के लायक ही दिखाई पड़े।

किसी-न-किसी प्रसंग में अमेरिका जाना अक्सर हो जाता था। वहाँ जाने के

निमंत्रण इसलिए स्वीकार कर लेती थी कि बेटा और छोटी बहन दोनों वहाँ रहते थे। इसके अलावा वहाँ जाने की कभी उत्कंठा नहीं हुई, आरम्भिक एक-दो यात्राओं के बाद। पर जब वेस्ट इंडीज के त्रिनिदाद विश्वविद्यालय से 2002 में अन्तरराष्ट्रीय हिन्दी कॉन्फ्रेंस में भाग लेने का निमंत्रण आया तो दो कारणों से जाने का उत्साह हुआ—एक तो आयोजन हमारे शिष्य प्रेम जनमेजय की पहल पर हो रहा था। वे उन दिनों आई.सी.सी.आर. से वहाँ हिन्दी पढ़ाने के लिए भेजे गए थे। उन्होंने व्यक्तिगत रूप से आग्रह किया। दूसरे, अमेरिका के उस भू-भाग के बारे में, वहाँ के खुशगवार मौसम और हरियाली के बारे में, और प्रवासी भारतीय जनता के बारे में जो सुन रखा था, उसके कारण उसे देखने की उत्कंठा थी। सही सुना था, उस 'लिटिल इंडिया' जैसी आबादी के बारे में। वहाँ उस बहुत कुछ के सुरक्षित रह जाने का एहसास हुआ, जो उस समय के भारत का सच था, जब वे यहाँ से ले जाए गए थे। उनकी स्मृतियों के भारत में समय की गति जैसे वहीं ठिठककर रह गई थी। भाषा भले ही रूपान्तरित हो गई हो, पर एक सिरा तब भी 200 वर्ष पुराने मूल से जुड़ा था। दिलचस्प बात थी कि नगर-भ्रमण के लिए निकले हम यात्रियों का स्थानीय युवा गाइड, झूम-झूमकर वर्तमान हिन्दी फिल्मों के गाने बड़े तरन्नुम में गाता चला जा रहा था। मेरे पूछने पर कि वह जो प्रेम-गीत इतने मगन होकर गा रहा है, उसका अर्थ समझता है? उसने इनकार में सिर हिला दिया। कई मायनों में वह यात्रा शिक्षाप्रद भी रही।

अगले ही वर्ष भारतीय विद्या भवन के न्यूयॉर्क केन्द्र ने भारतीय भाषाओं और उनके साहित्य पर एक अन्तरराष्ट्रीय सम्मेलन आयोजित किया। निदेशक जयरमण जी के आग्रह पर जाना पड़ा। पर अमेरिका की सबसे रोमांचक यात्रा 2007 में की, अवसर तो था विश्व हिन्दी सम्मेलन, जिसके बारे में सब जानते हैं कि वह हिन्दी के नाम पर महज़ सैर-सपाटे का बहाना होता है, वह भी अपनी बद-इन्तजामी के लिए कुख्यात—पर उस वर्ष अचानक स्वर्गीय श्री लक्ष्मीमल्ल सिंघवी ने सूचना दी कि मेरा नाम उस वर्ष सम्मानित किए जानेवाले लोगों में विचाराधीन है तो ज़ाहिर है, इस सूचना से जाने का कार्यक्रम बनने लगा। कुछ दिन से स्वतंत्र रूप से मेरे चेन्नईवासी छोटे भाई अलास्का क्रूज पर जाने की योजना बना रहे थे। यह कार्यक्रम बनने की सम्भावना बनी तो मैंने भी उनके साथ हो लेने का मन बनाया।

आम तौर पर अधिकांश क्रूज कैनेडा के रम्याद्‌भुत नगर वेनकूवर से शुरू होते हैं। मेरे पासपोर्ट पर तो कैनेडियन वीजा चस्पाँ था पर भाई-भाभी ने इस आशंका से कि कैनेडा का वीजा मिलने में कठिनाई हो सकती है, यह यात्रा सिएटल से शुरू करने की योजना बनाई। सब तय हो गया तो मैंने एक सप्ताह वेनकूवर में अपने एक निकट सम्बन्धी को अपनी मेहमानदारी का अवसर देने का निर्णय लिया। जब सारा कार्यक्रम तय हो गया तो लगा कि एक बार सिंघवी जी से भी पूछ लिया जाए कि सम्मेलन में सम्मान के लिए प्रस्तावित सूची की क्या स्थिति है?

जो उत्तर मिला, वह विचित्र और लगभग अपमानजनक था। वे बड़े ठंडे स्वर में

आवाज खींचकर बोले, 'अरे निर्मला जी, क्या बताएँ, पूरे भारत से लगभग चार सौ नामों की सिफारिश की गई है। बड़ा दबाव है। कई बड़े नाम हैं उनमें।' मैंने उनसे तो इतना ही कहा कि वे मेरे नाम की चिन्ता न करें। जैसे लोगों को यह सम्मान मिलता रहा है और मिलेगा, उनकी पंक्ति में खड़े होने का कोई उत्साह नहीं है मेरे मन में। पर मेरी समझ में यह बात आ गई कि यह पूरा नाटक मुझ पर एहसान का बोझ बढ़ाने के लिए किया जा रहा है।

मैंने फ़ोन रखते ही सत्ताधारी पार्टी के एक प्रभावशाली सदस्य को फ़ोन मिलाया। उनसे पूरी स्थिति बयान कर दी। वे इतना ही बोले कि मैं इस प्रसंग को भूल जाऊँ, अब यह उनकी सिरदर्दी है। 'अरे क्या तो ये सम्मान और क्या तय करनेवाले! उन्हें तो खुशी होनी चाहिए अगर आप इसे स्वीकार कर लें।' मेरे लिए यह बात सचमुच इस संवाद के बाद वहीं खत्म हो गई।

तीन ही दिन बाद सिंघवी जी का फ़ोन आया। बड़े उत्साह-भरे स्वर में मुझे बधाई देने के लिए और यह बताने के लिए कि वे मीटिंग खत्म होते ही पहला फ़ोन मुझे कर रहे हैं। यह भी कि उनके होते हुए मेरा नाम कैसे न होता। उन्होंने ही सबसे पहले मेरे नाम का प्रस्ताव रखा। आखिर मैं तो हिन्दी का गौरव हूँ। मैंने उन्हें धन्यवाद तो दिया, पर उनके बारे में अपनी राय को संशोधित कर लिया। दूसरे, न्यूयॉर्क में तथाकथित सम्मानितों की उस पंक्ति में खड़े होकर सचमुच मुझे गर्व कम, संकोच ही ज्यादा हुआ।

बहरहाल, सन्तोष सिर्फ़ इसी बात से किया जा सकता था कि न्यूयॉर्क तक की यात्रा का खर्च सरकार के खाते में दर्ज हो गया। शेष यात्रा बेहद सुखद रही।

'वेनकूवर' विश्व के सुन्दरतम शहरों में से है। नीचे बहता पारदर्शी नीला समुद्र तट और पीछे हरी-भरी पहाड़ियों का वैभव। समुद्र के किनारे-किनारे मीलों कार से ड्राइव करते चले जाने का अविस्मरणीय अनुभव।

मेरे मेजबान तो युवा दम्पती भारतीय थे ही, पर वहाँ वर्षों पहले पंजाब से आकर कुछ सिख परिवारों ने डेरा डाल लिया था। धीरे-धीरे उनकी संख्या बढ़ते-बढ़ते पूरी बस्ती हो गई। यहाँ तक कि उसका नामकरण ही कर दिया—'सरे'। कर्मठ गृहिणियों ने घरेलू स्तर पर 'पराँठा उद्योग' शुरू किया जिसका बढ़ते-बढ़ते यह आलम हो गया था कि फ़ोन पर ऑर्डर दीजिए और कुछ ही देर में जाकर ज़रूरत के हिसाब से भरवाँ पराँठे पैक कराके ले आइए। इसलिए खाने-पीने की मौज रही। उससे भी अधिक वहाँ के विश्व-प्रसिद्ध बोटैनिकल गार्डन में फूलों की दुर्लभ प्रजातियों का दर्शन और साथ ही निकटवर्ती विक्टोरिया के 'न्यू इंग्लैंड' नाम के छोटे-से मनोरम नगर का भ्रमण। समुद्र तट पर बसा अद्भुत शहर है यह। एकदम साफ-सुथरा चकाचक। मकान ज्यादातर दो मंजिले। चौड़ी सड़कें जिन पर अनुशासित यातायात और आराम से चलते नगरवासी। कहीं कोई हड़बड़ी या भाग-दौड़ नहीं। लगा, बड़े भाग्यशाली हैं वे लोग, जो यहाँ बसते हैं।

वापसी में मेरे मेजबान दम्पती मुझे कार से सरहद पार अमेरिका की प्रसिद्ध बन्दरगाह

'सिएटल' में भाई के हवाले करके लौट गए। अगली सुबह हमने अपनी यात्रा शुरू की। एक सप्ताह समुद्र की लहरों पर धीमी गति से चलता वह जहाज, अलास्का से पहले तीन स्थलों पर कुछ घंटों के लिए रुका, तभी यह बोध हुआ कि ऐसे कई जहाज सैलानियों को लेकर वेनकूवर और सिएटल से अलास्का की क्रूज कराते हैं। खाद्य-सामग्री की बहुतायत और विविधता हैरान करनेवाली होती है। नियत समय के बीच एक विशाल डायनिंग हॉल में अपना-अपना खाना परोसकर लोग बाहर का दृश्य देखते हुए भोजन करते थे। परिचारिकाओं में बड़ी संख्या में पोलिश युवतियाँ—सुन्दर, हँसमुख, मिलनसार। विविधता के नाम पर, गिने-चुने भारतीय शाकाहारी यात्रियों की ज़रूरत को ध्यान में रखते हुए, पूरी और सब्जी का विकल्प भी मौजूद। पश्चिमी व्यंजनों में भी शाकाहारियों के लिए नाना विकल्प। इसके अलावा न फलों की कमी, न पेय पदार्थों की। कुल मिलाकर खाने-पीने को लेकर शिकायत की कोई गुंजाइश ही नहीं रहती इन यात्राओं में।

डेक के आस-पास वक़्त-वेवक़्त की ज़रूरत के लिए छोटे-छोटे रेस्तराँ। ऊपर की मंजिल पर स्विमिंग पूल। एक छोटा-सा कैसीनो, एक 'ड्यूटी फ्री' स्टोर और शाम को यात्रियों के लिए रोज कोई-न-कोई मनोरंजक कार्यक्रम। हमारा केबिन डेक के किनारे पहली पंक्ति में था। इसलिए भीतर से तो नजारा हर समय देखा जा सकता था। जब मौसम अनुकूल होता तो बाहर डेक पर खड़े होकर चारों ओर देखते रहने का आनन्द अपनी जगह।

जिन छोटे टापुओं पर जहाज लंगर डालते थे, उनमें से हरेक की अपनी अलग विशेषता, छोटे-छोटे मनोरंजक कार्यक्रम और खरीदारी के लिए वहाँ के 'लोगो' से अंकित तरह-तरह के 'सोविनयर'—जैसे आमतौर पर सैलानियों के लिए हर जगह मिलते हैं। कार्यक्रम ऐसे कि लगे, ये हमें कितना मूर्ख समझते हैं!

सबसे अभिभूत करनेवाला दृश्य था—अथाह सागर की लहरों पर धीमी गति से चलते जहाज से सूर्योदय और सूर्यास्त को देखना। जैसे-जैसे जहाज अलास्का के करीब पहुँचता जाता है, छोटे-बड़े रुई के फाए की आकृति के-से हिमखंड पानी की लहरों के साथ जहाज के चारों ओर बहते चले आते हैं। इस बात का संकेत कि मंजिल बहुत दूर नहीं है। और अन्त में शिलीभूत हिमखंड—नाना रूप-आकारों में। एक साथ विस्मित और आतंकित करते हुए। यात्रा अन्तिम छोर पर और फिर वापसी छोटे रास्ते से।

सिएटल से हम लोग डलास और सेन फ्रांसिस्को में सम्बन्धियों को कृतार्थ करते हुए लौटे, बीच में एक दिन विश्वप्रसिद्ध कैसीनो नगरी लास-वेगास की परिक्रमा भी कर ली। सेन फ्रांसिस्को के विश्वप्रसिद्ध विश्वविद्यालय स्टेनफर्ड के दूर-दर्शन से अधिक कुछ सम्भव नहीं हो सका, वह भी उतरती साँझ के समय। इससे ज्यादा के लिए न समय था, न माध्यम।

उस बार वापसी हुई तो कुछ ऐसे मनोभाव से कि बस, अब बहुत हो गया अमेरिका। वहाँ जाकर बसने के खयाल ने तो मुझे कभी आकर्षित किया ही नहीं था, पर जब कभी

लम्बे समय के लिए जाना भी हुआ, मेरा चित्त पन्द्रह दिन में ही उचाट होने लगता था और अब तो वे तथाकथित सुविधाएँ, जिनकी ललक में लोग उधर उन्मुख होते थे, भूमंडलीकरण की आँधी में पूरे विश्व में हर कहीं जुटाई जा सकती हैं, बशर्ते आपके पास मुद्रा हो!

घर-वापसी हुई तो वही परिवार, वही मित्र-मंडली, वही किताबों की दुनिया, प्रकाशक, तरह-तरह की खबरें, गोष्ठियाँ, नाटक—सबने अपनी जगह बना ली।

भारतीय ज्ञानपीठ प्रसंग : जैनेन्द्र ग्रन्थावली का सम्पादन

कुछ ही दिन गुजरे होंगे कि एक दिन अचानक रवीन्द्र कालिया का फ़ोन आया। वे मिलना चाहते थे, किसी महत्त्वपूर्ण योजना के सिलसिले में। मिलने पर उन्होंने बताया कि 'जैनेन्द्र ग्रन्थावली' के सम्पादन के बारे में कुछ समस्या आ गई है। भारतीय ज्ञानपीठ में अधिकांश काम हो चुका है। उसे अन्तिम रूप देकर भूमिका लिखनी है, जिसके लिए उनके बेटे प्रदीप कुमार ने मेरा नाम सुझाया है। कुछ ब्योरे में जाने पर दो बातें और पता लगीं। एक तो यह कि सामग्री प्रदीप जी ने मुहैया कराई है। दूसरे, प्रस्तावित बारह खंडों की अनुक्रमणिका के तेरहवें खंड पर काम चल रहा है जो समय लेगा।

जब मैंने सामग्री के नियोजन को देखने का सवाल उठाया तो पता लगा कि अधिकांश खंड छपकर तैयार हैं। सवाल अन्तिम दो-तीन खंडों की सामग्री की व्यवस्था का है यानी उसमें कुछ फेर-बदल करने की सम्भावना बहुत कम थी। इसके अलावा भी इस काम के लिए जो राशि प्रस्तावित थी, वह लगभग शर्मनाक थी। मेरे सामने दो धर्मसंकट थे। भारतीय ज्ञानपीठ से पुराने सम्बन्ध पूर्व निदेशक साहू रमेश चन्द्र जी के समय से। दूसरे, जैनेन्द्र-परिवार से रिश्तेदारी और सम्बन्ध।

मैं किसी और के द्वारा व्यवस्थित सामग्री की ज़िम्मेदारी नहीं लेना चाहती थी, न ही अनुक्रमणिका के अलग स्वतंत्र खंड का विचार मेरे गले उतर रहा था। किसी पुस्तक की अनुक्रमणिका के लिए अलग से दूसरा ग्रन्थ उठाकर देखना पड़े, यह बात समझ में आनेवाली नहीं थी।

ज्ञानपीठ के प्रबन्धक भी इस बात से परेशान थे कि इस काम के लिए वे बहुत पैसा खर्च चुके हैं और काम है कि खत्म होने में ही नहीं आ रहा है। इस काम को जारी रखने के बारे में उधर भी घोर असमंजस था।

लिहाज़ा मेरे प्रस्ताव पर दो फ़ैसले किए गए। एक तो तेरहवें खंड की योजना को निरस्त कर दिया गया और दूसरे, सम्पादक के रूप में मेरे साथ प्रदीप कुमार का नाम भी जोड़ दिया गया, क्योंकि इस बातचीत के दौरान मुझे यह जानकारी भी मिल चुकी थी कि प्रदीप जी ने सामग्री के रूप में जो पुस्तकें सुलभ कराई थीं, सम्पादन

के नाम पर, गत्ते का कवर फाड़कर उन्हें क्रमवार नत्थी भर कर दिया गया है। जो खंड छपने के लिए बाकी थे, उनमें से भी मैंने लगभग तीन सौ ऐसे पृष्ठ निकालकर अलग किए जो तैयार खंडों में छप चुके थे और बिना देखे, दुबारा छापने के लिए दिये जा रहे थे।

ज्ञानपीठ का प्रबन्धन पहले ही अनुक्रमणिका प्रसंग में मोटी राशि बर्बाद कर चुका था और प्रदीप जी के साथ भी वाजिब राशि का अनुबन्ध हो चुका था। वे उसमें से जरा भी त्याग के लिए तैयार नहीं थे। अन्ततः फैसला हुआ कि मुझे एकमुश्त एक ऐसी राशि का भुगतान किया जाए जो लेने और देनेवालों के लिए शर्मनाक न हो।

मेरी भूमिका और शेष खंडों के साथ ग्रन्थावली छपकर तैयार हुई। लोकार्पण के समय, नामवर जी ने अपनी सुपरिचित शैली में, उन तमाम खामियों का ज़िक्र किया जिनकी ज़िम्मेदारी वास्तव में मेरी थी नहीं।

मैंने जब अपने वक्तव्य में इतना संकेत भर किया कि मेरी ज़िम्मेदारी एक महत्त्वाकांक्षी योजना के बीहड़ में फँस जाने पर महज़ उससे बाहर निकालनेवाले 'क्रेन' की है तो यह स्पष्टीकरण श्री आलोक जैन को बहुत पसन्द नहीं आया। बाद में एक श्रमजीवी विद्वान भी समीक्षा के बहाने उस पर राशन-पानी लेकर पिल गए। मैं जानती थी कि उनकी तकलीफ थी—'हाय हसन, हम न हुए।'

उधर अनुक्रमणिका जिनके हाथ से गई, उनका नाराज होना स्वाभाविक था। इस बहाने जो कमाई और होनी थी, वह जाती रही। यों हर समय किसी-न-किसी पर कुंठाजन्य लठैती करने के लिए वे सुविख्यात हैं। इसलिए मुझे ताज्जुब नहीं हुआ। सन्तोष इसी बात का था कि कम-से-कम जैनेन्द्र जी का सम्पूर्ण रचनात्मक और वैचारिक साहित्य पाठकों के लिए सुलभ हो गया।

'पहला गिरमिटिया' का संक्षित संस्करण

भारतीय ज्ञानपीठ के प्रबन्धन के साथ एक विवाद दुर्भाग्य से पहले भी घटित हो चुका था। कथाकार गिरिराज किशोर की कृपा से। उनका विशालकाय प्रसिद्ध उपन्यास 'पहला गिरमिटिया' भारतीय ज्ञानपीठ से छपा था। गांधीजी के जीवन को औपन्यासिक विन्यास में बाँधने का संकल्प बहुत चुनौतीपूर्ण था। पता लगा कि इसकी घटनाओं की प्रामाणिकता निश्चित करने के लिए लेखक ने दक्षिण अफ्रीका की यात्रा करके सामग्री इकट्ठी की थी, जिसके लिए आर्थिक अनुदान उन्हें सम्भवतः मुलायम सिंह यादव से मिला था। मुझे उपन्यास इस दृष्टि से पसन्द आया कि विस्तृत ब्यौरों के बावजूद उसमें गांधीजी के बारे में जानने योग्य बहुत सामग्री थी, विशेषकर उनके दक्षिण अफ्रीका के प्रवास-काल से सम्बद्ध। यह बात अलग है कि उसमें ब्यौरे आवश्यकता से बहुत अधिक थे।

मेरा मानना था कि इसके बावजूद वह देश की युवा पीढ़ी को गांधीजी के बारे में जानकारी देने का अच्छा स्रोत हो सकता है, बशर्ते उसका संक्षेप कर दिया जाए। उस रूप में उसे स्कूल की सीनियर कक्षाओं के पाठ्यक्रम में स्थान दिया जा सकेगा। गिरिराज किशोर मेरी इस राय से परिचित थे। उनसे अच्छा-भला पारिवारिक सम्बन्ध भी था ही। उन्होंने मेरे इस सुझाव का बड़े उत्साह से स्वागत किया पर उनकी शंका थी कि उस रूप में इसे छापेगा कौन? उनका कहना था कि भारतीय ज्ञानपीठ तो संक्षिप्त संस्करण इसलिए नहीं छापेगा कि इसका असर मूल पुस्तक की बिक्री पर पड़ेगा।

ज़ाहिर है, संक्षिप्त संस्करण छापने के लिए प्रकाशक की कमी तो थी नहीं। वाणी प्रकाशन के अरुण महेश्वरी बड़े उत्साह से इसके लिए तैयार हो गए। उन्होंने कॉपीराइट का सवाल उठाया तो गिरिराज किशोर ने आश्वस्त कर दिया कि वह उनके पास है। वे इसका जिस रूप में चाहें, रूपान्तरण कर-करा सकते हैं।

संक्षेप करने के सवाल पर उन्होंने, लगभग हठाग्रह करके, मुझे यह कहकर कायल कर लिया कि मैंने उपन्यास को ताजा पढ़ा ही नहीं, उसके संक्षेप करने योग्य ब्यौरे भी मेरी नज़र में साफ हैं इसलिए इस काम को मैं ही अंजाम दूँ। कुछ युवा-पीढ़ी को गांधीजी के बारे में शिक्षित करने का उत्साह और कुछ लेखक और प्रकाशक से निकट सम्बन्ध। समय की कमी के बावजूद मैंने यह प्रस्ताव स्वीकार कर लिया, बिना किसी औपचारिक अनुबन्ध के। गनीमत यही थी कि मेरे पास इस पूरी प्रक्रिया को लेकर गिरिराज किशोर के कई हस्तलिखित पत्र मौजूद थे।

काम, उम्मीद से कहीं अधिक कठिन साबित हुआ। बड़ी शक्ति और समय लगा उसे एक-तिहाई आकार में समेटने में। यह प्रक्रिया दो बार में पूरी हुई। काम समाप्ति के करीब था तो प्रकाशक ने लेखक से रॉयल्टी के अनुपात की बात की, मुझे बिना बताए। उत्तर में उसे जो एकमुश्त राशि सुझाई गई, वह इतनी शर्मनाक थी कि प्रकाशक को मुझसे कहते भी संकोच हो रहा था। उसने डरते-डरते मुझे यह सूचना दी तो मैंने दो विकल्प सुझा दिये। एक तो यह कि मुझे कुछ नहीं चाहिए। अगर यह पाठ्यक्रम में लगा दिया गया तो मुझे युवा पीढ़ी की शिक्षा की दिशा में योगदान देने का सन्तोष होगा, पर अगर आप लोगों का आग्रह होगा तो मैं रॉयल्टी में वाजिब प्रतिशत की अपेक्षा करूँगी। बात दूसरे विकल्प पर तय हुई पर अनुपात का उसमें भी औचित्य नहीं था। मैंने प्रकाशक का धर्मसंकट देखकर बात आगे नहीं बढ़ाई।

पर इससे पहले कि पुस्तक को पाठ्यक्रम में लगवाने में प्रकाशक को सफलता मिलती, ज्ञानपीठ के वकील से प्रकाशक, लेखक और सम्पादक—तीनों के नाम कॉपीराइट उल्लंघन के जुर्म में दस लाख हरजाने का रजिस्टर्ड नोटिस मिल गया। ज़ाहिर है, इस बात से यह सोचकर परेशानी तो हुई ही कि अकारण बदनामी होगी और श्रम भी व्यर्थ ही गया। पर पलक झपकते मैंने अनुमान लगा लिया कि झूठ गिरिराज किशोर ने बोला है। तब तक उन्होंने वाणी के साथ औपचारिक अनुबन्ध भी नहीं किया था।

अरुण महेश्वरी की पहली चिन्ता थी कि किसी तरह अनुबन्ध पर हस्ताक्षर हो जाएँ तो इस मामले को सहयोग से निबटा लिया जाए।

मैं जानती थी कि उस परिस्थिति में लेखक महोदय साफ बच निकलने के चक्कर में सहयोग नहीं करेंगे। निदेशक प्रभाकर श्रोत्रिय से सम्पर्क किया गया। यों भी गिरिराजजी उनके मित्र थे। पता लगा कि वे तो साफ मुकर गए हैं कि इस पूरी योजना से उनका कोई लेना-देना है। और उन्होंने मूल कृति में फेर-बदल करने की इजाज़त किसी को नहीं दी।

राजेन्द्र यादव उनसे बड़ी घनिष्ठ मित्रता का दावा करते थे। मैं जानती थी कि उनके तमाम सही-गलत कामों में गिरिराज किशोर उनके राज़दार और मददगार रहते थे। मैंने राजेन्द्र जी से बात की। पूरा माजरा जानने के बाद उनकी प्रतिक्रिया थी कि इस स्थिति में गिरिराज किशोर अनुबन्ध पर कतई दस्तखत नहीं करेंगे। वे बेहद कायर आदमी हैं। उन्हें बस अपनी जान बचाने की पड़ी होगी—सच-झूठ के सहारे जैसे भी हो। पर आप कहती हैं तो एक बार कोशिश कर लेते हैं।

कोशिश की गई—ओबराय होटल की कॉफी-शॉप में। मैं, प्रकाशक, राजेन्द्र यादव और गिरिराज किशोर। तरह-तरह से उन्हें घेरने की कोशिश करते रहे हम लोग, पर वे बराबर चिकने बैंगन की तरह हाथ से फिसल जाएँ। आखिर राजेन्द्र ने मुझे इशारा किया कि समय बर्बाद करना बेकार है, यह हाथ नहीं आनेवाला और मीटिंग बर्खास्त हो गई।

उन दिनों भारतीय ज्ञानपीठ के चेयरमैन डॉ. लक्ष्मीमल्ल सिंघवी थे। नोटिस आलोक जी ने भिजवाया था। वे बहुत पढ़ाकू भी थे और चौकन्ने इन्सान भी। सारा कामकाज साहू रमेश चन्द जैन के स्वर्गवास के बाद वही देखते थे। मुझे आपत्ति यह थी कि उन्होंने नोटिस भिजवाने से पहले कम-से-कम मुझसे बात तो की होती। इसलिए मैंने डॉ. सिंघवी से समय तय किया। प्रकाशक और गिरिराज किशोर से इस विषय में हुए पत्राचार को लेकर उनसे मिलने गई। 'पत्रावली' को देखते ही बोले, 'बड़ी गलत बात है ये। इसमें आप लोगों की क्या गलती है! आप चिन्ता न करें, मैं सुलझाता हूँ इस मामले को।' हम आश्वस्त हुए। खूब खातिरदारी वाली चाय पिलाई उनकी सुलक्षणा पत्नी कमलाजी ने और वापसी हो गई।

उन्होंने अगले ही दिन प्रभाकर श्रोत्रिय को आदेश दिया। तय कराया कि वाणी प्रकाशन के पास जो प्रतियाँ बची हैं, वे निःशुल्क भारतीय ज्ञानपीठ को लौटा देंगे। पुस्तक भविष्य में ज्ञानपीठ से प्रकाशित होगी। रॉयल्टी लेखक और सम्पादक के बीच प्रति व्यक्ति पचास प्रतिशत के हिसाब से भुगतायी जाएगी। यह भी कि यह पूरा मामला आलोक जैन, जो शहर से बाहर थे, उनकी वापसी से पहले रफ़ा-दफ़ा हो जाना चाहिए।

श्रोत्रिय जी तो पहले ही अपने मित्र की समस्या को लेकर चिन्तित थे। उन्होंने पूरी तत्परता से सिंघवी जी के आदेश को कलमबन्द कराके लागू करवा दिया। कुल मिलाकर घाटा लेखक को ही हुआ—आर्थिक भी और सम्बन्धों का भी।

काशीनाथ सिंह ने संक्षिप्त संस्करण पर टिप्पणी करते हुए मुझसे हँसकर कहा, 'सच पूछिए तो उसे उपन्यास तो आप ही ने बनाया, वरना...'

ऐसे न जाने कितने किस्से दर्ज हैं, मेरी स्मृतियों में। अच्छे-बुरे रिश्तेदारों के, मित्रों के, सहकर्मियों के, शिष्यों के, परिवार-जनों के। हर अनुभव से कुछ-न-कुछ सीखा। अच्छे-बुरे, विश्वसनीय-अविश्वसनीय, भरोसेमन्द और गैर-भरोसेमन्द के बीच अन्तर कर पाने की तमीज़ पैदा हुई, जो सबसे बड़ी उपलब्धि थी। जिसने तरह-तरह की परिस्थितियों में, मुसीबतों में अविचलित रहने की, लोगों पर भरोसा करने और खुद भरोसेमन्द हो सकने का विवेक दिया, इसलिए अच्छी सोहबत का घाटा नहीं रहा कभी।

किस्सा 'दिल्ली : शहर दर शहर' का

मित्र भी कैसे-कैसे, बराबर चुनौती की मुद्रा में! बातचीत के बीच अक्सर पुराने दिल्ली शहर की संस्कृति, जीवन-शैली, बोली-बानी के किस्से सुनकर एक दिन अचानक राजेन्द्र यादव बोले, 'अरे यार! लिख डालो न यह सब, वरना साथ चला जाएगा।' आगरे और दिल्ली के मध्यवर्ग के जीवन में, खान-पान, रहन-सहन, बोली-बानी में बहुत-सी ऐसी समानताएँ थीं, जिनसे मित्र-मंडली के बाकी सदस्यों की तो कुतूहल-वृत्ति ही जाग्रत् होती, पर राजेन्द्र यादव का तत्काल साधारणीकरण हो जाता और वे ठहाका लगाकार उसका आनन्द-लाभ करते। ऐसी संवाद-सभाओं के बीच से बीसवीं शताब्दी के उस दौर की दास्तान लिखने का विचार अंकुरित हुआ, जब मैंने होश सँभाला था। इरादा दो-चार संस्मरणात्मक लेख लिखने भर का था। छापने के लिए ओम थानवी जी से बात की तो वे तत्परता से राज़ी हो गए। पर पहली किस्त छपते ही पाठकों की प्रतिक्रिया कुछ ऐसी हुई कि सिलसिला चलता गया और परिणति 'दिल्ली : शहर दर शहर' के रूप में हुई। अशोक महेश्वरी ने उसका रूप-रंग, मेरी इच्छा के अनुरूप बड़ी मेहनत और शौक से सँवारकर उसका प्रकाशन किया। यह सन् 2009 की बात है।

मेरी रुचि अपनी पुस्तकों का लोकार्पण कराने में इसलिए नहीं रहती क्योंकि ऐसे अवसरों पर सब अवसर के अनुरोध से पुस्तक की खामियों का नहीं, खूबियों का ही बखान करते हैं। इस सच्चाई से वक्ता और श्रोता, दोनों ही वाकिफ होते हैं। होता बस इतना है कि ग्रन्थ का कुछ प्रचार-प्रसार हो जाता है। पर शायद इसलिए कि मेरी रचनाओं से प्रस्थान-भेद के कारण इस कृति ने पाठकों में कुछ अलग ढंग का कौतूहल और रुचि पैदा की थी, मेरे मन में भी इसका लोकार्पण कराने का बचकाना लोभ पैदा हुआ। गनीमत यह थी कि उसमें कवि कुँवर नारायण और मेरी मित्र कथाकार कृष्णा सोबती जैसे वरिष्ठ रचनाकारों के अलावा युवा पुरुषोत्तम अग्रवाल और देवराज अंकुर ने भी

शिरकत की। आयोजन भदेस अतिरंजना से बच गया। यों भी साहित्य अकादमी के सभागार में होनेवाले आयोजनों में प्राय: संयम और गरिमा बनी रहती है।

लिखने-पढ़ने का यह क्रम अबाधित रूप में चल नहीं पाया। लगातार लिखते रहने का मुझे यों भी बहुत उत्साह नहीं रहता, जब तक कोई विशेष अन्त:प्रेरणा या दबाव महससू न करूँ, वरना और कुछ नहीं तो किसी सम्पादक को पटाकर स्तम्भ लेखन में जुट जाना कौन मुश्किल काम है!

लिखने की भड़ास भी पूरी होती रहे और लेखनी अर्थकरी भी हो जाए। कोई पढ़े या न पढ़े या पढ़ने पर कैसी भी प्रतिक्रिया हो, क्या फर्क पड़ता है स्तम्भकार की सेहत पर! इसलिए अक्सर जब मिलने पर लोग मुझसे पूछते हैं, 'आजकल आप क्या लिख रही हैं?' तो खीज तो होती ही है, कहने का मन होता है, 'आजकल हम लिख नहीं, सिर्फ़ पढ़ रहे हैं। लिख लेंगे जब लिखे बगैर रहा नहीं जाएगा।' पर वैसा अवसर नहीं आया।

वे हादसे

परिवार में एक के बाद एक दुर्घटनाओं का जो सिलसिला शुरू हुआ, उसने कुछ समय के लिए मनसा अवसन्न कर दिया। तमाम भौतिक सुख-सुविधाओं और साधनों के बावजूद मनुष्य 'नियति' के सामने कितना असहाय है—यह बोध चेतना को कैसे खालीपन से भर देता है, इसका एहसास एक बार 1987 में हुआ था, जैन साहब की आकस्मिक मृत्यु के बाद। उस समय उम्र तो कम थी पर काम का, जिम्मेदारियों का इतना दबाव था कि उस अप्रत्याशित स्थिति से निबटने की चिन्ता ने खालीपन को भर दिया। समय ही नहीं मिलता था, उस घटना से होनेवाले अपने मानसिक सन्ताप या शून्य को लेकर बैठे रहने का।

पर बीस-बाईस वर्षों बाद तो समय-ही-समय था। घर-परिवार की, नौकरी की, तमाम जिम्मेदारियों से लगभग मुक्त। साथ में परिवार की इकाई। बेटे की दोनों सन्तानों ने अपनी-अपनी दिशाएँ चुन ली थीं। उसका बेटा एन.डी.ए. खड़गवासला से ट्रेनिंग पूरी कर चुका था और बेटी कानून की पढ़ाई करने की दिशा में कदम बढ़ा रही थी। बेटा बड़े अच्छे ओहदे पर था और बहू ने गृहस्थी की ज़िम्मेदारी पूरी तरह सँभाल ली थी। कुल मिलाकर ज़िन्दगी सम-गति से चल रही थी।

उसी बीच अचानक चेन्नई से खबर आई। भाई की इकलौती सन्तान, बयालीस साल का होनहार बेटा गम्भीर रूप से बीमार है। चेन्नई के तमाम डॉक्टर लगे हैं। रोग की शिनाख्त नहीं हो पा रही है। उसकी पत्नी 'ताज ग्रुप ऑफ़ होटल्स' की मार्केटिंग मैनेजर। उसके सम्पर्कों के प्रभाव से पूरे शहर के डॉक्टर इलाज के लिए इकट्ठे हुए और अन्त में तय पाया गया कि वह 'वायरल निमोनिया' की गिरफ़्त में है, जिसका

कोई इलाज नहीं। सोलह दिन तक डॉक्टर कोशिश करते रहे। उनतालीस वर्षीया पत्नी आई.सी.यू. में, उसका हाथ थामे बगल में बैठी रही। घर में दुश्चिन्ता से ग्रस्त बूढ़े माँ-बाप बेटे की जान की दुआ माँगते रहे, पर वह सोलहवें दिन सबसे नाता तोड़कर चला गया।

आशंका तो हो ही गई थी, खबर मिलते ही। मैं और बेटा सुबह की फ्लाइट से भागे तो दरवाज़े पर अथाह जनसमुदाय को पार करना कठिन हो गया। भीतर सब तैयार, केवल हमारी प्रतीक्षा थी। पत्नी ने केवल एक वाक्य कहा, 'बुआ, मैं तो बराबर हाथ पकड़े बैठी थी, पर फिर भी छुड़ाकर चले गए।' उसकी ग्यारह वर्ष की इकलौती बेटी की आँखें, अजब शून्य से भरी थीं। माँ-बाप अपने हिस्से का रोना रोकर थक चुके थे।

हमारे पहुँचते ही शव-यात्रा शुरू हुई और फिर सारा दिन उसी से जुड़े अनुष्ठानों में बीता। हम हमेशा अपने भाई से कहा करते थे कि सन्तानें दो ज़रूर होनी चाहिए। इकलौती सन्तान का पालन-पोषण करने में दिक्कत होती है। बच्चे के एबनॉर्मल होने की सम्भावना ज्यादा रहती है। दूर-दूर तक यह खयाल नहीं आया था कि इकलौती सन्तान होने का ऐसा परिणाम भी हो सकता है। सप्ताह भर हमने उनकी विपदा में आनुष्ठानिक साझेदारी की और भारी मन से लौट आए।

चेन्नई में भाई की अच्छी प्रतिष्ठा थी। वे एक ऊँचे पद से वहीं रिटायर हुए तो दिल्ली की तुलना में वहाँ की अपेक्षाकृत अनुशासित और शान्त जीवन-शैली उन्हें ज्यादा रास आने लगी। पूरा परिवार इस फ़ैसले के बारे में एकमत था। वहीं बेटे ने एक जाने-माने उद्योग में अच्छी नौकरी स्वीकार कर ली और बहू ने 'ताज' में। रिहाइशी मकान भी वहीं के एक अच्छे भले इलाके में बहुत सूझ-बूझ से बना लिया। भाभी भी कुछ दिन एक स्कूल में हिन्दी पढ़ाती रहीं—शौकिया। पोती बड़ी होने लगी तो उन्होंने वह छोड़कर खुद को वहाँ के सामाजिक-सांस्कृतिक कार्यक्रमों में व्यस्त कर लिया। इस भरे-पूरे जीवन में यह घटना किसी ऐसे अन्धड़ से कम न थी जो एक ही झटके में सब-कुछ तहस-नहस करके निकल जाए। उन्हें इसके आघात से उबरने में वर्षों लग गए। वह परिवार का इकलौता बड़ा होनहार बेटा था।

उनकी तो बात ही अलग थी, लम्बे समय तक मुझे उनसे फ़ोन पर बात करने में भी संकोच होने लगा। मनसा उबरने में भी काफी समय लगा। लाख संकल्प करने के बावजूद, उसका ज़िक्र आए बगैर रहता नहीं था और फिर 'बीती ताहि बिसार दे' की युक्ति पूरी तरह निरर्थक साबित हो जाती—हफ्तों के लिए।

परिवार में इस एक त्रासदी से उबरने का समय-चक्र पूरा हो चला था, गोकि पूरी मानसिक सुस्थिरता पूरी तरह आ नहीं पाई थी कि एक दिन अचानक फ्लोरिडा से छोटी बहन का फ़ोन आया—बस, एक सवालिया वाक्य, 'जीजी, कैन यू कम एंड टेक मी अवे टू इंडिया? आइ डोंट वांट टू डाई हियर।' पूछने पर पता लगा कि उसके उदर के निचले भाग में कैंसर है, वह भी चौथी स्टेज में। तकलीफ लगभग तीन साल से थी।

डॉक्टर उसे एपेंडिसाइटिस मानकर इलाज करते रहे। अन्त में उसी का ऑपरेशन करने के लिए पेट खोला तो यह घोषणा करके ज्यों-का-त्यों बन्द कर दिया कि यह चौथी स्टेज का कैंसर है जो पूरे 'एब्डोमन' में फैल चुका है और उसके पास सिर्फ़ पाँच महीने का समय है। खबर इतनी दहशत पैदा करनेवाली थी कि मैं इतना ही कह पाई, 'तुम चिन्ता मत करो, मैं टिकट मिलते ही पहुँच रही हूँ। तुम्हें यहाँ लाकर तुम्हारा इलाज कराएँगे। ऐसा कैसे हो सकता है कि इतने दिन तक बिल्कुल पता ही नहीं लगा! देयर इज़ सम थिंग रौंग समव्हेयर,' कहते हुए भी मैं जान रही थी कि यह सिर्फ़ मेरी चाहत-भरी सोच है। सच तो वही है जो उसने कहा है।

इस घटना से मेरी स्मृति में दो प्रसंग और कौंध गए। इस महान देश अमेरिका ने कुछ वर्ष पहले भारतभूषण अग्रवाल की छोटी बेटी अर्पिता के साथ यही सलूक किया था। उसे फेफड़े का कैंसर था जिसका इलाज वे लोग लम्बे समय तक टी.बी. कहकर करते रहे। जब तक ठीक शिनाख्त हुई, मर्ज़ असाध्य हो चुका था। वह अन्तिम स्टेज में हिम्मत करके सबसे मिलने भारत आई, पर पूरे समय रह भी नहीं पाई थी कि उसकी एक आँख पथरा गई। उसे रोग के फैलने का एहसास तुरन्त हो गया और वह उलटे पाँव लौट गई, क्योंकि इलाज के सारे औपचारिक रिकॉर्ड वहीं थे और इंश्योरेंस की अपेक्षाएँ अलग। कुछ ही महीने बाद वह वहीं चल बसी। मेरे बड़े प्रिय विद्यार्थियों में से थी। अपने सारे सुख-दुख की कहानी उसने मेरी बर्कले विश्वविद्यालय की यात्रा के समय मुझे सुनाई थी। मैं जब तक अमेरिका में रही घंटों अपनी परेशानियों में मार्गदर्शन के लिए फ़ोन पर बात करती रही। उसका अमेरिका जाना उसके लिए हर मायने में घातक हो गया।

उसी सम्भावनाओं के देश में लगभग पैंतीस वर्ष संघर्ष करने के बाद यही स्थिति मेरी बहन के सामने थी। वह इस घटना से दो वर्ष पहले भारत आई थी। उसने विशेष तो कुछ नहीं कहा—बस, इस सम्भावना की बात करती रही कि अगर वह भारत वापस आने की बात सोचे तो मेरे आस-पास कोई छोटा फ़्लैट मिल जाएगा? और यहाँ एक सामान्य सुख-सुविधा-सम्पन्न घर चलाने में मासिक खर्च क्या आएगा? वह शायद लौटने की बात गम्भीरता से सोच रही थी।

उसने उस समय एक और विचित्र फरमाइश की। एक तो वह कुतुबमीनार का एक चक्कर लगाना चाहती थी और दूसरे, शहर के उस घर का, जहाँ उसका बचपन बीता था। मैंने खुशी-खुशी उसकी दोनों इच्छाएँ पूरी कर दीं, गोकि घर की बदहाली देखकर उसे अफसोस ही हुआ था। ये सारी बातें उसका फ़ोन आते ही मेरी स्मृति में घूमने लगीं।

मैंने एक सप्ताह के भीतर जाने की तैयारी करके प्रस्थान कर दिया। बड़ा बेटा वहीं टैम्पा में था। वह एयरपोर्ट लेने आया तो रास्ते में उसने बताया कि मौसी रिकवरी होम में है। दो दिन बाद रिलीव करके घर भेजेंगे, इसलिए मैं उस दौरान बेटे के साथ रहकर फिर उसे साथ लेती हुई उसके घर जाऊँ।

हम लोग रास्ते में उससे मिलने गए तो उसके निरुद्वेग चेहरे को देखकर बहुत तरस आया। उसने अपनी नियति को स्वीकार कर लिया था।

बात बीमारी की नहीं, दो दिन बाद घर ले जाने की हुई। और हम उसे दो दिन बाद घर ले आए। बेटा लगभग तीस मील दूर रहता था, अपनी कर्मभूमि के पास। घर में गाड़ी थी, पर मेरे पास न ड्राइविंग का इंटरनेशनल लाइसेंस, न वहाँ के यातायात के नियमों और रास्तों का बोध। आखिर उसके घर में घंटे के हिसाब से काम करनेवाली अमेरिकन युवती से तय हुआ कि जब उसकी गाड़ी का उपयोग किया जाएगा, मैं पेट्रोल और उसके समय की कीमत चुकाऊँगी। मित्रों में एक प्रौढ़ दम्पती करीब ही रहते थे—संकट की स्थिति में हमेशा मदद करने के लिए तैयार। बेटा भी, जब भी अवसर मिलता, पूरी निष्ठा से ड्राइव करके आ जाता था। खासकर जब डॉक्टर से समय तय होता, तब वह निरपवाद रूप से यह ज़िम्मेदारी निबाहता।

जहाँ तक चिकित्सा का सवाल था, देश के गिने-चुने कैंसर के अस्पतालों में से एक बड़ा अस्पताल टैम्पा में ही था—घर से सोलह मील दूर। पर मेरे पहुँचने के बाद दिन-पर-दिन उसकी हालत बिगड़ने लगी। उसके भीतर यह डर भी बैठ गया था कि अगर उसने ऐसी हालत में भारत लौटने की कोशिश की और रास्ते में कोई परेशानी या अनहोनी हो गई तो मेरा क्या होगा ? मैंने जाते ही उसका मेडिकल रिकॉर्ड भारत भेज दिया था। बेटे ने गुड़गाँव के मशहूर अस्पताल मेडीसिटी में डॉक्टरों से बात करके उसके दाखिले की व्यवस्था भी कर ली, पर वह यात्रा की हिम्मत नहीं जुटा पा रही थी।

समय जैसे-जैसे गुजर रहा था, वहाँ की चिकित्सा-व्यवस्था से मेरा मोहभंग होता जा रहा था। विचित्र देश है, जहाँ के डॉक्टर मरीज़ से सीधे बात ही नहीं करते! जो कहना-सुनना हो, सब उनकी नर्स के माध्यम से होता है। बिचौलिए के कारण हमेशा स्थिति सन्देहास्पद बनी रहती है। मरीज़ को भरोसा होता ही नहीं। डॉक्टर ज़रूरत के हिसाब से निश्चित अन्तराल पर बुलाता ज़रूर है, पर वहाँ भी पूरी बागडोर नर्स के हाथ में रहती है। हालत ज्यादा खराब हो तो मरीज़ को सीधे अस्पताल के एमरजेंसी वार्ड के हवाले करने के अलावा कोई विकल्प नहीं होता। हर दवाई को केमिस्ट बिना इंश्योरेंस कम्पनी की इजाज़त लिये मरीज़ को देता ही नहीं, महँगी दवाइयाँ तो बिल्कुल नहीं। कभी-कभी एप्रूवल के लिए घंटों प्रतीक्षा करनी पड़ती है। सिवाय कुछ सामान्य खाँसी, जुकाम और हाजमा ठीक रखने की पेटेंट दवाइयों के, कुछ 'ऑफ़ द शेल्फ' नहीं मिलता। देखभाल करनेवाले का धैर्य चुकने लगता है, यहाँ से वहाँ दौड़ते-दौड़ते।

अमेरिका का पूरा चिकित्सा-तंत्र प्रवासियों के भरोसे चलता है, जिनमें भारतीयों की बड़ी संख्या के अलावा तरह-तरह के चेहरे हर जगह दिखाई पड़ते हैं। प्राय: मिठबोले, पर अन्तर्तत्त्व खासा निर्मम और व्यावसायिक।

मेरी बहन का डॉक्टर भी ऑस्ट्रियन मूल का बेहद आकर्षक और मृदुभाषी प्राणी था। वह भी जानता था कि रोग असाध्य है, कोई इलाज कारगर नहीं होनेवाला, फिर

भी वह जब बुलाता, मरीज़ को कीमोथेरैपी कराने के लिए कायल करने की कोशिश करता। एक बार उसने मुझसे भी कहा, 'व्हाई डोंट यू पर्सुएड योर सिस्टर टू एग्री फ़ॉर 'कीमो'। इट विल गिव हर ए न्यू लीज़ ऑफ़ लाइफ़।' मेरे पूछने पर कि ये 'न्यू लीज ऑफ़ लाइफ़' कितनी लम्बी हो सकती है, उसने बड़ी सहजता से उत्तर दिया, 'मे बी फ़ाइव ईयर्स।' पाँच महीने और पाँच साल के बीच का फासला इतना लम्बा था कि मेरे मन में मोह पैदा हो आया। लगा कि शायद उस स्थिति में उसे भारत ले जाना भी सम्भव हो जाए।

निशा का अन्तर्मन गवाही नहीं दे रहा था। उसे रह-रहकर सन्देह होता था कि यह उसे मेडिकल 'प्रोसीजर्स' के दुष्चक्र में फँसाने की शुरुआत है। पर डॉक्टर साहब की मोहिनी आखिर कारगर हो गई। उन्होंने आश्वस्त किया कि वे उसे बहुत 'लाइट डोज' देंगे इसलिए फिक्र की कोई गुंजाइश ही नहीं है। खासे बेमन से आखिर वह राज़ी हो गई।

जैसी उसे आशंका थी, पहली बार उस प्रक्रिया से गुजरते ही उसकी हालत बिगड़ गई। अगले दिन से ही उसके बाल झड़ने लगे। भूख एकदम गायब हो गई। जायका बिगड़ गया और तीन दिन गुजरते-गुजरते, बिना कुछ खाए-पिए भी लगातार उल्टियाँ होने लगीं। तीसरी शाम को एमरजेंसी में ले जाने की नौबत आ गई।

अस्पताल फ़ोन किया तो पन्द्रह मिनट में उनका जवाब आ गया कि उनके पास जगह नहीं है, इसलिए हम लोग उसे निकटवर्ती ब्रैंडन अस्पताल ले जाएँ। यह भी कि उन्होंने उसका मेडिकल रिकॉर्ड वहाँ भेज दिया है। अगर हमने दाखिल करने में देर की तो उसकी किडनी फ़ेल होने का खतरा पैदा हो सकता है। लाख कोशिश करने पर, डॉक्टर साहब तो हाथ ही नहीं आए। लगा कि सब अपनी ज़िम्मेदारी दूसरे पर डालने की फ़िराक में हैं।

मैं उसकी अमेरिकन मित्र के साथ उसे लेकर ब्रैंडन अस्पताल दौड़ी। बेटे को सूचित किया कि वह वहीं पहुँच जाए। रिसेप्शन पर सन्देश और रिकॉर्ड आ चुका था। हमसे लाउंज में इन्तजार करने के लिए कहा गया। डेढ़ घंटे तक कोई कार्रवाई होती नहीं दिखाई दी। उधर व्हील चेयर पर बैठे, गोद में रखी चिलमची में उल्टियाँ करते-करते मरीज़ का हाल बेहाल होता जा रहा था। मैंने एक बार फिर काउंटर पर जाकर अनुरोध किया, 'कुड यू डू समथिंग, प्लीज! टू गेट हर चेक अप डन क्विकली। शी इज़ इन ए बैड शेप। हर किडनीज माइट फ़ेल इफ शी डज नाट गेट इमिडिएट अटेंशन।' उसने बड़ी निर्मम मुद्रा से लगभग मेरी खिल्ली उड़ाते हुए कहा, 'ओ मैम, किडनीज़ डू नॉट फ़ेल इन टू आवर्ज़। दे टेक टू डेज़ टू फ़ेल। आई एम ट्राइंग! हैव पेशेंस।' और उसकी उँगलियाँ फिर कम्प्यूटर पर सक्रिय हो गईं। इतना असहाय मैंने जीवन में शायद कभी महसूस नहीं किया था।

मैंने आखिर उस लाउंज से आते-जाते डॉक्टरों पर नज़र गड़ा दी कि शायद उनमें से कोई मदद कर दे। कुछ ही देर में एक युवा लेडी डॉक्टर को पकड़ने में सफलता

मिल गई। उसने एक नज़र में मुझे और व्हील चेयर पर बेहाल होती मरीज़ को परखा और सहसा मदद के लिए हाथ बढ़ा दिया। भीतर जाकर एमरजेंसी में बात करके दाखिले की व्यवस्था की, पर वहाँ भी केस के पूरे रिकॉर्ड उपलब्ध होने के बावजूद, नए सिरे से मरीज़ की जाँच के प्रोसीजर शुरू कर दिये गए।

इस बीच मेरा बेटा भी पहुँच गया था। भाग-दौड़ करने की ज़िम्मेदारी उसने सँभाली तो मुझे कुछ राहत ज़रूर मिली, पर जिस दुष्चक्र में हम फँसे थे, उससे छुटकारा दूर-दूर तक नहीं था। डॉक्टर साहब ने तो मरीज़ की हालत बिगड़ते ही हाथ धो लिये। वे एकदम लापता हो गए। अस्पताल में बीते लगभग एक सप्ताह के दौरान उसका इलाज किसकी देखरेख में चल रहा है, इसका कोई अता-पता नहीं। सिर्फ़ नर्स-स्टेशन पर कुछ हिदायतें आती थीं, बकौल नर्सिंग इंचार्ज के किसी 'टीम ऑफ़ डॉक्टर्स' से, जिनमें से मेरे लाख आग्रह करने पर भी किसी से मुलाकात नहीं कराई गई। एक बार मेरे बहुत दबाव डालने पर कहा गया कि उसके मूल डॉक्टर केस को कम्प्यूटर के माध्यम से लगातार 'परस्यू' कर रहे हैं। जो हो रहा है, वह उन्हीं की देख-रेख में और आदेशों के अनुसार हो रहा है। इस दावे की सच्चाई के सत्यापन का कोई साधन नहीं था हमारे पास।

जो हो रहा था, उसके बारे में दो नमूनों का ज़िक्र काफी होगा। एक दिन घूमती-फिरती शायद एक 'इन्टर्न' मरीज़ के पास आई। केस रिकॉर्ड देखा, उसके शरीर में लगी नलियों से कुछ छेड़छाड़ की और चलती बनी। पाँच ही मिनट में उसका दम घुटने लगा, आवाज बन्द हो गई। मैं कुछ दूर 'वेटिंग' में बैठी थी। उसने इशारे और रुँधे गले से 'गो-गो' की सी आवाज निकालते हुए मुझे बुलाया। मैं नर्स-स्टेशन से इंचार्ज को बुलाकर लाई। पाया गया कि उन देवी जी ने उसके 'सोडियम' की रफ्तार, अपनी मर्जी से बढ़ा दी थी; ज़ाहिर है, अनाड़ीपन में। बहुत हो-हल्ला मचा, पर उनकी ठीक-ठीक पहचान हो नहीं पाई। जैसे-तैसे स्थिति पर काबू पाया गया।

इस घटना के दो दिन बाद ही उसके पलंग के बीचोबीच एक खासा गहरा गड्ढा हो गया। ज़ाहिर है, कमर दुहरी होने लगी तो उसे कष्ट हुआ। उसके लाख कहने पर कोई उस पर ध्यान देने को तैयार नहीं। आखिर उसने मुझसे अपनी तकलीफ बयान की तो मेरे अनुरोध पर जिन नर्स महोदया ने हाथ डालकर उसे चेक करने का नाटक किया, उन्होंने तुरन्त फैसला सुना दिया कि यह सिर्फ़ उसका वहम है। मैं खुद उनसे पहले देख चुकी थी कि पलंग के बीचोबीच अच्छा-खासा खड्डा है। मैंने उनसे ध्यान से देखने की गुजारिश करते हुए कहा कि वे एक बार फिर देखें क्योंकि 'देयर इज़ ए प्रॉपर 'पिच' इन द सेंटर ऑफ़ द बेड,' वाक्य पूरा होने से पहले ही वे श्यामवर्णा नर्स ताबड़तोड़, सुपरिंटेंडेंट की तरफ दौड़ी अपनी आपत्ति दर्ज करने कि वे मरीज़ का काम नहीं करेंगी क्योंकि 'हर सिस्टर इज़ कॉलिंग मी ए 'बिच'।' सुपरिंटेंडेंट उनके साथ मेरे पास आईं। संयोग से वे दक्षिण भारतीय मूल की महिला थीं। उन्होंने मुझसे विनम्रता से कहा कि मुझे नर्स को गाली नहीं देनी चाहिए थी। ऐसे में झगड़ा खड़ा हो सकता

है। मुझे एक साथ हँसी और गुस्सा आया, 'व्हाट कैन आई डू इफ़ शी डज नॉट अंडरस्टैंड इंग्लिश ?' बात साफ़ हुई और लगे हाथों पलंग का परीक्षण किया गया तो पता लगा कि उसकी आरपार की छड़ों को बीचोबीच जोड़नेवाला 'बोल्ट' निकल गया है, लिहाज़ा पलंग झूल गया है। इसके बाद पलंग बदलने का अभियान डेढ़ घंटे चला, और उस बीच मरीज़ को कम्बलों में लपेटकर एक गोले की शक्ल में कुर्सी पर बैठाए रखा गया। जब तक कार्यवाही पूरी हुई, वह बेहाल हो चुकी थी।

इस बीच भारत में परिवार के सदस्यों से फ़ोन पर बराबर बात होती थी। वे यहाँ जिन डॉक्टर मित्रों के सम्पर्क में थे, उन्होंने हाल सुनकर ही आगाह कर दिया था कि रोग अन्तिम स्टेज में है, दस-ग्यारह दिन से ज़्यादा नहीं खींच पाएगी वह। इसलिए मैंने, बेटे और मित्रों से परामर्श करके, अस्पताल प्रबन्धन के सामने यह प्रस्ताव रख दिया कि वे उसे घर के किसी निकटवर्ती 'हॉस्पिस' केन्द्र में स्थानान्तरित कर दें।

'हॉस्पिस' अमेरिका के अलावा तमाम यूरोपीय देशों में एक ऐसी श्रृंखला है जहाँ 'टर्मिनल' अवस्था के मरीज़ जीवन के आखिरी दिनों में शरण लेते हैं। संचालकों की ज़िम्मेदारी सिर्फ़ इतनी होती है कि उस अन्तिम अवस्था में मरीज़ों को कष्ट न हो। साफ-सुथरे, शान्त, आश्रमनुमा माहौल में वे दर्दनाशक उपायों के अलावा कोई इलाज नहीं करते। मरीज़ की आवश्यकता के अनुकूल पथ्य की व्यवस्था और उसे साफ-सुथरा रखने का दायित्व भी उन्हीं का होता है। चाहने पर परिवार के किसी सदस्य को रहने की सुविधा भी वे देते हैं।

दिन में कभी एक बार, कभी दो बार डॉक्टर या मेट्रन चक्कर लगाकर मरीज़ की हालत का जायजा लेते रहते हैं। यह व्यवस्था, ज़ाहिर है, वहाँ की न्यूक्लीयर पारिवारिक संरचना को ध्यान में रखकर की गई होगी। दाखिला वहाँ अस्पताल की संस्तुति पर ही मिलता है, जब स्थिति मृत्यु के इन्तजार भर की रह जाए।

वहाँ पहुँचते ही, यह जानते हुए भी कि अन्त निकट है, निशा को बेहद सुकून मिला। अस्पताल के शोर-शराबे, लापरवाही-भरे लगभग अमानवीय से वातावरण में वह हर समय अनिश्चय और तनाव की मानसिकता से ग्रस्त रहती थी। उस पूरे दौर में केवल एक घटना ऐसी हुई थी जिससे हमें मानवीयता का भ्रम हुआ। जो दक्षिण भारतीय सर्जन उस अस्पताल में दौरे पर आते थे, उन्होंने एक दिन मुझे अलग बुलाकर कहा कि यदि हमें उससे कोई दस्तावेज तैयार कराना हो या किसी भी सन्दर्भ में कोई कानूनी कार्रवाई करानी हो तो हम दो दिन के भीतर करा लें, क्योंकि वह किसी समय भी गफलत में जा सकती है। उसे जो करना-कराना था, वह तो पहले ही मुझे निर्देश दे चुकी थी। पर जब मुझे यह जानकारी मिली कि ये वही सर्जन थे जिन्होंने एपेंडिक्स कहकर उसका ऑपरेशन कर डाला था तो समझ में आ गया, वह उनकी शराफत नहीं, अपराध-बोध बोल रहा था।

मरीज़ को शारीरिक पीड़ा से मुक्त रखने की कोशिश 'हास्पिस' वाले ज़रूर बड़ी मानवीयता से करते थे। इसके अलावा, मृत्यु से सम्बद्ध औपचारिकताओं का निर्वाह

करने के अतिरिक्त, प्रतीक्षा के दौरान वे कुछ कर नहीं सकते थे। पहुँचते ही उन्होंने हमसे उस 'फ्यूनरल होम' का पता और फ़ोन नं. ले लिया था, जहाँ संस्कार की अनुमति मिलने से पहले उसके शव को रखा जाना था।

मुझे इस परिस्थिति से जूझते दो महीने से ज्यादा हो गए तो भाई ने आग्रह करके भाभी को मेरी सहायता के लिए भेज दिया। पर वह जब तक वहाँ पहुँची, तब तक निशा अचेत हो चुकी थी। नर्स ने मुझसे उसकी अन्तिम यात्रा के लिए अपेक्षित कपड़े और प्रसाधन सामग्री माँगी तो समझ में आ गया, समय अब कम है। दिन भर मैं उसके कमरे में बैठी रहती, भाभी घर सँभालती। उसकी अमेरिकन सहायिका ने मौका देखकर, जो हाथ लगता, वह सामान गायब करना शुरू कर दिया। भाभी को रात में अकेले घर में रहने में कुछ संकोच होने लगा तो मैंने 'हॉस्पिस' में रात के लिए नर्स का प्रबन्ध कर दिया और घर लौटने लगी।

उस दिन (6 जुलाई, 2010) दोपहर ढले मैं कमरे में बैठी थी। समय पाँच बजे के करीब रहा होगा। नर्स आई, निश्चेष्ट पड़ी मरीज़ को चेक किया और लौट गई। लगभग बीस मिनट गुजरे होंगे कि वह दुबारा दौड़ी आई। आकर उसकी पलकें उलटीं, हाथ और गर्दन की नब्ज देखी और धीमी आवाज में कहा, 'आई एम सॉरी! शी हैज़ गॉन!' न कोई हलचल, न बेचैनी, न आवाज—मौत दबे पाँव आकर उसे ले गई थी। मेरी नज़र में शक की झलक देखकर नर्स ने खुलासा किया कि उसने अपने कमरे के स्क्रीन पर उसके चेहरे का रंग बदलते देखा था।

उसकी दैनन्दिन की देखभाल की ज़िम्मेदारी जिस डील-डौल वाली काली नर्स की थी, उसने खबर मिलते ही दबे पाँव कमरे में प्रवेश किया। बड़े सान्त्वना-भरे स्वर में कहा, 'मैम, यू कैन स्पैंड समटाइम एलोन विथ हर बिफ़ोर वी प्रिपेअर हर फॉर द लास्ट जर्नी। कॉल मी वैन यू आर रेडी।' मैंने कुछ समय मौन रहकर उसे निहारते हुए बिताया। सुस्थिर होकर, बेटे, भाभी और उसके मित्रों को फ़ोन किया और उस निर्जीव काया को तैयारी के लिए नर्स के सुपुर्द करके बाहर प्रतीक्षा लाउंज में चली गई।

जिससे जितनी जल्दी हो सका, सब वहाँ इकट्ठे हुए। जो हुआ, वह तो होना ही था। बात केवल समय की थी। बड़ी गरिमा और शालीनता से सबने उसे कमरे में जाकर अलविदा कहा। नर्स ने सलीके से उसकी प्रिय मैरून रंग की ड्रेस और जूते पहनाकर साफ-सुथरे बिस्तर पर लिटा रखा था। एकदम शान्त निर्विकार चेहरे से उसके न होने का आभास ही नहीं हो रहा था।

फ्यूनरल होम को 'हॉस्पिस' के प्रशासन ने सूचना दे दी थी। वहाँ से उनका प्रतिनिधि उसकी पार्थिव देह को एम्बुलेंस से ले गया। निशा ने समय रहते ही मुझसे बड़े निर्विकार शान्त भाव से कह दिया था कि मैं उसकी अस्थियों को भारत ले जाने की भावुकता में न पड़ूँ क्योंकि मुझे वापसी में अकेले यात्रा करनी है।

हमें उसका अन्तिम संस्कार करने की इजाज़त के लिए बारह दिन प्रतीक्षा करनी पड़ी। स्वाभाविक मौत के मेडिकल सर्टिफिकेट के बिना वहाँ किसी का दाह-संस्कार

नहीं किया जा सकता। वह सर्टिफिकेट भी दोहरा—एक उस अस्पताल से, जहाँ मृत्यु हुई हो और दूसरा, काउंटी के सरकारी डॉक्टर से। इस प्रक्रिया में दो बार 'वीक एंड' आ गया, जब वहाँ सारा सरकारी काम ठप हो जाता है।

जब सर्टिफिकेट आ गए तो फ्यूनरल होम से सूचना मिली कि संस्कार के लिए नियत समय पर हम वहाँ पहुँच जाएँ। कारण हमने दाह से पहले उसके अन्तिम दर्शन की इच्छा व्यक्त की थी। कारण भावनात्मक भी था और व्यावहारिक भी। भारतीय संस्कारों का मारा यह मन आश्वस्त होना चाहता था कि बारह दिन से शव-गृह के बर्फ़ख़ाने से निकालकर जिस शरीर को अग्नि-सुपुर्द किया जाएगा, वह हमारे प्रियजन का ही है।

यह बात बेहद अमानवीय ज़रूर लगी कि अन्तिम झलक दिखाने का भी वे तीन सौ डॉलर मुआवज़ा लेते हैं, वह भी केवल चार व्यक्तियों को। हमारे इस आग्रह का मान उन्होंने बिना चार्ज किए ज़रूर रख लिया कि 'फ़र्नेस' के हवाले करने का बटन हमारा बेटा दबाएगा, उनका कर्मचारी नहीं। यह देखकर सन्तोष हुआ कि उसके चेहरे में रत्ती-भर अन्तर नहीं आया था। रंग ज़रूर कुछ और रक्तहीन और बालों का रंग ज्यादा भूरा हो गया था, जो अस्वाभाविक नहीं था। हमने शान्ति पाठ करके अन्तिम संस्कार पूरा किया और भारी मन से घर लौट आए।

वहाँ के परिवेश में पंडित को ढूँढ़कर कोई आनुष्ठानिक प्रपंच करने की न हिम्मत थी, न विश्वास। अस्थि-विसर्जन भी वहाँ एजेंसी के माध्यम से कराना पड़ता है। नगर पालिका शहर के किनारे समुद्र में विसर्जन की अनुमति नहीं देती। लिहाज़ा एक एजेंसी ऐसे अस्थि-पात्र इकट्ठे करके उन्हें निश्चित अन्तरालों पर तीन किलोमीटर दूर जाकर समुद्र में विसर्जित करती है—ज़ाहिर है, पैसा लेकर।

फ्यूनरल होम का संचालन भी वहाँ का नियमित व्यापार है। जो परिवार इसे चलाते हैं, उनके रिहाइशी घरों के ही कोल्ड स्टोरेज में बीसियों शव अन्तिम संस्कार की प्रतीक्षा में रखे रहते हैं। इसके बाद मृतक के परिवार की हैसियत और ज़रूरत के हिसाब से शव-पेटिका और अस्थि-पात्र के तरह-तरह के नमूनों की चित्रावली पेश करके बेचने की पेशकश की जाती है। इस दृष्टि से उन्हें हमसे निराशा ही हुई होगी क्योंकि हमें न तो शव-यात्रा निकालनी थी, न अस्थियों को सुसज्जित पात्र में कहीं रखना या भारत लाना था।

उसके मित्र अमेरिकन परिवारों की ओर से झिझकते हुए यह प्रस्ताव ज़रूर आया कि अगर हमें विशेष आपत्ति न हो तो वे उसके लिए चर्च में एक मेमोरियल सर्विस कराना चाहते हैं। मैंने खुशी से सहमति दे दी। जीवन में पहली बार ऐसा अवसर आया था। उसके कई मित्रों ने उसके साथ गुजरे मार्मिक अनुभवों की, मित्र और व्यक्ति रूप में उसकी खूबियों की चर्चा की। अन्त में मैंने उन सबके प्रति आभार व्यक्त किया और फिर सबने एक-दूसरे का हाथ थामकर एक घेरे में घूमते हुए, एक रस्मिया गीत गाया और अन्त में हम परिवार-जनों के साथ बैठकर उन्होंने अपने हाथों से बनाया हुआ

शाकाहारी भोजन किया। एक बेहद शालीन और मार्मिक आयोजन। हम सबको अभिभूत करनेवाला अनुभव। हमने वहीं तय किया कि अब भारत लौटकर कोई अनुष्ठान नहीं किया जाएगा।

बड़े मन से बनाया-सजाया था उसने अपना आशियाना। उसकी हार्दिक इच्छा थी कि उसके बाद मेरा बेटा उसमें रहे, पर वह इसके लिए तैयार नहीं हुआ। उसने टैम्पा जाने पर कुछ समय मौसी के साथ उसी घर में गुजारा था, फिर दफ्तर की दूरी के कारण वहीं पास में किराए के फ़्लैट में चला गया। उसका कहना था कि एक तो दफ्तर से दूरी; दूसरे, उस घर की व्यवस्था और फिर उससे जुड़ी मौसी की स्मृतियाँ—नहीं चलेगी उससे यह व्यवस्था। उसे 'हॉन्ट' करेगा बीता हुआ समय। घर तो यों भी बैंक की सम्पत्ति होते हैं। उनमें रहनेवालों को तो सिर्फ़ मालिक होने की खुशफ़हमी रहती है। उम्र का लम्बा हिस्सा बैंक की किस्तें चुकाते गुजर जाता है।

उसकी इच्छा के अनुसार घर का सामान, जिसकी जैसी ज़रूरत थी, उसके हिसाब से उसके मित्रों, अपने बेटे और बाकी चर्च के हवाले कर दिया। बैंक से मकान की गुत्थी सुलझाने का दायित्व भी एटर्नी की सहायता से बेटे को सौंपा और मेरी और भाभी की वापसी हो गई—अपनी-अपनी मंजिलों की दिशा में।

फिर-फिर जीवन

मैं जब पालम हवाई अड्डे पर उतरी, पूरा परिवार मुझे लेने के लिए वहाँ मौजूद था। दूर से मुझे देखते ही, सबने एक-दूसरे से ताकीद की कि मेरी सेहत के बारे में कोई टिप्पणी नहीं करनी है किसी को। बहुत बाद में पता लगा कि मेरी हालत देखकर वे सब सनाका खा गए, मानो मेरे ऊपर से दस साल का समय और गुजर गया हो! सबने सामान्य बने रहने की कोशिश की। ब्यौरे फ़ोन के माध्यम से सबकी जानकारी में थे ही। दो-तीन दिन तक इस प्रसंग पर किसी ने कोई बात नहीं की।

मैं भरसक सहज होने और उससे ज्यादा, सहज दिखाई पड़ने की मशक्कत में लगी थी। रास्ता एक ही था—फिर से बच्चों, मित्रों, किताबों की दुनिया में ज्यादा-से-ज्यादा डूब जाओ, पर गाहे-बगाहे रिश्तेदार और मित्र संवेदना प्रकट करने के लिए आ जाते तो फिर मानसिक सन्तुलन गड़बड़ा जाता। मैंने आखिर अपनी एक स्थगित योजना को आरम्भ करने का मन बनाया।

बहुत दिनों से मेरे मन में यह बात घर किए थी कि 'नई कहानी' आन्दोलन को अंजाम देने का श्रेय जिन तीन पुरुष-तिलंगों—मोहन राकेश, कमलेश्वर और राजेन्द्र यादव—को दिया जाता रहा है, उनकी तुलना में उन्हीं की हमउम्र, उन्हीं के समानान्तर रचनारत तीन महिला कथाकारों को उनका अपेक्षित महत्त्व नहीं मिला। संयोग से तीनों

से मेरी अच्छी मित्रता भी थी और है। यह भी जानती थी कि तीनों को मुझसे किसी के प्रति पक्षपात की शिकायत नहीं होगी। उनके आपसी सम्बन्ध भी प्रतिस्पर्धी मानसिकता से मुक्त हैं और मुझ पर भी भरोसा है ही। कम-से-कम मैं ऐसा ही मानती थी और अब भी मानना चाहती हूँ। मैंने स्थिर मन से एक-एक करके तीनों की रचनाओं को फिर से पढ़ना शुरू किया। पढ़ते हुए मेरी यह धारणा पुष्ट ही हुई कि तीनों की कथा-यात्रा का विश्लेषण करते हुए, तुलनात्मक दृष्टि से मूल्यांकन करके 'को बड़ छोट कहत अपराधू' का धर्मसंकट पैदा नहीं होनेवाला है। तीनों का अपना कथ्य, अभिव्यक्ति का अपना ढंग, अपने सरोकार और अपना भाषायी अन्दाज़ है। वे एक ही समय की हमसफ़र ज़रूर हैं, पर सबकी अपनी अलग जमीन और वैशिष्ट्य हैं। पहचान ने मुझे अपनी मन:स्थिति से उबरने में बहुत मदद की और एक साल के भीतर सुखद परिणाम के रूप में 'कथा-समय में तीन हमसफ़र' शीर्षक से मेरी नई पुस्तक का प्रकाशन हो गया।

जब मैंने अशोक महेश्वरी से अपनी इस योजना का ज़िक्र किया तो वे जिस तत्परता से 'राजकमल' से इसे प्रकाशित करने के लिए तैयार हुए, उससे भी मेरा उत्साह बना रहा। पाठकों में भी इस रचना की लोकप्रियता ने मेरा मनोबल फिर कायम करने में मदद की।

इसी दौरान एक ऐसी घटना एकदम अप्रत्याशित रूप से घटित हो गई जिससे मुझे प्रकृतिस्थ होने में बहुत मदद मिली। वर्धा में 'महात्मा गांधी अ़न्तरराष्ट्रीय हिन्दी विश्वविद्यालय' के निवर्तमान कुलपति विभूतिनारायण राय ने अचानक फ़ोन करके मुझे चयन समिति में भाग लेने के लिए आमंत्रित किया। व्यक्तिगत रूप से मेरा उनसे विशेष परिचय नहीं था। सिर्फ़ इतना जानती थी कि वे पुलिस-विभाग में ऊँचे अफ़सर थे, जिसकी भ्रष्टाचारी कार्य-शैली से काफी हद तक अछूते माने जाते थे। रुचि से ऐसे कथाकार और सम्पादक कि जिस विभाग की चाकरी में थे, उसी में व्याप्त भ्रष्टाचार पर उपन्यास लिखने का हौसला रखते थे। आर्थिक दिक्कतों के बावजूद 'वर्तमान साहित्य' को चलाए रखने की ज़िद पाल रखी थी उन्होंने।

जब उनकी नियुक्ति की खबर सुनी तो सहज प्रतिक्रिया हुई थी, 'उनका शिक्षा-जगत् और विश्वविद्यालय-प्रशासन से क्या लेना-देना?' मुझे लगा था कि इस विश्वविद्यालय की कुंडली में ही खोट है। पहले कुलपति श्री अशोक वाजपेयी ने तो कुछ किया ही नहीं। दिल्ली से ही रिमोट कंट्रोल का बटन यदा-कदा दबाकर कुछ करने का भ्रम ज़रूर पैदा करते रहते थे। वे शायद कुछ करने के इरादे से गए ही नहीं थे। वरना जो व्यक्ति 'भारत भवन' जैसी संस्था खड़ी कर सकता था, वह चाहकर क्या नहीं कर सकता था! पर आखिर 'भारत भवन' की मूल कल्पना में भी तो ऐसा ही खोट रहा होगा जिससे वह अन्ततः दुर्दशाग्रस्त होकर रहा। यह सवाल तो आज भी ज्यों-का-त्यों है।

दूसरे कुलपति प्रो. गोपीनाथन, भले सज्जन व्यक्ति। कम-से-कम वहाँ जाकर रहे। कुछ हाथ-पाँव मारे। अपनी शक्ति भर कुछ करने की कोशिश भी की। वहाँ दिक्कत

नीयत की नहीं, क्षमता की ही रही होगी। दरअसल वे इस पद के लिए अपेक्षित मुस्तैदी और विजन के मालिक शायद थे ही नहीं। कुल मिलाकर हुआ इतना ही कि अलग-अलग पदों पर इन दस वर्षों के दौरान बड़ी संख्या में अपात्रों की नियुक्तियाँ हो गईं। बहुत बाद में समझ में यह भी आया कि अपनी भौगोलिक स्थिति के कारण भी वह संस्था विशेष आकर्षण पैदा नहीं कर सकी। वहाँ या तो लोग सेंट्रल यूनिवर्सिटी में रिटायरमेंट की आयु 65 वर्ष होने के लोभ से आते थे, या फिर पदोन्नति के लिए, जब अपनी वर्तमान स्थिति में सम्भावनाएँ नहीं दिखाई पड़ रही हों।

यह समस्या राय साहब के समय में भी काफी हद तक आती रही। उस समय जब पहली बार जाना हुआ तो देखा कि उस दूर तक फैली पहाड़ी पर न ठीक से बिजली-पानी की व्यवस्था थी, न सड़कें। उस निर्जन में तब तक सिर्फ़ दो आवास खड़े थे—कुलपति और उपकुलपति के लिए अगल-बगल। उन तक पैदल जाने के लिए ठीक-ठिकाने की सड़क तक नहीं थी। अतिथि-गृह का तो सवाल ही नहीं। हमारे मेजबान उस ऊबड़-खाबड़ सड़क से काफी दूर पैदल चलाकर हमें अपने ही निवास में मेहमान बनाने का हौसला रखते थे।

मैंने पहुँचते ही वहाँ रहने में असमर्थता जता दी। मुझे डर था कि उस ऊबड़-खाबड़ रास्ते से आने-जाने में अगर पाँव में मोच आ गई या हड्डी ही टूट गई तो भुगतना तो मुझे ही पड़ेगा, क्योंकि सिलसिला चार-पाँच दिन चलनेवाला था। उधर विजिटर के नामजद सदस्य प्रो. वाचस्पति उपाध्याय ने भी हाथ खड़े कर दिये। उनका प्रबन्ध सर्किट हाउस में किया गया था और उसका हाल भी बहुत खराब था।

राय साहब ने तुरन्त हम दोनों की व्यवस्था नागपुर में की और मीटिंग के दौरान हम वहीं से आते-जाते रहे। प्रो. उपाध्याय यों भी दिल्ली विश्वविद्यालय में मेरे हमराही थे। उम्र में छोटे। मुझे हमेशा दीदी कहते थे। हमें यह संग-साथ खूब माफिक आया और समय बड़े सुख-चैन से कट गया।

जिस एक बात ने हम दोनों को प्रभावित किया, वह यह थी कि पूरी प्रक्रिया के दौरान कुलपति और उपकुलपति, प्रो. नदीम हसनैन, दोनों ने ही कोई हस्तक्षेप नहीं किया। उत्तर-पूर्वी क्षेत्र का एक अहिन्दीभाषी युवक वहाँ पहले से किसी अस्थायी पद पर काम कर रहा था। कुलपति ने बड़ी विनम्रता से इतना ही कहा कि यदि उसका चयन हो जाए तो बाहर सन्देश अच्छा जाएगा। लड़का विनम्र और प्रतिभाशाली था—चित्रकारी तो करता ही था, कविता करने में भी उसकी रुचि थी, पर विषय की दृष्टि से उससे बेहतर अभ्यर्थी का चुनाव हो गया। मुझे इस घटना से इतना ज़रूर लगा कि राय साहब का अन्तर्तत्त्व बहुत मानवीय है। बाद में उन्होंने उस लड़के को दफ्तर में उसके लायक किसी पद पर नियुक्त कर दिया।

इस पहली भेंट में मेरे मन में यह धारणा ज़रूर बनी कि पुलिसिया कद-काठी के बावजूद उनका अन्तर्तत्त्व खरा है। बाद के वर्षों में संयोग से मंत्रालय ने विश्वविद्यालय की एक्जेक्यूटिव काउंसिल में मेरा नामांकन कर दिया और सम्पर्क के इस लम्बे दौर

में मैंने देखा कि उनमें कर्मठता और मानवीयता का दुर्लभ संयोग है। उन्होंने उस वीरान, ऊबड़-खाबड़, ऊँचे-नीचे पहाड़ी इलाके को सबके देखते-देखते, रात-दिन मेहनत करके ऐसे सब्जे में बदल दिया कि हैरत होती है।

जब कभी वहाँ जाना होता तो वे सुबह-सवेरे विश्वविद्यालय की परिक्रमा करते दिखाई पड़ते। हर पेड़-पौधे की पड़ताल करते, मालियों को निर्देश देते, हर व्यक्ति से दुआ-सलाम करते, अन्त में वहाँ के अतिथि-गृह 'नागार्जुन सराय' के सामने विशाल हरे-भरे लॉन में कुछ देर बैठते—सर्वजन सुलभ मुद्रा में। विश्वविद्यालय के अतिथि लेखकों और अस्थायी मेहमानों के अलावा विश्वविद्यालय के निवासी सहयोगियों के बीच कुछ देर चाय के साथ बतकही का दौर चलता और फिर सब अपने-अपने काम पर।

उन्होंने वहाँ बिजली-पानी की व्यवस्था की, छात्रावासों का, अतिथि-गृह का, विभिन्न संकायों और विभागों के अलावा प्रशासन और पुस्तकालय के लिए भवन-निर्माण तो किया ही, सड़कें बनवाकर सबको आपस में और प्राध्यापकों के आवासों से जोड़ा। यह बात अलग है कि आवासों का डिजाइन अनेक रूपों में बेहद असुविधाजनक और अव्यावहारिक है—खुद उनके अपने घर का भी। इस समस्या के बारे में उनका कहना था कि यह तो प्रथम कुलपति जी की देन है। उन्होंने वास्तुशिल्पियों के बीच इनके लिए एक बड़ी प्रतियोगिता आयोजित करके विजेताओं को पुरस्कृत करने का जो वितंडा खड़ा किया, उसे प्रो. गोपीनाथन निर्विरोध कार्यान्वित करना पहले ही शुरू कर चुके थे। अध्यापक भुनभुनाते तो रहे, पर किसी ने इसके कार्यान्वयन पर आपत्ति नहीं की, लिहाज़ा वे भी इसमें कुछ कर नहीं सके।

जहाँ तक उनका सवाल था, उन्होंने वहाँ के वासियों के लिए, अपने समय में दौड़-धूप करके एक बैंक की शाखा, डाकखाना और रोजमर्रा की ज़रूरतों के लिए एक छोटा-सा बाज़ार तक खुलवा दिया। उसी में वर्धा की मशहूर दुग्धशाला ने अपनी शाखा खोलकर निवासियों को दूध-दही की दैनन्दिन उपलब्धि की सुविधा प्रदान कर दी है।

इस सबके लिए सरकार से आर्थिक अनुदान मुहैया कराने के लिए उन्होंने कितनी दौड़-धूप की होगी, इसका अनुमान लगाया जा सकता है। वे आए दिन यू.जी.सी. में, मानव संसाधन विकास मंत्रालय में धरना दिये रहते, अपने पक्ष में तर्क जुटाते और जैसे-तैसे व्यवस्था कर लेते। किसी ने उन्हें कभी अर्थाभाव का रोना रोते नहीं देखा। कोई एक वाइस चांसलर अपने सीमित कार्यकाल में इससे ज़्यादा क्या कर सकता है, कहा नहीं जा सकता।

ऐसा नहीं है कि उनके हर निर्णय से मेरी सहमति रही हो। मैं ही नहीं, कुछ समय बाद प्रो. हसनैन भी मतभेद के कारण चुपचाप त्याग-पत्र देकर चले गए। उनके बाद प्रो. अरविन्दाक्षन की नियुक्ति भी राय साहब ने बिना निजी जान-पहचान के सिर्फ़ इसलिए की क्योंकि वे अहिन्दीभाषी विद्वान थे। राय साहब की मानसिक बनावट में कुछ ऐसे बद्धमूल आग्रह हैं, जिनसे आप मतभेद रख सकते हैं, लेकिन उन्हें समझौता

करने पर मजबूर नहीं कर सकते। वामपन्थी रुझान और सेक्यूलरिज़्म का आग्रह, पुराने दोस्तों की कमज़ोरियों को जानते हुए भी सम्बन्धों को निबाहने का जज़्बा।

और इस सबसे ज्यादा उनका भरोसेमन्द इन्सान होना कुछ ऐसी बातें हैं, जिनके कारण उम्र के अन्तर और कुछ ही साल के परिचय के बावजूद, मेरे और उनके बीच का औपचारिक रिश्ता बहुत जल्दी भरोसेमन्द मित्रता में विकसित होता गया। पहले व्यक्ति रूप में, फिर पारिवारिक स्तर पर। पुरानी मित्रताओं के बीच इस अल्पायु मित्रता ने, उम्र के इस पड़ाव पर, मेरे आत्मबल को बहुत मजबूत किया है।

इन घटनाओं का अलक्षित प्रभाव मेरी मानसिकता पर पड़ रहा था, यह धीरे-धीरे समझ में आया। जीवन के प्रति संलग्नता क्रमशः लौट रही थी। तभी एक अप्रत्याशित घटना और घटी। बिना किसी पूर्वाभास के, बिना जोड़-तोड़ के। अचानक एक के बाद एक, दो विश्वविद्यालयों से प्रस्ताव आया—विजिटिंग प्रोफेसर की हैसियत से उनसे सम्बद्ध होने का। दोनों हर तरह से एक-दूसरे से भिन्न—प्रकृति में, नज़रिए में और भूगोल में। पहला फ़ोन गोवा विश्वविद्यालय से तीन वर्षों के लिए (2014-17), दूसरा पत्र जवाहर नेहरू विश्वविद्यालय से एक सेमेस्टर के लिए। ज़ाहिर है, सेवानिवृत्ति के अट्ठारह वर्ष बाद ऐसे प्रस्ताव बड़े स्वागत-योग्य लगे, अपनी कद्रदानी के बने रहने का भरोसा हुआ। कुछ आश्चर्य भी मुझे ही नहीं, मित्रों और परिवार-जनों को भी हुआ। मैंने कृतज्ञ-भाव से स्वीकार कर लिया, बिना अखबारों में विज्ञापित किए। कहना न होगा कि विद्यार्थियों की युवा पीढ़ी से, लम्बे अन्तराल के बाद, बदली फिजा में रू-ब-रू होने का अपना आनन्द था। गोष्ठियों और सेमिनारों की औपचारिक रस्म अदायगी से कुछ अलग।

जीवन जैसा गुज़रा और गुज़र रहा है, उसे लेकर सन्तोष ही है मन में। अच्छे समय पीतमपुरा से निकलकर यह आशियाना बना लिया था मैंने—उस वक़्त के बेहद शान्त और निर्जन से इलाके में, जहाँ साँझ ढलते ही अकेलापन खलने लगता था। निर्माण-काल में, चारों ओर पसरता सन्नाटा भयभीत करने लगता और हम अँधेरा होने से पहले सरक लेते। आकर बस गए तो गाड़ी में बैठने के बाद दक्षिण परिसर तक का रास्ता तय करने में कुल बीस-पच्चीस मिनट लगते थे मुझे। उस शान्त, निर्जन, सुरम्य-से इलाके को मैंने क्रमशः मानेसर तक मिलेनियम सिटी के रूप में पसरते देखा है।

हमारे चुनाव का एक कारण यह था कि तब तक हरियाणा प्रशासन मकानों को ढाई मंजिल से ऊपर सिर उठाने की इजाज़त नहीं देता था। देखते-ही-देखते वह प्रतिबन्ध कब हटा और बहुमंजिला इमारतों के घटाटोप में कब यह इलाका कंक्रीट के जंगल में तब्दील हो गया, इसका ऐसा हो जाना बस हम देखते रहे—अवश और अवाक्।

किसानों ने बेचीं, बिल्डर्स ने खरीदीं और देखते-ही-देखते रिहाइशी टॉवर खड़े हो गए, मॉल खड़े हो गए—एक-दो नहीं, पाँत-की-पाँत। शुरू में लोग जमना पार तक से आते थे, टूरिस्ट की तरह, इस मॉल संस्कृति का दीदार करने—जब तक दिल्ली के साकेत में सेलेक्ट सिटी मॉल और बसन्त कुंज में 'प्रोमेनेड' जैसे अपने मॉल नहीं खुल गए। देखते-देखते शहरों का कायाकल्प होता जा रहा है—एक नई बाज़ारवादी संस्कृति और व्यवस्था से। गली-पड़ोस वाली खुदरा दुकानदारी पर इसका आखिर क्या असर होगा, यह देखना अभी बाकी है क्योंकि अपनत्व तो वहीं महसूस होता था खरीदारी करते हुए।

ज़िन्दगी की लय, उसका छन्द ही बदल रहा है। बदलाव का असर पीढ़ियों, वर्गों, जातियों के अन्तर से कैसे पड़ेगा, यह कहा नहीं जा सकता। क्या यह सम्भव है कि अन्ततः सब हमवार हो जाए—ब्रांडधर्मी, निर्वैयक्तिक ?

रह-रहकर सुनाई पड़ता है कि परिचितों में कोई और जुड़ गया गुड़गाँव की किसी कॉलोनी में। सब सुनते हैं एक-दूसरे के बारे में। कोई हिम्मत नहीं करता सम्पर्क कायम करने की। यातायात के साधनों की अपनी कठिनाई। सबको गलतफ़हमी है कि यह पाँच-सितारा शहर है। शुक्र है कि फ़ोन है। अपने मित्र हैं—फ़ोन की दूरी पर। लम्बी-लम्बी बतकही होती है तमाम मित्रों, सहयोगियों और शिष्यों से। जब मिलने की ललक होती है तो दूरी नापने का हौसला दिखाते हैं सब—रास्ते के भयानक ट्रैफिक-जाम का खतरा उठाकर। वरना इंडिया इंटरनेशनल सेंटर ज़िन्दाबाद!

परिशिष्ट-I

चिट्ठियाँ

मैथिलीशरण गुप्त की चिट्ठियाँ

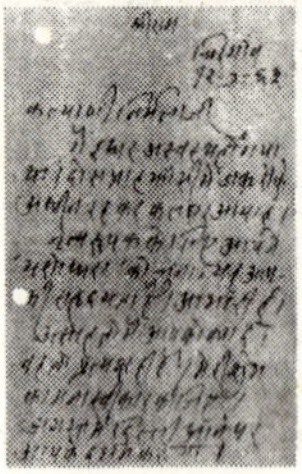

श्रीमती डाक्टर निर्मलाजी जैन
427, Esplanade Road
DELHI-6
दिल्ली-६

श्रीराम

चिरगाँव
१२-७-६३

कल्याणी निर्मलाजी,

मैं इधर अस्वस्थ हो गया था। दो सप्ताह झाँसी में डाक्टरों के अधीन रहकर कल घर आया हूँ।

नृत्य रूपक के लिए आपने 'यशोधरा' को चुना, यह आपकी सहृदयता है। आभारी हूँ। उत्साह तो मैं आपको क्या दूँ। वह तो प्रत्यक्ष ही है। मेरी शुभकामना स्वीकार कीजिए। अगस्त में दिल्ली आने पर आपके दर्शन करूँगा।

श्री विद्याधर जी से मेरा नमस्कार कहिए।

आप सब सानन्द होंगे।

आपका
मैथिलीशरण

श्री डॉक्टर निर्मलाजी जैन,
ए. ५/४५, माल रोड,
दिल्ली-६

श्रीराम

चिरगाँव
८-११-६३

कल्याणी निर्मला जी, स्वस्ति।

आपने अपनी विशाल रचना भेजकर मुझे सम्मानित किया, तदर्थ हृदय से आभारी

हूँ। ग्रन्थ आप सरीखी विदुषी के अनुरूप ही जान पड़ता है। इधर मेरी आँखें कुछ गड़बड़ हो रही हैं। यथासमय उससे लाभ उठाऊँगा। १९-२० नवंबर तक दिल्ली पहुंचूँगा।

आप सानन्द होंगी। बच्चों को असीस और विद्यासागरजी को नमस्कार।

आपका मैथिलीशरण

श्री डॉक्टर निर्मलाजी जैन,
A5/45, Mall Road
दिल्ली-६

श्रीराम

चिरगाँव
९-१०-६४

आदरणीया निर्मलाजी,

कल डॉक्टर नगेन्द्रजी, डाक्टर चौधरी और डाक्टर सावित्री जी यहाँ आए थे। उनसे विद्यासागरजी की अस्वस्थता सुनकर खेद हुआ। कल ही आपका पत्र मिला। सब वृत्त विदित हुए। सन्तोष है कि संकट कट गया। एक किडनी रह जाने पर सावधान तो रहना ही होगा। मैं भी वर्षों से एक ही किडनी पर चल रहा हूँ। आप सब लोग आकर कुछ दिन यहाँ रहें तो जल-वायु का परिवर्तन हो जाएगा। सम्भावना यही है कि उससे कुछ लाभ होगा। मुझे भी प्रसन्नता होगी। इसका कहना ही क्या।

बच्चों को प्यार।
आपका
मैथिलीशरण

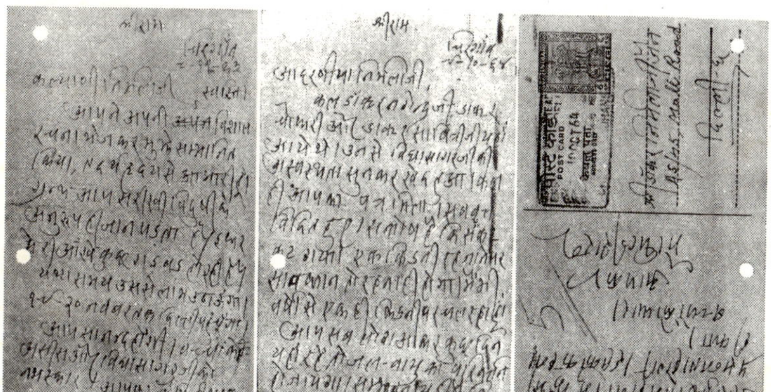

विष्णुकान्त शास्त्री की चिट्ठियाँ

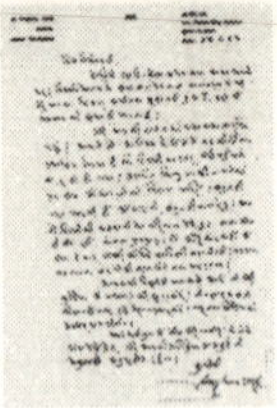

डॉ. निर्मला जैन
बँगला नं. ५, ४५ माल रोड
दिल्ली-७
DELHI-7

श्रीहरिः

श्री विष्णुकान्त शास्त्री
प्राध्यापक,
कलकत्ता विश्वविद्यालय

श्री गांगेय भवन
२८०, चित्तरंजन एवेन्यू, कलकत्ता-६
दूरभाष : ५५-१३४८
दिनांक : २८-२-६८

प्रिय निर्मलाजी,

देखिए उस दिन कैसा ऊधम मचा आया आपके घर। विश्वविद्यालय के वृद्ध बना देनेवाले वातावरण में भी मेरे मन का किशोर अभी तक बूढ़ा नहीं हुआ है, इसे मैं भगवान की कृपा ही मानता हूँ।

और आपकी दावत की क्या क्या तारीफें करूँ। आपने तो आतिथ्य के क्षेत्र में वह कीर्तिमान स्थापित किया है कि दिल्ली का स्तर मेरी पहुँच के बाहर ही हो गया। उस दिन किन्तु गोष्ठी जमाने का पूरा श्रेय ओंकारजी को मिलना चाहिए। बहुत ही मस्त आदमी हैं ओंकारजी, बहुत ही वार्तापटु। आप तो दिल्ली की कद्रदानी का परिचय देते हुए प्रायः मौन ही बैठी रहीं, केवल मुस्कुराहटों और कहकहों में योग देकर गोष्ठी की जिन्दादिली बढ़ाती रहीं। वह शाम, वह दावत, वह गोष्ठी बहुत दिनों तक याद रहेगी।

आप कभी दिल्ली से कलकत्ते आयें तो मेरी कुटिया में पधारने की कृपा करें। जैन साहब से तो मिल नहीं पाया, उन्हें मेरा नमस्कार कहें। पप्पू तथा बिटिया को सस्नेह शुभाशीर्वाद।

आपने धर्मयुग में 'गीत और नवगीत' के दोनों अंश देखे होंगे, यदि आपकी प्रतिक्रिया प्राप्त हुई तो अनुगृहीत रहूँगा।

शुभैषी,
विष्णुकान्त शास्त्री

डॉ. निर्मला जैन
२४, माल रोड
दिल्ली–७
DELHI-7

श्री हरि :

श्री विष्णुकान्त शास्त्री
प्राध्यापक, कलकत्ता विश्वविद्यालय

२८०, त्तितरंजन एवेन्यू
कलकत्ता–६
दूरभाष : ५५–१३४८
दिनांक : ४.७.७०

प्रिय निर्मलाजी,

सस्नेह नमस्कार! आपकी धमकी भला कोई भूल सकता है! मेरा यह अनुमान ही सही निकला कि आपका बताया काम आसान नहीं हो सकता। आपका पत्र पाकर मैंने कलकत्ता विश्वविद्यालय के पुस्तकालय एवं नेशनल लाइब्रेरी में उन दोनों पुस्तकों की खोज की, पर एक का भी पता न चला। दोनों पुस्तकें इन दोनों पुस्तकालयों के 'कार्ड इंडेक्स' में तो नहीं ही हैं। मैंने नई खरीदी और अब तक असूचीपत्रित पुस्तकों को भी देख लेने के लिए दोनों पुस्तकालयों के अधिकारियों से कहा है। सोम, मंगल तक उसकी सूचना भी मिल जाएगी। दासगुप्ता एवं रूपा में भी ये पुस्तकें उपलब्ध नहीं हैं। अपने अंग्रेजी विभाग के अध्यक्ष डॉ. अमलेन्दु बोस से पूछा तो उन्होंने बताया कि लखनऊ विश्वविद्यालय के पुस्तकालय में मौंक की पुस्तक है, वहाँ से एक थीसिस इसी विषय पर उनके पास आई हुई है आदि आदि। मालूम नहीं कहाँ तक यह बात ठीक है।

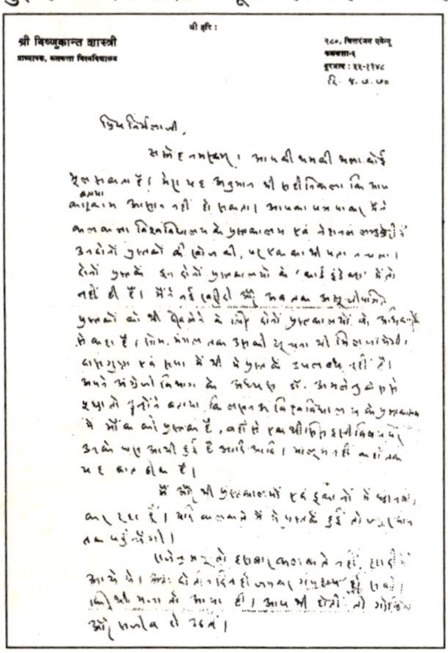

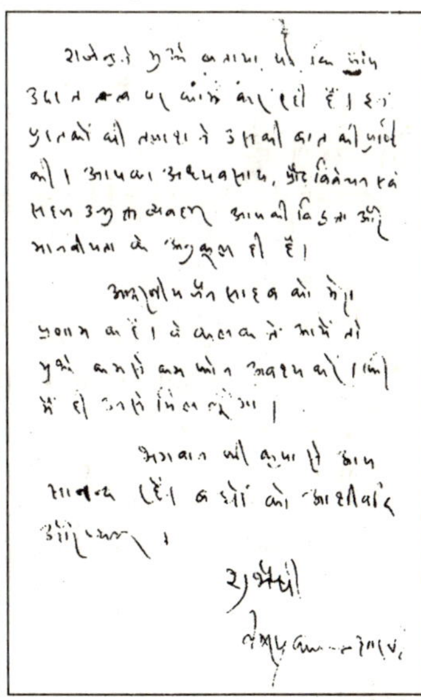

मैं और भी पुस्तकालयों एवं दुकानों में छान बीन कर रहा हूँ। यदि कलकत्ते में ये पुस्तकें हुईं तो जरूर आप तक पहुँचेंगी।

राजेन्द्र मन्नू तो इस बार कलकत्ते नहीं, शादी में आये थे। अत: दो तीन दिन ही जमकर गपशप हो सकी। फिर भी—मजा तो आया ही। आप भी होतीं तो गोष्ठियाँ और सजीव हो उठतीं।

राजेन्द्र ने मुझे बताया था कि आप उदात तत्त्व पर काम रही हैं। इन पुस्तकों की तलाश ने उसकी बात की पुष्टि की। आपका अध्यवसाय, प्रौढ़ विवेचन एवं सहज उन्मुक्त व्यवहार आपकी विद्वत्ता और मानवीयता के अनुकूल ही है।

आदरणीय जैन साहब को मेरा प्रणाम कहें। वे कलकत्ते आयें तो मुझे कम से कम फोन अवश्य करें। फिर मैं ही उनसे मिल लूँगा।

भगवान की कृपा से आप सानन्द रहें। बच्चों को आशीर्वाद और प्यार।

शुभैषी,
विष्णुकान्त शास्त्री

डॉ. निर्मला जैन
बँगला नं. ५, ४५ माल रोड
दिल्ली-७
DELHI-7

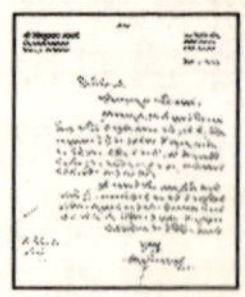

श्री राम

श्री विष्णुकान्त शास्त्री
रीडर, कलकत्ता विश्वविद्यालय
विधायक, प. बंग विधानसभा

२८०, चित्तरंजन एवेन्यू,
कलकत्ता-७००००६
दूरभाष : ५५-१३४८
दिनांक : ८. ८. ८१

प्रिय निर्मला जी,

सस्नेह नमस्कार एवं हार्दिक बधाइयाँ।

शुभ समाचार तो मुझे जैन साहब से मिल गया था किन्तु उन दिनों डॉ. रघुवंश कलकत्ता आए हुए थे और बिड़ला व्याख्यान माला दे रहे थे। उसी के बाद मैं लखनऊ चला गया उ.प्र. हिन्दी संस्थान की बैठक में भाग लेने, वहाँ प्रेमचंद जयन्ती में भी शामिल हुआ। अजित कुमार जी के द्वारा आपको बधाइयाँ भेजी थीं। उन्होंने आपसे कहा होगा।

मुझे इस बात से हार्दिक प्रसन्नता हुई कि आपकी पदोन्नति हुई। भगवान की कृपा से आप अपने नये उत्तरदायित्व को पूरी योग्यता और दक्षता के साथ सम्हालें। विभागाध्यक्षता भी आपको सौंपी गयी कि नहीं, लिखियेगा। जैन साहब को सादर नमस्कार।

दिल्ली आऊँगा तो आपसे मिलूँगा—सानन्द रहें।

शुभेच्छु,
विष्णुकान्त शास्त्री

नामवर सिंह की चिट्ठियाँ

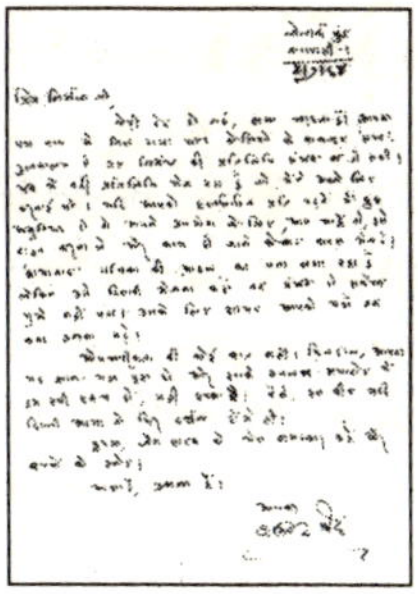

लोलार्क कुंड
वाराणसी-१
५।७।६४

प्रिय निर्मला जी,

थोड़ी देर हो गई, क्षमा चाहता हूँ। आपका पत्र वक़्त से मिल गया था। कोशिशों के बावजूद 'सभा' पुस्तकालय से उस निबंध की प्रतिलिपि संभव न हो सकी। अब मैं वही प्रतिलिपि भेज रहा हूँ जो मैंने अपने लिए करवाई थी। यदि आपको हस्तलिखित प्रति पढ़ने में कुछ असुविधा हो तो अपने उपयोग के लिए, आप चाहें तो, इसे टाइप करवा लें और काम हो जाने के बाद वापस भेज दें। 'छायावाद' पत्रिका की फ़ाइल का पता लगा रहा हूँ लेकिन उसे दिल्ली भेजना कहाँ तक सम्भव हो सकेगा, मुझे नहीं पता। उसके लिए शायद आपको यहाँ तक कष्ट उठाना पड़े।

औपचारिकता की कोई बात नहीं। फ़िलहाल, आपका यह ज्ञान-यज्ञ पूरा हो और इसके उपलक्ष्य-समारोह में हम सभी एकत्र हों, यही इच्छा है। वैसे, इस बीच यदि दिल्ली आया तो फिर दर्शन होंगे ही।

कृपया, जैन साहब को मेरा नमस्कार कहें और बच्चों को स्नेह।

आशा है, प्रसन्न हैं।

आपका
नामवर सिंह

Mr. & Mrs. V. S. Jain
Flat No. 8,
24 Mall Road
DELHI-110007

10/2

प्रिय श्री—

क्या आप कल्पना कर सकती हैं कि इस समय वात्स्यायन जी मेरे घर में बगल के कमरे में सो रहे हैं? सिर्फ़ इस अनुभव में आपको अपना साझीदार बनाने के लिए ही मैं इतनी रात गए आपको लिख रहा हूँ। इसके पहले कि आप मुझे 'भोंदू' वग़ैरह जाने क्या-

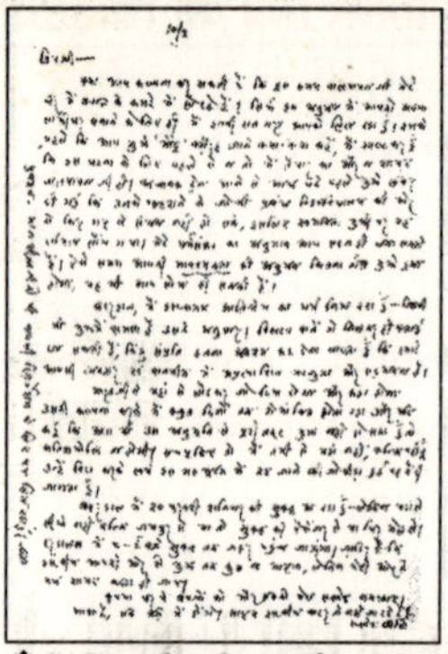

क्या कहें, मैं स्पष्ट कर दूँ कि इस घटना के लिए पहले से न तो मैं तैयार था और न शायद वात्स्यायन जी ही। अचानक ट्रेन आने से आध घंटे पहले मुझे खबर दी गई कि उनके ठहराने के जो भी प्रबंध विश्वविद्यालय की ओर से किए गए वे संभव नहीं हो सके, इसलिए स्वभावतः मुझी पर यह दायित्व सौंपा गया। मेरे धर्मसंकट का अनुमान आप सहज ही लगा सकती हैं। ऐसे समय आपकी आवश्यकता का अनुभव कितना तीव्र मुझे हुआ होगा, यह भी आप सोच ही सकती हैं।

बहरहाल, मैं इस समय आतिथेय का धर्म निभा रहा हूँ—जितनी भी मुझमें क्षमता है उसके अनुसार। विस्तृत बातें तो मिलकर ही बताई जा सकती हैं, किन्तु संप्रति इतना अवश्य कह देना चाहता हूँ कि हमारे आपसी व्यवहार एवं बातचीत में अप्रत्याशित ऋजुता और सद्भावना है।

भारत जी ने यहाँ से लौटकर जो दिया होगा और कहा होगा उसकी कल्पना करके मैं बहुत दिनों तक रोमांचित होता रहा और यदि कहूँ कि आज भी उस अनुभूति से पूरी तरह मुक्त नहीं हो सका हूँ तो अतिशयोक्ति न होगी। सच पूछिए तो मैं तभी से यहां नहीं, बल्कि वहां हूँ उन्हें विदा करके स्वयं इस मरुभूमि में रह जाने की जो पीड़ा हुई वह मैं ही जानता हूँ।

बहरहाल मैं 20 फरवरी शनिवार की सुबह आ रहा हूँ—लेकिन यहां से सीधे नहीं बल्कि जयपुर से या तो सुबह की पैसेंजर से या फिर मेल से। हर हालत में ८-९ बजे सुबह तक जरूर पहुंच जाऊंगा। ज़ाहिर है कि इस बीच आपकी ओर से मुझ तक कुछ न आएगा, लेकिन मेरी ओर से पत्र शायद चला ही जाय?

कृपया घर में बच्चों को और सबको मेरा सस्नेह नमस्कार। आशा है, सब मज़े में होंगे। साहब इस बीच बाहर तो नहीं जा रहे हैं?

सस्नेह

नाम.

पुनश्च—आज शीला जी को भी वापसी रिज़र्वेशन के लिए पत्र लिख रहा हूँ।—नाम.

Mr. & Mrs. V. S. Jain
Flat No. 8,
24 Mall Road
DELHI-110007

१८/२

प्रिय श्री—

'नई आलोचना' पर नोट्स लेते-लेते सहसा पत्र लिखने का मन हुआ। पत्र लिखने

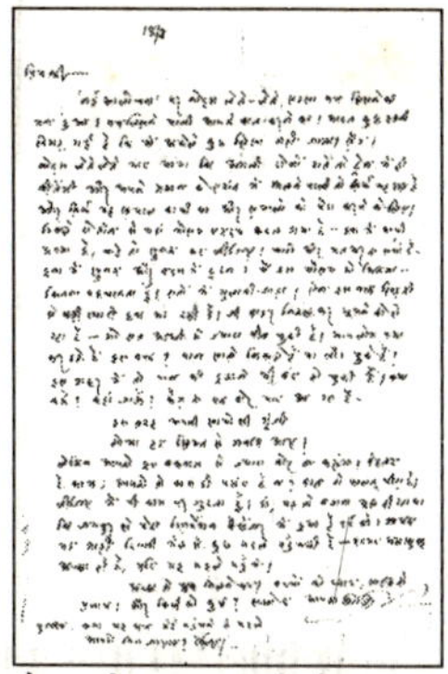

यानी आपसे बात करने का। आदत कुछ इतनी बिगड़ गई है कि यों अकेले कुछ लिखा नहीं जाता। ख़ैर। नोट्स लेते लेते याद आया कि अगली दोनों रातें तो ट्रेन में ही बीतेंगी और अपने मकान के एकान्त में मिलने वाली तो सिर्फ यह रात है और सिर्फ यह ख़याल काफी था और ख़यालों को पैदा करने के लिए। पिछले दो दिन से यहां मौसम एकदम बदल गया है—हवा में काफी ऊष्मा है, चाहे तो खुनक कह लीजिए। चारों ओर पतझर का समां है—हवा में खुनक और बदन में टूटन! मैं इस मौसम को कितना-कितना पहचानता हूँ। रातों में गुलाबी जाड़ा! ऐन इस वक्त खिड़की से बड़ी प्यारी हवा आ रही है। जी बाहर निकलकर घूमने को हो रहा है—गो रात आधी से ज्यादा बीत चुकी है। आप लोग क्या कर रहे हैं इस वक्त? पान खाने निकले हैं या लौट चुके हैं? इस शहर में तो पान की दुकानें भी बंद हो चुकी हैं। क्या करूँ? कहाँ जाऊँ? फैज़ का एक शेर याद आ रहा है—

इस तरह अपनी ख़ामोशी गूंजी
गोया हर सिम्त से जवाब आए!

लेकिन आपको इस बकवास से ज्यादा बोर न करूँगा। बेहतर है काम; आपको तो काम ही पसंद है न? बात तो फालतू चीज़ है। लीजिए मैं भी काम पर जुटता हूँ। हां, यह तो बताना भूल ही रहा था कि जयपुर से मेरा रिज़र्वेशन पैसेंजर में हुआ है १९ को। शायद यह गाड़ी दिल्ली मेल से कुछ पहले पहुँचती है—शायद अलस्सुबह अच्छा ही है, यदि यह पहले पहुँचे।

अच्छा तो अब मिलने पर। बच्चों को प्यार, साहब को प्रणाम। और किसी को कुछ?

सस्नेह आपका नाम.

पुनश्च : क्या यह पत्र मेरे पहुंचने से पहले आपको मिल जाएगा? देखिए—

Mr. & Mrs. V. S. Jain
Flat No. 8
24, Mall Road
DELHI-7

१२/४

प्रिय श्री—

मैं अपने वादे के मुताबिक १७ अप्रैल शनिवार की सुबह मेल से पहुंच रहा हूँ। कृपया पत्र मिलते ही १९ अप्रैल सोमवार को जोधपुर मेल में वापसी का मेरा रिज़र्वेशन करवा दें। बड़ी मुश्किल से यह समय निकाल सका हूँ। ख़ैर।

'संचेतना' के नये अंक में 'सही आदमी की तलाश' और 'मिज़राब' पर आपकी समीक्षा देखी। प्रीतिकर विस्मय हुआ। मुझसे यह लुकाछिपी क्यों?

घर पर सबको मेरा यथायोग्य स्नेह–नमस्कार।

शेष मिलने पर— नाम.

मास्को
१४. १०. ६९

आदरणीय जैन साहब,

मेरा यह पत्र मिलते–मिलते आप नए मकान में होंगे। मुबारक हो नया मकान आपको तथा आपके परिवार को। मकान बदलने की व्यस्तता में शायद यह पत्र पढ़ने के लिए समय भी न मिले। फिर भी मैं गृह प्रवेश की इस खुशी में शरीक होना चाहता हूँ। 'इंटर कान्टिनेन्टल' की काफी तो आने पर ही लूँगा। माफ़ कीजिएगा, चिट्ठी लिखने में देर हो गई। आज रात के प्लेन से मेरे एक दोस्त दिल्ली जा रहे हैं, यह खबर मिलते ही मैं इस अवसर का लाभ उठा रहा हूँ। शायद कल, नहीं तो परसों आपको यह पत्र मिल जाएगा।

आप लोगों की शुभकामनाओं से मैं सकुशल सोवियत संघ में पहुँच गया। आपकी आखिरी सलाह काबुल में काम आई। ६ अक्टूबर को मैं ताशकंद पहुँचा—समरकंद देखा और ९ अक्टूबर को तीसरे पहर प्लेन से मास्को। रहने के लिए शानदार होटल—देखने के लिए आकर्षक स्थान और मिलने के लिए बड़े विद्वान, अच्छे लेखक और कुछ पुराने दोस्त। विजय से आते ही मुलाकात हुई। वह बहुत मज़े में है और आप लोगों को अपना सादर नमस्कार भेजता है। १७ अक्टूबर की सुबह मैं १० दिन के लिए मास्को से बाहर काकेशिया, लेनिनग्राद और बाल्टिक समुद्र तट के स्थानों को देखने जाऊँगा। इसके बाद फिर मास्को वापसी। मेरे आतिथेयों का आग्रह है कि मैं ७ नवंबर की क्रान्ति–परेड देखकर ही भारत जाऊँ, इसलिए मैं ७ नवंबर तक यहाँ रुकूँगा। मोटे तौर से वापस लौटने की तारीख ९ नवम्बर तय हुई है। मैं यहाँ ८ ता. की रात के प्लेन से चलकर ९ तारीख को ६ बजे सुबह (भारतीय समय) पालम पहुँचूँगा। कार्यक्रम में यदि कोई परिवर्तन हुआ तो आपको तार द्वारा खबर करूँगा।

आपका दिया हुआ पान, आपके आशीर्वाद से अभी तक चल रहा है और उम्मीद

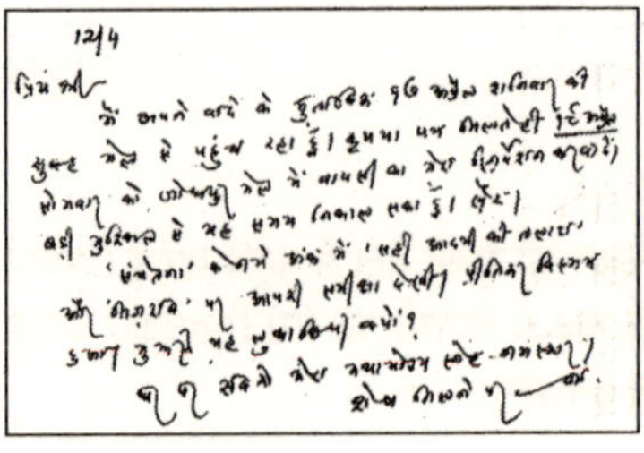

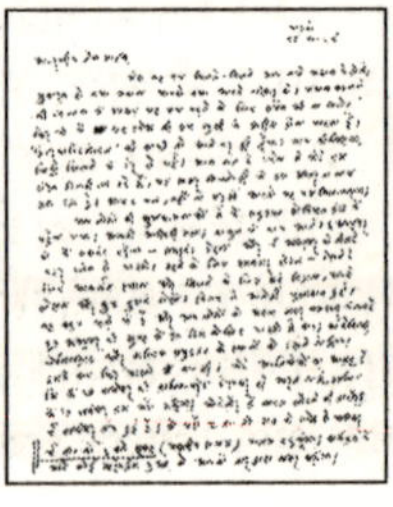

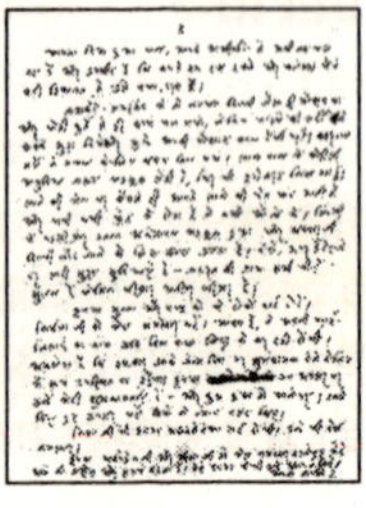

है कि कम से कम एक हफ्ते और चलेगा। मैंने बड़ी हिफाजत से उसे बचा रखा है।

ताशकंद–समरकंद में तो लगभग दिल्ली जैसा ही मौसम था और धोती कुर्ते से ही काम चल गया, लेकिन मास्को की सर्दी ने छक्के छुड़ा दिये और मुझे अपनी पोशाक बदल देनी पड़ी। बहरहाल सर्दी से बचाव के लिए कवच मिल गया। खान–पान में थोड़ी सी असुविधा जरूर महसूस होती है, फिर भी पूरी तरह निभा रहा हूँ। खाने की मेज़ पर बैठते ही आपके खाने की मेज़ याद आती है और पानी कभी मुँह में होता है तो कभी आँखों में। जिन्दगी में पहली बार इतना अकेलापन महसूस हुआ और अक्सर जी दिल्ली लौट जाने के लिए घबरा उठता है। वैसे, ऊपर से देखने पर सारी सुख–सुविधाएँ हैं—जरूरत की प्राय: सभी चीज़ें सुलभ हैं लेकिन परिवार आखिर परिवार है।

कृपया मुन्ना और पप्पू को ये दोनों कार्ड दे दें। निर्मला जी को मेरा नमस्कार कहें। आशा है, वे अपनी पढ़ाई–लिखाई का काम अब बिना बाधा–विघ्न के कर रही होंगी। अफ़सोस है कि इस बार उनके जन्मदिन पर शुभकामना देने के लिए मैं स्वयं उपस्थित न रहूँगा। कृपया उस अवसर पर उन्हें मेरी शुभकामनाएँ दें—और कुछ हुआ तो आने पर। उनके दिये हुए उपहार यहाँ मित्रों ने ज्यादा पसन्द किए।

निशा जी भी शायद कलकत्ते से आ गई होंगी। उन्हें भी मेरा नमस्कार।

कृपया मार्कण्डेय जी और शीलाजी को मेरा नमस्कार कहते हुए मेरे आने की तारीख और समय बतला दें। वैसे शायद मैं भी उन्हें अलग से लिखूँ।

आपका नामवर

मास्को
३१।१०।६९

प्रिय निर्मला जी,

आवश्यक सूचना यह है कि अब मैं एक दिन पहले ही आ रहा हूँ यानी ८ नवम्बर शनिवार की सुबह। एयरो फ्लोट की दिल्ली फ्लाइट का टाइम टेबिल इस बीच बदल गया। प्लेन अब शनिवार के बदले शुक्रवार को ही मास्को से उड़ेगा। उड़ान का समय भी आधा घंटा पहले हो गया यानी अब ९॥ बजे रात को यहाँ से उड़ेगा और इस तरह पहुँचने का समय भी शायद आधा घंटा पहले होगा। क्या संयोग है : शनिवार को हीं वहाँ से चला था और शनिवार को ही पहुँच भी रहा हूँ लेकिन क्या यह शनिवार भी वैसा ही होगा? कायदे से मुझे एक दिन पहले पहुँचने की खुशी है किन्तु आपकी असुविधा का ख़याल आते ही खुशी काफूर हो गई। बहरहाल,

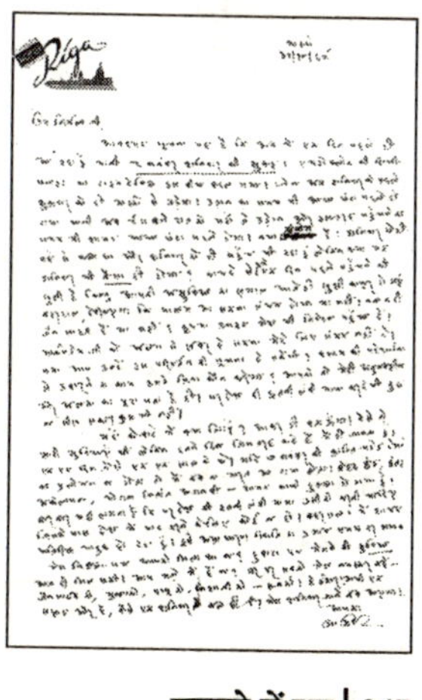

देखिएगा कि पालम आ सकना संभव होगा या नहीं। पता नहीं जैन साहब हैं या नहीं ? कृपया उन तक मेरा भी निवेदन पहुँचा दें। मार्कण्डेय जी को अलग से खबर दे सकना मेरे लिए संभव नहीं है। क्या आप उन्हें इस परिवर्तन की सूचना दे सकेंगी ? कस्टम की परेशानियों से उबारने का काम उनके सिवा कौन करेगा ? आपको तो मेरी अनुभवहीनता और अज्ञता का पूरा पता है ही। पर देश की इतनी लम्बी यात्रा करके भी कुछ न सीख सका। कुछ भी नहीं।

यहाँ के बारे में क्या लिखूँ ? आकर ही बताऊँगा। वैसे तो सारी सुविधाएँ थीं लेकिन इतने दिन जिस तरह कटे हैं मैं ही जानता हूँ। एक-एक दिन जैसे एक-एक साल के थे। यदि ७ नवंबर की क्रान्ति-परेड देखने का प्रलोभन न होता तो मैं कब का भारत आ गया होता। बेहद ठंड, इंतहा अकेलापन, भोजन नितांत अजनबी—शायद काफी दुबला हो गया हूँ। बार बार यही लगता है कि परदेश की इतनी लंबी यात्रा उसी को करनी चाहिए जिसके पास देश में याद करने के लिए कोई न हो। बहरहाल। मैं शायद अतिरिक्त भावुक हो रहा हूँ। इसे असाधारण स्थिति का प्रभाव समझकर क्षमा।

मेरा पिछला पत्र आपको मिला था न ? दुबारा पत्र भेजने की सुविधा आज ही मिल सकी। आप मज़े में हैं न ? घर पर सबको मेरा नमस्कार कहें—जैन साहब को, मुन्ना को, पप्पू को, निशा जी को—सबको। हे ईश्वर ! अभी एक सप्ताह और है, वैसे एक शनिवार तो कल ही है। मेरा शनिवार जाने कब आएगा !

आपका
नामवर

Shri V. S. Jain
DGL Private Ltd.
14-M Block, Connought Circus
NEW DELHI-1

जोधपुर
९।११।७०

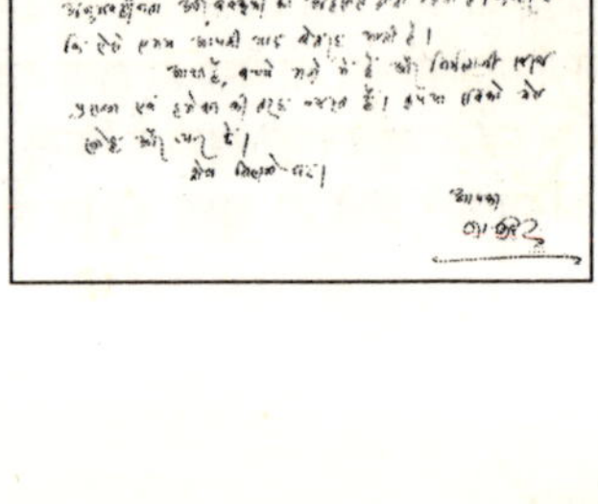

आदरणीय जैन साहब,

यह पत्र सिर्फ यह सूचना देने के लिए लिख रहा हूँ कि मैं १५ नवंबर रविवार की सुबह जोधपुर दिल्ली मेल से पहुंच रहा हूँ और फिलहाल १७ नवंबर तक रुकने का प्रोग्राम है। आशा है आपसे मुलाकात हो सकेगी।

अपने नये मकान में मैंने अपनी अक्ल के मुताबिक गृहस्थी जमाने की कोशिश कर ली है—गो हर क्षण अपनी अनुभवहीनता और बेवकूफी का

अहसास होता रहता है। ज़ाहिर है कि ऐसे समय आपकी याद बेतरह आती है।

आशा है, बच्चे मज़े में हैं और निर्मलाजी स्वस्थ, प्रसन्न एवं हमेशा की तरह व्यस्त हैं। कृपया सबको मेरा स्नेह और प्यार दें।

शेष मिलने पर।

आपका
नामवर

Mr. & Mrs. V. S. Jain
Flat No. 8
24, Mall Road
DELHI-7

१५. ४. ७२

प्रिय श्री—

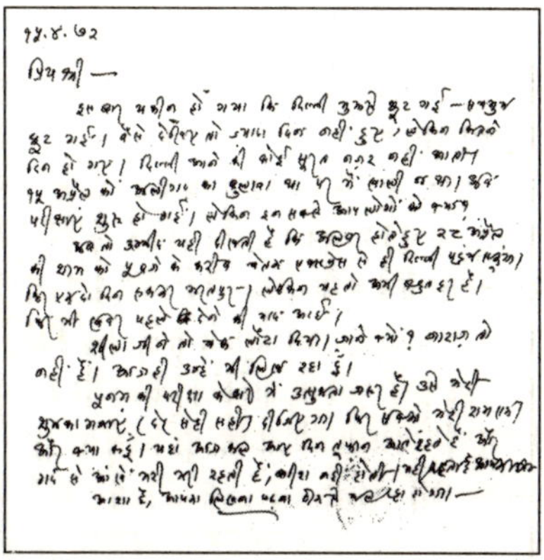
१५.४.७२
प्रिय श्री —

इस बार यकीन हो गया कि दिल्ली मुझसे छूट गई—सचमुच छूट गई। वैसे देखिए तो ज़्यादा दिन नहीं हुए। लेकिन कितने दिन हो गए! दिल्ली आने की कोई सूरत नज़र नहीं आती। १५ अप्रैल को अलीगढ़ का बुलावा था पर मैं खाली न था। अब परीक्षाएं शुरू हो गईं। लेकिन इन सबसे आप लोगों को क्या?

अब तो उम्मीद यही दीखती है कि अलवर होते हुए २८ अप्रैल की शाम को ५ बजे के करीब चेतक एक्सप्रेस से ही दिल्ली पहुंच सकूंगा। फिर एक दो दिन रुककर भरतपुर। लेकिन यह तो अभी बहुत दूर है। फिर भी खबर पहले देने की याद आई।

शीला जी ने तो चेक लौटा दिया। जाने क्यों? नाराज़ तो नहीं हैं। आज ही उन्हें भी लिख रहा हूँ।

पूनम की परीक्षा के बारे में उत्सुकता जरूर है। उसे मेरी शुभकामनाएँ (देर से ही सही) दीजिएगा। फिर सबको मेरी राम राम। और क्या कहूँ। यहां आज कल आए दिन तूफ़ान आते रहते हैं और गर्द से आंखें भरी भरी रहती हैं, बारिश नहीं होती।

आशा है, आपका <u>लिखना पढ़ना</u> ठीक से चल रहा होगा।—

यही कहता है आपका नाम.

Mr. & Mrs. V. S. Jain
8/24, Mall Road
<u>DELHI-7</u>

लंदन
२८. ७. ७३

प्रिय श्री—

देर से पत्र लिखने के लिए क्षमा। कारण, अभी तक यात्रा का पूरा कार्यक्रम अनिश्चित था और वापसी की तिथि भी निश्चित न थी। अब प्रोग्राम लगभग निश्चित हो चुका है। मुझे १९ अगस्त रविवार को AIR INDIA की flight No ११० से ५ बजकर २० मिनट सुबह पालम हवाई अड्डे पर पहुंचना है। २१ अगस्त को सुबह के प्लेन से मैं जोधपुर पहुंचना चाहता हूं। शायद AIR INDIA के इसी टिकट पर मुझे जोधपुर तक की हवाई यात्रा की सुविधा मिल जायगी; पर इसके लिए बुकिंग का प्रयास पहले से ही करना होगा। मेरे टिकट का नंबर है—0984-4292917 कृपया India Airlines से पता कर के २१ अगस्त को जोधपुर के लिए बुकिंग करवा दें तो बड़ी कृपा होगी।

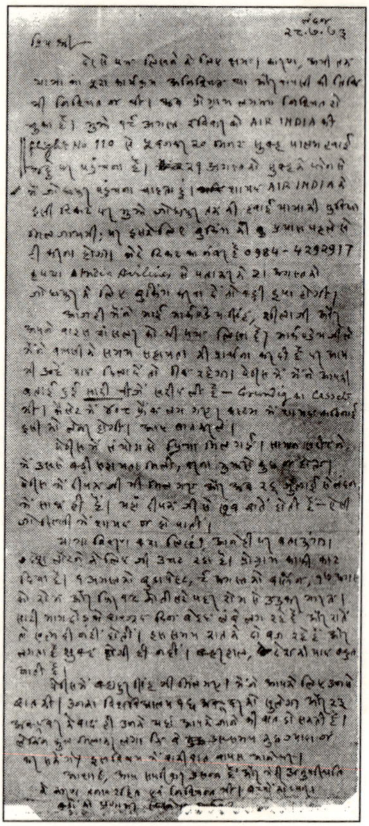

आज ही मैंने भाई मार्कण्डेय सिंह, शीला जी और अपने वाइस चांसलर को भी पत्र लिखा है। मार्कण्डेय जी से मैंने वापसी के समय सहायता की प्रार्थना कर दी है पर आप भी उन्हें याद दिला दें तो ठीक रहेगा। पेरिस में मैंने आपकी बताई हुई <u>सारी</u> चीज़ें खरीद ली हैं—Grunding का Casset भी। कैसेट में ४०८ फ्रैंक लग गए। कस्टम में शायद कठिनाई इसी को लेकर होगी। आप बात कर लें।

पेरिस में संयोग से प्रिया मिल गई। सामान खरीदने में उससे बड़ी सहायता मिली, वरना मुझसे कुछ न होता। पेरिस में दीपक जी भी मिल गए और अब २६ जुलाई से लंदन में साथ ही हैं। यहां दीपक जी से खूब बातें होती हैं—ऐसी जो दिल्ली में शायद न हो पातीं।

यात्रा विवरण क्या लिखूँ? आने ही पर बताऊंगा। देश लौटने के लिए जी उचट रहा

है। प्रोग्राम काफी काट दिया है। १ अगस्त को बुडापेस्ट, ९ अगस्त को बर्लिन, १७ अगस्त को रोम और फिर १८ को तीसरे पहर रोम से उड़कर भारत। सारी भागदौड़ के बावजूद दिन बेहद लंबे लग रहे हैं और रातें तो ख़त्म ही नहीं होतीं। इस समय रात के दो बज रहे हैं और लगता है सुबह होगी ही नहीं। बहरहाल, देश की याद बहुत आती है।

पेरिस में बहादुर सिंह भी मिल गए। मैंने आपके लिए उनसे बात की। उनका विश्वविद्यालय १६ अक्टूबर को खुलेगा और २३ अक्टूबर के बाद ही उनके यहां आपके जाने की बात हो सकती है। लेकिन कुल मिलाकर लगा कि वे उस समय कुछ ज्यादा न कर सकेंगे। इस विषय में बाकी बात वापस आने पर।

आशा है, आप सपरिवार प्रसन्न हैं और मेरी अनुपस्थिति के कारण तनावरहित एवं निश्चिन्त भी। बच्चों को प्यार। बड़ों को प्रणाम।

सस्नेह
नामवर

10.8.73

प्रिय श्री—

लंदन से २८ जुलाई को जो पत्र लिखा था वह मिला होगा। आज बुदापेस्ट से बर्लिन आते समय हवाई जहाज में एक पिक्चर पोस्टकार्ड मुन्ना के नाम लिखा जो शायद मेरे पहुंचते-पहुंचते मिल जाय। आपको बुदापेस्ट से पत्र इसलिए नहीं लिखा कि उसके पहुंचने के समय के बारे में कोई निश्चय न था। कल बर्लिन हवाई अड्डे पर भारतीय दूतावास के जो अधिकारी हमारे स्वागत के लिए आए थे उन्होंने बताया कि अगले दिन राजनयिक थैला जाएगा जिससे डाक एक सप्ताह के अंदर दिल्ली पहुंच सकती है। आज उसी सुविधा का लाभ उठाकर यह पत्र लिख रहा हूँ। ज़ाहिर है कि ऐसे पत्र में कुछ विशेष लिखने की गुंजाइश नहीं है। संक्षेप में इतना ही कि बुदापेस्ट-प्रवास अत्यंत सुखद और प्रीतिकर रहा। मोहक प्रकृति और सहृदय मित्र। खुले दिन और सुखावह मौसम। फिर भी इन सबके बीच मीठे दर्द की तरह घर की याद—बार-बार प्रिय जनों के साथ की चाह। लेकिन यह बर्लिन

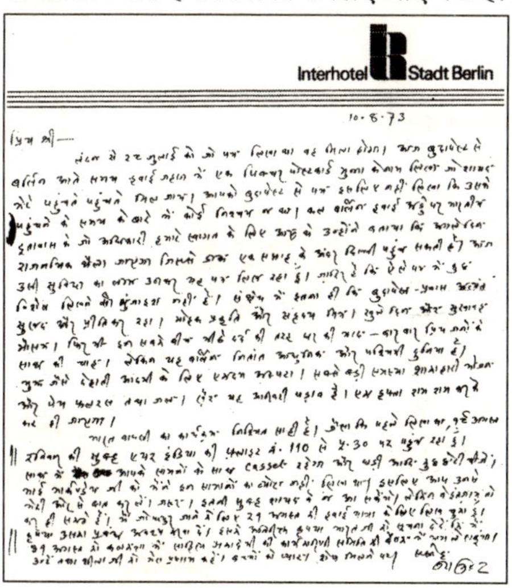
Interhotel Stadt Berlin

10.8.73

प्रिय श्री—

नितांत आधुनिक और पश्चिमी दुनिया है। मुझ जैसे देहाती आदमी के लिए एकदम अटपटा। सबसे बड़ी समस्या शाकाहारी भोजन और पेय फलरस तथा जल। ख़ैर यह आखिरी पड़ाव है। एक हफ्ता राम राम करके कट ही जाएगा।

भारत वापसी का कार्यक्रम निश्चित सा ही है। जैसा कि पहले लिखा था, १९ अगस्त रविवार की सुबह एयर इंडिया की फ़्लाइट नम्बर 110 से ५.३० पर पहुँच रहा हूँ। साथ में आपके सामनों के साथ Casset रहेगा और घड़ी आदि कुछ छोटी चीजें। भाई मार्कण्डेय जी को मैंने इन सामानों का ब्योरा नहीं लिखा था। इसलिए आप उनसे मेरी ओर से बात कर लें। जरूर। इतनी सुबह शायद वे न आ सकेंगे। लेकिन वे इंतज़ाम तो कर ही सकते हैं। मैं जोधपुर जाने के लिए २१ अगस्त की हवाई यात्रा के लिए लिख चुका हूँ। कृपया उसका प्रबंध अवश्य करवा दें। इसके अतिरिक्त कृपया भारत जी को सूचना दे दें कि मैं ३१ अगस्त को कलकत्ता में साहित्य अकादेमी की कार्यकारिणी समिति की बैठक में भाग ले सकूंगा। उन्हें तथा शीला जी को मेरा प्रणाम कहें। बच्चों को प्यार। शेष मिलने पर।

सस्नेह
नामवर

Mr. V. S. Jain
Flat No. 8
24, Mall Road
DELHI-110007
(INDIA)

भारतीय उच्च अध्ययन संस्थान
शिमला
२१. १०. ७५

प्रिय श्री

शिमला आने से पहले आपको फोन न कर सका उसके लिए क्षमा चाहता हूँ। वस्तुत: यह गत्र उसी विवशता को स्पष्ट करने के लिए लिख रहा हूँ। देर इतनी इसलिए हुई कि अन्तर्देशीय आज ही मिल सका। दरअसल, मेरा निबंध स्टेशन आने से सिर्फ एक घंटा पहले तैयार हुआ। मैं उसमें इतना मशगूल रहा कि दो दिन तक घर से निकला ही नहीं। न सेंटर गया और न फोन मिला। बहरहाल, आपकी शुभकामनाओं से 'पेपर' तैयार हो गया—वह भी अंग्रेज़ी में और यहाँ प्रोफेसर दुबे ने देखकर

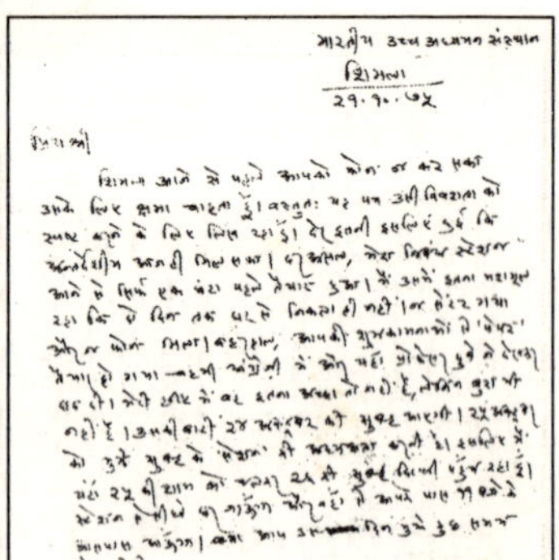

दाद दी। मेरी दृष्टि में वह इतना अच्छा तो नहीं है, लेकिन बुरा भी नहीं है। उसकी बारी २४ अक्टूबर की सुबह आएगी। २५ अक्टूबर को मुझे सुबह के 'सेशन' की अध्यक्षता करनी है। इसलिए मैं यहाँ २५ की शाम को चलकर २६ की सुबह दिल्ली पहुँच रहा हूँ। स्टेशन से सीधे घर जाऊँगा और वहाँ से आपके पास 11 बजे के आसपास आऊँगा। क्या आप उस दिन मुझे कुछ समय दे सकेंगे?

शेष यहाँ कुशल है। आशा है, आप सपरिवार स्वस्थ और प्रसन्न हैं।

आपका
नामवर

भारतभूषण अग्रवाल की चिट्ठियाँ

DR (MRS) NIRMALA JAIN
28/8 MALL ROAD
DELHI-6
INDIA

PRAHA—10.7.1974

आदरणीय निर्मला जी,

आज घर से निकले ठीक एक महीना हो गया है। अभी चेकोस्लोवाकिया तक ही पहुँच पाया हूँ। लगभग आधी यात्रा अभी बाकी है। 17 को लन्दन जाऊँगा, फिर पैरिस, माल्टा, रोम और तब कहीं घर। अकेले विदेश में बहुत enjoy कर सकते हैं—ऐसा मुझे नहीं लगा। परिचित मित्रों का अभाव खटकता है। बहरहाल, एक चक्कर तो

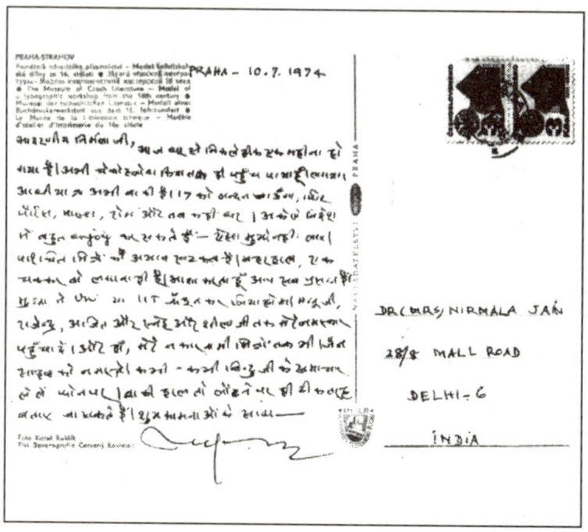
PRAHA - 10.7.1974

DR (MRS) NIRMALA JAIN
28/8 MALL ROAD
DELHI-6
INDIA

लगाना ही है। आशा करता हूँ कि आप सब प्रसन्न हैं। मुन्ना ने Uni या IIT जॉइन कर लिया होगा। मन्नू जी, राजेन्द्र, अजित और स्नेह और शीला जी तक मेरे नमस्कार पहुँचा दें। और हाँ, मेरे नकारनामी मित्रों तक भी। जैन साहब को नमस्ते। कभी-कभी बिन्दु जी के समाचार ले लें फोन पर। बाकी हाल तो लौटने पर ही ठीक तरह बताए जा सकते हैं। शुभकामनाओं के साथ—

भारतभूषण

DR (MRS) NIRMALA JAIN
8/24 MALL ROAD
DILHI 110007
INDIA

1.8.74

आदरणीय निर्मला जी, आपका ऊन मैं खुशी से ले आता पर जोशी जी सपरिवार 25 जून से भारत गये हुए हैं, छुट्टियों के बाद लौटेंगे। आप उनसे वहीं सम्पर्क करें। आपने नमूना भेजा होता तो मैं और ले आता। पर अब तो मजबूरी है।

आपका आदेश मानकर मैं अपनी यात्रा छोटी किए दे रहा हूँ। 10 अगस्त को लौट रहा हूँ। साथ में आपकी केसर अवश्य होगी। मित्रों से यथायोग्य कह दें। शीला जी को नमस्कार। बिन्दु को अलग से लिखा है।

जैन साहब समेत आप सब सानंद होंगे। मैं भी ठीक हूँ और निश्चिन्त।

आपका
भारतभूषण

महादेवी वर्मा की चिट्ठी

डॉ. महादेवी वर्मा
एम. ए., साहित्य वाचस्पति
उप-कुलपति

१०६/१५३, हीवेट रोड,
इलाहाबाद
तिथि : 25-2-83

डा. निर्मला जैन,
प्रो. एवं अध्यक्ष,
हिन्दी विभाग,
दिल्ली विश्वविद्यालय,
दिल्ली

प्रिय बहन निर्मला जी,

शुभाशिष:

आपका पत्र पाकर प्रसन्नता हुई। दिल्ली के प्रति मेरे आकर्षण का केन्द्र आपही स्नेहीजन हैं और सबको देखने की इच्छा स्वाभाविक है। आप सम्भवत: जानती होंगी कि तीन मास पहले मेरे दाहिने हाथ की हड्डी टूट गई थी। उसमें दो बार प्लास्टर चढ़ाना पड़ा। फिर गर्दन की हड्डियाँ जुड़ गईं, जो झुककर काम करने वालों का रोग है। दोनों में बहुत पीड़ा है। चिकित्सा सभी डॉक्टरों की राय में एक ही है—वही हो रही है। अभी मुझे इस मास में तो डॉक्टरों से छुट्टी मिलेगी नहीं और मार्च में सबकी परीक्षायें निकट होंगी।

विद्यार्थी मुझे सभी प्रिय हैं और उनकी जिज्ञासायें भी अच्छी लगती हैं। पर मार्च में मेरा क्या उपयोग होगा?

वैसे कुछ ठीक होते ही मैं दिल्ली आने का विचार करती हूँ।

आप कैसी हैं और सब प्रियजन कैसे हैं। लिखिएगा।

शुभेच्छुका
(महादेवी वर्मा)

पुनश्च :— अभी हाथ से लिखने में कष्ट होता है पर 15 फरवरी को आपके पत्र का उत्तर भेजवा दिया था।

महादेवी

उषा प्रियम्वदा की चिट्ठी

Dr. Nirmala Jain
A 20/17 DLF.
Phase 1, Qutub Enclave
Gurgaon, Haryana
INDIA

11.1.04

प्रिय निर्मला जी,

सस्नेह नमस्कार.

मैं यहाँ कुशल मंगल आ गई. आते ही शीत का भयंकर आक्रमण आरंभ हो गया। फुटों बर्फ़ और −10°c तापमान. कुछ प्रारंभिक दिन तो पेड़ पौधों को दुलराने और chaos में कोई क्रम लाने में निकल गये, भारत जाने की packing में पूरा घर उथल पुथल हो जाता है; उसे ठीक किया—अब जाकर थोड़ी साँस लेने की फुरसत मिली है। इस बार आपके यहाँ मन्नू जी से मिलकर बहुत अच्छा लगा. राजेन्द्र जी से भेंट हुई पर communication नहीं हुआ, न नामवर जी से ही—यों आक्षेप तो अमेरिका वालो पर लगाया

जाता है पर भारत में सारे लेखक न जाने किन गतिविधियों में व्यस्त रहते हैं, निर्मल गगन से भी IIC की छोटी सी भेंट के बाद फिर मुलाक़ात नहीं हुई. आंपने समय निकाला और मेरे साथ बिताया, बहुत सुखद लगा चलते-चलते रामजी यादव की पकड़ में आ गई; उनका काम भी सम्पन्न हुआ—उनके अनुसार 'निर्मला जी' आजकल 'दिल्ली के आकाश में' छाई हुई हैं—ठीक भी है, अवकाश में भी अपनी प्रतिभा और strength तो माँजते रहना चाहिए।

आजकल सुषम की 'नवाभम (नवभूम) की रसकथा' पढ़ रही हूँ—यह Younger लेखिकाएँ बहुत परिश्रम करती हैं—मेरी तरह छह हफ्तों में अंतर्वंशी घसीट (घसीटतीं) नहीं. वैसे हम सभी अपनी अपनी भावभूमि संवेदनाओं के बन्दी हैं—कल मैंने 'तहज़ीब' देखी। आप देखें वह intelligent and sophisticated लोगों के लिए film है—well scripted, well shot और शबाना तो फिर top performer हैं ही. कुछ बम्बइया लटकों के सिवाय साफ़-सुथरी film है, ख़ालिद मुहम्मद की scripts different तो होती ही है, फ़िज़ा व ज़ुबैदा आदि।

मैं 16 को पियर के साथ Boston जा रही हूँ, ऐसे ही, return ticket पड़ा हुआ था. 27 ता. को लौटूँगी फिर यहीं रहूँगी. घर से बाहर बहुत दिन हो गये।

दिल्ली में तो खूब ठंड है, हाड़ गलानेवाली, heater कहाँ तक साथ दे. शेष शुभ.

आपकी, उषा

'दस्तावेज़' के किसी अंक में मनु शर्मा द्वारा (...) की निन्दा की गई है. देखने की इच्छा है।

पुनश्च

(...) यदि locate कर सकें तो भिजवायें

उ.

राजेन्द्र यादव के नाम मेरा पत्र

प्रिय राजेन्द्र जी,

''हंस'' में जैनेन्द्र पर लिखे मेरे लेख में आपने जिस रूप में अपने सम्पादकीय अधिकार का उपयोग किया है, वह घोर आपत्तिजनक है। आपने छापने से पहले फोन पर अपनी प्रतिक्रिया व्यक्त करते हुए मुझसे कहा था कि उस लेख में बहुत ''अक्षत-फूल'' हैं, अत: आपने कुछ ''कटखने'' लगा दिए हैं। मेरे लिए यह कल्पनातीत था कि ये तथाकथित ''कटखने'' इतने कुरुचिपूर्ण और भोंडे होंगे। कहूँ कि आपको तो सलीके से काटना भी नहीं आता तो अनुचित न होगा। अगर आपको काट खाने का इतना शौक था तो बेहतर यह होता कि आप लेख के साथ अलग से एक सम्पादकीय टिप्पणी जोड़कर

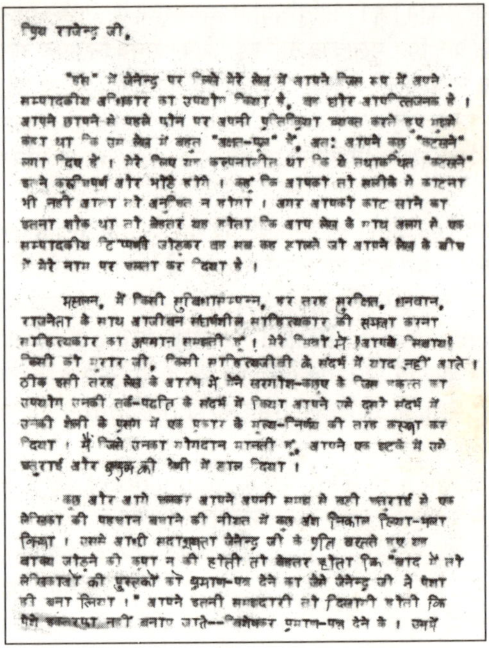

प्रिय राजेन्द्र जी,

"हंस" में जैनेन्द्र पर लिखे मेरे लेख में आपने जिस रूप में अपने सम्पादकीय अधिकार का उपयोग किया है, वह घोर आपत्तिजनक है। आपने छापने से पहले फोन पर अपनी प्रतिक्रिया व्यक्त करते हुए मुझसे कहा था कि उस लेख में बहुत "[illegible]" है, अतः आपने कुछ "[illegible]" लगा दिए हैं। मेरे लिए यह कल्पनातीत था कि वे तथाकथित "[illegible]" इतने कुरुचिपूर्ण और भोंडे होंगे। यूं कि आपको तो सलीके से काटना भी नहीं आता तो अनुचित न होगा। अगर आपको काट लाने का इतना शौक था तो बेहतर यह होता कि आप लेख के साथ अलग से एक सम्पादकीय टिप्पणी जोड़कर वह सब कह डालते जो आपने लेख के बीच में मेरे नाम पर चलता कर दिया है।

मसलन, मैं किसी सुविधासम्पन्न, हर तरह सुरक्षित, धनवान, राजनेता के साथ आजीवन संघर्षशील साहित्यकार की समता करना साहित्यकार का अपमान समझती हूं। मेरे मित्रों में (आपके सिवाय) किसी को मुरार जी, किसी साहित्यजीवी के संदर्भ में याद नहीं आते। ठीक इसी तरह लेख के आरम्भ में मैंने खरगोश-कछुए के जिस एकत्व का उपयोग उनकी तर्क-पद्धति के संदर्भ में किया आपने उसे दूसरे संदर्भ में उनकी शैली के प्रसंग में एक प्रकार के मूल्य-निर्णय की तरह चस्पा कर दिया। मैं जिसे उनका योगदान मानती हूं, आपने एक झटके से उसे चतुराई और छद्म की श्रेणी में डाल दिया।

कुछ और आगे चलकर आपने अपनी समझ से बड़ी चतुराई से एक लेखिका की पहचान बचाने की नीयत से कुछ अंश निकाल लिया—भला किया। उससे आधी सदाशयता जैनेन्द्र जी के प्रति बरतते हुए यह वाक्य जोड़ने की कृपा न की होती तो बेहतर होता कि "बाद में तो लेखिकाओं की पुस्तकों को प्रमाण-पत्र देने का जैसे जैनेन्द्र जी ने पेशा ही बना लिया।" आपने इतनी समझदारी तो दिखायी होती कि पेशे [illegible] नहीं बनाए जाते—विशेषकर प्रमाण-पत्र देने के। उनमें

वह सब कह डालते जो आपने लेख के बीच में मेरे नाम पर चलता कर दिया है।

मसलन, मैं किसी सुविधासम्पन्न, हर तरह सुरक्षित, धनवान, राजनेता के साथ आजीवन संघर्षशील साहित्यकार की समता करना साहित्यकार का अपमान समझती हूं। मेरे मित्रों में (आपके सिवाय) किसी को मोरार जी, किसी साहित्यजीवी के सन्दर्भ में याद नहीं आते। ठीक इसी तरह लेख के आरम्भ में मैंने खरगोश–कछुए के जिस एकत्व का उपयोग उनकी तर्क–पद्धति के सन्दर्भ में किया आपने उसे दूसरे सन्दर्भ में उनकी शैली के प्रसंग में एक प्रकार के मूल्य–निर्णय की तरह चस्पा कर दिया। मैं जिसे उनका योगदान मानती हूं, आपने एक झटके से उसे चतुराई और छद्म की श्रेणी में डाल दिया।

कुछ और आगे चलकर आपने अपनी समझ से बड़ी चतुराई से एक लेखिका की पहचान बचाने की नीयत से कुछ अंश निकाल लिया—भला किया। उससे आधी सदाशयता जैनेन्द्र जी के प्रति बरतते हुए यह वाक्य जोड़ने की कृपा न की होती तो बेहतर होता कि ''बाद में तो लेखिकाओं की पुस्तकों को प्रमाण–पत्र देने का जैसे जैनेन्द्र जी ने पेशा ही बना लिया।'' आपने इतनी समझदारी तो दिखायी होती कि पेशे इकतरफा नहीं बनाए जाते—विशेषकर प्रमाण–पत्र देने के। उनमें जितनी तत्परता देने वाले की होती है अक्सर उससे ज्यादा लेने वाले की। ताली दोनों हाथ से बजने वाली कहावत तो आपको याद होगी।

उदाहरण ऐसे और भी कई हैं। यह सफाई इसलिए जरूरी है कि मुझे लगा कि कुछ कुरुचिपूर्ण चिप्पियों से लेख का चौखटा बिगड़ गया। व्यंग में शालीनता न हो तो कम से कम शऊर और चमक तो हो।

मेरा आग्रह है कि आप इस पत्र को ज्यों का त्यों छाप दें...सम्पादकीय ईमानदारी का परिचय देते हुए...

आपकी—
निर्मला जैन

परिशिष्ट–II

तस्वीरें

पिता श्री लाला मीरीमल जैन।

माँ चम्पा देवी अपने पौत्र निशीथ के साथ।

1947 में जंतर मंतर पर।

1950 में बी.ए. (ऑनर्स) की डिग्री के साथ।

विवाह के दिन, जून, 1949 में।

विवाह के बाद पति श्री विद्यासागर जैन के साथ।

1963 में, लेडी श्रीराम कॉलेज में अध्यापन के दौरान 'यशोधरा' काव्य-नाटिका की प्रस्तुति का रिहर्सल कराते हुए नाट्य गुरु देवेन्द्रशंकर के साथ। संगीत भारती के एक कक्ष में।

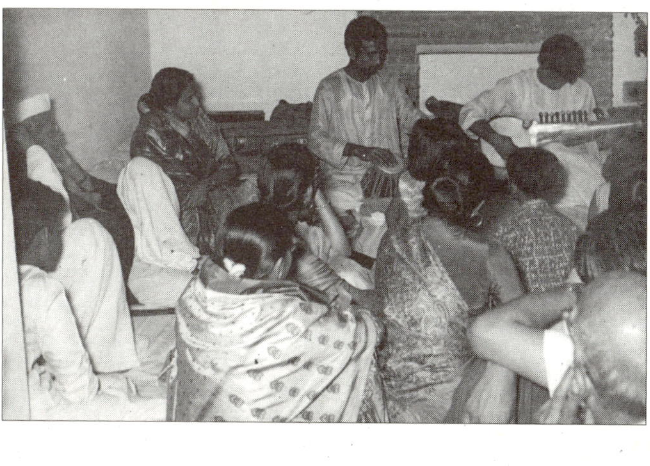

मैथिलीशरण गुप्त (सबसे बाएँ) के अनुरोध पर अमजद अली खान (सबसे दाएँ) का सरोद वादन अपने घर में कराते हुए। मैथिलीशरण गुप्त अपनी राज्यसभा सदस्यता समाप्त होने से पहले के सत्र में।

लेडी श्रीराम कॉलेज के वार्षिक आयोजन में ऑर्केस्ट्रा में सरोद बजाते हुए।

लेडी श्री राम कॉलेज के सालाना जलसे के बाद कॉलेज स्टाफ के साथ निर्मला जी (1967 में); दाएँ से तीसरी।

लेडी श्रीराम कॉलेज में अध्यापन के दौरान शैलेश मटियानी के नाटक 'गाँव का पोस्टमैन' में अभिनय करते हुए।

बाएँ से दूसरे लाला श्रीराम और ठीक उनके पीछे लेडी श्रीराम कॉलेज की प्रथम प्रधानाचार्य डॉ. होमाई दस्तूर (1956)।

मैथिलीशरण गुप्त के साथ दिल्ली स्थित उनके आवास में। तब दद्दा राज्यसभा सदस्य थे।

लेडी श्रीराम कॉलेज में हजारीप्रसाद द्विवेदी के साथ एक अवसर पर (1963-64 के दौरान)।

वाइस चांसलर श्री बी.एन. गांगुली के हाथों डी.लिट. की उपाधि लेते हुए (1967 ई.)।

दद्दा (सबसे दाएँ) की राज्यसभा की सदस्यता समाप्त होने पर अपने घर पर विदाई भोज के दौरान (बाएँ से दाएँ) निर्मला जी, बाबू गंगाशरण सिंह, बी.आर. केरकर।

1967-68 की होली : उषा प्रियम्वदा, उनके पति पियर निक्रोव के साथ निर्मला जी (बाएँ से दाएँ)।

कुतुब मीनार के प्रांगण में पिकनिक : नामवर सिंह (सफेद कुर्ते में बाएँ), भारतभूषण अग्रवाल, अजित कुमार, अर्पिता और बुनाई करतीं निर्मला जी, बगल में जैन साहब (सबसे दाएँ)।

नैनीताल में भारतभूषण अग्रवाल के परिवार के साथ (भारतभूषण जी की मृत्यु से 2 साल पहले)।

नैनीताल में उसी वर्ष।

संजय, पवन, स्नेहमयी चौधरी, पूनम, जैन साहब और अजित कुमार (1971 के आसपास मसूरी में)।

सहस्त्रधारा (देहरादून) में स्नान करते जैन साहब (1947 में)।

स्नेहमयी चौधरी, बेटे संजय, बेटी पूनम, अपनी माँ और अजित कुमार के साथ फतेहपुर सीकरी में निर्मला जी (सबसे बाएँ)।

अपने भतीजे निशीथ को गोद में लिये निर्मला जी (1962 के आसपास)।

अपनी छोटी बहन निशा के साथ 1973 में रोड्स आईलैंड, कैंसास, अमेरिका में।

कश्मीर में : बेटा संजय और बेटी पूनम के साथ निर्मला जी। सबसे बाएँ नामवर जी।

उसी यात्रा के दौरान श्रीनगर में डल झील पर हाउसबोट में पढ़ते हुए नामवर जी।

ताशकन्द में—कामकाजी महिला संघ के सदस्यों के साथ निर्मला जी।

लेनिन की मूर्ति के नीचे (मास्को, 1988)।

संस्कृत के विद्वान श्री बी.एन. जोशी की पत्नी के साथ; पेरिस में।

1988 में कैनबरा में रिचर्ड बार्ज़ और उनकी पत्नी के साथ।

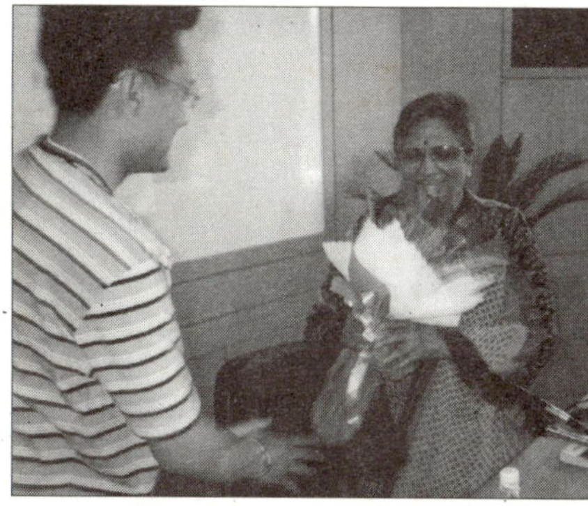

कोरिया के हांकुक विश्वविद्यालय में गुलदस्ता स्वीकार करते हुए।

आसाकुसा मन्दिर (जापान) के प्रांगण में प्रो. तोशियो तनाका के साथ निर्मला जी।

सुभाषचंद्र मेमोरियल, टोक्यो (जापान) में सहयोगी कृष्णदत्त पालीवाल के साथ।

ओसाका (जापान) में आकिरा ताकाहाशी और विभाग के अन्य सदस्यों के साथ निर्मला जी।

हिरोशिमा पीस मेमोरियल (जापान) के प्रांगण में।

नारा (जापान) में।

रूसी सांस्कृतिक केन्द्र के प्रतिनिधि को 'समाजवादी साहित्य : विकास की समस्याएँ' (जिस पर निर्मला जी को बाद में सोवियत लैंड नेहरू अवार्ड मिला) भेंट करते हुए युवा अशोक महेश्वरी। बाएँ से दूसरे नामवर जी।

1989 में कोलकाता में 'रचना सम्मान' के अवसर पर निर्मला जी।

1995 में गीतांजलि हॉस्टल (दक्षिण परिसर, दिल्ली विश्वविद्यालय) के सालाना जलसे में छात्राओं के साथ नृत्य करते हुए।

1996 में दक्षिण परिसर, दिल्ली विश्वविद्यालय से अवकाश प्राप्ति के अवसर पर विदाई समारोह के दौरान। (बाएँ से दाएँ) डीन डॉ. राणा, डॉ. नगेन्द्र, वाइस चांसलर डॉ. मेहता, निर्मला जैन, डायरेक्टर प्रो. आबाद अहमद और डॉ. नामवर सिंह।

अभिनेत्री ज़ोहरा सहगल एवं कृष्णा सोबती से वर्ष 2001 में हिन्दी अकादमी का 'साहित्यकार सम्मान' प्राप्त करते हुए।

खुशवंत सिंह की आत्मकथा के हिन्दी अनुवाद के लिए साहित्य अकादेमी का अनुवाद पुरस्कार तत्कालीन अकादेमी अध्यक्ष श्री गोपीचन्द नारंग के हाथों ग्रहण करते हुए। यह आत्मकथा हिन्दी में 'सच, प्यार और थोड़ी-सी शरारत' नाम से प्रकाशित है।

त्रिनिनाद में मारिया और उनके मित्र के साथ।

अस्सी के दशक में : निर्मला जी और जैन साहब।

दामाद कपिल कौल (दाएँ), और बड़े बेटे शशांक सागर 1988 में टैम्पा, फ्लोरिडा में।

डिज़्नीलैंड—ऑरलैंडो (फ्लोरिडा) में बेटी पूनम के साथ।

अपनी पौत्री सोनम के साथ—अमरीका यात्रा के दौरान।

छोटे भाई निर्दोष और उनकी पत्नी विभा के साथ।

2006 में छोटे बेटे संजय सागर, उनकी बेटी सम्भावना और उनकी पत्नी नूतन के साथ निर्मला जी अपने 75वें जन्मदिन के आयोजन के बाद (दाएँ से बाएँ)।

75वें जन्मदिन के अवसर पर आयोजित 'आलोचक से संवाद' कार्यक्रम में। बीच में कपिला वात्स्यायन और बाएँ अशोक चक्रधर ।

वर्ष 2007 में तत्कालीन राष्ट्रपति श्रीमती प्रतिभा देवी सिंह पाटील के हाथों केन्द्रीय हिन्दी संस्थान (आगरा) का सुब्रह्मण्यम भारती सम्मान ग्रहण करते हुए।